武 威 海 藏

齐家文化遗址发掘报告（上）

甘肃省文物考古研究所　编著

文物出版社

图书在版编目（CIP）数据

武威海藏：齐家文化遗址发掘报告 / 甘肃省文物考古研究所编著. -- 北京：文物出版社, 2023.12
　ISBN 978-7-5010-8135-6

　Ⅰ.①武… Ⅱ.①甘… Ⅲ.①文化遗址－发掘报告－广河县 Ⅳ.①K878.05

　中国国家版本馆CIP数据核字(2023)第129942号

武威海藏——齐家文化遗址发掘报告

编　　著：甘肃省文物考古研究所

责任编辑：彭家宇
责任印制：王　芳

出版发行：文物出版社
社　　址：北京市东城区东直门内北小街2号楼
邮　　编：100007
网　　址：http://www.wenwu.com
经　　销：新华书店
印　　刷：北京荣宝艺品印刷有限公司
开　　本：965mm × 1270mm　1/16
印　　张：46　　插页：3
版　　次：2023年12月第1版
印　　次：2023年12月第1次印刷
书　　号：ISBN 978-7-5010-8135-6
定　　价：860.00元（全二册）

Haizang at Wuwei
Report on Excavation of the Qijia Culture Site
(I)

by

Gansu Provincial Institute of Cultural Relics and Archaeology

Cultural Relics Press

编辑委员会

主　编

陈国科

副主编

杨谊时

编　委

刘冯军	冯维伟	张　鹏	康禹潇	马　丽	姬鹏雅
樊青青	沈　磊	周　懋	曾宗龙	田小刚	赵海龙
丘志力	马敏敏	任乐乐	张山佳	黎海明	曹辉辉
贺乐天	鲁轶文	芦永秀	杜琳垚	董佳佳	张跃峰
杨　炯	吴玮淇	丁永康	曾　探	周天路	王永先

目　录

（上册）

（下册）

插图目录

插表目录

彩版目录

第一章　绪论

第一节　历史沿革与自然环境

一　自然环境

海藏遗址位于河西走廊东部，武威市凉州区金羊镇三盘磨村，地处石羊河支流海藏河西部台地，南距武威市中心 2.5 千米，西南距皇娘娘台遗址 2.2 千米，西距佛教圣地海藏寺 0.5 千米（彩版一）。

河西走廊南倚青藏高原，北接蒙古高原，东连黄土高原，西通塔里木盆地及天山山地，将中国典型的几大地理板块连接在一起，成为连接不同地理单元的狭长通道。河西走廊东起乌鞘岭，西至敦煌以西与新疆接壤，地理坐标 92°12′～103°48′E，37°17′～42°48′N，介于南山（阿尔金山和祁连山）和北山（马鬃山、合黎山和龙首山）之间，长约 1000 千米，宽数千米至近 300 千米，为西北—东南走向的狭长地带，总面积约 27 万平方千米，因位于黄河以西，故称河西走廊。武威市地处河西走廊东端，是丝绸之路自东而西进入河西走廊的东大门。凉州区地处祁连山北麓，武威市中部，101°59′～103°23′E，37°23′～38°12′N，东西长约 122 千米，南北宽约 90 千米，总面积 5081 平方千米，东与内蒙古自治区接壤，西邻肃南裕固族自治县，南连天祝藏族自治县和古浪县，北与永昌县和民勤县相接。

辖区内地势呈西南高东北低，地貌类型分西南部祁连山东段冷龙岭的山前地带，海拔 2000～3220 米，东北部是走廊平原绿洲，海拔 1500～2000 米，东部是腾格里沙漠，海拔 1500 米以下。在大地构造上位于祁连褶皱系中的走廊过渡带。西南部祁连山东段冷龙岭的前山地带，为走廊带的毛藏古凸起和莲花山凸起，山势降为中山、低山、丘陵和盆地。中高山区包括冬青顶、莲花山、天梯山、第五山及黄羊河和杂木河之间的山地，属祁连山区二级夷平面，夷平面被河流后期分割为不相连的山梁。低山丘陵区包括张义堡、南营石关及长岭一带的低山和丘陵，属祁连山三级夷平面，顶部较平缓，夷平面被后期河流分割为沟谷、长梁和丘陵。东北部是河西走廊平原的东段，为走廊带的凹陷，呈西北—东南向延伸，按其成因和形态可分为冲积平原、冲积细土平原。山前洪积—冲积平原包括黄羊、杂木、金塔和西营等诸河流的山前冲积扇组成的倾斜平原，地表上部为亚砂土覆盖，下部为砾石层。冲积细土平原位于洪积扇前缘泉水溢出带以北，地势平坦，泉水汇聚地带形成宽而浅的河流，一些地区发育成沼泽地，其中海藏河及周围湿地就是该类型地貌。东部沙漠区以红水河为界，分为东沙窝和腾格里沙漠，东沙窝位于石羊河、白塔河以东，红水河以西，区内多沙丘。红水河东岸为腾格里沙漠，也称八十里沙漠，东部的邓马营湖干枯呈盐碱地和沼泽地[1]。

凉州区水资源分布于石羊河中上游地区，流经区内的西营河、金塔河、杂木河、黄羊河是全区的主要地表水。地处内陆深处，降水量少，蒸发量大，干旱少雨，河流补给主要来源于山区大气降水和高山冰雪融水。地表水资源主要来自于祁连山径流，地下水资源量中约 85%～90% 的水来自于地表水。根据石羊河流域 30 年（1971～2000年）的降水资料分析，石羊河流域年降水量稀少，且时空分布不均匀，降水主要集中在 5～9 月，约占全年的 76%～87.3%，空间降水量由北向南逐渐增大，北部荒漠区年降水量为 80～160 毫米，中部平原荒漠区年降水量为

---

[1]　杨常青：《武威市志》，兰州大学出版社，1998年。

150～320毫米，南部祁连山年降水量为350～400毫米[1]。河流径流补给来源多样，使得径流的年际变化较小，径流量的年内变化受山区降水的控制，具有年内分布不均的特点。4～6月径流量占全年径流量的29%，汛期7～9月份占25%，最大连续4个月（6～9月）占59%，而枯水期为10月至翌年3月占18.5%[2]。

该区域属温带大陆干旱气候，具有干旱少雨、日照充足、昼夜温差大的特点。主要风向为西北风，年平均温度7.7℃，无霜期150天左右，日照时数2873.4小时，昼夜温差平均7.9℃。主要灾害性天气有干旱、大风、沙尘暴、霜冻、暴雨等。南部祁连山区年降水量310～522毫米，平均气温零度以下，无明显夏季。中部绿洲灌溉区属温带干旱区，夏季气温在24.2℃～36℃之间，昼夜温差较大。全年日照3000小时，降水量102～200毫米，蒸发量2000毫米以上。北部干旱区干旱缺水，年降水量52～185毫米，蒸发量3000毫米。丰富的光热资源和较大的昼夜温差，适宜各类植物进行光合作用和积累养分，为提高农作物的质量奠定了良好基础。

凉州区大部分区域位于走廊平原，区域内地势平坦，光热资源丰富，土壤发育较好，土壤类型属于山地灰钙土，全境多条河流流经，灌溉条件好，适宜农作物的生长。区内主要作物种类有小麦、玉米、马铃薯、豆类、糜谷、油料、甜菜、葵花籽、瓜类、蔬菜、苹果、梨、红枣、葡萄等。

二　历史沿革

新石器时代晚期随着马家窑文化逐渐西进扩展至河西走廊东部，考古调查、发掘及研究显示，武威地区经历了仰韶文化—石岭下类型—马家窑类型—半山类型—马厂类型。凉州区目前主要发现了马家窑类型、半山类型和马厂类型时期的遗址。青铜时代随着齐家文化西渐，同时河西走廊中西部的西城驿文化发展后不断向东传播，武威地区发现了齐家文化和西城驿文化时期遗存。武威地区早期铁器时代为沙井文化时期，在凉州区发现了少量的沙井文化遗址。同时该地区受到北方草原文化和甘肃东部西戎文化因素的影响。

自战国至西汉初期，河西主要由月氏、乌孙和匈奴等游牧民族占据，河西走廊东部是乌孙故地还是月氏故地，学术界尚有争论。秦、汉之际，匈奴势力逐渐强大，并占领了河西走廊。休屠王驻牧在谷水（今石羊河）流域。

西汉元狩二年（前121年），霍去病进兵河西，河西归汉，郡县、属国管理体制在河西走廊地区确立。元鼎二年（前115年），汉武帝在浑邪王故地置酒泉、武威二郡。武威郡辖10县，在今凉州区内置姑臧、张掖、休屠、鸾鸟4县。元封五年（前106年），分天下为十三部，武威属凉州部。两汉之际窦融经营河西，统领张掖、酒泉、敦煌、武威、金城五郡。东汉时期，武威郡辖10县，在凉州内置姑臧、张掖、休屠、鸾鸟4县。黄初元年（220年），魏文帝曹丕从雍州分出一部分复置凉州，州治姑臧。

西晋永宁元年（301年），张轨分武威郡，置武兴郡。

建兴二年（314年），张寔建前凉，定都姑臧。前凉太元二十年（345年），张骏分武威等十一郡为凉州。前凉太清十四年（376年），前秦灭前凉。前秦太安元年（385年），吕光入姑臧，领凉州刺史。后凉太安元年（386年），吕光建都姑臧，国号凉，史称后凉。义熙四年（408年），秃发傉檀称凉王，都城移至姑臧，史称南凉。义熙八年（412年），北凉迁都姑臧。北凉玄始九年（420年），北凉灭西凉。北凉永和七年（439年），北魏太武帝西伐北凉于姑臧，姑臧城溃。

隋开皇元年（581年），废武威郡，置凉州总管府，治姑臧。大业初年（605年），废凉州总管府，复置武威郡。大业十三年（617年），武威鹰杨府司马李轨举兵反隋，攻占河西诸郡，自称大凉王。隋设姑臧县于今凉州区。

唐武德二年（619年），河西归唐，置凉州总管府，在凉州区内置姑臧、神鸟二县。天宝元年（742年），唐

[1] 张恒、沈冰、黄领梅：《石羊河流域水文特性》，中国水论坛·中国水利学会，2009年。
[2] 张济世、康尔泗、蓝永超等：《河西内陆河地表水与地下水转化及水资源利用率研究》，《冰川冻土》2001年第4期。

在边境地区设十个节度使，河西节度使是其一。广德二年（764年），凉州被吐蕃占领，六谷部首领驻姑臧。

北宋景祐三年，西夏大庆元年（1036年），党项在凉州建立西凉府，治姑臧，凉州及河西走廊被西夏统治，历时190余年，在今凉州区内设姑臧、神鸟、嘉麟三县。南宋宝庆三年，西夏保义二年（1227年），成吉思汗领兵攻西凉府，西凉府被蒙古汗国占领。至元九年（1272年），阔瑞之子只比铁木耳于西凉府城北另筑新城，元世祖赐名永昌府。至元十五年（1278年）设永昌路，降西凉府为州，隶属于永昌路。

明洪武五年（1372年），冯胜定河西，置陕西行都指挥使司于庄浪（今永登），统河西诸卫。洪武九年（1376年），设立凉州卫，治所在今武威市。正统年间，置甘肃巡抚都御史于甘州，下分四道，其中分守西宁道驻凉州，辖凉州、永昌、镇番、庄浪四卫及古浪守御千户所。

清雍正二年（1724年），清政府改庄浪卫为平番县，并设庄浪厅，同时撤凉州卫、镇番卫、永昌卫，分别设武威县、镇番县、永昌县。后设凉州府，辖武威、永昌、镇番、古浪、平番五县及庄浪厅，府治武威。

民国元年（1912年），中国国民党武威县分部成立。民国三年（1914年），河西道改为甘凉道，治所武威县。民国二十五年（1936年），甘肃省行政督察区第六区成立，治所武威县。民国二十七年（1938年），建立中国共产党武威县支部。1949年8月，甘肃行政公署武威分区辖武威等县。1949年9月16日，武威县解放，中共武威县委员会、武威县人民政府成立。1951年2月16日，改武威分区行政督察专员公署为甘肃省人民政府武威区专员公署。1955年10月10日，武威专区和酒泉专区合并成立张掖专区，武威县属张掖专区辖县。1961年11月25日，恢复武威专区，辖武威等县。1969年10月，改武威专区为武威地区。1985年4月15日，国务院批准武威县改为武威市（县级），仍属武威地区所辖。2001年10月1日，撤销武威地区，设立地级武威市，原县级武威市改称凉州区，市政府驻凉州区。

三　史前考古调查和发掘

武威史前考古调查和发掘工作较早。20世纪初，国内外学者就在该区域展开调查发掘。1923年安特生派助手白万玉在凉州区搜集古物。1924年安特生在民勤和永昌等地考古调查和发掘[1]，发现了沙井文化遗存，并发现了马厂类型时期彩陶。20世纪40年代以后，随着中国学者对西北地区的科学考古调查，夏鼐和阎文儒先生在民勤调查发掘了沙井子、黄蒿井和三角城等遗址[2]。1948年裴文中先生在武威、民勤等地调查发现了新石器—青铜时代遗址[3]。20世纪50年代随着兰新铁路的修建，调查先后发现了大坮、郭家庄、磨咀子等遗址[4]。1956年，甘肃省博物馆考古队在磨咀子遗址调查中采集到了马家窑及马厂类型时期的陶片[5]。1957年、1959年、1975年甘肃省博物馆先后四次对皇娘娘台遗址进行了发掘，发现了齐家文化时期的墓葬和遗址[6]。1983年武威地方文物工作部门在海藏公园湖底及海藏河东侧河岸发现一批玉器、玉料、石器、骨器、铜器等齐家文化遗物[7]。1984年甘肃省文物考古研究所在武威市新华乡五坝山发现一座马家窑时期的墓葬。1992~1993年，甘肃省文物考古研究所在古城乡塔儿村发现马家窑—半山—马厂时期的遗存[8]。2003~2005年，由甘肃省文物考古研究所、甘肃省博物馆、日本秋田县

[1] Andersson J G . *Researches into the prehistory of the Chinese*. Museum of Far Eastern Antiquities.1943；（瑞典）安特生著，乐森璕译：《甘肃考古记》，文物出版社，2011年。
[2] 阎文儒：《河西考古杂记》，《社会科学战线》1987年第1期。
[3] 裴文中：《中国西北甘肃走廊和青海地区的考古调查》，《裴文中史前考古学论文集》，文物出版社，1987年。
[4] 甘肃省文物管理委员会：《甘肃武威县大墩附近的两个新石器时代遗址》，《文物参考资料》1955年第11期。
[5] 甘肃省博物馆：《甘肃武威郭家庄和磨咀子遗址调查记》，《考古》1959年第11期。
[6] 甘肃省博物馆：《甘肃武威皇娘娘台遗址发掘报告》，《考古学报》1960年第2期；甘肃省博物馆：《武威皇娘娘台遗址第四次发掘》，《考古学报》1978年第4期。
[7] 梁晓英、刘茂德：《武威新石器时代晚期玉石器作坊遗址》，《中国文物报》1993年5月30日。
[8] 甘肃省文物考古研究所：《武威塔儿湾新石器时代遗址及五坝山墓葬发掘简报》，《考古与文物》2004年第3期。

埋藏文化财中心与武威市考古研究所组成联合考古队，对磨咀子遗址进行了考古发掘，发现了马厂时期的遗址和墓葬[1]。2020 年甘肃省文物考古研究所调查吐谷浑王族墓葬过程中，在武威南山发现马厂、齐家、沙井文化时期遗址多处。

第二节　发掘经过与资料整理

一　工作缘起

本次发掘工作是配合武威市海藏湖生态治理（湿地公园）建设而开展的考古调查、勘探和发掘项目。该考古项目和工程的实施，能进一步完善武威城市服务功能，提高城市形象品位，改善城市人居环境，努力打造宜居宜业宜游的绿洲生态文明城市。

1983 年武威市政府在海藏公园的施工建设中，海藏公园湖底及海藏河东侧河岸发现一批玉器、玉料、石器、骨器、铜器等齐家文化遗物。1987 年海藏遗址被武威市人民政府公布为市级文物保护单位。从目前遗址的分布情况判断，早年的发现应该是海藏遗址的西部边缘区。为确保工程建设的顺利实施，也使得工程涉及区域内文化遗存得到有效的保护，同时为今后的文物保护提供考古支撑，是本次考古发掘的基本目标。

武威地区史前考古调查和发掘工作较多，其中 1957 年、1959 年、1975 年间，四次对皇娘娘台遗址进行了大规模的考古发掘，发掘遗存丰富，然而仅发表了简报两篇，未出版详细的发掘报告，加之早年发掘，现有的资料已经不能满足当前学术研究的需要。海藏遗址与其西南方向 2.2 千米处皇娘娘台遗址文化性质一致，皇娘娘台遗址随着现代城市建设，破坏严重，几乎不存，而武威市乃至河西走廊典型齐家文化遗存发现较少，更凸显出海藏遗址的弥足珍贵。以此次发掘为契机，进一步认识武威市乃至河西走廊齐家文化的文化属性、时代特征、聚落特征、生业与技术等，同时认识齐家文化与西城驿文化的关系问题是本次发掘的学术目标之一。

该遗址在 20 世纪 80 年代出土了大量的玉器和玉料，认为该遗址是一处玉石加工的作坊遗址，引起了学术界的广泛关注，是齐家文化玉器研究不可多得的资料。近年，随着河西走廊地区矿冶遗址的考古调查和发掘的开展，特别是敦煌旱峡玉矿和马鬃山玉矿遗址的发掘，使得河西走廊地区成为探讨中国早期玉石器、玉石之路研究的重要区域。海藏遗址成为早期玉石之路上西玉东输的关键一环。通过本次发掘，获取一批玉石器及玉石器加工的遗物，证实该遗址是一处玉石器加工聚落址，为齐家文化玉石器手工业生产研究和探讨早期东西方文化交流提供了更为科学和丰富的材料。

近年，河西走廊地区出土了大量的早期冶金遗物，对认识早期铜冶金技术的起源与传播具有重要的意义；出土的农作物遗存麦类、粟、黍和动物遗存马、牛、羊，对认识农作物和家畜的传播提供了重要的实物资料；河西走廊地区玉石器及玉矿遗址的发现，对认识西玉东输提供了实物证据。海藏遗址发掘出土了一批代表东西方文化交流的典型遗物，出土的玉石器、铜器、动植物遗存为认识早期东西方文化交流、技术传播提供了实证。这是本次发掘的又一学术目标。

二　工作经过

2017 年 5 月，甘肃省文物考古研究所组织人员对该遗址进行调查。2017 年 9 月，就海藏湖生态治理工程建设涉及遗址及周边建设控制地带进行考古勘探，勘探面积 4000 平方米，对灰土范围进行了重点勘探。经勘探发现 5

---

[1]　甘肃省文物考古研究所、日本秋田县埋藏文化财中心、甘肃省博物馆：《2003年甘肃武威磨咀子墓地发掘简报》，《考古与文物》2012年第5期。

处遗迹现象，其中灰土堆积范围 1 处，灰坑 1 处，扰土坑 3 处。由于勘探区域早年平田整地及后期工程建设大规模的破坏及垫土，遗址上部破坏严重，导致勘探对遗迹的认识不甚清晰。

经报国家文物局批准，2018 年 10 月 16 日甘肃省文物考古研究所组织人员成立海藏遗址考古队，对该遗址开始进行考古发掘。发掘过程中发现该遗址文化层较厚，出土遗物丰富。2018 年 11 月底，随着天气转冷，堆积逐渐上冻，考古发掘已无法开展。本年度完成了海藏遗址上部堆积和部分破坏区域的发掘工作（彩版二，1）。2019 年随着天气转暖，3 月底开始继续对发掘区进行考古发掘，于 7 月底发掘工作结束，历时近 6 个月。发掘工作可以分为三个阶段：

第一阶段，时间为 2018 年 10 月 16 日至 11 月 30 日。选择遗址边缘的西南角为基点，采用象限法布方，发掘区位于第一象限。由于农田建设和工程建设扰动，遗址破坏严重。该阶段主要清理表土层、扰土坑和工程建设发掘的大量水管沟。通过对表土层和水管沟的清理，基本对该遗址的地层堆积有了初步的认识。对开口于表土层和工程建设已破坏的墓葬清理，确定齐家文化时期墓葬打破下部齐家文化地层和遗迹。

第二阶段，时间为 2019 年 3 月 30 日至 7 月 20 日。对整个遗址区进行大规模的发掘。对所有的管道沟进行清理，特别是对发掘区北部较长的探沟解剖发掘至生土，对遗址的整体堆积有了清晰的认识，并结合南部已经发掘的大型基坑判断，遗址区整体呈斜坡状堆积（彩版二，2）。之后对整个遗址区按照聚落考古的方法，对 11 个探方进行整体逐层向下发掘。

第三阶段，时间为 2019 年 7 月 20 日至 7 月 30 日。统一地层、航拍航测和土样的浮选工作。首先对遗址区各探方地层进行对照，进行统一地层。其次，对整个发掘区进行航拍，并对所有探方进行三维建模扫描。最后对采集的土样标本进行浮选，将出土遗物统一进行整理。由于该遗址位于正在建设的海藏公园内，为了充分发挥该遗址的价值，武威市政府对发掘区进行保护利用，故该遗址发掘结束后未进行保护性回填。

参与本次发掘的人员：陈国科、杨谊时、张鹏、王振宇、王晨达、杨清峰、张挺喜、吴龙等，项目负责人陈国科统筹整体发掘工作，杨谊时负责现场发掘工作，张鹏、王晨达负责现场的拍照工作，王晨达、王振宇、杨清峰、赵亚君和袁云江负责绘图工作。

三 资料整理

2019 年至 2020 年展开出土资料整理工作。

2019 年下半年对出土陶器进行修复和遗迹遗物的绘图工作。陶器的修复工作由技师张雪梅和张丽娟完成。遗迹遗物的绘图工作由刘冯军、康禹潇、马丽、王晨达、杨清峰、王振宇、李霄月、平彩霞完成。

2020 年逐步完成图文资料描述和核对工作，同时循序渐进的开展相关科技考古检测分析。2020 年上半年主要完成了探方及遗迹遗物的描述和核对工作。康禹潇和马丽完成所有基础资料描述和表格登记，杨谊时完成所有资料的核对。2020 年逐步推进测年、动物骨骼遗存、炭化植物遗存、人骨、玉石器鉴定和制作工艺等工作。其中测年工作由兰州大学西部环境教育部重点实验室的曹辉辉博士完成；动物骨骼鉴定工作由兰州大学环境考古实验室杜琳垚博士生和任乐乐博士完成；炭化植物遗存鉴定工作由南京农业大学人文与社会发展学院黎海明博士完成；人骨鉴定由兰州大学历史文化学院贺乐天博士完成；动物骨骼和人骨碳氮稳定同位素的检测分析由兰州大学环境考古实验室的杜琳垚博士生完成；玉石器制作工艺研究由河北师范大学历史文化学院的赵海龙副教授完成；玉石器鉴定工作由中山大学丘志力教授团队完成。2022 年 3~4 月兰州大学仇梦晗博士完成了出土遗物的拍照工作。

四　报告编写

报告的编写根据工作进度逐步完成，大致可以分为三个阶段：

第一阶段，2020 年 7～12 月，主要工作包括：（1）拟定报告编写大纲；（2）完成报告主体部分遗存的编写工作，完成各类文字、线图、照片、表格的核对统计工作；（3）在完成遗存部分的基础上，对出土器物进行类型学分析，并翻阅资料，初步完成分期工作。参加本阶段工作的人员包括陈国科、杨谊时、刘冯军、张鹏、康禹潇。

第二阶段，2021 年 1～12 月，该阶段进一步认识聚落布局特征、出土器物特征，调整和完善遗址的分期和时代，完成了报告第四部分，分期和年代，同时完成报告前言。本阶段工作主要由杨谊时完成。参阅相关研究成果基础上，结合科技考古的相关研究成果，完成报告第五部分讨论部分的写作。本章主要由陈国科、杨谊时、刘冯军和冯维伟完成，其中玉石璧制作工艺部分由河北师范大学赵海龙副教授写作。

第三阶段，2022 年 6 月，完成报告的编写工作。6 月下旬，刘冯军和冯维伟完成初稿的修改，之后杨谊时进行修改，陈国科进行最后统稿。

第四阶段，2022 年 6 月～2023 年 4 月，根据出版社的意见对报告进行校对修改。

海藏遗址虽然发掘面积有限，但是出土遗物十分丰富，资料整理速度较慢，从发掘至资料整理前后耗时 4 年，报告整理编写人员分工合理，不分昼夜工作，才确保报告的顺利完成。

第三节　报告体例与相关说明

一　报告体例

本报告共分为五章，第一章为绪论，主要就遗址的地理位置及所在区域的自然地理背景、历史沿革、考古背景、项目的缘起和工作经过及本报告的编写体例进行相关说明。第二、三章遗迹遗物介绍，探方地层和遗迹及出土器物进行分别描述。第四章根据层位关系、器物演变特征和碳 -14 测年结果，并结合周边地区齐家文化遗址分期成果，认识遗址的分期和年代。第五章为该遗址与周边区域相关遗址对比，结合科技检测的相关研究成果，就相关问题展开讨论。最后附遗迹登记表、出土各类遗物登记表。同时将人骨、动物遗存、炭化植物遗存、人和动物骨骼碳氮稳定同位素、玉石器鉴定分析、碳 -14 测年分析、玉石璧制作工艺、土壤地球化学元素分析检测报告和 1983～1985 年武威海藏遗址出土玉石器作为附录。

本报告遗址地层结果是统一后的地层，按照时代的早晚对遗存进行描述，早期为齐家文化时期遗存，晚期为战国时期遗存。为了客观地介绍资料，本报告坚持"实事求是"的原则，不强加发掘者的主观认识。除墓葬出土一部分完整的器物，地层出土器物大部分是陶器的口沿残片，挑选典型器物进行描述，一律不标注分型定式，只挑选典型器物作为分期的标型器。为了能够客观反映遗存信息，本报告所有遗迹和遗物全部以文字描述、线图和照片的形式公布。

二　相关说明

1.编号说明

本报告所有的遗迹遗物的编号以统一地层的编号为准。遗迹编号表述为发掘年（2019 年）＋地名 W（武威）＋遗址名称 H（海藏遗址）＋分区号 I（发掘区第一象限）＋遗迹编号（墓葬、灰坑、地层等编号），例如

2018WHⅠT0205M1。遗迹和地层出土器物的编号，每个遗迹单位统一编号，但是地层内出土的大部分是陶器残片，且出土数量大，选择典型的标本，不纳入统一编号，例如 M1 出土完整遗物编号分别为 2018WHⅠT0205M1：1、地层内陶片标本编号为 2018WHⅠT0205⑧：P1。为了行文方便，后文编号直接简化，例如 2018WHⅠT0205M1 简化为 M1，2018WHⅠT0205M1：1，直接简化为 M1：1。

2.插图说明

本报告线图主要包括总平面图、探方四壁图、遗迹平、剖面图、遗物图。

总平面图中墓葬和房址只表示墓葬轮廓线。墓葬图和房址为充分表现结构，全部为剖视图。陶片选择典型标本绘图。个别陶器有红彩，在线图中均以灰、黑色表示。

残玉石璧的尺寸根据残存部分复原，复原器物的外径、好径等，数据均为测算数据。部分玉石璧表面涂有朱砂，在线图中均以灰色表示。

3.插表说明

本报告表格分为插表和附表，为了研究者方便，地层中陶器陶系统计表以插表的形式置于每个探方的介绍中，遗迹登记表和出土器物登记表作为附表附于报告后。

4.遗物材质分类说明

本遗址出土玉石器均经过中山大学丘志力教授团队进行鉴定。以往从考古学角度判断为玉器的大部分遗物，从地质学角度来看多为石质。基于以上原因，本报告中所有出土的璧、璧芯等在描述和讨论中不具体区分玉质或石质，统称为玉石器，所有出土的玉料、石料、切割料及加工玉石璧形成的断块也不区分玉质或石质，所有玉石器在器物描述中均写明鉴定后的材质，且可通过附表查询。

第二章　齐家文化遗存

发掘区位于整个遗址的南面边缘区，共布 10 米 × 10 米探方 11 个，编号分别为 T0302、T0402、T0203、T0303、T0403、T0204、T0304、T0404、T0205、T0305、T0405，发掘面积 1100 平方米（图 2-1，彩版二，2）。所有探方发掘至生土。由于发掘之前 T0203、T0302、T0402 的文化层大部分破坏至生土，仅在探方北部保留有文化层，T0303 的西南部和 T0403 的西南角也遭到一定的破坏。

第一节　地层堆积及出土遗物

遗址整体呈东北高，西南低。发掘区整体呈坑状堆积，中间的 T0303、T0304、T0305 三个探方堆积最厚，西侧的 T0203、T0204、T0205 三个探方西部较浅，发掘至坑状堆积的生土边，东部 T0205、T0305、T0405 的堆积较厚，未发掘至坑状堆积的边缘，南部 T0302、T0402 堆积较浅，发掘至坑状堆积生土边。T0205、T0305、T0405 的北部地层堆积较厚，北部未发掘区域是遗址的中心分布区，是堆积最厚最丰富的区域。

除个别探方局部区域堆积较薄，耕土层或扰土层之下为生土层，大部分探方堆积较厚。个别探方①层垫土层或②层耕土层之下为齐家文化层；大部分探方垫土或耕土层下②～⑤层为战国时期文化层，之下为齐家文化层；由于整个发掘区呈坑状堆积，各层堆积基本为斜坡状的不连续堆积，各探方地层堆积厚度不一，堆积最厚处约 320 厘米，最薄处 100 厘米，其中齐家文化时期堆积厚度在 100～250 厘米。地层堆积情况如下图（图 2-2、2-3）。下面按探方描述地层堆积及出土遗物。

一　T0203

（一）地层堆积

T0203 位于发掘区的西南部，该探方施工过程中地层破坏严重，西南部已在发掘之前破坏至生土，仅在东部和东北部保存有文化层及开口的 H6。根据土质土色和包含物可分为 8 层（图 2-4）。

①层：灰色土，土质较疏松，呈斜坡状堆积，分布于探方东北部，厚 0～74 厘米。包含有少量的炭屑、红烧土颗粒，出土有大量的泥质红陶、夹砂红陶、夹砂红褐陶、夹砂灰陶片和兽骨、石块，少量的璧、璧芯、石器、骨器等。齐家文化层。H6 开口于该层下。

②层：黄褐色土，土质较疏松，呈斜坡状堆积，分布于探方东北部，厚 0～48 厘米。包含有少量的炭屑、红烧土颗粒，出土有大量的泥质红陶、夹砂红陶、夹砂灰陶片和兽骨、石块，少量的璧、骨器等。齐家文化层。

③层：灰褐色土，土质较致密，呈斜坡状堆积，分布于探方东北部，厚 0～42 厘米。包含有大量的炭屑，出土有大量的泥质红陶、夹砂红陶、泥质灰陶、夹砂灰陶、夹砂红褐陶、夹砂橙黄陶、彩陶片和兽骨、石块，少量的璧、石切割工具、磨石、玉石料等。齐家文化层。

④层：深灰色土，土质较疏松，呈斜坡状堆积，分布于探方东部，厚 0～16 厘米。包含有大量的炭屑和草木灰，出土有少量的泥质红陶、夹砂红陶、夹砂橙黄陶、夹砂红褐陶片和兽骨、石块。齐家文化层。

图2-1 海藏遗址总平面图

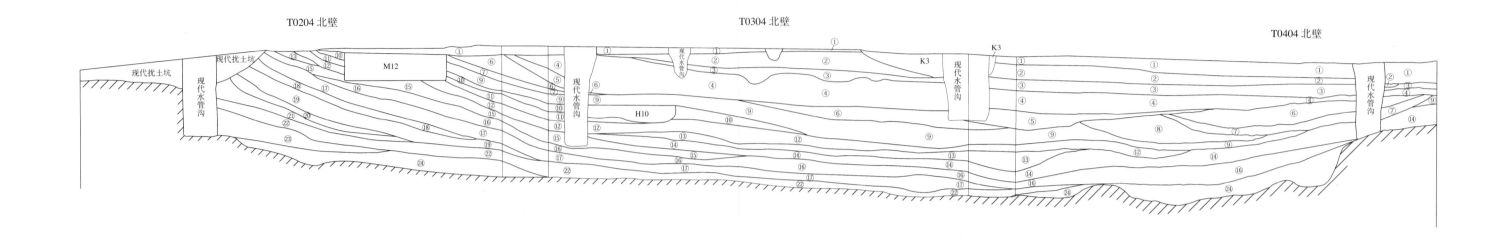

图2-2 T0204、T0304、T0404北壁剖面图

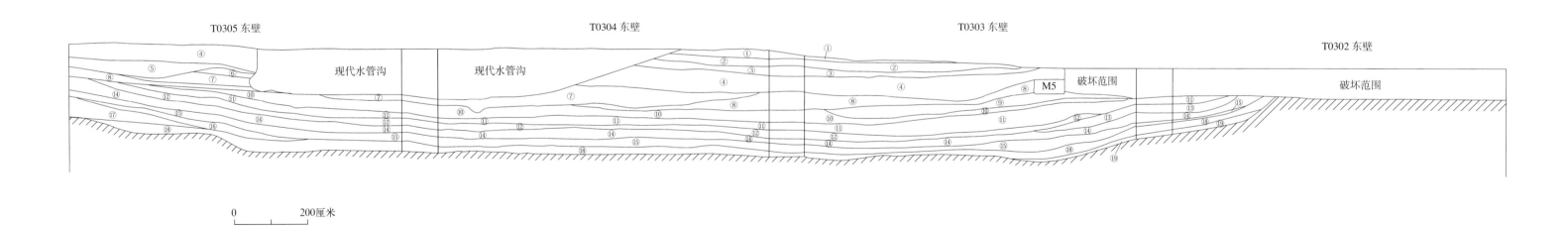

图2-3 T0305、T0304、T0303、T0302东壁剖面图

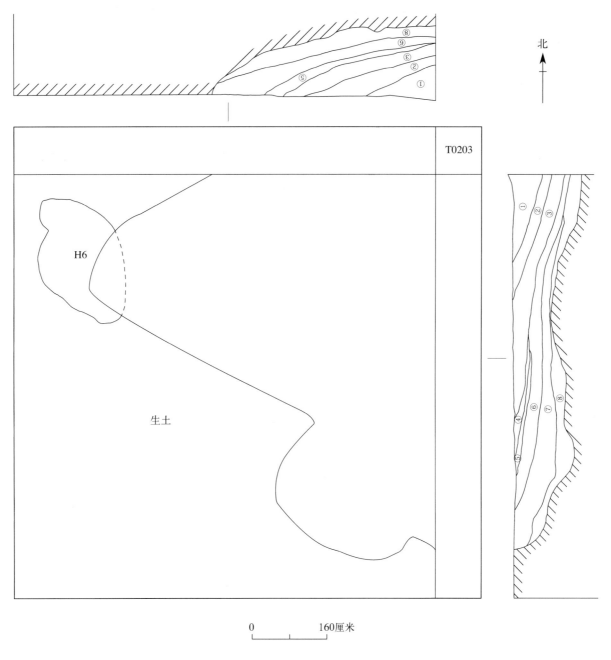

图2-4　T0203平、剖面图

⑤层：黄色土，土质较致密，呈斜坡状堆积，主要分布于探方东北部，西北部有零星分布，厚0～28厘米。包含有少量的草木灰、炭屑和料礓石。齐家文化层。

⑥层：黑灰色土，土质较致密，呈斜坡状堆积，分布于探方的东北部，厚0～54厘米。包含有大量的草木灰、炭屑、料礓石等，出土有少量的泥质红陶、夹砂红陶、夹砂橙黄陶、夹砂红褐陶片和兽骨、石块等。齐家文化层。

⑦层：灰褐色土，土质较致密，呈斜坡状堆积，分布于探方的东部，厚0～56厘米。包含有少量的草木灰、炭屑等，出土有少量的泥质红陶、夹砂红陶、夹砂红褐陶、夹砂橙黄陶片和兽骨，少量的磨石、石块等。齐家文化层。

⑧层：灰色土，土质较致密，呈斜坡状堆积，分布于探方的东部和东北部，厚0～40厘米。包含有少量的草

木灰、炭屑、红烧土颗粒和料礓石等，出土有少量的泥质红陶、夹砂红陶、夹砂橙黄陶、夹砂红褐陶片和兽骨、石块等。齐家文化层。

⑧层下为生土。

（二）出土遗物

T0203出土了陶、玉石、骨器等。

1.陶器

按陶质陶色可分为泥质红陶、夹砂红陶、夹砂红褐陶、夹砂橙黄陶、夹砂灰陶等。纹饰主要有篮纹、绳纹、附加堆纹、刻划纹、戳印纹（表2-1）。主要包括器物的口沿、腹部、底部和耳部残片，从仅存口沿和耳部残片判断，器形包括双大耳罐、双小耳罐、高领罐、侈口罐、花边口罐、瓮、尊、盆等。

双大耳罐　1件。

T0203③：P8，泥质红陶。陶质细腻。大敞口，圆唇，高领，口腹之间有双大耳。耳上饰刻划纹。口径11.4、残高5.3、厚0.1～0.4厘米（图2-5，1）。

双小耳罐　5件。夹砂灰陶、夹砂红陶和夹砂红褐陶。侈口，圆唇，束颈，口肩部有双耳。大部分素面，个别饰戳印纹。

T0203①：P5，夹砂红陶。耳低于口沿。耳面上饰戳印纹。残宽4.2、残高2.7、厚0.5厘米（图2-5，2）。

T0203①：P6，夹砂红褐陶。耳与口沿平齐。颈部饰戳印纹。残宽3.6～5.9、残高6.0、厚0.3～0.5厘米（图2-5，3）。

T0203②：P8，夹砂灰陶。耳低于口沿。耳面饰戳印凹窝。口径9.6、残高6.0、厚0.5～0.8厘米（图2-5，4）。

T0203③：P15，夹砂红陶。耳低于口沿。耳面粘贴小泥饼。残宽5.2、残高6.3、厚0.3～1厘米（图2-5，5）。

表2-1　T0203陶系统计表

纹饰＼数量＼陶质陶色	泥质陶					夹砂陶					合计	百分比（%）
	红	红褐	灰	橙黄	小计	红	红褐	灰	橙黄	小计		
素面	17		4	11	32	183	76	15	135	409	441	58.88
绳纹						14	65	13	7	99	99	13.22
篮纹						74	80		30	184	184	24.57
戳印纹			1		1	1				1	2	0.27
弦纹						2				2	2	0.27
麦粒状绳纹						11				11	11	1.47
刻划纹			1		1				1	1	2	0.27
附加堆纹						4				4	4	0.53
彩陶	2				2	1				1	3	0.40
席纹									1	1	1	0.13
合计	19	4	13		36	289	222	28	174	713	749	
百分比（%）	2.54	0.53	1.74		4.81	38.58	29.64	3.74	23.23	95.19		100

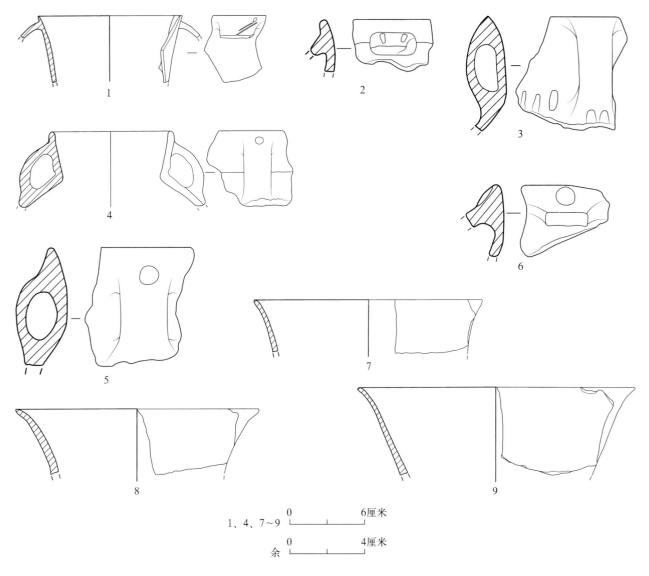

图2-5　T0203出土陶器

1.双大耳罐T0203③：P8　2～6.双小耳罐T0203①：P5、T0203①：P6、T0203②：P8、T0203③：P15、T0203⑥：P20　7～9.高领罐T0203③：P2、T0203⑥：P3、T0203⑧：P1

T0203⑥：P20，夹砂红陶。耳与口沿平齐。耳面粘贴小泥饼。残宽4.8、残高3.8、厚0.5厘米（图2-5，6）。

高领罐　3件。器形较大，夹砂橙黄陶或泥质红陶。素面。大喇叭口，圆唇，高领。

T0203③：P2，口径18.4、残高4.2、残宽6.4、厚0.4厘米（图2-5，7）。

T0203⑥：P3，口径19.4、残高5.2、残宽8.1、厚0.6厘米（图2-5，8）。

T0203⑧：P1，口径22.4、残高7、残宽9.1、厚0.3～0.5厘米（图2-5，9）。

侈口罐　1件。

T0203③：P14，夹砂红陶。侈口，圆唇，溜肩。肩部饰绳纹。残高4.5、残宽5.6、厚0.5厘米（图2-6，1）。

花边口罐　1件。

T0203②：P4，夹砂灰陶。侈口，圆唇，束颈。口沿外颈部饰附加堆纹一周，肩部饰绳纹。残高4.5、残宽6.1、厚0.5～0.8厘米（图2-6，2）。

瓮　2件。直口，方唇。口部饰附加堆纹一周，通体饰绳纹。

T0203①：P7，夹砂橙黄陶。直口，微侈。口径25.0、残高4.5、残宽10.4、厚0.5厘米（图2-6，3）。

T0203③：P10，夹砂红陶。直口，微敛。残高5.1、残宽7.8、厚0.7～1.5厘米（图2-6，4）。

盆　2件。夹砂红陶。大敞口，斜沿或平沿，方唇或圆唇，斜腹。部分饰绳纹或篮纹。

T0203③：P7，方唇，宽平沿。腹部饰绳纹。口径28.4、残高6.3、残宽10.2、厚0.9厘米（图2-6，5）。

T0203④：P3，圆唇，平沿。腹部饰篮纹。口径32.4、残高2.7、残宽12.0、厚0.6～0.8厘米（图2-6，6）。

尊　2件。泥质红陶。素面。

T0203①：P1，敞口，斜沿，方唇，斜直腹。残高5.5、残宽5.7、厚0.3～0.5厘米（图2-6，7）。

T0203⑧：7，喇叭口，圆唇，盆形腹，腹部有双耳，下腹斜直，较浅，喇叭形高圈足。口径13.8、底径8、高12.6、足高5.2、厚0.4～0.6厘米（图2-6，8；彩版三，1）。

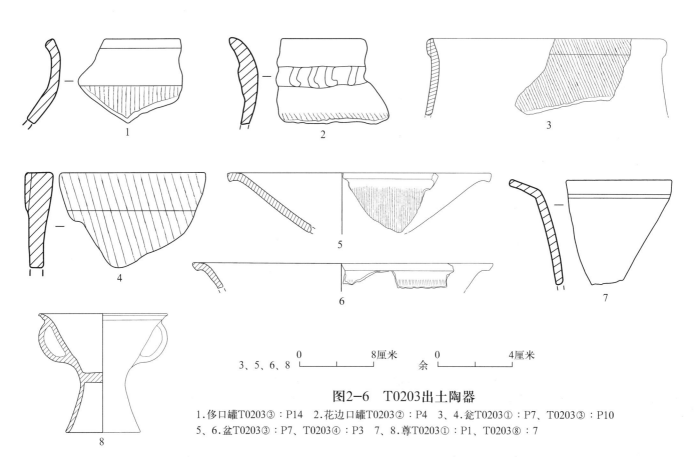

图2-6　T0203出土陶器

1.侈口罐T0203③：P14　2.花边口罐T0203②：P4　3、4.盆T0203①：P7、T0203③：P10
5、6.盆T0203③：P7、T0203④：P3　7、8.尊T0203①：P1、T0203⑧：7

2.骨器

骨器包括骨柄石刀、锥。

骨柄石刀　1件。

T0203①：5，由柄部和刃部组成，刃部残。系动物肢骨磨制而成，器身扁平，通体磨光，一面保存肢骨骨腔，器身上有多条纵向裂纹。一侧刻"V"形凹槽，用以镶嵌石叶或石片。残长10.4、宽1.1～2.1、厚0.5厘米，凹槽长5.1、深0.5厘米（图2-7，1；彩版三，2）。

锥　3件。系用动物肢骨劈成长条后磨制而成，器身扁平，锥身较直，通体磨光，一端磨制出锥尖。

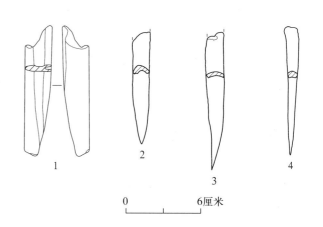

图2-7　T0203出土骨器

1.骨柄石刀T0203①：5　2～4.锥T0203②：2、T0203②：3、T0203③：3

T0203②：2，顶端残。残长8.9、宽1.4、厚0.5厘米（图2-7，2）。

T0203②：3，顶端残。残长11.0、宽1.3、厚0.4厘米（图2-7，3）。

T0203③：3，完整。长10.3、宽1.3、厚0.5厘米（图2-7，4）。

3.玉石器

玉石器主要包括玉石器产品及加工工具、少量的生产工具。玉石器产品包括璧、璧芯、环。玉石器加工工具包括磨石和切割工具，生产工具包括斧、刀、纺轮和刮削器。

璧 4件。平面呈圆形或圆角方形。表面磨光，大部分外缘不规整，保留有打制的疤痕，中间钻孔，仅1件对面钻，其余均为单面钻，孔壁有管钻痕迹，断钻处残存断茬。

T0203①：1，蛇纹大理岩，灰白色。平面呈圆角方形，残余约二分之一璧面。外径7.2~7.8、好径1.4~2.1、厚0.9厘米（图2-8，1；彩版三，3）。

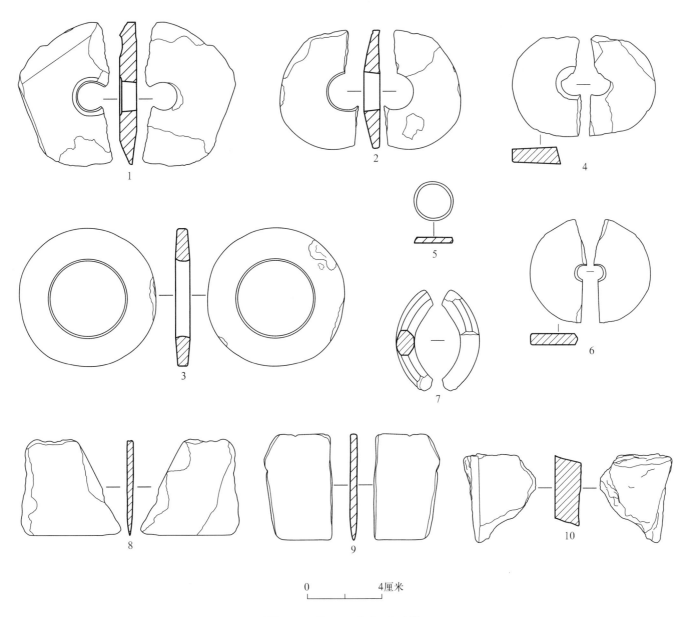

图2-8 T0203出土玉石器

1~4.璧T0203①：1、T0203②：1、T0203③：1、T0203③：2 5.璧芯T0203①：4 6.纺轮T0203①：3 7.环T0203③：4 8、9.切割
工具T0203①：2、T0203③：8 10.切割料T0203③：7

T0203②：1，蛇纹大理岩，灰绿色。平面呈圆形，残余约二分之一璧面。好侧稍厚，逐渐向外缘减薄，外缘磨光。外径6.3~6.6、好径1.9~2.1、厚0.4~0.9厘米（图2-8，2；彩版三，4）。

T0203③：1，透闪岩，灰白色。磨制规整，平面呈圆形。内缘残留不明显凸起，双面钻，外缘磨光。外径7.4、好径4.0~4.3、厚0.6~0.8厘米（图2-8，3；彩版三，5）。

T0203③：2，蛇纹大理岩，灰白色。平面呈圆形，残余约二分之一璧面，外缘磨光。外径5.6~6.2、好径1.2~1.8、厚0.7~0.9厘米（图2-8，4；彩版三，6）。

璧芯　1件。

T0203①：4，蛇纹大理岩，灰白色。完整。圆形，纵剖面呈梯形。直径1.9~2.1、厚0.3厘米（图2-8，5；彩版四，1）。

纺轮　1件。

T0203①：3，大理岩，灰白色。平面呈圆形，残余二分之一，中间穿孔，双面钻。直径5.5、孔径0.8~0.9、厚0.6厘米（图2-8，6；彩版四，2）。

环　1件。

T0203③：4，变质石英砂岩，黑色。圆形，多棱状，通体磨光。外径7.5、内径6.2、断面边长1.0~1.3厘米（图2-8，7；彩版四，3）。

切割工具　2件。

T0203①：2，硅质板岩，黑灰色。平面近梯形，两面磨光，一侧有双面刃，两侧有断茬。长5.2、宽5.1、厚0.1~0.3厘米（图2-8，8；彩版四，4）。

T0203③：8，粉砂质板岩，灰褐色。平面近长方形，两面磨光，一侧有双面刃，两侧有断茬。长5.6、宽3.7、厚0.4厘米（图2-8，9；彩版四，5）。

切割料　1件。

T0203③：7，蛇纹大理岩，灰白色。不规则形，一面磨制光滑，一侧有切割痕迹，在剩余二分之一处残存断茬。长4.7、宽3.9、厚1.4厘米（图2-8，10；彩版四，6）。

玉石料　3件。

T0203③：5，透闪石玉，墨绿色。长5.1、宽2.5、厚1.2厘米（图2-9，1；彩版四，7）。

T0203③：6，蛇纹石玉，墨绿色。长10.1、宽8.2、厚6.1厘米（图2-9，2；彩版四，8）。

T0203③：10，蛇纹石大理岩，青色。表面有围岩。长10.9、宽8.5、厚4.0厘米（图2-9，3）。

斧坯料　1件。

T0203⑧：1，硅质板岩，青灰色。平面呈不规则形，整体打制成形，两面局部磨光，顶部断裂，弧刃，刃部打制，未磨光。长6.3、宽7.2、厚1.0厘米（图2-9，4）。

锤　1件。

T0203③：14，长石石英砂岩，灰色。柱状长条状，一端有砸击痕迹。长8.4、宽6.0、厚5.8厘米（图2-9，5）。

石片　1件。

T0203③：9，大理岩，白色。不规则形，一面有剥片疤痕。长3.4、宽3.1、厚0.9厘米（图2-9，6）。

刮削器　1件。

T0203③：15，玉髓质，黄褐色。不规则形，单弧刃，刃缘用压制法单面加工而成。长3.1、宽3.5、厚0.8厘米（图2-9，7）。

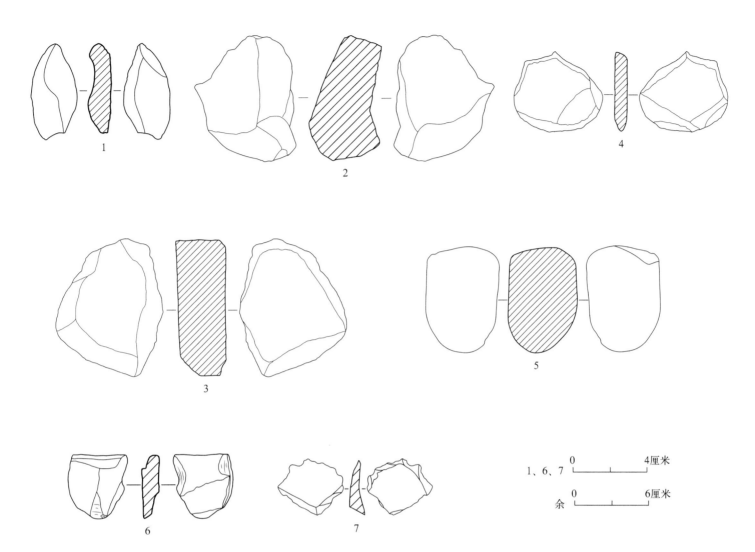

图2-9　T0203出土玉石器

1~3.玉石料T0203③：5、T0203③：6、T0203③：10　4.斧坯料T0203⑧：1　5.锤T0203③：14　6.石片T0203③：9　7.刮削器T0203③：15

　　磨石　5件。磨石断块。硅质板岩，灰色。个别表面有火烧痕迹。两面有磨光面，磨光面局部脱落，侧面有明显的断茬。

　　T0203③：11，平面近方形。长7.6、宽6.9、厚0.8厘米（图2-10，1）。

　　T0203③：12，平面近长方形。长9.3、宽7.0、厚1.3厘米（图2-10，2）。

　　T0203③：13，平面近方形。长9.5、宽9.3、厚1.5厘米（图2-10，3）。

　　T0203⑧：2，平面近三角形，表面有火烧痕迹。长7.6、宽6.1、厚0.9厘米（图2-10，4）。

　　T0203⑧：3，平面近长方形。长8.0、宽4.3、厚1.1厘米（图2-10，5）。

　　断块　5件。灰白色。不规则形，表面有打制破裂面，判断应该是制作玉石器残存的边角料。

　　T0203④：1，大理岩。长4.2、宽3.3、厚2.5厘米（图2-10，6）。

　　T0203④：2，大理岩。长3.7、宽2.6、厚0.9厘米（图2-10，7）。

　　T0203⑧：4，蛇纹石大理岩。长4.3、宽2.7、厚1.6厘米（图2-10，8）。

　　T0203⑧：5，蛇纹石大理岩。长5.5、宽4.9、厚1.0厘米（图2-10，9）。

　　T0203⑧：6，蛇纹石玉。长4.1、宽2.7、厚2.2厘米（图2-10，10）。

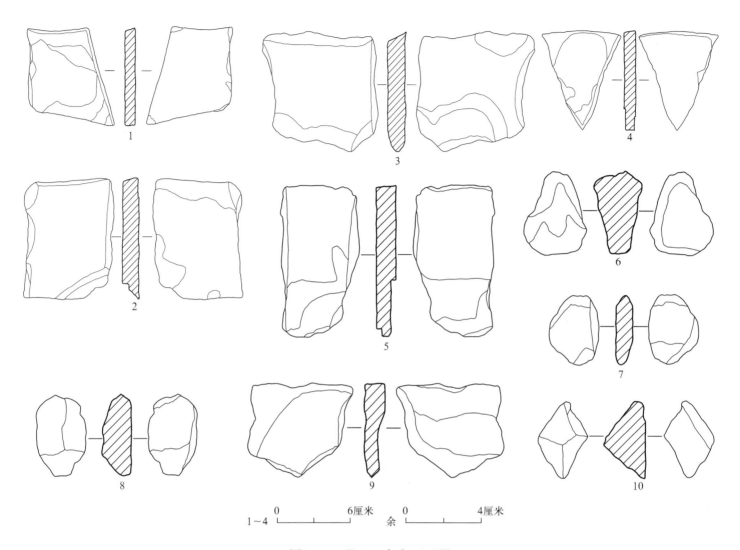

图2-10　T0203出土玉石器

1~5.磨石T0203③：11、T0203③：12、T0203③：13、T0203⑧：2、T0203⑧：3　6~10.断块T0203④：1、T0203④：2、T0203⑧：4、
T0203⑧：5、T0203⑧：6

二　T0204

（一）地层堆积

T0204位于发掘区的西部，该探方在西部施工过程中，西南部已破坏至生土，局部被K2、K4现代扰坑破坏，其他区域地层保存完好。根据土质土色和包含物可分为20层，各堆积层介绍如下（图2-11）。

①层：黄色沙土，土质较疏松，呈水平状分布，分布于全探方，东部被K2和现代水管沟打破，西部被K4打破。厚0~22厘米。包含有近现代红砖块、水泥块，出土有少量的泥质红陶、夹砂红陶、夹砂灰陶、夹砂红褐陶片和兽骨、石块等，少量的璧、磨石等。现代垫土层。M11、M12均开口于该层之下。

②层：灰褐色土，土质较致密，呈斜坡状堆积，分布于探方东部和南部，东部被K2和现代水管沟打破，东北部被M11、M12打破，厚0~24厘米。包含有少量的草木灰和炭屑，出土有少量的泥质红陶、夹砂红陶、泥质灰陶、夹砂灰陶、夹砂橙黄陶片，少量的璧、璧芯、磨石、斧、断块等。齐家文化层。

③层：灰色土，土质较疏松，呈斜坡状堆积，分布于探方东北部，东部被K2打破，东北部被M11、M12打破，厚0~32厘米。包含有少量的炭屑，出土有夹砂红陶、夹砂灰陶、夹砂红褐陶片和兽骨、石块等。齐家文化层。

④层：灰黑色土，土质较疏松，呈斜坡状堆积，分布于探方东北部，东部被 K2 打破，东北部被 M11、M12 打破，厚 0～20 厘米。包含有大量的炭屑，出土有少量的夹砂红陶、夹砂红褐陶、夹砂橙黄陶片和兽骨、石块，少量的铲、磨石和断块等。齐家文化层。

⑤层：浅灰色土，土质较致密，呈斜坡状堆积，分布于全探方，北部被 M12 打破，东部被 K2 和现代水管沟打破，西北部被 K4 打破，厚 0～24 厘米。包含有炭屑和红烧土颗粒。出土有泥质红陶、夹砂红陶、夹砂橙黄陶、夹砂红褐陶片和兽骨等，少量的磨石。齐家文化层。

⑥层：灰黑色土，土质较致密，呈斜坡状堆积，分布于探方东部和北部，北部被 M12 打破，厚 0～20 厘米。包含有炭屑和红烧土颗粒，出土有少量的泥质红陶、夹砂红陶、夹砂橙黄陶、夹砂红褐陶片和兽骨等。齐家文化层。

⑦层：灰褐色土，土质较致密，呈斜坡状堆积，分布于探方东部和北部，北部被 M12 打破，西北部被 K4 打破，厚 0～26 厘米。包含有少量炭屑，出土有少量夹砂红陶、泥质灰陶、夹砂橙黄陶、夹砂红褐陶片和少量磨石等。齐家文化层。

⑧层：浅灰色土，土质较致密，呈斜坡状堆积，西部无分布，东部被现代水管沟打破，厚 0～28 厘米。包含有少量炭屑和料礓石，出土有泥质红陶、夹砂红陶、夹砂橙黄陶、夹砂红褐陶、彩陶片，少量的石璧。齐家文化层。

⑨层：黄褐色土，土质较致密，呈斜坡状堆积，分布于探方东南部，东部被现代水管沟打破，厚 0～48 厘米。包含有少量炭屑，出土有泥质红陶、夹砂红陶、夹砂橙黄陶、夹砂红褐陶片和兽骨，少量的璧、磨石等。齐家文化层。

⑩层：灰褐色土，土质较致密，呈斜坡状堆积，分布于全探方，北部被 M12 打破，西北部被 K4 打破，东部被现代水管沟打破，西北部被 K4 等现代扰坑打破，厚 0～44 厘米。包含有少量炭屑，出土有泥质红陶、夹砂红陶、夹砂灰陶、夹砂橙黄陶、夹砂红褐陶、彩陶片和兽骨、石块，少量的璧、璧芯、磨石等。齐家文化层。

⑪层：浅灰色土，土质较致密，呈斜坡状堆积，分布于全探方，东部被现代水管沟打破，厚 0～28 厘米。包含有少量炭屑，出土有泥质红陶、夹砂红陶、夹砂灰陶、夹砂橙黄陶、夹砂红褐陶片和兽骨，少量的璧芯、刀等。齐家文化层。

⑫层：深灰色土，土质致密，呈斜坡状堆积，分布于探方东南部，厚 0～32 厘米。包含有炭屑，出土有泥质红陶、夹砂红陶、夹砂橙黄陶、夹砂红褐陶片和兽骨、石块等。齐家文化层。

⑬层：灰褐色土，土质较致密，呈斜坡状堆积，分布于全探方，西北部被 K4 等现代扰坑打破，厚 0～32 厘米。包含有少量炭屑，出土有泥质红陶、夹砂红陶、夹砂橙黄陶、夹砂红褐陶片。齐家文化层。

⑭层：浅灰色土，土质较致密，呈斜坡状堆积，分布于探方北部和南部，西北部被 K4 等现代扰坑打破，厚 0～28 厘米。包含有少量炭屑，出土有泥质红陶、夹砂红陶、夹砂橙黄陶、夹砂红褐陶、彩陶片和石块，少量的璧、璧芯等。齐家文化层。

⑮层：灰褐色土，土质较致密，呈斜坡状堆积，分布于探方北部，西北部被 K4 等现代扰坑打破，厚 0～40 厘米。包含有少量炭屑，出土有少量的泥质红陶、夹砂红陶、泥质灰陶、夹砂灰陶、夹砂橙黄陶、夹砂红褐陶片，少量的璧、璧芯等。齐家文化层。

⑯层：深灰色土，土质较致密，呈斜坡状堆积，分布于探方北部，西北部被 K4 等现代扰坑打破，厚 0～28 厘米。包含有少量炭屑，出土有泥质红陶、夹砂红陶、夹砂灰陶、夹砂橙黄陶、夹砂红褐陶、彩陶片和兽骨、石块，少量的璧芯、磨石、刀等。齐家文化层。

⑰层：灰褐色土，土质较致密，呈斜坡状堆积，分布于探方北部，西北部被 K4 等现代扰坑和现代水管沟打破，

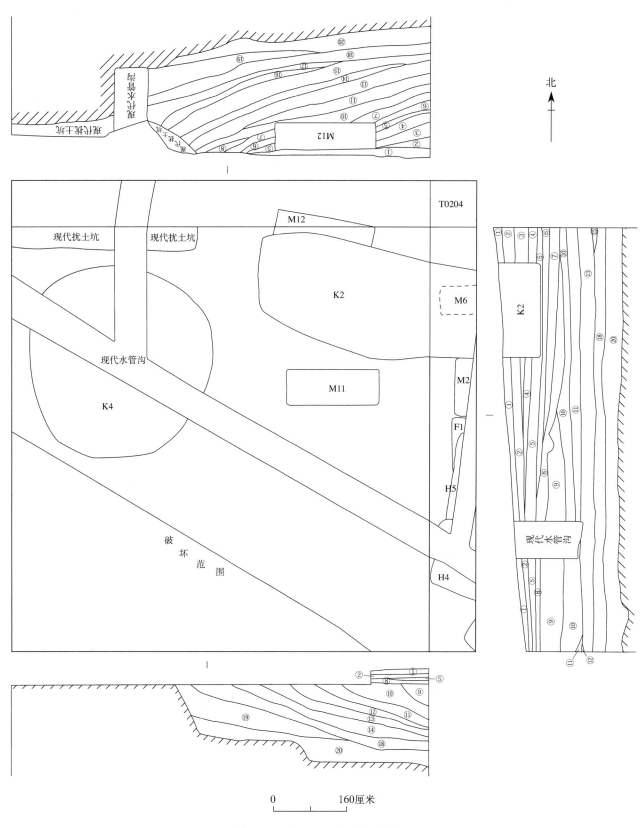

图2-11　T0204平、剖面图

厚 0～50 厘米。包含有少量炭屑和草木灰。出土有泥质红陶、夹砂红陶、夹砂橙黄陶、夹砂红褐陶片和石块，少量的璧、璧芯、玉石料等。齐家文化层。

⑱ 层：灰黑色土，土质较致密，呈斜坡状堆积，分布于全探方，西北部被K4和现代水管沟打破，厚 0～34 厘米。包含有大量炭屑和料礓石。出土有泥质红陶、夹砂红陶、夹砂灰陶、夹砂橙黄陶、夹砂红褐陶片和兽骨、石块，少量的璧芯、刀、磨石等。齐家文化层。

⑲ 层：深灰色土，土质较致密，呈斜坡状堆积，分布于探方西北部和西南部，西北部被K4和现代水管沟打破，厚 0～58 厘米。包含有少量炭屑和草木灰。出土有泥质红陶、夹砂红陶、夹砂灰陶、夹砂橙黄陶、夹砂红褐陶片和兽骨、石块，少量的璧、玉石料等。齐家文化层。

⑳ 层：灰色土，土质较致密，呈斜坡状堆积，分布于全探方，厚 0～50 厘米。包含有少量炭屑。出土有泥质红陶、夹砂红陶、泥质灰陶、夹砂灰陶、夹砂红褐陶、夹砂橙黄陶、泥质橙黄陶、彩陶片和兽骨、石块，少量的璧、璧芯、磨石、刀等。齐家文化层。

⑳ 层下为生土。

（二）出土遗物

T0204 出土了陶、铜、玉石、骨器等，还出土了大量的兽骨。

1. 陶器

陶器按陶质陶色可分为泥质红陶、夹砂红陶、夹砂灰陶、夹砂橙黄陶、夹砂红褐陶、泥质橙黄陶和少量的彩陶。纹饰主要有篮纹、绳纹、附加堆纹、刻划纹、戳印纹和压印纹（表2-2）。主要包括器物的口部、腹部、耳部、底部和足部残片。从残存口沿判断，器形包括双大耳罐、双小耳罐、高领罐、侈口罐、敛口罐、瓮、花边口罐、钵、盆、鬲、器盖、纺轮、刀等。

表2-2 T0204陶系统计表

纹饰＼陶质陶色	泥质陶					夹砂陶					合计	百分比（%）
	红	红褐	灰	橙黄	小计	红	红褐	灰	橙黄	小计		
素面	115	2	14	54	185	1980	233	61	227	2501	2686	58.92
绳纹						264	481	23	100	868	868	19.04
篮纹	44	8		23	75	404	192	20	190	806	881	19.32
戳印纹						36		1	4	41	41	0.9
麦粒状绳纹						17	2	2		21	21	0.46
刻划纹	2				2	23	6	3	6	38	40	0.88
附加堆纹						6		1		7	7	0.15
彩陶	2	2			4						4	0.09
小泥饼						1				1	1	0.02
席纹						6				6	6	0.13
压印纹	1				1	3				3	4	0.09
小计	164	12	14	77	267	2740	914	111	527	4292	4559	
百分比（%）	3.6	0.26	0.31	1.69	5.86	60.1	20.05	2.43	11.56	94.14		100

双大耳罐　3件。泥质红陶。敞口，高领，口腹之间有双大耳，耳略低于口沿。

T0204⑪：P4，残高4.0、残宽3.8、厚0.2～0.3厘米（图2-12，1）。

T0204⑭：P10，口径9.6、残高4.8、残宽4.8、厚0.2～0.3厘米（图2-12，2）。

T0204⑱：P1，耳部有菱形穿孔。口径10.2、残高3.5、残宽5.1、厚0.1～0.3厘米（图2-12，3）。

双小耳罐　15件。夹砂红陶、夹砂灰陶或夹砂红褐陶，大部分素面。侈口，圆唇，束颈，溜肩或圆肩，个别腹部饰绳纹、颈部饰刻划纹，口肩之间有双耳。

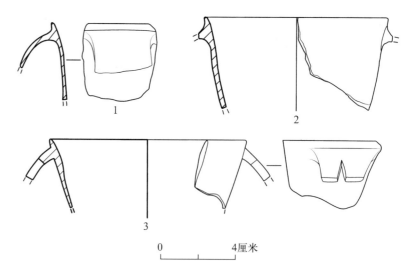

图2-12　T0204出土双大耳陶罐
1.T0204⑪：P4　2.T0204⑭：P10　3.T0204⑱：P1

T0204③：P2，夹砂红陶。耳低于口沿。肩部饰绳纹。残高8.6、残宽5.6、厚0.5～0.6厘米（图2-13，1）。

T0204⑧：P2，夹砂红陶。耳低于口沿。耳面粘贴小泥饼。残高5.5、残宽5.6、厚0.5～0.6厘米（图2-13，2）。

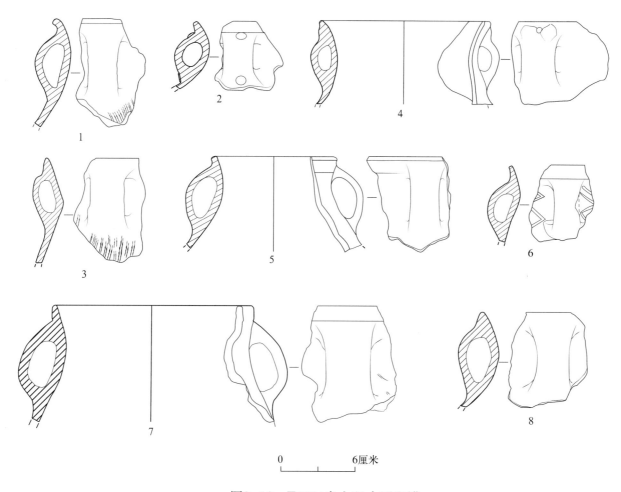

图2-13　T0204出土双小耳陶罐
1.T0204③：P2　2.T0204⑧：P2　3.T0204⑨：P1　4.T0204⑨：P2　5.T0204⑨：P3　6.T0204⑩：P1　7.T0204⑭：P2　8.T0204⑯：P2

T0204⑨：P1，夹砂红褐陶，器表有烟炱。耳低于口沿。腹部饰绳纹。残高8.3、残宽5.7、厚0.6~0.8厘米（图2-13，3）。

T0204⑨：P2，夹砂红陶。耳低于口沿。耳面饰附加堆纹。口径13.6、残高6.6、残宽7.7、厚0.5厘米（图2-13，4）。

T0204⑨：P3，夹砂红陶，器表有烟炱。耳略低于口沿。口径10.2、残高7.6、残宽6.7、厚0.5~0.6厘米（图2-13，5）。

T0204⑩：P1，夹砂红陶，器表有烟炱。耳低于口沿。颈部饰刻划三角纹。残高6.1、残宽5.1、厚0.3~0.5厘米（图2-13，6）。

T0204⑭：P2，夹砂红陶。耳低于口沿。口沿部有凸棱一周。口径16.4、残高9.5、残宽7.6、厚0.3~0.7厘米（图2-13，7）。

T0204⑯：P2，夹砂红陶，器表有烟炱。耳低于口沿。残高7.6、残宽6.3、厚0.7厘米（图2-13，8）。

T0204⑯：P3，夹砂红陶，器表有烟炱。耳低于口沿。颈部、耳部饰刻划三角纹，耳面粘贴小泥饼。残高6.7、残宽6.5、厚0.4~0.6厘米（图2-14，1）。

T0204⑯：P4，夹砂红陶，器表有烟炱。耳低于口沿。颈肩部饰绳纹。残高9.0、残宽7.4、厚0.6厘米（图2-14，2）。

T0204⑯：P8，夹砂红陶，器表有烟炱。耳低于口沿。颈部饰附加堆纹一周和刻划纹。口径16.6、残高9.2、厚0.6~1.2厘米（图2-14，3）。

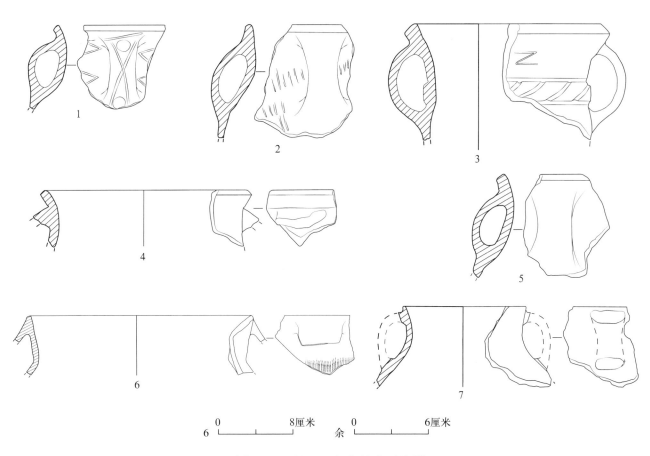

图2-14　T0204出土双小耳陶罐

1.T0204⑯：P3　2.T0204⑯：P4　3.T0204⑯：P8　4.T0204⑯：P20　5.T0204⑯：P23　6.T0204⑳：P1　7.T0204⑳：P5

T0204⑯：P20，夹砂红陶，器表有烟炱。耳低于口沿。口径16.8、残高4.5、残宽5.6、厚0.7厘米（图2-14，4）。

T0204⑯：P23，夹砂红陶，器表有烟炱。耳低于口沿。残高8.3、残宽6.9、厚0.5~0.8厘米（图2-14，5）。

T0204⑳：P1，夹砂红陶。耳略低于口沿。肩腹部饰绳纹。口径24.2、残高6.3、残宽8.1、厚0.6厘米（图2-14，6）。

T0204⑳：P5，夹砂灰陶。耳低于口沿。口径10.1、残高6.4、残宽5.3、厚0.5厘米（图2-14，7）。

侈口罐　12件。夹砂红陶、夹砂灰陶或泥质橙黄陶。侈口，圆唇，溜肩或圆肩，鼓腹。部分肩腹部饰绳纹、附加堆纹或压印纹。

T0204①：4，夹砂红陶。微侈口，溜肩，鼓腹，平底。口径4.2、最大腹径6.2、底径3.5、高6.5、厚0.3~0.9厘米（图2-15，1）。

T0204④：P1，夹砂红陶。圆肩。肩腹部饰绳纹。残高6.1、残宽5.8、厚0.5厘米（图2-15，2）。

T0204⑤：P1，夹砂红陶。圆肩。肩腹部饰绳纹。口径10.4、残高5.4、残宽7.9、厚0.4~0.6厘米（图2-15，3）。

T0204⑧：P1，夹砂红陶，器表有烟炱。口径12.4、残高4、残宽8.9、厚0.6厘米（图2-15，4）。

T0204⑧：P3，夹砂红陶。溜肩。肩腹部饰绳纹。残高5.6、残宽6.8、厚0.6厘米（图2-15，5）。

T0204⑪：P1，夹砂红陶，器表有烟炱。溜肩。口部饰弦纹两道，肩部饰绳纹。口径15.0、残高4.9、残宽7.4、厚0.6厘米（图2-15，6）。

T0204⑪：P2，夹砂灰陶。溜肩，鼓腹。腹部饰绳纹。口径12.0、残高6.6、残宽4.8、厚0.3~0.5厘米（图2-16，1）。

T0204⑭：P1，夹砂红陶，器表有烟炱。颈部和肩部饰戳印纹。残高5.1、残宽8.5、厚0.6~1.0厘米（图2-16，2）。

T0204⑯：P1，夹砂红陶，器表有烟炱，溜肩，鼓腹。肩腹部饰绳纹。残高9.6、残宽6.4、厚0.5厘米（图2-16，3）。

T0204⑯：P12，夹砂红陶，器表有烟炱。肩部饰绳纹。口径12.2、残高4.5、残宽4.7、厚0.4~0.7厘米（图2-16，4）。

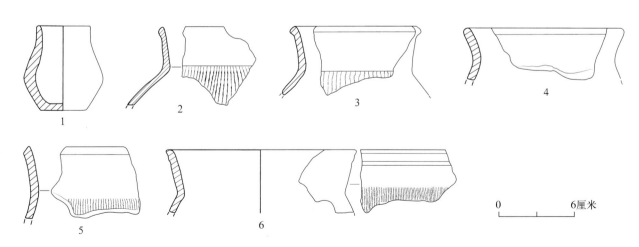

图2-15　T0204出土侈口陶罐

1.T0204①：4　2.T0204④：P1　3.T0204⑤：P1　4.T0204⑧：P1　5.T0204⑧：P3　6.T0204⑪：P1

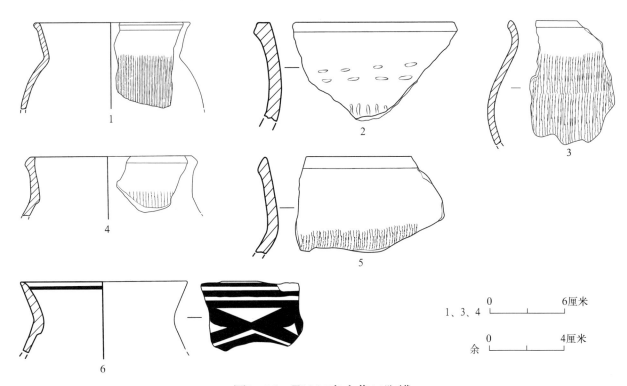

图2-16　T0204出土侈口陶罐

1.T0204⑪：P2　2.T0204⑭：P1　3.T0204⑯：P1　4.T0204⑯：P12　5.T0204⑯：P17　6.T0204⑳：P2

T0204⑯：P17，夹砂红陶，器表有烟炱，肩部饰绳纹。残高4.9、残宽7.6、厚0.5~0.7厘米（图2-16，5）。

T0204⑳：P2，泥质橙黄陶。器表和口沿内壁饰黑彩，内壁饰窄条带纹一周，口沿外侧饰窄条带纹三周，颈腹部饰对三角纹。口径8.6、残高3.6、残宽5.1、厚0.2~0.5厘米（图2-16，6）。

高领罐　9件。夹细砂红陶、夹砂灰陶或泥质橙黄陶。大敞口，圆唇，高领。个别腹部饰篮纹。

T0204③：P1，夹细砂红陶。领部下饰戳印纹。口径15.8、残高5.8、厚0.5厘米（图2-17，1）。

T0204④：P2，夹细砂红陶。口径34.8、残高9.0、残宽9.2、厚1.0厘米（图2-17，2）。

T0204⑧：P5，夹细砂红陶。口径19.2、残高10.0、残宽8.1、厚0.4~0.8厘米（图2-17，3）。

T0204⑨：P4，夹细砂红陶。口径18.0、残高6.2、残宽7.9、厚0.5厘米（图2-17，4）。

T0204⑯：P14，夹砂灰陶。口径14.0、残高6.2、厚0.3~0.7厘米（图2-17，5）。

T0204⑯：P16，夹细砂红陶。口径13.4、残高6.1、厚0.2~0.5厘米（图2-17，6）。

T0204⑯：P18，夹细砂红陶。折肩。口径16.5、残高11、厚0.4~0.7厘米（图2-17，7）。

T0204⑳：P3，夹细砂红陶。折肩。口径17.2、残高11.3、残宽14.9、厚0.3~0.7厘米（图2-17，8）。

T0204⑳：P9，泥质橙黄陶。领部饰刻划纹和弦纹，领部有一穿孔。口径16.4、残高4.3、残宽5.9、厚0.2~0.4厘米（图2-17，9）。

敛口罐　2件。夹砂红陶。敛口，方唇，圆肩。口部饰凸棱一周。

T0204⑭：P3，口径16.7、残高6.4、厚0.5~1.2厘米（图2-18，1）。

T0204⑯：P15，口径14.2、残高5.4、厚0.5~0.7厘米（图2-18，2）。

瓮　5件。夹砂红陶。直口或侈口，方唇或圆唇，筒状腹，微鼓。饰绳纹。

T0204⑯：P5，直口，方唇。通体饰绳纹。残高6.3、残宽4.9、厚0.7~1.2厘米（图2-18，3）。

T0204⑳：P4，直口，方唇。通体饰绳纹。残高6.4、残宽7.8、厚0.6~0.8厘米（图2-18，4）。

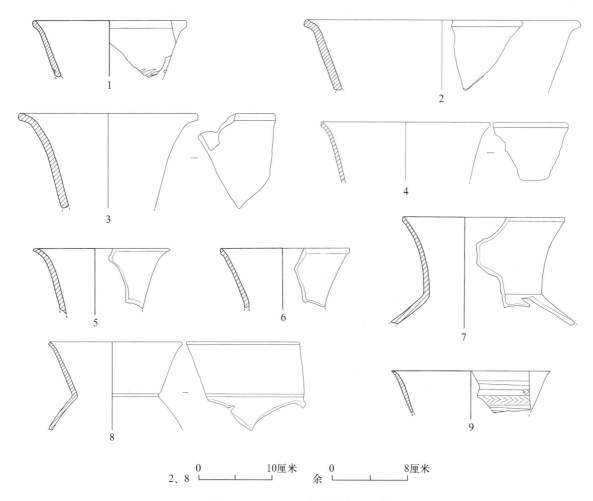

图2-17　T0204出土高领陶罐

1.T0204③：P1　2.T0204④：P2　3.T0204⑧：P5　4.T0204⑨：P4　5.T0204⑯：P14　6.T0204⑯：P16　7.T0204⑯：P18
8.T0204⑳：P3　9.T0204⑳：P9

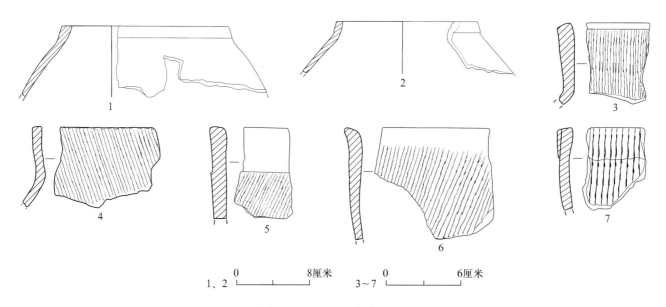

图2-18　T0204出土陶器

1、2.敛口罐T0204⑭：P3、T0204⑯：P15　3~7.瓮T0204⑯：P5、T0204⑳：P4、T0204⑳：P7、T0204⑳：P13、T0204⑳：P14

T0204⑳：P7，直口，方唇。腹部饰绳纹。残高7.2、残宽4.7、厚0.7～1.3厘米（图2-18，5）。

T0204⑳：P13，直口，微侈，圆唇。腹部饰绳纹。残高8.9、残宽9.3、厚0.7～1.2厘米（图2-18，6）。

T0204⑳：P14，直口，方唇。口沿部有凸棱一周，通体饰绳纹。残高6.5、残宽4.7、厚0.7～1.2厘米（图2-18，7）。

花边口罐　2件。侈口，圆唇。束颈，溜肩。口沿外饰花边附加堆纹一周。

T0204③：P3，夹砂红褐陶。口径9.6、残高3.1、厚0.5厘米（图2-19，1）。

T0204⑳：P10，夹砂红陶。腹部饰绳纹。口径11.4、残高5.5、残宽4.7、厚0.3～0.6厘米（图2-19，2）。

器盖　11件。夹砂红陶、夹砂灰陶、夹砂红褐陶或夹砂橙黄陶。斗笠状，盖面斜直或圆弧，盖面之上有捉纽，多残存局部。部分盖面上饰绳纹。

T0204②：P1，夹砂橙黄陶。盖面斜直，素面。盖径13.2、残高2.5、厚0.5～1.2厘米（图2-19，3）。

T0204②：14，夹砂红陶。仅存盖纽。亚腰形，顶部内凹。顶径2.4、高2.8厘米（图2-19，4）。

T0204③：1，夹砂红褐陶。盖面斜直，圆形捉纽，中部有凹窝，器表有烟炱。盖径12.8、纽径4.0、高5.8、厚0.5～0.6厘米（图2-19，5）。

T0204⑭：P9，夹砂红褐陶。盖面圆弧。器表饰绳纹。盖径8.4、残高2.0、厚0.4厘米（图2-19，6）。

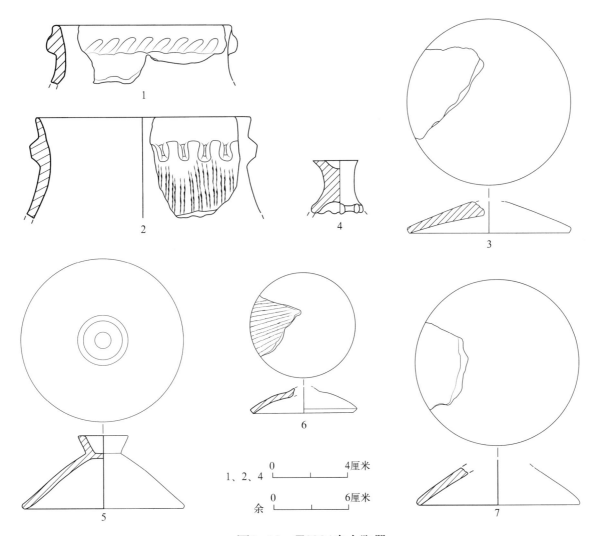

图2-19　T0204出土陶器

1、2.花边口罐T0204③：P3、T0204⑳：P10　3～7.器盖T0204②：P1、T0204②：14、T0204③：1、T0204⑭：P9、T0204⑯：P9

　　T0204⑯：P9，夹砂红陶。盖面斜直。器表有烟炱。盖径13.2、残高3.0、厚0.5厘米（图2-19，7）。

　　T0204⑯：P10，夹砂红陶。盖面斜直。器表有烟炱。盖径17.8、残高3.0、厚0.5厘米（图2-20，1）。

　　T0204⑯：11，夹砂红陶。盖面斜直。圆形捉纽，中部有凹窝，器表有烟炱。盖径9.4、纽径3.6、高3.6、厚0.6～1.2厘米（图2-20，2；彩版五，1）。

　　T0204⑯：P19，夹砂红陶。盖面斜直。盖面饰戳印纹，器表有烟炱。盖径17.9、残高2.3、厚0.5厘米（图2-20，3）。

　　T0204⑱：P2，夹砂灰陶。盖面斜直，圆形捉纽。纽径5.1、高4.7、厚0.5～1.7厘米（图2-20，4）。

　　T0204⑱：P3，夹砂红陶。盖面圆弧，盖面饰刻划三角纹和戳印圆点纹。盖径8.0、残高2.0、厚0.3～0.7厘米（图2-20，5）。

　　T0204⑳：P6，夹砂灰陶。盖面圆弧，器表有烟炱。盖径9.7、残高2.7、厚0.4～0.8厘米（图2-20，6）。

　　盆　7件。夹砂红陶或泥质红陶。敞口，方唇或圆唇，斜腹。

　　T0204⑨：4，夹砂红陶。方唇，斜腹，内收，平底。口径20.0、底径12.1、高5.7、厚0.5～0.9厘米（图2-21，1）。

　　T0204⑪：P3，夹砂红陶。斜沿，腹部饰篮纹。残宽9.4、沿宽4.1、厚0.6厘米（图2-21，2）。

　　T0204⑭：P5，泥质红陶。圆唇，器表施红色陶衣，饰黑彩，口沿内壁饰宽带纹一周，器表饰宽带纹三周。口

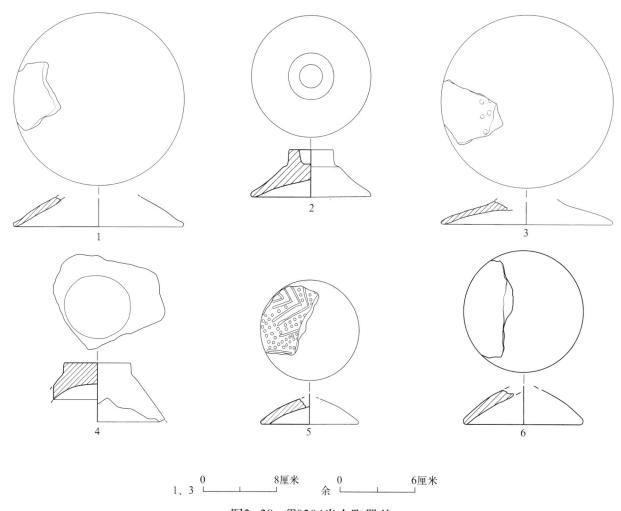

0 ___ 8厘米　　0 ___ 6厘米
1、3 _____　　余 _____

图2-20　T0204出土陶器盖
1.T0204⑯：P10　2.T0204⑯：11　3.T0204⑯：P19　4.T0204⑱：P2　5.T0204⑱：P3　6.T0204⑳：P6

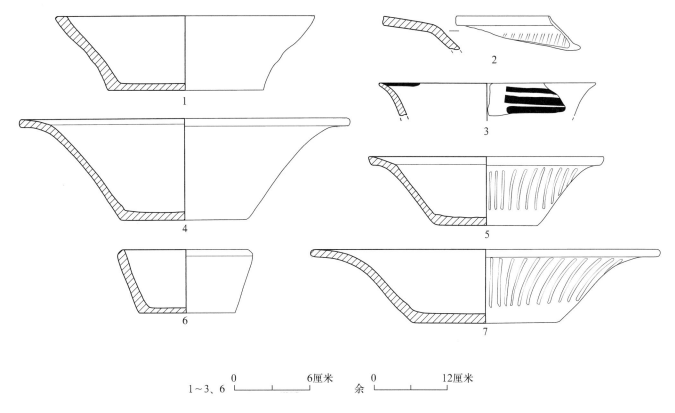

图2-21　T0204出土陶盆

1. T0204⑨：4　2. T0204⑪：P3　3. T0204⑭：P5　4. T0204⑭：9　5. T0204⑭：10　6. T0204⑳：9　7. T0204⑳：25

径16.9、残高2.3、厚0.5厘米（图2-21，3）。

T0204⑭：9，夹砂红陶。斜沿，方唇，斜弧腹，平底。口径51.0、底径20.0、高15.6、厚1.0~1.6厘米（图2-21，4；彩版五，2）。

T0204⑭：10，夹砂红陶。斜沿，方唇，斜弧腹，平底，腹部饰篮纹。口径37.0、底径16.0、高10.6、厚1.0~1.5厘米（图2-21，5；彩版五，3）。

T0204⑳：9，夹砂红陶。圆唇，斜直腹，平底。口径10.5、底径7.5、高4.9、厚0.5~0.7厘米（图2-21，6）。

T0204⑳：25，夹砂红陶。宽斜沿，圆唇，斜弧腹，平底，腹部饰篮纹。口径54.5、底径23.0、高11.4、厚1~1.4厘米（图2-21，7；彩版五，4）。

钵　1件。

T0204⑳：P12，夹砂红陶。直口，圆唇，直腹，平底。腹部有一穿孔。口径6.0、高2.5、厚0.5~0.7厘米（图2-22，1）。

鬲足　1件。

T0204⑳：P11，夹砂红陶。矮实足跟。残高7.6、残宽4.2、厚0.3~0.8厘米（图2-22，2）。

纺轮　6件。夹砂红陶、夹砂灰陶或夹砂橙黄陶。圆饼状或蘑菇顶状，中间有穿孔。

T0204②：8，夹砂红陶。圆饼状。直径5.6、孔径0.6、厚0.6~0.8厘米（图2-22，3；彩版五，5）。

T0204⑨：7，夹砂橙黄陶。圆饼状，残存约四分之一，器表饰刻划纹。直径6.6、孔径0.6、厚0.6~0.8厘米（图2-22，4）。

T0204⑯：2，夹砂红陶。圆饼状，残存一半。直径7.1~7.5、孔径1~1.1、厚1.6~1.8厘米（图2-22，5）。

T0204⑯：4，夹砂红陶。蘑菇顶状，残存一半。直径6.3、孔径0.6~0.7、最大厚2.3厘米（图2-22，6）。

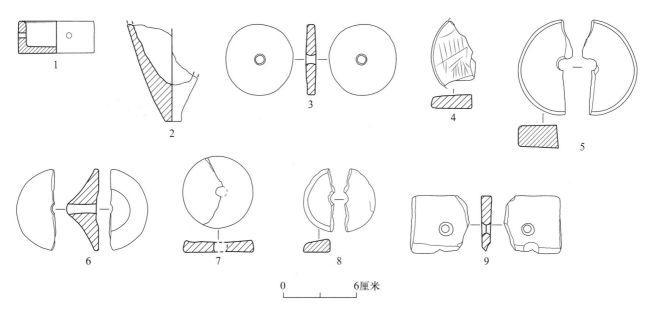

图2-22 T0204出土陶器

1.钵T0204⑳：P12 2.鬲足T0204⑳：P11 3~8.纺轮T0204②：8、T0204⑨：7、T0204⑯：2、T0204⑯：4、T0204⑯：7、T0204⑲：1
9.刀T0204⑯：5

T0204⑯：7，夹砂红陶。圆饼状，残存约三分之一。直径5.5、孔径0.8、厚0.8厘米（图2-22，7）。

T0204⑲：1，夹砂灰陶。圆饼状，残存一半。直径4.1~4.8、孔径0.8、厚0.9厘米（图2-22，8）。

刀 1件。

T0204⑯：5，泥质红陶。系陶片磨制而成，残存一半。直背，直刃，中锋，中部有穿孔，对面钻。残长4.4、宽4.5、厚0.8厘米（图2-22，9）。

2.铜器

3件。红铜质，铸造或锻造。器形包括刀、锥、环。

刀 1件。

T0204④：1，直柄，微弧，弧背，弧刃。柄长3.8、柄宽1.2、刃长8.9、刃宽2.4、背厚0.2厘米（图2-23，1；彩版五，6）。

锥 1件。

T0204⑪：3，三棱状，断面呈三角形，一端较锐，一端扁平，顶残。残长4.4、厚0.4厘米（图2-23，2；彩版五，7）。

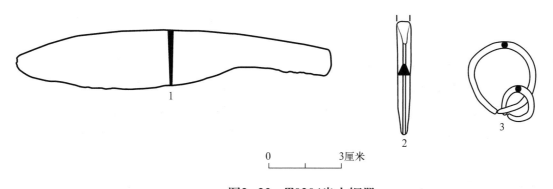

图2-23 T0204出土铜器

1.刀T0204④：1 2.锥T0204⑪：3 3.环T0204⑲：3

环 1件。

T0204⑲：3，两环相扣，较圆。一环略大，一环略小，均有口，两环断面呈圆形。大环直径 2.7～2.8、小环直径 1.3～1.4、大环断面直径 0.2～0.3、小环断面直径 0.3 厘米（图 2-23，3；彩版六，1）。

3. 骨器

主要包括笄、锥、针、片饰。

锥 2件。系用动物肢骨劈成长条后磨制而成，器身扁平，锥身较直，通体磨光。

T0204⑳：43，断面近圆形，锥尖残。残长 3.7、直径 0.4～1.1 厘米（图 2-24，1）。

T0204⑳：55，断面呈方形。两端残。残长 4.7、直径 0.3 厘米（图 2-24，2）。

笄 1件。

T0204⑳：41，呈长条状，器身扁平，表面光滑，顶端残。残长 7.1、宽 0.7、厚 0.2 厘米（图 2-24，3；彩版六，2）。

针 5件。器身细长，磨制精细，断面呈圆形。

T0204⑳：42，两端残。残长 2.1、直径 0.2 厘米（图 2-24，4）。

T0204⑳：54，两端残。残长 2.5、直径 0.2 厘米（图 2-24，5）。

T0204⑳：56，顶端残，尖部锋利。残长 4.4、直径 0.2～0.3 厘米（图 2-24，6）。

T0204⑳：57，顶端残。残长 2.1、直径 0.1～0.2 厘米（图 2-24，7）。

T0204⑳：58，两端残。残长 2.7、直径 0.2 厘米（图 2-24，8）。

片饰 1件。

T0204㉒：9，系用动物肢骨磨制而成，整体呈长条状，扁平，两面磨光，一面有凹窝。长 6.6、宽 1.6、厚 0.2 厘米（图 2-24，9）。

4. 玉石器

主要包括玉石器产品及加工工具，少量的生产工具，大部分为磨制石器，部分为打制石器，磨制石器大部分通体磨光，仅个别局部磨光。玉石器产品包括璧、璧芯。玉石器加工工具包括磨石和切割工具。出土了大量的玉石料，制作玉石器的断块，部分玉石料有切割痕迹。生产工具包括锤、斧、刀、刀坯料、铲、铲坯料、凿、凿形器、纺轮、研磨器、镞等。

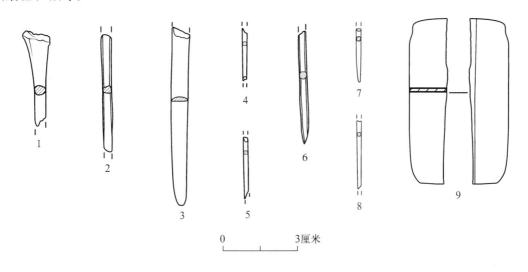

图 2-24 T0204 出土骨器

1、2. 锥 T0204⑳：43、T0204⑳：55 3. 笄 T0204⑳：41 4～8. 针 T0204⑳：42、T0204⑳：54、T0204⑳：56、T0204⑳：57、T0204⑳：58 9. 片饰 T0204㉒：9

　　璧　34件。仅个别完整，大部分为残块，平面呈圆形、椭圆形、圆角方形和不规则形，大部分器身磨光，外缘仅个别磨制规整，大部分保留打制疤痕。大部分好侧稍厚，逐渐向外缘减薄。中间钻孔，单面管钻，部分未钻透，孔壁保留有管钻痕迹，断钻处有明显断茬。

　　T0204①：2，蛇纹大理岩，暗绿色。平面近椭圆形。外径7.2～9.2、好径2.2～2.8、厚0.6～1.0厘米（图2-25，1；彩版六，3）。

　　T0204②：3，大理岩，灰白色。平面呈不规则形。外径8.0～10.0、好径1.6～2.5、厚1.4厘米（图2-25，2；彩版六，4）。

　　T0204②：4，大理岩，灰白色。平面呈不规则形，一面涂有朱砂。外径7.0～9.4、好径1.6～2.1、厚1.6厘米（图2-25，3；彩版六，5）。

　　T0204②：5，大理岩，黄绿色。平面呈不规则形，残余约二分之一璧面。外径5.6～6.1、好径1.3～1.7、厚0.5～0.9厘米（图2-25，4；彩版六，6）。

　　T0204②：12，蛇纹大理岩，绿色。平面近圆形，残余约四分之一璧面，外缘磨制较规整。外径6.2～6.6、好径2.7～2.9、厚0.6厘米（图2-25，5；彩版七，1）。

　　T0204②：15，蛇纹大理岩，灰白色。平面呈圆形，无钻孔。外径8.8～10.0、厚0.9～1.2厘米（图2-25，6；彩版七，2）。

　　T0204⑧：1，蛇纹大理岩，灰褐色。平面近圆形，残余约四分之一璧面。外径10.5～11.3、好径2.2～2.4、厚0.6～1.0厘米（图2-25，7；彩版七，3）。

　　T0204⑨：1，蛇纹岩，灰白色。平面近圆形，一面涂有朱砂。外径11.6～12.6、好径3.3～4.4、厚0.5～1.4厘米（图2-25，8；彩版七，4）。

　　T0204⑨：2，透闪大理岩，青灰色。平面近圆形，外缘磨光。一面涂有朱砂。外径5.8～6.1、好径1.8～2.1、厚0.6～0.8厘米（图2-25，9；彩版七，5）。

　　T0204⑨：3，蛇纹大理岩，白色。平面近圆角方形。外径5.7～6.4、好径2.0～2.4、厚0.4厘米（图2-25，10；彩版七，6）。

　　T0204⑩：1，蛇纹大理岩，灰白色。平面呈圆角方形，外缘磨光，残余约三分之一璧面。外径6.6～8.4、好径3.9～4.2、厚0.9厘米（图2-26，1；彩版八，1）。

　　T0204⑭：1，蛇纹大理岩，白色。平面近圆形，残余约三分之一璧面。外径5.6～6.0、好径1.4～1.7、厚0.3～0.8厘米（图2-26，2；彩版八，2）。

　　T0204⑭：2，蛇纹大理岩，灰白色。平面近方形，外缘磨光，残余约四分之一璧面。外径9.6～10.2、好径4.5～5.0、厚1.0厘米（图2-26，3；彩版八，3）。

　　T0204⑭：3，蛇纹大理岩，白色。平面近圆形，外缘磨光，残余约五分之一璧面。外径12.2～12.8、好径2.4～2.9、厚0.4～1.2厘米（图2-26，4；彩版八，4）。

　　T0204⑭：6，蛇纹大理岩，白色。平面近圆形，残余约四分之一璧面。外径10.8～11.8、好径2.4～3.0、厚0.6～1.0厘米（图2-26，5；彩版八，5）。

　　T0204⑭：7，大理岩，灰白色。平面近圆形，外缘磨光，单面钻，未钻透，残余约四分之一璧面。外径6.6～7.6、好径1.7～1.9、厚0.3～0.6厘米（图2-26，6；彩版八，6）。

　　T0204⑭：8，蛇纹大理岩，白色。平面呈不规则形，残余约三分之一璧面。外径4.8～9.4、好径0.8～1.3、厚0.6厘米（图2-26，7；彩版八，7）。

　　T0204⑮：2，透闪大理岩，灰白色。平面近圆形，外缘磨光，残余约二分之一璧面。外径6.1～7.2、好径

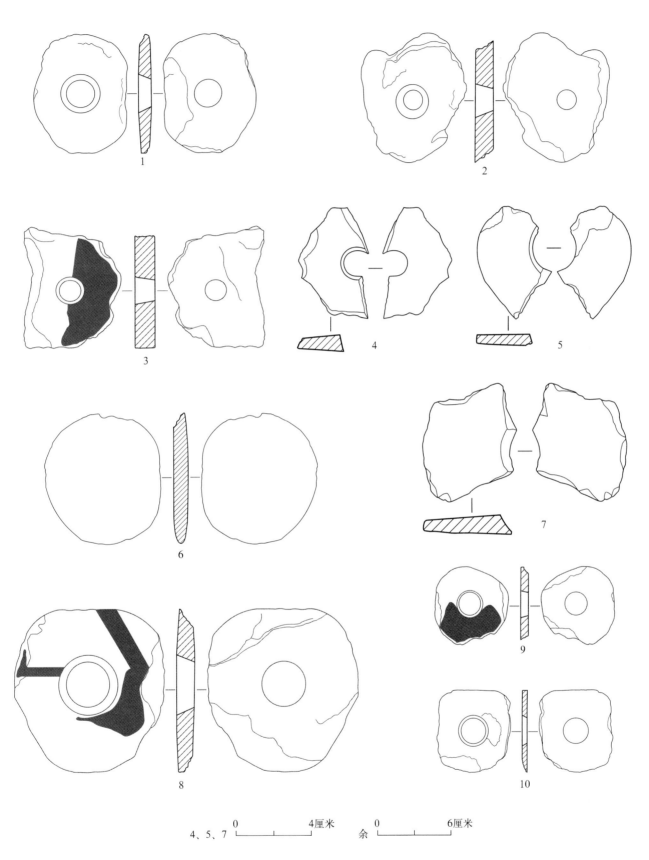

0　　　　4厘米　　　　0　　　　6厘米
4、5、7　　　　　　　　余

图2-25　T0204出土玉石璧

1.T0204①：2　2.T0204②：3　3.T0204②：4　4.T0204②：5　5.T0204②：12　6.T0204②：15　7.T0204⑧：1　8.T0204⑨：1
9.T0204⑨：2　10.T0204⑨：3

3.0～3.4、厚0.7厘米（图2-26，8；彩版八，8）。

　　T0204⑰：1，蛇纹大理岩，灰绿色。平面近圆角方形，残余约二分之一璧面。外径8.0～8.6、好径2.6～3.2、厚0.6～0.8厘米（图2-26，9；彩版九，1）。

　　T0204⑰：4，大理岩，灰白色。残块，平面呈不规则形，两面磨光，外缘局部磨光。残长5.5、残宽4.6、厚0.7～0.9厘米（图2-26，10）。

　　T0204⑰：6，蛇纹大理岩，浅黄绿色。平面呈圆形，外缘磨光，残余约三分之一璧面。外径9.0～9.2、好径1.8～2.4、厚0.7～1.0厘米（图2-27，1；彩版九，2）。

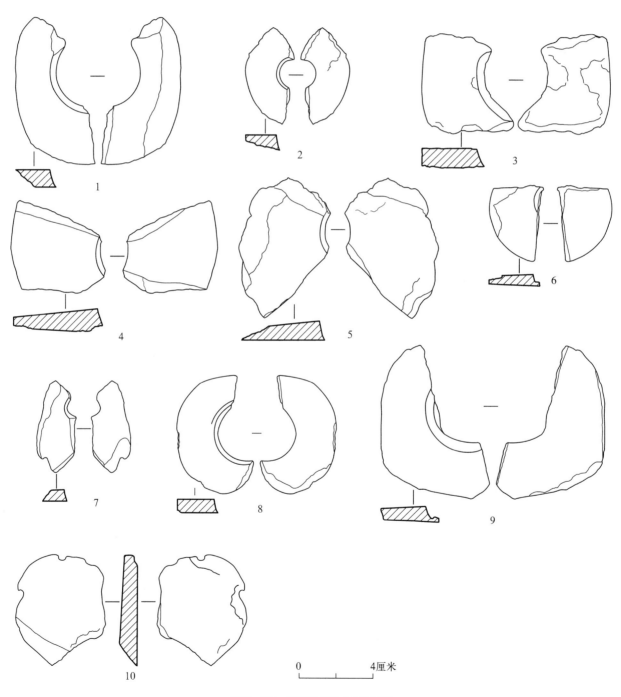

0　　　　　4厘米

图2-26　T0204出土玉石璧

1.T0204⑩：1　2.T0204⑭：1　3.T0204⑭：2　4.T0204⑭：3　5.T0204⑭：6　6.T0204⑭：7　7.T0204⑭：8　8.T0204⑮：2
9.T0204⑰：1　10.T0204⑰：4

T0204⑰：7，蛇纹大理岩，灰白色。平面近圆形，外缘磨光，残余约四分之一璧面。外径10.4～11.0、好径4.0～4.8、厚0.4～1.2厘米（图2-27，2；彩版九，3）。

T0204⑲：2，蛇纹石玉，绿色。平面近椭圆形，残余约三分之一璧面。外径6.6～9.0、好径3.2～4.0、厚0.8厘米（图2-27，3；彩版九，4）。

T0204⑲：4，蛇纹岩，灰白色。平面近圆形，残余约二分之一璧面。外径3.5～3.7、好径1.4～1.7、厚0.4～0.5厘米（图2-27，4；彩版九，5）。

T0204⑳：3，大理岩，黄白色。平面呈圆角方形，厚度较均匀。外径3.3～3.5、好径1.1～1.4、厚0.4厘米（图2-27，5；彩版九，6）。

T0204⑳：4，蛇纹大理岩，灰白色。平面近圆形，外缘磨光，残余约二分之一璧面。外径6.5～7.0、好径1.2～1.5、厚0.5～0.7厘米（图2-27，6；彩版九，7）。

T0204⑳：6，蛇纹岩，黄绿色。平面呈不规则形，残存约六分之一璧面。外径9.0～10.4、好径4.0～5.0、厚1.7厘米（图2-27，7；彩版一〇，1）。

T0204⑳：34，蛇纹大理岩，灰白色。平面近圆形，只残留边缘，外缘磨光，残长8.6、残宽2.7、厚1.2厘米（图2-27，8；彩版一〇，2）。

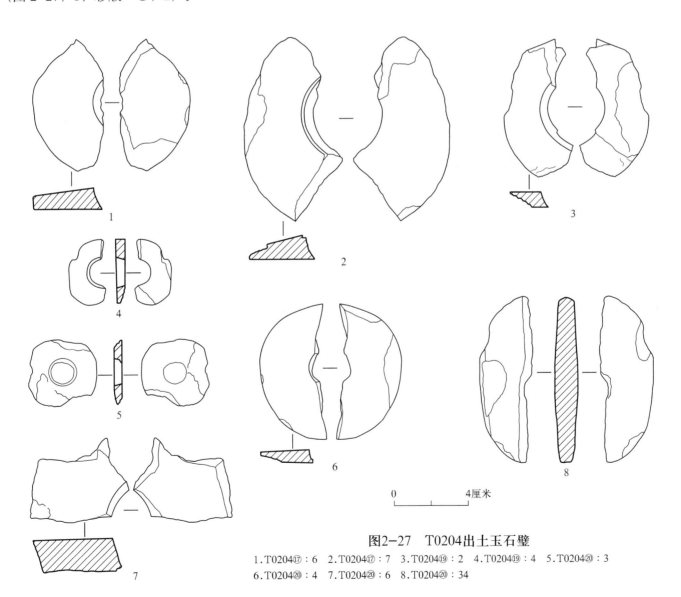

0   4厘米

图2-27 T0204出土玉石璧

1. T0204⑰：6 2. T0204⑰：7 3. T0204⑲：2 4. T0204⑲：4 5. T0204⑳：3
6. T0204⑳：4 7. T0204⑳：6 8. T0204⑳：34

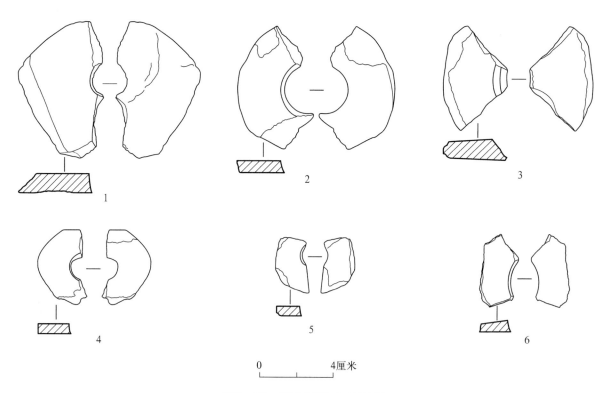

图2-28　T0204出土玉石璧

1.T0204⑳：36　2.T0204⑳：39　3.T0204⑳：45　4.T0204⑳：46　5.T0204⑳：47　6.T0204⑳：52

T0204⑳：36，蛇纹大理岩，灰白色。平面呈圆角方形，残余约四分之一璧面。外径10.2～12.0、好径1.8～2.4、厚0.9厘米（图2-28，1；彩版一〇，3）。

T0204⑳：39，绿泥岩，灰色。平面近圆形，残余约三分之一璧面。外径8.0～8.4、好径2.4～3.0、厚0.4～0.6厘米（图2-28，2；彩版一〇，4）。

T0204⑳：45，大理岩，灰白色。平面近圆形，残余约五分之一璧面。外径7.8～8.1、好径2.0～3.2、厚0.8～1.1厘米（图2-28，3；彩版一〇，5）。

T0204⑳：46，蛇纹大理岩，灰白色。平面呈圆角方形，残余约二分之一璧面。外径3.9～4.8、好径1.1～1.4、厚0.5厘米（图2-28，4；彩版一〇，6）。

T0204⑳：47，蛇纹大理岩，白色。平面呈圆角方形，残余约四分之一璧面。外径3.4～5.2、好径1.0～1.4、厚0.5厘米（图2-28，5；彩版一〇，7）。

T0204⑳：52，透闪石岩，青灰色。平面呈不规则形，残余约四分之一璧面。外径4.4～7.4、好径1.8～2.4、厚0.8厘米（图2-28，6；彩版一〇，8）。

璧芯　25件。大部分保存完整，平面呈圆形，单面管钻，芯壁呈斜坡状，纵剖面呈梯形，璧芯两面光滑，侧面大多保留有管钻痕迹，断钻处大多保留有明显断茬。部分残破。

T0204②：13，蛇纹大理岩，浅灰绿色。直径2.1～2.6、厚1.1厘米（图2-29，1；彩版一一，1）。

T0204⑩：3，蛇纹大理岩，灰白色。一面残破。直径3.6～4.2、厚1.1厘米（图2-29，2；彩版一一，2）。

T0204⑩：4，云母质玉，灰黑色。直径1.4～1.8、厚0.4厘米（图2-29，3；彩版一一，3）。

T0204⑪：1，透闪大理岩，青灰色。直径3.4～4.2、厚1.5厘米（图2-29，4；彩版一一，4）。

T0204⑭：4，蛇纹岩，灰白色。一面残破。直径2.4～2.7、厚0.8厘米（图2-29，5；彩版一一，5）。

T0204⑭：5，蛇纹大理岩，白色。一面残破。直径3.5～3.7、厚0.7厘米（图2-29，6；彩版一一，6）。

T0204⑮：1，透闪大理岩，灰绿色。直径 2.0～2.6、厚 0.8 厘米（图 2-29，7）。

T0204⑮：3，蛇纹大理岩，黄绿色。直径 2.4～2.8、厚 1.6 厘米（图 2-29，8；彩版一一，7）。

T0204⑮：4，绿泥岩，灰绿色。两面残破。直径 3.5～4.2、厚 1.7 厘米（图 2-29，9；彩版一一，8）。

T0204⑯：1，透闪大理岩，灰白色。直径 1.8～2.4、厚 1.0 厘米（图 2-29，10；彩版一一，9）。

T0204⑯：3，蛇纹岩，灰绿色。直径 1.4～1.5、厚 1.0 厘米（图 2-29，11；彩版一二，1）。

T0204⑰：2，绿泥岩，灰白色。直径 2.5～2.6、厚 0.8 厘米（图 2-29，12；彩版一二，2）。

T0204⑰：3，蛇纹岩，灰绿色。直径 1.7～1.8、厚 0.7 厘米（图 2-29，13；彩版一二，3）。

T0204⑰：5，蛇纹大理岩，黄绿色。直径 2.6～2.8、厚 0.7 厘米（图 2-30，1；彩版一二，4）。

T0204⑰：9，透闪大理岩，灰白色。一面残破。直径 2.3～2.6、厚 0.8 厘米（图 2-30，2；彩版一二，5）。

T0204⑱：1，绿泥岩，绿色。直径 1.5～1.7、厚 0.6 厘米（图 2-30，3；彩版一二，6）。

T0204⑱：2，蛇纹大理岩，浅灰绿色。直径 2.4～2.9、厚 1.0 厘米（图 2-30，4；彩版一二，7）。

T0204⑳：1，蛇纹岩，灰白色。一面残破。直径 3.2～3.9、厚 1.6 厘米（图 2-30，5；彩版一二，8）。

T0204⑳：2，蛇纹大理岩，灰白色。一面残破，一面有切割痕迹。直径 4.3～4.9、厚 1.3～1.7 厘米（图 2-30，6；彩版一二，9）。

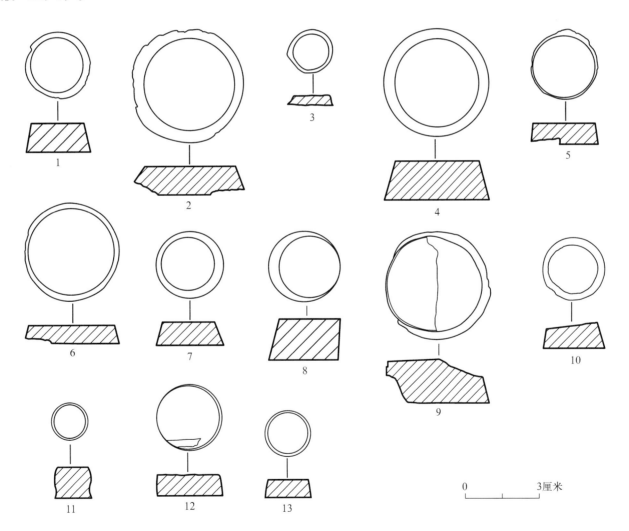

图2-29　T0204出土玉石璧芯

1.T0204②：13　2.T0204⑩：3　3.T0204⑩：4　4.T0204⑪：1　5.T0204⑭：4　6.T0204⑭：5　7.T0204⑮：1　8.T0204⑮：3
9.T0204⑮：4　10.T0204⑯：1　11.T0204⑯：3　12.T0204⑰：2　13.T0204⑰：3

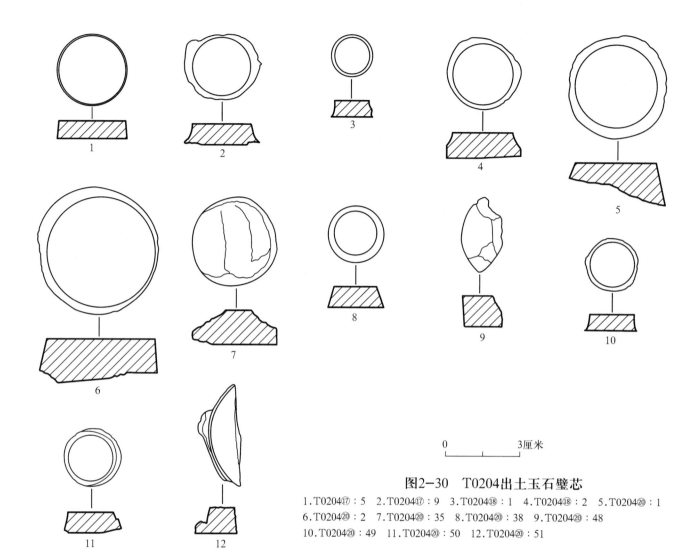

图2-30　T0204出土玉石璧芯

1.T0204⑰：5　2.T0204⑰：9　3.T0204⑱：1　4.T0204⑱：2　5.T0204⑳：1
6.T0204⑳：2　7.T0204⑳：35　8.T0204⑳：38　9.T0204⑳：48
10.T0204⑳：49　11.T0204⑳：50　12.T0204⑳：51

T0204⑳：35，蛇纹大理岩，灰白色。一面残破。直径3.0～3.4、厚1.3厘米（图2-30，7；彩版一三，1）。

T0204⑳：38，蛇纹大理岩，灰白色。直径1.7～2.2、厚0.8厘米（图2-30，8；彩版一三，2）。

T0204⑳：48，蛇纹大理岩，灰白色。残余约三分之一。直径3.6～3.7、厚1.2厘米（图2-30，9）。

T0204⑳：49，蛇纹岩，灰黑色。直径1.8～2.2、厚0.6厘米（图2-30，10；彩版一三，3）。

T0204⑳：50，蛇纹大理岩，浅灰白色。直径1.8～2.2、厚0.8厘米（图2-30，11；彩版一三，4）。

T0204⑳：51，蛇纹大理岩，灰白色。残存边缘。直径4.7～4.9、厚1.0厘米（图2-30，12；彩版一三，5）。

切割工具　3件。

T0204⑯：8，粉砂板岩，灰褐色。平面呈不规则形，一侧有双面刃，微弧，其他侧面有断茬。长5.7、宽4.7、厚0.2～0.6厘米（图2-31，1；彩版一三，6）。

T0204⑳：30，粉砂岩，灰黑色。平面近长方形，两面磨光，一侧有双面刃，微弧，有使用痕迹，其他侧面有断茬。长5.2、宽2.7、厚0.1～0.4厘米（图2-31，2；彩版一三，7）。

T0204⑳：31，粉砂岩，灰色。平面近方形，两面磨光，一侧有双面刃，较直，其他侧面有断茬。长3.3、宽3.3、厚0.1～0.7厘米（图2-31，3）。

磨石　49件。磨石断块，大小不一，平面近方形、三角形、长方形和不规则形。磨光面粗细不一，侧面有明显断茬，个别侧面磨制光滑，部分有火烧痕迹。

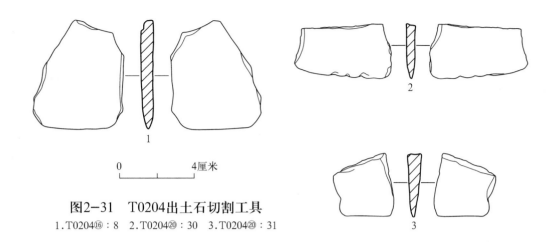

图2-31　T0204出土石切割工具

1.T0204⑯：8　2.T0204⑳：30　3.T0204⑳：31

　　T0204①：3，粉砂质泥岩，灰黑色。平面呈不规则形，两面有磨光面，一面局部剥落，一面微凹，一侧磨制光滑，局部有断茬。长10.6、宽7.2、厚1.8厘米（图2-32，1；彩版一四，1）。

　　T0204②：1，长石石英砂岩，青灰色。平面呈不规则形，一面有磨光面，一面凸起，磨光面较粗。长12.8、宽8.1、厚3.5厘米（图2-32，2）。

　　T0204②：20，粉砂岩，青灰色。平面呈不规则形，一面有磨光面，有明显火烧痕迹，侧面有断茬。长14.2、宽7.0、厚0.6厘米（图2-32，3）。

　　T0204②：21，粉砂岩，青灰色。平面呈不规则形，一面有磨光面，一面有火烧痕迹。长15.2、宽7.8、厚0.8厘米（图2-32，4；彩版一四，2）。

　　T0204②：22，粉砂岩，青灰色。平面近长方形，两面有磨光面，局部有凹窝，侧面有断茬。长7.1、宽4.7、厚0.9厘米（图2-32，5）。

　　T0204②：23，粉砂岩，青灰色。平面呈不规则形，两面有磨光面，侧面有断茬。长8.5、宽5.4、厚1.2厘米（图2-32，6）。

　　T0204②：24，泥质粉砂岩，青灰色。平面呈不规则形，一面有磨光面，侧面有断茬。长10.9、宽5.0、厚1.2厘米（图2-32，7；彩版一四，3）。

　　T0204②：25，粉砂岩，青灰色。平面近三角形，两面有磨光面，侧面有断茬。长6.6、宽4.9、厚1.0厘米（图2-32，8）。

　　T0204④：3，海绿石石英砂岩，青灰色。平面近方形，一面有磨光面，局部有火烧痕迹，一面不甚平整，侧面有断茬。长10.1、宽8.8、厚1.7厘米（图2-32，9）。

　　T0204④：4，石英砂岩，青灰色。平面呈不规则形，两面有磨光面，局部有火烧痕迹，局部剥落，侧面有断茬。长8.9、宽8.5、厚1.0厘米（图2-32，10）。

　　T0204④：5，海绿石石英砂岩，青灰色。平面近方形，两面有磨光面，侧面有断茬。长7.5、宽6.8、厚1.8厘米（图2-32，11；彩版一四，4）。

　　T0204④：6，石英砂岩，青灰色。平面呈不规则形，两面有磨光面，局部剥落，侧面有断茬。长9.6、宽5.8、厚1.4厘米（图2-32，12）。

　　T0204④：7，泥质粉砂岩，青灰色。平面呈不规则形，两面有磨光面，一面局部剥落，侧面有断茬。长7.6、宽6.2、厚0.5厘米（图2-33，1）。

　　T0204④：8，石英砂岩，青灰色。平面近长方形，两面有磨光面，侧面有断茬。长7.6、宽3.2、厚1.2厘米（图2-33，2）。

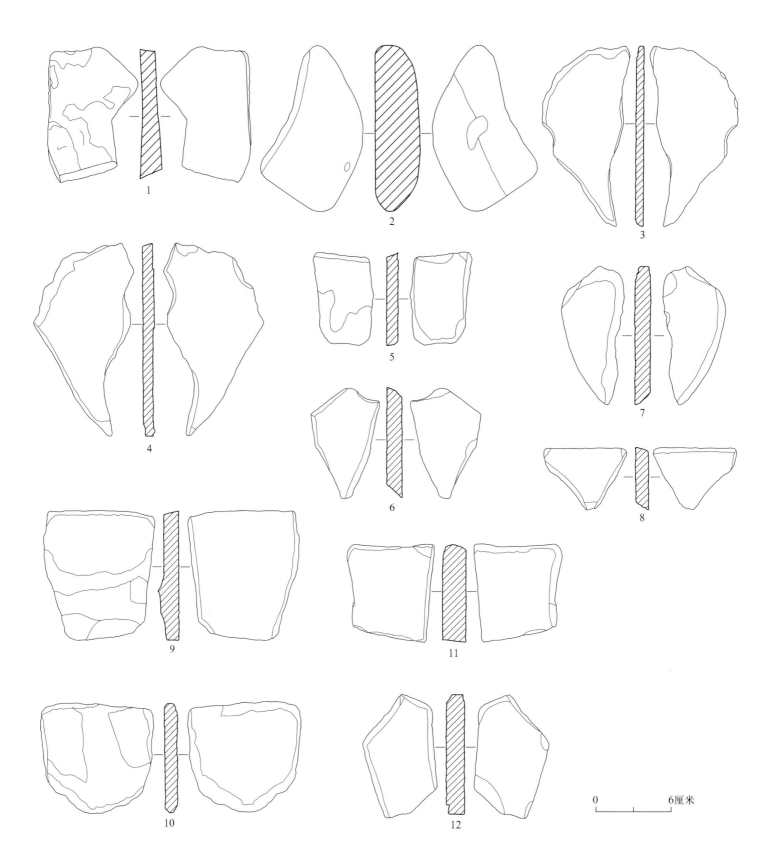

图2-32　T0204出土磨石

1.T0204①：3　2.T0204②：1　3.T0204②：20　4.T0204②：21　5.T0204②：22　6.T0204②：23　7.T0204②：24　8.T0204②：25
9.T0204④：3　10.T0204④：4　11.T0204④：5　12.T0204④：6

T0204⑤：1，杂砂岩，青灰色。平面近长方形，一面有磨光面，侧面有断茬。长 9.6、宽 5.6、厚 1.6 厘米（图 2-33，3；彩版一四，5）。

T0204⑦：1，长石石英砂岩，青灰色。平面呈三角形，两面有磨光面，一面局部剥落，侧面有断茬。长 17.5、宽 15.6、厚 3.0 厘米（图 2-33，4）。

T0204⑦：2，粉砂岩，青灰色。平面呈不规则形，一面有磨光面，侧面有明显断茬。长 11.5、宽 8.5、厚 1.1 厘米（图 2-33，5）。

T0204⑦：3，粉砂岩，青灰色。平面近方形，一面有磨光面，侧面有断茬。长 6.9、宽 6.7、厚 0.9 厘米（图 2-33，6）。

T0204⑦：4，硅质粉砂岩，青灰色。平面近方形，一侧磨光，两面有磨光面。长 6.2、宽 5.5、厚 1.1 厘米（图 2-33，7）。

T0204⑦：5，粉砂岩，青灰色。平面呈不规则形，一面有磨光面，侧面局部磨光。长 7.5、宽 4.9、厚 0.7 厘米（图 2-33，8）。

T0204⑦：6，硅质粉砂岩，青灰色。平面近长方形，两面有磨光面，侧面有明显断茬。长 4.8、宽 3.5、厚 1.0 厘米（图 2-33，9）。

T0204⑨：6，粉砂岩，青灰色。平面呈椭圆形，两面有磨光面，侧面有明显打制疤痕。长 10.5、宽 7.1、厚 0.9 厘米（图 2-33，10）。

T0204⑩：5，长石石英砂岩，青灰色。平面呈不规则形，一面有磨光面，侧面有断茬。长 7.8、宽 5.6、厚 2.7 厘米（图 2-33，11）。

T0204⑯：6，粉砂岩，青灰色。平面近长方形，两面有磨光面，侧面有断茬。长 6.5、宽 4.4、厚 0.8 厘米（图 2-33，12）。

T0204⑱：8，粉砂岩，青灰色。平面呈不规则形，两面有磨光面，侧面有断茬。长 10.4、宽 7.7、厚 1.1 厘米（图 2-34，1）。

T0204⑱：9，长石石英砂岩，青灰色。平面近方形，一面有磨光面，局部有火烧痕迹，侧面有断茬。长 7.1、宽 5.6、厚 2.5 厘米（图 2-34，2）。

T0204⑱：10，粉砂岩，青灰色。平面近长方形，一面有磨光面，一面局部剥落。长 4.7、宽 3.7、厚 0.8 厘米（图 2-34，3）。

T0204⑱：11，粉砂岩，青灰色。平面呈不规则形，两面有磨光面，一面局部剥落，侧面有断茬。长 4.3、宽 4.3、厚 0.5 厘米（图 2-34，4）。

T0204⑱：12，粉砂岩，青灰色。平面呈不规则形，一面有磨光面，一面局部剥落，侧面有断茬。长 5.4、宽 3.1、厚 0.4 厘米（图 2-34，5）。

T0204⑳：7，粉砂岩，青灰色。平面近方形，两面有磨光面，一面局部剥落。长 6.3、宽 6.2、厚 1.1 厘米（图 2-34，6）。

T0204⑳：10，粉砂岩，青灰色。平面近方形，两面有磨光面，一面局部剥落，侧面有断茬。长 6.4、宽 6.2、厚 1.0 厘米（图 2-34，7）。

T0204⑳：11，粉砂岩，青灰色。平面呈不规则形，两面有磨光面，一面局部剥落，侧面有断茬。长 9.4、宽 6.7、厚 0.9 厘米（图 2-34，8）。

T0204⑳：12，粉砂岩，青灰色。平面近方形，两面有磨光面，一面局部剥落，侧面有断茬。长 6.4、宽 5.8、厚 0.9 厘米（图 2-34，9）。

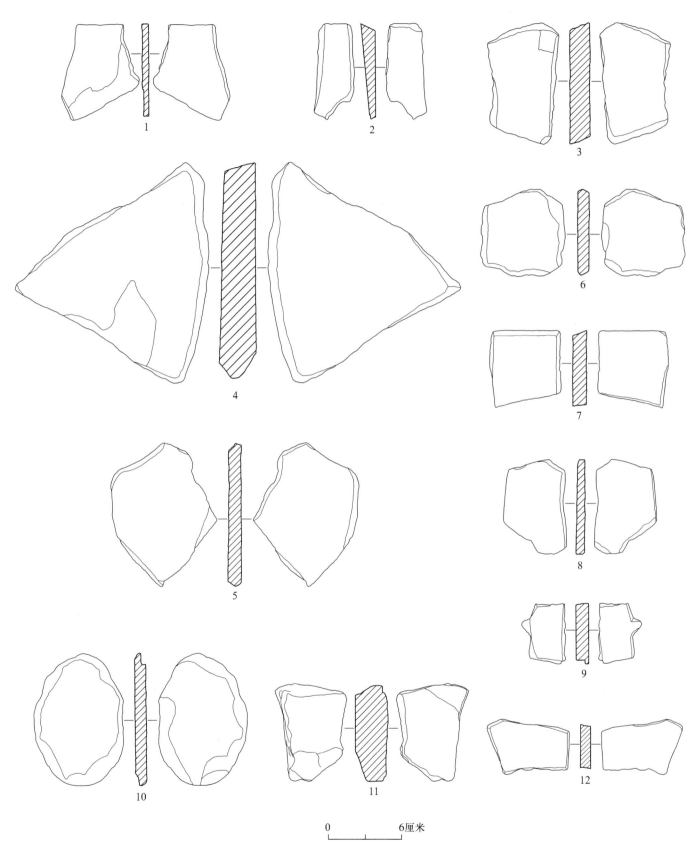

图2-33 T0204出土磨石

1.T0204④：7 2.T0204④：8 3.T0204⑤：1 4.T0204⑦：1 5.T0204⑦：2 6.T0204⑦：3 7.T0204⑦：4 8.T0204⑦：5
9.T0204⑦：6 10.T0204⑨：6 11.T0204⑩：5 12.T0204⑯：6

T0204⑳：13，粉砂岩，青灰色。平面呈不规则形，一面有磨光面，磨光面微凹，侧面有断茬。长7.7、宽7.1、厚1.2厘米（图2-34，10）。

T0204⑳：14，粉砂岩，青灰色。平面近方形，一面有磨光面，局部有火烧痕迹，侧面有断茬。长7.9、宽6.7、厚1.1厘米（图2-34，11）。

T0204⑳：16，粉砂岩，青灰色。平面呈不规则形，一面有磨光面，侧面有断茬。长6.0、宽5.3、厚0.6厘米（图2-34，12）。

T0204⑳：17，粉砂岩，青灰色。平面近三角形，两面有磨光面，局部有火烧痕迹，侧面有断茬。长5.5、宽5.5、厚0.7厘米（图2-34，13）。

T0204⑳：18，粉砂岩，青灰色。平面近长方形，两面有磨光面，侧面有断茬。长5.2、宽3.8、厚0.4厘米（图2-35，1）。

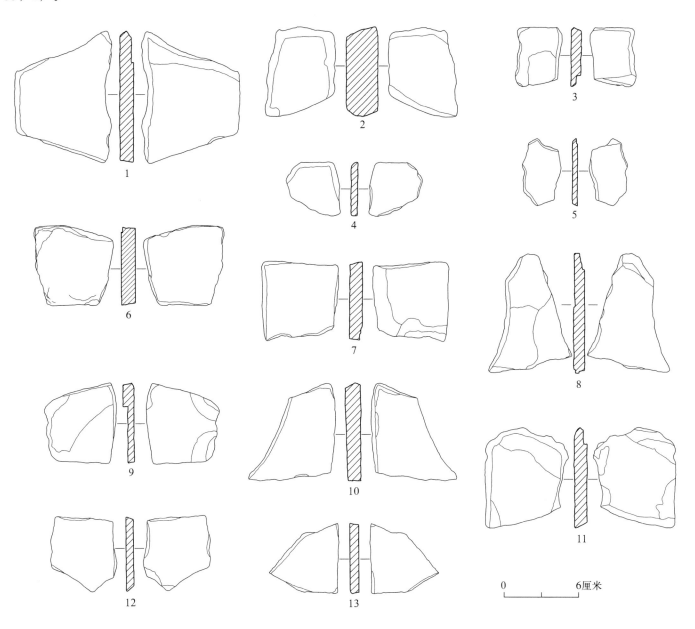

0   6厘米

图2-34 T0204出土磨石

1.T0204⑱：8 2.T0204⑱：9 3.T0204⑱：10 4.T0204⑱：11 5.T0204⑱：12 6.T0204⑳：7 7.T0204⑳：10 8.T0204⑳：11
9.T0204⑳：12 10.T0204⑳：13 11.T0204⑳：14 12.T0204⑳：16 13.T0204⑳：17

　　T0204⑳：19，粉砂岩，青灰色。平面呈不规则形，两面有磨光面，侧面有断茬。长7.4、宽3.8、厚0.4厘米（图2-35，2）。

　　T0204⑳：20，粉砂岩，青灰色。平面近三角形，两面有磨光面，一侧面局部磨光，局部有断茬。长6.1、宽5.1、厚1.0厘米（图2-35，3）。

　　T0204⑳：21，粉砂岩，青灰色。平面近三角形，两面有磨光面，侧面有断茬。长4.9、宽4.3、厚1.3厘米（图2-35，4）。

　　T0204⑳：22，粉砂岩，青灰色。平面呈不规则形，一面有磨光面，侧面有断茬。长5.2、宽4.0、厚0.6厘米（图2-35，5）。

　　T0204⑳：23，粉砂岩，青灰色。平面近三角形，一面有磨光面，侧面有断茬。长5.4、宽5.3、厚0.9厘米（图2-35，6）。

　　T0204⑳：24，粉砂岩，青灰色。平面不规则形，一面有磨光面，局部有火烧痕迹。长9.5、宽6.5、厚1.0厘

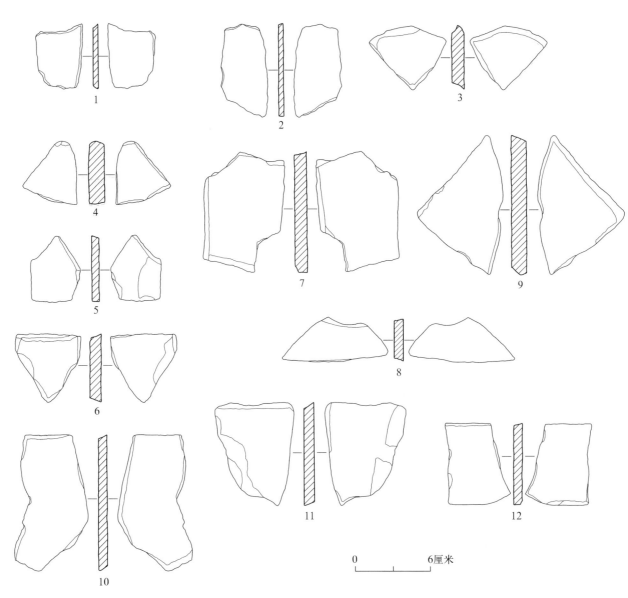

0　　　　　　6厘米

图2-35　T0204出土磨石

1. T0204⑳：18　2. T0204⑳：19　3. T0204⑳：20　4. T0204⑳：21　5. T0204⑳：22　6. T0204⑳：23　7. T0204⑳：24　8. T0204⑳：44
9. T0204⑳：59　10. T0204⑳：60　11. T0204⑳：61　12. T0204⑳：62

米（图2-35，7）。

T0204⑳：44，碳质粉砂岩，青灰色。平面呈不规则形，两面有磨光面，局部有火烧痕迹，侧面有断茬。长8.1、宽3.4、厚0.7厘米（图2-35，8）。

T0204⑳：59，粉砂岩，青灰色。平面近三角形，两面有磨光面，侧面有断茬。长11.1、宽6.9、厚1.2厘米（图2-35，9）。

T0204⑳：60，粉砂岩，青灰色。平面呈不规则形，两面有磨光面，一面有火烧痕迹，侧面有断茬。长10.8、宽6.0、厚0.7厘米（图2-35，10）。

T0204⑳：61，粉砂岩，青灰色。平面呈不规则形，两面有磨光面，一面局部剥落，侧面有断茬。长8.2、宽6.5、厚0.8厘米（图2-35，11）。

T0204⑳：62，粉砂岩，青灰色。平面近长方形，一面有磨光面，侧面有断茬。长6.5、宽5.1、厚0.7厘米（图2-35，12）。

切割料　3件。

T0204⑳：29，透闪岩，青灰色。平面呈不规则形，两面磨光，一侧边缘有单向切割痕迹，在剩余约二分之一处残存断茬。长5.7、宽3.3、厚0.5~0.9厘米（图2-36，1；彩版一四，6）。

T0204⑳：33，透闪岩，青灰色。平面近方形，一面磨光，一侧有单向切割痕迹，切割深度均匀，在剩余约二分之一处残存断茬。长3.5、宽3.1、厚0.6~0.8厘米（图2-36，2；彩版一四，7）。

T0204⑳：37，蛇纹大理岩，青灰色。平面近长方形，一面为切割面。一侧边缘有单向切割痕迹，切割深度中间浅两边深，在剩余约四分之一处残存断茬。长12.4、宽4.6、厚1.2~1.4厘米（图2-36，3）。

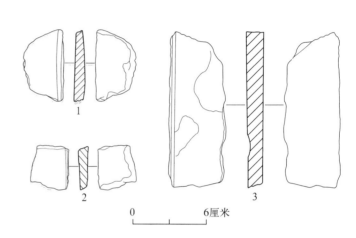

图2-36　T0204出土玉石切割料
1.T0204⑳：29　2.T0204⑳：33　3.T0204⑳：37

玉石料　8件。均为不规则形。

T0204③：2，蛇纹石大理岩，白色。局部为绿色。长6.6、宽5.1、厚3.6厘米（图2-37，1）。

T0204④：9，蛇纹石玉，青色。长3.8、宽2.5、厚1.2厘米（图2-37，2）。

T0204⑨：5，蛇纹石玉，青色。长3.2、宽2.6、厚1.8厘米（图2-37，3）。

T0204⑰：11，大理岩，白色。局部磨光。长8.4、宽8.1、厚5.4厘米（图2-37，4；彩版一五，1）。

T0204⑰：12，蛇纹大理岩，灰白色，两面磨光。长7.0、宽3.7、厚1.5厘米（图2-37，5；彩版一五，2）。

T0204⑱：6，英安岩，黑灰色。长9.0、宽7.0、厚4.7厘米（图2-37，6）。

T0204⑱：13，大理岩，白色。长10.3、宽7.5、厚5.7厘米（图2-37，7）。

T0204⑳：5，蛇纹石玉，青绿色。长3.9、宽3.5、厚1.8厘米（图2-37，8；彩版一五，3）。

断块　8件。不规则形，应是制作玉石器残存的边角料。

T0204②：19，蛇纹石玉，灰白色。长5.0、宽2.1、厚2.1厘米（图2-38，1）。

T0204②：26，蛇纹石岩，白色。长7.0、宽5.6、厚1.3厘米（图2-38，2）。

T0204②：27，片状透闪大理岩，灰白色。长4.4、宽4.0、厚1.0厘米（图2-38，3）。

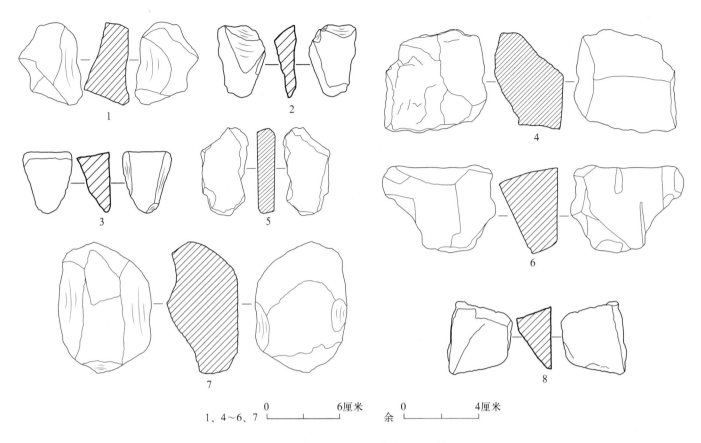

图2-37　T0204出土玉石料

1.T0204③：2　2.T0204④：9　3.T0204⑨：5　4.T0204⑰：11　5.T0204⑰：12　6.T0204⑱：6　7.T0204⑱：13　8.T0204⑳：5

T0204③：3，蛇纹石大理岩，灰白色。长8.6、宽6.1、厚2.6厘米（图2-38，4）。

T0204④：10，蛇纹石玉，白色。长4.5、宽3.7、厚1.4厘米（图2-38，5）。

T0204⑲：5，蛇纹大理岩，灰白色。长4.7、宽2.4、厚1.5厘米（图2-38，6；彩版一五，4）。

T0204⑲：6，蛇纹大理岩，灰白色。长5.8、宽2.0、厚1.1厘米（图2-38，7；彩版一五，5）。

T0204⑳：63，蛇纹石玉，青绿色。长4.8、宽3.8、厚1.2厘米（图2-38，8）。

刀　13件。部分完整，大多残存一半，两面磨制光滑，平面呈长方形或圆角长方形，均为双面刃，单孔或双孔，双面钻，个别无钻孔或未钻透。

T0204②：2，变质石英砂岩，暗绿色。弧背，直刃，残存一半，双孔，器表有疤痕，刃部有使用崩痕。残长5.6、宽4.9、孔径0.5、厚0.8厘米（图2-39，1）。

T0204②：6，硅质板岩，灰色。直背，直刃，残存一半，单孔，刃部有使用崩痕。残长4.3、宽4.5、孔径0.5、厚0.5厘米（图2-39，2）。

T0204②：7，杂砂岩，灰绿色。弧背，直刃，残存一半，单孔。残长4.3、宽6.2、孔径0.5、厚0.8厘米（图2-39，3）。

T0204②：10，粉砂岩，灰黑色。直背，直刃，残存一半，单孔。残长4.8、宽5.3、孔径0.4、厚0.6厘米（图2-39，4；彩版一五，6）。

T0204②：11，石英砂岩，灰绿色。完整，弧背，直刃，单孔，表面磨制不甚光滑，刃部有使用崩痕，背部有明显打制疤痕。长6.7、宽5.1、孔径0.4、厚0.7厘米（图2-39，5；彩版一六，1）。

T0204⑪：2，变质粉砂岩，灰黑色。完整，直背，直刃，双孔，刃部有使用崩痕。长7.5、宽4.4、孔径0.5、

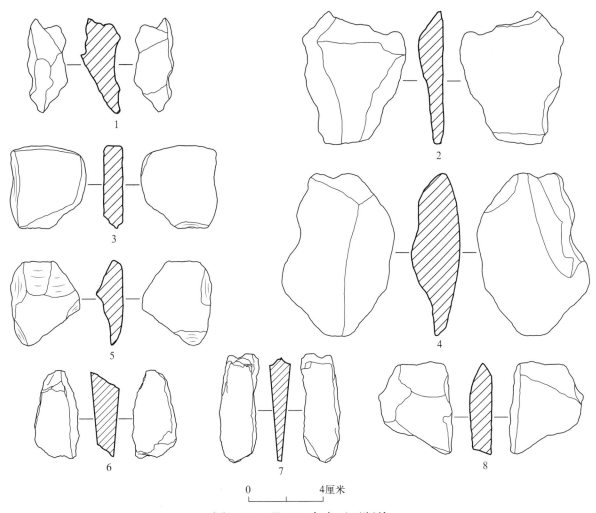

图2-38　T0204出土玉石断块

1.T0204②:19　2.T0204②:26　3.T0204②:27　4.T0204③:3　5.T0204④:10　6.T0204⑲:5　7.T0204⑲:6　8.T0204⑳:63

厚0.7厘米，两孔间距1.5厘米（图2-39，6；彩版一六，2）。

T0204⑯:10，长石石英砂岩，褐色。直背，弧刃，残存一半，单孔，一面有打制疤痕，有使用崩痕。残长5.7、宽5.4、孔径0.3、厚0.9厘米（图2-39，7）。

T0204⑱:3，杂砂岩，黑色。残存一半，弧背，直刃，刃部有使用崩痕，无钻孔。残长4.8、宽4.1、厚0.9厘米（图2-39，8）。

T0204⑱:4，硅质板岩，褐色。弧背，直刃，残存一半，背部及一侧有明显打制疤痕，单孔。残长4.6、宽4.2、孔径0.7、厚0.9厘米（图2-39，9；彩版一六，3）。

T0204⑳:8，石英粉砂岩，灰绿色。直背，直刃，残存一半，单孔，双面钻，未钻透。残长4.0、宽5.4、厚0.9厘米（图2-39，10）。

T0204⑳:15，长石石英砂岩，灰色。直背，弧刃，残存一半，背部有明显打制疤痕，刃部有使用崩痕，单孔，未钻透。残长6.2、宽5.1、厚0.8厘米（图2-39，11；彩版一六，4）。

T0204⑳:28，杂砂岩，灰黑色。直背，弧刃，残存一半，背部及一侧有打制疤痕，刃部打制成形，未磨光，单孔，未钻透。残长4.8、宽5.6、厚1.0厘米（图2-39，12）。

T0204⑳:32，长石石英杂砂岩，褐色。直背，弧刃，残存一半，单孔，刃部有使用崩痕。残长5.1、宽5.2、孔径0.2、厚0.7厘米（图2-39，13）。

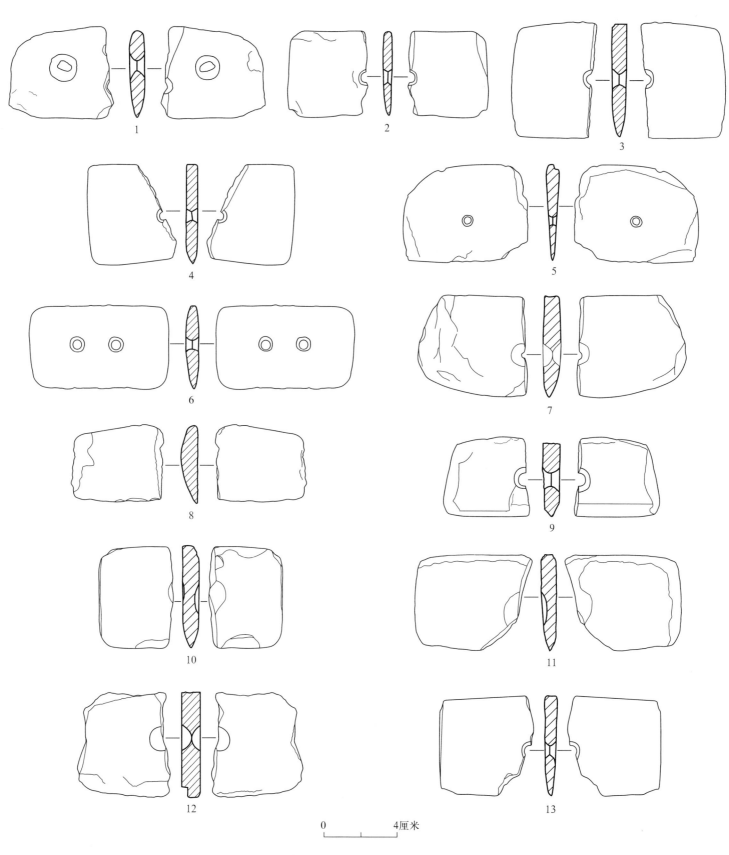

0   4厘米

图2-39　T0204出土石刀

1.T0204②：2　2.T0204②：6　3.T0204②：7　4.T0204②：10　5.T0204②：11　6.T0204⑪：2　7.T0204⑯：10　8.T0204⑱：3　9.T0204⑱：4　10.T0204⑳：8　11.T0204⑳：15　12.T0204⑳：28　13.T0204⑳：32

刀坯料　4 件。

T0204①：1，石英粉砂岩，暗绿色。平面近长方形，器表有打制疤痕，两面局部磨光，刃部打制成形，未磨光，一面有钻孔痕迹，未钻透。长 11.2、宽 6.2、厚 1.2 厘米（图 2-40，1；彩版一六，5）。

T0204②：17，杂砂岩，灰褐色。残存部分平面呈不规则形，两面磨光，单孔，刃部打制成形，未磨光。残长 5.2、宽 5.1、孔径 0.6、厚 0.8 厘米（图 2-40，2）。

T0204②：18，杂砂岩，红色。平面近长方形，两面局部磨光，背部打制不甚规整，有明显打制疤痕，刃部打制成形，局部磨光，无钻孔。长 9.8、宽 4.5、厚 0.6 厘米（图 2-40，3；彩版一六，6）。

T0204⑯：9，杂砂岩，灰褐色。残存部分平面呈不规则形，刃部打制成形，未磨光，背部残缺，单孔，双面钻，未钻透。残长 4.6、宽 5.4、厚 0.9 厘米（图 2-40，4）。

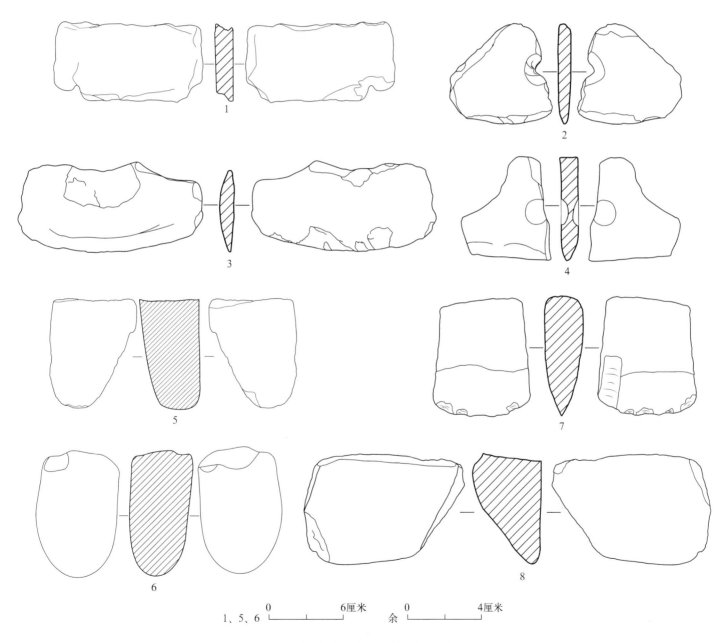

图2-40　T0204出土石器

1~4.刀坯料T0204①：1、T0204②：17、T0204②：18、T0204⑯：9　5、6.锤T0204⑱：5、T0204⑳：64　7、8.斧T0204②：16、T0204⑳：53

锤　2件。

T0204⑱：5，长石石英砂岩，灰色。长条形柱状，横截面近半圆形，底部有砸击痕迹。长8.7、宽7.1、厚4.7厘米（图2-40，5）。

T0204⑳：64，砂岩，青灰色。长条形柱状，横截面近椭圆形，底部有砸击痕迹。长10.0、宽6.7、厚5.0厘米（图2-40，6）。

斧　2件。

T0204②：16，英安岩，灰黑色。形制规整，平面呈梯形，刃部略宽，顶部断裂，横截面呈圆角长方形，弧刃，刃部磨光，有使用崩痕。残长6.3、宽5.3、厚2.1厘米（图2-40，7；彩版一七，1）。

T0204⑳：53，大理岩，灰色。平面近长方形，通体磨制，仅存刃部，直刃。残长5.7、宽8.6、厚3.9厘米（图2-40，8）。

铲　1件。

T0204④：2，蛇纹石大理岩，青灰色。呈扁平长条状。以石片为毛坯，整体打制成形，一面为自然面，周边有多处打制的片疤，另一面为劈裂面，不平整。弧刃，刃部有使用痕迹。长12.6、宽6.9、厚2.2厘米（图2-41，1）。

铲坯料　1件。

T0204⑳：27，海绿石石英砂岩，青灰色。平面近方形，两面局部磨光，顶部断裂，刃部打制成形，弧刃，未磨光。长6.8、宽9.2、厚1.9厘米（图2-41，2）。

研磨器　1件。

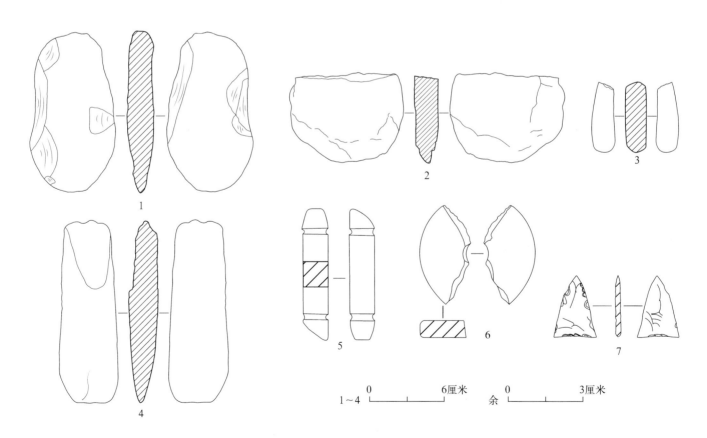

图2-41　T0204出土石器

1.铲T0204④：2　2.铲坯料T0204⑳：27　3.研磨器T0204⑰：8　4.凿T0204⑳：26　5.凿形器T0204⑩：2　6.纺轮T0204⑳：40　7.镞T0204⑰：10

T0204⑰：8，石英砂岩，灰黑色。圆柱状，一端有明显的研磨磨光面。长 5.7、直径 1.7~1.9 厘米（图 2-41，3；彩版一七，2）。

凿 1 件。

T0204⑳：26，海绿石石英砂岩，青灰色。平面呈长方形，横截面呈椭圆形，两面磨制，双面刃，顶端有使用崩痕。长 14.5、宽 4.9、厚 2.2 厘米（图 2-41，4；彩版一七，3）。

凿形器 1 件。

T0204⑩：2，粉砂岩，黑灰色。通体磨光，平面呈长方形，横截面呈方形，两端刻有凹槽，两端为单面刃，刃部方向不一。长 5.2、宽 1.0、厚 0.9 厘米（图 2-41，5；彩版一七，4）。

纺轮 1 件。

T0204⑳：40，滑石岩，灰绿色。圆形，残余约三分之一，通体磨光，中间钻孔，单面钻。直径 3.6、孔径 0.5、厚 0.7 厘米（图 2-41，6）。

镞 1 件。

T0204⑰：10，硅质岩，白色。平面呈三角形，打制成形后两面压制修整而成，器身规整，整体较薄，较锋利，无后锋。长 2.5、宽 1.7、厚 0.2 厘米（图 2-41，7；彩版一七，5）。

三 T0205

（一）地层堆积

T0205 位于发掘区的西北部，西部仅有垫土一层，之下为生土，中东部区域地层保存较好，西部被现代水管沟打破。根据土质土色和包含物可分为 18 层（图 2-42；彩版一八，1），各层堆积介绍如下。

①层：棕色沙土，土质较疏松，含大量粗沙，呈水平状分布，分布于全探方，西部被现代水管沟打破，厚 0~30 厘米。包含有塑料、玻璃等，出土有泥质红陶、夹砂红陶、泥质灰陶、夹砂灰陶、夹砂红褐陶、夹砂橙黄陶、彩陶片和石块，少量石刀、断块等。现代扰土层。M1、M7、H7 均开口于该层下。

②层：黄色土，土质较致密，呈水平状分布，仅靠东壁处有分布，厚 0~40 厘米。出土有泥质红陶、夹砂红陶、泥质灰陶、夹砂红褐陶片和兽骨、石块，少量的璧、璧芯、石刀和磨石等。战国时期文化层。H2 开口于该层下。

③层：浅黄色土，土质较致密，呈斜坡状堆积，分布于探方东南角，厚 0~24 厘米。出土有夹砂红陶、夹砂灰陶、夹砂红褐陶片和兽骨、石块，少量的璧、璧芯和磨石等。战国时期文化层。M8 开口于该层下。

④层：浅灰色土，土质较疏松，呈斜坡状堆积，分布于探方东部和东南部，东部被 H2 打破，厚 0~36 厘米。包含有少量炭屑，出土有泥质红陶、夹砂红陶、夹砂灰陶、夹砂红褐陶片和石块，少量璧芯、石刀、磨石等。齐家文化层。

⑤层：灰黑色土，土质较疏松，呈斜坡状堆积，分布于探方东部和南部，东部被 H2、M8 打破，厚 0~40 厘米。包含有大量炭屑和草木灰，出土有泥质红陶、夹砂红陶、夹砂灰陶、夹砂橙黄陶、夹砂红褐陶、彩陶片和石块，少量的铲、磨石等。齐家文化层。

⑥层：灰色土，土质较疏松，呈斜坡状堆积，分布于探方东部和南部，东部被 H2、M8 打破，厚 6~20 厘米。包含有少量炭屑，出土有泥质红陶、夹砂红陶、夹砂灰陶、夹砂红褐陶片和石块，少量的璧等。齐家文化层。

⑦层：深灰色土，土质较疏松，呈斜坡状堆积，分布于探方东部和南部，东部被 H2 打破，厚 0~24 厘米。包含有大量炭屑，出土有泥质红陶、夹砂红陶、泥质灰陶、夹砂灰陶、夹砂橙黄陶、夹砂红褐陶、彩陶片和石块，少量的璧芯等。齐家文化层。

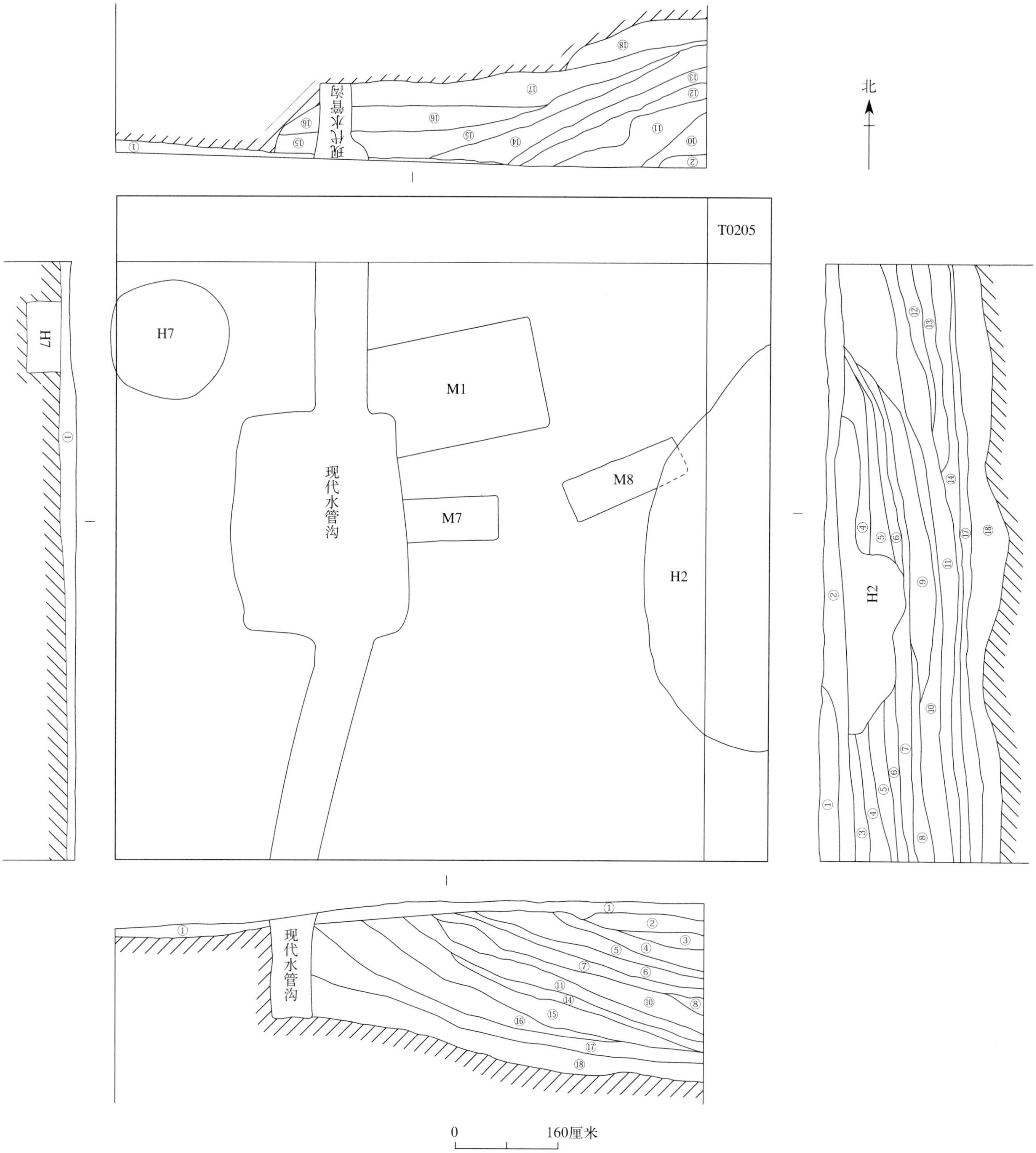

图2-42 T0205平、剖面图

⑧层：黄褐色土，土质较致密，呈斜坡状堆积，分布于探方东南部，厚0～28厘米。包含有少量料礓石。出土有夹砂红陶、夹砂红褐陶片和兽骨、石块等。齐家文化层。

⑨层：灰褐色土，土质较疏松，呈斜坡状堆积，分布于探方东部，厚0～40厘米。包含有大量炭屑，出土有少量泥质红陶、夹砂红陶、夹砂橙黄陶、夹砂红褐陶片、彩陶片和石块，少量陶纺轮、璧等。齐家文化层。

⑩层：灰色土，土质较疏松，呈斜坡状堆积，分布于探方东部和东南部，厚0～80厘米。包含有少量料礓石，出土有泥质红陶、夹砂红陶、泥质灰陶、夹砂橙黄陶、夹砂红褐陶、彩陶片和石块，少量的璧芯、石刀、磨石和断块等。齐家文化层。

⑪层：深灰色土，土质较疏松，呈斜坡状堆积，分布于探方东部，厚0～76厘米。包含有少量炭屑，出土有泥质红陶、夹砂红陶、泥质灰陶、夹砂灰陶、夹砂红褐陶、彩陶片和石块等。齐家文化层。

⑫层：灰黑色土，土质较致密，呈斜坡状堆积，分布于探方东北部，厚0～44厘米。包含有大量炭屑、草木灰和料礓石。出土有泥质红陶、夹砂红陶、夹砂灰陶、夹砂橙黄陶、夹砂红褐陶片和兽骨、石块等。齐家文化层。

⑬层：灰色土，土质较疏松，呈斜坡状堆积，分布于探方东北部，厚0～24厘米。包含有大量炭屑和料礓石。出土有泥质红陶、夹砂红陶、泥质灰陶、夹砂灰陶、夹砂橙黄陶、夹砂红褐陶、彩陶片和兽骨、石块等。齐家文化层。

⑭层：深灰色土，土质较致密，呈斜坡状堆积，分布于探方中东部，厚0～50厘米。包含有少量炭屑和草木灰，出土有泥质红陶、夹砂红陶、夹砂灰陶、夹砂橙黄陶、夹砂红褐陶片和石块，少量的璧、璧芯等。齐家文化层。

⑮层：灰色土，土质较致密，呈斜坡状堆积，分布于探方北部和南部，北部被现代水管沟打破，厚0～56厘米。包含有少量炭屑，出土有泥质红陶、夹砂红陶、夹砂橙黄陶、夹砂红褐陶片和石块，少量的玉石料、断块等。齐家文化层。

⑯层：黑灰色土，土质较疏松，呈斜坡状堆积，分布于探方北部和南部，西北部和西南部被现代水管沟打破，厚0～68厘米。包含有大量炭屑和草木灰，出土有泥质红陶、夹砂红陶、夹砂灰陶、夹砂橙黄陶、夹砂红褐陶片和石块，少量的磨石等。齐家文化层。

⑰层：灰褐色土，土质较致密，呈斜坡状堆积，分布于探方中东部，北部和南部被现代水管沟打破，厚0～72厘米。包含有少量炭屑。出土有泥质红陶、夹砂红陶、夹砂灰陶、夹砂橙黄陶、夹砂红褐陶片和石块，少量的璧芯、磨石等。齐家文化层。

⑱层：灰色土，土质较致密，呈斜坡状堆积，分布于探方中东部，南部被现代水管沟打破，厚0～58厘米。包含有少量炭屑。出土有泥质红陶、夹砂红陶、夹砂灰陶、夹砂红褐陶、夹砂橙黄陶、彩陶片和石块，少量的璧、璧芯、石刀、磨石等。齐家文化层。

⑱层下为生土。

（二）出土遗物

T0205出土了陶、铜、石、玉、骨器，还出土了大量的兽骨。

1.陶器

陶器按照陶质陶色可分为，泥质红陶、夹砂红陶、夹砂灰陶、夹砂橙黄陶、夹砂红褐陶、泥质橙黄陶、泥质红褐陶、泥质灰陶。纹饰主要有绳纹、篮纹、刻划纹、麦粒状绳纹、弦纹、附加堆纹（表2-3）。主要包括器物口部、腹部、耳部和足部残片。从残片口沿判断，器形包括双大耳罐、双小耳罐、高领罐、侈口罐、敛口罐、花边口罐、瓮、豆、壶、鬲、盉、尊、盆、器盖、纺轮等。

表2-3　T0205陶系统计表

纹饰＼数量＼陶质陶色	泥质陶					夹砂陶					合计	百分比（%）
	红	红褐	灰	橙黄	小计	红	红褐	灰	橙黄	小计		
素面	191	25	38	166	420	1797	970	165	704	3636	4056	55.59
绳纹	2			2	4	181	831	91	177	1280	1284	17.60
篮纹	26	3	10	34	73	418	242	8	993	1661	1734	23.77
戳印纹	4			6	10	22			21	43	53	0.73
弦纹			1		1		1		1	2	3	0.04
麦粒状绳纹				1	1	27	12	2		41	42	0.58
刻划纹	4	1			5	20	3	6	55	84	89	1.22
附加堆纹	4				4	5	1			6	10	0.14
彩陶	5			2	7	2			7	9	16	0.22
压印纹						1	4		1	6	6	0.08
席纹								1	2	3	3	0.04
合计	236	28	50	211	525	2473	2064	273	1961	6771	7296	
百分比（%）	3.23	0.38	0.69	2.89	7.20	33.90	28.29	3.74	26.88	92.80		100

双大耳罐　4件。泥质红陶。敞口，高领，口腹之间有双大耳。

T0205④：P4，耳略低于口沿。口径10.2、残高4.5、残宽7.2、厚0.5厘米（图2-43，1）。

T0205⑤：P2，鼓腹。耳低于口沿，残高5.7、残宽3.8、厚0.2～0.3厘米（图2-43，2）。

T0205⑱：P8，耳低于口沿。残高4.6、残宽5.3、厚0.3～0.5厘米（图2-43，3）。

T0205⑱：P37，口径10.4、残高3.8、残宽6.9、厚0.3～0.4厘米（图2-43，4）。

双小耳罐　14件。泥质红陶、夹砂红陶、夹砂红褐陶或夹砂灰陶。侈口，圆唇，束颈，溜肩，口肩之间有双耳。部分肩腹部饰绳纹、颈部饰刻划纹。

T0205②：P7，夹砂红陶。器表有烟炱，鼓腹。耳面粘贴小泥饼，腹部饰绳纹。耳低于口沿。口径11.4、残高10.4、残宽7.2、厚0.5厘米（图2-44，1）。

T0205②：P24，夹砂红陶。耳部粘贴小泥饼，颈、肩部饰绳纹。耳低于口沿。残高10.1、残宽9.1、厚0.4～0.7厘米（图2-44，2）。

T0205⑩：P3，泥质红陶。耳低于口沿。口沿内外饰宽带纹。口径6.6、残高3.0、残宽5.0、厚0.2～0.5厘米（图2-44，3）。

T0205⑩：P4，夹砂红陶。耳低于口沿，鼓腹。腹部饰绳纹。口径14、残高11.3、残宽11.0、厚0.4～0.8厘米（图2-44，4）。

T0205⑩：P6，夹砂红陶。耳略低于口沿，鼓腹。肩部饰绳纹。口径13、残高8.5、残宽9.2、厚0.5～0.7厘米（图2-44，5）。

T0205⑯：P1，夹砂红陶。耳低于口沿。耳部粘贴小泥饼，肩部饰绳纹。残高8.2、残宽6.8、厚0.5～0.8厘米（图2-44，6）。

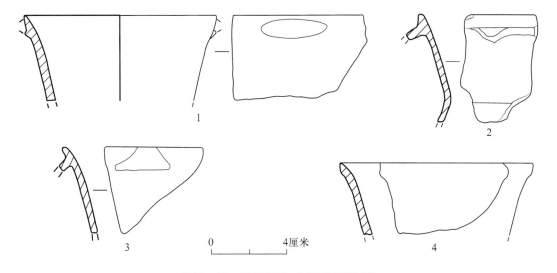

图2-43　T0205出土双大耳陶罐

1.T0205④：P4　2.T0205⑤：P2　3.T0205⑱：P8　4.T0205⑱：P37

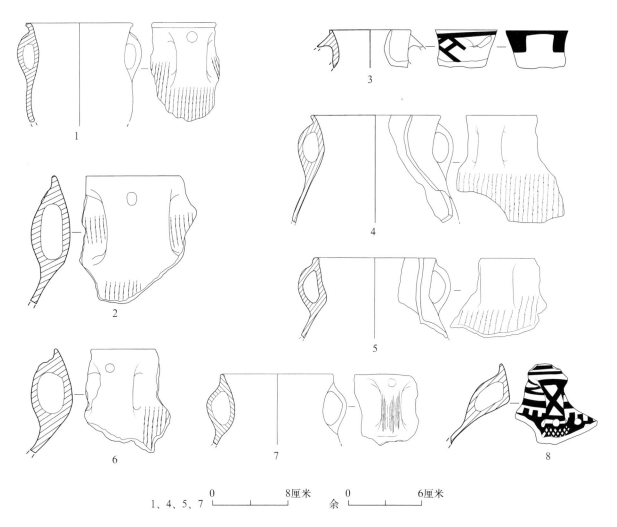

图2-44　T0205出土双小耳陶罐

1.T0205②：P7　2.T0205②：P24　3.T0205⑩：P3　4.T0205⑩：P4　5.T0205⑩：P6　6.T0205⑯：P1　7.T0205⑱：P17
8.T0205⑱：P19

　　T0205⑱：P17，夹砂红陶，器表有烟炱。耳低于口沿。耳面饰绳纹、粘贴小泥饼。口径12.0、残高7.6、残宽6.9、厚0.5厘米（图2-44，7）。

　　T0205⑱：P19，泥质红陶，器表抹光。口沿内外饰黑彩，口沿外饰窄条带纹和弧带纹五周、宽条带纹一周、肩部饰菱形网格纹，耳面饰对三角纹，内壁饰竖条带纹。耳低于口沿。残高6.4、残宽6.7、厚0.4厘米（图2-44，8）。

　　T0205⑱：P21，夹砂红陶，器表有烟炱。耳略低于口沿。口径11.2、残高8.8、残宽5.9、厚0.5厘米（图2-45，1）。

　　T0205⑱：P24，夹砂红陶，器表有烟炱。耳低于口沿。肩部饰绳纹。口径13.6、残高8、残宽7.9、厚0.5~0.7厘米（图2-45，2）。

　　T0205⑱：P28，夹砂红陶，器表有烟炱。耳低于口沿。口径16、残高8.1、残宽4.7、厚0.4~0.8厘米（图2-45，3）。

　　T0205⑱：P30，夹砂红陶，器表有烟炱。耳与口沿平齐。耳面粘贴小泥饼。口径11.0、残高6.2、残宽5.9、厚0.6厘米（图2-45，4）。

　　T0205⑱：P43，夹砂红褐陶，器表有烟炱。耳略低于口沿，溜肩，鼓腹。肩腹部饰绳纹，耳面饰戳印纹。口径9.2、残高8.8、残宽7.3、厚0.3~0.7厘米（图2-45，5）。

　　T0205⑱：P48，夹砂灰陶。耳略低于口沿。残高6、残宽6.7、厚0.6厘米（图2-45，6）。

　　高领罐　16件。夹砂红陶、夹砂灰陶或泥质橙黄陶。大敞口，圆唇，高领。个别领部饰戳印纹或腹部饰篮纹。

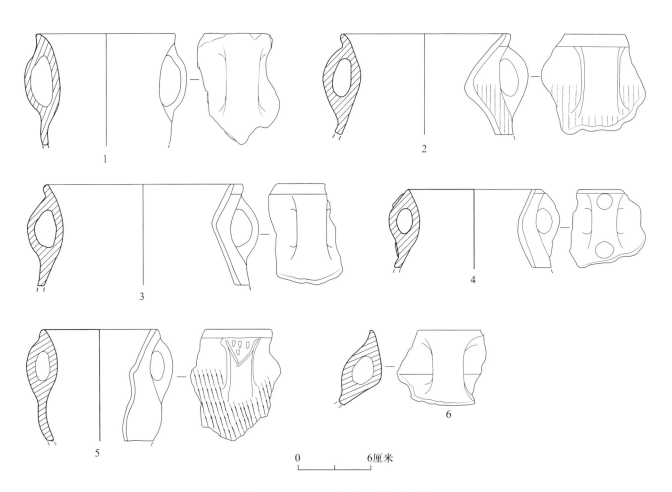

图2-45　T0205出土双小耳陶罐

1.T0205⑱：P21　2.T0205⑱：P24　3.T0205⑱：P28　4.T0205⑱：P30　5.T0205⑱：P43　6.T0205⑱：P48

T0205②：P3，夹砂灰陶。口径16.0、残高4.7、残宽6.6、厚0.5厘米（图2-46，1）。

T0205②：P6，夹砂红陶。口径16.8、残高4.7、残宽7.3、厚0.7~0.9厘米（图2-46，2）。

T0205②：P10，夹砂红陶。领肩部饰戳印纹。口径17.2、残高5.2、残宽8.1、厚0.5~0.6厘米（图2-46，3）。

T0205②：P32，夹砂红陶。口径30.4、残高6.1、残宽11.7、厚0.7厘米（图2-46，4）。

T0205③：P1，夹砂红陶。口径36.0、残高5.4、残宽9.1、厚0.8厘米（图2-46，5）。

T0205③：P2，夹砂红陶。口径18、残高7.7、残宽8.2、厚0.6厘米（图2-46，6）。

T0205④：P1，夹砂红陶。残高7.0、残宽7.8、厚0.5~0.7厘米（图2-46，7）。

T0205④：P10，夹砂红陶。领肩部饰戳印纹一周。口径18.4、残高5.7、残宽11.1、厚0.6~0.9厘米（图2-46，8）。

T0205⑥：P1，夹砂红陶。残高10.2、残宽10.3、厚0.8厘米（图2-47，1）。

T0205⑱：P1，夹砂红陶。折肩。口径16.4、残高6.7、残宽8.8、厚0.5~0.7厘米（图2-47，2）。

T0205⑱：P3，夹砂红陶。领部施紫红色陶衣。口径10.8、残高3.8、残宽6.3、厚0.5厘米（图2-47，3）。

T0205⑱：P22，夹砂红陶。口径10.7、残高5.6、厚0.5~0.7厘米（图2-47，4）。

T0205⑱：P23，夹砂红陶。口径18.0、残高6.6、残宽6.6、厚0.3~0.5厘米（图2-47，5）。

T0205⑱：P31，夹砂红陶。口径22.8、残高6.9、残宽8.6、厚0.8~0.9厘米（图2-47，6）。

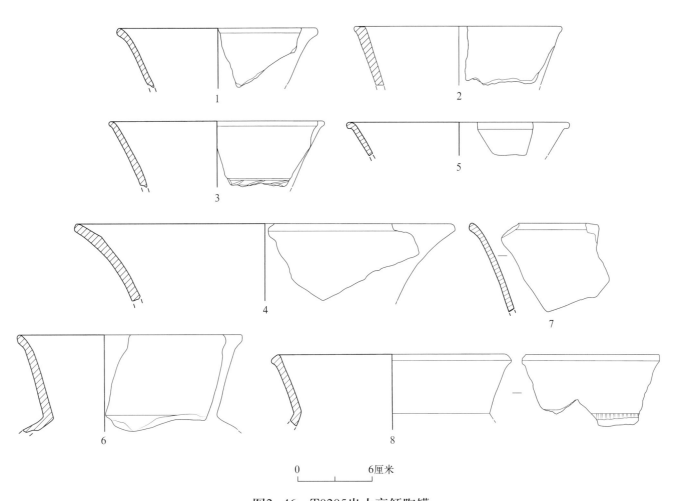

图2-46 T0205出土高领陶罐

1.T0205②：P3 2.T0205②：P6 3.T0205②：P10 4.T0205②：P32 5.T0205③：P1 6.T0205③：P2 7.T0205④：P1
8.T0205④：P10

T0205⑱：P50，泥质橙黄陶。口径17.6、残高6.0、厚0.5厘米（图2-47，7）。

T0205⑱：P52，夹砂红陶。口径27.4、残高7.5、残宽7.3、厚0.7厘米（图2-47，8）。

侈口罐　16件。泥质红陶、夹砂红陶或夹砂红褐陶。侈口，圆唇或方唇，溜肩或圆肩。部分肩腹部饰绳纹、附加堆纹或戳印纹。

T0205②：P1，夹砂红陶。方唇，溜肩。腹部饰麦粒状绳纹。口径12.0、残高6.0、残宽7.1、厚0.7~0.8厘米（图2-48，1）。

T0205②：P17，夹砂红陶。圆唇，溜肩，鼓腹。颈部饰戳印纹，肩腹部饰绳纹。残高9.4、残宽7.9、厚0.5~0.8厘米（图2-48，2）。

T0205②：P37，夹砂红陶。圆唇，溜肩。口沿饰弦纹一道，肩腹部饰绳纹。口径11.4、残高7.9、残宽7.5、厚0.4~0.7厘米（图2-48，3）。

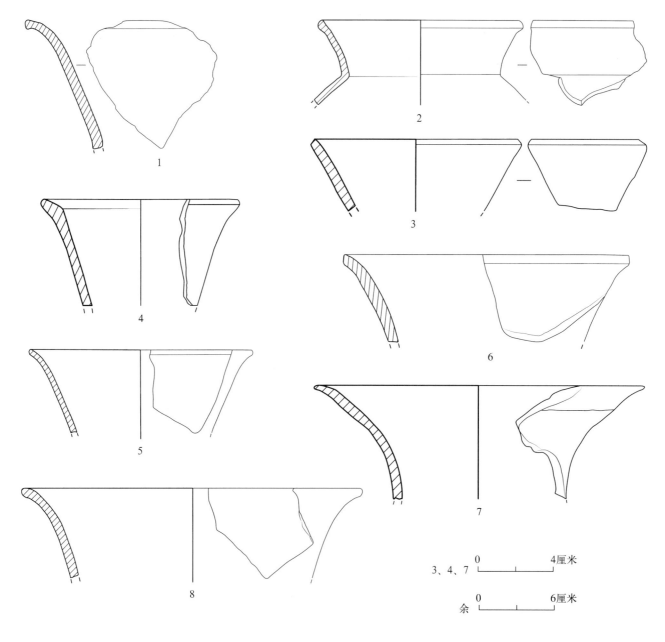

图2-47　T0205出土高领陶罐

1. T0205⑥：P1　2. T0205⑱：P1　3. T0205⑱：P3　4. T0205⑱：P22　5. T0205⑱：P23　6. T0205⑱：P31　7. T0205⑱：P50　8. T0205⑱：P52

T0205⑤：P1，夹砂红陶。圆唇，颈部饰刻划纹和戳印纹。残高6.0、残宽6.5、厚0.4～0.7厘米（图2-48，4）。

T0205⑱：P2，泥质红陶，器表抹光。圆唇，口沿内外饰黑彩，口沿外饰宽条带纹两周，颈部饰菱形网格纹、宽带纹和圆点纹，肩部饰宽条带纹一周，口沿内壁饰宽条带纹。口径8.4、残高4.0、残宽5.6、厚0.2～0.5厘米（图2-48，5）。

T0205⑱：P4，夹砂红陶。圆唇，颈肩部饰绳纹。口径11.2、残高3.9、残宽5.6、厚0.4～0.6厘米（图2-48，6）。

T0205⑱：P5，泥质红陶，器表抹光。圆唇。口沿内外饰黑彩，口颈外饰宽条带纹和倒三角纹，内壁饰对三角纹和弧带纹。残高4.5、残宽4.9、厚0.2～0.7厘米（图2-48，7）。

T0205⑱：P6，夹砂红陶，器表有烟炱。肩部饰绳纹。口径12.0、残高6.5、残宽7.2、厚0.5～0.8厘米（图2-48，8）。

T0205⑱：P10，泥质红陶，器表抹光。圆唇。口沿内外饰黑彩，口沿外饰宽条带纹两周和菱形网格纹，口沿内壁饰宽条带纹三周。残高5.7、残宽4.4、厚0.5厘米（图2-49，1）。

T0205⑱：P20，夹砂红褐陶。圆唇。肩部饰绳纹。口径10.8、残高4.5、厚0.3～0.5厘米（图2-49，2）。

T0205⑱：P27，夹砂红陶，器表有烟炱。圆唇，颈部饰凹弦纹一周。口径8.8、残高4.5、残宽6.4、厚0.3～0.5厘米（图2-49，3）。

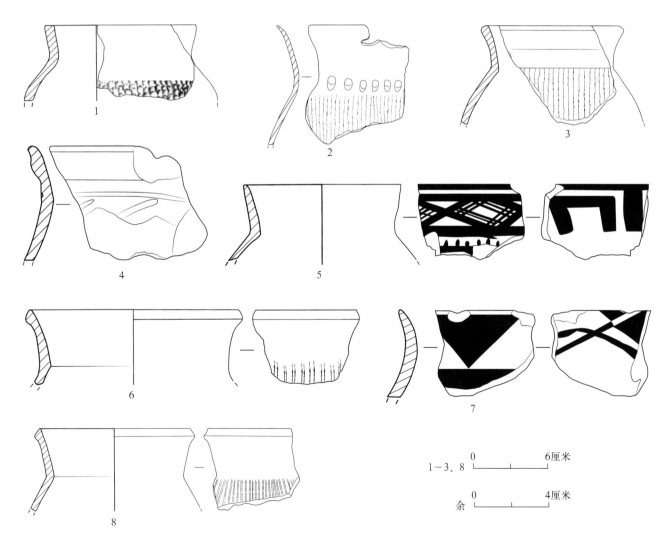

图2-48 T0205出土侈口陶罐

1.T0205②：P1 2.T0205②：P17 3.T0205②：P37 4.T0205⑤：P1 5.T0205⑱：P2 6.T0205⑱：P4 7.T0205⑱：P5 8.T0205⑱：P6

T0205⑱：P36，夹砂红陶，器表有烟炱。圆唇。口沿外饰戳印纹，颈肩部饰绳纹和戳印纹。口径14.2、残高4.3、残宽6.9、厚0.5~0.9厘米（图2-49，4）。

T0205⑱：P38，夹砂红褐陶，器表有烟炱。圆唇。肩部饰绳纹。口径10.0、残高5.2、残宽7.5、厚0.5厘米（图2-49，5）。

T0205⑱：P44，夹砂红褐陶。圆唇。颈肩部饰戳印纹和绳纹。口径13.4、残高5.5、残宽6.8、厚0.6~0.9厘米（图2-49，6）。

T0205⑱：P45，夹砂红陶，器表有烟炱。圆唇，溜肩，鼓腹。肩腹部饰绳纹。口径11.4、残高13.7、残宽10.2、厚0.6厘米（图2-49，7）。

T0205②：1，夹砂红陶。口颈部残。圆鼓腹，下腹弧收，平底。最大腹径11.9、底径6.3、残高10.3、厚0.5~0.6厘米（图2-49，8）。

花边口罐　1件。

T0205⑱：P47，夹砂红陶。侈口，圆唇。口沿饰戳印纹一周。口径17.6、残高4.5、残宽7.5、厚0.7~0.9厘米（图2-50，1）。

瓮　4件。夹砂红陶。直口，微侈，方唇，直筒腹，腹部略鼓。

T0205⑱：P40，口沿外饰凸棱一周，饰绳纹。残高5.3、残宽6.8、厚0.6~0.9厘米（图2-50，2）。

T0205⑱：P53，通体饰绳纹。残高6、残宽9.3、厚0.7厘米（图2-50，3）。

T0205⑱：P54，颈部饰附加堆纹，口沿外饰麦粒状绳纹。口径23、残高5.5、残宽6.8、厚0.8~1厘米（图2-50，4）。

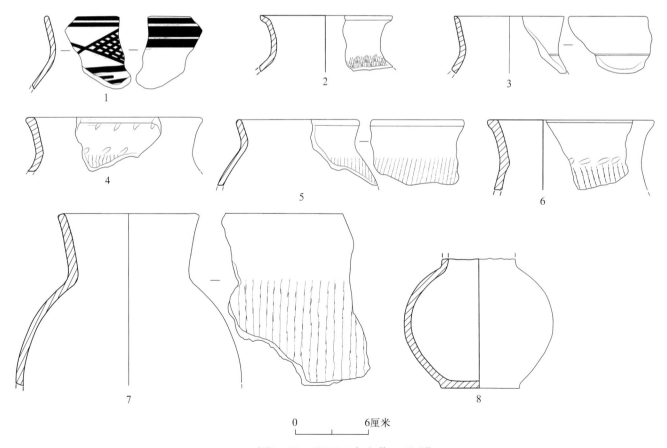

0　　　　6厘米

图2-49　T0205出土侈口陶罐

1.T0205⑱：P10　2.T0205⑱：P20　3.T0205⑱：P27　4.T0205⑱：P36　5.T0205⑱：P38　6.T0205⑱：P44　7.T0205⑱：P45　8.T0205②：1

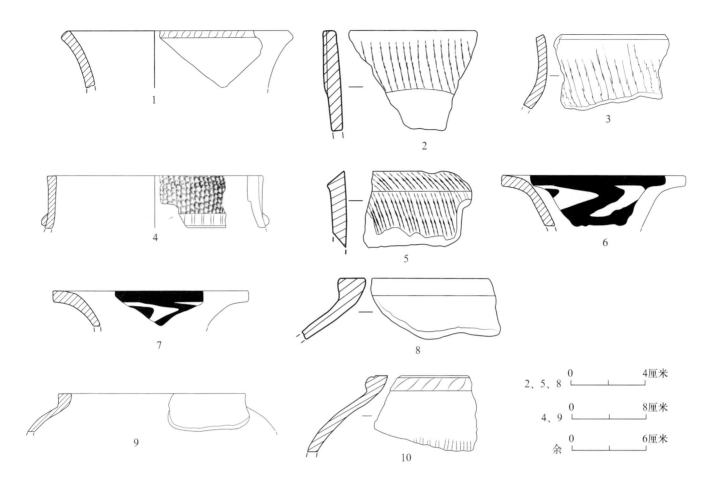

图2-50　T0205出土陶器

1.花边口罐T0205⑱：P47　2～5.瓮T0205⑱：P40、T0205⑱：P53、T0205⑱：P54、T0205⑱：P55　6、7.壶T0205⑱：P33、T0205⑱：P35
8～10.敛口罐T0205⑩：P5、T0205⑱：P9、T0205⑱：P56

T0205⑱：P55，通体饰绳纹。残高4.1、残宽5.4、厚0.7～0.9厘米（图2-50，5）。

壶　2件。夹细砂红陶。近平沿，方唇，高束颈。器表施橙黄色陶衣，饰黑彩。口沿饰宽条带纹一周，颈部饰折带纹。

T0205⑱：P33，口径14.8、残高4、残宽10.9、厚0.8厘米（图2-50，6）。

T0205⑱：P35，口径15.6、残高2.8、残宽6.9、厚0.8～0.9厘米（图2-50，7）。

敛口罐　3件。夹砂红陶。敛口，方唇，圆肩。

T0205⑩：P5，残高3.5、残宽6.6、厚0.5～1.4厘米（图2-50，8）。

T0205⑱：P9，口径20、残高4.1、残宽8.7、厚0.6～1.5厘米（图2-50，9）。

T0205⑱：P56，口部饰附加堆纹一周，腹部饰绳纹。残高6.0、残宽8.3、厚1.0厘米（图2-50，10）。

盆　6件。夹砂红陶、夹砂灰陶或泥质红陶。大敞口，方唇或圆唇，斜腹或弧腹。

T0205⑩：P11，泥质红陶。方唇，平沿，斜腹。残高3.5、残宽5.4、沿宽2.4、厚0.5～0.7厘米（图2-51，1）。

T0205⑩：11，夹砂红陶。窄平沿，圆唇，斜腹，平底。腹部饰篮纹。口径18.5、底径8.9、高4.9、厚0.5～0.7厘米（图2-51，2）。

T0205⑱：P13，泥质红陶。宽平沿，方唇，斜腹。仅存沿部。沿内饰连续倒三角纹和条带纹。残高1.3、残宽12.3、沿宽2.5、厚1.0厘米（图2-51，3）。

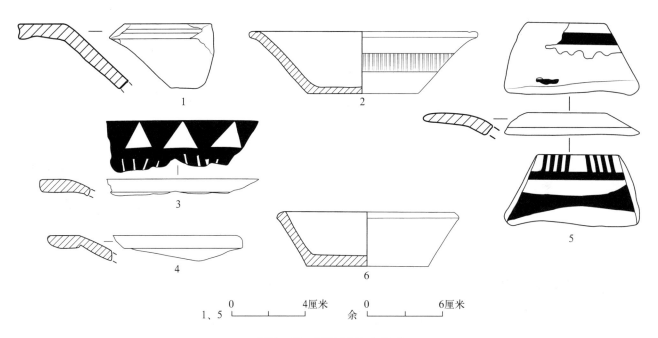

图2-51　T0205出土陶盆

1.T0205⑩：P11　2.T0205⑩：11　3.T0205⑱：P13　4.T0205⑱：P14　5.T0205⑱：P34　6.T0205⑯：2

T0205⑱：P14，泥质红陶。平沿，圆唇，斜腹。残高2.0、残宽10.2、沿宽2.6、厚1.1厘米（图2-51，4）。

T0205⑱：P34，泥质红陶。平沿，圆唇。沿内外饰黑彩，沿外饰宽条带纹一周，内饰斜线纹、弧边条带纹。残高1.1、残宽7.2、沿宽2.5、厚0.4~0.6厘米（图2-51，5）。

T0205⑯：2，夹砂灰陶。圆唇，斜腹，较浅，平底。口径14.6、底径9.8、高4.3、厚0.8厘米（图2-51，6）。

器盖　8件。夹砂红陶或夹砂灰陶。斗笠状，盖面斜直或圆弧，部分盖面之上有捉纽。

T0205②：P4，夹砂红陶。盖面斜直。盖径13.2、残高2.4、厚0.4~0.5厘米（图2-52，1）。

T0205②：P5，夹砂红陶。盖面圆弧。盖径15.6、残高4.9、厚0.7~0.8厘米（图2-52，2）。

T0205④：P8，夹砂红陶。盖面圆弧。盖径14.0、残高3.7、厚0.7厘米（图2-52，3）。

T0205④：P9，夹砂灰陶。盖面斜直，圆形捉纽，纽顶有凹窝。纽径1.9、残高3.0、厚0.4~2.0厘米（图2-52，4）。

T0205⑩：9，夹砂红陶。盖面斜直，圆形捉纽，纽顶有凹窝。盖径13.7、纽径4.0、高4.1、厚0.7~1.1厘米（图2-52，5）。

T0205⑩：10，夹砂红陶。器表有烟炱，蘑菇状纽，盖面斜直。盖径11.4、纽径7.4、高5.5、厚0.7~1厘米（图2-52，6；彩版一八，2）。

T0205⑰：2，夹砂红陶。盖面斜直，圆形捉纽，纽顶有凹窝。盖径8.7、纽径2.6、高3.4、厚0.5~1.2厘米（图2-52，7）。

T0205⑱：P39，夹砂红陶。盖面圆弧。盖面上饰戳印三角纹。盖径11.6、残高4.0、厚1.2厘米（图2-52，8）。

鬲足　3件。袋状足。通体饰绳纹。器表有烟炱。

T0205④：P13，夹砂红陶。残高3.1、残宽3.6、厚0.3~0.5厘米（图2-53，1）。

T0205⑩：P15，夹砂红褐陶。残高6.3、残宽5.4、厚0.5厘米（图2-53，2）。

T0205⑱：P25，夹砂红陶。残高5.5、厚0.7厘米（图2-53，3）。

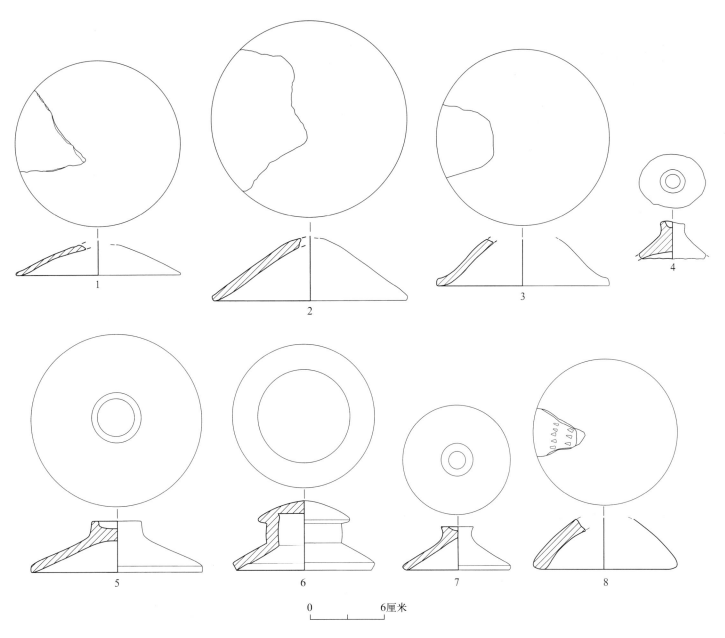

图2-52　T0205出土陶器盖

1.T0205②：P4　2.T0205②：P5　3.T0205④：P8　4.T0205④：P9　5.T0205⑩：9　6.T0205⑩：10　7.T0205⑰：2　8.T0205⑱：P39

盉　1件。

T0205⑱：P57，夹细砂红陶。仅存盉顶。顶部圆弧，顶部有柱状流，近口处有泥条一道。残高3.5、残宽6.0、厚0.3~0.6、流径2.9厘米（图2-53，4）。

尊　2件。敞口，斜沿，圆唇，斜直腹。

T0205⑱：P26，泥质红陶。口径14.4、残高2.5、残宽7.2、沿宽1.5、厚0.4厘米（图2-53，5）。

T0205⑱：P51，夹细砂红陶。口径15.6、残高4.7、残宽6.6、厚0.5厘米（图2-53，6）。

豆　1件。

T0205⑩：P1，夹砂红陶。敞口，圆唇，盆形腹。圈足残。口径16.7、残高4.4、厚0.5~0.7厘米（图2-53，7）。

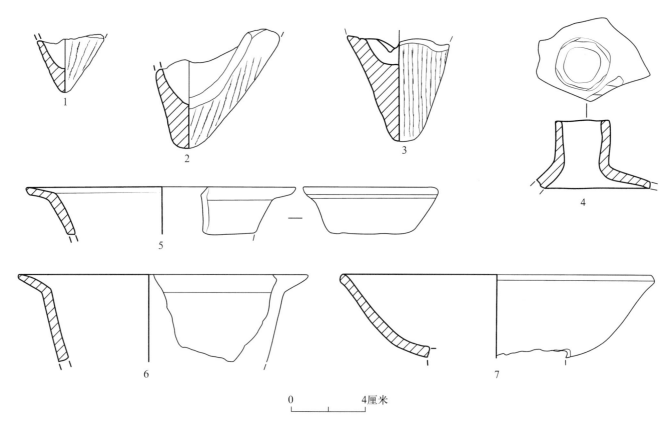

图2-53　T0205出土陶器

1～3.鬲足T0205④：P13、T0205⑩：P15、T0205⑱：P25　4.盉T0205⑱：P57　5、6.尊T0205⑱：P26、T0205⑱：P51　7.豆T0205⑩：P1

纺轮　4件。泥质红陶或夹砂灰陶。圆饼状，中间有穿孔。

T0205⑥：3，夹砂灰陶。残余约四分之一。直径6.0、厚1.3～1.4厘米（图2-54，1）。

T0205⑨：1，夹砂灰陶。残余约四分之一。直径6.2、孔径0.6、厚1.3厘米（图2-54，2）。

T0205⑱：32，夹砂灰陶。残余二分之一。直径4.3、孔径0.6～0.8、厚1.1～1.2厘米（图2-54，3）。

T0205⑱：36，泥质红陶。穿孔处凸起，残余二分之一。直径4.1～4.8、孔径0.7～1、厚0.9～1.2厘米（图2-54，4）。

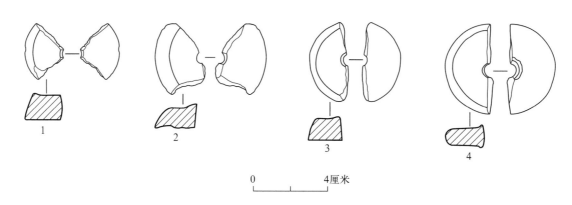

图2-54　T0205出土陶纺轮

1.T0205⑥：3　2.T0205⑨：1　3.T0205⑱：32　4.T0205⑱：36

2. 铜器

3件。红铜质。铸造或锻造，器形包括镯、刀等。

镯 1件。

T0205④：15，圆环状，器形不甚规整，断面呈圆形。直径 4.6~6.6、断面直径 0.4 厘米（图 2-55，1；彩版一八，3）。

刀 1件。

T0205④：14，直柄，直背，弧刃，刀尖上翘，柄部和尖部略残。残长 14.0、柄残长 4.2、柄宽 1.2~1.8、刃残长 9.8、刃宽 1.3~2.8、厚 0.2~0.4 厘米（图 2-55，2；彩版一九，1）。

铜器 1件。

T0205⑱：7，不规则形，表面锈蚀严重。器形不明。长 0.7、宽 0.6、厚 0.5 厘米（图 2-55，3）。

3. 骨器

主要包括锯、锥、针、片饰、镞等。

锯 2件。系用动物肩胛骨磨制而成，表面磨制光滑，一侧磨制成锯齿状。

T0205④：5，两端残。残长 9.4、宽 2.1、厚 0.2~0.7 厘米（图 2-56，1；彩版一九，2）。

T0205⑩：3，一端残。残长 19.4、宽 5.0、厚 0.2~1.6 厘米（图 2-56，2）。

锥 5件。

T0205⑤：3，系用动物的肢骨劈成细条磨制而成，断面近椭圆形。顶端残，锥尖较钝。残长 7.5、宽 0.8、厚 0.5 厘米（图 2-56，3）。

T0205⑰：13，系用动物肢骨磨制而成。一端为肢骨关节，保留有扁圆形的骨髓腔，一端磨制成锥尖。长 6.2、

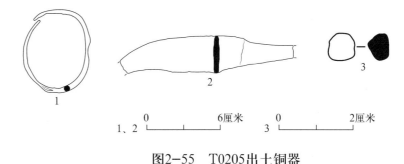

图2-55 T0205出土铜器
1. 镯 T0205④：15 2. 刀 T0205④：14 3. 铜器 T0205⑱：7

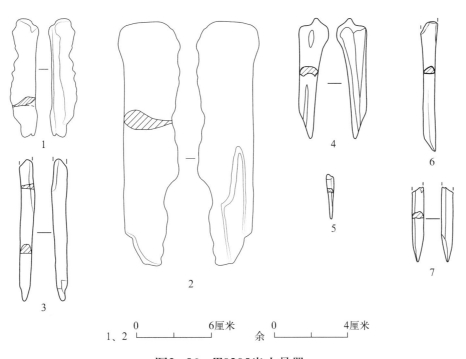

图2-56 T0205出土骨器
1、2. 锯 T0205④：5、T0205⑩：3 3~7. 锥 T0205⑤：3、T0205⑰：13、T0205⑱：20、T0205⑱：28、T0205⑱：38

宽 1.6、厚 0.4 厘米（图 2-56，4）。

T0205⑱：20，系用动物的肢骨劈成细条磨制而成，一端为锥尖，顶端残。断面近方形。长 2.4、宽 0.4、厚 0.3 厘米（图 2-56，5）。

T0205⑱：28，系用动物的肢骨劈成细条磨制而成，一端为锥尖，顶端残。断面近椭圆形。长 6.9、宽 0.8、厚 0.4 厘米（图 2-56，6）。

T0205⑱：38，系用动物肢骨劈成细条磨制而成，一端为锥尖，顶端残。断面近方形。残长 4.0、宽 0.7、厚 0.4 厘米（图 2-56，7）。

针　14 件。系用动物骨骼磨制而成，器身细长，大部分仅存尖部或针身一段，断面呈圆形，针尖锋利（彩版一九，3）。

T0205⑱：27，顶端残。残长 5.1、直径 0.2～0.4 厘米（图 2-57，1）。

T0205⑱：64，顶端残。残长 4.5、直径 0.2 厘米（图 2-57，2）。

T0205⑱：65，顶端残。残长 3.5、直径 0.2 厘米（图 2-57，3）。

T0205⑱：66，顶端残。残长 3.2、直径 0.2 厘米（图 2-57，4）。

T0205⑱：67，顶端残。残长 2.3、直径 0.2 厘米（图 2-57，5）。

T0205⑱：68，顶端残。残长 3.0、直径 0.2 厘米（图 2-57，6）。

T0205⑱：69，两端残。残长 3.0、直径 0.2 厘米（图 2-57，7）。

T0205⑱：70，两端残。残长 3.9、直径 0.2 厘米（图 2-57，8）。

T0205⑱：71，两端残。残长 2.7、直径 0.2 厘米（图 2-57，9）。

T0205⑱：72，两端残。残长 2.7、直径 0.2 厘米（图 2-57，10）。

T0205⑱：73，两端残。残长 2.5、直径 0.2 厘米（图 2-57，11）。

T0205⑱：74，顶端残。残长 2.5、直径 0.2 厘米（图 2-57，12）。

T0205⑱：75，顶端残。残长 2.5、直径 0.2 厘米（图 2-57，13）。

T0205⑱：76，顶端残，残存针孔。残长 3.8、直径 0.2 厘米（图 2-57，14）。

片饰　3 件。系用动物肢骨片磨制而成，一面磨光，一面为骨腔。

T0205④：6，平面呈长方形，一面较平，一面圆弧。残长 10.8、残宽 2.8、厚 0.5 厘米（图 2-58，1）。

T0205⑱：29，平面呈长方形，一面不平，一面圆弧。长 2.6、宽 1.2、厚 0.2 厘米（图 2-58，2）。

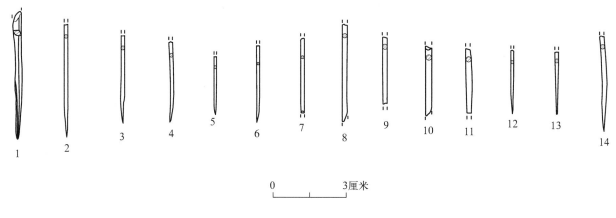

0　　　　　3厘米

图2-57　T0205出土骨针

1.T0205⑱：27　2.T0205⑱：64　3.T0205⑱：65　4.T0205⑱：66　5.T0205⑱：67　6.T0205⑱：68　7.T0205⑱：69　8.T0205⑱：70
9.T0205⑱：71　10.T0205⑱：72　11.T0205⑱：73　12.T0205⑱：74　13.T0205⑱：75　14.T0205⑱：76

T0205⑱：58，平面近三角形，通体磨光。长 1.6、宽 1.0、厚 0.2 厘米（图 2-58，3）。

镞　2 件。

T0205⑱：2，身、铤分界明显，锋残，无后锋。镞身断面呈椭圆形，铤断面呈圆形。残长 8.3、铤长 3.1、身长 5.2、镞身断面长径 1.1、短径 0.4、铤径 0.4 厘米（图 2-58，4；彩版二〇，1）。

T0205⑱：12，平面近三角形，无铤，有后锋，表面有凹槽，断面近椭圆形。长 4.5、断面长径 1.3、断面短径 0.2 厘米（图 2-58，5；彩版二〇，2）。

珠　1 件。

T0205⑱：37，圆形，体薄，中间有穿孔。直径 0.6、孔径 0.2、厚 0.2 厘米（图 2-58，6；彩版二〇，3）。

4. 玉石器

主要包括玉石器产品及加工工具，少量的生产工具、装饰品。大部分为磨制石器，部分为打制石器，磨制石器大部分通体磨光，仅个别局部磨光。玉石器产品包括璧、璧芯，玉石器加工工具包括磨石和切割工具。出土了大量的玉石料和制作玉石器残留的断块，部分玉石料有切割痕迹。生产工具包括锤、砧、斧坯料、刀、刀坯料、铲、铲坯料、凿、凿形器、纺轮、刮削器等，装饰品有串珠和绿松石制品。

璧　28 件。仅个别完整，大部分为残块，平面呈圆形、椭圆形、圆角方形和不规则形，大部分器身磨光，外缘仅个别磨制规整，大部分外缘保留有打制疤痕。大部分好侧稍厚，逐渐向外缘减薄。中间钻孔，单面钻，个别未钻透，孔壁保留有管钻痕迹，断钻处有明显断茬。

T0205②：2，大理岩，灰白色。平面近圆角方形，残余约二分之一璧面。外径 4.5～5.2、好径 1.6～1.9、厚 0.4 厘米（图 2-59，1；彩版二〇，4）。

T0205②：6，蛇纹岩，青色。平面呈圆形，较完整。外径 6.6～6.8、好径 2.1～2.4、厚 0.3～0.5 厘米（图 2-59，2；彩版二〇，5）。

T0205②：7，蛇纹大理岩，灰白色。平面近椭圆形，一面涂有朱砂。外径 3.1～3.9、好径 1.0～1.3、厚 0.3～0.5 厘米（图 2-59，3；彩版二〇，6）。

T0205②：8，蛇纹大理岩，绿色。平面近圆形，残余约五分之一璧面，外缘磨光。孔未钻透。外径 8.2～8.6、好径 1.4～1.8、厚 1.0 厘米（图 2-59，4；彩版二〇，7）。

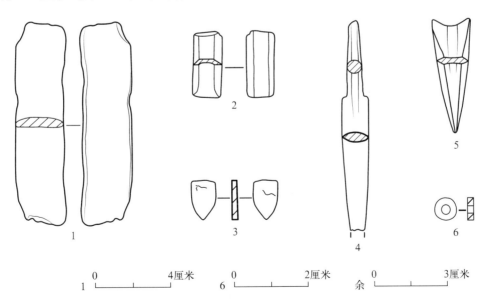

图 2-58　T0205 出土骨器

1～3. 片饰 T0205④：6、T0205⑱：29、T0205⑱：58　4、5. 镞 T0205⑱：2、T0205⑱：12　6. 珠 T0205⑱：37

T0205③：2，蛇纹大理岩，绿色。平面近椭圆形。外径4.5～5.5、好径1.3～1.6、厚0.3～0.6厘米（图2-59，5；彩版二一，1）。

T0205③：3，蛇纹大理岩，灰绿色。平面近圆形，残余约三分之二壁面。外径9.6～10.2、好径4.0～4.4、厚0.5～1.0厘米（图2-59，6；彩版二一，2）。

T0205③：4，蛇纹大理岩，绿色。平面近圆形。外径12.9～14.8、好径5.3～6.5、厚1.0～1.6厘米（图2-59，7；彩版二一，3）。

T0205⑤：1，蛇纹大理岩，青灰色。平面近圆形，残余约二分之一壁面。外径10.8～12.4、好径2.6～3.2、厚1.0～1.2厘米（图2-59，8；彩版二一，4）。

T0205⑥：1，蛇纹大理岩，白色。平面近圆形，残余约五分之一壁面，外缘磨光。外径7.4～8.0、好径2.3～2.7、厚0.5～0.6厘米（图2-59，9；彩版二一，5）。

T0205⑥：2，蛇纹大理岩，灰白色。平面近圆形，残余约二分之一壁面，厚度较均匀，孔壁较直。外径4.3～5.4、好径1.5、厚0.4～0.6厘米（图2-59，10；彩版二一，6）。

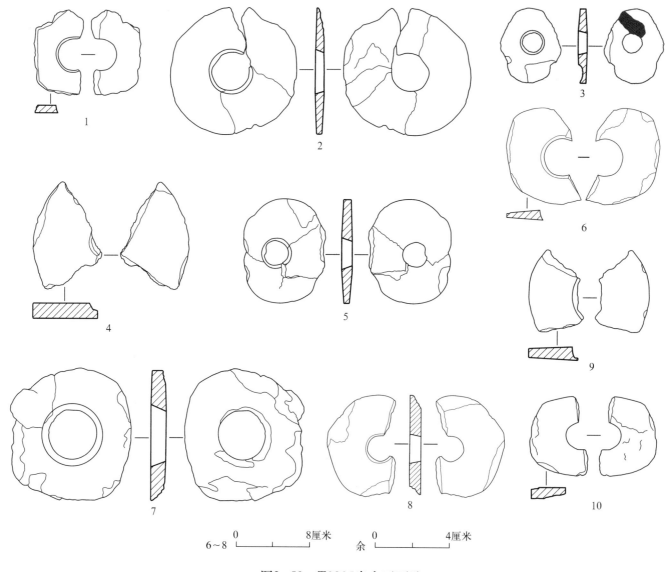

图2-59　T0205出土玉石璧

1.T0205②：2　2.T0205②：6　3.T0205②：7　4.T0205②：8　5.T0205③：2　6.T0205③：3　7.T0205③：4　8.T0205⑤：1
9.T0205⑥：1　10.T0205⑥：2

T0205⑥：4，片状透闪大理岩，白色。平面呈不规则形，残存五分之一璧面。外径3.3～4.7、好径2.1～2.4、厚0.6～0.8厘米（图2-60，1；彩版二二，1）。

T0205⑥：5，大理岩，灰白色。平面近圆形，残余约五分之一璧面。外径6.8～7.6、好径3.4～4.6、厚0.7～0.9厘米（图2-60，2；彩版二二，2）。

T0205⑨：2，蛇纹岩，浅绿色。平面近圆形，残余约五分之一璧面。外径5.6～6.0、好径1.8～2.0、厚0.2～0.3厘米（图2-60，3；彩版二二，3）。

T0205⑭：1，大理岩，灰白色。平面近圆形，残余约六分之一璧面，外缘磨光。外径6.8～7.4、好径1.3～1.8、厚0.8厘米（图2-60，4；彩版二二，4）。

T0205⑭：2，方解蛇纹岩，绿色。平面近圆形，残余约五分之一璧面，外缘局部磨光。外径6.6～7.9、好径2.2～2.4、厚0.5厘米（图2-60，5；彩版二二，5）。

T0205⑭：6，蛇纹大理岩，浅绿色。平面呈不规则形，残余约五分之一璧面。外径8.0～8.5、好径2.3～2.7、厚0.9厘米（图2-60，6；彩版二二，6）。

T0205⑱：3，蛇纹大理岩，白色。平面近圆形，残余约六分之一璧面，外缘磨光。外径7.3～8.3、好径1.8～2.2、厚0.3～0.5厘米（图2-60，7；彩版二三，1）。

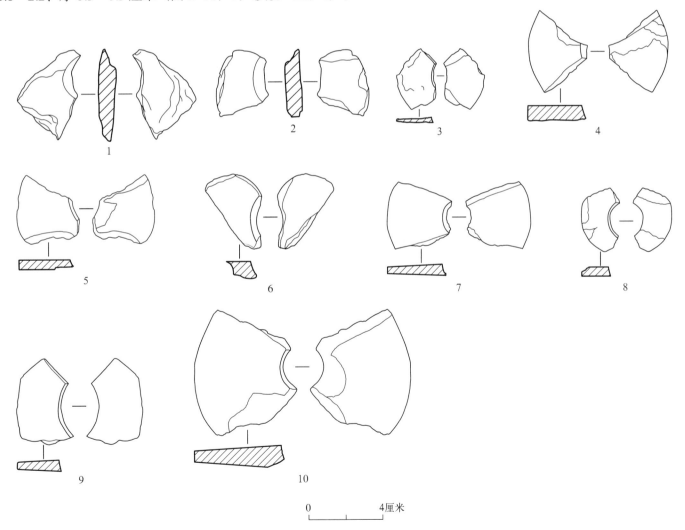

0　　　　4厘米

图2-60　T0205出土玉石璧

1.T0205⑥：4　2.T0205⑥：5　3.T0205⑨：2　4.T0205⑭：1　5.T0205⑭：2　6.T0205⑭：6　7.T0205⑱：3　8.T0205⑱：4　9.T0205⑱：6　10.T0205⑱：9

　　T0205⑱：4，蛇纹大理岩，灰白色。平面近圆形，残余约二分之一璧面，外缘磨光。外径4.4～5.1、好径1.9～2.2、厚0.3～0.5厘米（图2-60，8；彩版二三，2）。

　　T0205⑱：6，绿泥岩，浅灰色。平面近圆形，残余约四分之一璧面，外缘磨光。外径7.2～8.3、好径3.8～4.2、厚0.4～0.6厘米（图2-60，9；彩版二三，3）。

　　T0205⑱：9，蛇纹岩，黄绿色。平面近圆形，残余约五分之一璧面，外缘磨光。外径10.2～12.0、好径2.9～3.1、厚0.6～1.2厘米（图2-60，10；彩版二三，4）。

　　T0205⑱：13，蛇纹大理岩，白色。平面近圆形，残余约四分之一璧面，外缘磨光。外径3.6～3.8、好径1.6～1.8、厚0.2厘米（图2-61，1；彩版二三，5）。

　　T0205⑱：21，蛇纹大理岩，灰白色。完整，平面呈圆角方形，外缘局部磨光。外径5.0～5.5、好径1.6～1.9、厚0.9厘米（图2-61，2；彩版二三，6）。

　　T0205⑱：22，蛇纹大理岩，青色。平面近圆角方形，残余约二分之一璧面，外缘附近保留有一道切割痕迹。外径5.7～7.1、好径1.6～1.8、厚0.6厘米（图2-61，3；彩版二四，1）。

　　T0205⑱：24，透闪大理岩，青灰色。平面近圆形，残余约二分之一璧面，外缘磨光。外径6.7～7.6、好径1.6～1.9、厚0.7厘米（图2-61，4；彩版二四，2）。

　　T0205⑱：39，蛇纹岩，灰白色。平面近圆形，残余约四分之一璧面，外缘磨光。外径7.4～8.9、好径2.5～2.7、厚0.5～0.7厘米（图2-61，5；彩版二四，3）。

　　T0205⑱：40，蛇纹大理岩，白色。平面近圆形，残余约四分之一璧面，外缘磨光。外径7.8～8.2、好径2.5～2.8、厚0.3～0.5厘米（图2-61，6；彩版二四，4）。

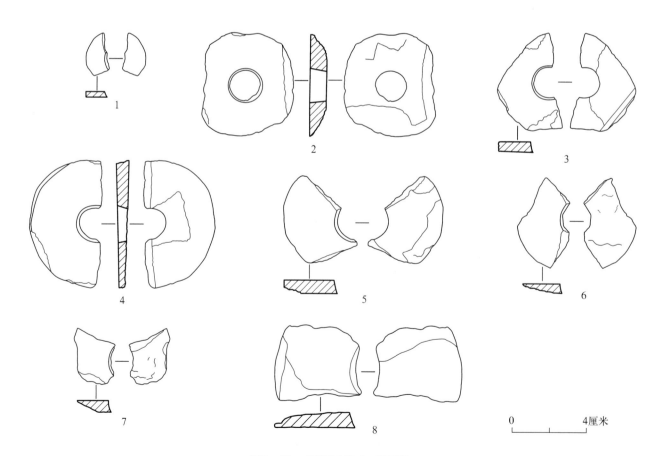

图2-61　T0205出土玉石璧

1.T0205⑱：13　2.T0205⑱：21　3.T0205⑱：22　4.T0205⑱：24　5.T0205⑱：39　6.T0205⑱：40　7.T0205⑱：60　8.T0205⑱：88

T0205⑱：60，蛇纹大理岩，灰白色。平面呈不规则形，残余约四分之一璧面。外径5.6～6.2、好径1.9～2.1、厚0.5厘米（图2-61，7；彩版二四，5）。

T0205⑱：88，片状蛇纹大理岩，青灰色。平面近圆形，残余约六分之一璧面。外径11.3～12.5、好径2.6～3.1、厚0.5～0.8厘米（图2-61，8；彩版二四，6）。

璧芯　16件。大部分完整，平面呈圆形，单面管钻，芯壁呈斜坡状，纵剖面呈梯形，侧面大多保留有管钻痕迹，断钻处大多未修整，保留有明显断茬，断钻处残破。

T0205②：5，大理岩，浅绿色。一面残破，残存二分之一。直径5.8～6.1、厚1.6厘米（图2-62，1；彩版二五，1）。

T0205④：1，大理岩，灰白色。直径2.2、厚1.1厘米（图2-62，2；彩版二五，2）。

T0205⑦：1，蛇纹大理岩，浅绿色。直径2.6～3.0、厚0.9厘米（图2-62，3；彩版二五，3）。

T0205⑩：1，蛇纹大理岩，灰白色。一面残破。直径2.8～3.2、厚1.2厘米（图2-62，4；彩版二五，4）。

T0205⑭：3，方解蛇纹岩，浅绿色。仅存局部，一面残破。直径5.8～6.0、厚1.4厘米（图2-62，5）。

T0205⑰：10，蛇纹大理岩，灰白色。一面残破。直径3.0～3.4、厚0.5～1.0厘米（图2-62，6；彩版二五，5）。

T0205⑱：1，绿泥岩，灰褐色。一面残破。直径1.4～1.6、厚0.2～0.5厘米（图2-62，7；彩版二五，6）。

T0205⑱：8，绿泥岩，灰绿色。直径1.3～1.5、厚0.8厘米（图2-62，8；彩版二五，7）。

T0205⑱：18，蛇纹岩，灰白色。一面残破。直径2.2～2.4、厚0.4厘米（图2-63，1；彩版二五，8）。

T0205⑱：19，透闪大理岩，灰绿色。直径1.9～2.3、厚0.7厘米（图2-63，2；彩版二五，9）。

T0205⑱：31，滑石大理岩，灰白色。直径2.4～2.7、厚1.4～1.6厘米（图2-63，3；彩版二六，1）。

T0205⑱：33，蛇纹大理岩，灰色。直径1.1～1.3、厚0.7厘米（图2-63，4；彩版二六，2）。

T0205⑱：34，大理岩，白色。直径1.0～1.4、厚0.3厘米（图2-63，5；彩版二六，3）。

T0205⑱：59，大理岩，灰绿色。边缘残缺，一面有琢制凹窝。直径2.2～2.6、厚1.1厘米（图2-63，6；彩版二六，4）。

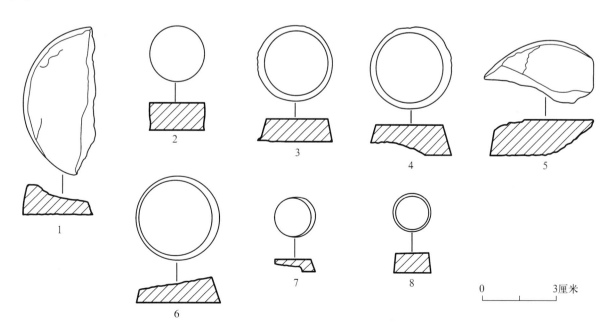

图2-62　T0205出土玉石璧芯

1.T0205②：5　2.T0205④：1　3.T0205⑦：1　4.T0205⑩：1　5.T0205⑭：3　6.T0205⑰：10　7.T0205⑱：1　8.T0205⑱：8

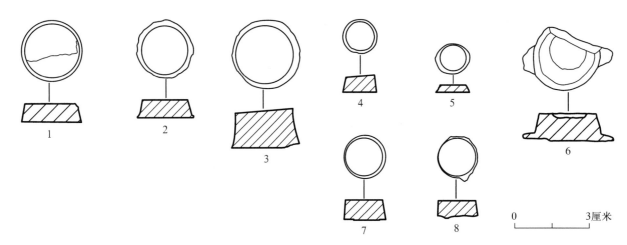

图2-63　T0205出土玉石璧芯

1.T0205⑱：18　2.T0205⑱：19　3.T0205⑱：31　4.T0205⑱：33　5.T0205⑱：34　6.T0205⑱：59　7.T0205⑱：62　8.T0205⑱：63

T0205⑱：62，大理岩，灰白色。直径1.5～1.7、厚0.8厘米（图2-63，7；彩版二六，5）。

T0205⑱：63，蛇纹大理岩，浅褐色。一面残破。直径1.5～1.6、厚0.7厘米（图2-63，8；彩版二六，6）。

切割工具　7件。较薄，大部分表面磨光，一侧有双面刃，部分微弧，有使用痕迹，侧面有断茬。

T0205①：3，石英砂岩，灰褐色。平面近方形。刃部微弧。长4.3、宽3.6、厚0.6厘米（图2-64，1）。

T0205①：4，石英粉砂岩，灰黑色。平面近三角形。长3.4、宽2.7、厚0.3厘米（图2-64，2；彩版二六，7）。

T0205⑥：8，硅质石英砂岩，青灰色。平面近长方形，刃部微弧。长8.7、宽6.0、厚1.2厘米（图2-64，3）。

T0205⑯：1，杂砂岩，灰色。平面呈不规则形。长5.3、宽4.9、厚0.6厘米（图2-64，4）。

T0205⑯：7，石英砂岩，黑灰色。平面近梯形，刃部有明显缺失。长8.2、宽6.3、厚0.6厘米（图2-64，5）。

T0205⑱：15，粉砂质板岩，灰褐色。平面呈不规则形，一面局部剥落。长5.6、宽4.9、厚0.4厘米（图2-64，6）。

T0205⑱：41，石英砂岩，灰褐色。平面呈不规则形。长6.4、宽5.0、厚0.7厘米（图2-64，7；彩版二六，8）。

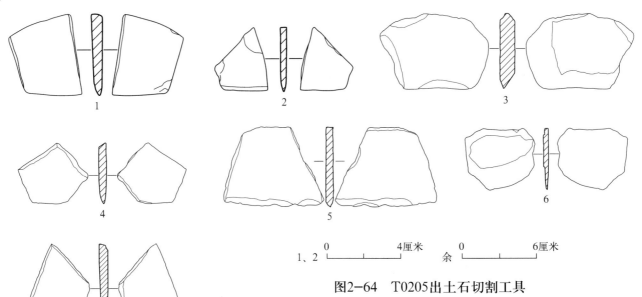

图2-64　T0205出土石切割工具

1.T0205①：3　2.T0205①：4　3.T0205⑥：8　4.T0205⑯：1　5.T0205⑯：7
6.T0205⑱：15　7.T0205⑱：41

磨石　51件。断块，大小不一，平面近方形、三角形、长方形或不规则形。一面或两面有磨光面，磨光面粗细不一，侧面有明显断茬，个别侧面磨制光滑，部分有火烧痕迹。

T0205①：6，石英砂岩，灰色。平面呈不规则形，一面有磨光面。长7.9、宽5.8、厚2.3厘米（图2-65，1）。

T0205②：12，变质石英砂岩，青灰色。平面呈不规则形，两面有磨光面，侧面有断茬。长9.9、宽7.9、厚1.7厘米（图2-65，2）。

T0205②：13，粉砂岩，青灰色。平面呈不规则形，一面有磨光面，一面局部剥落，侧面有断茬。长7.6、宽7.4、厚1.0厘米（图2-65，3）。

T0205②：14，粉砂岩，青灰色。平面呈不规则形，两面有磨光面，侧面有断茬。长7.8、宽5.8、厚0.7厘米（图2-65，4）。

T0205②：15，云母石英砂岩，灰黑色。平面呈不规则形，两面有磨光面，侧面有断茬。长4.8、宽4.7、厚0.4厘米（图2-65，5）。

T0205②：16，粉砂岩，青灰色。平面呈不规则形，两面有磨光面，一面局部剥落，侧面有断茬。长5.9、宽

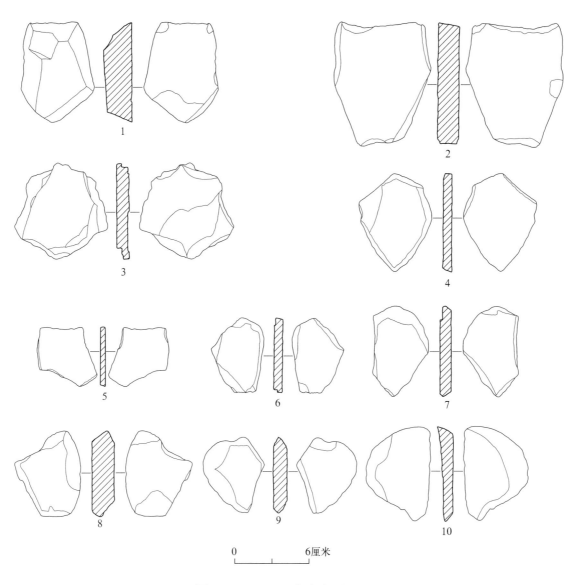

图2-65　T0205出土磨石

1. T0205①：6　2. T0205②：12　3. T0205②：13　4. T0205②：14　5. T0205②：15　6. T0205②：16　7. T0205③：22
8. T0205③：23　9. T0205③：24　10. T0205④：13

4.1、厚 0.7 厘米（图 2-65，6）。

T0205③：22，硅质板岩，灰黑色。平面呈不规则形，两面有磨光面，侧面有断茬。长 7.1、宽 4.3、厚 0.9 厘米（图 2-65，7）。

T0205③：23，杂砂岩，青灰色。平面呈不规则形，两面有磨光面，一面有火烧痕迹，侧面有断茬。长 6.8、宽 5.3、厚 1.8 厘米（图 2-65，8）。

T0205③：24，硅质板岩，灰黑色。平面呈不规则形，一面有磨光面，一面局部剥落，有火烧痕迹，侧面有断茬。长 6.0、宽 4.8、厚 1.1 厘米（图 2-65，9）。

T0205④：13，石英砂岩，青灰色。平面呈不规则形，一面有磨光面，一面局部破裂，侧面有断茬。长 7.5、宽 5.2、厚 1.3 厘米（图 2-65，10）。

T0205⑤：4，细砂岩，青灰色。平面呈不规则形，一面有磨光面，局部有火烧痕迹，侧面有断茬。长 9.2、宽 6.3、厚 1.6 厘米（图 2-66，1）。

T0205⑤：5，粉砂岩，青灰色。平面呈不规则形，两面有磨光面，一面局部剥落，侧面有断茬。长 7.8、宽 6.8、厚 1.1 厘米（图 2-66，2）。

T0205⑩：6，杂砂岩，灰褐色。平面呈不规则形，两面有磨光面，侧面有断茬。长 6.1、宽 5.4、厚 0.7 厘米（图 2-66，3）。

T0205⑩：12，粉砂岩，青灰色。平面呈不规则形，两面有磨光面，侧面有断茬。长 6.8、宽 3.7、厚 0.7 厘米（图 2-66，4）。

T0205⑩：13，硅质云母砂岩，青灰色。平面呈不规则形，两面有磨光面，局部剥落，侧面有断茬。长 5.0、宽 4.3、厚 1.0 厘米（图 2-66，5）。

T0205⑩：14，硅质粉砂岩，青灰色。平面呈不规则形，两面有磨光面，侧面有断茬。长 5.5、宽 4.2、厚 0.8 厘米（图 2-66，6）。

T0205⑩：15，粉砂岩，青灰色。平面呈不规则形，两面有磨光面，一面局部剥落，侧面有断茬。长 3.9、宽 3.2、厚 0.4 厘米（图 2-66，7）。

T0205⑩：19，杂砂岩，青灰色。平面呈不规则形，一面有磨光面，侧面有断茬。长 4.1、宽 3.7、厚 1.3 厘米（图 2-66，8）。

T0205⑩：22，蛇纹石岩，青灰色。平面呈不规则形，一面有磨光面，有火烧痕迹，侧面有断茬。长 13.7、宽 6.9、厚 1.2 厘米（图 2-66，9；彩版二七，1）。

T0205⑩：23，蛇纹石岩，青灰色。平面近长方形，两面有磨光面，一面局部剥落，侧面有断茬。长 9.8、宽 5.9、厚 1.2 厘米（图 2-66，10）。

T0205⑩：24，杂砂岩，青灰色。平面近菱形，两面有磨光面，侧面有断茬。长 9.9、宽 5.9、厚 1.6 厘米（图 2-66，11）。

T0205⑩：25，杂砂岩，青灰色。平面呈不规则形，两面有磨光面，磨光面较粗，侧面有断茬。长 6.1、宽 5.4、厚 2.3 厘米（图 2-66，12）。

T0205⑩：26，云母杂砂岩，青灰色。平面近长方形，一面有磨光面，侧面有断茬。长 5.9、宽 4.6、厚 1.0 厘米（图 2-67，1）。

T0205⑩：27，杂砂岩，青灰色。平面近方形，两面有磨光面，磨光面较粗，侧面有断茬。长 5.1、宽 4.8、厚 1.4 厘米（图 2-67，2）。

T0205⑩：28，泥质粉砂岩，青灰色。平面不规则形，两面有磨光面，一面局部剥落，有火烧痕迹，侧面有断

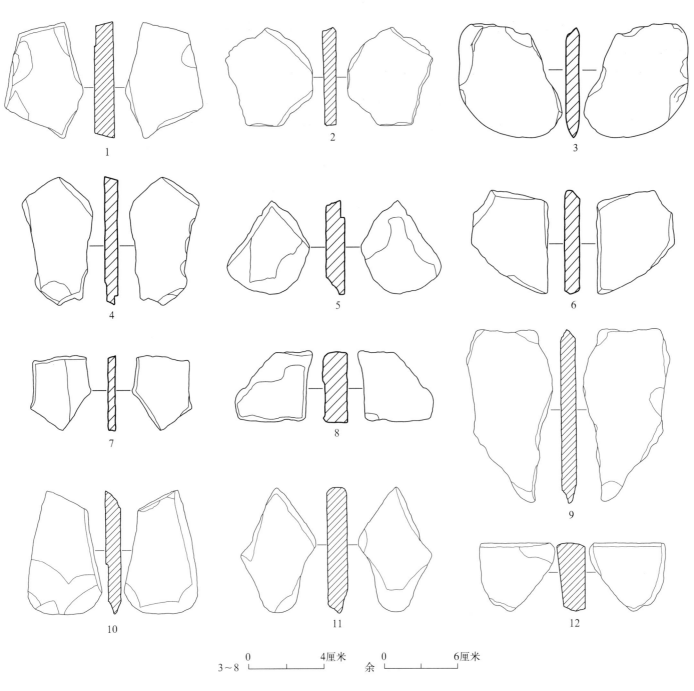

图2-66 T0205出土磨石

1.T0205⑤：4 2.T0205⑤：5 3.T0205⑩：6 4.T0205⑩：12 5.T0205⑩：13 6.T0205⑩：14 7.T0205⑩：15 8.T0205⑩：19
9.T0205⑩：22 10.T0205⑩：23 11.T0205⑩：24 12.T0205⑩：25

茬。长6.4、宽4.8、厚1.3厘米（图2-67，3）。

T0205⑩：29，蛇纹石岩，青灰色。平面呈不规则形，一面有磨光面，侧面有断茬。长6.9、宽5.2、厚1.2厘米（图2-67，4）。

T0205⑯：3，硅质粉砂岩，青灰色。平面不规则形，一面有磨光面，有火烧痕迹，侧面有断茬。长6.0、宽5.8、厚0.8厘米（图2-67，5；彩版二七，2）。

T0205⑯：4，粉砂岩，青灰色。平面不规则形，一面有磨光面，微凹，侧面有断茬。长7.3、宽5.8、厚0.8厘米（图2-67，6）。

　　T0205⑯：5，粉砂岩，青灰色，平面不规则形，两面有磨光面，侧面有断茬。长6.2、宽4.9、厚1.1厘米（图2-67，7）。

　　T0205⑯：6，泥质粉砂岩，青灰色。平面不规则形，两面有磨光面，局部有火烧痕迹，一面局部剥落，侧面有断茬。长14.6、宽10.4、厚1.6厘米（图2-67，8；彩版二七，3）。

　　T0205⑰：3，海绿石石英砂岩，青灰色。平面近长方形，两面有磨光面，侧面有断茬。长7.1、宽4.5、厚1.3厘米（图2-67，9）。

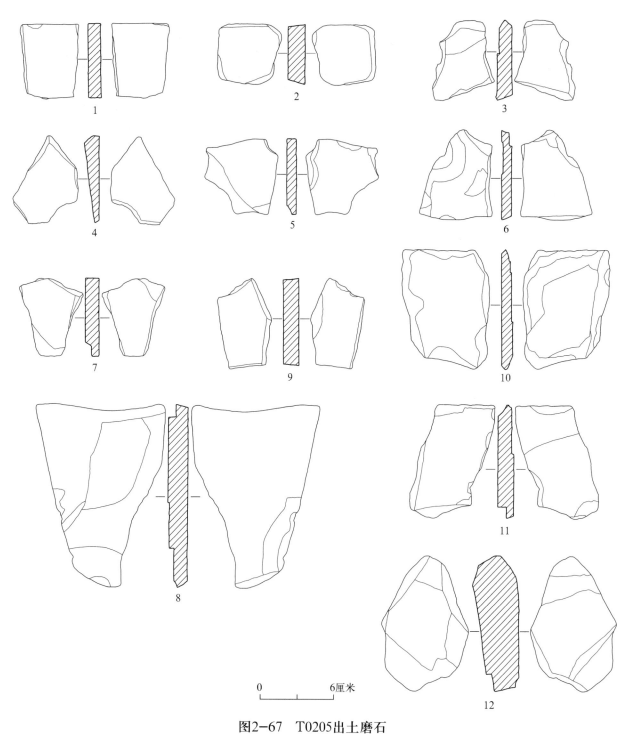

图2-67　T0205出土磨石

1.T0205⑩：26　2.T0205⑩：27　3.T0205⑩：28　4.T0205⑩：29　5.T0205⑯：3　6.T0205⑯：4　7.T0205⑯：5　8.T0205⑯：6　9.T0205⑰：3
10.T0205⑰：7　11.T0205⑰：8　12.T0205⑰：14

T0205⑰：7，粉砂岩，青灰色。平面近方形，两面有磨光面，一面局部剥落，侧面有断茬。长9.5、宽6.9、厚0.9厘米（图2-67，10）。

T0205⑰：8，海绿石石英砂岩，青灰色。平面近长方形，一面有磨光面，一面局部剥落，侧面有断茬。长9.0、宽6.7、厚1.3厘米（图2-67，11）。

T0205⑰：14，长石石英砂岩，红棕色。平面呈不规则形，一面有磨光面，微凹，侧面有断茬。长10.8、宽6.9、厚3.7厘米（图2-67，12）。

T0205⑰：15，杂砂岩，青灰色。平面不规则形，两面有磨光面，一面局部剥落，侧面有断茬。长5.4、宽3.7、厚1.3厘米（图2-68，1）。

T0205⑰：16，杂细砂岩，青灰色。平面近长方形，一面有磨光面，侧面有断茬。长6.2、宽5.1、厚1.4厘米（图2-68，2）。

T0205⑱：10，泥质粉砂岩，青灰色。平面近方形，一面有磨光面，侧面有断茬。长4.9、宽4.6、厚0.4厘米（图2-68，3）。

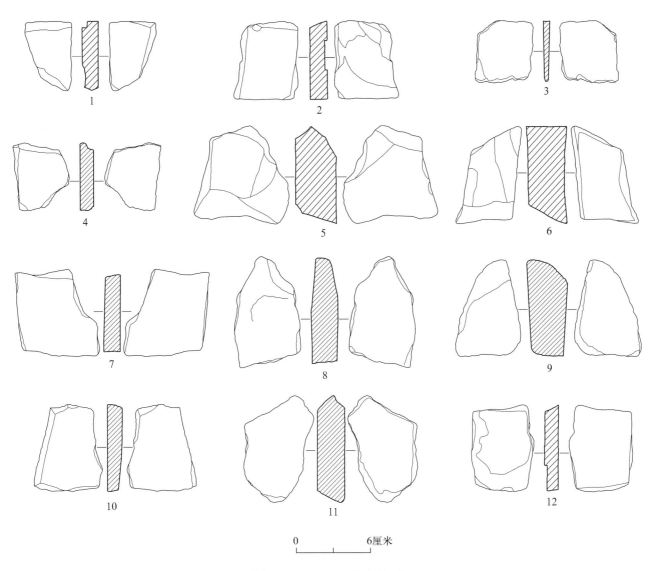

0 6厘米

图2-68 T0205出土磨石

1.T0205⑰：15 2.T0205⑰：16 3.T0205⑱：10 4.T0205⑱：11 5.T0205⑱：16 6.T0205⑱：17 7.T0205⑱：44 8.T0205⑱：45 9.T0205⑱：46 10.T0205⑱：47 11.T0205⑱：57 12.T0205⑱：79

　　T0205⑱：11，泥质粉砂岩，青灰色。平面不规则形，一面有磨光面，侧面有断茬。长 5.5、宽 4.3、厚 1.1 厘米（图 2-68，4）。

　　T0205⑱：16，长石石英砂岩，青灰色。平面不规则形，两面有磨光面，一面微凹，侧面有断茬。长 7.8、宽 7.6、厚 3.3 厘米（图 2-68，5）。

　　T0205⑱：17，粉砂岩，青灰色。平面近长方形，一面有磨光面，微凹，侧面有断茬。长 7.7、宽 5.4、厚 3.3 厘米（图 2-68，6）。

　　T0205⑱：44，粉砂岩，青灰色。平面近方形，两面有磨光面，一面微凹，残存朱砂，侧面有断茬。长 6.9、宽 6.2、厚 1.3 厘米（图 2-68，7）。

　　T0205⑱：45，石英砂岩，青灰色。平面不规则形，两面有磨光面，磨光面较粗，一面局部剥落，侧面有断茬。长 8.7、宽 5.2、厚 2.2 厘米（图 2-68，8）。

　　T0205⑱：46，长石砂岩，青灰色。平面近三角形，两面有磨光面，微凹，侧面有断茬。长 7.8、宽 5.3、厚 2.8 厘米（图 2-68，9）。

　　T0205⑱：47，粉砂岩，青灰色。平面近长方形，两面有磨光面，侧面有断茬。长 7.0、宽 5.2、厚 1.2 厘米（图 2-68，10）。

　　T0205⑱：57，长石石英砂岩，青灰色。平面不规则形，一面有磨光面，磨光面较粗，侧面有断茬。长 8.7、宽 6.2、厚 2.1 厘米（图 2-68，11）。

　　T0205⑱：79，粉砂岩，青灰色。平面近长方形，一面有磨光面，一面局部剥落，侧面有断茬。长 6.9、宽 5.1、厚 1.1 厘米（图 2-68，12）。

　　T0205⑱：80，泥质粉砂岩，青灰色。平面呈不规则形，两面有磨光面，侧面有断茬。长 6.2、宽 5.3、厚 0.7 厘米（图 2-69，1）。

　　T0205⑱：81，长石石英砂岩，青灰色。平面不规则形，一面有磨光面，侧面有断茬。长 9.0、宽 5.7、厚 2.4 厘米（图 2-69，2）。

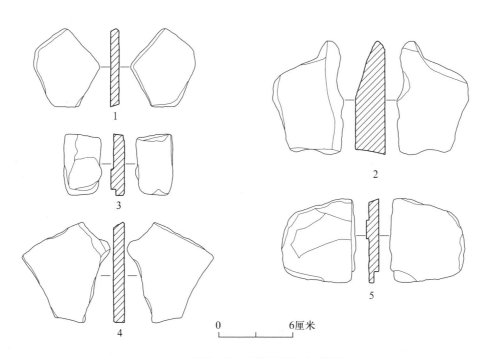

0　　　　　6厘米

图2-69　T0205出土磨石

1.T0205⑱：80　2.T0205⑱：81　3.T0205⑱：82　4.T0205⑱：83　5.T0205⑱：84

T0205⑱：82，泥质粉砂岩，青灰色。平面近长方形，一面有磨光面，一面局部剥落，有火烧痕迹，侧面有断茬。长 4.9、宽 3.0、厚 1.1 厘米（图 2-69，3）。

T0205⑱：83，粉砂岩，青灰色。平面呈不规则形，两面有磨光面，一面微凹，侧面有断茬。长 8.0、宽 7.1、厚 0.9 厘米（图 2-69，4）。

T0205⑱：84，泥质粉砂岩，青灰色。平面近方形，一面有磨光面，侧面有断茬。长 6.7、宽 5.9、厚 1.0 厘米（图 2-69，5）。

切割料　5 件。

T0205⑭：5，大理岩，灰白色。平面近三角形，两面磨光，一面有三道切割痕迹，侧面有断茬。长 4.9、宽 3.8、厚 1.2 厘米（图 2-70，1）。

T0205⑮：1，透闪石玉，褐色。平面呈不规则形，两侧有切割痕迹。长 6.3、宽 3.1、厚 1.5 厘米（图 2-70，2；彩版二七，4）。

T0205⑱：42，蛇纹岩，灰白色。平面呈不规则形，一面磨光，一面有"V"形切痕一道。长 4.9、宽 2.7、厚 1.1 厘米（图 2-70，3；彩版二七，5）。

T0205⑱：53，蛇纹岩，灰白色。平面呈不规则形，两面磨光，一侧有切割痕迹，长 3.3、宽 2.2、厚 1.7 厘米（图 2-70，4）。

T0205⑱：54，蛇纹大理岩，灰白色。平面呈不规则形，两面磨光，一侧有切割痕迹，剩余约二分之一处残存断茬。长 3.5、宽 2.3、厚 0.7 厘米（图 2-70，5；彩版二七，6）。

玉石料　23 件。平面呈不规则形。

T0205③：12，蛇纹石玉，青绿色。长 8.1、宽 7.6、厚 2.7 厘米（图 2-71，1）。

T0205③：16，蛇纹石玉，青绿色。长 7.4、宽 4.7、厚 1.8 厘米（图 2-71，2）。

T0205③：17，蛇纹石玉，青绿色。长 5.8、宽 4.8、厚 2.9 厘米（图 2-71，3）。

T0205③：18，蛇纹石大理岩，青灰色。局部涂有朱砂。长 4.8、宽 4.8、厚 1.9 厘米（图 2-71，4）。

T0205③：26，硅质石英砂岩，棕色。长 9.9、宽 6.9、厚 3.3 厘米（图 2-71，5）。

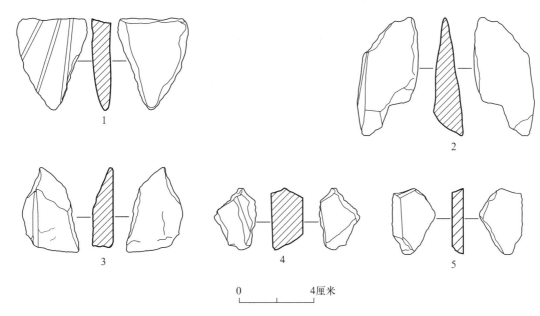

图2-70　T0205出土玉石切割料
1. T0205⑭：5　2. T0205⑮：1　3. T0205⑱：42　4. T0205⑱：53　5. T0205⑱：54

T0205④：7，蛇纹石岩，青绿色。长9.6、宽6.7、厚5.0厘米（图2-71，6）。

T0205④：9，蛇纹石大理岩，青绿色。局部有火烧痕迹。长4.5、宽3.0、厚2.2厘米（图2-71，7）。

T0205④：12，蛇纹石玉，青绿色。长4.5、宽2.9、厚1.2厘米（图2-71，8）。

T0205⑭：4，蛇纹石玉，青绿色。长3.8、宽2.9、厚1.2厘米（图2-71，9；彩版二八，1）。

T0205⑮：2，蛇纹石玉，青绿色。长7.3、宽4.6、厚3.2厘米（图2-71，10）。

T0205⑰：4，蛇纹大理岩，灰绿色。长4.6、宽3.8、厚1.8厘米（图2-71，11）。

T0205⑰：12，蛇纹大理岩，灰白色，局部磨制光滑。长3.4、宽2.9、厚2.0厘米（图2-71，12；彩版二八，2）。

T0205⑱：5，蛇纹大理岩，灰白色。长4.0、宽3.5、厚1.2厘米（图2-72，1；彩版二八，3）。

T0205⑱：49，蛇纹岩，灰白色，局部磨光。长6.3、宽3.6、厚1.2厘米（图2-72，2）。

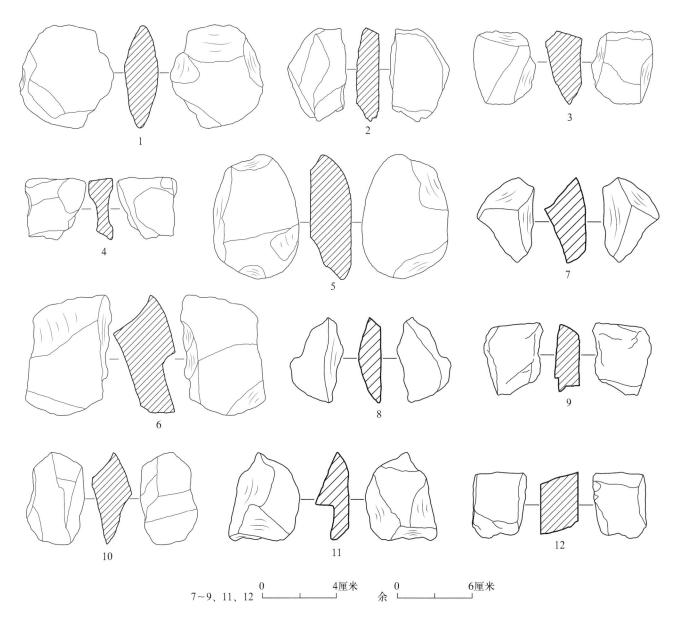

图2-71 T0205出土玉石料

1.T0205③：12 2.T0205③：16 3.T0205③：17 4.T0205③：18 5.T0205③：26 6.T0205④：7 7.T0205④：9 8.T0205④：12 9.T0205⑭：4 10.T0205⑮：2 11.T0205⑰：4 12.T0205⑰：12

T0205⑱：51，蛇纹大理岩，灰白色。长5.3、宽3.1、厚1.4厘米（图2-72，3；彩版二八，4）。

T0205⑱：52，蛇纹岩，灰褐色。长4.8、宽3.7、厚1.5厘米（图2-72，4）。

T0205⑱：55，蛇纹岩，青灰色。长8.1、宽5.0、厚1.5厘米（图2-72，5）。

T0205⑱：56，蛇纹大理岩，灰白色。局部磨光。长4.2、宽2.1、厚1.9厘米（图2-72，6；彩版二八，5）。

T0205⑱：85，蛇纹石大理岩，白色。局部有火烧痕迹。长7.7、宽6.7、厚2.2厘米（图2-72，7）。

T0205⑱：92，青磬岩，暗绿色。局部有磨制痕迹。长4.6、宽4.3、厚2.1厘米（图2-72，8）。

T0205⑱：93，蛇纹石玉，青绿色。长3.9、宽3.7、厚1.4厘米（图2-72，9）。

T0205⑱：94，蛇纹石大理岩，青绿色。长4.4、宽2.8、厚1.3厘米（图2-72，10）。

T0205⑱：95，蛇纹石玉，青绿色。长4.3、宽3.0、厚2.0厘米（图2-72，11）。

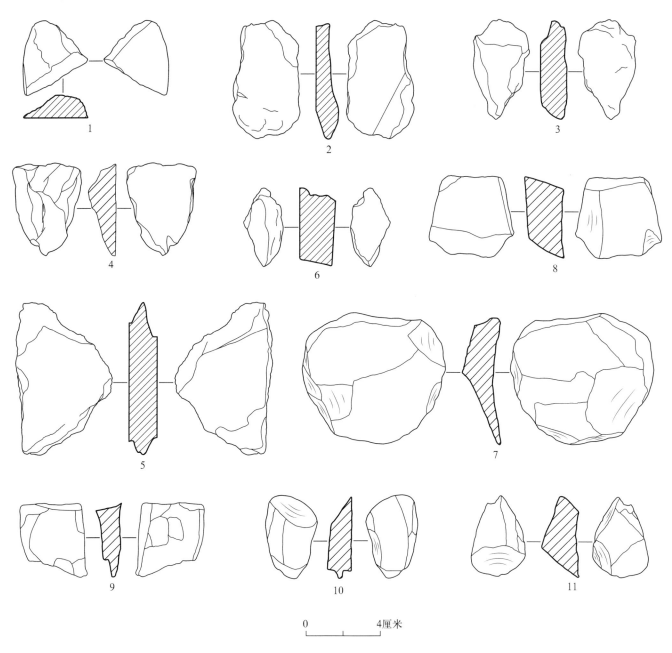

0　　　　　4厘米

图2-72　T0205出土玉石料

1.T0205⑱：5　2.T0205⑱：49　3.T0205⑱：51　4.T0205⑱：52　5.T0205⑱：55　6.T0205⑱：56　7.T0205⑱：85　8.T0205⑱：92
9.T0205⑱：93　10.T0205⑱：94　11.T0205⑱：95

断块　31件。不规则形，表面有打制疤痕，应该是制作玉石器残存的边角料。

T0205①：2，硅质岩，棕色。一侧磨制光滑。长3.6、宽3.5、厚1.1厘米（图2-73，1）。

T0205②：17，蛇纹石大理岩，灰色。长6.8、宽6.1、厚3.6厘米（图2-73，2）。

T0205③：13，蛇纹石大理岩，青灰色。长6.5、宽4.9、厚3.6厘米（图2-73，3）。

T0205③：14，蛇纹石大理岩，青灰色。长7.3、宽5.4、厚2.3厘米（图2-73，4）。

T0205③：15，蛇纹石大理岩，灰白色。长8.4、宽4.0、厚2.0厘米（图2-73，5）。

T0205③：19，蛇纹石大理岩，灰白色。长4.5、宽3.8、厚3.0厘米（图2-73，6）。

T0205③：20，蛇纹石岩，青灰色。长6.3、宽2.3、厚1.7厘米（图2-73，7）。

T0205④：8，蛇纹石大理岩，灰白色。长5.7、宽4.1、厚1.9厘米（图2-73，8）。

T0205④：10，蛇纹石大理岩，灰白色。长3.7、宽2.7、厚2.7厘米（图2-73，9）。

T0205④：11，蛇纹石大理岩，青绿色。长4.0、宽2.5、厚0.8厘米（图2-73，10）。

T0205⑤：6，大理岩，灰白色。长3.1、宽2.9、厚1.3厘米（图2-73，11）。

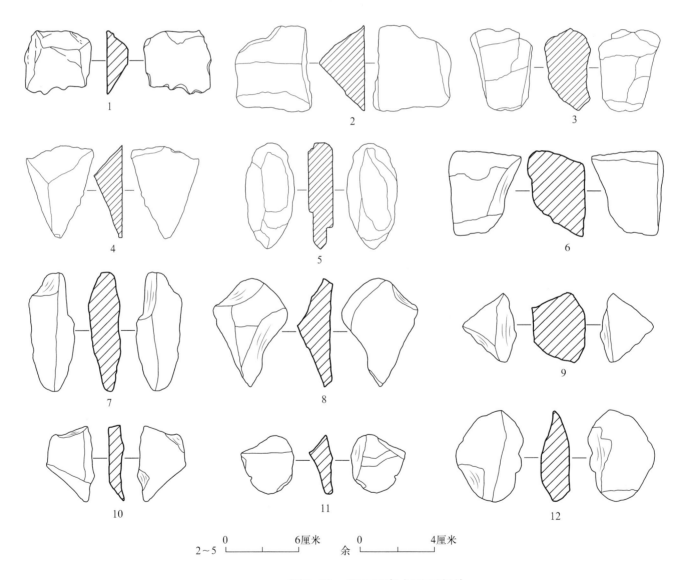

图2-73　T0205出土玉石断块

1.T0205①：2　2.T0205②：17　3.T0205③：13　4.T0205③：14　5.T0205③：15　6.T0205③：19　7.T0205③：20　8.T0205④：8
9.T0205④：10　10.T0205④：11　11.T0205⑤：6　12.T0205⑤：7

T0205⑤∶7，蛇纹石大理岩，灰白色。长4.8、宽3.6、厚1.5厘米（图2-73，12）。

T0205⑤∶8，大理岩，白色。长3.2、宽2.1、厚1.1厘米（图2-74，1）。

T0205⑩∶16，大理岩，白色。长8.5、宽6.0、厚3.9厘米（图2-74，2）。

T0205⑩∶17，杂砂岩，灰白色。长5.5、宽5.2、厚2.3厘米（图2-74，3）。

T0205⑩∶18，蛇纹石大理岩，青灰色。长9.1、宽4.0、厚1.1厘米（图2-74，4）。

T0205⑩∶20，蛇纹石岩，青灰色。长3.8、宽3.8、厚1.6厘米（图2-74，5）。

T0205⑩∶21，蛇纹石玉，青灰色。长4.0、宽2.9、厚2.9厘米（图2-74，6）。

T0205⑰∶5，蛇纹岩，灰白色。长5.3、宽2.9、厚1.2厘米（图2-74，7）。

T0205⑰∶6，蛇纹岩，灰白色。长6.1、宽2.1、厚0.9厘米（图2-74，8）。

T0205⑱∶50，蛇纹岩，青灰色。长4.9、宽2.5、厚0.8厘米（图2-74，9；彩版二八，6）。

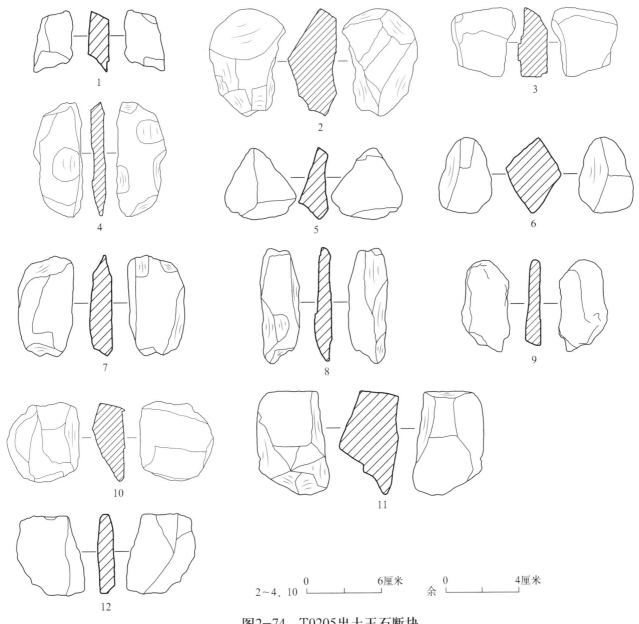

图2-74　T0205出土玉石断块

1.T0205⑤∶8　2.T0205⑩∶16　3.T0205⑩∶17　4.T0205⑩∶18　5.T0205⑩∶20　6.T0205⑩∶21　7.T0205⑰∶5　8.T0205⑰∶6
9.T0205⑱∶50　10.T0205⑱∶86　11.T0205⑱∶87　12.T0205⑱∶89

T0205⑱：86，蛇纹石大理岩，灰白色。长6.3、宽5.8、厚2.6厘米（图2-74，10）。

T0205⑱：87，蛇纹石大理岩，灰白色。长5.5、宽3.9、厚3.2厘米（图2-74，11）。

T0205⑱：89，蛇纹石大理岩，青灰色。长4.2、宽3.6、厚0.9厘米（图2-74，12）。

T0205⑱：90，蛇纹石大理岩，白色。长5.5、宽3.2、厚1.2厘米（图2-75，1）。

T0205⑱：91，蛇纹石大理岩，白色。长5.3、宽3.5、厚1.5厘米（图2-75，2）。

T0205⑱：96，蛇纹石大理岩，白色。长4.7、宽2.8、厚1.8厘米（图2-75，3）。

T0205⑱：97，蛇纹石大理岩，白色。长3.7、宽2.7、厚2.1厘米（图2-75，4）。

T0205⑱：98，蛇纹石大理岩，青灰色。长3.6、宽2.1、厚2.0厘米（图2-75，5）。

T0205⑱：99，蛇纹石大理岩，白色。长3.1、宽2.7、厚1.7厘米（图2-75，6）。

T0205⑱：100，蛇纹石岩，绿色。长3.2、宽1.8、厚1.3厘米（图2-75，7）。

刀　7件。残存一半，两面磨制光滑，平面呈长方形或圆角长方形，均为双面刃，单孔或双孔，双面钻，个别无钻孔或未钻透。

T0205②：4，石英云母片岩，黑灰色。直背，直刃，单孔。残长7.2、宽5.4、孔径0.5、厚0.5厘米（图2-76，1；彩版二九，1）。

T0205④：3，石英砂岩，黑灰色。直背，弧刃，单孔。残长5.0、宽4.3、孔径0.5、厚0.3～0.5厘米（图2-76，2；彩版二九，2）。

T0205⑩：2，硅质板岩，灰褐色。弧背，弧刃，无钻孔。残长6.4、宽4.8、厚0.5～0.6厘米（图2-76，3）。

T0205⑩：7，粉砂岩，黑灰色。背残，直刃，仅残留部分刃部，双孔，一孔未钻透。残长5.1、宽2.8、孔径0.5、厚0.6厘米（图2-76，4；彩版二九，3）。

T0205⑰：9，杂砂岩，黑灰色。弧背，弧刃，单孔。残长5.5、宽4.9、孔径0.4、厚1.1厘米（图2-76，5；彩版二九，4）。

T0205⑱：14，变质石英砂岩，黑灰色。直背，弧刃，单孔，背部有打制疤痕。残长6.6、宽4.7、孔径0.5、厚1.2厘米（图2-76，6）。

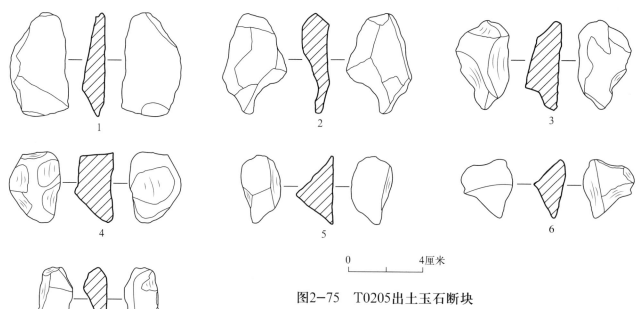

0　　　　4厘米

图2-75　T0205出土玉石断块

1.T0205⑱：90　2.T0205⑱：91　3.T0205⑱：96　4.T0205⑱：97
5.T0205⑱：98　6.T0205⑱：99　7.T0205⑱：100

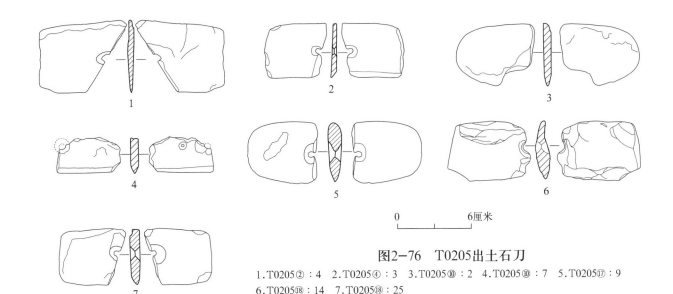

图2-76　T0205出土石刀

1.T0205②：4　2.T0205④：3　3.T0205⑩：2　4.T0205⑩：7　5.T0205⑰：9
6.T0205⑱：14　7.T0205⑱：25

　　T0205⑱：25，云母石英砂岩，红褐色。直背，直刃，单孔。残长5.2、宽4.5、孔径0.5、厚0.8厘米（图2-76，7；彩版二九，5）。

　　刀坯料　1件。

　　T0205②：10，粉砂岩，青灰色。平面呈圆角长方形，刃部和背部打制成形，单孔，对面钻，未钻透。残长5.7、宽5.6、厚0.7厘米（图2-77，1）。

　　锤　7件。

　　T0205③：1，闪长玢岩，青灰色。圆饼状，一端有砸击痕迹。长10.3、宽12.6、厚5.3厘米（图2-77，2）。

　　T0205③：9，玄武岩，灰黑色。长条形柱状，横截面近椭圆形，器身有疤痕，底部有砸击痕迹。长11.8、宽7.6、厚5.4厘米（图2-77，3；彩版二九，6）。

　　T0205③：11，长石石英砂岩，灰色。扁平长条状，平面近长方形，横截面呈椭圆形，底部有砸击痕迹。长9.3、宽7.1、厚3.1厘米（图2-77，4）。

　　T0205⑩：4，变质石英砂岩，黑色。平面近三角形，横截面呈椭圆形，顶部磨制平整，底部有砸击痕迹。长9.5、宽8.4、厚4.5厘米（图2-77，5）。

　　T0205⑩：8，变质流纹斑岩，灰色。圆饼状，一端较平，另一端及侧面有明显砸击痕迹。长11.2、宽9.7、厚4.6厘米（图2-77，6）。

　　T0205⑱：48，变质石英砂岩，灰色。亚腰形，腰部打制成形，顶部厚钝平直，底部有砸击痕迹。长8.6、宽6.5、厚2.8厘米（图2-77，7；彩版三〇，1）。

　　T0205⑱：77，长石石英砂岩，灰色。长条形柱状，横截面近椭圆形，底部有砸击痕迹，保留有完整片疤，应为因砸击使用所致。长12.5、宽6.9、厚4.7厘米（图2-77，8；彩版三〇，2）。

　　砧　4件。长石石英砂岩，灰色。两面较平，有砸击凹窝。均残。

　　T0205③：8，平面近方形。长9.4、宽9.2、厚4.5厘米（图2-78，1）。

　　T0205③：21，平面近圆形。长19.9、宽16.8、厚4.2厘米（图2-78，2；彩版三〇，3）。

　　T0205③：25，平面近方形，两侧有断茬。长10.5、宽9.1、厚4.0厘米（图2-78，3）。

　　T0205⑰：17，平面呈半圆形。长16.2、宽8.3、厚3.5厘米（图2-78，4；彩版三〇，4）。

　　斧坯料　2件。青灰色。顶部及两侧打制规整，刃部两面打制成形，未磨光。

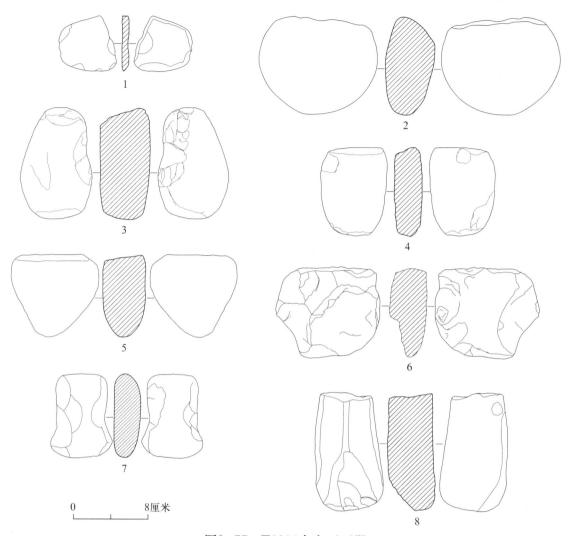

图2-77　T0205出土玉石器

1.刀坯料T0205②：10　2~8.锤T0205③：1、T0205③：9、T0205③：11、T0205⑩：4、T0205⑩：8、T0205⑱：48、T0205⑱：77

T0205③：6，蚀变闪长岩。平面近方形，一面较平整。长8.7、宽8.2、厚3.4厘米（图2-78，5）。

T0205③：7，石英砂岩。平面近梯形。长8.5、宽7.5、厚3.5厘米（图2-78，6）。

铲　5件。以石片为毛坯。一面为自然面，另一面为劈裂面，器身有多处打制疤痕，两侧琢制规整。

T0205②：11，石英砂岩，灰黑色。平面呈舌形，断面呈椭圆形。顶端有打制疤痕，弧刃。长8.8、宽5.2、厚2.8厘米（图2-79，1；彩版三〇，5）。

T0205⑤：2，弱硅化板岩，灰色。平面呈圆角长方形，断面呈椭圆形。两面局部磨光，刃部磨光。长8.5、宽4.0、厚0.5厘米（图2-79，2；彩版三〇，6）。

T0205⑥：7，硅质石英砂岩，灰色。平面近长方形，顶部较窄，刃部较宽，弧刃，有明显使用痕迹。长12.5、宽7.5、厚1.6厘米（图2-79，3；彩版三一，1）。

T0205⑩：5，变质石英砂岩，灰色。平面近长方形。弧刃，有明显使用痕迹。长9.3、宽5.1、厚1.2厘米（图2-79，4）。

T0205⑰：1，石英砂岩，灰色。平面近长方形，顶部断裂，弧刃，刃部有使用崩痕。长10.6、宽6.6、厚2.1厘米（图2-79，5）。

铲坯料　4件。整体打制成型，一面为自然面，一面为破裂面，侧面打制规整，刃部打制成型，弧刃，未磨光。

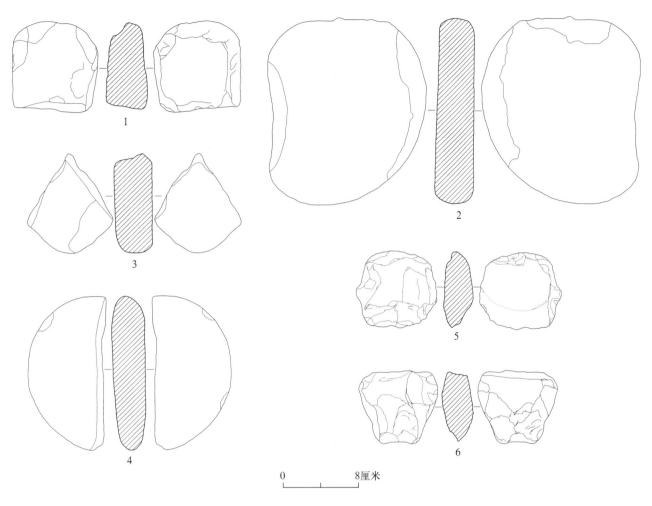

0　　　　　　8厘米

图2-78　T0205出土玉石器

1~4.砧T0205③：8、T0205③：21、T0205③：25、T0205⑰：17　5、6.斧坯料T0205③：6、T0205③：7

T0205②：9，燧石岩，黑色。平面近方形，一面局部磨光，顶部断裂。残长5.1、宽6.9、厚1.5厘米（图2-79，6；彩版三一，2）。

T0205③：10，蚀变长石石英砂岩，灰色。平面呈舌形，两面较平整，顶部断裂。长7.9、宽9.7、厚1.9厘米（图2-79，7）。

T0205⑱：43，泥质粉砂岩，灰色。平面近梯形，一面磨制平整，顶部断裂，局部有火烧痕迹。长8.6、宽9.1、厚1.4厘米（图2-79，8）。

T0205⑱：78，硅质石英砂岩，灰色。平面近长方形。长9.1、宽8.3、厚2.0厘米（图2-79，9）。

凿　1件。

T0205④：4，变质砂岩，黑灰色。扁平长条状，平面近长方形，横截面呈椭圆形，一面磨光，一面有打制疤痕，顶部和底部有使用痕迹。残长9.8、宽3.8、厚1.5厘米（图2-80，1；彩版三一，3）。

凿形器　1件。

T0205⑱：26，透闪石玉，白色。棱柱状，三面磨光，一面为破裂面，一端为斜面刃。残长6.8、宽1.3、厚1.0厘米（图2-80，2；彩版三一，4）。

纺轮　3件。通体磨光。

T0205⑱：23，大理岩，灰白色。中间钻孔，单面钻。残余约二分之一，表面保留有一道切割痕迹。直径4.8、

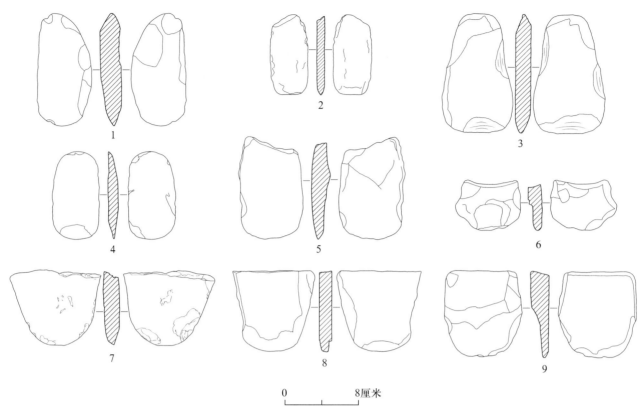

图2-79　T0205出土玉石器

1~5.铲T0205②：11、T0205⑤：2、T0205⑥：7、T0205⑩：5、T0205⑰：1　6~9.铲坯料T0205②：9、T0205③：10、T0205⑱：43、T0205⑱：78

孔径0.6、厚0.7厘米（图2-80，3；彩版三一，5）。

　　T0205⑱：35，梳状方解石，黑色。残余约六分之一。中间钻孔，单面钻。直径6.0、孔径0.6~0.8、厚0.7厘米（图2-80，4）。

　　T0205⑱：61，大理岩，青灰色。残存边缘。直径4.2、厚0.6厘米（图2-80，5）。

　　串珠　1件。

　　T0205⑱：30，滑石，白色。中部有一穿孔。直径0.4、孔径0.2、厚0.2厘米（图2-80，6；彩版三一，6左）。

　　刮削器　1件。

　　T0205⑥：6，燧石岩，灰黑色。以石片为毛坯修理而成，石片腹面打击点同心波可见，由腹面向背面修理，一侧有刃。长3.6、宽2.3、厚1.1厘米（图2-80，7；彩版三一，7）。

　　绿松石串饰及残片　5件。

　　串饰，绿松石质。

　　T0205⑰：11，扁圆形，表面磨光，中间对钻穿孔。长0.6、直径0.8、孔径0.2厘米（图2-80，8；彩版三一，6右）。

　　残片，绿松石质。

　　T0205④：2，残片。长0.8、宽0.5、厚0.5厘米（图2-80，9）。

　　T0205⑰：18，残片。长0.5、宽0.4、厚0.2厘米（图2-80，10；彩版三〇，7右）。

　　T0205⑰：19，残片。长0.5、宽0.4、厚0.2厘米（图2-80，11；彩版三〇，7左）。

　　T0205⑰：20，残片。长0.5、宽0.3、厚0.2厘米（图2-80，12；彩版三〇，7中）。

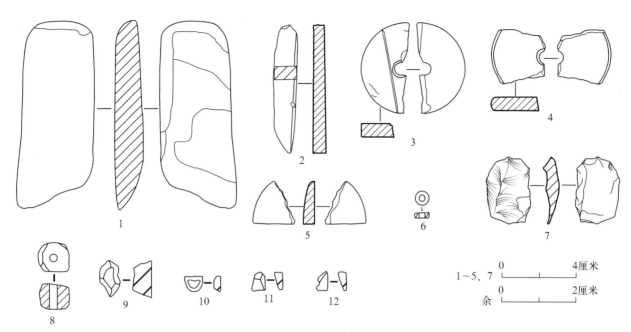

图2-80 T0205出土玉石器

1.凿T0205④：4 2.凿形器T0205⑱：26 3~5.纺轮T0205⑱：23、T0205⑱：35、T0205⑱：61 6.串珠T0205⑱：30 7.刮削器
T0205⑥：6 8.绿松石串饰T0205⑰：11 9~12.绿松石残片T0205④：2、T0205⑰：18、T0205⑰：19、T0205⑰：20

四 T0302

（一）地层堆积

T0302位于发掘区南部，上部地层被现代沟槽破坏严重，仅在探方东北角小范围内保存文化层。根据土质土色和包含物可分为6层，各层堆积介绍如下。

①层：浅灰色土，土质较疏松，呈斜坡状堆积，分布于探方东北角。厚0~20厘米。包含有少量炭屑，出土了少量夹砂红陶、夹砂红褐陶片和石块、斧等。齐家文化层。

②层：灰黑色土，土质疏松，呈斜坡状堆积，分布于探方东北角，厚0~24厘米。包含有大量炭屑和草木灰，出土了少量夹砂红陶、夹砂灰陶、夹砂橙黄陶、夹砂红褐陶片和石块、斧等。齐家文化层。

③层：深灰色土，土质较疏松，呈斜坡状堆积，分布于探方东北角，厚0~32厘米。包含有大量炭屑和草木灰，出土了少量夹砂红陶、夹砂灰陶、夹砂橙黄陶、夹砂红褐陶片和石块、锤等。齐家文化层。

④层：灰褐色土，土质较致密，呈斜坡状堆积，分布于探方东北角，厚0~10厘米。包含有少量炭屑和红烧土颗粒，出土了少量夹砂红陶、泥质红陶、夹砂橙黄陶、夹砂红褐陶片和石块、璧等。齐家文化层。

⑤层：深灰色土，土质较疏松，呈斜坡状堆积，分布于探方东北角，厚0~30厘米。包含有大量炭屑和草木灰，出土了少量夹砂红陶、夹砂灰陶、夹砂橙黄陶、夹砂红褐陶片和石块、兽骨，出土少量璧芯等。齐家文化层。

⑥层：灰褐色土，土质较致密，呈斜坡状堆积，分布于探方东北角，厚0~16厘米。包含有少量炭屑和红烧土颗粒，出土了少量夹砂红陶、泥质红陶、夹砂橙黄陶、夹砂红褐陶片和石块、兽骨，少量璧、玉石料和铜器等。齐家文化层。

⑥层下为生土。

（二）出土遗物

T0302出土了少量陶、铜、石、玉器及少量兽骨、石块。

陶器以夹砂红陶、泥质红陶、夹砂灰陶、夹砂橙黄陶、夹砂红褐陶为主，陶片较碎，可辨器形少。主要为罐、瓮等陶器的腹部、底部残片，个别器耳。纹饰主要有篮纹、绳纹等（表2-4）。

表2-4 T0302陶系统计表

数量 纹饰	泥质陶					夹砂陶					合计	百分比（%）
	红	红褐	灰	橙黄	小计	红	红褐	灰	橙黄	小计		
素面	9	3		15	27	68	11	1	13	93	120	63.83
绳纹						12	9		2	23	23	12.23
篮纹	6	1		6	13	26		1	5	32	45	23.94
合计	15	4		21	40	106	20	2	20	148	188	
百分比（%）	7.98	2.13		11.17	21.28	56.38	10.64	1.06	10.64	78.72		100

1.铜器

锥 1件。

T0302⑥：1，砷铜质。柱状长条状，中部较粗，两端较细，一端尖部呈圆柱锥状，一端尖部呈四棱锥状。长7.8、宽0.4、厚0.3～0.5厘米（图2-81，1；彩版三二，1）。

2.玉石器

主要包括璧、璧芯、斧、锤等。少量的玉石料。

璧 3件。平面近圆形或圆角方形，表面磨光，部分保留有打制疤痕。好侧稍厚，逐渐向外缘减薄。中间钻孔，单面管钻，孔壁保留有管钻痕迹，断钻处有明显断茬。

T0302④：1，蛇纹大理岩，暗绿色。平面圆形，残余约二分之一璧面。外径4.8～5.8、好径2.6～2.8、厚0.3～0.5厘米（图2-81，2；彩版三二，2）。

T0302⑥：3，蛇纹大理岩，绿色。平面呈圆角方形。外径3.4～4.0、好径1.0～1.2、厚0.4厘米（图2-81，3；彩版三二，3）。

T0302⑥：4，蛇纹大理岩，灰白色。平面近圆形，残余约四分之一璧面。外径8.5～10.3、好径4.1～4.5、厚0.4～0.8厘米（图2-81，4；彩版三二，4）。

璧芯 1件。

T0302⑤：1，蛇纹大理岩，绿色。平面呈圆形，芯壁呈斜坡状，纵剖面呈梯形，保留有管钻痕迹。直径1.6～2.3、厚1.3厘米（图2-81，5；彩版三二，5）。

玉石料 1件。

T0302⑥：2，蛇纹石玉，青绿色。长2.5、宽1.9、厚1.6厘米（图2-81，6）。

斧 2件。

T0302①：1，变质石英砂岩，白色。平面近长方形，顶部残断，刃部打制，双面刃，局部磨光，有明显使用痕迹。残长10.6、宽5.4、厚3.7厘米（图2-81，7）。

T0302②：1，大理岩，白色。平面近长方形，顶部残断，双面刃，通体磨光。残长6.8、宽5.7、厚0.9厘米（图2-81，8）。

锤 1件。

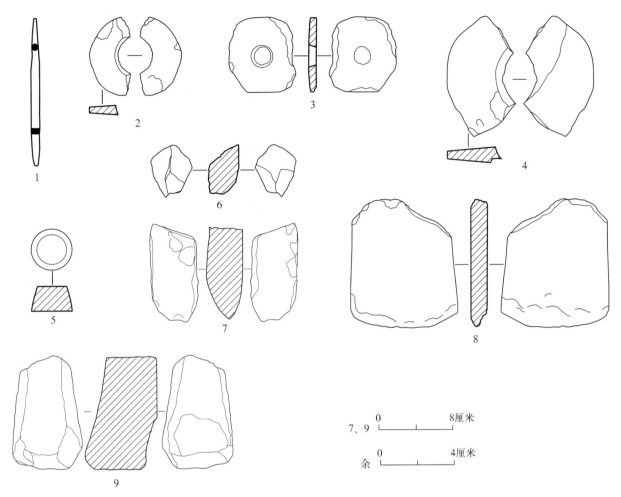

图2-81　T0302出土器物

1.铜锥T0302⑥：1　2~4.玉石璧T0302④：1、T0302⑥：3、T0302⑥：4　5.玉石璧芯T0302⑤：1　6.玉石料T0302⑥：2　7、8.石斧T0302①：1、T0302②：1　9.石锤T0302③：1

T0302③：1，石英砂岩，灰色。柱状长条状，平面近长方形，断面近圆形，底部有明显砸击痕迹。残长12.2、宽7.6、厚6.6厘米（图2-81，9）。

五　T0303

（一）地层堆积

T0303位于发掘区的南部，西南部上部地层被沟槽破坏。南部和北部各有现代扰坑一个，范围较大，地层扰动破坏严重。根据土质土色和包含物可分为20层（图2-82），各层堆积介绍如下。

①层：棕色沙土，土质较疏松，呈水平状分布，分布于探方东部，厚0~10厘米。包含有塑料、铁丝等现代垃圾，出土有夹砂红陶、夹砂红褐陶片和兽骨、石块等。现代扰土层。

②层：褐色土，土质较致密，呈水平状分布，分布于探方东部和东北部，厚0~24厘米。包含有植物根系，出土有泥质灰陶、夹砂红陶、夹砂红褐陶片和兽骨、石块等。现代耕土层。

③层：黄褐色土，土质致密，呈水平状分布，分布于探方东部和北部，厚0~24厘米。出土有夹砂红陶、夹砂灰陶、泥质灰陶、夹砂红褐陶片和兽骨、石块等。战国时期文化层。

④层：黄色土，土质致密，呈斜坡状堆积，分布于探方东部和北部，西北部被K1打破，厚0~70厘米。出土

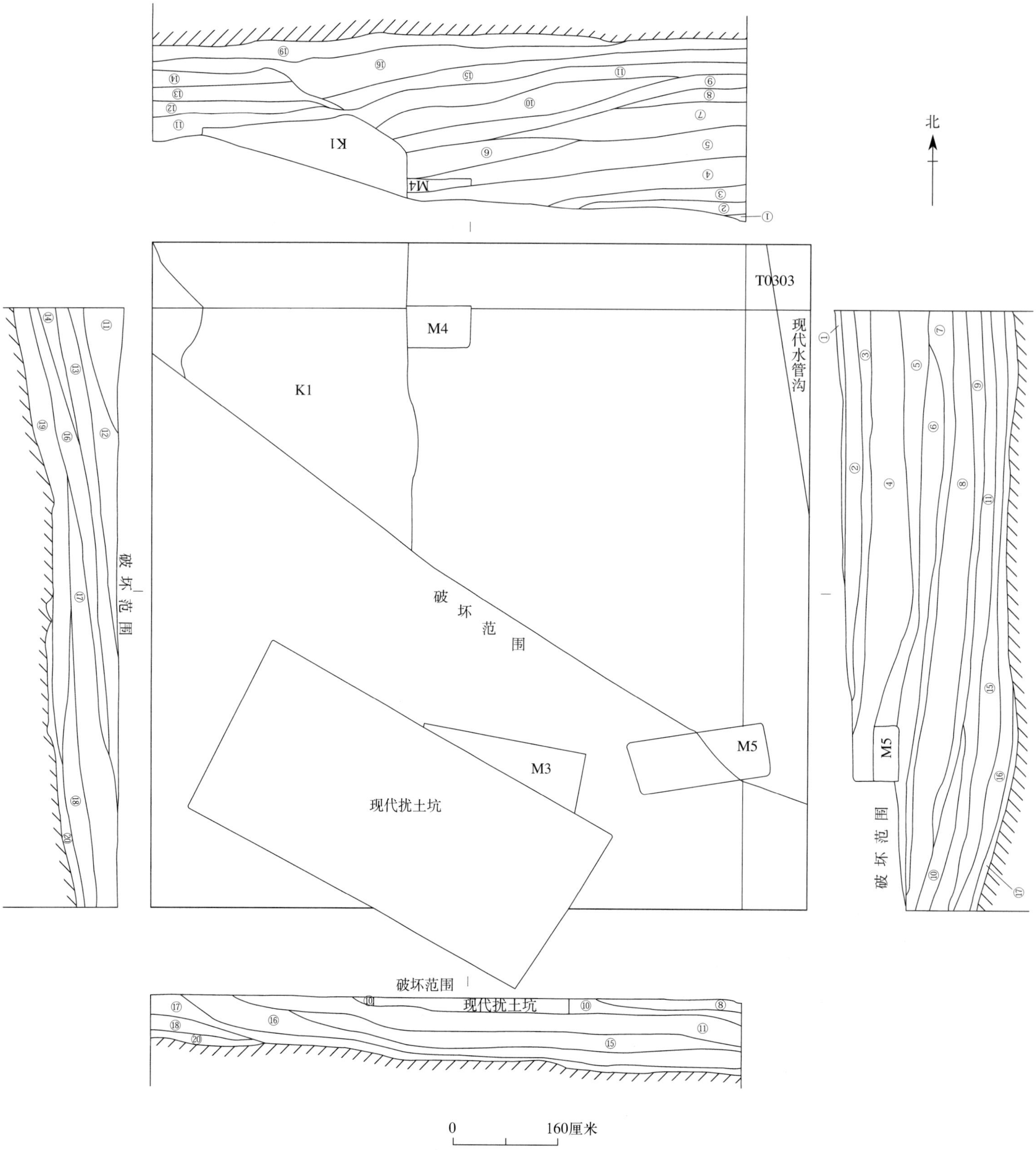

图2-82　T0303平、剖面图

有泥质红陶、夹砂红陶、泥质灰陶、夹砂灰陶、夹砂红褐陶片和兽骨、石块，少量璧等。战国时期文化层。M3、M4、M5开口于该层下。

⑤层：灰黑色土，土质较致密，呈斜坡状堆积，分布于探方东部和北部，西北部被K1打破，北部和东部被M4、M5打破，厚0～48厘米。包含有大量炭屑和草木灰，出土有夹砂红陶、夹砂红褐陶片和兽骨等。齐家文化层。

⑥层：灰褐色土，土质较致密，呈斜坡状堆积，分布于探方东部和北部，北部被M4打破，东南部被M5打破，西北部被K1打破，厚0～48厘米。包含有大量炭屑，出土有泥质红陶、夹砂红陶、泥质灰陶、夹砂灰陶、夹砂红褐陶、夹砂橙黄陶、泥质橙黄陶片和兽骨、石块，少量璧、石刀等。齐家文化层。

⑦层：灰色土，土质较致密，呈斜坡状堆积，分布于探方东部和东北部，厚0～46厘米。出土有泥质红陶、夹砂红陶、夹砂灰陶、夹砂红褐陶、夹砂橙黄陶、泥质橙黄陶片和兽骨、石块，少量的璧、璧芯、石刀和磨石等。齐家文化层。

⑧层：灰黑色土，土质较致密，呈斜坡状堆积，分布于探方东部和北部，厚0～52厘米。包含有大量炭屑，出土有泥质红陶、夹砂红陶、夹砂红褐陶、泥质橙黄陶片和兽骨、石块，少量的璧和磨石等。齐家文化层。

⑨层：深灰色土，土质较致密，呈斜坡状堆积，分布于探方东部和北部，西北部被K1打破，厚0～28厘米。包含有大量炭屑和草木灰，出土有泥质红陶、夹砂红陶、夹砂灰陶、夹砂红褐陶、夹砂橙黄陶片和兽骨、石块。齐家文化层。

⑩层：灰褐色土，土质较致密，呈斜坡状堆积，分布于探方北部和东南部，西北部被K1打破，南部被现代扰坑和M3打破，厚0～46厘米。包含有少量炭屑，出土有泥质红陶、夹砂红陶、夹砂红褐陶、夹砂橙黄陶片和兽骨、石块，少量的磨石等。齐家文化层。

⑪层：灰黑色土，土质较致密，呈斜坡状堆积，分布于全探方，西北部被K1打破，厚0～60厘米。包含有大量炭屑和草木灰，出土有泥质红陶、夹砂红陶、泥质灰陶、夹砂灰陶、夹砂红褐陶、夹砂橙黄陶片和兽骨、石块，少量的璧、璧芯、石刀和磨石等。齐家文化层。

⑫层：浅灰色土，土质较致密，呈斜坡状堆积，分布于探方西北部，厚0～38厘米。包含有少量炭屑，出土有泥质红陶、夹砂红陶、夹砂灰陶、夹砂红褐陶、夹砂橙黄陶片和石块，少量的璧和璧芯等。齐家文化层。

⑬层：深灰色土，土质较致密，呈斜坡状堆积，分布于探方西北部，厚0～28厘米。包含有少量炭屑，出土有泥质红陶、夹砂红陶、夹砂红褐陶片和石块等。齐家文化层。

⑭层：灰褐色土，土质较致密，呈斜坡状堆积，分布于探方西北部，厚0～24厘米。包含有少量炭屑，出土有少量兽骨和石块等。齐家文化层。

⑮层：灰黑色土，局部有黄色斑块，土质较致密，呈斜坡状堆积，西部无分布，厚0～32厘米。包含有少量炭屑，出土有泥质红陶、夹砂红陶、夹砂灰陶、夹砂红褐陶片和兽骨、石块，少量的璧、璧芯等。齐家文化层。

⑯层：灰色土，土质较致密，呈斜坡状堆积，分布于全探方，厚0～60厘米。包含有少量炭屑和红烧土颗粒，出土有泥质红陶、夹砂红陶、泥质灰陶、夹砂灰陶、夹砂红褐陶、夹砂橙黄陶片和兽骨、石块，少量的璧、璧芯、石刀和磨石等，发现人骨一具。齐家文化层。

⑰层：灰褐色土，土质较致密，呈斜坡状堆积，北部无分布，厚0～48厘米。包含有少量炭屑和料礓石，出土有泥质红陶、夹砂红陶、夹砂红褐陶片和兽骨、石块，少量的璧等。齐家文化层。

⑱层：黄褐色土，土质致密，呈斜坡状堆积，分布于探方西南部，厚0～30厘米。包含有少量炭屑、草木灰和料礓石，出土有少量兽骨和石块等。齐家文化层。

⑲层：浅灰色土，土质致密，呈斜坡状堆积，分布于探方北部和西部，厚0～34厘米。包含有少量炭屑和料礓石，出土有泥质红陶、夹砂红陶、夹砂红褐陶片和兽骨、石块。齐家文化层。

⑳层：灰色土，土质致密，呈斜坡状堆积，分布于探方西南部，厚0～16厘米。包含有少量炭屑和料礓石，出土有泥质红陶、夹砂红陶、夹砂灰陶、夹砂橙黄陶、夹砂红褐陶片和兽骨、石块，少量的璧和璧芯等。齐家文化层。

⑳层下为生土。

（二）出土遗物

T0303出土了陶、石、玉、骨器，还出土了大量的兽骨。

1.陶器

陶器按陶质陶色可分为泥质红陶、夹砂红陶、夹砂灰陶、夹砂橙黄陶、夹砂红褐陶、泥质橙黄陶等。纹饰主要有篮纹、绳纹、刻划纹、弦纹、戳印纹、附加堆纹（表2-5）等。主要包括器物口部、腹部、底部和耳部残片。从残存口沿判断，器形包括双大耳罐、双小耳罐、高领罐、侈口罐、花边口罐、瓮、尊、豆、器盖、盆、鬲、斝和纺轮等。

双大耳罐　9件。泥质红陶、夹细砂红陶或泥质橙黄陶。大敞口，高领，口腹之间有双大耳。

T0303⑥：P12，夹细砂红陶。耳与口沿平齐。口径17.6、残高4.2、残宽10.1、厚0.5～0.8厘米（图2-83，1）。

T0303⑥：P13，夹细砂红陶。耳低于口沿。口径15.2、残高3.5、残宽7.5、厚0.5～0.8厘米（图2-83，2）。

T0303⑦：P1，泥质橙黄陶。领腹之间分界明显，腹部微鼓。口径7.4、残高6.0、厚0.2～0.3厘米（图2-83，3）。

表2-5　T0303陶系统计表

纹饰 数量 陶质陶色	泥质陶					夹砂陶					合计	百分比（%）
	红	红褐	灰	橙黄	小计	红	红褐	灰	橙黄	小计		
素面	64	6	15	56	141	666	221	56	599	1542	1683	57.13
绳纹				1	1	129	267	35	114	545	546	18.53
篮纹	47	3		33	83	189	104	11	260	564	647	21.96
戳印纹						8	1	1	13	23	23	0.78
弦纹	1				1						1	0.03
麦粒状绳纹						5	2		1	8	8	0.27
刻划纹	2		1		3	7	1	2	12	22	25	0.85
附加堆纹						2				2	2	0.07
压印纹	1				1	2	3		1	6	7	0.24
彩陶				2	2				1	1	3	0.1
席纹								1		1	1	0.03
合计	115	9	15	93	232	1008	600	106	1000	2714	2946	
百分比（%）	3.9	0.31	0.51	3.16	7.88	34.22	20.37	3.6	33.94	92.12		100

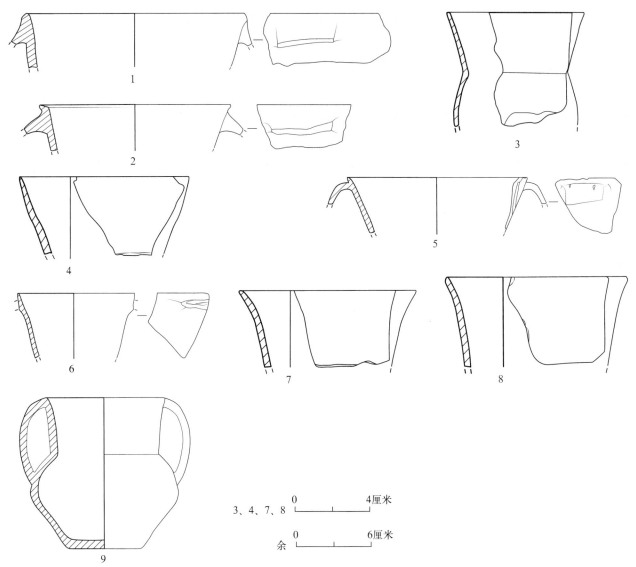

图2-83　T0303出土双大耳陶罐

1.T0303⑥：P12　2.T0303⑥：P13　3.T0303⑦：P1　4.T0303⑦：P8　5.T0303⑫：P4　6.T0303⑫：P6　7.T0303⑫：P8　8.T0303⑯：P25
9.T0303⑪：28

T0303⑦：P8，泥质红陶。口径9.0、残高4.1、残宽5.8、厚0.1～0.4厘米（图2-83，4）。

T0303⑫：P4，泥质红陶。耳低于口沿。耳上饰戳印纹。口径14.6、残高4.4、残宽5.3、厚0.1～0.5厘米（图2-83，5）。

T0303⑫：P6，泥质红陶。耳低于口沿。口径9.3、残高5.2、残宽4.3、厚0.1～0.4厘米（图2-83，6）。

T0303⑫：P8，泥质红陶。口径9.4、残高4.1、残宽5.3、厚0.2～0.4厘米（图2-83，7）。

T0303⑯：P25，泥质红陶。口径9.7、残高4.7、残宽5.2、厚0.2～0.4厘米（图2-83，8）。

T0303⑪：28，夹细砂红陶。耳与口沿平齐，折腹，下腹内收。最大腹径位于腹中。口径9.3、最大腹径11.8、底径5.8、高12.0、厚0.7厘米（图2-83，9；彩版三三，1）。

双小耳罐　14件。夹砂红陶或夹砂红褐陶。侈口，圆唇，束颈，溜肩，口肩之间有双耳。肩腹部饰绳纹，颈部饰刻划纹。

T0303⑥：P1，夹砂红陶，器表有烟炱。耳低于口沿。颈肩部饰绳纹。口径17.0、残高6.6、残宽5.5、厚0.4～0.6厘米（图2-84，1）。

　　T0303⑥：P7，夹砂红褐陶。耳与口沿平齐。耳面及肩腹部饰绳纹。口径7.0、残高5.1、残宽4.2、厚0.2~0.3厘米（图2-84，2）。

　　T0303⑦：P2，夹砂红褐陶。耳低于口沿。颈肩部饰绳纹。口径12.0、残高7.2、残宽5.6、厚0.4~0.6厘米（图2-84，3）。

　　T0303⑦：P3，夹砂红褐陶。耳低于口沿。颈肩部饰绳纹。口径21.8、残高10.2、厚0.8~1.0厘米（图2-84，4）。

　　T0303⑧：P2，夹砂红陶，器表有烟炱。耳低于口沿。耳面及肩部饰绳纹。口径11.8、残高6.3、残宽8.6、厚0.5厘米（图2-84，5）。

　　T0303⑪：P1，夹砂红陶。耳略低于口沿。颈部饰绳纹，耳面粘贴小泥饼。残高5.1、残宽8.9、厚0.5~0.7厘米（图2-84，6）。

　　T0303⑫：P1，夹砂红陶，器表有烟炱。耳低于口沿。颈部饰绳纹。残高7.5、残宽11.3、厚0.5~0.8厘米（图2-84，7）。

　　T0303⑫：P2，夹砂红陶。耳低于口沿。颈部饰绳纹。残高6.2、残宽7.6、厚0.5~0.7厘米（图2-84，8）。

　　T0303⑯：P7，夹砂红褐陶。耳低于口沿。颈、耳部饰刻划几何纹和戳印纹。残高7.7、残宽6.5、厚0.3~0.7厘米（图2-85，1）。

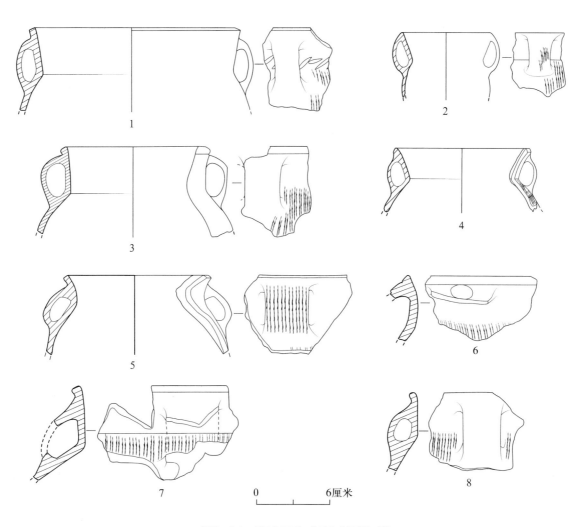

0　　　　　6厘米

图2-84　T0303出土双小耳陶罐

1.T0303⑥：P1　2.T0303⑥：P7　3.T0303⑦：P2　4.T0303⑦：P3　5.T0303⑧：P2　6.T0303⑪：P1　7.T0303⑫：P1　8.T0303⑫：P2

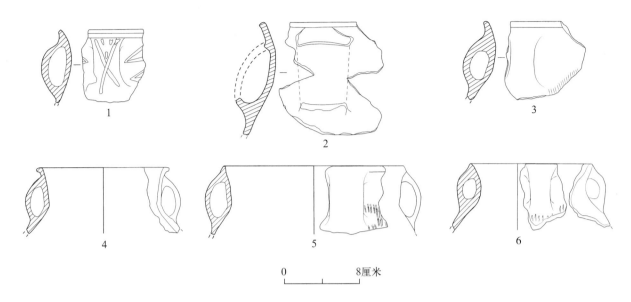

0   8厘米

图2-85　T0303出土双小耳陶罐

1.T0303⑯：P7　2.T0303⑯：P9　3.T0303⑯：P17　4.T0303⑯：P20　5.T0303⑰：P4　6.T0303⑰：P5

T0303⑯：P9，夹砂红陶。耳低于口沿。残高11.9、残宽10.9、厚0.6～0.7厘米（图2-85，2）。

T0303⑯：P17，夹砂红陶。耳低于口沿。口部有凸棱一周，颈肩部饰绳纹。残高8.3、残宽8.5、厚0.6～0.8厘米（图2-85，3）。

T0303⑯：P20，夹砂红陶。耳低于口沿。口径14.0、残高7.0、厚0.5～0.7厘米（图2-85，4）。

T0303⑰：P4，夹砂红陶。耳与口沿平齐。口沿有凸棱一周，颈肩部饰绳纹。口径17.0、残高7.2、残宽7.3、厚0.3～0.5厘米（图2-85，5）。

T0303⑰：P5，夹砂红陶。耳与口沿平齐。肩部饰绳纹。口径13.1、残高7.0、残宽4.6、厚0.2～1.3厘米（图2-85，6）。

高领罐　8件。夹砂红陶、泥质红陶或夹砂橙黄陶。大敞口，圆唇，高领，个别领部饰戳印纹和弦纹。

T0303⑤：P1，夹砂红陶。领部饰凹弦纹一周和戳印纹。口径16.8、残高5.3、残宽7.2、厚0.5厘米（图2-86，1）。

T0303⑤：P2，夹砂红陶。折肩。领肩之间饰凹弦纹一周和篮纹。口径17.9、残高7.3、残宽5.8、厚0.3～0.7厘米（图2-86，2）。

T0303⑥：P14，夹砂橙黄陶。口径35.0、残高10.4、残宽14.7、厚0.8～1厘米（图2-86，3）。

T0303⑥：P15，泥质红陶。口径19.6、残高5.4、残宽6.9、厚0.4～0.6厘米（图2-86，4）。

T0303⑦：P10，夹砂红陶。口部有凹槽一周。口径34.4、残高9.0、残宽10.6、厚0.6～0.9厘米（图2-86，5）。

T0303⑦：P11，夹砂红陶。口径26.8、残高8.6、残宽11.2、厚0.6～0.8厘米（图2-86，6）。

T0303⑪：P7，夹砂红陶。残高7.5、残宽9.6、厚0.6～0.7厘米（图2-86，7）。

T0303⑰：P7，夹砂红陶。残高5.6、残宽6.8、厚0.3～0.4厘米（图2-86，8）。

侈口罐　12件。泥质灰陶、夹砂红陶或夹砂红褐陶。部分肩腹部饰绳纹、附加堆纹或戳印纹，侈口，圆唇或方唇，束颈，溜肩或圆肩。

T0303⑤：P3，夹砂红陶，器表有烟炱。圆唇，圆肩，口沿外有凸棱一周，肩部饰绳纹。口径13.2、残高5.6、厚0.6～0.8厘米（图2-87，1）。

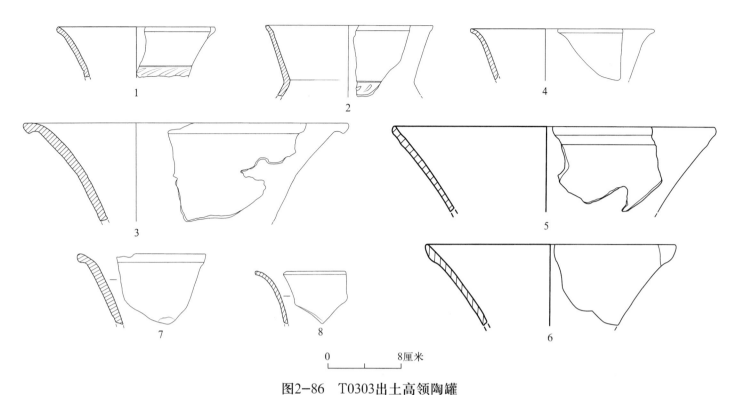

图2-86　T0303出土高领陶罐

1.T0303⑤:P1　2.T0303⑤:P2　3.T0303⑥:P14　4.T0303⑥:P15　5.T0303⑦:P10　6.T0303⑦:P11　7.T0303⑪:P7　8.T0303⑰:P7

T0303⑥:P3,夹砂红褐陶,器表有烟炱。方唇,溜肩,肩腹部饰绳纹。口径8.8、残高6.3、残宽5.5、厚0.4～0.7厘米(图2-87,2)。

T0303⑥:P9,夹砂红褐陶,器表有烟炱。方唇,溜肩,颈部饰戳印纹,肩部饰绳纹。口径12.0、残高5.1、残宽6.5、厚0.4～0.5厘米(图2-87,3)。

T0303⑦:P6,夹砂红褐陶,器表有烟炱。圆唇,圆肩,口沿外及颈部饰绳纹。口径13.6、残高5.3、厚0.5～0.8厘米(图2-87,4)。

T0303⑧:P3,夹砂红陶,器表有烟炱。方唇,溜肩,颈部饰刻划折线纹。口径11.2、残高4.7、残宽7.8、厚0.5厘米(图2-87,5)。

T0303⑩:P2,夹砂红褐陶。圆唇,溜肩,肩部饰绳纹。残高4.6、残宽5.4、厚0.6～0.7厘米(图2-87,6)。

T0303⑪:P4,泥质灰陶。圆唇,溜肩。口径10.4、残高6.2、残宽8.4、厚0.2～0.5厘米(图2-87,7)。

T0303⑫:P3,夹砂红陶。圆唇。口沿部有凸棱一周。口径13.8、残高4.2、厚0.5～0.7厘米(图2-87,8)。

T0303⑮:P1,夹砂红褐陶,器表有烟炱。圆唇,溜肩。口沿部有凸棱一周。口径13.0、残高4.5、残宽8.5、厚0.4～0.6厘米(图2-88,1)。

T0303⑰:P2,夹砂红陶。方唇,溜肩。口沿部有凸棱一周,肩部饰绳纹。口径11.2、残高6.2、残宽6.4、厚0.4～0.6厘米(图2-88,2)。

T0303⑰:P3,夹砂红陶,圆唇,溜肩。口沿有凸棱一周,颈肩部饰附加堆纹一周和绳纹。口径20.0、残高6.0、厚0.5～1厘米(图2-88,3)。

T0303⑦:14,夹砂红陶。侈口,圆唇,矮束颈,溜肩,圆鼓腹,最大腹径位于腹中,下腹内收,平底。口径9.5、最大腹径20.4、底径9.2、高22.7、厚0.5厘米(图2-88,4;彩版三三,2)。

花边口罐　4件。夹砂红陶。侈口,圆唇,束颈,溜肩。口沿外饰附加堆纹一周或戳印纹一周。

T0303⑦:P5,器表有烟炱。口径13.6、残高6.3、厚0.6～0.9厘米(图2-89,1)。

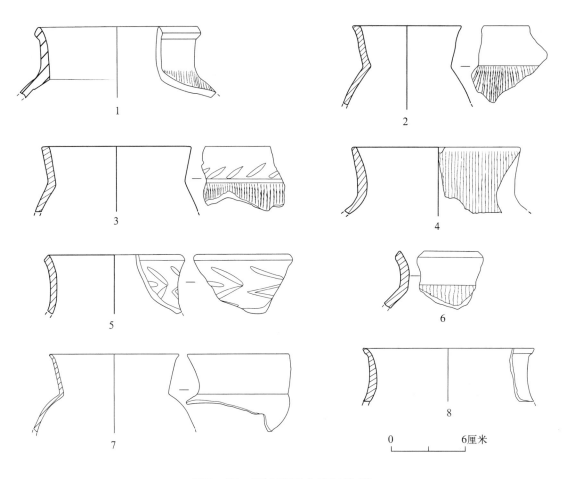

图2-87 T0303出土侈口陶罐

1.T0303⑤：P3 2.T0303⑥：P3 3.T0303⑥：P9 4.T0303⑦：P6 5.T0303⑧：P3 6.T0303⑩：P2 7.T0303⑪：P4 8.T0303⑫：P3

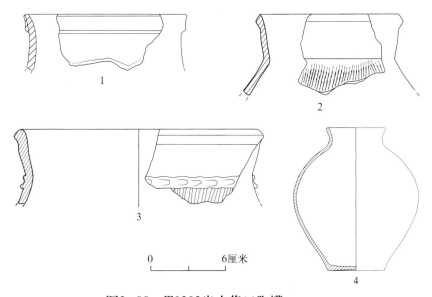

图2-88 T0303出土侈口陶罐

1.T0303⑮：P1 2.T0303⑰：P2 3.T0303⑰：P3 4.T0303⑦：14

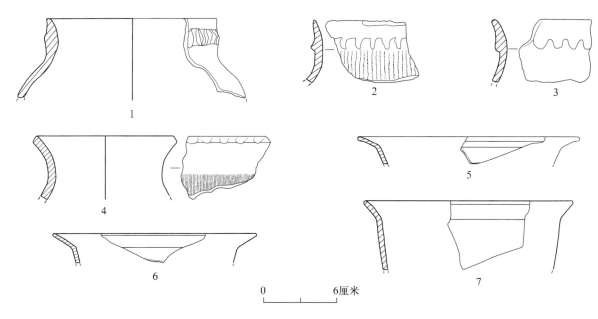

图2-89　T0303出土陶器

1~4.花边口罐T0303⑦：P5、T0303⑪：P3、T0303⑪：P10、T0303⑯：P3　5~7.尊T0303⑯：P12、T0303⑯：P27、T0303⑯：P28

T0303⑪：P3，颈部饰绳纹。残高4.6、残宽6.5、厚0.3~0.6厘米（图2-89，2）。

T0303⑪：P10，残高4.8、残宽5.8、厚0.4~0.6厘米（图2-89，3）。

T0303⑯：P3，颈肩部饰绳纹。口径11.6、残高5.1、残宽6.7、厚0.6厘米（图2-89，4）。

尊　3件。敞口，窄斜沿，圆唇，斜直腹。

T0303⑯：P12，泥质橙黄陶。口径17.7、残高2.5、残宽6.3、厚0.3~0.5厘米（图2-89，5）。

T0303⑯：P27，泥质红陶。口径16.4、残高2.4、厚0.5厘米（图2-89，6）。

T0303⑯：P28，夹砂红陶。口径16.6、残高5.7、残宽6.4、厚0.3~0.4厘米（图2-89，7）。

盆　5件。泥质红陶、夹砂红陶、泥质橙黄陶或夹砂橙黄陶。大敞口，方唇或圆唇，斜腹。

T0303⑥：P16，泥质橙黄陶。斜沿，方唇。口径27.6、残宽11.2、沿宽2.2、残高2.3、厚0.5~0.6厘米（图2-90，1）。

T0303⑧：P6，夹砂橙黄陶。斜沿，方唇。残高5.0、残宽10.2、沿宽2.2、厚0.6~1.0厘米（图2-90，2）。

T0303⑫：P9，泥质红陶。近平沿，方唇。口径16.0、残高3.2、残宽8.1、沿宽1.9、厚0.4~0.6厘米（图2-90，3）。

T0303⑫：24，夹砂橙黄陶。近平沿，方唇，斜腹，较深，平底。口径38.0、底径16.2、高10.4、沿宽4.0、厚0.6~0.8厘米（图2-90，4；彩版三三，3）。

T0303⑰：12，夹砂红陶。圆唇，斜腹，较浅，平底。口径13.6、底径8.5、高4.1、厚0.6厘米（图2-90，5；彩版三三，4）。

瓮　2件。夹砂红陶。直口，方唇，筒状腹。

T0303⑩：P4，腹部饰绳纹。残高5.2、残宽5.4、厚0.7~0.9厘米（图2-90，6）。

T0303⑰：P8，通体饰绳纹。残高4.5、残宽5.4、厚0.6~1.0厘米（图2-90，7）。

豆　1件。

T0303⑪：29，泥质橙黄陶。手制，敞口，斜沿，尖唇，盘形腹，较浅，喇叭形高圈足，外撇。口径16.0、底径11.2、高9.1、厚0.3~0.7厘米（图2-90，8；彩版三三，5）。

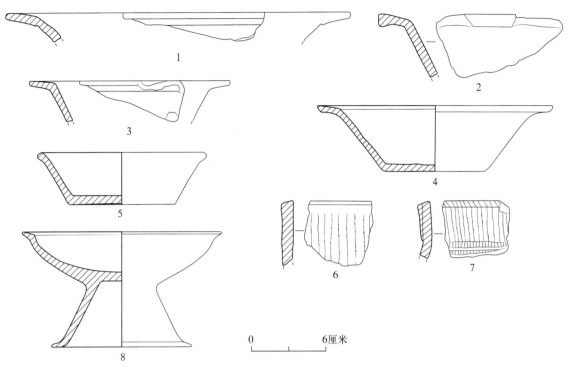

图2-90　T0303出土陶器

1~5.盆T0303⑥：P16、T0303⑧：P6、T0303⑫：P9、T0303⑫：24、T0303⑰：12　6、7.瓮T0303⑩：P4、T0303⑰：P8　8.豆T0303⑪：29

　　器盖　9件。夹砂红陶或夹砂红褐陶。斗笠状，盖面斜直或圆弧，盖面之上有捉纽。

　　T0303⑥：P11，夹砂红陶。盖面斜直，盖面饰刻划松针纹。盖径15.6、残高2.7、厚0.6厘米（图2-91，1）。

　　T0303⑦：P13，夹砂红陶。盖面斜直，圆形捉纽，纽顶有凹窝。残高4.8、纽径4.9、厚0.7~1.8厘米（图2-91，2）。

　　T0303⑧：P4，夹砂红褐陶。圆饼状，边缘较薄，顶部有柱状捉纽。盖径8.0、纽径0.8、残高2.9、厚1厘米（图2-91，3）。

　　T0303⑨：P1，夹砂红陶。盖面圆弧。盖径16.8、残高3.4、厚0.7厘米（图2-91，4）。

　　T0303⑩：P1，夹砂红陶。盖面圆弧，圆形捉纽，纽顶有凹窝。残高3.4、厚0.4~1.3厘米（图2-91，5）。

　　T0303⑪：P5，夹砂红陶。盖面圆弧，圆形捉纽，纽顶有凹窝。纽径3.4、残高2.9、厚0.1~1厘米（图2-91，6）。

　　T0303⑯：P26，夹砂红陶，器表有烟炱。盖面斜直，圆形捉纽，纽顶有凹窝。盖面饰戳印纹和刻划几何纹。盖径11.2、纽径3.7、残高4.5、厚0.7~1.9厘米（图2-91，7）。

　　T0303⑰：P1，夹砂红陶。盖面斜直，圆形捉纽，纽顶有凹窝。残高4.0、纽径3.8、厚0.7~0.8厘米（图2-91，8）。

　　T0303⑰：13，夹砂红陶。盖面斜直，圆形捉纽，纽顶有凹窝。盖径8.4、纽径1.8、高3.4、厚0.3~1.1厘米（图2-91，9）。

　　罍　1件。

　　T0303⑯：P11，夹砂红陶。重唇口，筒状腹，口腹之间有双耳，耳残。口沿外饰凹弦纹三周，腹部饰戳印纹及绳纹。口径20.6、残高4.3、厚0.5~0.8厘米（图2-92，1）。

　　鬲足　1件。

图2-91　T0303出土陶器盖

1.T0303⑥：P11　2.T0303⑦：P13　3.T0303⑧：P4　4.T0303⑨：P1　5.T0303⑩：P1　6.T0303⑪：P5　7.T0303⑯：P26
8.T0303⑰：P1　9.T0303⑰：13

T0303⑦：P14，夹砂红陶。器表有烟炱，袋状足，通体饰绳纹。残高5.3、残宽5.7、厚0.5厘米（图2-92，2）。

纺轮　2件。

T0303⑫：4，泥质灰陶。仅存一半，断面呈梯形，中间有穿孔。直径2.9~4.3、孔径0.6~0.7、厚1.8厘米（图2-92，3）。

T0303⑫：17，泥质红陶。残存一半，中间穿孔，一面饰戳印圆点纹。直径4.0~5.0、孔径0.8、厚1.8厘米（图2-92，4；彩版三四，1）。

2.骨、角器

主要包括锥、针、镞等。

骨锥　2件。

T0303⑧：2，系用动物的肢骨劈成细条磨制而成，器身扁圆，一端有锥尖。长8.8、宽1.1、厚0.3厘米（图2-93，1；彩版三四，2）。

T0303⑫：15，系用动物肢骨磨制而成，保留有扁圆形的骨髓腔。前端将肢骨削成一半，磨制成锥尖。器身扁平。残长4.5、宽1.4、厚0.2~0.4厘米（图2-93，2）。

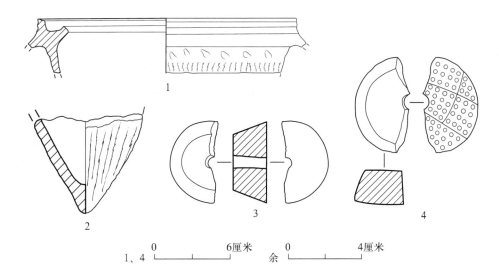

图2-92　T0303出土陶器
1.斝T0303⑯：P11　2.鬲足T0303⑦：P14　3、4.纺轮T0303⑫：4、T0303⑫：17

角锥　2件。

T0303⑫：1，系用动物角磨制而成，通体磨光，中部较粗，断面呈圆形，两端有锥尖。长8.2、直径1.1厘米（图2-93，3）。

T0303⑯：16，系用动物角磨制而成，通体磨光，一端有锥尖。长6.4、直径1.6厘米（图2-93，4）。

骨镞　2件。

T0303⑪：8，无铤，通体磨光，前锋锋利，截面呈菱形，尾端有圆孔。长3.2、宽0.7、孔径0.6厘米（图2-93，5）。

T0303⑫：16，无铤，前锋锋利，通体磨光，截面近三角形，尾端有圆孔。长3.2、宽1.2、孔径0.6厘米（图2-93，6）。

骨锯　1件。

T0303⑫：23，系用动物肩胛骨磨制而成，表面磨制光滑，一侧磨制成锯齿状，一端残。残长12.1、宽4.5、厚0.4～2.0厘米（图2-93，7；彩版三四，3）。

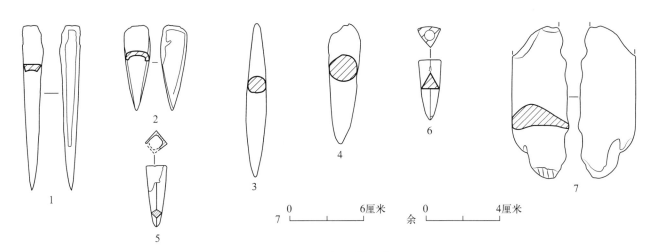

图2-93　T0303出土骨、角器
1、2.骨锥T0303⑧：2、T0303⑫：15　3、4.角锥T0303⑫：1、T0303⑯：16　5、6.骨镞T0303⑪：8、T0303⑫：16　7.骨锯T0303⑫：23

3.玉石器

主要包括玉石器产品及加工工具，少量的生产工具，部分为打制石器，磨制石器大部分通体磨光，仅个别局部磨光。玉石器产品包括璧、璧芯和绿松石制品。玉石器加工工具包括磨石和切割工具。出土了大量的玉石料，制作玉石器残留的断块，部分玉石料有切割痕迹。生产工具包括刀、刀坯料、斧、斧坯料、铲、铲坯料、锛、锤、砧、镞等，还有饼状器和穿孔石器。

璧　23件。仅个别完整，平面近圆形或圆角方形，大部分表面磨光，外缘仅个别磨制规整，大部分保留有打制疤痕。大部分好侧稍厚，逐渐向外缘减薄。中间钻孔，单面管钻，个别未钻透，孔壁保留有管钻痕迹，断钻处有明显断茬。

T0303④：1，蛇纹岩，绿色。平面近圆形，残余约三分之一璧面。外径7.2～8.4、好径2.5～2.9、厚0.6～0.8厘米（图2-94，1；彩版三四，4）。

T0303⑥：3，蛇纹大理岩，浅绿色。平面近圆形，残余约五分之一璧面，孔壁较直。外径4.6～5.9、好径2.1～2.3、厚0.6～0.8厘米（图2-94，2；彩版三四，5）。

T0303⑦：3，蛇纹岩，青灰色。平面近圆形，残余约二分之一璧面。外径7.4～7.6、好径2.4～2.6、厚0.7厘米（图2-94，3；彩版三四，6）。

T0303⑦：4，蛇纹大理岩，暗绿色。平面近圆形，残余约四分之一璧面。外径7.1～7.4、好径2.2～2.4、厚0.5厘米（图2-94，4；彩版三五，1）。

T0303⑦：6，蛇纹大理岩，灰绿色。平面近圆形，残余约三分之一璧面。外径7.4～8.1、好径3.1～3.5、厚0.9～1厘米（图2-94，5；彩版三五，2）。

T0303⑧：1，蛇纹大理岩，灰白色。平面近圆形，残余约五分之一璧面。外径8.1～9.1、好径2.2～2.4、厚0.5～0.8厘米（图2-94，6；彩版三五，3）。

T0303⑪：1，蛇纹大理岩，灰白色。平面近圆形，残余约三分之一璧面。外径7.4～7.8、好径2.9～3.2、厚0.2～0.6厘米（图2-94，7；彩版三五，4）。

T0303⑪：6，蛇纹透闪大理岩，绿色。平面近圆角方形，残余约二分之一璧面。外径5.3～6.1、好径1.7～2.1、厚0.3～0.4厘米（图2-94，8；彩版三五，5）。

T0303⑫：3，蛇纹大理岩，青灰色。平面近圆形，残余约三分之一璧面。外径5.8～6.4、好径1.5～1.7、厚0.4～0.5厘米（图2-94，9；彩版三五，6）。

T0303⑫：6，滑石大理岩，白色。平面近圆角方形。外径3.2～3.7、好径1.3～1.5、厚0.4～0.5厘米（图2-94，10；彩版三五，7）。

T0303⑫：7，蛇纹大理岩，绿色。平面近圆形，残余约三分之一璧面。外径4.3～4.8、好径1.7～1.9、厚0.2～0.4厘米（图2-94，11；彩版三五，8）。

T0303⑫：8，绿泥岩，淡黄绿色。平面近圆形，残余约五分之一璧面，外缘磨光。外径5.4～7.1、好径1.6～2.0、厚0.6～0.7厘米（图2-94，12；彩版三六，1）。

T0303⑫：11，蛇纹大理岩，青灰色。平面近圆形，残余约四分之一璧面。外径9.2～9.4、好径3.8～4.2、厚1.0～1.4厘米（图2-95，1；彩版三六，2）。

T0303⑫：12，大理岩，深绿色。平面近圆形，残余约五分之一璧面。外径8.1～9.7、好径3.5～3.8、厚0.6～0.7厘米（图2-95，2；彩版三六，3）。

T0303⑯：1，蛇纹大理岩，灰白色。平面近圆形，残余约五分之一璧面。外径6.2～7.4、好径1.8～2.0、厚0.3～0.6厘米（图2-95，3；彩版三六，4）。

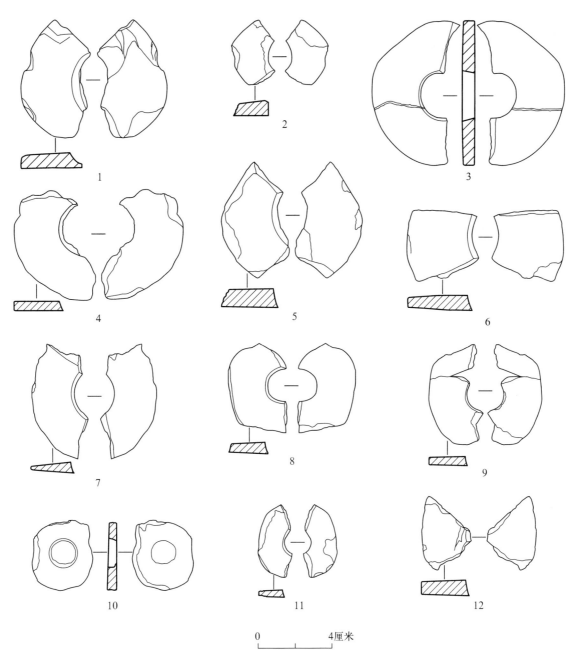

图2-94　T0303出土玉石璧

1.T0303④：1　2.T0303⑥：3　3.T0303⑦：3　4.T0303⑦：4　5.T0303⑦：6　6.T0303⑧：1　7.T0303⑪：1　8.T0303⑪：6
9.T0303⑫：3　10.T0303⑫：6　11.T0303⑫：7　12.T0303⑫：8

　　T0303⑯：2，蛇纹大理岩，白色。平面近圆形，残余约四分之一璧面。外径4.5～5.4、好径1.4～1.7、厚0.2～0.4厘米（图2-95，4；彩版三六，5）。

　　T0303⑯：3，蛇纹大理岩，灰绿色。平面近圆角方形，残余约二分之一璧面。外径2.4～3.6、好径0.8～1.0、厚0.2～0.4厘米（图2-95，5；彩版三六，6）。

　　T0303⑯：4，蛇纹大理岩，绿色。平面近圆形，残余约五分之一璧面。外径4.4～5.4、好径1.3～1.6、厚0.3～0.5厘米（图2-95，6；彩版三七，1）。

　　T0303⑯：9，大理岩，灰绿色。平面近圆形，残余约二分之一璧面。外径2.7～3.4、好径0.8～1.1、厚0.5～0.6厘米（图2-95，7；彩版三七，2）。

　　T0303⑯：14，透辉石透闪石岩，灰白色。平面近圆角方形，残余约二分之一璧面，单面钻，未钻透。外径5.4～5.7、好径1.2～1.6、厚0.2～1.2厘米（图2-95，8；彩版三七，3）。

　　T0303⑯：20，蛇纹大理岩，灰绿色。平面近圆形，残余约二分之一璧面。外径3.1～3.2、好径1.4～1.6、厚0.2～0.5厘米（图2-95，9；彩版三七，4）。

　　T0303⑰：10，蛇纹大理岩，灰白色。平面近圆形，残余约五分之一璧面。外径9.0～10.6、好径1.9～2.3、厚0.3～0.9厘米（图2-95，10；彩版三七，5）。

　　T0303⑳：1，蛇纹大理岩，暗灰绿色。平面近圆形。外径3.9～4.2、好径0.7～1.2、厚0.5厘米（图2-95，11；彩版三七，6）。

　　璧芯　20件。大部分保存完整，平面呈圆形，单面管钻，芯壁呈斜坡状，纵剖面呈梯形，璧芯两面磨光，侧面大多保留有管钻痕迹，断钻处大多未修整，保留有明显断茬，个别一面残破。

　　T0303⑦：2，蛇纹大理岩，灰绿色。一面残破。直径2.5～2.8、厚0.7厘米（图2-96，1；彩版三八，1）。

　　T0303⑦：5，大理岩，绿色。直径2.3～2.8、厚1.1厘米（图2-96，2；彩版三八，2）。

　　T0303⑦：7，大理岩，灰绿色。一面残破。直径1.8～2.2、厚0.8厘米（图2-96，3；彩版三八，3）。

　　T0303⑦：8，蛇纹大理岩，绿色。直径2.3～2.4、厚0.4厘米（图2-96，4；彩版三八，4）。

　　T0303⑪：2，蛇纹大理岩，绿色。直径2.8～3.6、厚1.2厘米（图2-96，5；彩版三八，5）。

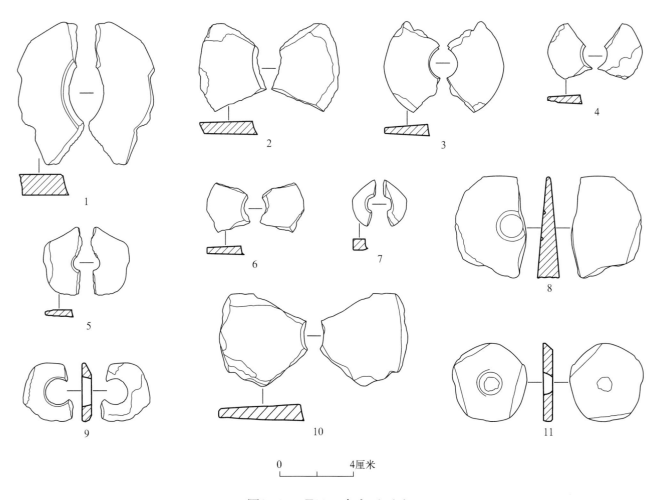

图2-95　T0303出土玉石璧

1.T0303⑫：11　2.T0303⑫：12　3.T0303⑯：1　4.T0303⑯：2　5.T0303⑯：3　6.T0303⑯：4　7.T0303⑯：9　8.T0303⑯：14
9.T0303⑯：20　10.T0303⑰：10　11.T0303⑳：1

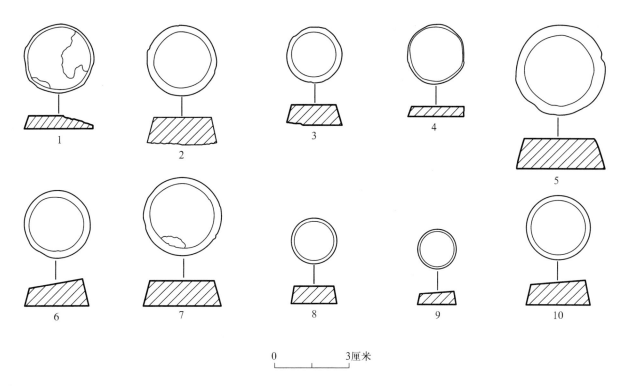

图2-96 T0303出土玉石璧芯

1.T0303⑦：2 2.T0303⑦：5 3.T0303⑦：7 4.T0303⑦：8 5.T0303⑪：2 6.T0303⑪：3 7.T0303⑪：4 8.T0303⑪：7
9.T0303⑪：9 10.T0303⑪：10

T0303⑪：3，大理岩，黑褐色。直径2.2～2.6、厚0.7～1.1厘米（图2-96，6；彩版三八，6）。

T0303⑪：4，蛇纹大理岩，绿色。直径2.6～3.1、厚1.0厘米（图2-96，7；彩版三八，7）。

T0303⑪：7，蛇纹大理岩，青灰色。直径1.6～1.8、厚0.7厘米（图2-96，8；彩版三八，8）。

T0303⑪：9，蛇纹大理岩，青灰色。直径1.4～1.6、厚0.5厘米（图2-96，9；彩版三八，9）。

T0303⑪：10，蛇纹大理岩，灰绿色。直径2.2～2.6、厚0.8～1.0厘米（图2-96，10；彩版三九，1）。

T0303⑫：2，蛇纹大理岩，灰绿色。芯壁近直。直径1.4、厚0.7厘米（图2-97，1；彩版三九，2）。

T0303⑫：13，蛇纹大理岩，绿色。直径1.4、厚0.4厘米（图2-97，2；彩版三九，3）。

T0303⑫：14，蛇纹岩，绿色。直径2.2～2.4、厚1.2厘米（图2-97，3；彩版三九，4）。

T0303⑫：18，透闪大理岩，灰绿色。直径2.1～3.3、厚1.3厘米（图2-97，4；彩版三九，5）。

T0303⑫：19，大理岩，灰绿色，两面残破。直径5.5～6.0、厚1.8～2.0厘米（图2-97，5；彩版三九，6）。

T0303⑫：22，蛇纹大理岩，绿色。仅存局部。直径4.5～4.6、厚0.8厘米（图2-97，6；彩版三九，7）。

T0303⑯：6，蛇纹岩，灰绿色。直径0.9～1.2、厚2.0厘米（图2-97，7；彩版三九，8）。

T0303⑯：10，大理岩，白色。一面残破。直径1.7～1.8、厚0.7厘米（图2-97，8；彩版三九，9）。

T0303⑯：15，蛇纹大理岩，灰白色。一面残破。直径2.0～2.4、厚1.1厘米（图2-97，9；彩版四〇，1）。

T0303⑳：3，蛇纹大理岩，灰白色。直径3.0～3.4、厚0.9厘米（图2-97，10；彩版四〇，2）。

绿松石串饰 2件。

T0303⑯：7，绿色。通体磨光，柱状，多棱，中间穿孔，双面钻。长0.6、宽0.3、孔径0.1～0.2、厚0.3厘米（图2-98，1；彩版四〇，3左）。

T0303⑳：2，绿色。通体磨光，片状，中间穿孔，双面钻。长0.9、宽0.7、孔径0.2、厚0.3厘米（图2-98，2；彩版四〇，3右）。

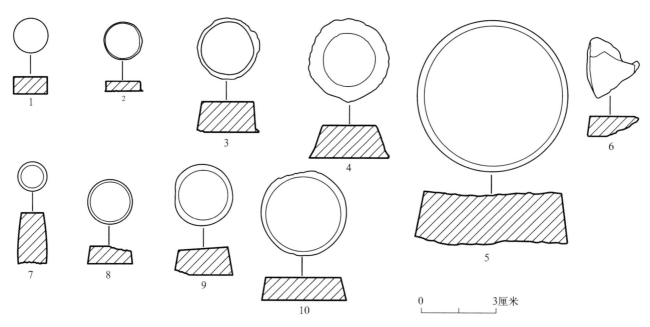

图2-97　T0303出土玉石璧芯

1.T0303⑫：2　2.T0303⑫：13　3.T0303⑫：14　4.T0303⑫：18　5.T0303⑫：19　6.T0303⑫：22　7.T0303⑯：6　8.T0303⑯：10
9.T0303⑯：15　10.T0303⑳：3

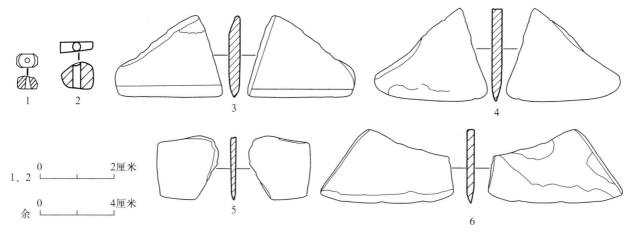

图2-98　T0303出土石器

1、2.绿松石串饰T0303⑯：7、T0303⑳：2　3~6.切割工具T0303⑪：5、T0303⑫：5、T0303⑯：5、T0303⑱：7

切割工具　4件。一侧有双面刃，其他侧面为断茬。

T0303⑪：5，泥质板岩，黑色。平面近三角形，一侧有切割痕迹。长5.2、宽4.3、厚0.6厘米（图2-98，3；彩版四〇，4）。

T0303⑫：5，石英砂岩，灰绿色。平面近三角形，弧刃。长6.0、宽4.9、厚0.5厘米（图2-98，4）。

T0303⑯：5，碳质板岩，黑灰色。平面呈不规则形，刃部微弧。长3.4、宽3.3、厚0.3厘米（图2-98，5）。

T0303⑱：7，云母石英砂岩，灰黑色。平面呈不规则形，弧刃。长7.1、宽3.9、厚0.4厘米（图2-98，6）。

磨石　34件。断块。大小不一，青灰色。形状不甚规整，平面近方形、三角形、长方形和不规则形。两面或一面有磨光面，磨光面粗细不一，侧面有明显断茬，个别侧面磨制光滑，个别有火烧痕迹。

T0303⑦：15，杂砂岩。平面近方形，一面有磨光面，微凹，侧面有打制疤痕。长9.8、宽8.4、厚3.2厘米（图2-99，1）。

　　T0303⑦：16，长石石英砂岩。平面呈不规则形，较厚，一面有磨光面。长9.4、宽7.7、厚5.0厘米（图2-99，2）。

　　T0303⑦：17，杂砂岩。平面近方形，两面有磨光面，微凹。长6.8、宽5.0、厚4.4厘米（图2-99，3）。

　　T0303⑦：18，粉砂岩。平面呈不规则形，一面有磨光面。长7.5、宽5.9、厚0.9厘米（图2-99，4）。

　　T0303⑧：5，粉砂岩。平面呈不规则形，局部有火烧痕迹。两面有磨光面，局部剥落。长22.8、宽16.5、厚1.6厘米（图2-99，5）。

　　T0303⑧：7，长石砂岩。平面不规则形，两面有磨光面。长8.9、宽6.3、厚4.8厘米（图2-99，6）。

　　T0303⑧：8，长石石英杂砂岩。平面近三角形，两面有磨光面，微凹。长9.3、宽7.5、厚4.4厘米（图2-99，7）。

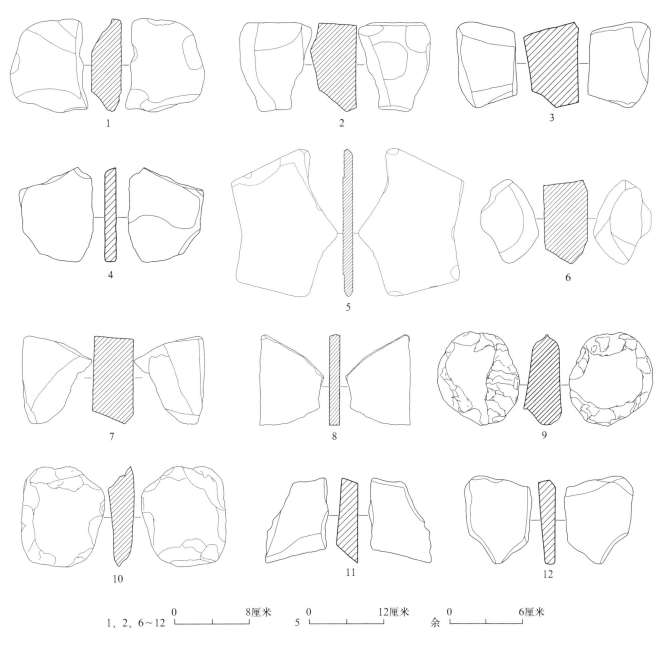

图2-99　T0303出土磨石

1.T0303⑦：15　2.T0303⑦：16　3.T0303⑦：17　4.T0303⑦：18　5.T0303⑧：5　6.T0303⑧：7　7.T0303⑧：8　8.T0303⑩：1
9.T0303⑪：12　10.T0303⑪：18　11.T0303⑪：30　12.T0303⑪：31

T0303⑩：1，粉砂岩。平面不规则形，两面有磨光面。长9.7、宽6.8、厚1.1厘米（图2-99，8）。

T0303⑪：12，长石石英杂砂岩。平面近圆形，两面有磨光面，微凹，侧面有打制疤痕。长9.2、宽8.4、厚3.3厘米（图2-99，9）。

T0303⑪：18，云母片岩。平面圆角方形，两面有磨光面，微凹，侧面有打制疤痕。长10.6、宽9.2、厚2.9厘米（图2-99，10）。

T0303⑪：30，杂砂岩。平面呈不规则形，一面有磨光面，微凹。长6.8、宽5.1、厚1.7厘米（图2-99，11）。

T0303⑪：31，粉砂岩。平面呈不规则形，两面有磨光面。长7.0、宽5.5、厚1.4厘米（图2-99，12）。

T0303⑪：32，粉砂岩。平面呈不规则形，一面有磨光面。长5.6、宽3.9、厚0.7厘米（图2-100，1）。

T0303⑪：37，粉砂岩。平面近方形，两面有磨光面，一面局部剥落。长7.6、宽7.5、厚1.1厘米（图2-100，2）。

T0303⑪：38，粉砂岩。平面呈不规则形，一面有磨光面。长7.5、宽5.3、厚1.3厘米（图2-100，3）。

T0303⑪：40，闪长玢岩。平面近长方形，两面有磨光面。长11.1、宽8.6、厚3.4厘米（图2-100，4）。

T0303⑫：21，硅质岩。平面近长方形，一面有磨光面，微凹。长10.6、宽5.2、厚3.4厘米（图2-100，5）。

T0303⑫：25，粉砂岩。平面呈不规则形，两面有磨光面，局部有火烧痕迹。长7.8、宽7.7、厚0.9厘米（图2-100，6；彩版四〇，5）。

T0303⑫：26，粉砂岩。平面近方形，一面有磨光面。长8.5、宽7.1、厚1.0厘米（图2-100，7）。

T0303⑫：27，粉砂岩。平面呈不规则形，两面有磨光面，一面局部剥落，两面有火烧痕迹。长8.0、宽6.8、厚1.4厘米（图2-100，8）。

T0303⑫：28，杂砂岩。平面呈不规则形，两面有磨光面。长9.1、宽6.8、厚2.3厘米（图2-100，9；彩版四〇，6）。

T0303⑫：29，粉砂岩。平面近方形，两面有磨光面，局部剥落，局部有火烧痕迹，局部残存朱砂。长5.6、宽4.4、厚1.4厘米（图2-100，10）。

T0303⑫：30，粉砂岩。平面近方形，一面有磨光面，局部有火烧痕迹。长6.5、宽5.7、厚2.2厘米（图2-100，11）。

T0303⑫：31，泥质粉砂岩。平面呈不规则形，一面有磨光面，局部有火烧痕迹。长5.2、宽4.2、厚1.1厘米（图2-100，12）。

T0303⑫：32，粉砂岩。平面近方形，一面有磨光面，微凹。长4.8、宽4.6、厚0.9厘米（图2-101，1）。

T0303⑫：33，粉砂岩。平面呈不规则形，两面有磨光面。长5.1、宽4.3、厚1.4厘米（图2-101，2）。

T0303⑯：12，粉砂岩。平面呈不规则形，两面有磨光面，局部剥落。长11.2、宽9.4、厚0.8厘米（图2-101，3）。

T0303⑰：11，粉砂岩。平面呈不规则形，一面有磨光面，边缘有切割痕迹一道。长4.6、宽3.7、厚0.4厘米（图2-101，4；彩版四一，1）。

T0303⑱：1，粉砂岩。平面呈不规则形，一面有磨光面。长9.9、宽6.8、厚1.2厘米（图2-101，5）。

T0303⑱：2，长石石英砂岩。平面呈不规则形，一面有磨光面，微凹。长7.5、宽6.7、厚1.7厘米（图2-101，6）。

T0303⑱：3，粉砂岩。平面呈不规则形，一面有磨光面，局部有火烧痕迹。长7.7、宽7.5、厚1.7厘米（图2-101，7）。

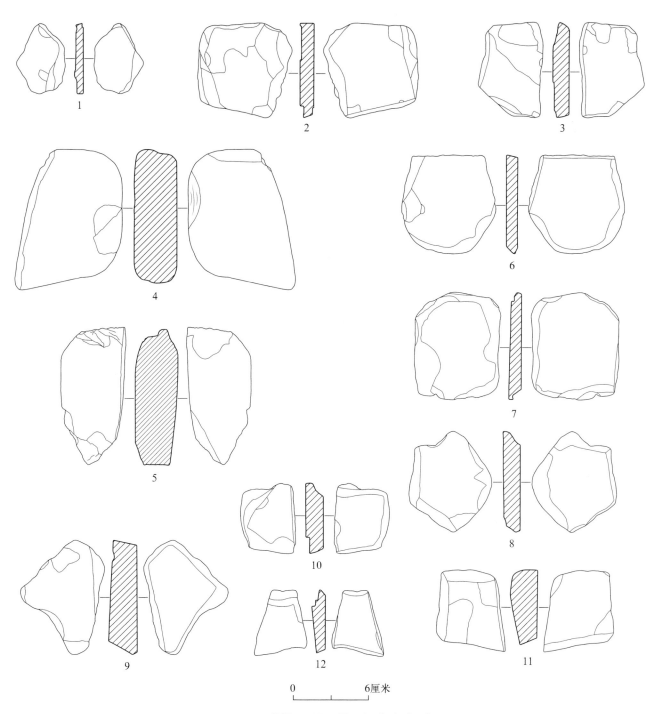

图2-100 T0303出土磨石

1.T0303⑪：32 2.T0303⑪：37 3.T0303⑪：38 4.T0303⑪：40 5.T0303⑫：21 6.T0303⑫：25 7.T0303⑫：26 8.T0303⑫：27 9.T0303⑫：28 10.T0303⑫：29 11.T0303⑫：30 12.T0303⑫：31

T0303⑱：4，硅质粉砂岩。平面呈不规则形，两面有磨光面，局部剥落。长6.5、宽4.4、厚1.3厘米（图2-101，8）。

T0303⑱：6，粉砂岩。平面呈不规则形，一面有磨光面。长7.7、宽4.9、厚1.1厘米（图2-101，9；彩版四一，2）。

T0303⑲：2，粉砂岩。平面呈不规则形，两面有磨光面，局部剥落。长8.6、宽7.8、厚1.3厘米（图2-101，10）。

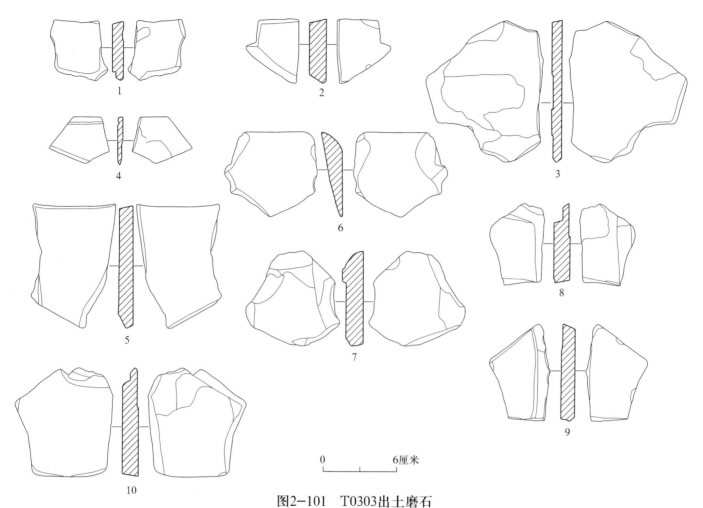

图2-101 T0303出土磨石

1.T0303⑫：32 2.T0303⑫：33 3.T0303⑯：12 4.T0303⑰：11 5.T0303⑱：1 6.T0303⑱：2 7.T0303⑱：3 8.T0303⑱：4
9.T0303⑱：6 10.T0303⑲：2

切割料 3件。

T0303⑦：9，蛇纹大理岩，青灰色。平面近长方形，一面为切割面，一侧有四道切割痕迹，在剩余约三分之一处残存断茬。长10.2、宽6.2、厚3.3厘米（图2-102，1；彩版四一，3）。

T0303⑭：1，蛇纹大理岩，灰白色。平面近三角形，两面磨光，两侧有切割痕迹，在剩余三分之二处残存断茬。长5.2、宽3.9、厚0.8~1.4厘米（图2-102，2）。

T0303⑯：17，蛇纹大理岩，青灰色。平面近长方形，两面为切割面，残存断茬，一侧有两道对向切割痕迹，在剩余二分之一处残存断茬。长9.2、宽4.6、厚0.8~2.2厘米（图2-102，3；彩版四一，4）。

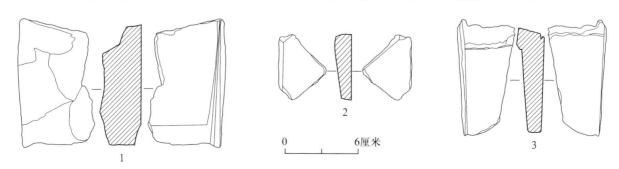

图2-102 T0303出土玉石切割料

1.T0303⑦：9 2.T0303⑭：1 3.T0303⑯：17

玉石料 17件。均为不规则形。

T0303⑦：19，蛇纹石玉，青绿色。长10.6、宽5.7、厚3.9厘米（图2-103，1）。

T0303⑦：21，蛇纹石玉，青绿色。局部有白色围岩。长6.6、宽4.6、厚2.5厘米（图2-103，2）。

T0303⑨：1，蛇纹大理岩，灰白色。长12.0、宽4.6、厚1.8厘米（图2-103，3）。

T0303⑪：14，片麻岩，青灰色。表面有多处打制片疤。长10.7、宽8.2、厚4.2厘米（图2-103，4）。

T0303⑪：33，蛇纹石大理岩，青绿色。长8.4、宽5.9、厚3.2厘米（图2-103，5）。

T0303⑪：35，蛇纹石岩，青绿色。长6.0、宽5.0、厚2.3厘米（图2-103，6）。

T0303⑫：9，蛇纹大理岩，暗绿色，局部磨光。长4.5、宽3.0、厚2.2厘米（图2-103，7）。

T0303⑫：36，蛇纹石玉，青绿色。长3.8、宽3.2、厚1.0厘米（图2-103，8）。

T0303⑯：8，蛇纹石玉，黄色。长5.7、宽2.9、厚1.0厘米（图2-104，1）。

T0303⑯：18，蛇纹石玉，青色。长3.9、宽2.6、厚1.3厘米（图2-104，2）。

T0303⑰：5，蛇纹石玉，青绿色。长3.9、宽2.5、厚1.7厘米（图2-104，3）。

T0303⑰：6，蛇纹石玉，青绿色。长4.7、宽2.6、厚1.7厘米（图2-104，4）。

T0303⑰：7，蛇纹石玉，青绿色。长2.9、宽1.8、厚1.6厘米（图2-104，5）。

T0303⑰：8，蛇纹石玉，青绿色。长2.4、宽2.1、厚1.7厘米（图2-104，6）。

T0303⑰：9，蛇纹石玉，青绿色。长2.9、宽2.2、厚1.0厘米（图2-104，7）。

T0303⑲：1，蛇纹岩，淡绿色。局部磨光。长5.0、宽4.3、厚1.2厘米（图2-104，8；彩版四一，5）。

T0303⑲：3，蛇纹石玉，青绿色。长6.5、宽4.7、厚2.6厘米（图2-104，9）。

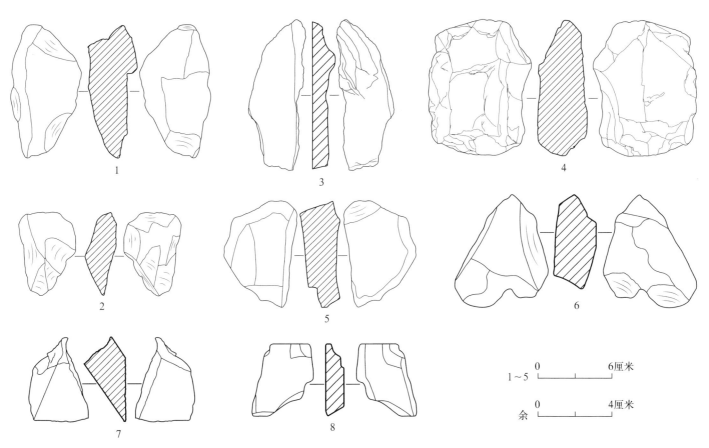

图2-103 T0303出土玉石料

1.T0303⑦：19 2.T0303⑦：21 3.T0303⑨：1 4.T0303⑪：14 5.T0303⑪：33 6.T0303⑪：35 7.T0303⑫：9 8.T0303⑫：36

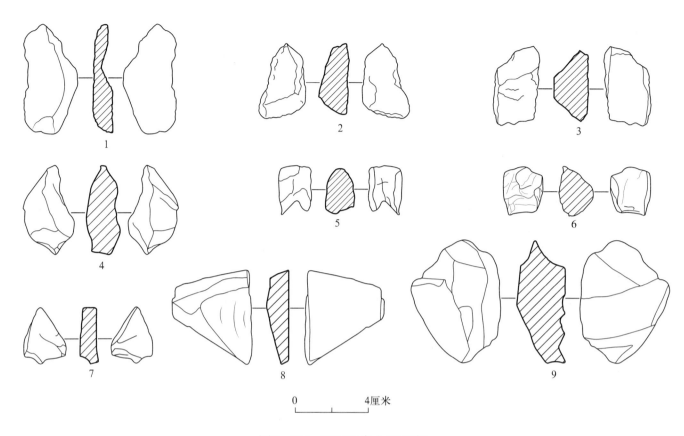

图2-104 T0303出土玉石料

1.T0303⑯：8 2.T0303⑯：18 3.T0303⑰：5 4.T0303⑰：6 5.T0303⑰：7 6.T0303⑰：8 7.T0303⑰：9 8.T0303⑲：1 9.T0303⑲：3

断块 14件。不规则形，个别表面磨光，应该是制作玉石器残存的边角料。

T0303⑦：20，变质石英砂岩，青绿色。长5.8、宽5.1、厚2.5厘米（图2-105，1）。

T0303⑦：23，蛇纹石大理岩，白色。长6.4、宽5.5、厚2.2厘米（图2-105，2）。

T0303⑧：4，透闪蛇纹大理岩，暗绿色。长10.5、宽3.9、厚1.5厘米（图2-105，3；彩版四一，6）。

T0303⑪：34，大理岩，白色。长6.5、宽4.6、厚3.4厘米（图2-105，4）。

T0303⑪：36，蛇纹石岩，白色。长5.9、宽3.0、厚1.7厘米（图2-105，5）。

T0303⑫：34，大理岩，白色。长4.0、宽3.3、厚2.8厘米（图2-105，6）。

T0303⑫：35，蛇纹石玉，青白色。长5.7、宽3.2、厚2.0厘米（图2-105，7）。

T0303⑯：19，蛇纹石片岩，灰色。长3.4、宽1.8、厚0.9厘米（图2-105，8）。

T0303⑯：22，蛇纹大理岩，灰白色。局部磨光。长5.0、宽2.9、厚1.5厘米（图2-106，1；彩版四二，1）。

T0303⑰：1，蛇纹大理岩，灰绿色。长4.0、宽3.2、厚3.2厘米（图2-106，2）。

T0303⑰：3，大理岩，白色。两面磨光。长5.1、宽4.4、厚1.6厘米（图2-106，3）。

T0303⑲：4，大理岩，白色。长4.9、宽3.6、厚2.0厘米（图2-106，4）。

T0303⑲：5，蛇纹石玉，青绿色。长5.6、宽4.0、厚1.6厘米（图2-106，5）。

T0303⑲：6，蛇纹石玉，白色。长4.1、宽3.4、厚1.2厘米（图2-106，6）。

刀 6件。大多残存一半，两面磨光，平面呈长方形或圆角长方形，均为双面刃，单孔，双面钻，个别无钻孔或未钻透。

T0303⑦：1，变质粉砂岩，灰绿色。平面呈圆角长方形，整体打制成形，直背，弧刃，局部磨光，刃部未磨光。长8.0、宽3.8、孔径0.4、厚0.3~0.7厘米（图2-107，1；彩版四二，2）。

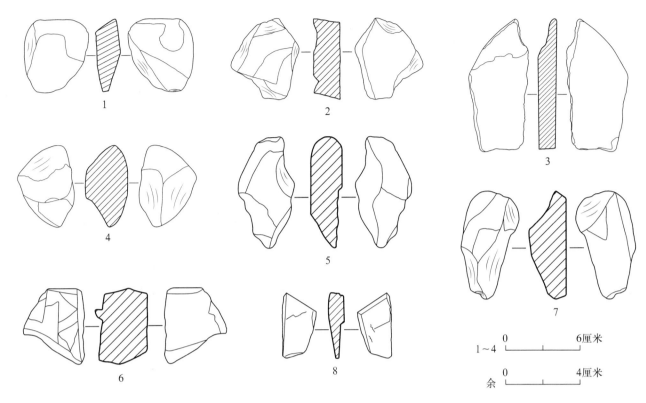

图2-105　T0303出土玉石断块

1.T0303⑦：20　2.T0303⑦：23　3.T0303⑧：4　4.T0303⑪：34　5.T0303⑪：36　6.T0303⑫：34　7.T0303⑫：35　8.T0303⑯：19

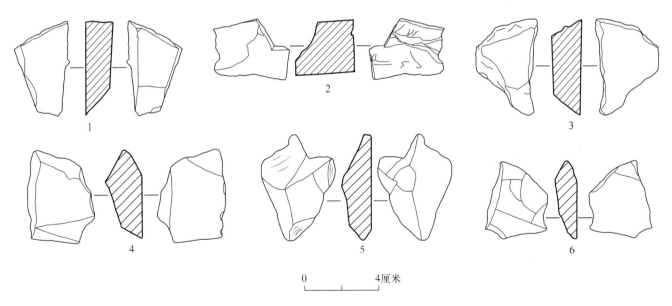

图2-106　T0303出土玉石断块

1.T0303⑯：22　2.T0303⑰：1　3.T0303⑰：3　4.T0303⑲：4　5.T0303⑲：5　6.T0303⑲：6

　　T0303⑦：12，石英砂岩，灰白色。平面呈长方形，直背，直刃，刃部有崩痕。孔未钻透。残长5.4、宽5.1、厚0.9厘米（图2-107，2）。

　　T0303⑦：13，石英砂岩，灰黑色。平面呈长方形，直背，弧刃，刃部有崩痕。残长4.2、宽4.5、孔径0.3、厚0.7厘米（图2-107，3）。

　　T0303⑪：27，硅质板岩，黑灰色。平面呈长方形，直背，弧刃，局部有打制疤痕。残长4.2、宽5.5、厚1.0

厘米（图 2-107，4）。

T0303⑫：10，粉砂质板岩，灰色。平面呈长方形，直背，直刃。残长 5.0、宽 5.0、孔径 0.5、厚 0.6 厘米（图 2-107，5；彩版四二，3）。

T0303⑯：11，长石石英杂砂岩，灰绿色。平面呈长方形，弧背，直刃，仅存局部。残长 3.3、宽 3.2、厚 0.6 厘米（图 2-107，6）。

刀坯料 4 件。灰色或青灰色，整体打制成形，一面为自然面，一面为打制破裂面，刃部打制，未磨光。

T0303⑥：1，硅化石英砂岩。平面近圆角长方形。两面未磨光，背部打制规整。长 12.7、宽 5.9、厚 1.7 厘米（图 2-108，1）。

T0303⑦：11，变质石英砂岩。平面近圆角长方形，背部较平，刃部微弧。长 8.8、宽 6.2、厚 1.6 厘米（图 2-108，2；彩版四二，4）。

T0303⑪：17，粉砂岩，暗绿色。平面近长方形，打制规整。长 6.6、宽 5.1、厚 0.2~1.2 厘米（图 2-108，3）。

T0303⑪：23，变质石英砂岩。平面近圆角长方形，背部较平，刃部微弧。长 8.5、宽 5.1、厚 0.9 厘米（图 2-108，4）。

斧 4 件。

T0303⑪：19，变质石英砂岩，灰色。近长方形，整体打制成形，两侧及刃部打制规整，刃部局部磨光。长 7.9、宽 6.6、厚 1.5 厘米（图 2-108，5）。

T0303⑪：22，变质石英砂岩，灰色。平面近梯形，一面为自然面，一面为打制破裂面，顶部及两侧打制成形，弧刃，未磨光，刃部有明显使用痕迹。长 7.8、宽 5.5、厚 1.4 厘米（图 2-108，6；彩版四二，5）。

T0303⑰：2，蛇纹大理岩，灰色。平面呈梯形，顶部略窄，刃部略宽，通体磨光，刃部残断，顶部有一钻孔，双面钻。残长 8.7、宽 4.8、孔径 0.6~1.2、厚 1.4 厘米（图 2-108，7；彩版四二，6）。

T0303⑰：4，变质石英砂岩，灰色。平面呈长方形，横截面呈圆角长方形，整体打制成形，顶部断裂，刃部磨光，有明显使用痕迹。残长 10.2、宽 3.8、厚 1.8 厘米（图 2-108，8）。

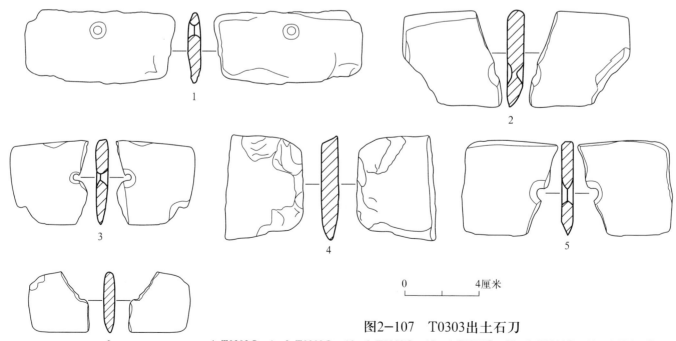

图2-107 T0303出土石刀

1.T0303⑦：1 2.T0303⑦：12 3.T0303⑦：13 4.T0303⑪：27 5.T0303⑫：10 6.T0303⑯：11

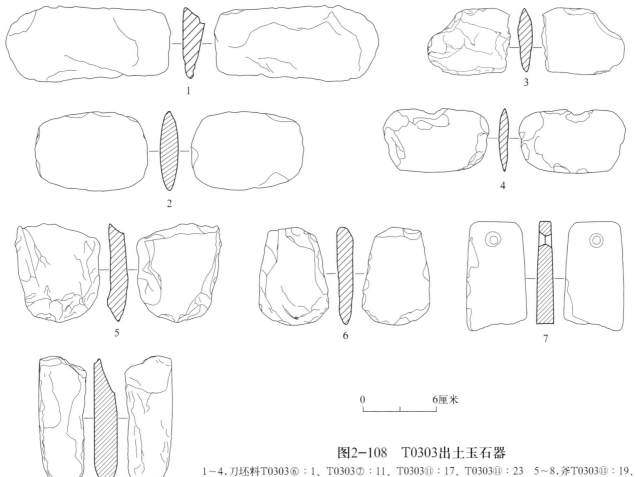

图2-108 T0303出土玉石器

1~4.刀坯料T0303⑥：1、T0303⑦：11、T0303⑪：17、T0303⑪：23 5~8.斧T0303⑪：19、
T0303⑪：22、T0303⑰：2、T0303⑰：4

斧坯料 2件。

T0303⑪：24，变质石英砂岩，青灰色。整体打制成形，平面近方形，一面为自然面，一面为破裂面，刃部未磨光。长8.6、宽7.8、厚2.3厘米（图2-109，1）。

T0303⑪：26，变质石英砂岩，青灰色。平面呈亚腰形，一面为自然面，一面为破裂面，刃部及两侧打制成形，未磨光。长8.2、宽5.1、厚1.1厘米（图2-109，2；彩版四三，1）。

铲 1件。

T0303⑪：21，变质石英砂岩，灰色。整体打制成形，仅存刃部，弧刃，局部磨光。残长5.7、宽7.1、厚1.4厘米（图2-109，3；彩版四三，2）。

铲坯料 4件。

T0303⑥：2，变质石英砂岩，灰色。平面近方形，以石片为毛坯，一面为磨光面，一面为破裂面，顶部打制规整，两侧琢制成形，刃部打制，弧刃，未磨光。长7.6、宽9.2、厚1.6厘米（图2-109，4）。

T0303⑪：15，变质石英砂岩，灰色。平面近长方形，整体打制成形，两侧及一面局部磨光，刃部打制，未磨光。长9.8、宽5.8、厚1.7厘米（图2-109，5）。

T0303⑪：20，片麻岩，灰色。平面近方形，整体打制成形，刃部较薄，未磨光。长5.4、宽7.1、厚1.6厘米（图2-109，6；彩版四三，3）。

T0303⑫：37，变质石英砂岩，灰色。平面近方形，整体打制成形，弧刃，未磨光。长6.7、宽6.7、厚0.9厘米（图2-109，7）。

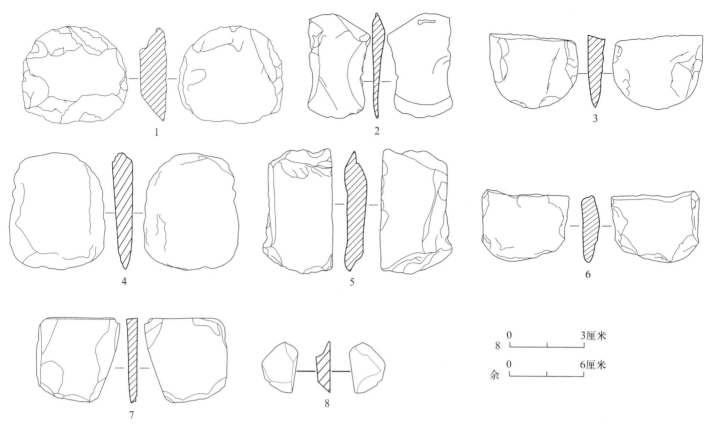

图2-109　T0303出土石器

1、2.斧坯料T0303⑪：24、T0303⑪：26　3.铲T0303⑪：21　4~7.铲坯料T0303⑥：2、T0303⑪：15、T0303⑪：20、T0303⑫：37
8.锛T0303⑪：11

锛　1件。

T0303⑪：11，硅质岩，黑色。仅残存刃部局部，通体磨光，单面刃。残长2.1、残宽1.4、厚0.6厘米（图2-109，8）。

锤　6件。横截面近圆角方形，底部有砸击痕迹。

T0303⑦：10，变质石英砂岩，青灰色。柱状长条状，顶部断裂，一面有磨光面，微弧。长22.3、宽8.8、厚5.8厘米（图2-110，1）。

T0303⑦：22，蚀变闪长岩，灰色。柱状长条状，一侧有打制疤痕。长13.5、宽6.9、厚4.7厘米（图2-110，2）。

T0303⑪：13，闪长岩，灰色。圆饼状，四周有打制疤痕。长10.4、宽8.6、厚5.3厘米（图2-110，3）。

T0303⑪：25，闪长玢岩，灰色。柱状长条状，顶部断裂，底部有砸击痕迹。长10.1、宽7.5、厚5.1厘米（图2-110，4）。

T0303⑪：39，闪长玢岩，灰色。不规则形，四周有打制疤痕。长13.9、宽10.9、厚5.8厘米（图2-110，5）。

T0303⑪：41，闪长玢岩，灰色。圆饼状，四周有打制疤痕。长10.0、宽8.6、厚4.3厘米（图2-110，6）。

砧　3件。

T0303⑦：24，变质长石石英砂岩，青色。平面不规则形，一面有砸击凹窝，两侧残存断茬。长9.6、宽7.7、厚2.4厘米（图2-111，1）。

T0303⑦：25，硅质石英砂岩，青灰色。平面近椭圆形，一面有砸击凹窝。长13.1、宽8.5、厚3.5厘米（图2-111，2）。

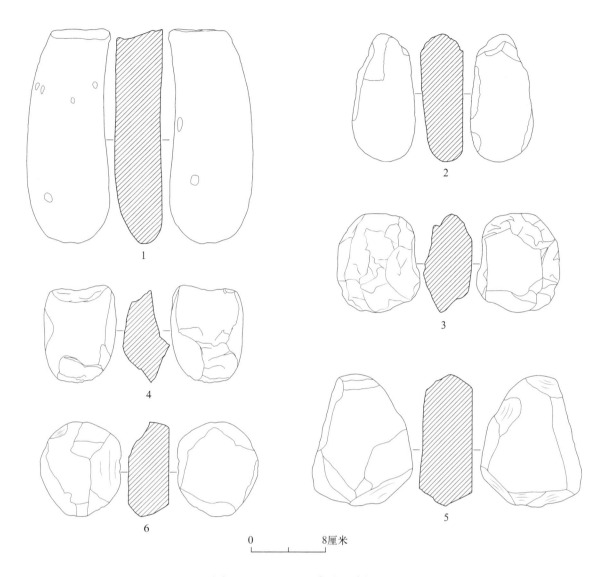

0   8厘米

图2-110 T0303出土石锤

1.T0303⑦：10   2.T0303⑦：22   3.T0303⑪：13   4.T0303⑪：25   5.T0303⑪：39   6.T0303⑪：41

T0303⑧：6，长石石英砂岩，灰色。平面近圆形，一面有砸击凹窝，一侧断裂。长16.0、宽12.6、厚3.3厘米（图2-111，3；彩版四三，4）。

镞   1件。

T0303⑯：13，玉髓，黄色。平面呈三角形，有后锋，残。长2.1、宽1.8、厚0.2厘米（图2-111，4；彩版四三，5）。

饼状器   3件。

T0303⑫：20，石英砂岩，灰色。平面近圆形，断面近梯形，局部磨光。直径5.8、厚1.9厘米（图2-111，5）。

T0303⑯：21，大理岩，黄色。圆饼状，一面磨光，一面为风蚀面。边缘未经磨制。直径5.4、厚1.0厘米（图2-111，6）。

T0303⑱：5，粉砂岩，灰色。圆饼状，两面磨光。边缘未经磨制。直径3.7、厚0.6厘米（图2-111，7）。

穿孔器   1件。

T0303⑧：3，麻粒岩，黑灰色。残，平面近长方形，中间穿孔，对面钻，一侧有磨光面。长6.6、残宽2.7、孔径1.2、厚2.4厘米（图2-111，8；彩版四三，6）。

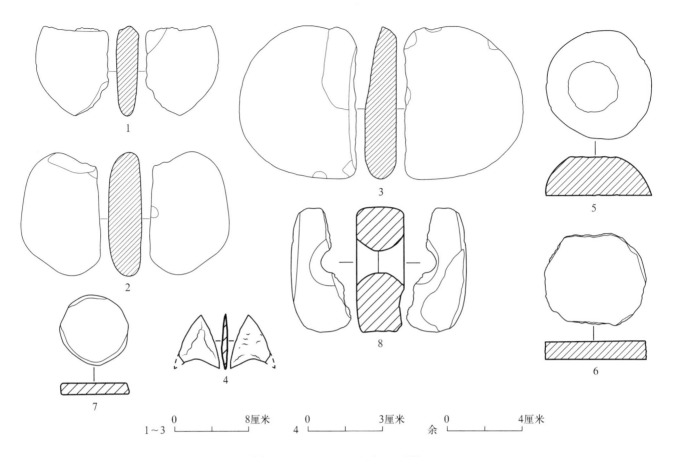

图2-111 T0303出土玉石器

1~3.砧T0303⑦：24、T0303⑦：25、T0303⑧：6 4.镞T0303⑯：13 5~7.饼状器T0303⑫：20、T0303⑯：21、T0303⑱：5 8.穿孔石器T0303⑧：3

六 T0304

（一）地层堆积

T0304位于发掘区的中部，地层堆积较厚，遗迹丰富，打破关系复杂。局部被现代扰坑和水管沟破坏。根据土质土色和包含物可分为18层（图2-112），各层堆积介绍如下。

①层：棕色沙土，土质较疏松，呈水平状分布，分布于全探方，东部被现代水管沟打破，北部被K3、现代水管沟和现代扰土沟打破，西部被K1、K2和现代水管沟打破，南部被K1和现代水管沟打破。厚0~24厘米。包含有塑料、水泥、砖块等，出土有夹砂红陶、泥质灰陶、夹砂灰陶、夹砂红褐陶、夹砂橙黄陶片等。现代扰土层。

②层：黄色沙土，土质较疏松，呈水平状分布，南部分布较少，北部被K3、现代水管沟和现代扰土沟打破，东部被现代水管沟打破，西部被K1、K2和现代水管沟打破，厚0~46厘米。包含有植物根系、塑料等，出土有泥质红陶、夹砂红陶、夹砂红褐陶、夹砂橙黄陶片等。现代耕土层。

③层：黄褐色土，土质较疏松，呈水平状分布，分布于探方北部和东南部，北部被K3、现代水管沟和现代扰土沟打破，东部被现代水管沟打破，厚0~34厘米。出土有少量泥质红陶、夹砂红陶、夹砂灰陶、夹砂红褐陶片和石块等。战国时期文化层。

④层：浅黄色土，土质较致密，斜坡状堆积，分布于全探方，东部和北部被现代水管沟打破，西部被K1、K2和现代水管沟打破，南部被K1打破，厚0~80厘米。出土有泥质红陶、泥质灰陶、夹砂红陶、夹砂红褐陶、夹砂橙黄陶片和兽骨、石块等。战国时期文化层。

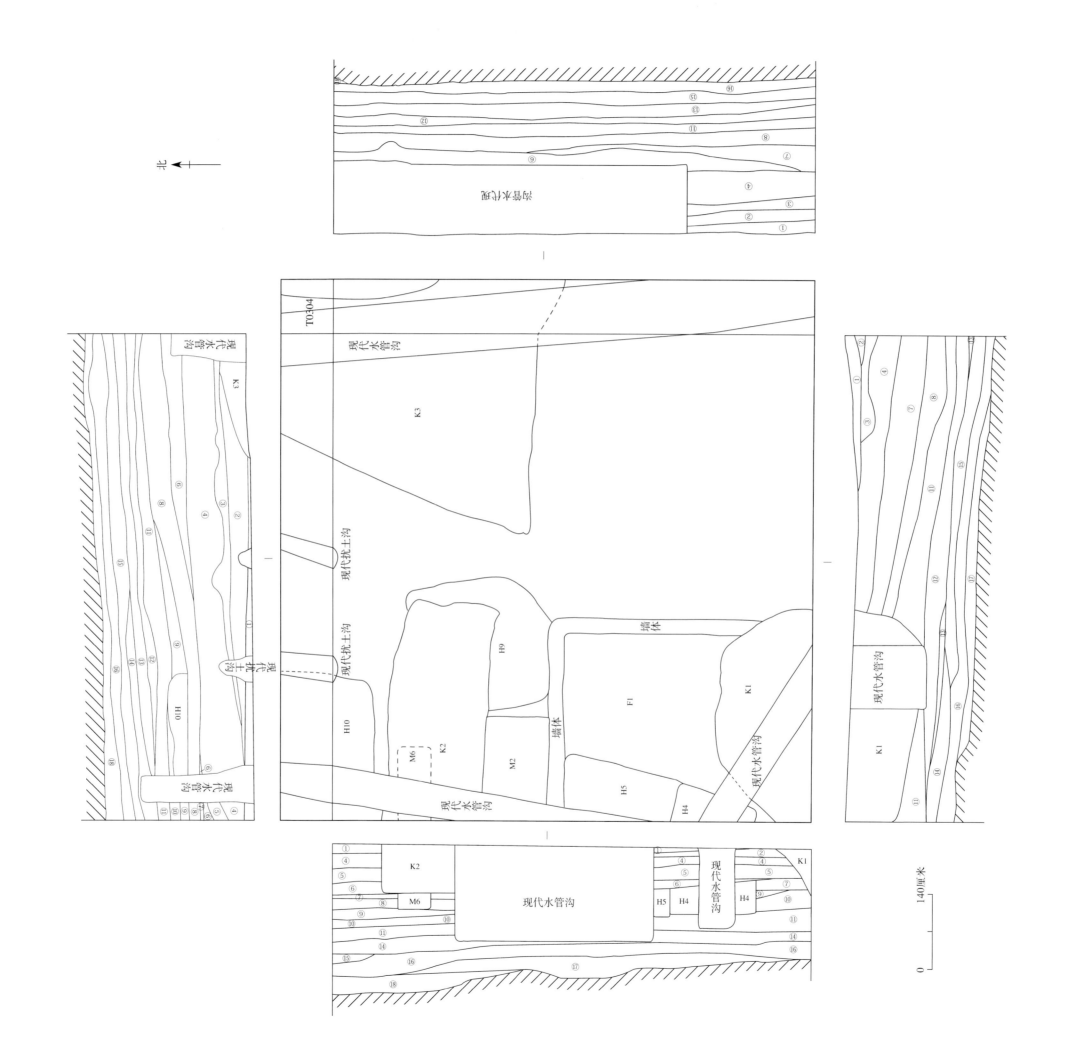

图2-112　T0304平、剖面图

⑤层：黄褐色土，土质较致密，呈斜坡状堆积，分布于探方西部和北部，西部被K1、K2和现代水管沟打破，北部被现代水管沟打破，厚0～26厘米。出土有少量泥质红陶、夹砂红陶、泥质灰陶、夹砂红褐陶、夹砂橙黄陶、彩陶片和兽骨、石块等。战国时期文化层。M2、M6开口于该层下。

⑥层：棕褐色土，土质较致密，呈斜坡状堆积，南部无分布，东部和北部被现代水管沟打破，西部被K2、M2、M6和现代水管沟打破，厚0～56厘米。包含有少量炭屑，出土有泥质红陶、夹砂红陶、泥质灰陶、夹砂灰陶、夹砂红褐陶、夹砂橙黄陶片和兽骨、石块，少量璧、石刀和磨石等。齐家文化层。H4、H5均开口于该层下。

⑦层：灰色土，土质较致密，呈斜坡状堆积，分布于探方西部、西北部和东南部，西部被K1、H4、H5、M2、M6和现代水管沟打破，西北部被现代水管沟打破，南部被K1和现代水管沟打破，厚0～58厘米。包含有少量炭屑，出土有泥质红陶、夹砂红陶、泥质灰陶、夹砂灰陶、夹砂红褐陶、泥质橙黄陶、彩陶片和兽骨、石块，璧、璧芯和石刀等。齐家文化层。

⑧层：灰褐色土，土质较致密，呈斜坡状堆积，全探方分布，西部被H4、H5、M2、M6和现代水管沟打破，南部被K1打破，西北部被现代水管沟打破，厚0～48厘米。包含有少量炭屑，出土有泥质红陶、夹砂红陶、泥质灰陶、夹砂红褐陶、泥质橙黄陶、夹砂橙黄陶片和兽骨、石块，少量璧、璧芯和石刀等。齐家文化层。F1、H10均开口于该层下。

⑨层：灰黑色土，土质较致密，呈斜坡状堆积，分布于探方西部和北部，西部被M2、M6、H4、H5、F1和现代水管沟打破，北部被H10和现代水管沟打破，厚0～28厘米。包含有大量炭屑和草木灰，出土有泥质红陶、夹砂红陶、夹砂红褐陶、夹砂橙黄陶片和兽骨、石块，少量璧、璧芯、石刀和磨石等。齐家文化层。H9开口于该层下。

⑩层：灰色土，土质较致密，呈斜坡状堆积，分布于探方西部和北部，西部被H4、H5、H9、M2、F1、K1和现代水管沟打破，北部被H10和现代水管沟打破，厚0～36厘米。包含有少量炭屑，出土有少量兽骨、石块、璧和磨石等。齐家文化层。

⑪层：灰黑色土，土质较致密，呈水平状堆积，全探方分布，西部被H4、H5、M2、F1和现代水管沟打破，北部被H10和现代水管沟打破，南部被K1和现代水管沟打破，厚0～60厘米。包含有大量炭屑和草木灰，出土有泥质红陶、夹砂红陶、夹砂灰陶、夹砂红褐陶、泥质橙黄陶、夹砂橙黄陶片和兽骨、石块，少量璧、璧芯、石刀和磨石等。齐家文化层。

⑫层：灰色土，土质较致密，呈斜坡状堆积，西部无分布，南部被现代水管沟打破，厚0～38厘米。包含有少量炭屑，出土有泥质红陶、夹砂红陶、泥质灰陶、夹砂灰陶、夹砂红褐陶、泥质橙黄陶、夹砂橙黄陶、彩陶片和兽骨、石块，少量璧、璧芯、石刀和磨石等。齐家文化层。

⑬层：深灰色土，土质较致密，呈斜坡状堆积，西部无分布，北部被现代水管沟打破，厚0～30厘米。包含有大量炭屑和草木灰，出土有泥质红陶、夹砂红陶、夹砂灰陶、夹砂红褐陶、夹砂橙黄陶片和兽骨、石块，少量璧和璧芯等。齐家文化层。

⑭层：灰褐色土，土质较致密，呈斜坡状堆积，东部无分布，西部和西北部被现代水管沟打破，厚0～30厘米。包含有少量炭屑，出土有泥质红陶、夹砂红陶、夹砂红褐陶、夹砂橙黄陶、彩陶片和兽骨、石块，少量璧、璧芯和玉石料等。齐家文化层。

⑮层：灰色土，土质较致密，呈斜坡状堆积，分布于全探方，厚0～28厘米。包含有少量炭屑和草木灰，出土有泥质红陶、夹砂红陶、泥质灰陶、夹砂红褐陶片和兽骨、石块等。齐家文化层。

⑯层：深灰色土，土质较致密，呈斜坡状堆积，分布于全探方，厚0～40厘米。包含有大量炭屑、草木灰和少量红烧土颗粒，出土有泥质红陶、夹砂红陶、夹砂灰陶、夹砂红褐陶片和兽骨、石块，少量玉石料和断块等。

齐家文化层。

⑰层：灰黑色土，土质较致密，呈斜坡状堆积，分布于探方南部和西部，厚0~40厘米。包含有少量炭屑和料礓石，出土有泥质红陶、夹砂红陶、泥质灰陶、夹砂灰陶、夹砂橙黄陶、夹砂红褐陶片和兽骨、石块，少量玉石料和断块等。齐家文化层。

⑱层：灰褐色土，局部有黄色斑块，土质较致密，呈斜坡状堆积，分布于探方北部和西北部，厚0~32厘米。包含有少量炭屑和料礓石，出土有泥质红陶、夹砂红陶、夹砂灰陶、夹砂红褐陶片和兽骨、石块等。齐家文化层。

⑱层下为生土。

（二）出土遗物

T0304出土了陶、铜、玉石、骨器等，还出土了大量的兽骨。

1.陶器

陶器按陶质陶色可分为泥质红陶、夹砂红陶、夹砂灰陶、夹砂红褐陶、泥质橙黄陶等。纹饰有篮纹、绳纹、刻划纹、戳印纹、附加堆纹等（表2-6）。主要包括器物口部、腹部、底部和耳部残片。从残存口沿判断，器形包括双大耳罐、双小耳罐、高领罐、侈口罐、花边口罐、敛口罐、瓮、盆、尊、鬲、器盖、盉、刀和纺轮等。

双大耳罐　12件。泥质红陶或夹细砂红陶，大敞口，高领，口腹之间有双大耳。

T0304⑥：P6，泥质红陶。耳略低于口沿。耳部饰刻划纹。口径8.8、残高4.4、残宽4.6、厚0.1~0.3厘米（图2-113，1）。

T0304⑥：P9，泥质红陶。耳略低于口沿。口径9.4、残高4.9、残宽4.3、厚0.1~0.4厘米（图2-113，2）。

T0304⑥：P10，泥质红陶。耳与口沿平齐。口径9.0、残高7.7、残宽3.6、厚0.3~0.5厘米（图2-113，3）。

T0304⑦：P10，泥质红陶。耳低于口沿。耳上饰戳印纹。口径9.6、残高4.9、残宽3.8、厚0.1~0.6厘米（图2-113，4）。

表2-6　T0304陶系统计表

陶质陶色 / 数量 / 纹饰	泥质陶						夹砂陶					合计	百分比(%)
	红	红褐	灰	橙黄	白陶	小计	红	红褐	灰	橙黄	小计		
素面	94	8	14	101	1	218	2107	261	59	533	2960	3178	65.11
绳纹				3		3						3	0.06
篮纹	45	9	4	26		84	960	271	18	255	1504	1588	32.53
戳印纹	6			3		9						9	0.18
麦粒状绳纹				1		1	21	1			22	23	0.47
刻划纹				2		2	22	1		23	46	48	0.98
附加堆纹							11	1		2	14	14	0.29
彩陶	9			1		10	1				1	11	0.23
压印纹							5				5	5	0.10
席纹									2		2	2	0.04
合计	154	17	18	137	1	327	3129	534	78	813	4554	4881	
百分比（%）	3.16	0.35	0.37	2.81	0.02	6.70	64.10	10.94	1.60	16.66	93.30		100

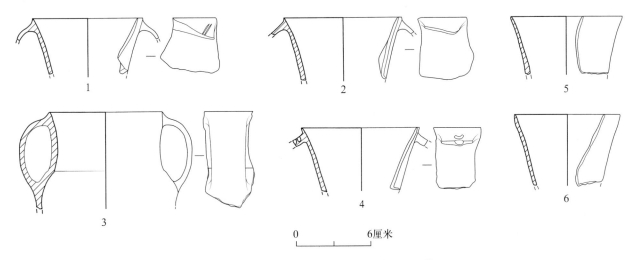

图2-113 T0304出土双大耳陶罐

1.T0304⑥:P6 2.T0304⑥:P9 3.T0304⑥:P10 4.T0304⑦:P10 5.T0304⑧:P4 6.T0304⑧:P5

T0304⑧:P4，泥质红陶。口径9.0、残高4.6、厚0.4厘米（图2-113，5）。

T0304⑧:P5，泥质红陶。口径8.6、残高5.6、厚0.3厘米（图2-113，6）。

T0304⑧:P8，泥质红陶。耳面饰戳印纹。耳略低于口沿。残高8.2、残宽4.1、厚0.3~0.5厘米（图2-114，1）。

T0304⑨:P2，夹细砂红陶。鼓腹。耳略低于口沿。口径13.8、残高7.4、残宽4.6、厚0.3厘米（图2-114，2）。

T0304⑫:P8，泥质红陶。口径8.8、残高4.6、厚0.1~0.4厘米（图2-114，3）。

T0304⑫:P11，泥质红陶。耳略低于口沿。耳面饰戳印纹。残高5.4、残宽4.7、厚0.4厘米（图2-114，4）。

T0304⑬:P3，泥质红陶。耳略低于口沿。残高6.1、残宽4.7、厚0.4厘米（图2-114，5）。

T0304⑪:25，泥质红陶。敞口，圆唇，高领，筒状腹，微鼓，平底，领腹之间分界明显。耳与口沿平齐。口径7.2、最大腹径5.1、底径4.0、高9.3、厚0.5厘米（图2-114，6；彩版四四，1）。

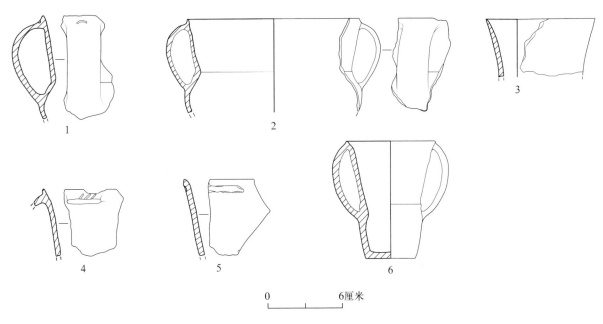

图2-114 T0304出土双大耳陶罐

1.T0304⑧:P8 2.T0304⑨:P2 3.T0304⑫:P8 4.T0304⑫:P11 5.T0304⑬:P3 6.T0304⑪:25

双小耳罐　25件。泥质红陶、夹砂红陶、夹砂红褐陶或夹砂橙黄陶。侈口，圆唇，束颈，溜肩或圆肩，口肩之间有双耳，大部分素面，部分颈、肩、腹部饰绳纹、刻划纹或篮纹，个别彩陶。

T0304⑤：P2，夹砂红陶，器表有烟炱。耳低于口沿。肩部饰绳纹。口径24.9、残高9.0、厚0.6～0.8厘米（图2-115，1）。

T0304⑥：P1，夹砂红陶，器表有烟炱。耳与口沿平齐。耳部粘贴小泥饼。口径11.2、残高7.0、厚0.5～0.7厘米（图2-115，2）。

T0304⑥：P4，夹砂红陶，器表有烟炱。耳略低于口沿。口径16.0、残高6.2、残宽6.7、厚0.5～0.7厘米（图2-115，3）。

T0304⑥：P17，夹砂红陶，器表有烟炱。耳与口沿平齐。颈部饰凹弦纹三周，肩部饰绳纹。口径17.6、残高8.5、残宽11.0、厚0.5～0.7厘米（图2-115，4）。

T0304⑦：P6，泥质红陶。耳与口沿平齐。残高6.5、残宽6.3、厚0.3～0.6厘米（图2-115，5）。

T0304⑦：P7，夹砂红陶。耳与口沿平齐，折腹。耳部、颈部粘贴小泥饼。残高7.1、残宽6.2、厚0.2～0.6厘米（图2-115，6）。

T0304⑦：P19，夹细砂红陶。耳低于口沿。器表施紫红色陶衣，器表及口沿内壁饰黑彩，口沿内壁饰宽条带纹两周，颈部、腹部饰宽条带纹、对三角纹和折线纹。口径9.8、残高7.8、残宽7.2、厚0.2～0.5厘米（图2-115，7）。

T0304⑦：P25，夹砂红陶，器表有烟炱。耳面粘贴小泥饼。耳略低于口沿。口径20.0、残高8.3、残宽7.6、厚0.4～0.7厘米（图2-115，8）。

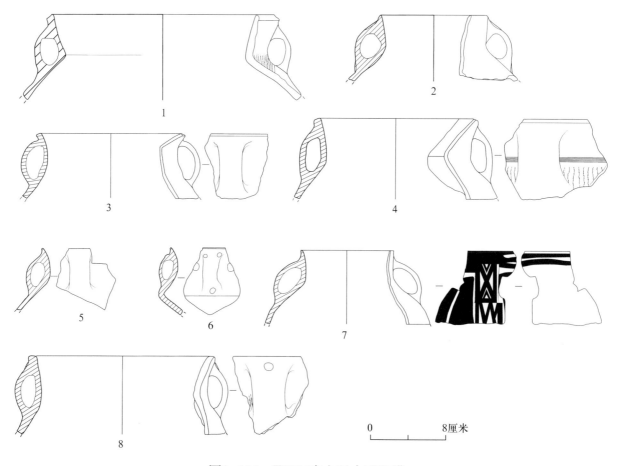

图2-115　T0304出土双小耳陶罐

1.T0304⑤：P2　2.T0304⑥：P1　3.T0304⑥：P4　4.T0304⑥：P17　5.T0304⑦：P6　6.T0304⑦：P7　7.T0304⑦：P19　8.T0304⑦：P25

T0304⑦：P31，夹砂红陶。耳低于口沿。口径9.6、残高5.9、残宽5.4、厚0.2~0.5厘米（图2-116，1）。

T0304⑦：P36，夹砂红陶，器表有烟炱。耳略低于口沿。肩部饰绳纹。口径12.0、残高7.5、残宽6.9、厚0.5~0.6厘米（图2-116，2）。

T0304⑦：P38，夹砂红陶，器表有烟炱。耳与口沿平齐。口径13.2、残高7.1、残宽7.8、厚0.6~0.7厘米（图2-116，3）。

T0304⑦：P56，夹砂红陶，器表有烟炱。耳低于口沿。颈、肩部饰绳纹。残高9.1、残宽8.2、厚0.3~0.8厘米（图2-116，4）。

T0304⑦：P63，夹砂红陶，器表有烟炱。鼓腹，耳与口沿平齐。口径10.8、残高7.0、残宽7.0、厚0.5~0.7厘米（图2-116，5）。

T0304⑦：P72，夹砂红陶。器表有烟炱。耳低于口沿。鼓腹，肩、腹部饰绳纹。口径12.0、残高8.3、残宽7.5、厚0.4~0.7厘米（图2-116，6）。

T0304⑦：P73，夹砂红陶，器表有烟炱。耳低于口沿。肩、腹部饰绳纹。口径19.8、残高9.6、残宽9.0、厚0.5厘米（图2-116，7）。

T0304⑧：P2，夹砂红陶。耳与口沿平齐。残高7.8、残宽6.3、厚0.6~0.8厘米（图2-116，8）。

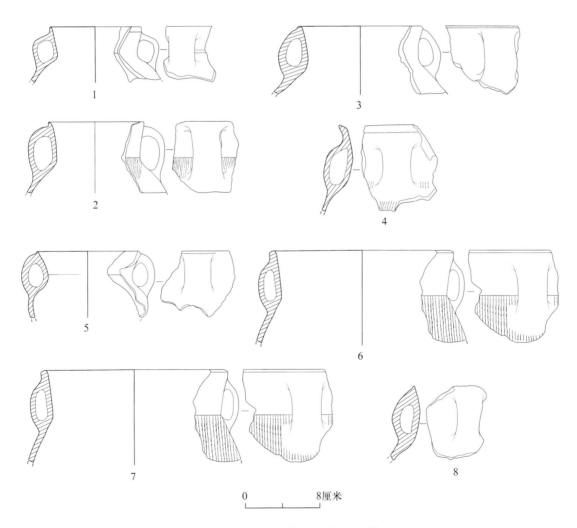

图2-116　T0304出土双小耳陶罐

1.T0304⑦：P31　2.T0304⑦：P36　3.T0304⑦：P38　4.T0304⑦：P56　5.T0304⑦：P63　6.T0304⑦：P72　7.T0304⑦：P73
8.T0304⑧：P2

T0304⑪：P4，夹砂橙黄陶。耳低于口沿。耳部粘贴小泥饼，颈肩部饰绳纹。残高9.7、残宽8.3、厚0.6~0.8厘米（图2-117，1）。

T0304⑪：P6，夹砂红陶，器表有烟炱。耳低于口沿。肩部饰绳纹。口径15.8、残高7.5、残宽9.2、厚0.5~0.9厘米（图2-117，2）。

T0304⑫：P3，泥质红陶。耳略低于口沿。器表施红色陶衣，口沿内壁及器表饰黑彩，口沿内壁饰宽条带纹一周，外壁及耳面饰竖条带纹、宽条带纹。口径7.0、残高6.0、残宽4.9、厚0.3~0.5厘米（图2-117，3）。

T0304⑫：P18，夹砂红陶，器表有烟炱。耳与口沿平齐。肩部饰绳纹，耳部粘贴小泥饼。口径16.8、残高7.2、厚0.6~0.8厘米（图2-117，4）。

T0304⑭：P1，夹砂红陶。圆肩，耳略低于口沿。颈部饰凹弦纹两周，之间饰刻划纹，肩腹部饰绳纹。口径21.0、残高8.5、残宽11.5、厚0.6~0.7厘米（图2-117，5）。

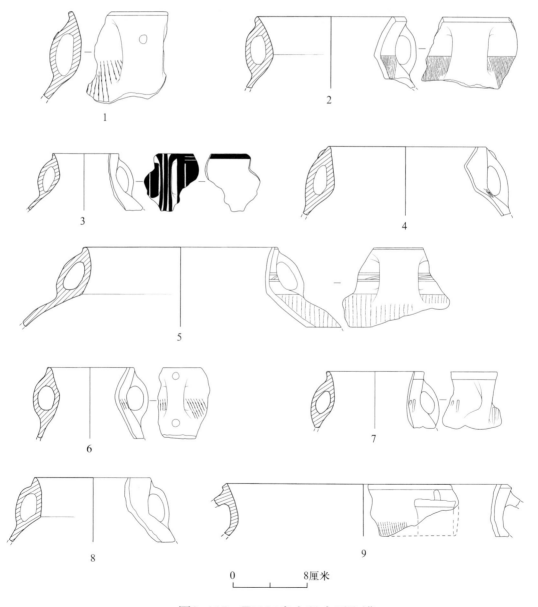

图2-117　T0304出土双小耳陶罐

1. T0304⑪：P4　2. T0304⑪：P6　3. T0304⑫：P3　4. T0304⑫：P18　5. T0304⑭：P1　6. T0304⑭：P2　7. T0304⑭：P3　8. T0304⑮：P2　9. T0304⑱：P2

T0304⑭：P2，夹砂红陶。耳略低于口沿。颈部饰绳纹，耳部粘贴小泥饼。口径9.2、残高7.5、残宽5.6、厚0.5厘米（图2-117，6）。

T0304⑭：P3，夹砂红褐陶，器表有烟炱。耳低于口沿。口沿部有凸棱一周，颈部饰戳印纹。口径10.1、残高6.2、残宽6.3、厚0.5厘米（图2-117，7）。

T0304⑮：P2，夹砂红陶，器表有烟炱。耳低于口沿。口径12.5、残高6.8、厚0.6厘米（图2-117，8）。

T0304⑱：P2，夹砂红陶。耳低于口沿。颈部饰绳纹。口径30.0、残高5.5、残宽9.1、厚0.6～0.7厘米（图2-117，9）。

高领罐　27件。夹砂红陶、泥质红陶、夹砂橙黄陶或泥质橙黄陶。大敞口，圆唇，高领，个别领部饰戳印纹、腹部饰篮纹。

T0304④：P1，夹砂红陶。口径18.4、残高6.6、残宽7.9、厚0.5～0.7厘米（图2-118，1）。

T0304⑤：P5，夹砂红陶。折肩。领部饰戳印纹。口径19.8、残高8.0、厚0.5～1.0厘米（图2-118，2）。

T0304⑤：P6，夹砂红陶。口径31.0、残高7.1、残宽8.5、厚0.7厘米（图2-118，3）。

T0304⑥：P2，夹砂橙黄陶。领部饰戳印纹。口径19.2、残高7.0、残宽9.6、厚0.5～0.6厘米（图2-118，4）。

T0304⑥：P18，泥质红陶。仅存下腹及底。饰篮纹。残高10.4、底径17、厚0.8厘米（图2-118，5）。

T0304⑦：P13，夹砂红陶。口径27.0、残高6.7、残宽9.5、厚0.6～0.9厘米（图2-118，6）。

T0304⑦：P15，夹砂红陶。口径21.6、残高6.0、厚0.6厘米（图2-118，7）。

T0304⑦：P20，夹砂红陶。领部饰戳印纹。口径18.2、残高7.5、厚0.5～0.7厘米（图2-118，8）。

T0304⑦：P22，夹砂橙黄陶。领部饰戳印纹。口径20.4、残高5.9、厚0.4～0.5厘米（图2-119，1）。

T0304⑦：P33，夹砂红陶。折肩。领部饰戳印纹。口径35.0、残高17.5、厚0.7～1.1厘米（图2-119，2）。

T0304⑧：P3，泥质橙黄陶。口径17.0、残高3.5、残宽6.7、厚0.5厘米（图2-119，3）。

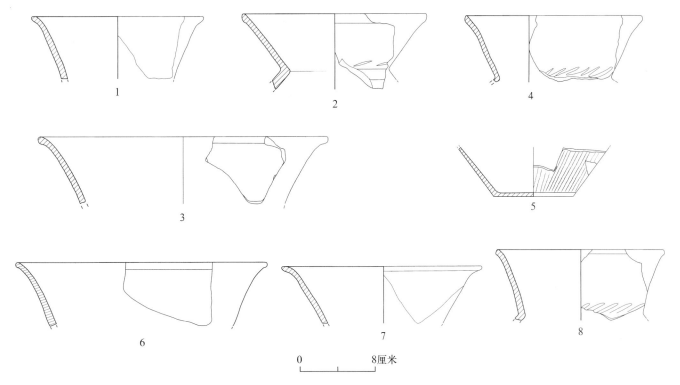

0　　　　　8厘米

图2-118　T0304出土高领陶罐

1.T0304④：P1　2.T0304⑤：P5　3.T0304⑤：P6　4.T0304⑥：P2　5.T0304⑥：P18　6.T0304⑦：P13　7.T0304⑦：P15　8.T0304⑦：P20

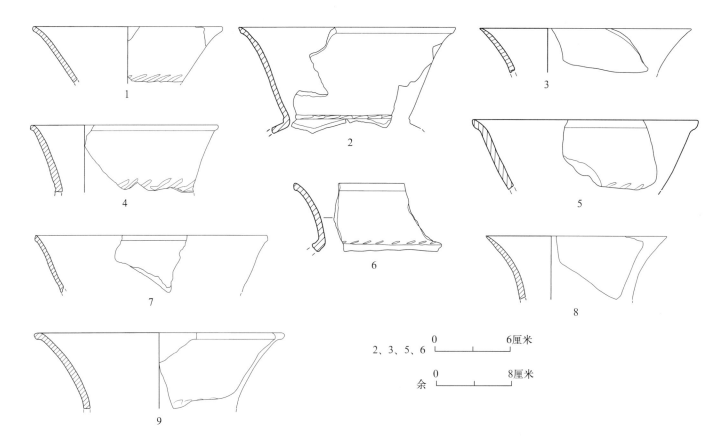

图2-119 T0304出土高领陶罐

1.T0304⑦：P22 2.T0304⑦：P33 3.T0304⑧：P3 4.T0304⑨：P4 5.T0304⑪：P1 6.T0304⑪：P9 7.T0304⑪：P10 8.T0304⑫：P7 9.T0304⑫：P9

T0304⑨：P4，夹砂橙黄陶。领部饰戳印纹。口径20.2、残高7.1、厚0.7~0.8厘米（图2-119，4）。

T0304⑪：P1，夹砂橙黄陶。领部饰戳印纹。口径18.0、残高5.6、残宽7.2、厚0.3~0.6厘米（图2-119，5）。

T0304⑪：P9，夹砂橙黄陶。领部饰戳印纹。残高5.4、残宽7.8、厚0.5~0.7厘米（图2-119，6）。

T0304⑪：P10，夹砂红陶。口径25.0、残高6.0、厚0.9~1厘米（图2-119，7）。

T0304⑫：P7，夹砂红陶。口径19.4、残高6.7、残宽9.0、厚0.6厘米（图2-119，8）。

T0304⑫：P9，夹砂红陶。领部饰戳印纹。口径27.0、残高8.0、残宽9.9、厚0.5~0.7厘米（图2-119，9）。

T0304⑫：P15，夹砂红陶。折肩。口径16.6、残高6.0、厚0.5~0.8厘米（图2-120，1）。

T0304⑫：P16，夹砂红陶。领部饰戳印纹。口径20.4、残高5.7、残宽8.3、厚0.5~0.6厘米（图2-120，2）。

T0304⑫：P19，夹砂红陶。口径19.7、残高7.0、残宽7.6、厚0.5厘米（图2-120，3）。

T0304⑬：P4，夹砂红陶。残高6.4、残宽6.9、厚0.3~0.5厘米（图2-120，4）。

T0304⑭：P4，夹砂红陶。口径22.6、残高4.7、厚0.3~0.6厘米（图2-120，5）。

T0304⑭：P5，夹砂橙黄陶。口径17.0、残高2.6、厚0.8~1厘米（图2-120，6）。

T0304⑮：P4，夹砂红陶。口径18.4、残高8.8、残宽6.2、厚1.0厘米（图2-120，7）。

T0304⑯：P2，夹砂红陶。残高3.5、残宽6.9、厚0.5厘米（图2-120，8）。

T0304⑰：P2，夹砂红陶。残高7.4、残宽10.5、厚0.7~0.9厘米（图2-120，9）。

T0304⑰：P3，夹砂红陶。口领及下腹残，折肩，鼓腹，下腹斜收。腹部有双耳，腹部饰篮纹。残高14.8、最大腹径22.8、厚0.4~0.7厘米（图2-120，10）。

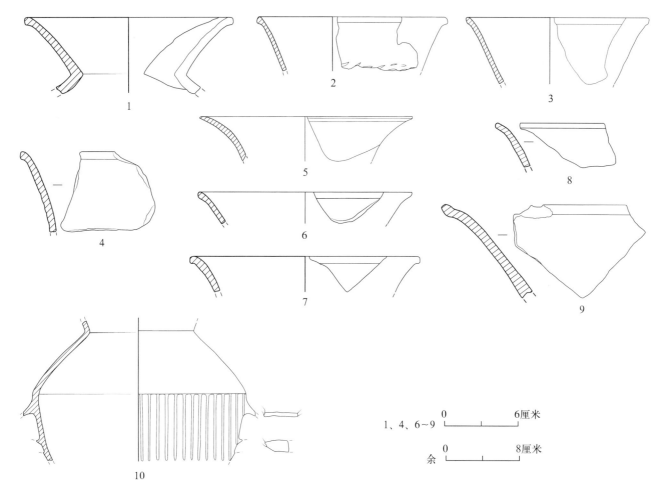

图2-120　T0304出土高领陶罐

1.T0304⑫：P15　2.T0304⑫：P16　3.T0304⑫：P19　4.T0304⑬：P4　5.T0304⑭：P4　6.T0304⑭：P5　7.T0304⑮：P4　8.T0304⑯：P2
9.T0304⑰：P2　10.T0304⑰：P3

侈口罐　16件。泥质红陶、夹砂红陶或夹砂橙黄陶。侈口，圆唇，束颈，溜肩或圆肩，鼓腹。部分肩腹部饰绳纹、附加堆纹或压印纹，个别彩陶。

T0304④：P3，夹砂红陶，器表有烟炱。溜肩，肩部饰绳纹。口径13.4、残高5.2、残宽5.9、厚0.5~0.8厘米（图2-121，1）。

T0304⑥：P3，夹砂红陶。溜肩。口沿有凸棱一周，肩部饰绳纹。口径13.6、残高4.1、残宽7.2、厚0.5厘米（图2-121，2）。

T0304⑥：P14，夹砂红陶，器表有烟炱。圆肩。肩部饰绳纹。口径12.6、残高6.7、厚0.5~0.6厘米（图2-121，3）。

T0304⑦：P17，夹砂红陶，器表有烟炱。溜肩。肩腹部饰绳纹。口径15.2、残高9.2、厚0.6~0.7厘米（图2-121，4）。

T0304⑦：P35，夹砂红陶，器表有烟炱。圆肩，鼓腹，肩腹部饰绳纹。口径12.9、残高9.9、厚0.5~0.8厘米（图2-121，5）。

T0304⑦：P37，夹砂红陶。溜肩，鼓腹。肩腹部饰绳纹。口径13.5、残高12.4、厚0.6~0.8厘米（图2-121，6）。

T0304⑦：P39，夹砂橙黄陶，器表有烟炱。溜肩，肩腹部饰绳纹。口径11.6、残高7.6、厚0.5~0.8厘米（图

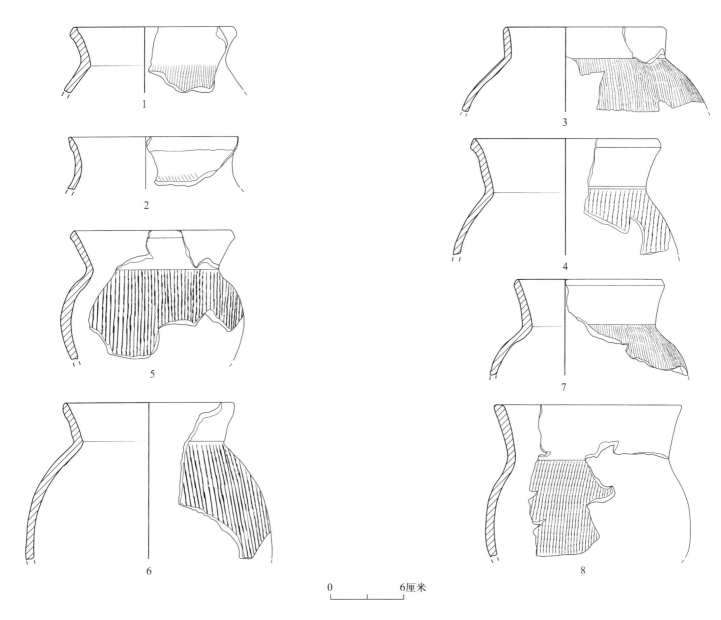

0   6厘米

图2-121　T0304出土侈口陶罐

1.T0304④：P3　2.T0304⑥：P3　3.T0304⑥：P14　4.T0304⑦：P17　5.T0304⑦：P35　6.T0304⑦：P37　7.T0304⑦：P39　8.T0304⑦：P40

2-121，7）。

T0304⑦：P40，夹砂红陶，器表有烟炱。溜肩，鼓腹，肩腹部饰绳纹。口径14.8、残高12.0、厚0.6~0.8厘米（图2-121，8）。

T0304⑦：P42，泥质红陶。溜肩，鼓腹。器表及口沿内壁饰黑彩，口沿饰宽条带纹两周，器表饰宽条带纹及弧带纹。口径7.6、残高8.0、残宽6.2、厚0.3~0.5厘米（图2-122，1）。

T0304⑦：P62，夹砂红陶。圆肩。肩腹部饰绳纹。口径19.2、残高9.7、厚0.7~0.8厘米（图2-122，2）。

T0304⑦：P79，夹砂橙黄陶，器表有烟炱。溜肩。肩部饰绳纹。口径11.6、残高7.7、残宽6.7、厚0.3~0.5厘米（图2-122，3）。

T0304⑨：P1，夹砂红陶，器表有烟炱。溜肩，鼓腹。肩腹部饰绳纹。口径12.6、残高9.6、厚0.6~0.8厘米（图2-122，4）。

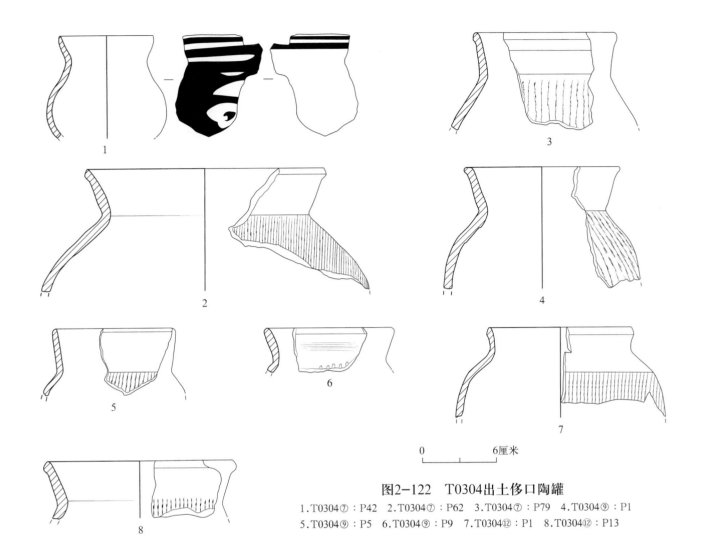

图2-122 T0304出土侈口陶罐

1. T0304⑦：P42 2. T0304⑦：P62 3. T0304⑦：P79 4. T0304⑨：P1
5. T0304⑨：P5 6. T0304⑨：P9 7. T0304⑫：P1 8. T0304⑫：P13

0　　　　6厘米

T0304⑨：P5，夹砂红陶，器表有烟炱。溜肩。肩部饰绳纹。口径9.8、残高5.3、残宽5.8、厚0.5厘米（图2-122，5）。

T0304⑨：P9，夹砂红陶，器表有烟炱。溜肩。颈部饰弦纹，肩部饰戳印纹。口径9.8、残高3.5、残宽5.9、厚0.5厘米（图2-122，6）。

T0304⑫：P1，夹砂红陶。圆肩，鼓腹。腹部饰绳纹。口径11.6、残高7.1、厚0.5~1.0厘米（图2-122，7）。

T0304⑫：P13，夹砂红陶，器表有烟炱。溜肩。肩部饰绳纹。口径15.4、残高4.5、厚0.9厘米（图2-122，8）。

花边口罐　3件。夹砂红陶。侈口，束颈，溜肩。

T0304⑥：P15，口沿外饰花边附加堆纹一周，肩部饰绳纹。口径11.8、残高4.5、残宽6.5、厚0.5~0.7厘米（图2-123，1）。

T0304⑦：P78，器表有烟炱。口沿外饰花边附加堆纹一周。口径10.0、残高3.5、残宽5.4、厚0.5厘米（图2-123，2）。

T0304⑦：28，器表有烟炱。鼓腹，下腹弧收，平底。口沿外戳印花边纹一周，腹部饰绳纹。口径13.8、最大腹径15.8、底径8.7、高17.6、厚0.5~1.0厘米（图2-123，3；彩版四四，2）。

敛口罐　1件。

T0304⑨：P3，夹砂橙黄陶，器表有烟炱。敛口，方唇，圆肩。口径18.0、残高4.5、残宽7.3、厚0.5~1.0厘米（图2-123，4）。

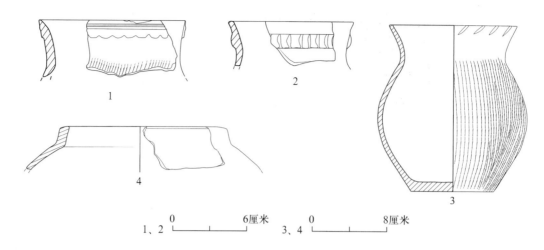

图2-123　T0304出土陶器
1～3.花边口罐T0304⑥：P15、T0304⑦：P78、T0304⑦：28　4.敛口罐T0304⑨：P3

瓮　12件。夹砂红陶或夹砂橙黄陶。直口，方唇，近直筒腹，微鼓。

T0304③：P1，夹砂红陶。腹部饰绳纹。残高11.1、残宽13.1、厚0.5～1.1厘米（图2-124，1）。

T0304③：P5，夹砂红陶。口沿外有穿孔两个。腹部饰绳纹。口径24.3、残高7.0、残宽12.8、厚1.0厘米（图2-124，2）。

T0304⑤：P8，夹砂橙黄陶。口沿外有凸棱一周，器表饰绳纹。残高5.4、残宽6.3、厚0.8～1.0厘米（图2-124，3）。

T0304⑦：P1，夹砂红陶。直口，微敛。腹部饰绳纹。残高8.4、残宽7.0、厚0.7～1.0厘米（图2-124，4）。

T0304⑦：P54，夹砂红陶。直口，微侈，口沿外有凸棱一周，器表饰绳纹。残高5.0、残宽7.1、厚0.4～0.9厘米（图2-124，5）。

T0304⑦：P80，夹砂红陶。口沿部有凸棱一周。口沿及腹部饰绳纹。残高7.0、残宽7.8、厚0.7～1.0厘米（图2-124，6）。

T0304⑪：P8，夹砂红陶。器表饰绳纹。残高6.7、残宽7.3、厚0.8～1.4厘米（图2-124，7）。

T0304⑫：P20，夹砂红陶。直口，微敛。器表饰绳纹。残高12.5、残宽13.9、厚0.5～0.8厘米（图2-124，8）。

T0304⑫：P21，夹砂橙黄陶。口沿外有凸棱一周。腹部饰附加堆纹和绳纹。残高5.9、残宽6.1、厚0.5厘米（图2-125，1）。

T0304⑫：P24，夹砂红陶。器表饰绳纹。残高5.0、残宽5.5、厚0.9厘米（图2-125，2）。

T0304⑮：P8，夹砂红陶。圆唇。口沿外有凸棱一周，腹部饰绳纹。残高5.3、残宽6.0、厚0.7～1.0厘米（图2-125，3）。

T0304⑱：P1，夹砂红陶，器表有烟炱。圆唇。口沿外有凸棱一周。残高4.0、残宽6.2、厚0.4～0.6厘米（图2-125，4）。

盆　10件。夹砂红陶、夹砂红褐陶、夹砂橙黄陶或泥质红陶。

T0304⑤：P7，夹砂红陶。敞口，方唇，平沿，斜腹。口径34.8、残高2.5、厚0.6～0.8厘米（图2-126，1）。

T0304⑦：P32，夹砂红陶，器表有烟炱。敞口，圆唇，束颈，下腹弧收。腹部饰绳纹。口腹之间有双耳。口径12.6、残高6.5、残宽6.5、厚0.6厘米（图2-126，2）。

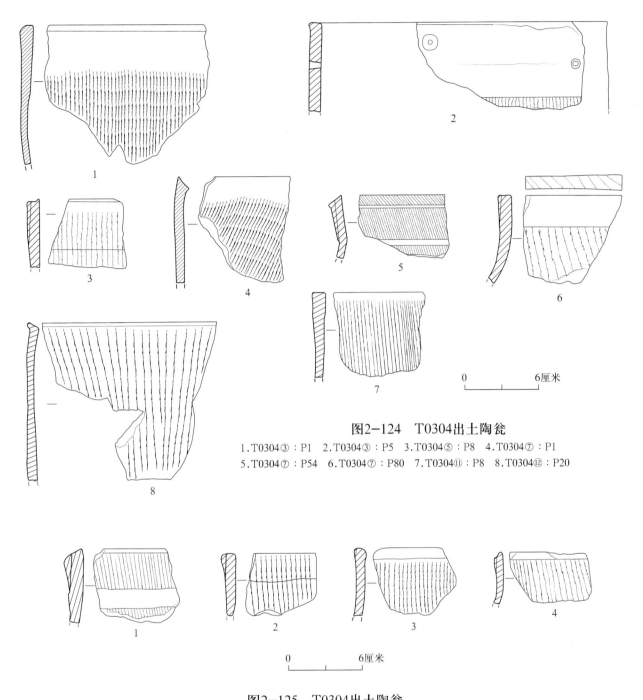

图2-124 T0304出土陶瓮

1.T0304③：P1 2.T0304③：P5 3.T0304⑤：P8 4.T0304⑦：P1
5.T0304⑦：P54 6.T0304⑦：P80 7.T0304⑪：P8 8.T0304⑫：P20

图2-125 T0304出土陶瓮

1.T0304⑫：P21 2.T0304⑫：P24 3.T0304⑮：P8 4.T0304⑱：P1

　　T0304⑦：P89，夹砂红陶。敞口，平沿，圆唇，斜腹。腹部饰篮纹。口径45.2、残高5.7、残宽25.0、厚0.8~1.2厘米（图2-126，3）。

　　T0304⑪：P11，泥质红陶。敞口，斜沿，方唇，斜腹。残高2.5、残宽5.2、厚0.7~1.3厘米（图2-126，4）。

　　T0304⑫：P2，夹砂橙黄陶。敞口，斜沿，方唇，斜腹。腹部饰篮纹。口径42.4、残高3.8、厚0.9~1.5厘米（图2-126，5）。

　　T0304⑫：P6，夹砂橙黄陶。敞口，平沿，圆唇，斜腹。口径25.4、残高4.6、厚0.6~0.9厘米（图2-126，6）。

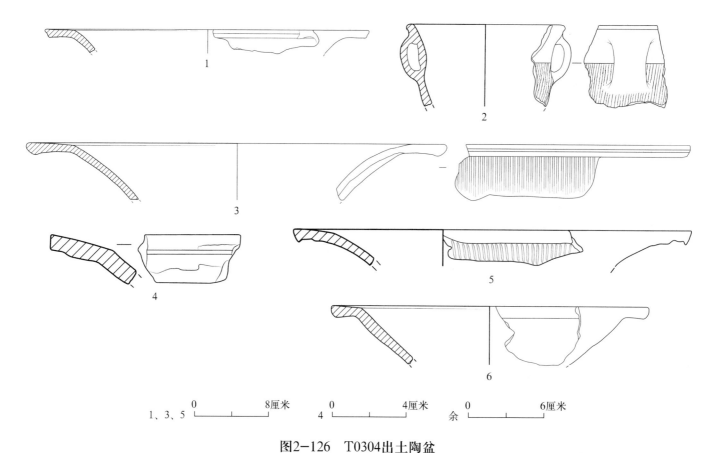

图2-126　T0304出土陶盆

1.T0304⑤：P7　2.T0304⑦：P32　3.T0304⑦：P89　4.T0304⑪：P11　5.T0304⑫：P2　6.T0304⑫：P6

T0304⑬：P2，夹砂橙黄陶。敞口，斜沿，圆唇，斜腹。残高3.5、残宽7.8、厚0.5~0.7厘米（图2-127，1）。

T0304⑯：P4。夹砂红陶。敞口，斜沿，方唇，斜腹。残高1.5、残宽8.2、厚0.6厘米（图2-127，2）。

T0304⑮：3，夹砂橙黄陶。直口，微侈，圆唇，斜腹，内收，平底，口腹之间有双耳。口径19.5、最大腹径19.8、底径9、高13、厚0.5厘米（图2-127，3；彩版四四，3）。

T0304⑱：1，夹砂红褐陶。敞口，内折沿，圆唇，斜腹，近底内收，平底。口径14.2、底径10.2、高4.6、厚0.8~1厘米（图2-127，4）。

尊　4件。泥质红陶或泥质橙黄陶。直口或敞口，斜沿，方唇，筒状腹。

T0304⑦：P2，泥质红陶。直口，微侈。残高6.6、残宽7.2、厚0.4~0.5厘米（图2-128，1）。

T0304⑫：P17，泥质橙黄陶。圆唇，腹部有双耳。口径16.0、残高4.0、厚0.4厘米（图2-128，2）。

T0304⑮：P5，泥质红陶。直口，微侈，方唇。口沿外饰戳印纹一周。残高6.5、残宽5.6、厚0.3~0.5厘米（图2-128，3）。

T0304⑯：P5，泥质红陶。敞口，圆唇。沿外饰戳印纹一周。口径17.0、残高2.5、残宽6.5、厚0.4厘米（图2-128，4）。

鬲　2件。夹砂红陶，器表有烟炱。高领，领部接袋足，袋足外撇，最大径在足部。领部素面，其下饰绳纹。

T0304⑦：31，直口，微侈，圆唇。耳上粘贴小泥饼。口径11.5、高25.5、厚0.8~1.4厘米（图2-128，5；彩版四四，4）。

T0304⑦：32，敞口，方唇。耳残。口径16.3、高28.0、厚0.7~1.5厘米（图2-128，6；彩版四五，1）。

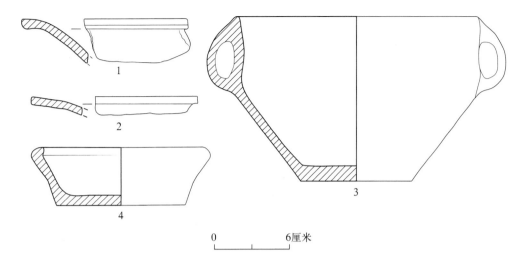

图2-127 T0304出土陶盆

1.T0304⑬：P2 2.T0304⑯：P4 3.T0304⑮：3 4.T0304⑱：1

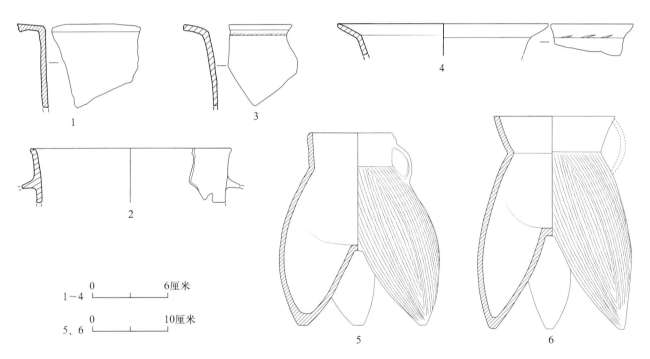

图2-128 T0304出土陶器

1~4.尊T0304⑦：P2、T0304⑫：P17、T0304⑮：P5、T0304⑯：P5 5、6.鬲T0304⑦：31、T0304⑦：32

鬲足 6件。夹砂红陶、夹砂灰陶或夹砂红褐陶，器表有烟炱。袋状足。饰绳纹。

T0304⑦：P91，夹砂红陶。残高2.9、残宽3.8、厚0.4厘米（图2-129，1）。

T0304⑦：P92，夹砂红陶。残高4.8、残宽5.1、厚0.5厘米（图2-129，2）。

T0304⑨：P10，夹砂红褐陶。残高3.3、残宽4.2、厚0.7厘米（图2-129，3）。

T0304⑨：P11，夹砂红陶。素面。矮实足跟。残高4.8、残宽4.1、厚0.3~2.3厘米（图2-129，4）。

T0304⑫：P25，夹砂红陶。残高5.1、残宽4.1、厚0.3厘米（图2-129，5）。

T0304⑫：P26，夹砂灰陶。残高6.4、残宽5.4、厚0.6厘米（图2-129，6）。

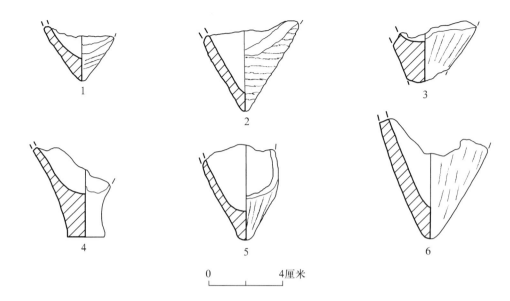

图2-129 T0304出土陶鬲足

1.T0304⑦：P91 2.T0304⑦：P92 3.T0304⑨：P10 4.T0304⑨：P11 5.T0304⑫：P25 6.T0304⑫：P26

器盖 14件。夹砂红陶、夹砂橙黄陶或夹砂红褐陶，斗笠形，盖面斜直或圆弧，盖面之上有捉纽，个别器表饰绳纹。

T0304⑦：P8，夹砂红陶。盖面斜直，圆形捉纽，顶部有凹窝。纽径3.8、残高4.0、厚0.4~1.2厘米（图2-130，1）。

T0304⑦：P29，夹砂红陶。盖面斜直，圆形捉纽，顶部有凹窝，盖面饰绳纹。纽径3.1~3.2、盖径7.4、高4.1、厚0.7~2.7厘米（图2-130，2）。

T0304⑦：P30，夹砂红陶。盖面圆弧。盖径8.4、残高1.9、厚0.4~1.0厘米（图2-130，3）。

T0304⑨：P6，夹砂红陶，器表有烟炱。盖面斜直。盖径18.4、残高5.4、厚0.5厘米（图2-130，4）。

T0304⑬：P1，夹砂红陶。蘑菇顶状。盖顶突起较高。盖径7.6、高3.5、厚1.0~2.5厘米（图2-130，5）。

T0304⑮：P7，夹砂红陶。盖面圆弧。盖径18.4、残高2.0、厚0.6厘米（图2-130，6）。

T0304⑥：9，夹砂红陶，器表有烟炱。盖面斜直，顶部有乳突状捉纽。盖径6.6、高2.8、厚0.6厘米（图2-130，7；彩版四五，2）。

T0304⑥：10，夹砂红陶，盖面斜直，蘑菇状捉纽。盖面饰戳印圆点纹、刻划三角纹和弦纹一周。盖径13.0、纽径3.2、高5.8、厚0.7~2.1厘米（图2-130，8；彩版四五，3）。

T0304⑥：11，夹砂红陶。蘑菇顶状。盖顶突起较高。盖径6.8、高2.6、厚0.6~1.3厘米（图2-131，1；彩版四五，4）。

T0304⑦：29，夹砂红陶，器表有烟炱。盖面斜直，圆形捉纽，纽顶有凹窝。盖径12.2、纽径4.2、高4.2、厚0.5~0.7厘米（图2-131，2）。

T0304⑦：30，夹砂红陶，器表有烟炱。盖面圆弧，圆形捉纽，纽顶有凹窝。盖径12.2、纽径4.4、高4.4、厚0.6~0.7厘米（图2-131，3）。

T0304⑨：17，夹砂红褐陶，器表有烟炱。盖面斜直，圆形捉纽，纽顶有凹窝。盖径13.4、纽径4.1、高4.1、厚0.5~0.8厘米（图2-131，4）。

T0304⑭：7，夹砂红陶。盖面斜直，圆形捉纽，纽顶有凹窝。盖径11.6、纽径4.0、高4.6、厚0.6厘米（图

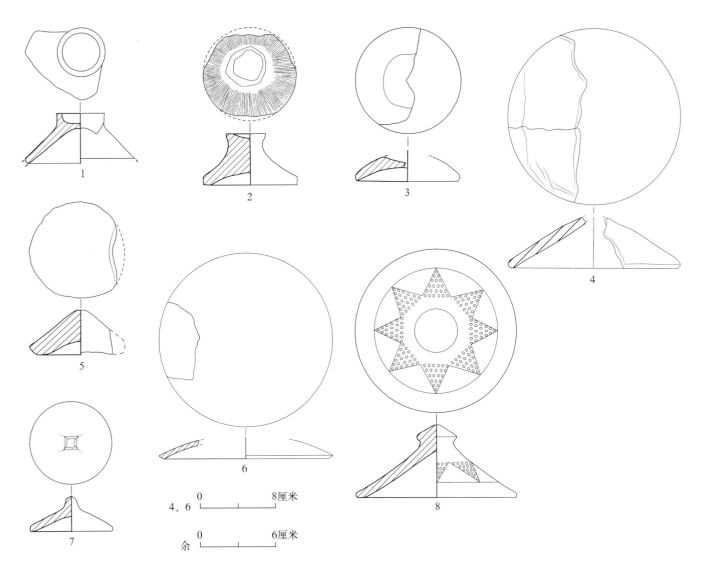

图2-130 T0304出土陶器盖

1.T0304⑦：P8 2.T0304⑦：P29 3.T0304⑦：P30 4.T0304⑨：P6 5.T0304⑬：P1 6.T0304⑮：P7 7.T0304⑥：9 8.T0304⑥：10

2-131，5）。

T0304⑰：1，夹砂橙黄陶。盖面斜直，圆形捉纽，纽顶有凹窝。盖径8.0、纽径4.2、高2.7、厚0.6厘米（图2-131，6）。

盉 2件。夹细砂红陶。仅存盉顶，圆弧顶，较平，一侧有柱状流，一侧有半圆形口。

T0304⑦：P83，口部呈锯齿状，筒形腹。顶径10.4、残高3.8、厚0.2～0.6厘米（图2-132，1）。

T0304⑦：P88，筒形腹。顶径14.0、残高8.0、厚0.2～0.5厘米（图2-132，2）。

刀 1件。

T0304⑥：8，夹砂红陶。系陶片磨制而成，平面近长方形，刃部微弧，单面刃，中部有一穿孔。长6.8、宽4.0、孔径0.5、厚0.7厘米（图2-132，3；彩版四五，5）。

纺轮 1件。

T0304⑩：14，泥质灰陶。呈蘑菇顶状，中间有穿孔。直径2.0～4.4、孔径0.5～0.6、高2.4厘米（图2-132，4；彩版四五，6）。

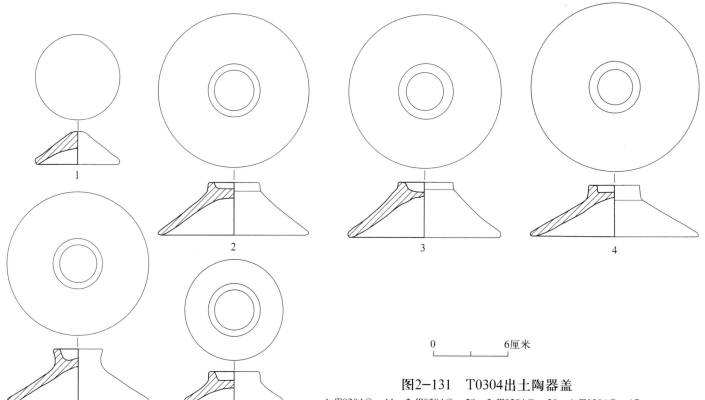

0   6厘米

图2-131 T0304出土陶器盖
1.T0304⑥:11 2.T0304⑦:29 3.T0304⑦:30 4.T0304⑨:17
5.T0304⑭:7 6.T0304⑰:1

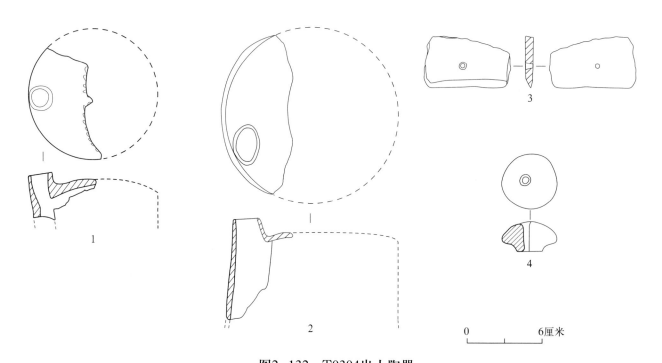

0   6厘米

图2-132 T0304出土陶器
1、2.盉T0304⑦:P83、T0304⑦:P88 3.刀T0304⑥:8 4.纺轮T0304⑩:14

2.铜器

仅出土1件，为铜片。

铜片 1件。

T0304⑩：15，砷铜质。绿色，半圆形，片状，局部残，锈蚀严重。残长5.3、残宽3.8、厚0.3厘米（图2-133；彩版四六，1）。

3.骨、角、牙器

主要包括锥、镞、匕、片饰等。

骨锥 5件。

T0304⑨：8，系用动物肢骨片磨制而成，通体磨光，一侧保留有骨腔。一端磨制出锥尖。长9.5、宽1.5、厚0.3~0.9厘米（图2-134，1）。

T0304⑩：5，系用动物肢骨磨制而成，一端为关节，保留有扁圆形的骨髓腔，一端磨制出锥尖。长9.0、径1.6、厚0.3厘米（图2-134，2；彩版四六，2）。

T0304⑩：11，系用动物肢骨磨制而成，一端磨制出锥尖。长9.6、宽1.8、厚0.3厘米（图2-134，3）。

T0304⑩：12，系用动物肢骨片磨制而成，一侧保留有骨腔。一端磨制出锥尖。长8.6、宽1.7、厚0.4厘米（图2-134，4；彩版四六，3）。

T0304⑪：6，系用动物肢骨磨制而成，一端为关节，保留有扁圆形的骨髓腔，一端磨制出锥尖。长8.6、宽2.1、厚0.4厘米（图2-134，5）。

角锥 1件。

T0304⑩：10，系用动物角磨制而成，通体磨光。一端残，锥尖较钝。残长5.5、直径0.8厘米（图2-135，1）。

骨镞 2件。

T0304⑪：10，三棱状，截面呈三角形，通体磨光。无铤，尾端有圆孔。长4.1、宽1.2、孔径0.6厘米（图2-135，2；彩版四六，4）。

T0304⑪：16，三棱状，镞身截面呈三角形，有铤，通体磨光，铤截面呈椭圆形。镞身与铤之间分界不明显。长6.6、宽0.9、铤径0.4~0.6厘米（图2-135，3）。

牙片饰 1件。

T0304⑦：39，片状，通体磨光。平面呈长方形。长1.7、宽0.7~0.8、厚0.2厘米（图2-135，4）。

骨匕 2件。

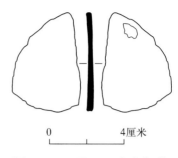

图2-133 T0304出土铜片

T0304⑩：15

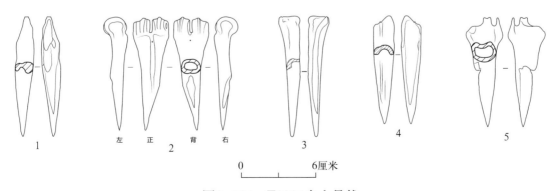

图2-134 T0304出土骨锥

1.T0304⑨：8 2.T0304⑩：5 3.T0304⑩：11 4.T0304⑩：12 5.T0304⑪：6

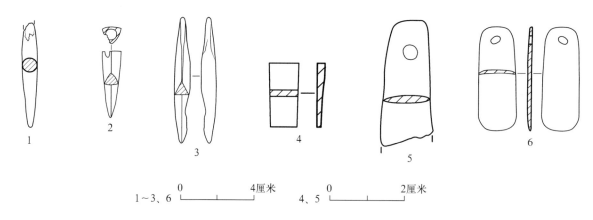

图2-135 T0304出土骨、角、牙器
1.角锥T0304⑩：10 2、3.骨镞T0304⑪：10、T0304⑪：16 4.牙片饰T0304⑦：39 5、6.骨匕T0304⑥：2、T0304⑦：40

　　T0304⑥：2，通体磨光。仅存柄部，平面近长方形，近柄端有一穿孔，双面钻。残长3.3、宽0.9~1.4、孔径0.3、厚0.2厘米（图2-135，5）。

　　T0304⑦：40，通体磨光，平面呈圆角长方形。一端有穿孔，两侧有刃。长5.5、宽2.0、孔径0.4、厚0.2厘米（图2-135，6；彩版四六，5）。

4. 玉石器

　　主要包括玉石器产品及加工工具，少量的生产工具，绝大部分为磨制石器。磨制石器大部分通体磨光，仅个别局部磨光。其中玉石器产品包括璧、璧芯。玉石器加工工具包括磨石和切割工具。出土了大量的玉石料，制作玉石器残存的断块，部分玉石料有切割痕迹。生产工具包括刀、刀坯料、斧、斧坯料、铲、铲坯料、锤、砧、凿、凿形器、臼、纺轮和盘状器等。

　　璧 61件。仅个别完整，大部分为残块，平面近圆形、椭圆形、不规则形或近方形，大部分表面磨光，外缘仅个别磨制规整，大部分保留有打制疤痕。大部分好侧稍厚，逐渐向外缘减薄。中间钻孔，单面管钻，个别未钻透，孔壁保留有管钻痕迹，断钻处有明显断茬。

　　T0304⑤：4，绿泥透闪大理岩，青灰色。璧芯改制，外缘有管钻痕迹。平面呈圆形，残余约二分之一璧面。外径5.4、好径2.2~2.6、厚0.8厘米（图2-136，1；彩版四七，1）。

　　T0304⑤：6，大理岩，灰绿色。局部有黑色麻点。平面近圆形，残余约五分之一璧面。外径10.2~11.0、好径3.6~4.1、厚0.4~0.8厘米（图2-136，2；彩版四七，2）。

　　T0304⑤：7，蛇纹大理岩，绿色。平面近圆形，残余约三分之一璧面。外径10.7~11.6、好径3.2~3.6、厚0.5~0.8厘米（图2-136，3；彩版四七，3）。

　　T0304⑥：5，千枚岩，暗绿色。平面近圆形，未钻孔。外径8.5~9.3、厚0.8厘米（图2-136，4；彩版四七，4）。

　　T0304⑦：3，蛇纹岩，绿色。平面圆角方形，残余约二分之一璧面。外径6.2~6.6、好径2.1~2.4、厚0.8厘米（图2-136，5；彩版四七，5）。

　　T0304⑦：7，蛇纹岩，浅黄绿色。平面呈圆角方形，残余约二分之一璧面。外径6.4~7.4、好径1.4~1.8、厚0.8~1.4厘米（图2-136，6；彩版四七，6）。

　　T0304⑦：9，蛇纹岩，暗绿色。平面近圆形，残余约二分之一璧面，外缘磨光。外径8.5~9.4、好径2.4~2.8、厚0.3~1.0厘米（图2-136，7；彩版四八，1）。

　　T0304⑦：10，片状蛇纹大理岩，绿色。平面近圆形，残余约二分之一璧面，外缘磨光。外径8.7~9.8、好径2.2~2.6、厚0.7厘米（图2-136，8；彩版四八，2）。

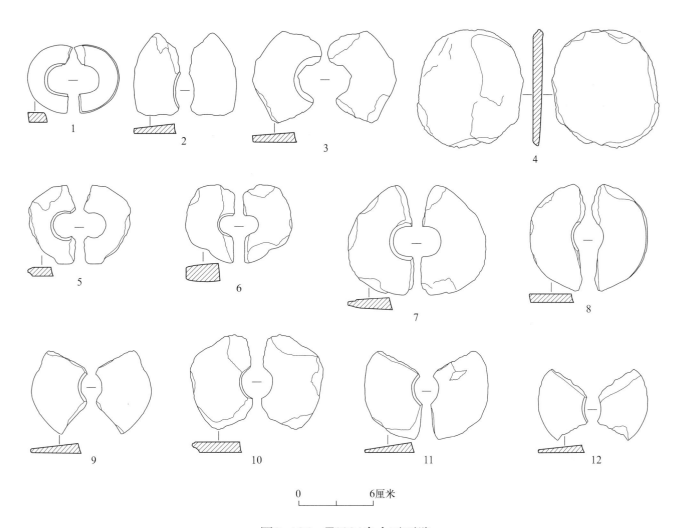

图2-136　T0304出土玉石璧

1.T0304⑤：4　2.T0304⑤：6　3.T0304⑤：7　4.T0304⑥：5　5.T0304⑦：3　6.T0304⑦：7　7.T0304⑦：9　8.T0304⑦：10
9.T0304⑦：11　10.T0304⑦：12　11.T0304⑦：13　12.T0304⑦：14

　　T0304⑦：11，蛇纹大理岩，绿色。平面近圆形，残余约四分之一璧面，外缘磨光。外径9.1～10.4、好径3.2～3.5、厚0.3～0.8厘米（图2-136，9；彩版四八，3）。

　　T0304⑦：12，方解蛇纹岩，灰白色。平面圆角方形，残余约三分之一璧面。外径9.1～10.5、好径3.4～3.6、厚0.2～0.8厘米（图2-136，10；彩版四八，4）。

　　T0304⑦：13，蛇纹大理岩，暗绿色。平面近圆形，残余约四分之一璧面。外径9.9～10.8、好径3.4～3.7、厚0.2～0.8厘米（图2-136，11；彩版四八，5）。

　　T0304⑦：14，片状蛇纹大理岩，灰绿色。平面近圆形，残余约五分之一璧面。外径10.4～10.6、好径3.1～3.5、厚0.2～0.6厘米（图2-136，12；彩版四八，6）。

　　T0304⑦：15，蛇纹大理岩，灰白色。平面近圆形，残余约二分之一璧面。外径7.4～8.0、好径2.2～2.5、厚0.3～0.5厘米（图2-137，1；彩版四九，1）。

　　T0304⑦：18，蛇纹大理岩，灰绿色。平面近圆形，残余约五分之一璧面。外径13.9～14.5、好径4.0～4.4、厚1.1～1.2厘米（图2-137，2；彩版四九，2）。

　　T0304⑦：19，蛇纹大理岩，灰白色。平面近方形，残余约四分之一璧面。外径7.0～7.4、好径2.3～2.5、厚0.8厘米（图2-137，3；彩版四九，3）。

　　T0304⑦：20，透闪岩，淡黄绿色。平面近圆形，残余约五分之一璧面。外径5.9～7.6、好径1.9～2.3、厚0.8～1.4厘米（图2-137，4；彩版四九，4）。

　　T0304⑦：23，蛇纹大理岩，灰绿色。平面近椭圆形，残余约二分之一璧面。外径6.2～7.1、好径2.1～2.3、厚0.9厘米（图2-137，5；彩版四九，5）。

　　T0304⑦：25，蛇纹大理岩，绿色。平面近圆形，仅存局部。长5.1、宽3.9、厚0.4～0.7厘米（图2-137，6；彩版四九，6）。

　　T0304⑦：38，蛇纹大理岩，绿色。平面呈不规则形，残余约四分之一璧面。外径8.7～9.2、好径2.9～3.3、厚0.6～0.8厘米（图2-137，7；彩版五〇，1）。

　　T0304⑦：41，蛇纹岩，灰白色。平面呈不规则形，残余约二分之一璧面。边缘有一道切割痕迹。外径6.8～7.6、好径2.7～3.1、厚1.3厘米（图2-137，8；彩版五〇，2）。

　　T0304⑧：2，蛇纹岩，浅绿色。平面近圆形，残余约四分之一璧面。外径7.2～7.6、好径2.5～3.1、厚0.6～0.8厘米（图2-137，9；彩版五〇，3）。

　　T0304⑧：5，蛇纹大理岩，灰白色。平面近椭圆形，残余约四分之一璧面。外径8.2～9.6、好径1.9～2.3、厚0.6～1.1厘米（图2-137，10；彩版五〇，4）。

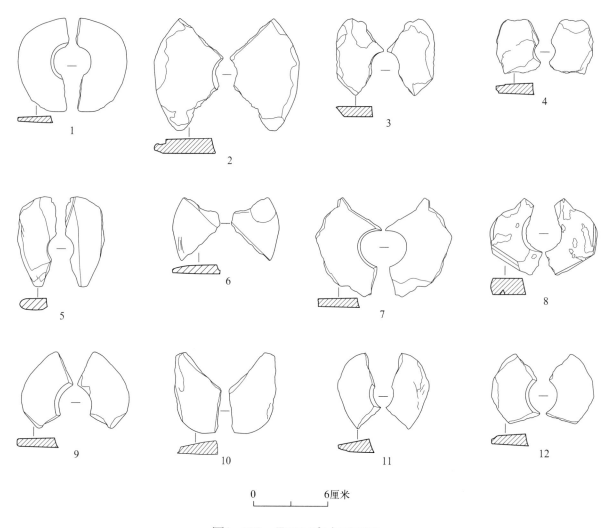

0　　　　　　　6厘米

图2-137　T0304出土玉石璧

1. T0304⑦：15　2. T0304⑦：18　3. T0304⑦：19　4. T0304⑦：20　5. T0304⑦：23　6. T0304⑦：25　7. T0304⑦：38
8. T0304⑦：41　9. T0304⑧：2　10. T0304⑧：5　11. T0304⑧：6　12. T0304⑧：7

T0304⑧：6，蛇纹大理岩，暗绿色。平面近圆形，残余约四分之一璧面。外径7.6~8.5、好径2.6~3.1、厚0.3~1.1厘米（图2-137，11；彩版五〇，5）。

T0304⑧：7，大理岩，暗绿色。平面近圆形，残余约四分之一璧面。外径8.5~9.2、好径3.4~3.8、厚0.7~0.9厘米（图2-137，12；彩版五〇，6）。

T0304⑧：9，蛇纹大理岩，绿色。平面近圆形，一面有管钻痕迹，未钻透。外径4.6~4.9、好径1.7~2.2、厚0.4厘米（图2-138，1；彩版五一，1）。

T0304⑧：10，蛇纹大理岩，灰绿色。平面近圆形，残余约二分之一璧面。外径4.8~5.1、好径1.6~1.9、厚1.0厘米（图2-138，2；彩版五一，2）。

T0304⑧：14，蛇纹岩，灰白色。平面近圆形，残余约五分之一璧面。外径8.2~9.2、好径3.4~4.0、厚0.6~1.2厘米（图2-138，3；彩版五一，3）。

T0304⑧：15，透闪蛇纹岩，暗绿色。平面圆形，残余约二分之一璧面。外缘磨光。外径5.3、好径1.6~2.1、厚0.4~0.8厘米（图2-138，4；彩版五一，4）。

T0304⑧：16，透闪岩，暗绿色。平面近椭圆形，残余约五分之一璧面。外径7.7~8.3、好径2.4~3.2、厚0.2~0.8厘米（图2-138，5；彩版五一，5）。

T0304⑧：22，闪石蛇纹石大理岩，青灰色。平面呈圆角方形，残余约二分之一璧面。无钻孔。长7.4、宽5.0、厚1.2厘米（图2-138，6）。

T0304⑧：24，蛇纹大理岩，青灰色。平面呈不规则形，仅存局部。长4.1、宽3.6、厚1.3厘米（图2-138，7）。

T0304⑨：1，透闪蛇纹大理岩，青灰色。平面近圆形，残余约五分之一璧面。外径9.5~10.1、好径3.5~3.9、厚0.7厘米（图2-138，8；彩版五一，6）。

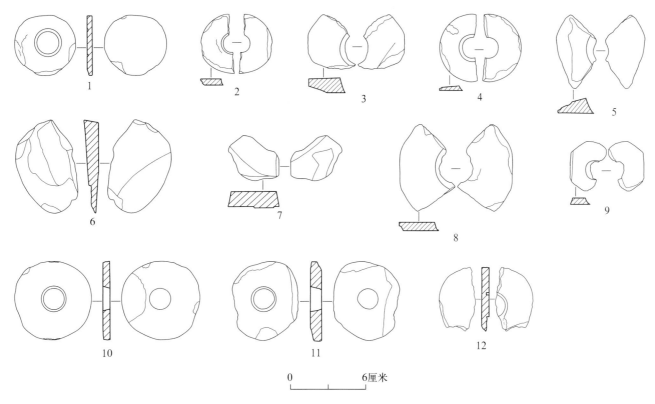

图2-138　T0304出土玉石璧

1.T0304⑧：9　2.T0304⑧：10　3.T0304⑧：14　4.T0304⑧：15　5.T0304⑧：16　6.T0304⑧：22　7.T0304⑧：24　8.T0304⑨：1
9.T0304⑨：2　10.T0304⑨：3　11.T0304⑨：4　12.T0304⑨：9

T0304⑨：2，蛇纹岩，暗绿色。平面近圆形，残余约二分之一璧面。外径4.1～4.6、好径1.4～2.2、厚0.5厘米（图2-138，9；彩版五二，1）。

T0304⑨：3，蛇纹大理岩，暗绿色。平面圆形。外缘磨光。外径6.2～6.3、好径1.6～2.2、厚0.5～0.6厘米（图2-138，10；彩版五二，2）。

T0304⑨：4，大理岩，浅灰绿色。平面近圆角方形。外径5.2～6.2、好径1.6～2.0、厚0.9厘米（图2-138，11；彩版五二，3）。

T0304⑨：9，大理岩，灰绿色。平面近圆形。残余约三分之一璧面，中部单面钻孔，未钻透。外径6.9～7.2、好径1.6～2.0、厚0.4～1.2厘米（图2-138，12；彩版五二，4）。

T0304⑩：16，片状蛇纹大理岩，灰绿色。平面近圆形，残余约五分之一璧面。外径9.4～10.4、好径3.2～3.6、厚1.0～1.3厘米（图2-139，1；彩版五二，5）。

T0304⑩：17，蛇纹岩，灰绿色。平面近圆形，残余约五分之一璧面。外径11.3～12.4、好径3.5～4.7、厚0.7～1.5厘米（图2-139，2；彩版五二，6）。

T0304⑪：1，蛇纹大理岩，灰白色。平面近圆形，残余约二分之一璧面。外径6.8～7.1、好径3.1～3.5、厚0.6厘米（图2-139，3；彩版五三，1）。

T0304⑪：2，蛇纹大理岩，绿色。平面近圆形，残余约四分之一璧面。外径13.2～13.5、好径3.6～4.1、厚1.2～2.0厘米（图2-139，4；彩版五三，2）。

T0304⑪：4，蛇纹岩，浅豆青色。平面近椭圆形，残余约四分之一璧面。外径4.8～5.6、好径1.8～2.1、厚0.7～0.8厘米（图2-139，5；彩版五三，3）。

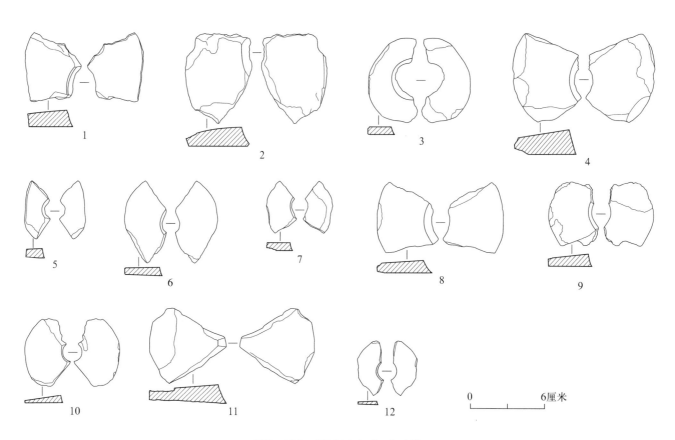

图2-139　T0304出土玉石璧

1.T0304⑩：16　2.T0304⑩：17　3.T0304⑪：1　4.T0304⑪：2　5.T0304⑪：4　6.T0304⑪：5　7.T0304⑪：8　8.T0304⑪：9
9.T0304⑪：11　10.T0304⑪：12　11.T0304⑪：14　12.T0304⑪：15

T0304⑪：5，蛇纹大理岩，灰白色。平面近圆形，残余约四分之一璧面。外径8.2～8.9、好径2.6～2.9、厚0.5～0.8厘米（图2-139，6；彩版五三，4）。

T0304⑪：8，大理岩，黄色。平面近圆形，残余约四分之一璧面。外径6.7～7.2、好径2.5～2.8、厚0.6厘米（图2-139，7；彩版五三，5）。

T0304⑪：9，蛇纹大理岩，青灰色。平面近圆形，残余约五分之一璧面。外径11.5～12.0、好径4.2～5.6、厚0.8～1.0厘米（图2-139，8；彩版五三，6）。

T0304⑪：11，蛇纹大理岩，暗绿色。平面近圆形，残余约五分之一璧面。外径8.7～9.8、好径3.1～3.5、厚0.6～1.0厘米（图2-139，9；彩版五四，1）。

T0304⑪：12，蛇纹大理岩，灰绿色。平面近圆形，残余约四分之一璧面。外径6.4～7.1、好径1.5～1.7、厚0.5～0.6厘米（图2-139，10；彩版五四，2）。

T0304⑪：14，片状蛇纹大理岩，灰绿色。平面近圆形，残余约六分之一璧面。外径13.3～14.1、好径2.5～2.8、厚0.7～1.5厘米（图2-139，11；彩版五四，3）。

T0304⑪：15，蛇纹大理岩，灰绿色。平面近圆形，残余约三分之一璧面。外径4.1～4.7、好径1.5～1.7、厚0.2～0.3厘米（图2-139，12；彩版五四，4）。

T0304⑪：22，大理岩，灰色。平面近方形，残余约二分之一璧面。未钻孔。长6.7、宽3.9、厚1.1厘米（图2-140，1）。

T0304⑪：35，绿泥岩，灰褐色。平面近圆形，仅存局部。长4.3、宽3.7、厚1.1厘米（图2-140，2；彩版五四，5）。

T0304⑫：2，蛇纹大理岩，青灰色。平面近圆角方形，残余约四分之一璧面。外径11.0～12.0、好径2.7～3.2、厚1.4厘米（图2-140，3；彩版五四，6）。

T0304⑫：3，片状蛇纹大理岩，灰褐色。平面近圆角方形。残余约五分之一璧面。外径9.2～10.4、好径2.2～2.4、厚0.6厘米（图2-140，4；彩版五五，1）。

T0304⑫：4，蛇纹大理岩，灰白色。平面近圆形，残余约四分之一璧面。外径7.6～7.9、好径2.1～2.3、厚0.2～0.7厘米（图2-140，5；彩版五五，2）。

T0304⑫：7，蛇纹大理岩，暗绿色。完整，平面呈椭圆形。外径7.9～9.0、好径2.2～3.7、厚1.0厘米（图2-140，6；彩版五五，3）。

T0304⑫：9，大理岩，白色。平面近圆角方形，残余约二分之一璧面。外径6.9～7.2、好径1.2～1.4、厚0.7厘米（图2-140，7；彩版五五，4）。

T0304⑫：10，蛇纹大理岩，浅绿色。完整，平面近圆角方形。外径4.8～5.0、好径1.6～1.8、厚0.6厘米（图2-140，8；彩版五五，5）。

T0304⑬：2，蛇纹岩，灰白色。平面近圆形，残余约二分之一璧面。外径5.5～5.6、好径1.4～1.8、厚0.3～0.6厘米（图2-140，9；彩版五五，6）。

T0304⑬：3，蛇纹大理岩，白色。平面近圆形，残余约三分之一璧面。外径8.9～9.2、好径3.3～3.6、厚0.6～0.9厘米（图2-140，10；彩版五六，1）。

T0304⑬：4，蛇纹大理岩，灰白色。平面近圆形，残余约五分之一璧面。外径11.2～12.2、好径4.2～5.4、厚0.3～1.3厘米（图2-140，11；彩版五六，2）。

T0304⑬：6，片状蛇纹大理岩，绿色。平面近圆形，残存局部。长6.1、宽4.5、厚1.3厘米（图2-140，12；彩版五六，3）。

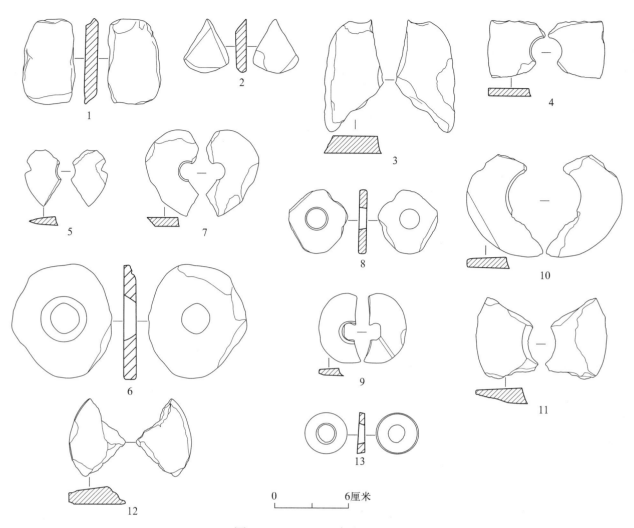

图2-140　T0304出土玉石璧

1.T0304⑪：22　2.T0304⑪：35　3.T0304⑫：2　4.T0304⑫：3　5.T0304⑫：4　6.T0304⑫：7　7.T0304⑫：9　8.T0304⑫：10
9.T0304⑬：2　10.T0304⑬：3　11.T0304⑬：4　12.T0304⑬：6　13.T0304⑭：2

　　T0304⑭：2，蛇纹大理岩，灰褐色。平面近圆形，完整。璧芯改制，外缘有管钻痕迹。外径3.1~3.3、好径1.4~1.6、厚0.4~0.6厘米（图2-140，13；彩版五六，4）。

　　璧芯　24件。大部分保存完整，平面呈圆形，单面管钻，芯壁呈斜坡状，纵剖面呈梯形，侧面大多保留有管钻痕迹，断钻处大多未修整，保留有明显断茬。

　　T0304⑥：1，蛇纹大理岩，灰绿色。直径3.8~4.2、厚0.7厘米（图2-141，1；彩版五六，5）。

　　T0304⑦：4，大理岩，灰绿色。直径4.6~5.0、厚1.3厘米（图2-141，2；彩版五六，6）。

　　T0304⑦：5，大理岩，灰绿色。直径2.0~2.3、厚0.8厘米（图2-141，3；彩版五六，7）。

　　T0304⑦：8，蛇纹大理岩，灰绿色。直径3.0~3.6、厚1.0厘米（图2-141，4；彩版五七，1）。

　　T0304⑦：16，石英砂岩，灰色。直径3.2~3.8、厚0.9厘米（图2-141，5；彩版五七，2）。

　　T0304⑦：17，蛇纹大理岩，暗绿色。直径2.4~3.0、厚0.8厘米（图2-141，6；彩版五七，3）。

　　T0304⑦：34，蛇纹大理岩，黑褐色。直径3.1~3.3、厚1.1厘米（图2-141，7；彩版五七，4）。

　　T0304⑦：35，蛇纹大理岩，灰绿色。直径2.1~2.3、厚0.7厘米（图2-141，8；彩版五七，5）。

　　T0304⑦：37，蛇纹大理岩，黑褐色。直径2.6~3.6、厚1.3厘米（图2-141，9；彩版五七，6）。

　　T0304⑧：8，蛇纹大理岩，暗绿色。直径3.2~4.2、厚1.4厘米（图2-141，10；彩版五七，7）。

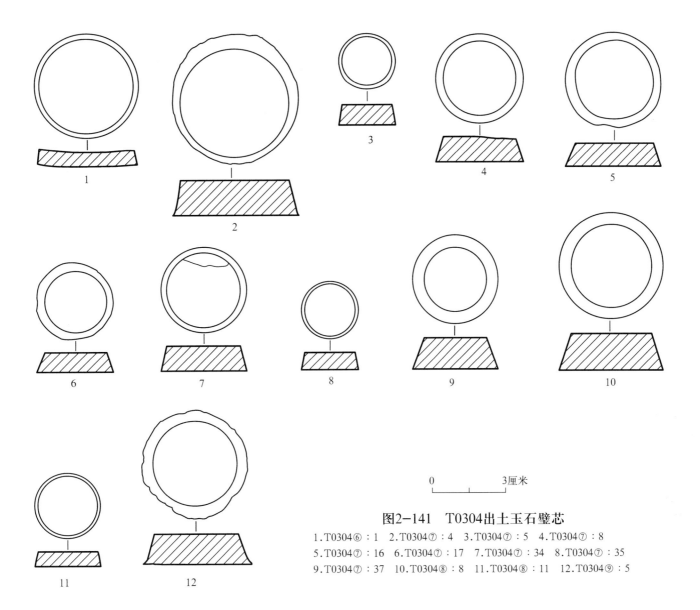

0   3厘米

图2-141　T0304出土玉石璧芯
1.T0304⑥：1　2.T0304⑦：4　3.T0304⑦：5　4.T0304⑦：8
5.T0304⑦：16　6.T0304⑦：17　7.T0304⑦：34　8.T0304⑦：35
9.T0304⑦：37　10.T0304⑧：8　11.T0304⑧：11　12.T0304⑨：5

T0304⑧：11，蛇纹大理岩，灰白色。直径2.4～2.6、厚0.6厘米（图2-141，11；彩版五七，8）。

T0304⑨：5，蛇纹大理岩，灰绿色。直径3.4～4.3、厚1.2厘米（图2-141，12；彩版五七，9）。

T0304⑨：6，变质石英砂岩，灰绿色。一面残破。直径4.0～4.4、厚0.8厘米（图2-142，1；彩版五八，1）。

T0304⑩：4，蛇纹大理岩，暗绿色。直径3.2～3.9、厚1.0厘米（图2-142，2；彩版五八，2）。

T0304⑩：8，片状蛇纹大理岩，浅绿色。直径1.5～1.7、厚0.9厘米（图2-142，3；彩版五八，3）。

T0304⑩：9，大理岩，灰白色。直径0.8～1.2、厚0.7厘米（图2-142，4；彩版五八，4）。

T0304⑩：13，蛇纹石玉，灰绿色。直径1.4～1.7、厚0.8厘米（图2-142，5；彩版五八，5）。

T0304⑪：3，蛇纹大理岩，灰绿色。一面残破。直径2.3～3.0、厚0.9厘米（图2-142，6；彩版五八，6）。

T0304⑪：13，蛇纹大理岩，灰白色。一面残破。直径3.4～3.9、厚1.0厘米（图2-142，7；彩版五八，7）。

T0304⑪：17，蛇纹大理岩，绿色。直径2.1～2.6、厚1.0厘米（图2-142，8；彩版五八，8）。

T0304⑫：8，石英砂岩，黑灰色。两面磨制不规整。直径2.4～3.1、厚0.9厘米（图2-142，9；彩版五八，9）。

T0304⑫：11，蛇纹大理岩，灰绿色。直径2.3～3.3、厚1.2厘米（图2-142，10；彩版五九，1）。

T0304⑬：1，蛇纹大理岩，深绿色。直径2.9～3.3、厚1.4厘米（图2-142，11；彩版五九，2）。

T0304⑭：1，大理岩，灰白色。一面残破。直径2.3～2.7、厚1.3厘米（图2-142，12；彩版五九，3）。

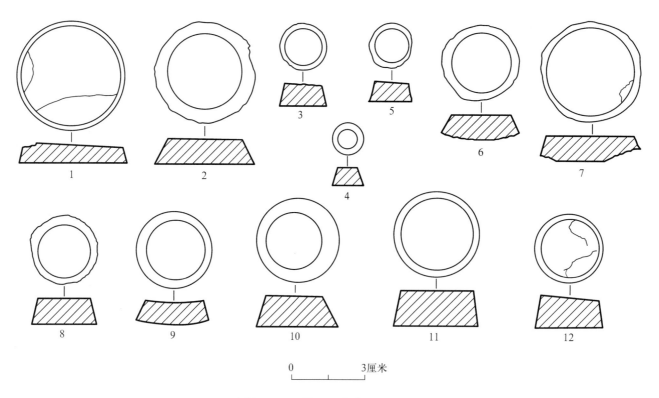

图2-142 T0304出土玉石璧芯

1.T0304⑨：6 2.T0304⑩：4 3.T0304⑩：8 4.T0304⑩：9 5.T0304⑩：13 6.T0304⑪：3 7.T0304⑪：13 8.T0304⑪：17
9.T0304⑫：8 10.T0304⑫：11 11.T0304⑬：1 12.T0304⑭：1

切割工具　4件。残存形状为方形、长方形或不规则形。大部分表面磨光，一侧有双面刃，从刃部与切割玉石料的切口判断，可能为玉石料的切割工具。

T0304⑦：1，杂砂岩，灰色。平面近方形，刃部微弧，其他侧面有断茬。长6.2、宽4.9、厚0.5厘米（图2-143，1；彩版五九，4）。

T0304⑦：24，石英砂岩，灰褐色。平面呈不规则形，较薄，直刃，刃部局部有使用痕迹。长8.7、宽6.1、厚0.6厘米（图2-143，2；彩版五九，5）。

T0304⑦：26，硅质板岩，灰黑色。平面呈不规则形，其他侧面有断茬。直刃。长5.4、宽3.1、厚0.6厘米（图2-143，3）。

T0304⑨：10，石英砂岩，灰褐色。

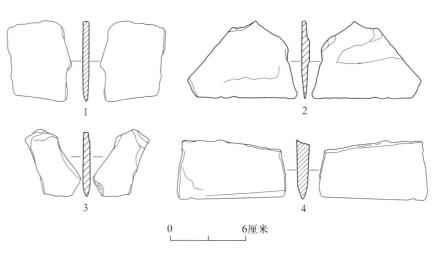

图2-143 T0304出土石切割工具

1.T0304⑦：1 2.T0304⑦：24 3.T0304⑦：26 4.T0304⑨：10

平面近长方形。直刃。长8.6、宽4.7、厚0.3～1.0厘米（图2-143，4；彩版五九，6）。

磨石　34件。磨石断块，大小不一，青灰色。平面近方形、三角形、长方形和不规则形。两面或一面有磨光面，磨光面粗细不一，侧面有明显断茬，个别侧面磨制光滑，个别有火烧痕迹。

T0304⑤：2，石英砂岩。平面近长方形，两面有磨光面。长9.6、宽5.1、厚2.2厘米（图2-144，1）。

T0304⑤：5，石英砂岩。平面不规则形，两面有磨光面。长8.4、宽6.6、厚1.2厘米（图2-144，2）。

T0304⑥：7，云母杂砂岩。平面近方形，一面有磨光面，一面局部剥落，局部有火烧痕迹。长8.4、宽6.7、厚1.1厘米（图2-144，3；彩版五九，7）。

T0304⑦：6，云母石英砂岩。平面呈圆形，残余五分之一，一面有磨光面，局部剥落，近中部有钻孔，双面钻，钻孔较大。长5.3、宽4.8、厚2.6厘米（图2-144，4）。

T0304⑦：33，云母片岩，灰黑色。平面不规则形，两面有磨光面。长7.6、宽6.2、厚0.4厘米（图2-144，5；彩版六〇，1）。

T0304⑧：19，杂砂岩。平面近方形，两面有磨光面，局部剥落。长6.2、宽5.0、厚1.7厘米（图2-144，6）。

T0304⑨：11，长石石英砂岩。平面呈不规则形，两面有磨光面。长8.6、宽6.4、厚1.3厘米（图2-144，7）。

T0304⑨：18，石英砂岩。平面近三角形，两面有磨光面，一面有凹槽。长9.1、宽5.1、厚2.8厘米（图2-144，8）。

T0304⑨：20，杂砂岩。平面不规则形，一面有磨光面。长6.1、宽5.1、厚1.8厘米（图2-144，9）。

T0304⑨：21，杂砂岩。平面不规则形，两面有磨光面。长6.0、宽4.8、厚1.5厘米（图2-145，1）。

T0304⑨：22，砂岩。平面不规则形，两面有磨光面。长6.2、宽4.6、厚1.0厘米（图2-145，2）。

T0304⑨：23，粉砂质硅质板岩。平面不规则形，两面有磨光面。长7.1、宽4.1、厚1.0厘米（图2-145，3）。

T0304⑨：24，杂砂岩。平面不规则形，一面有磨光面，局部有火烧痕迹，局部剥落。长13.0、宽7.5、厚0.9厘米（图2-145，4）。

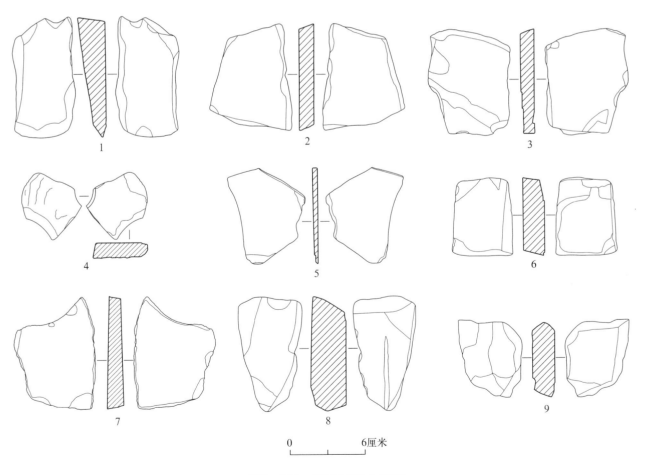

0　　　　6厘米

图2-144　T0304出土磨石

1.T0304⑤：2　2.T0304⑤：5　3.T0304⑥：7　4.T0304⑦：6　5.T0304⑦：33　6.T0304⑧：19　7.T0304⑨：11　8.T0304⑨：18　9.T0304⑨：20

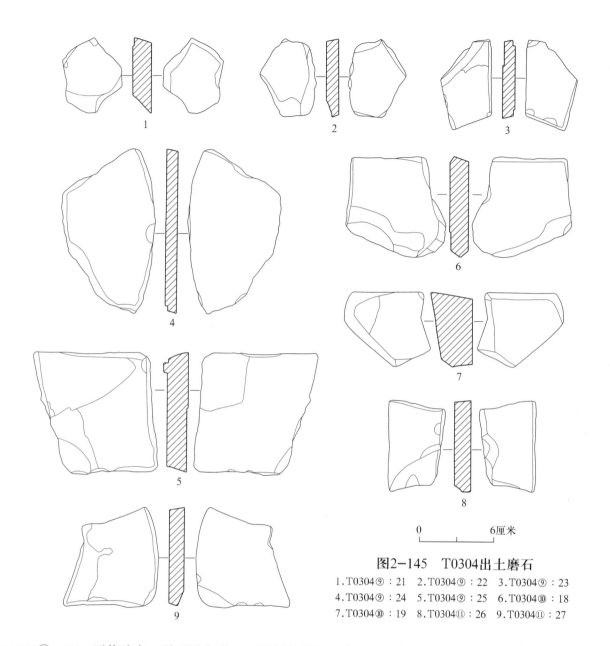

图2-145　T0304出土磨石

1.T0304⑨：21　2.T0304⑨：22　3.T0304⑨：23
4.T0304⑨：24　5.T0304⑨：25　6.T0304⑩：18
7.T0304⑩：19　8.T0304⑪：26　9.T0304⑪：27

T0304⑨：25，石英砂岩。平面近方形，一面有磨光面。长10.0、宽9.7、厚2.0厘米（图2-145，5）。

T0304⑩：18，石英砂岩。平面不规则形，一面有磨光面，局部有火烧痕迹。长8.0、宽7.9、厚1.5厘米（图2-145，6）。

T0304⑩：19，石英砂岩。平面不规则形，两面有磨光面。长6.9、宽5.9、厚3.4厘米（图2-145，7）。

T0304⑪：26，杂砂岩。平面近长方形，两面有磨光面。长7.2、宽4.5、厚1.3厘米（图2-145，8）。

T0304⑪：27，杂砂岩。平面不规则形，两面有磨光面，一面局部剥落，局部有火烧痕迹。长7.9、宽7.6、厚1.2厘米（图2-145，9）。

T0304⑪：29，杂砂岩。平面不规则形，一面有磨光面。长9.8、宽6.2、厚1.3厘米（图2-146，1）。

T0304⑪：30，杂砂岩。平面不规则形，一面有磨光面。长6.9、宽6.1、厚1.1厘米（图2-146，2）。

T0304⑪：31，砂岩。平面不规则形，一面有磨光面，微凹。长7.0、宽5.6、厚2.2厘米（图2-146，3）。

T0304⑪：32，杂砂岩。平面近三角形，两面有磨光面。长5.6、宽4.6、厚1.7厘米（图2-146，4）。

T0304⑪：33，杂砂岩。平面不规则形，一面有磨光面，一面局部剥落。长6.2、宽4.6、厚0.8厘米（图2-146，5）。

T0304⑪：34，杂砂岩。平面不规则形，两面有磨光面。长7.0、宽5.0、厚0.5厘米（图2-146，6）。

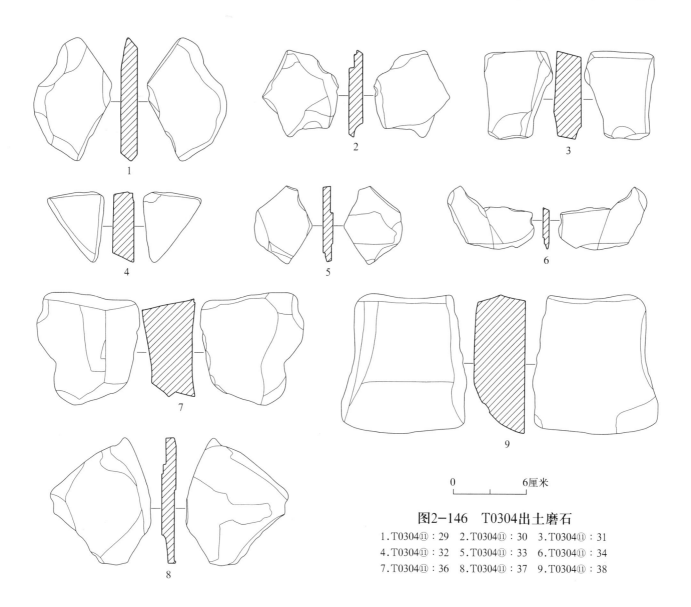

图2-146　T0304出土磨石

1.T0304⑪：29　2.T0304⑪：30　3.T0304⑪：31
4.T0304⑪：32　5.T0304⑪：33　6.T0304⑪：34
7.T0304⑪：36　8.T0304⑪：37　9.T0304⑪：38

T0304⑪：36，辉绿岩。平面不规则形，一面有磨光面，微凹。长8.9、宽8.2、厚4.2厘米（图2-146，7）。

T0304⑪：37，砂岩。平面不规则形，一面有磨光面，一面局部剥落。长10.0、宽8.0、厚1.1厘米（图2-146，8）。

T0304⑪：38，砂岩。平面近方形，一面有磨光面。长11.1、宽10.1、厚4.2厘米（图2-146，9）。

T0304⑫：12，粉砂岩。平面不规则形，一面有磨光面。长9.4、宽7.3、厚1.1厘米（图2-147，1）。

T0304⑫：14，杂砂岩。平面不规则形，一面有磨光面，局部剥落。长6.0、宽3.4、厚0.9厘米（图2-147，2）。

T0304⑫：21，杂砂岩。平面近方形，一面有磨光面。长7.4、宽5.7、厚2.4厘米（图2-147，3）。

T0304⑫：22，粉砂质板岩。平面不规则形，一面有磨光面。长6.7、宽6.2、厚0.9厘米（图2-147，4）。

T0304⑫：23，石英砂岩。平面不规则形，一面有磨光面，微凹。长8.1、宽6.8、厚3.0厘米（图2-147，5）。

T0304⑫：24，石英砂岩。平面不规则形，一面有磨光面，一面局部剥落。长5.4、宽4.7、厚3.3厘米（图2-147，6）。

T0304⑭：8，粉砂质板岩。平面呈不规则形，一面有磨光面。长9.5、宽7.6、厚1.1厘米（图2-147，7）。

切割料　4件。

T0304⑥：4，蛇纹岩，青灰色。平面近三角形，两面有切割面，中部有断茬，一侧有两道对向切割痕迹。长10.5、宽5.4、厚1.6厘米（图2-148，1；彩版六〇，2）。

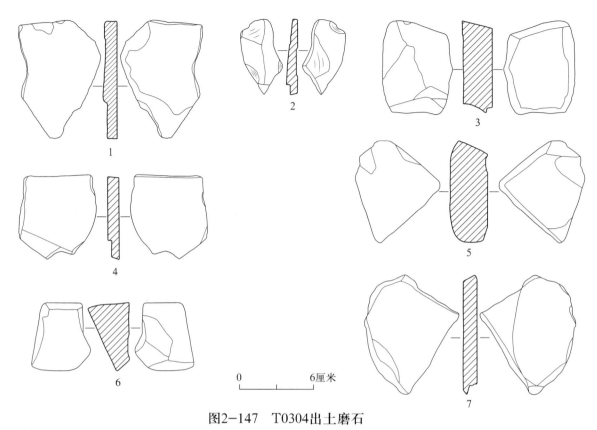

图2-147 T0304出土磨石

1.T0304⑫:12 2.T0304⑫:14 3.T0304⑫:21 4.T0304⑫:22 5.T0304⑫:23 6.T0304⑫:24 7.T0304⑭:8

T0304⑫:25，闪长玢岩，灰白色。平面不规则形，一面有切割面，面上局部保留有弧形断茬。长14.8、宽11.1、厚8.0厘米（图2-148，2）。

T0304⑭:3，大理岩，灰白色。平面不规则形，一面磨光，一侧有两道对向切割痕迹，在剩余约五分之一处残存断茬。长5.9、宽4.6、厚2.3厘米（图2-148，3）。

T0304⑯:1，蛇纹岩，灰白色。平面不规则形，两面磨光，一面有两道切割痕迹，一侧有两道对向切割痕迹，中部残存断茬。长6.0、宽3.8、厚2.0厘米（图2-148，4；彩版六〇，3）。

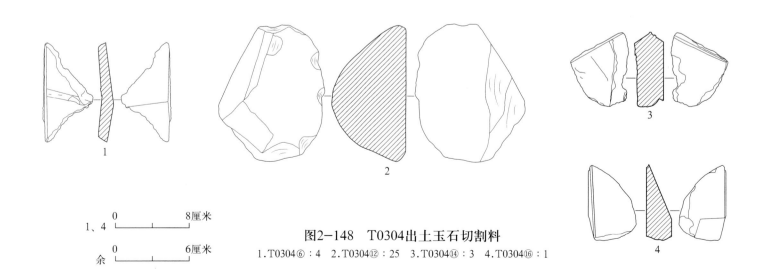

1、4 0   8厘米

余 0   6厘米

图2-148 T0304出土玉石切割料

1.T0304⑥:4 2.T0304⑫:25 3.T0304⑭:3 4.T0304⑯:1

玉石料　9件。均为不规则形。

T0304⑦：43，蛇纹石岩，青绿色。长4.5、宽1.6、厚1.2厘米（图2-149，1）。

T0304⑨：13，蛇纹石岩，灰白色。长6.0、宽2.2、厚1.4厘米（图2-149，2；彩版六〇，4）。

T0304⑪：18，蛇纹大理岩，灰白色。长5.6、宽4.4、厚1.1厘米（图2-149，3）。

T0304⑪：23，蛇纹石大理岩，青绿色。长10.1、宽7.8、厚1.8厘米（图2-149，4）。

T0304⑪：51，大理岩，灰色。长10.7、宽8.4、厚5.7厘米（图2-149，5）。

T0304⑫：5，蛇纹石玉，青绿色。长6.8、宽4.6、厚3.9厘米（图2-149，6；彩版六〇，5）。

T0304⑫：15，蛇纹大理岩，灰白色。一面局部磨光。长5.0、宽4.1、厚1.4厘米（图2-149，7）。

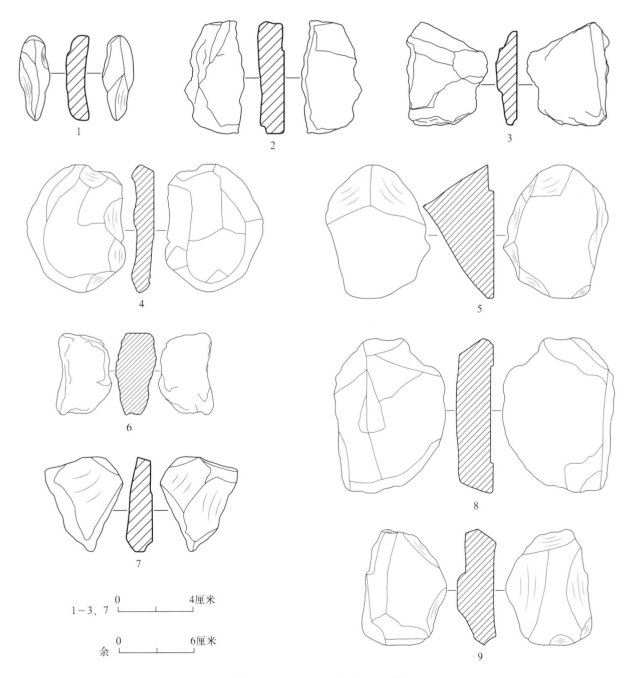

图2-149　T0304出土玉石料

1.T0304⑦：43　2.T0304⑨：13　3.T0304⑪：18　4.T0304⑪：23　5.T0304⑪：51　6.T0304⑫：5　7.T0304⑫：15
8.T0304⑫：19　9.T0304⑫：20

T0304⑫：19，蛇纹石大理岩，青绿色。长12.3、宽9.0、厚3.0厘米（图2-149，8）。

T0304⑫：20，蛇纹石大理岩，青绿色。长9.2、宽6.9、厚3.2厘米（图2-149，9）。

断块　20件。不规则形，形制较小。个别表面磨光，判断应该是制作玉石器残存的边角料。

T0304⑦：42，蛇纹石岩，青绿色。长5.8、宽5.3、厚2.1厘米（图2-150，1）。

T0304⑧：20，蛇纹石大理岩，青绿色。长7.6、宽4.1、厚1.7厘米（图2-150，2）。

T0304⑧：21，细晶岩，青灰色。长6.8、宽5.4、厚4.2厘米（图2-150，3）。

T0304⑧：23，蛇纹石岩，青绿色。长6.0、宽5.4、厚2.0厘米（图2-150，4）。

T0304⑪：28，杂砂岩，灰色。长6.6、宽4.9、厚0.8厘米（图2-150，5）。

T0304⑪：39，变质石英砂岩，青灰色。长7.6、宽7.1、厚2.5厘米（图2-150，6）。

T0304⑪：40，云母片岩，灰绿色。长7.9、宽4.9、厚1.4厘米（图2-150，7）。

T0304⑪：41，蛇纹石大理岩，灰白色。长6.4、宽6.0、厚2.5厘米（图2-150，8）。

T0304⑪：42，蛇纹石岩，青灰色。长6.3、宽4.4、厚2.8厘米（图2-150，9）。

T0304⑪：43，蛇纹石大理岩，青灰色。长5.2、宽4.4、厚1.4厘米（图2-150，10）。

T0304⑪：44，蛇纹石大理岩，灰白色。长7.6、宽3.4、厚1.7厘米（图2-151，1）。

T0304⑪：45，蛇纹大理岩，青灰色。长8.1、宽4.0、厚1.2厘米（图2-151，2）。

T0304⑪：46，蛇纹石玉，青绿色。长7.0、宽4.0、厚2.6厘米（图2-151，3）。

T0304⑪：47，蛇纹大理岩，灰白色。长6.0、宽3.5、厚1.0厘米（图2-151，4；彩版六〇，6）。

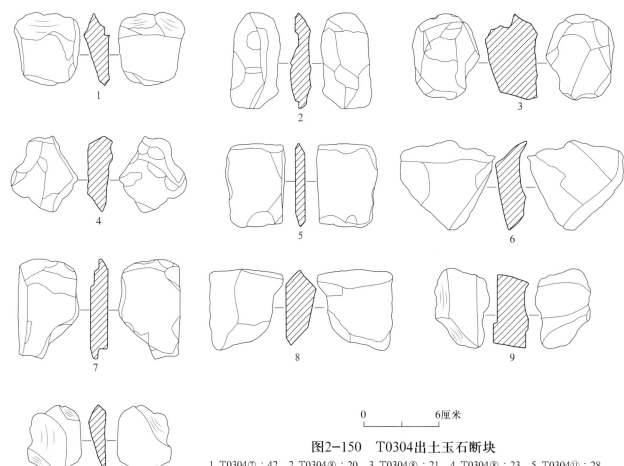

0　　　　　6厘米

图2-150　T0304出土玉石断块

1.T0304⑦：42　2.T0304⑧：20　3.T0304⑧：21　4.T0304⑧：23　5.T0304⑪：28
6.T0304⑪：39　7.T0304⑪：40　8.T0304⑪：41　9.T0304⑪：42　10.T0304⑪：43

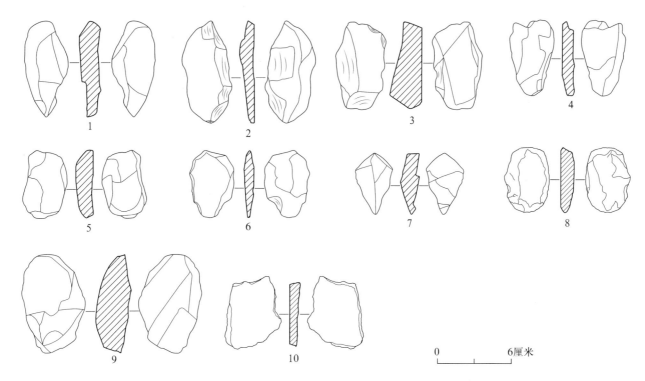

图2-151 T0304出土玉石断块

1.T0304⑪：44 2.T0304⑪：45 3.T0304⑪：46 4.T0304⑪：47 5.T0304⑪：48 6.T0304⑪：49 7.T0304⑪：50 8.T0304⑫：13 9.T0304⑫：18 10.T0304⑬：5

T0304⑪：48，大理岩，白色。长5.4、宽3.5、厚1.4厘米（图2-151，5）。

T0304⑪：49，蛇纹石大理岩，灰色。长5.3、宽3.5、厚0.7厘米（图2-151，6）。

T0304⑪：50，闪长玢岩，青绿色。长4.8、宽3.0、厚1.6厘米（图2-151，7）。

T0304⑫：13，大理岩，白色。两面磨光。长5.2、宽3.6、厚1.1厘米（图2-151，8）。

T0304⑫：18，蛇纹石大理岩，青绿色。长7.8、宽5.0、厚2.8厘米（图2-151，9）。

T0304⑬：5，变质含砾砂岩，灰色。长5.1、宽4.8、厚1.3厘米（图2-151，10）。

刀 14件。大多残存一半，两面磨光，平面呈长方形或圆角长方形，均为双面刃，单孔或双孔，双面钻，个别未钻透。

T0304⑤：1，石英砂岩，灰褐色。平面近长方形，弧背，直刃，单孔。残存一半。残长5.3、宽6.0、孔径0.5、厚0.7厘米（图2-152，1；彩版六一，1）。

T0304⑤：3，石英粉砂岩，黑灰色。平面近长方形，直背，直刃，单孔。长7.2、宽3.3、孔径0.5、厚0.8厘米（图2-152，2；彩版六一，2）。

T0304⑦：21，变质石英砂岩，黑灰色。平面圆角长方形，表面粗糙，弧背，弧刃，刃部有明显使用痕迹。单孔。残存一半。残长5.2、宽4.2、孔径0.2、厚0.6厘米（图2-152，3）。

T0304⑦：36，细粒杂砂岩，黑色。平面近长方形，局部磨光，背部不甚规整，弧刃，刃部局部磨光，单孔。长9.0、宽6.0、孔径0.2、厚0.6厘米（图2-152，4；彩版六一，3）。

T0304⑧：1，云母片岩，红褐色。平面近长方形，背部微弧，直刃，刃部有明显使用痕迹，双孔。长7.6、宽4.8、孔径0.5～0.6、厚1.0厘米（图2-152，5；彩版六一，4）。

T0304⑧：3，长石石英砂岩，褐色。平面圆角长方形，背部微弧，直刃，单孔。残存一半。残长5.5、宽4.7、孔径0.5、厚0.8厘米（图2-152，6）。

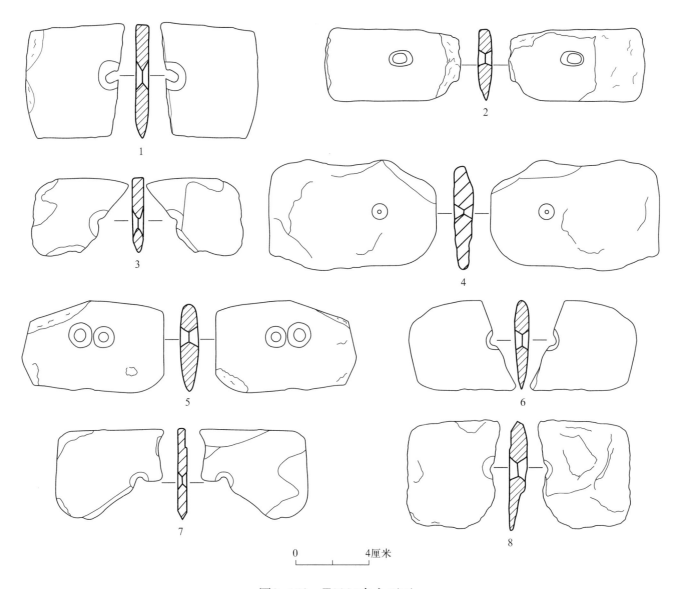

0   4厘米

图2-152 T0304出土石刀

1.T0304⑤：1   2.T0304⑤：3   3.T0304⑦：21   4.T0304⑦：36   5.T0304⑧：1   6.T0304⑧：3   7.T0304⑧：17   8.T0304⑨：7

T0304⑧：17，碳质板岩，黑色。平面长方形，背部较直，弧刃，刃残，有明显使用痕迹，单孔。残存一半。残长5.7、宽4.7、孔径0.4、厚0.5厘米（图2-152，7；彩版六一，5）。

T0304⑨：7，石英云母片岩，灰色。平面长方形，直背，弧刃，一面有明显打制疤痕，刃部有明显使用痕迹，单孔。残存一半。残长4.8、宽5.6、孔径0.4、厚0.6厘米（图2-152，8）。

T0304⑩：3，石英砂岩，灰黑色。平面长方形，直背，直刃，刃部有明显使用痕迹，单孔。残存一半。残长5.3、宽5.1、孔径0.6、厚0.5厘米（图2-153，1；彩版六一，6）。

T0304⑩：6，石英砂岩，灰黑色。平面长方形，直背，直刃，侧面及背部磨光，刃部打制，两面及刃部未磨光，单孔，未钻透。残存一半。残长5.4、宽6.5、厚0.9厘米（图2-153，2；彩版六二，1）。

T0304⑪：7，石英粉砂岩，灰色。平面长方形，直背，直刃，刃部磨光，单孔。残存一半。残长5.0、宽5.3、孔径0.4、厚0.6厘米（图2-153，3；彩版六二，2）。

T0304⑫：1，变质粉砂岩，黑色。平面近圆角长方形，直背，直刃，有明显使用痕迹，单孔。长9.0、宽5.4、孔径0.2、厚1.0厘米（图2-153，4；彩版六二，3）。

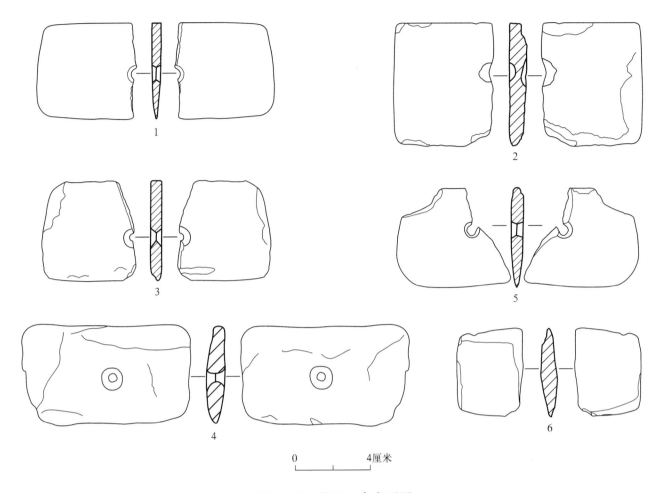

图2-153 T0304出土石刀

1.T0304⑩：3 2.T0304⑩：6 3.T0304⑪：7 4.T0304⑫：1 5.T0304⑫：6 6.T0304⑫：17

T0304⑫：6，长石石英砂岩，灰黑色。平面呈圆角长方形，背部有缺口，直刃，单孔。残存一半。残长6.2、宽5.3、孔径0.6、厚0.7厘米（图2-153，5）。

T0304⑫：17，变质石英砂岩，灰绿色。平面近长方形，刃部磨光，微弧。仅存一半。残长3.6、宽4.6、厚1.0厘米（图2-153，6）。

刀坯料 1件。

T0304⑦：27，变质石英砂岩，青色。平面近长方形，整体打制成形，背部较直，刃部较薄，直刃，未磨光。长10.8、宽8.5、厚2.2厘米（图2-154，1）。

斧 2件。

T0304⑦：2，变质石英砂岩，灰色。平面近梯形，一面为自然面，一面为破裂面，整体打制成形，顶部较窄，刃部较宽，器身及刃部局部磨光。长12.8、宽8.2、厚2.0厘米（图2-154，2）。

T0304⑩：2，安山玢岩，青灰色。长条状，平面呈圆角长方形。通体磨光，顶部略窄，有打制疤痕，刃部略宽，有使用崩痕。长13.8、宽5.3、厚3.6厘米（图2-154，3；彩版六二，4）。

斧坯料 3件。整体打制成形，一面为自然面，一面为破裂面，刃部打制。

T0304⑨：15，玻基玄武岩，灰黑色。平面近方形，顶端打制较平，弧刃，未磨光。长7.8、宽7.5、厚2.9厘米（图2-154，4）。

T0304⑪：20，砂岩，青灰色。平面近长方形，顶部略窄，刃部略宽，弧刃未磨光。残长9.0、宽8.2、厚2.7

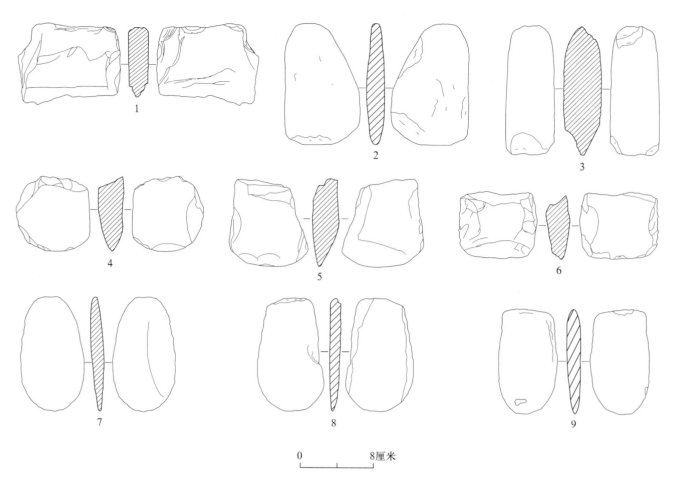

0　　　　　　8厘米

图2-154　T0304出土石器

1.刀坯料T0304⑦：27　2、3.斧T0304⑦：2、T0304⑩：2　4～6.斧坯料T0304⑨：15、T0304⑪：20、T0304⑪：24　7～9.铲
T0304⑤：8、T0304⑩：1、T0304⑩：7

厘米（图2-154，5；彩版六二，5）。

T0304⑪：24，变质石英砂岩，灰色。平面近方形，顶部较平，弧刃，未磨光。长6.8、宽8.4、厚2.6厘米（图2-154，6；彩版六二，6）。

铲　3件。

T0304⑤：8，石英砂岩，灰白色。平面呈舌形，整体打制成形，顶部较窄，刃部较宽，弧刃，刃部有使用崩痕。长12.7、宽6.7、厚1.5厘米（图2-154，7）。

T0304⑩：1，变质石英砂岩，青灰色。整体打制成形，平面近长方形，一面为自然面，一面为打制破裂面，局部磨光，顶部较窄，刃部较宽，刃部磨光。长12.0、宽7.0、厚1.2厘米（图2-154，8；彩版六三，1）。

T0304⑩：7，石英砂岩，灰色。整体打制成形，平面近长方形，一面为自然面，一面为破裂面，顶端及两侧打制较规整，弧刃，两面磨光。长10.8、宽6.0、厚1.5厘米（图2-154，9）。

铲坯料　4件。平面近方形，整体打制成形，顶端较平，刃部打制规整，弧刃，未磨光。

T0304⑤：9，石英砂岩，灰色。长7.2、宽6.8、厚2.3厘米（图2-155，1）。

T0304⑥：6，杂砂岩，青灰色。长9.4、宽9.7、厚2.7厘米（图2-155，2）。

T0304⑧：4，变质石英砂岩，灰色。一面为自然面，一面为破裂面。长8.2、宽6.4、厚1.5厘米（图2-155，3）。

T0304⑨：26，石英砂岩，白色。一面为自然面，一面为破裂面。长6.9、宽7.8、厚1.8厘米（图2-155，4）。

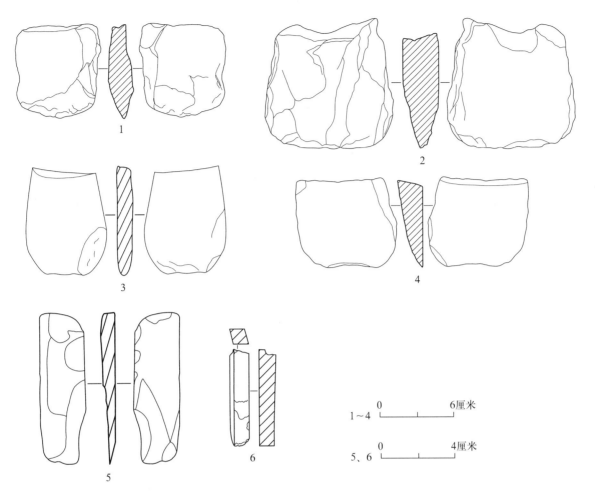

图2-155　T0304出土石器

1~4.铲坯料T0304⑤：9、T0304⑥：6、T0304⑧：4、T0304⑨：26　5.凿T0304⑦：22　6.凿形器T0304⑧：12

凿　1件。

T0304⑦：22，玻基玄武岩，黑色。扁平长条状，通体磨光，顶部及刃部残，一面破裂。残长7.9、宽2.4、厚1.3厘米（图2-155，5）。

凿形器　1件。

T0304⑧：12，泥质板岩，黑色。长条形柱状，断面近方形，通体磨光，一端有斜面刃，一端残。残长5.1、宽1.1、厚0.9厘米（图2-155，6；彩版六三，2）。

锤　13件。柱状长条状或圆饼状，断面呈椭圆形，一端有砸击痕迹。

T0304⑦：44，硅质石英砂岩，青灰色。一端残。长7.0、宽5.5、厚3.4厘米（图2-156，1）。

T0304⑧：18，变质石英砂岩，灰色。局部有磨光痕迹，一端残。残长9.1、宽6.4、厚3.6厘米（图2-156，2）。

T0304⑨：16，变质石英砂岩，青灰色。一端残。残长10.6、宽5.3、厚4.7厘米（图2-156，3；彩版六三，3）。

T0304⑨：19，变质石英砂岩，青灰色。一端残。长10.5、宽6.0、厚4.5厘米（图2-156，4；彩版六三，4）。

T0304⑨：27，闪长岩，青灰色。一端残。长18.8、宽7.1、厚5.9厘米（图2-156，5）。

T0304⑨：28，石英长石杂砂岩，灰色。一端残。长9.1、宽6.3、厚5.2厘米（图2-156，6）。

T0304⑪：52，石英长石砂岩，灰色。一端残。残长6.5、宽4.5、厚3.7厘米（图2-156，7）。

T0304⑫：16，杂砂岩，青色。一端残。长6.8、宽5.9、厚4.0厘米（图2-156，8；彩版六三，5）。

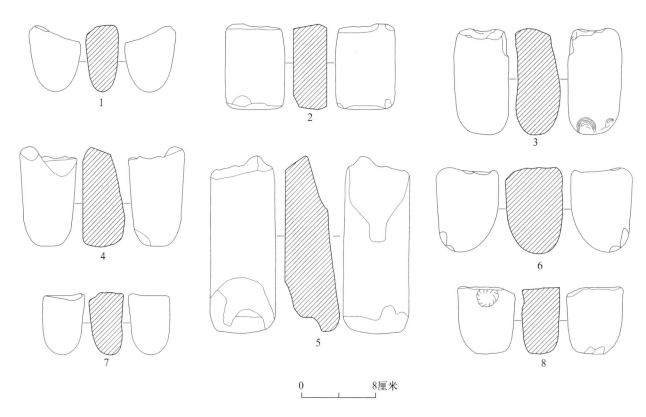

0　　　　　8厘米

图2-156　T0304出土石锤

1.T0304⑦：44　2.T0304⑧：18　3.T0304⑨：16　4.T0304⑨：19　5.T0304⑨：27　6.T0304⑨：28　7.T0304⑪：52　8.T0304⑫：16

　　T0304⑫：26，硅质石英砂岩，青灰色。一端残。残长5.4、宽4.1、厚3.5厘米（图2-157，1）。

　　T0304⑬：8，硅质石英砂岩，青色。一端残。残长6.4、宽8.3、厚7.1厘米（图2-157，2）。

　　T0304⑭：5，变质石英砂岩，青灰色。一端有打制疤痕。长14.1、宽6.3、厚5.3厘米（图2-157，3；彩版六三，6）。

　　T0304⑮：4，石英砂岩，青灰色。一端残。残长14.6、宽6.6、厚5.2厘米（图2-157，4；彩版六四，1）。

　　T0304⑪：19，含砾石英砂岩，青色。圆饼状，一侧有打制疤痕。长10.9、宽9.6、厚3.5厘米（图2-157，5）。

　　臼　1件。

　　T0304⑥：3，角砾砂岩，灰色。平面近方形，底部较平，中部有圆形臼窝。长12.8、宽11.2、厚6.0、臼窝口径6.2～6.4、深2.1厘米（图2-158，1；彩版六四，2）。

　　纺轮　2件。

　　T0304⑧：13，杂砂岩，青灰色。圆饼状，残存约二分之一。通体磨光，中部穿孔，对面钻。直径5.3、孔径0.6、厚0.6厘米（图2-158，2；彩版六四，3）。

　　T0304⑨：12，石英砂岩，灰黑色。圆饼状，残余约四分之一。通体磨光，一面有火烧痕迹。直径11.0、厚1.4厘米（图2-158，3）。

　　盘状器　4件。圆饼状，两面较平整，沿周边双面打制刃部。

　　T0304⑪：21，变质砂岩，青灰色。长10.6、宽9.6、厚3.4厘米（图2-158，4）。

　　T0304⑭：4，变质石英砂岩，青灰色。长12.5、宽11.5、厚3.5厘米（图2-158，5；彩版六四，4）。

　　T0304⑭：6，变质石英砂岩，灰色。长11.3、宽10.5、厚5.3厘米（图2-158，6）。

　　T0304⑮：2，石英砂岩，黄色。长11.5、宽10.5、厚4.9厘米（图2-158，7）。

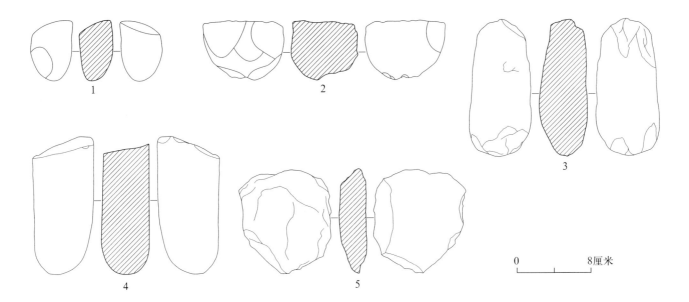

图2-157 T0304出土石锤

1.T0304⑫：26 2.T0304⑬：8 3.T0304⑭：5 4.T0304⑮：4 5.T0304⑪：19

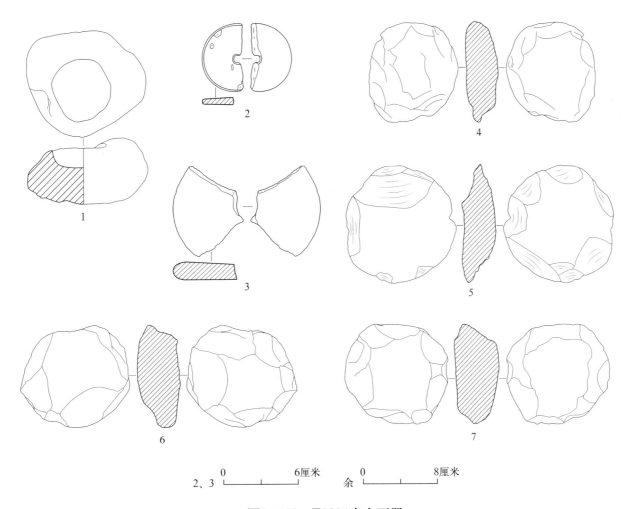

图2-158 T0304出土石器

1.臼T0304⑥：3 2、3.纺轮T0304⑧：13、T0304⑨：12 4～7.盘状器T0304⑪：21、T0304⑭：4、T0304⑭：6、T0304⑮：2

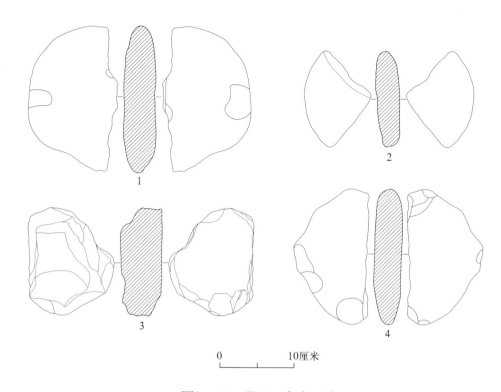

图2-159　T0304出土石砧

1.T0304⑨：29　2.T0304⑬：7　3.T0304⑮：1　4.T0304⑮：5

砧　4件。两面较平，一面有砸击凹窝。

T0304⑨：29，长石石英砂岩，青灰色。平面近圆形，残存一半。长19.5、宽12.0、厚4.3厘米（图2-159，1）。

T0304⑬：7，长石石英砂岩，灰色。平面近圆形，仅存局部。长12.6、宽8.9、厚3.2厘米（图2-159，2）。

T0304⑮：1，石英砂岩，灰色。平面不规则形，仅存局部。长14.3、宽12.4、厚5.5厘米（图2-159，3）。

T0304⑮：5，细粒闪长岩，青灰色。平面近圆形，残存一半。长18.1、宽10.3、厚3.7厘米（图2-159，4）。

七　T0305

（一）地层堆积

T0305位于发掘区的北部，堆积较厚，现代扰土沟和水管沟对堆积破坏严重。根据土质土色和包含物可分为23层（图2-160），各层堆积介绍如下。

①层：棕色沙土，土质较疏松，含大量粗沙，呈水平状分布，分布于探方西部和南部，西部和南部被现代扰土沟打破，厚0~24厘米。包含有大量塑料、玻璃、水泥和砖块等，出土少量的夹砂红陶、夹砂红褐陶、夹砂橙黄陶片和兽骨、石块等。现代扰土层。

②层：浅黄色土，土质较致密，呈斜坡状堆积，分布于探方南部，东南部被K3打破，南部被现代扰土沟打破，厚0~36厘米。包含有塑料、砖块等，出土有少量夹砂红陶、夹砂红褐陶片和兽骨、石块等。现代耕土层。

③层：黄褐色土，土质较致密，呈斜坡状堆积，分布于探方南部，南部被现代扰土沟和水管沟打破，厚0~24厘米。出土有夹砂红陶、泥质灰陶、夹砂灰陶、夹砂红褐陶片和兽骨、石块等。战国时期文化层。

④层：黄色土，土质较致密，呈水平状分布，分布于全探方，北部、南部和西部被现代扰土沟打破，东部和

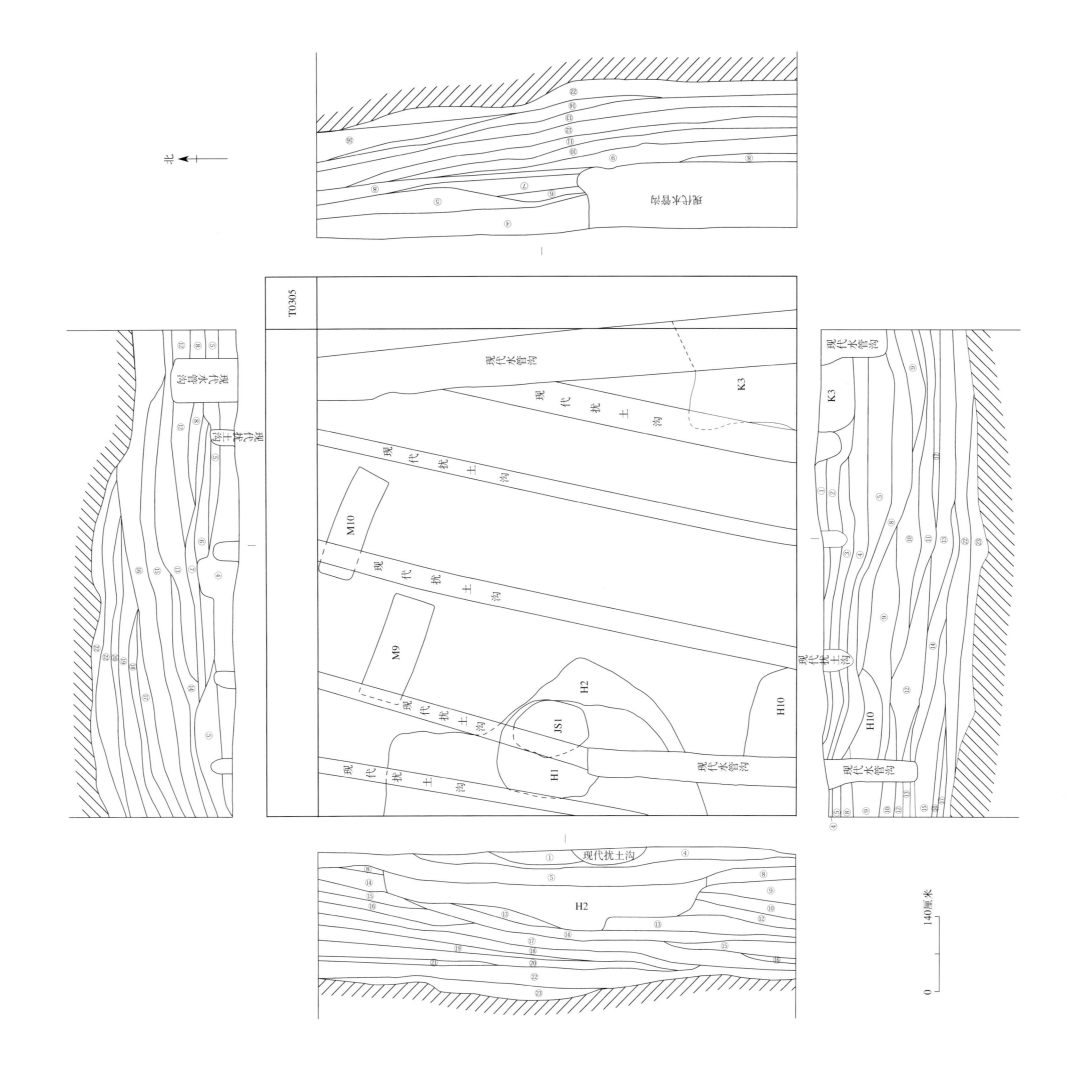

图2-160 T0305平、剖面图

南部被现代水管沟打破，厚0～76厘米。包含有少量的炭屑，出土有少量泥质红陶、夹砂红陶、泥质灰陶、夹砂红褐陶片和兽骨，少量的璧、石刀、石斧等。战国时期文化层。JS1、H1均开口于该层下。

⑤层：黄褐色土，土质较致密，呈波状分布，分布于全探方，北部被现代扰土沟和水管沟打破，东部和南部被现代水管沟打破，厚0～48厘米。包含有少量的炭屑，出土有少量的泥质红陶、夹砂红陶、泥质灰陶、夹砂红褐陶片和兽骨、石块，少量的璧、璧芯等。战国时期文化层。H2、M9、M10均开口于该层下。

⑥层：灰色土，土质较疏松，呈斜坡状堆积，分布于探方东部和北部，东南部被现代水管沟打破，北部被M9、M10和扰土沟打破，厚0～26厘米。包含有草木灰、料礓石和少量的炭屑。出土有泥质红陶、夹砂红陶、夹砂红褐陶、夹砂橙黄陶片和兽骨、石块，少量的璧、璧芯、石刀和磨石等。齐家文化层。

⑦层：浅灰色土，土质疏松，呈斜坡状堆积，分布于探方北部和东部，东南部被现代水管沟打破，北部被M9、M10打破，厚0～30厘米。包含有少量的草木灰、料礓石和炭屑等。出土有泥质红陶、夹砂红陶、夹砂红褐陶、夹砂橙黄陶片和兽骨、石块，少量的璧、石刀等。齐家文化层。

⑧层：灰褐色土，土质致密，呈斜坡状堆积，分布于全探方，东北部、西南部和东南部被现代水管沟打破，西部被H2、JS1、M9打破，厚0～36厘米。包含料礓石、草木灰和炭屑，出土有夹砂红陶、夹砂红褐陶片和兽骨、石块等。H10开口于该层下。齐家文化层。

⑨层：灰色土，局部有黄色斑块，土质较致密，呈斜坡状堆积，北部无分布，东部和南部被现代水管沟打破，南部被H10打破，西部被H2、JS1打破，厚0～56厘米。包含料礓石、草木灰和炭屑，出土有大量泥质红陶、夹砂红陶、夹砂灰陶、夹砂橙黄陶、夹砂红褐陶、彩陶片和兽骨等。齐家文化层。

⑩层：灰褐色土，土质较致密，呈斜坡状堆积，北部无分布，西南部被现代水管沟打破，西部被H2打破，厚0～46厘米。包含草木灰、炭屑、红烧土颗粒，出土有大量泥质红陶、夹砂红陶、夹砂灰陶、夹砂红褐陶片和石块、兽骨等，少量的璧、石刀、磨石等。齐家文化层。

⑪层：灰黑色土，土质疏松，呈斜坡状堆积，分布于探方东部和南部，厚0～28厘米。包含有大量的草木灰和炭屑。出土有泥质红陶、夹砂红陶、夹砂灰陶、夹砂红褐陶、夹砂橙黄陶片和兽骨、石块，少量的璧等。齐家文化层。

⑫层：黄褐色土，土质疏松，呈斜坡状堆积，分布于全探方，东北部和西南部被现代水管沟打破，西部被H2打破，厚0～60厘米。包含草木灰、炭屑、红烧土颗粒，出土有泥质红陶、夹砂红陶、夹砂红褐陶、彩陶片和兽骨、石块等，少量的璧、璧芯、石刀等。齐家文化层。

⑬层：深灰色土，土质较疏松，呈斜坡状堆积，分布于全探方，东北部和西南部被现代水管沟打破，西部被H2打破，厚0～50厘米。包含草木灰、炭屑、红烧土颗粒，出土有泥质红陶、夹砂红陶、泥质灰陶、夹砂红褐陶片和兽骨、石块等，少量璧、璧芯、磨石等。齐家文化层。

⑭层：灰色土，土质较疏松，呈斜坡状堆积，分布于全探方，西南部被现代水管沟打破，西部被H2打破，厚0～32厘米。包含有草木灰、炭屑和红烧土颗粒。出土有泥质红陶、夹砂红陶、夹砂灰陶、夹砂红褐陶、夹砂橙黄陶、彩陶片和兽骨、石块等、少量石斧、磨石等。齐家文化层。

⑮层：深灰色土，土质疏松，呈斜坡状堆积，分布于探方北部和西南部，西南部被现代水管沟打破，厚0～42厘米。包含有草木灰、炭屑和红烧土颗粒，出土有泥质红陶、夹砂红陶、泥质灰陶、夹砂灰陶、夹砂橙黄陶、夹砂红褐陶片和兽骨等，少量的璧、璧芯、石刀、磨石等。齐家文化层。

⑯层：灰褐色土，局部有黑灰色斑块，土质疏松，呈斜坡状堆积，东南部无分布，厚0～56厘米。地层内发现人骨一具。包含有草木灰、料礓石、炭屑、红烧土颗粒，出土有泥质红陶、夹砂红陶、夹砂灰陶、夹砂红褐陶片和兽骨、石块等，少量璧、石刀、磨石等。齐家文化层。

⑰层：棕褐色土，土质较致密，呈斜坡状堆积，中东部无分布，厚0～34厘米。包含有草木灰、炭屑，出土有泥质红陶、夹砂红陶、泥质灰陶、夹砂红褐陶片和兽骨、石块等，少量璧、璧芯等。齐家文化层。

⑱层：深灰色土，土质较疏松，呈斜坡状堆积，分布于探方西部和北部，厚0～24厘米。包含有草木灰、炭屑，出土有泥质红陶、夹砂红陶、夹砂灰陶、夹砂橙黄陶、夹砂红褐陶、彩陶片和兽骨、石块等，少量璧、璧芯、石锤等。齐家文化层。

⑲层：黄褐色土，土质疏松，呈斜坡状堆积，分布于探方西部和北部，厚0～28厘米。包含有草木灰、红烧土颗粒、炭屑，出土有泥质红陶、夹砂红陶、夹砂灰陶、夹砂红褐陶、夹砂橙黄陶、泥质橙黄陶片和兽骨、石块等，少量璧、玉石料等。齐家文化层。

⑳层：灰褐色土，土质较致密，呈斜坡状堆积，分布于探方西北部，厚0～28厘米。包含有草木灰、炭屑、红烧土颗粒，出土有泥质红陶、夹砂红陶、夹砂灰陶、夹砂红褐陶片和兽骨、石块等，少量璧、石刀、璧芯等。齐家文化层。

㉑层：黄褐色土，土质较致密，呈斜坡状堆积，分布于探方西北部，厚0～40厘米。包含有草木灰、炭屑、红烧土颗粒和料礓石，出土少量的泥质红陶、夹砂红陶、夹砂红褐陶片和兽骨、石块等，少量的璧、璧芯等。齐家文化层。

㉒层：灰色土，土质较致密，呈斜坡状堆积，分布于全探方，厚0～38厘米。包含有草木灰、料礓石、炭屑，出土有泥质红陶、夹砂红陶、泥质灰陶、夹砂灰陶、夹砂红褐陶、夹砂橙黄陶片和兽骨、石块等，少量璧、璧芯、磨石、石刀等。齐家文化层。

㉓层：灰黑色土，土质较疏松，呈斜坡状堆积，分布于探方西部和南部，厚0～32厘米。包含有草木灰、料礓石、炭屑，出土有泥质红陶、夹砂红陶、泥质灰陶、夹砂灰陶、夹砂橙黄陶、夹砂红褐陶片和兽骨、石块等。齐家文化层。

㉓层下为生土。

（二）出土遗物

T0305出土了陶、铜、玉石、骨器等，还出土了大量的兽骨。

1.陶器

陶器按陶质陶色可分为泥质红陶、夹砂红陶、夹砂灰陶、夹砂红褐陶、泥质橙黄陶等。纹饰有篮纹、绳纹、戳印纹、刻划纹、附加堆纹等（表2-7）。主要包括器物口部、腹部、底部和耳部残片。从残存口沿判断，器形包括双大耳罐、双小耳罐、高领罐、侈口罐、花边口罐、敛口罐、割口罐、瓮、尊、鬲、斝、器盖、盆等，还出土有陶球和陶饼等。

双大耳罐　12件。泥质红陶或夹细砂红陶。大敞口，高领，口腹之间有双大耳。

T0305④：P1，泥质红陶。口径9.0、残高4.6、厚0.2～0.5厘米（图2-161，1）。

T0305⑥：P1，泥质红陶。耳低于口沿。口径10.0、残高4.8、残宽6.4、厚0.1～0.4厘米（图2-161，2）。

T0305⑥：P4，泥质红陶。耳略低于口沿。口径9.4、残高4.9、残宽4.3、厚0.1～0.4厘米（图2-161，3）。

T0305⑫：P3，夹细砂红陶。耳低于口沿。残高5.0、残宽5.4、厚0.1～0.4厘米（图2-161，4）。

T0305⑬：P2，泥质红陶。耳与口沿平齐。耳部饰戳印纹。口径9.0、残高6.4、残宽7.5、厚0.3～0.4厘米（图2-161，5）。

T0305⑬：P3，泥质红陶，器表有烟炱。耳略低于口沿。口径11.2、残高7.1、残宽5.6、厚0.6厘米（图2-161，6）。

T0305⑬：P4，泥质红陶。耳低于口沿。耳上饰戳印纹。口径7.6、残高3.5、残宽4.7、厚0.1～0.4厘米（图

表2-7　T0305陶系统计表

陶质陶色 数量 纹饰	泥质陶					夹砂陶					合计	百分比 （%）
	红	红褐	灰	橙黄	小计	红	红褐	灰	橙黄	小计		
素面	138	17	27	95	277	2263	413	70	554	3300	3577	53.45
绳纹	3			5	8	317	796	83	179	1375	1383	20.67
篮纹	42	22	9	91	164	666	359	8	349	1382	1546	23.1
戳印纹						42	2		1	45	45	0.67
麦粒状绳纹			1	10	11	22	5	2	5	34	45	0.66
刻划纹	4			12	16	26	11		20	57	73	1.09
附加堆纹				1	1	2	2		2	6	7	0.1
彩陶				1	1	7				7	8	0.12
压印纹	1			1	2	2				2	4	0.06
席纹						3			1	4	4	0.06
合计	188	39	37	216	480	3350	1588	163	1111	6212	6692	
百分比（%）	2.81	0.58	0.55	3.23	7.17	50.06	23.73	2.43	16.61	92.83		100

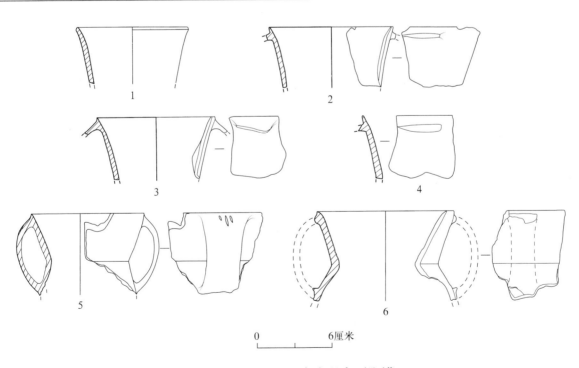

0　　　　　　6厘米

图2-161　T0305出土双大耳陶罐

1.T0305④：P1　2.T0305⑥：P1　3.T0305⑥：P4　4.T0305⑫：P3　5.T0305⑬：P2　6.T0305⑬：P3

2-162，1）。

　　T0305⑱：P12，泥质红陶。耳略低于口沿。残高4.7、残宽3.5、厚0.5厘米（图2-162，2）。

　　T0305⑳：P2，泥质红陶，器表有烟炱。耳低于口沿。口径9.6、残高4.7、残宽5.9、厚0.1~0.5厘米（图

2-162，3）。

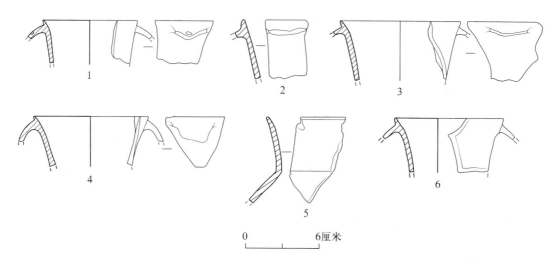

0   6厘米

图2-162　T0305出土双大耳陶罐
1.T0305⑬：P4　2.T0305⑱：P12　3.T0305⑳：P2　4.T0305㉒：P9　5.T0305㉒：P20　6.T0305㉒：P21

T0305㉒：P9，泥质红陶，器表有烟炱。耳低于口沿。口径9.3、残高4.0、残宽4.8、厚0.1～0.5厘米（图2-162，4）。

T0305㉒：P20，泥质红陶。残高7.0、残宽3.8、厚0.2～0.5厘米（图2-162，5）。

T0305㉒：P21，泥质红陶。耳低于口沿。口径8.7、残高4.3、厚0.1～0.5厘米（图2-162，6）。

双小耳罐　19件。夹砂红陶、夹砂灰陶或夹砂橙黄陶。侈口，圆唇，束颈，溜肩或圆肩，口肩之间有双耳。部分素面，个别腹部饰绳纹、颈部饰刻划纹。

T0305⑦：P4，夹砂红陶。溜肩。耳低于口沿。残高6.1、残宽5.3、厚0.5～0.8厘米（图2-163，1）。

T0305⑧：P2，夹砂红陶，器表有烟炱。溜肩，耳低于口沿。残高8.1、残宽4.6、厚0.5～0.7厘米（图2-163，2）。

T0305⑨：P1，夹砂红陶，器表有烟炱。圆肩，耳低于口沿。肩部饰绳纹。口径19.2、残高9.0、厚0.5～0.8厘米（图2-163，3）。

T0305⑨：P9，夹砂红陶，器表有烟炱。溜肩，耳低于口沿。肩部饰绳纹。口径15.7、残高7.7、厚0.6～0.7厘米（图2-163，4）。

T0305⑪：P1，夹砂橙黄陶。圆肩，耳与口沿平齐。肩部饰绳纹。残高7.9、残宽7.8、厚0.2～0.7厘米（图2-163，5）。

T0305⑱：P1，夹砂红陶。圆肩，耳低于口沿。肩部饰绳纹。口径14.4、残高8.3、残宽9.9、厚0.5～0.7厘米（图2-163，6）。

T0305⑱：P4，夹砂红陶，器表有烟炱。圆肩，鼓腹，耳低于口沿。肩、腹部饰绳纹。口径10.4、残高11.2、残宽8.2、厚0.4～0.8厘米（图2-163，7）。

T0305⑱：P10，夹砂红陶。器表施红色陶衣，器表及口沿内壁饰黑彩，口沿内壁饰宽条带纹两周，颈部饰宽条带纹两周，之间为折带纹。口径13.6、残高6.0、厚0.3～0.7厘米（图2-163，8）。

T0305⑲：P9，夹砂红陶。圆肩，鼓腹，耳面及肩部饰戳印纹。残高7.5、残宽4.8、厚0.3～0.5厘米（图2-164，1）。

T0305㉒：P1，夹砂红陶。耳低于口沿。颈部饰绳纹。口径10.8、残高7.5、残宽7.5、厚0.6～0.7厘米（图2-164，2）。

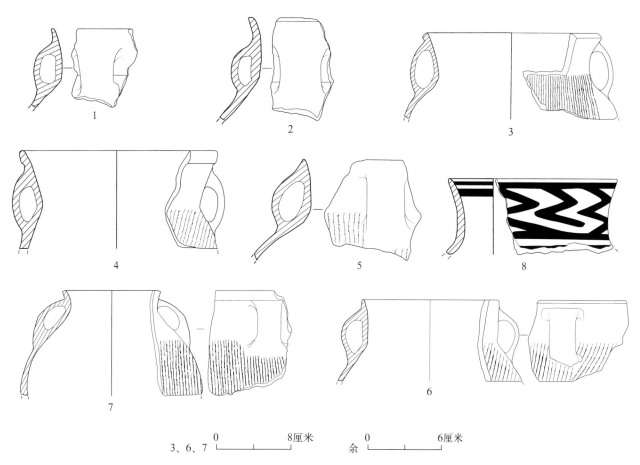

图2-163 T0305出土双小耳陶罐

1.T0305⑦：P4 2.T0305⑧：P2 3.T0305⑨：P1 4.T0305⑨：P9 5.T0305⑪：P1 6.T0305⑱：P1 7.T0305⑱：P4 8.T0305⑱：P10

T0305㉒：P2，夹砂红陶，器表有烟炱。耳低于口沿。圆肩，颈、肩部饰绳纹。残高7.4、残宽5.4、厚0.5~0.7厘米（图2-164，3）。

T0305㉒：P6，夹砂红陶，器表有烟炱。耳低于口沿。圆肩，颈、肩部饰绳纹。残高6.1、残宽5.9、厚0.5~0.9厘米（图2-164，4）。

T0305㉒：P10，夹砂红陶，器表有烟炱。耳低于口沿。圆肩，肩部饰绳纹。残高9.4、残宽8.8、厚0.3~0.7厘米（图2-164，5）。

T0305㉒：P17，夹砂红陶，器表有烟炱。溜肩，耳略低于口沿。口径15.8、残高5.8、厚0.6厘米（图2-164，6）。

T0305㉒：P18，夹砂红陶。溜肩，耳低于口沿。颈部饰绳纹。残高7.6、残宽6.9、厚0.6厘米（图2-165，1）。

T0305㉒：P22，夹砂红陶，器表有烟炱。圆肩，鼓腹，耳低于口沿。肩、腹部饰绳纹。残高10.6、残宽11.6、厚0.8厘米（图2-165，2）。

T0305㉒：P23，夹砂灰陶。圆肩，耳略低于口沿。口径18.0、残高6.8、厚0.4~0.8厘米（图2-165，3）。

T0305㉒：P24，夹砂红陶。溜肩，耳低于口沿。耳面粘贴小泥饼。残高9.2、残宽7.3、厚0.7~0.9厘米（图2-165，4）。

T0305㉓：P3，夹砂红陶，器表有烟炱。耳低于口沿。耳面粘贴小泥饼，颈部饰绳纹。残高8.0、残宽6.5、厚0.5~0.8厘米（图2-165，5）。

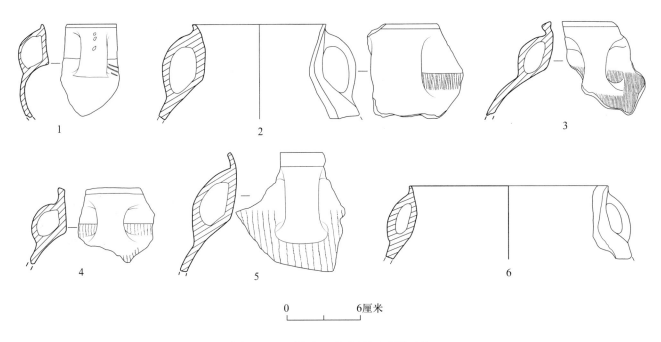

图2-164　T0305出土双小耳陶罐

1.T0305⑲：P9　2.T0305㉒：P1　3.T0305㉒：P2　4.T0305㉒：P6　5.T0305㉒：P10　6.T0305㉒：P17

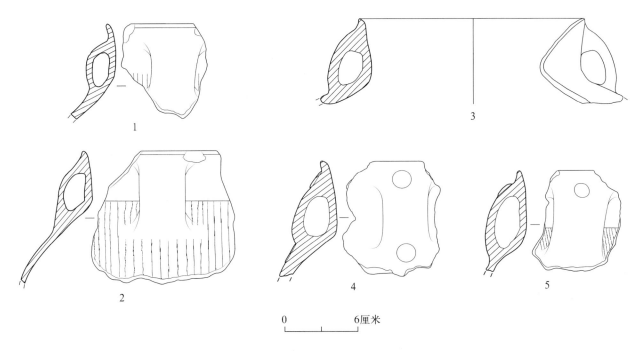

图2-165　T0305出土双小耳陶罐

1.T0305㉒：P18　2.T0305㉒：P22　3.T0305㉒：P23　4.T0305㉒：P24　5.T0305㉓：P3

高领罐　16件。泥质红陶、夹砂红陶、夹砂灰陶或夹砂橙黄陶。大敞口，圆唇，高领，个别领部饰戳印纹或腹部饰篮纹。

T0305⑥：P3，夹砂橙黄陶。口径22.2、残高3.5、厚0.8~1厘米（图2-166，1）。

T0305⑧：P1，夹砂红陶。口径17.8、残高4.6、残宽6.2、厚0.4~0.5厘米（图2-166，2）。

T0305⑨：P2，夹砂红陶。折肩。领部饰戳印纹。口径19.6、残高7.5、残宽8.9、厚0.6~0.8厘米（图2-166，3）。

T0305⑨：P10，夹砂灰陶。口径15.8、残高5.2、厚0.7厘米（图2-166，4）。

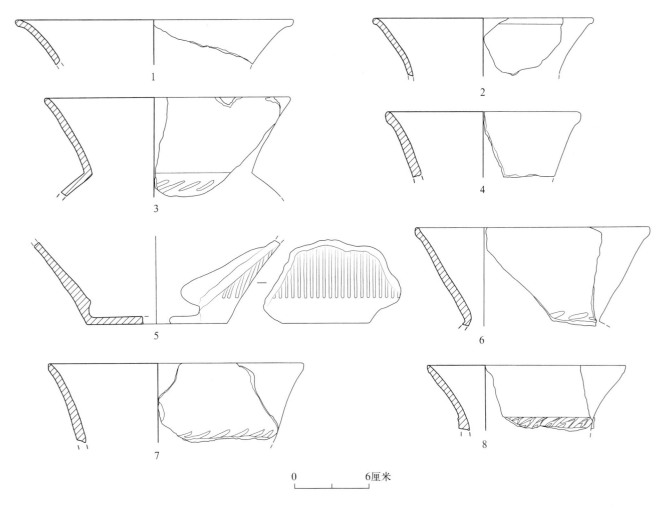

图2-166　T0305出土高领陶罐

1.T0305⑥：P3　2.T0305⑧：P1　3.T0305⑨：P2　4.T0305⑨：P10　5.T0305⑩：P3　6.T0305⑫：P1　7.T0305⑫：P5　8.T0305⑫：P6

　　T0305⑩：P3，夹砂红陶。斜腹，平底，腹部饰篮纹。底径11.2、残高6.6、残宽10.5、厚0.5～0.7厘米（图2-166，5）。

　　T0305⑫：P1，夹砂红陶。折肩。领部饰戳印纹。口径19.0、残高7.9、残宽9.3、厚0.5～0.7厘米（图2-166，6）。

　　T0305⑫：P5，夹砂红陶。领部饰戳印纹。口径20.4、残高6.3、残宽9.3、厚0.6～0.7厘米（图2-166，7）。

　　T0305⑫：P6，夹砂红陶。领部饰附加堆纹和戳印纹。口径18.0、残高5.2、残宽7.7、厚0.6～0.7厘米（图2-166，8）。

　　T0305⑱：P11，夹砂红陶。口径13.5、残高4.8、厚0.5～0.7厘米（图2-167，1）。

　　T0305⑲：P1，夹砂红陶。折肩。口径13.5、残高4.8、厚0.5～0.7厘米（图2-167，2）。

　　T0305㉑：P2，夹砂红陶，器表有烟炱。口径26.7、残高8.8、残宽15.7、厚0.8～1.0厘米（图2-167，3）。

　　T0305㉒：P19，泥质红陶。领部饰弦纹11道。残高7.0、残宽6.4、厚0.4～0.7厘米（图2-167，4）。

　　T0305㉒：P26，夹砂红陶。领部饰戳印纹。口径25.8、残高7.6、残宽7.9、厚0.5～0.7厘米（图2-167，5）。

　　T0305㉒：P28，夹砂橙黄陶。口部有凸棱一周。口径17.6、残高7.1、厚0.6～0.8厘米（图2-167，6）。

　　T0305㉒：P34，夹砂红陶。口径14.6、残高4.2、厚0.4～0.6厘米（图2-167，7）。

　　T0305㉒：P36，夹砂红陶。口径16.8、残高4.6、厚0.6厘米（图2-167，8）。

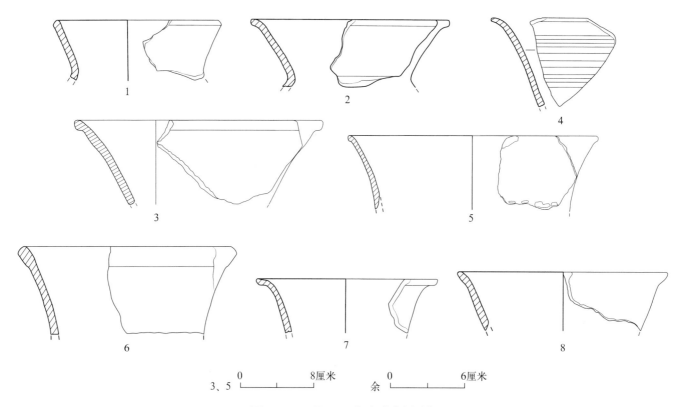

图2-167　T0305出土高领陶罐

1.T0305⑱：P11　2.T0305⑲：P1　3.T0305㉑：P2　4.T0305㉒：P19　5.T0305㉒：P26　6.T0305㉒：P28　7.T0305㉒：P34　8.T0305㉒：P36

侈口罐　14件。夹砂红陶、夹砂灰陶、泥质橙黄陶或夹砂橙黄陶。侈口，圆唇，束颈，溜肩或圆肩，鼓腹。部分肩腹部饰绳纹、附加堆纹或压印纹。

T0305⑥：P2，夹砂红陶。圆肩。口径7.9、残高5.6、厚0.6～0.8厘米（图2-168，1）。

T0305⑨：P11，夹砂红陶。溜肩，肩腹部饰绳纹。口径8.8、残高5.2、厚0.5～0.6厘米（图2-168，2）。

T0305⑪：P2，夹砂红陶。溜肩。口沿处有凸棱一周，腹部饰绳纹。口径13.5、残高7.9、残宽7.5、厚0.6～0.8厘米（图2-168，3）。

T0305⑭：P1，夹砂红陶。溜肩。肩部饰绳纹。残高5.0、残宽5.1、厚0.5～0.7厘米（图2-168，4）。

T0305⑭：P9，夹砂橙黄陶。溜肩。口沿部有凸棱一周，肩部饰绳纹。口径15.2、残高5.2、残宽7.2、厚0.4～0.8厘米（图2-168，5）。

T0305⑲：P2，泥质橙黄陶。溜肩。口径7.0、残高3.8、残宽4.7、厚0.2～0.5厘米（图2-168，6）。

T0305⑲：P5，夹砂橙黄陶，器表有烟炱。溜肩。肩部饰绳纹。口径14.8、残高5.4、残宽8.6、厚0.1～0.6厘米（图2-168，7）。

T0305⑲：P6，夹砂灰陶。圆肩。肩部饰绳纹。口径8.2、残高4.3、残宽5.1、厚0.3～0.5厘米（图2-169，1）。

T0305⑲：P8，夹砂灰陶。溜肩。颈部饰附加堆纹。口径18.4、残高5.1、残宽6.2、厚0.4～0.9厘米（图2-169，2）。

T0305⑳：P1，夹砂红陶，器表有烟炱。溜肩。肩部饰绳纹。口径13.6、残高5.2、残宽7.5、厚0.6～0.7厘米（图2-169，3）。

T0305㉒：P16，夹砂红陶，器表有烟炱。溜肩。口径12.2、残高5.8、厚0.3～0.7厘米（图2-169，4）。

T0305㉒：P32，夹砂红陶。溜肩。肩部饰绳纹。口径12.2、残高5.8、厚0.5～0.8厘米（图2-169，5）。

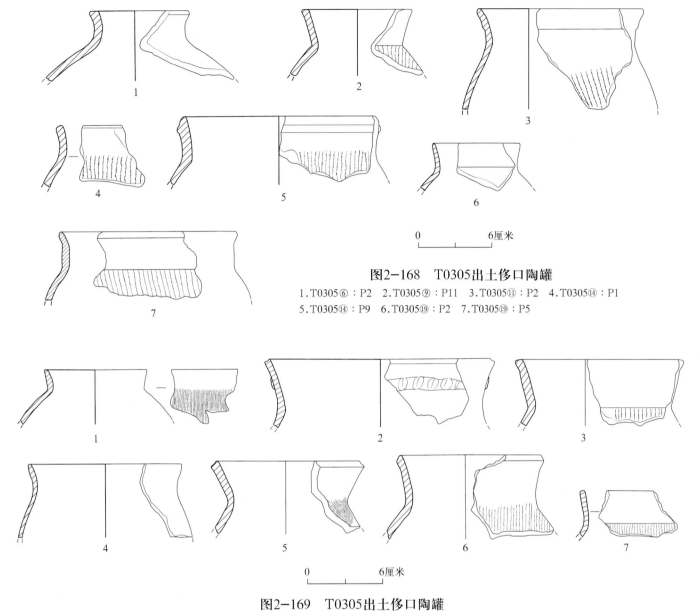

图2-168　T0305出土侈口陶罐

1.T0305⑥：P2　2.T0305⑨：P11　3.T0305⑪：P2　4.T0305⑭：P1
5.T0305⑭：P9　6.T0305⑲：P2　7.T0305⑲：P5

图2-169　T0305出土侈口陶罐

1.T0305⑲：P6　2.T0305⑲：P8　3.T0305⑳：P1　4.T0305㉒：P16　5.T0305㉒：P32　6.T0305㉒：P33　7.T0305㉓：P1

　　T0305㉒：P33，夹砂红陶，溜肩。肩部饰绳纹。口径11.2、残高6.7、厚0.3~0.8厘米（图2-169，6）。

　　T0305㉓：P1，夹砂红陶。溜肩。肩部饰绳纹。残高3.6、残宽5.8、厚0.5厘米（图2-169，7）。

　　花边口罐　3件。夹砂红陶或夹砂红褐陶。侈口，圆唇，束颈，溜肩。口沿部饰戳印纹或有花边附加堆纹一周。

　　T0305⑲：P7，夹砂红褐陶。口径10.9、残高3.3、厚0.5~0.7厘米（图2-170，1）。

　　T0305㉒：P5，夹砂红陶。肩部饰绳纹。口径11.2、残高5.2、厚0.5~0.6厘米（图2-170，2）。

　　T0305⑫：5，夹砂红陶，器表有烟炱。鼓腹，下腹弧收，平底。腹部饰绳纹。口径8.1、最大腹径8.8、底径6.2、高10.8、厚0.6~0.7厘米（图2-170，3）。

　　割口罐　1件。

　　T0305㉒：P3，夹砂红陶。敛口，圆肩，近口沿有双小耳。口径20.0、残高5.0、残宽11.4、厚0.5~0.6厘米（图2-170，4）。

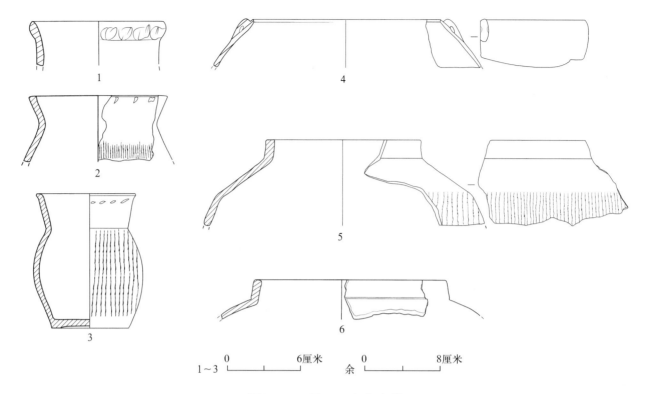

图2-170 T0305出土陶器

1~3.花边口罐T0305⑲：P7、T0305㉒：P5、T0305⑫：5 4.割口罐T0305㉒：P3 5、6.敛口罐T0305⑨：P3、T0305㉒：P11

敛口罐 2件。敛口，方唇，矮领，圆肩，鼓腹。

T0305⑨：P3，夹砂红陶。腹部饰绳纹。口径16.6、残高9.2、残宽14.7、厚0.6~1.0厘米（图2-170，5）。

T0305㉒：P11，夹砂橙黄陶。颈部饰凹弦纹。口径20.5、残高4.2、残宽8.7、厚0.5~0.9厘米（图2-170，6）。

瓮 6件。夹砂红陶或夹砂橙黄陶。直口，方唇，近直筒腹，微鼓。

T0305③：P1，夹砂红陶。口沿外有凸棱一周，器表饰绳纹。残高4.6、残宽5.8、厚0.4~1.8厘米（图2-171，1）。

T0305⑫：P4，夹砂红陶。口沿部有凸棱一周，口沿下饰绳纹。残高4.5、残宽5.0、厚0.7~1.3厘米（图2-171，2）。

T0305⑱：P9，夹砂红陶。口沿外有凸棱一周，饰凹弦纹两道，腹部饰绳纹。口径19.0、残高4.3、残宽4.9、厚0.5~1.2厘米（图2-171，3）。

T0305㉒：P12，夹砂红陶。口沿外有凸棱一周，器表饰绳纹。口径32.4、残高6.7、残宽9.2、厚0.6~1.9厘米（图2-171，4）。

T0305㉒：P13，夹砂橙黄陶。直口，微侈。器表饰绳纹。残高4.8、残宽4.4、厚0.7~1.0厘米（图2-171，5）。

T0305㉒：P30，夹砂红陶。直口，微侈。器表饰绳纹和附加堆纹。残高4.5、残宽7.4、厚0.6~1.0厘米（图2-171，6）。

盆 4件。夹砂红陶或泥质红陶。大敞口，斜沿，方唇或圆唇，斜腹。

T0305⑬：P1，夹砂红陶。方唇。腹部饰绳纹。残高3.5、残宽6.3、沿宽1.6、厚0.6~0.9厘米（图2-172，1）。

T0305⑭：P2，夹砂红陶。圆唇。腹部饰篮纹。残高2.4、残宽6.5、沿宽4.2、厚0.5~0.8厘米（图2-172，2）。

T0305⑱：P3，泥质红陶。方唇。器表施红色陶衣。残高3.8、残宽5.0、沿宽3.5、厚1.0厘米（图2-172，3）。

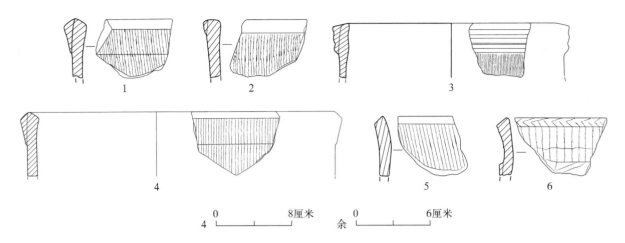

图2-171 T0305出土陶瓮

1.T0305③：P1 2.T0305⑫：P4 3.T0305⑱：P9 4.T0305㉒：P12 5.T0305㉒：P13 6.T0305㉒：P30

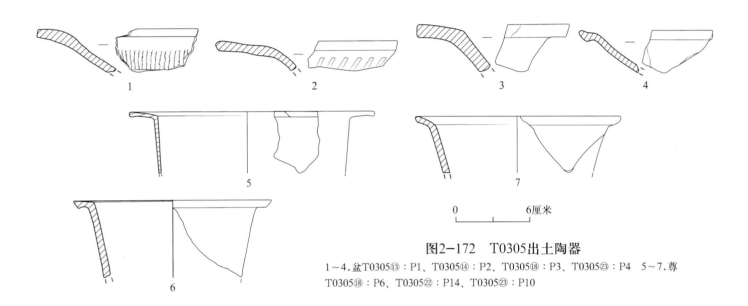

图2-172 T0305出土陶器

1～4.盆T0305⑬：P1、T0305⑭：P2、T0305⑱：P3、T0305㉓：P4 5～7.尊 T0305⑱：P6、T0305㉒：P14、T0305㉓：P10

　　T0305㉓：P4，夹砂红陶。圆唇。沿上有凹槽一周。残高3.4、残宽4.9、沿宽1.2、厚0.5～0.7厘米（图2-172，4）。

　　尊 3件。平沿或斜沿，圆唇，筒状腹。

　　T0305⑱：P6，泥质红陶。直口，平沿。口径19.5、残高4.9、厚0.2～0.4厘米（图2-172，5）。

　　T0305㉒：P14，夹细砂红陶。侈口，平沿。口径15.8、残高6.1、厚0.5～0.6厘米（图2-172，6）。

　　T0305㉓：P10，泥质红陶。侈口，斜沿。口径16.6、残高4.5、厚0.5厘米（图2-172，7）。

　　器盖 8件。夹砂红陶或夹砂灰陶。斗笠状，盖面斜直或圆弧，盖面之上有捉纽，个别器表饰绳纹、戳印纹和刻划纹。

　　T0305⑫：P2，夹砂红陶，器表有烟炱。盖面圆弧，盖面边缘粘贴小泥饼一周。盖径19.2、残高4.0、厚0.5～1.1厘米（图2-173，1）。

　　T0305⑭：P6，夹砂红陶。盖面斜直，盖面饰刻划纹。盖径8.6、残高2.0、厚0.4～0.6厘米（图2-173，2）。

　　T0305㉒：P4，夹砂灰陶，器表有烟炱。盖面圆弧。盖径12.4、残高3.9、厚0.6厘米（图2-173，3）。

　　T0305⑬：10，夹砂红陶。盖面圆弧，顶部有圆形捉纽，纽顶有凹窝。器表饰刻划纹。盖径12.6、纽径4.0、高5.4、厚0.4~0.7厘米（图2-173，4；彩版六五，1）。

　　T0305⑬：14，夹砂红陶。蘑菇顶状，顶部凸起，下部有筒状盖塞。盖径6.2、残高3.2、厚0.4厘米（图2-173，5）。

　　T0305⑳：17，夹砂红陶。盖面斜直，顶部有圆形捉纽，纽顶有凹窝。盖径9.8、纽径2.7、高3.6、厚0.6~1.4厘米（图2-173，6）。

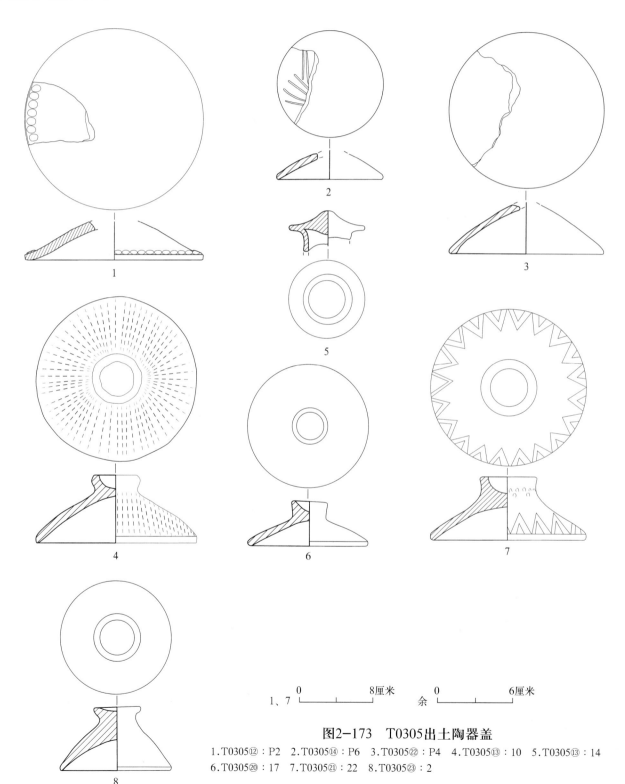

图2-173　T0305出土陶器盖

1.T0305⑫：P2　2.T0305⑭：P6　3.T0305㉒：P4　4.T0305⑬：10　5.T0305⑬：14
6.T0305⑳：17　7.T0305㉑：22　8.T0305㉓：2

T0305㉑：22，夹砂红陶，局部有烟炱。盖面圆弧，顶部有圆形捉纽，纽顶有凹窝。盖面饰折线刻划纹。盖径16.6、纽径6.0、高6.7、厚0.8～1.5厘米（图2-173，7）。

T0305㉓：2，夹砂红陶。盖面圆弧，顶部有圆形捉纽，纽顶有凹窝。盖径9.0、纽径3.8、高5.1、厚0.3～2.3厘米（图2-173，8）。

鬲足　8件。夹砂红陶。袋状足。

T0305⑦：P2，残高4.8、残宽3.5、厚0.5～2.7厘米（图2-174，1）。

T0305㉒：P39，器表有烟炱。饰绳纹。残高6.7、残宽4.4、厚0.5厘米（图2-174，2）。

T0305㉒：P40，器表有烟炱。残高6.4、残宽4.9、厚0.5厘米（图2-174，3）。

T0305㉒：P41，器表有烟炱。残高3.9、残宽2.9、厚0.5厘米（图2-174，4）。

T0305㉒：P42，器表有烟炱。饰绳纹。残高4.6、残宽4.3、厚0.8厘米（图2-174，5）。

T0305㉒：P43，饰绳纹。残高6.6、残宽5.6、厚2.0厘米（图2-174，6）。

T0305㉒：P44，器表有烟炱。饰绳纹。残高10.1、残宽6.8、厚0.5厘米（图2-174，7）。

T0305㉒：P45，残高7.1、残宽5.8、厚0.3厘米（图2-174，8）。

斝　2件。

T0305㉒：P37，夹砂白陶。重唇口，微侈，筒状腹，口沿外饰戳印纹一周、弦纹两周，腹部饰绳纹。残高4.8、残宽6.8、厚0.5～0.8厘米（图2-175，1）。

T0305㉒：P38，夹砂红陶。重唇口，筒状腹。口径17.6、残高4.4、厚0.6～0.7厘米（图2-175，2）。

人像陶片　1件。

T0305㉓：1，夹砂红陶。罐腹部残片，刻画有人面像，鼻位于中部，两侧为竖目，下部为口和牙齿，一侧残。残高11.1、残宽11.6、厚0.7厘米（图2-175，3；彩版六五，2）。

饼状器　3件。圆饼状，系陶片磨制而成。

T0305⑮：7，夹砂红陶。饼面弧曲。直径4.9～5.2、厚0.9厘米（图2-175，4）。

T0305㉒：12，泥质灰陶。直径2.7～2.9、厚0.7厘米（图2-175，5）。

T0305㉒：13，夹砂红陶。直径2.9～3.0、厚0.4～0.5厘米（图2-175，6）。

球　1件。

T0305⑯：2，泥质灰陶，球状，不甚规整。直径2.0～2.1厘米（图2-175，7；彩版六五，3）。

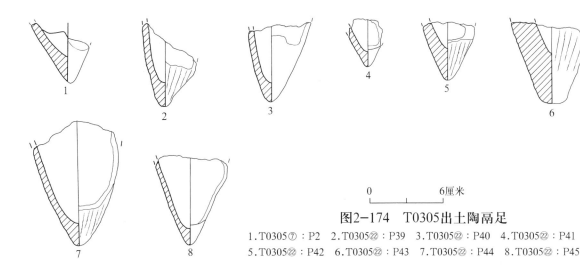

0　　　　　　6厘米

图2-174　T0305出土陶鬲足

1.T0305⑦：P2　2.T0305㉒：P39　3.T0305㉒：P40　4.T0305㉒：P41
5.T0305㉒：P42　6.T0305㉒：P43　7.T0305㉒：P44　8.T0305㉒：P45

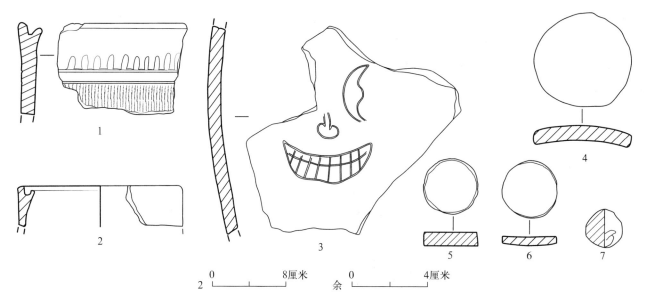

图2-175 T0305出土陶器
1、2.罐T0305㉒：P37、T0305㉒：P38 3.人像陶片T0305㉓：1 4~6.饼状器T0305⑮：7、T0305㉒：12、T0305㉒：13 7.球T0305⑯：2

2.铜器

出土数量较少，包括铜锥和铜环。

锥 1件。

T0305⑥：11，红铜质。柱状长条状，断面呈圆形，锥尖较钝。长4.6、直径0.8厘米（图2-176，1；彩版六五，4）。

环 1件。

T0305⑳：5，红铜质。平面呈圆形，仅存一段，断面呈圆形。直径4.7、断面直径0.6厘米（图2-176，2）。

3.骨、牙器

出土数量较少，包括骨锥和牙片饰。

牙片饰 1件。

T0305⑪：4，片状，平面近长方形，系大型动物牙齿磨制而成，较薄，通体磨光。长2.2、宽1.3、厚0.2厘米（图2-177，1；彩版六五，5）。

骨锥 1件。

T0305㉒：20，系用动物肢骨骨片磨制而成，一侧保留有骨髓腔，一端磨制出锥尖，顶端残。残长6.5、宽1.4、厚0.4厘米（图2-177，2；彩版六五，6）。

4.玉石器

主要包括玉石器产品及加工工具，少量的生产工具，绝大部分为磨制石器，磨制石器大部分通体磨光，仅个别局部磨光。玉石器产品包括璧、璜、璧芯和权杖头。玉石器加工工具包括磨石和切割工具。出土了大量的玉石料，制作玉石器残存的断块，部分玉石料有切割痕迹。生产

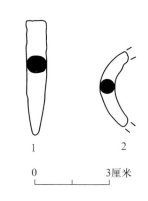

图2-176 T0305出土铜器
1.锥T0305⑥：11 2.环T0305⑳：5

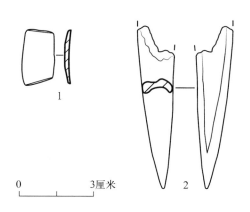

图2-177 T0305出土骨、牙器
1.牙片饰T0305⑪：4 2.骨锥T0305㉒：20

工具包括刀、刀坯料、斧、斧坯料、铲、铲坯料、研磨器、凿、锤、砧等。

　　璧　57件。仅个别完整，平面近圆形、椭圆形、圆角方形等，大部分表面磨光，外缘仅个别磨制规整，大部分保留有打制疤痕。大部分好侧稍厚，逐渐向外缘减薄。中间钻孔，单面管钻，个别未钻透，孔壁保留有管钻痕迹，断钻处有明显断茬。

　　T0305④：1，大理岩，灰白色。局部有黑色麻点。完整，平面近方形，外径4.3~5.2、好径1.0~1.4、厚0.6~0.8厘米（图2-178，1；彩版六六，1）。

　　T0305④：5，方解蛇纹石，灰绿色。平面近椭圆形，残余约三分之一璧面。外径12.4~14.4、好径2.6~3.8、厚0.8~1.2厘米（图2-178，2；彩版六六，2）。

　　T0305④：7，蛇纹大理岩，白色。平面不规则形，残余约五分之一璧面。残长6.1、残宽5.6、好径3.2~4.2、厚2.5厘米（图2-178，3；彩版六六，3）。

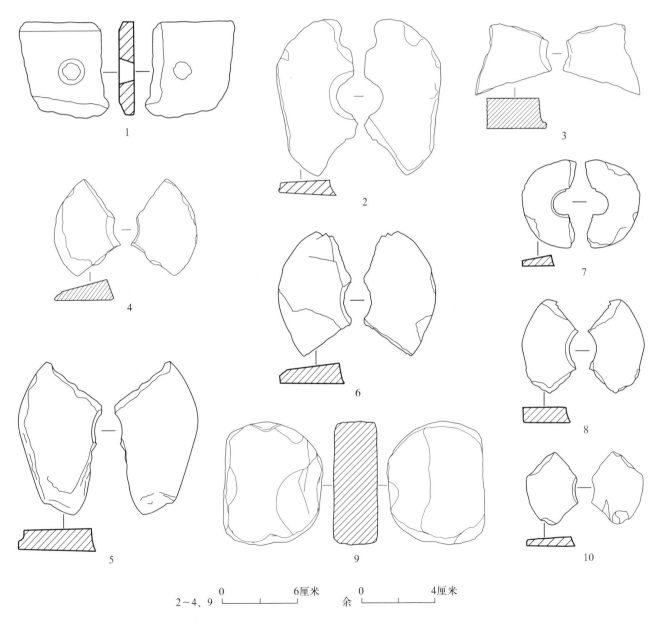

图2-178　T0305出土玉石璧

1.T0305④：1　2.T0305④：5　3.T0305④：7　4.T0305⑤：1　5.T0305⑥：3　6.T0305⑥：5　7.T0305⑥：7　8.T0305⑥：10
9.T0305⑥：14　10.T0305⑦：1

T0305⑤:1,蛇纹大理岩,灰绿色。平面近圆形,残余约三分之一璧面。外径10.8~11.2、好径3.2~4.2、厚0.5~1.1厘米(图2-178,4;彩版六六,4)。

T0305⑥:3,蛇纹大理岩,暗绿色,平面近圆形。残余约四分之一璧面。外径9.5~10.5、好径2.5~2.8、厚1.0~1.2厘米(图2-178,5;彩版六六,5)。

T0305⑥:5,蛇纹大理岩,青灰色。平面近圆形,残余约四分之一璧面。外径9.5~10.1、好径2.7~3.1、厚0.4~1.1厘米(图2-178,6;彩版六六,6)。

T0305⑥:7,蛇纹大理岩,灰白色,平面圆形,残余约二分之一璧面。外径4.4~4.7、好径1.2~1.5、厚0.3~0.6厘米(图2-178,7;彩版六七,1)。

T0305⑥:10,蛇纹岩,绿色。平面近圆形,残余约四分之一璧面。外径6.4~7.3、好径2.3~2.7、厚0.8厘米(图2-178,8;彩版六七,2)。

T0305⑥:14,石英砂岩,青绿色。平面近圆形,无钻孔。外径9.3~9.7、厚3.4厘米(图2-178,9)。

T0305⑦:1,蛇纹大理岩,黑绿色。平面近圆形,残余约四分之一璧面。外径5.3~6.4、好径1.5~1.9、厚0.3~0.5厘米(图2-178,10;彩版六七,3)。

T0305⑦:2,蛇纹大理岩,灰白色。平面近圆形,残余约五分之一璧面。外径7.4~8.7、好径3.4~3.9、厚1.0厘米(图2-179,1;彩版六七,4)。

T0305⑩:2,片状云母大理岩,灰绿色。平面近圆形,残余约四分之一璧面。外径7.8~8.1、好径2.9~3.3、厚0.2~0.6厘米(图2-179,2;彩版六七,5)。

T0305⑩:8,蛇纹大理岩,墨绿色。平面不规则形,仅存边缘。残长9.9、残宽5.0、厚1.7厘米(图2-179,3)。

T0305⑪:1,蛇纹大理岩,暗绿色。平面近圆形,残余约二分之一璧面,外径9.2~9.6、好径3.6~4.4、厚0.8~1.0厘米(图2-179,4;彩版六七,6)。

T0305⑪:2,蛇纹大理岩,灰绿色。局部有黑色麻点,平面近圆形,残余约三分之一璧面。外径7.8~8.4、好径2.4~2.7、厚0.5~0.7厘米(图2-179,5;彩版六八,1)。

T0305⑪:3,蛇纹大理岩,灰白色。平面近圆形,残余约五分之一璧面。外径7.3~8.0、好径2.4~3.2、厚1.3厘米(图2-179,6;彩版六八,2)。

T0305⑫:2,蛇纹大理岩,灰绿色。平面圆角方形,局部涂有朱砂,残余约三分之二璧面。外径7.7~8.1、好径2.7~3.1、厚1.4厘米(图2-179,7;彩版六八,3)。

T0305⑫:4,方解蛇纹岩,深绿色。平面近圆形,残余约四分之一璧面。外径7.3~8.6、好径2.3~2.8、厚0.7~0.9厘米(图2-179,8;彩版六八,4)。

T0305⑬:2,透闪蛇纹大理岩,灰绿色。平面近圆形,残余约二分之一璧面。外径7.2~8.0、好径2.5~2.9、厚0.6厘米(图2-179,9;彩版六八,5)。

T0305⑬:5,片状蛇纹大理岩,灰绿色。平面近圆形,残余约五分之一璧面。外径10.4~11.2、好径3.2~3.5、厚1.0厘米(图2-179,10;彩版六八,6)。

T0305⑬:9,方解蛇纹岩,白色。平面近圆形,残余约二分之一璧面。外径5.0~5.2、好径0.7~1.0、厚0.9厘米(图2-180,1;彩版六九,1)。

T0305⑬:11,透闪大理岩,灰白色。平面圆角方形,残余约三分之一璧面。外径6.2~7.9、好径2.5~2.8、厚0.7厘米(图2-180,2;彩版六九,2)。

T0305⑬:13,蛇纹大理岩,浅黄绿色。平面圆角方形,完整。外径8.8~9.0、好径2.6~3.8、厚1.0厘米(图

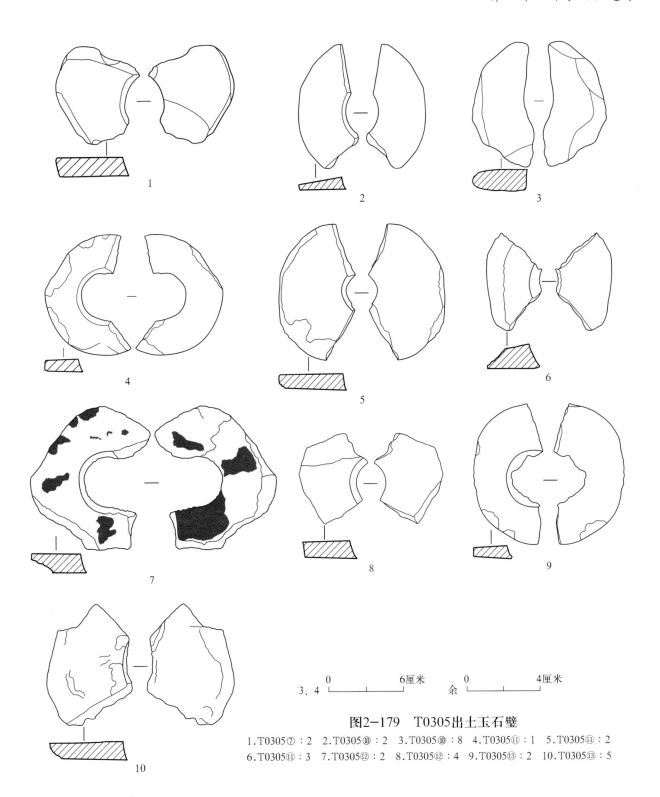

图2-179　T0305出土玉石璧

1.T0305⑦：2　2.T0305⑩：2　3.T0305⑩：8　4.T0305⑪：1　5.T0305⑪：2
6.T0305⑪：3　7.T0305⑫：2　8.T0305⑫：4　9.T0305⑬：2　10.T0305⑬：5

2-180，3；彩版六九，3）。

　　T0305⑬：17，绿泥岩，灰白色。平面近圆角方形，仅存一角。外径8.4~9.2、好径2.8~3.3、厚0.7~1.0厘米（图2-180，4；彩版六九，4）。

　　T0305⑬：23，蛇纹大理岩，灰绿色。平面近圆形，仅存局部。残长6.0、残宽4.6、厚1.3厘米（图2-180，5；彩版六九，5）。

　　T0305⑬：31，蛇纹大理岩，浅灰绿色。平面近圆形。外径5.2~5.5、好径1.5~1.8、厚0.3~0.8厘米（图2-180，6；彩版六九，6）。

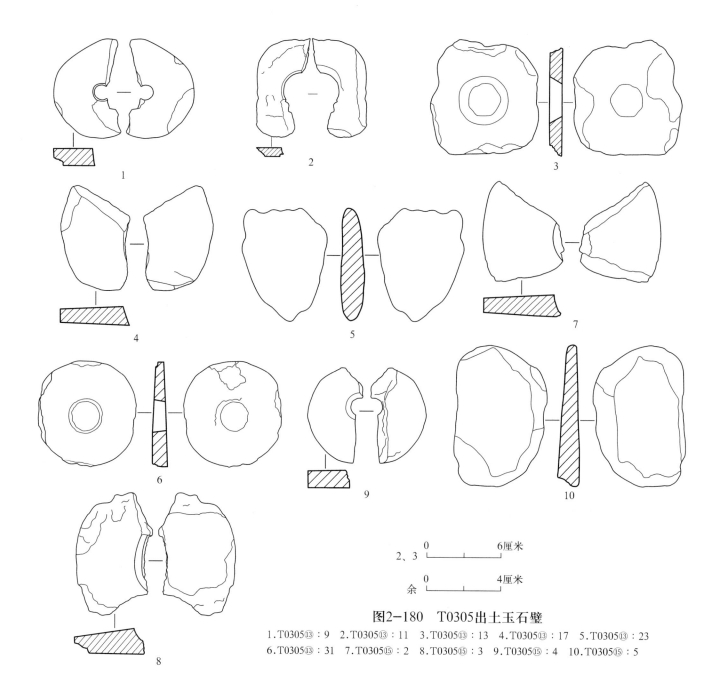

图2-180 T0305出土玉石璧

1.T0305⑬：9　2.T0305⑬：11　3.T0305⑬：13　4.T0305⑬：17　5.T0305⑬：23
6.T0305⑬：31　7.T0305⑮：2　8.T0305⑮：3　9.T0305⑮：4　10.T0305⑮：5

　　T0305⑮：2，蛇纹大理岩，灰绿色。平面近圆形，残余约五分之一璧面。外径9.3～10.5、好径2.7～3.6、厚0.8～1.2厘米（图2-180，7；彩版七〇，1）。

　　T0305⑮：3，透辉矽卡岩，灰白色。平面近圆形，残余约四分之一璧面。外径7.8～8.4、好径3.7～4.2、厚0.9～1.4厘米（图2-180，8；彩版七〇，2）。

　　T0305⑮：4，蛇纹大理石，白色。平面近圆形，残余约二分之一璧面。外径5.2～5.5、好径0.8～1.1、厚0.9厘米（图2-180，9；彩版七〇，3）。

　　T0305⑮：5，蛇纹大理岩，灰绿色。平面不规则形，残余约二分之一璧面。残长7.4、残宽4.8、厚0.5～1.2厘米（图2-180，10；彩版七〇，4）。

　　T0305⑯：1，蛇纹大理岩，灰绿色。平面近圆形，残余约二分之一璧面。外径6.4～6.6、好径2.6～3.2、厚0.9厘米（图2-181，1；彩版七〇，5）。

　　T0305⑯：4，细砂质杂砂岩，暗绿色。平面近圆形，无钻孔。外径7.2～7.9、厚0.7厘米（图2-181，2；彩版七〇，6）。

T0305⑰：1，绿泥岩，灰白色。平面近圆形，残余约四分之一璧面。外径11.6～12.8、好径4.4～5.0、厚0.7～1.4厘米（图2-181，3；彩版七一，1）。

T0305⑰：2，蛇纹大理岩，豆青色。平面近圆角方形，残余约三分之一璧面。外径5.8～6.2、好径1.9～2.2、厚0.6厘米（图2-181，4；彩版七一，2）。

T0305⑰：3，蛇纹大理岩，暗绿色。平面近圆形，无钻孔。外径4.6～5.3、厚0.6厘米（图2-181，5；彩版七一，3）。

T0305⑰：5，蛇纹岩，灰白色。平面近椭圆形，残余约二分之一璧面。外径4.7～5.8、好径1.5～1.9、厚0.7～1.0厘米（图2-181，6；彩版七一，4）。

T0305⑱：1，蛇纹大理岩，绿色。平面近圆形，残余约四分之一璧面。外径8.9～10.1、好径4.5～4.7、厚1.0厘米（图2-181，7；彩版七一，5）。

T0305⑲：1，蛇纹岩，灰白色。平面近圆形，外缘磨光，无钻孔。外径9.8～10.1、厚0.6～1.0厘米（图2-181，8；彩版七一，6）。

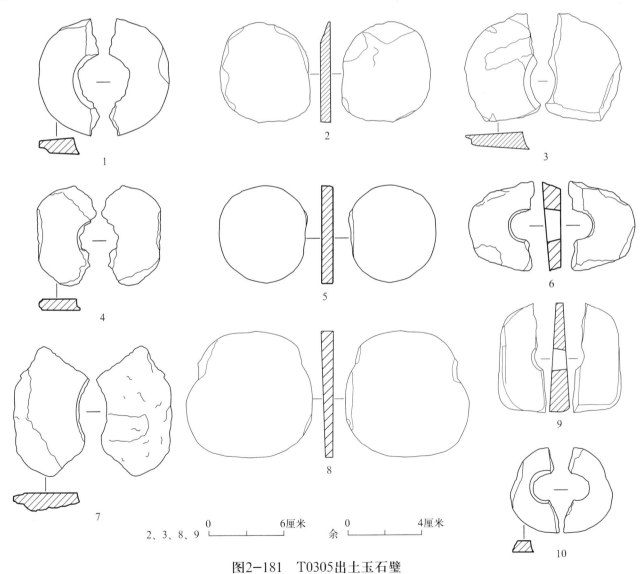

图2-181　T0305出土玉石璧

1.T0305⑯：1　2.T0305⑯：4　3.T0305⑰：1　4.T0305⑰：2　5.T0305⑰：3　6.T0305⑰：5　7.T0305⑱：1　8.T0305⑲：1　9.T0305⑲：2
10.T0305⑳：2

T0305⑲：2，蛇纹大理岩，白色。平面圆角方形，残余约二分之一壁面。外径7.1~8.8、好径1.9~2.4、厚1.5厘米（图2-181，9；彩版七二，1）。

T0305⑳：2，蛇纹大理岩，浅绿色。平面近圆形，残余约二分之一壁面。外径3.8~4.6、好径1.4~1.7、厚0.6~0.8厘米（图2-181，10；彩版七二，2）。

T0305⑳：7，蛇纹大理岩，灰黑色。平面近圆形，残余约四分之一壁面。外径8.9~10.2、好径2.9~3.6、厚0.8厘米（图2-182，1；彩版七二，3）。

T0305⑳：8，透闪岩，豆绿色。平面正圆形，外缘磨光，残余约二分之一壁面。外径9.4、好径4.6~5.0、厚0.4~0.5厘米（图2-182，2；彩版七二，4）。

T0305⑳：10，蛇纹大理岩，灰白色。平面近圆形，残余约四分之一壁面。外径7.6~8.2、好径3.4~3.9、厚0.6~0.8厘米（图2-182，3；彩版七二，5）。

T0305㉑：2，蛇纹大理岩，绿色。平面圆角方形，残余约五分之一壁面。外径7.2~8.4、好径2.6~3.1、厚0.5~0.7厘米（图2-182，4；彩版七二，6）。

T0305㉑：3，大理岩，灰绿色。平面近圆形，残余约五分之一壁面。外径11.5~12.7、好径4.0~4.6、厚0.6~0.8厘米（图2-182，5；彩版七三，1）。

T0305㉑：5，蛇纹大理岩，白色。平面近圆形，残余约二分之一壁面。外径9.6~10.1、好径2.8~3.3、厚0.5~1.1厘米（图2-182，6；彩版七三，2）。

T0305㉑：8，蛇纹大理岩，浅绿色。平面近圆形，残余约五分之一壁面。外径10.0~11.1、好径3.7~4.0、厚0.2~0.5厘米（图2-182，7；彩版七三，3）。

T0305㉑：11，蛇纹大理岩，灰绿色。平面近圆形，残余约四分之一壁面。外径7.6~8.2、好径4.1~4.4、厚0.4~0.6厘米（图2-182，8；彩版七三，4）。

T0305㉑：12，大理岩，灰白色。平面近圆形，残余约五分之一壁面。外径9.6~10.3、好径3.2~3.6、厚0.6~1.0厘米（图2-182，9；彩版七三，5）。

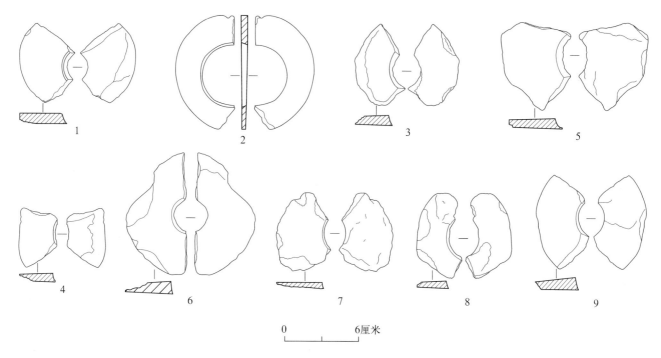

0　　　　6厘米

图2-182　T0305出土玉石璧

1.T0305⑳：7　2.T0305⑳：8　3.T0305⑳：10　4.T0305㉑：2　5.T0305㉑：3　6.T0305㉑：5　7.T0305㉑：8　8.T0305㉑：11　9.T0305㉑：12

T0305㉑：13，绿泥岩，青灰色。平面圆角方形，残余约四分之一璧面。外径 4.4～5.1、好径 1.2～1.7、厚 0.6～0.8 厘米（图 2-183，1；彩版七三，6）。

T0305㉑：21，蛇纹大理岩，灰白色。平面近圆形。外径 9.8～10.8、好径 2.2～2.7、厚 1.4 厘米（图 2-183，2；彩版七四，1）。

T0305㉒：1，透闪大理岩，白色。平面近圆形，残余约三分之一璧面。外径 5.1～5.6、好径 1.5～1.9、厚 0.5 厘米（图 2-183，3；彩版七四，2）。

T0305㉒：2，绿泥岩，白色。平面呈圆角方形，残余约二分之一璧面。外径 5.1～5.3、好径 1.5～1.7、厚 0.5 厘米（图 2-183，4；彩版七四，3）。

T0305㉒：9，透闪岩，黄绿色。平面近圆形，残余约三分之一璧面。外径 7.3～8.0、好径 1.8～2.2、厚 0.6 厘米（图 2-183，5；彩版七四，4）。

T0305㉒：14，蛇纹大理岩，灰白色。平面近圆形，残余约六分之一璧面。外径 10.4～11.2、好径 3.7～4.2、厚 0.7～0.9 厘米（图 2-183，6；彩版七四，5）。

T0305㉒：15，蛇纹大理岩，灰黑色。平面近圆形，残余约四分之一璧面。外径 8.2～9.4、好径 4.1～4.7、厚 0.7～0.9 厘米（图 2-183，7；彩版七四，6）。

T0305㉒：18，片状蛇纹大理岩，绿色。平面近圆形，残余约四分之一璧面。外径 3.2～3.8、好径 1.0～1.3、厚 0.5 厘米（图 2-183，8；彩版七五，1）。

璧芯 34 件。大部分保存完整，平面呈圆形，单面管钻，芯壁呈斜坡状，纵剖面呈梯形，璧芯两面磨光，侧

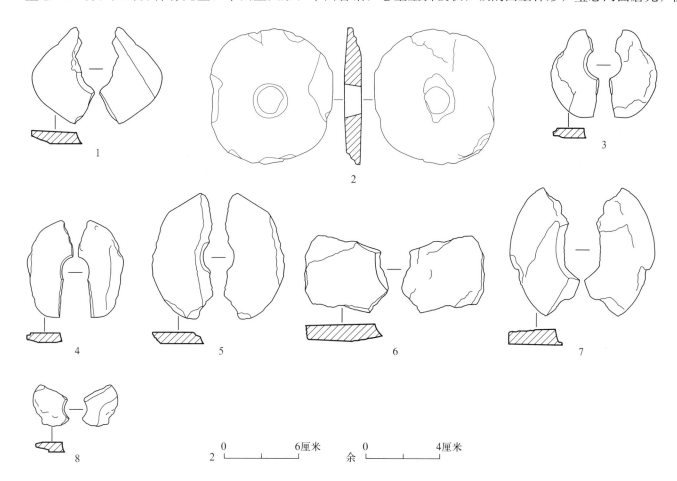

图2-183　T0305出土玉石璧

1.T0305㉑：13　2.T0305㉑：21　3.T0305㉒：1　4.T0305㉒：2　5.T0305㉒：9　6.T0305㉒：14　7.T0305㉒：15　8.T0305㉒：18

面大多保留有螺旋痕迹，断钻处大多未修整，保留有明显断茬。

T0305⑤：2，蛇纹大理岩，暗绿色。一面残破。直径1.4~1.6、厚0.5厘米（图2-184，1；彩版七五，2）。

T0305⑥：8，蛇纹大理岩，绿色。直径1.7~1.8、厚1.1厘米（图2-184，2）。

T0305⑥：9，蛇纹大理岩，绿色。直径2.2~2.3、厚0.9厘米（图2-184，3；彩版七五，3）。

T0305⑫：1，蛇纹大理岩，灰白色。直径1.6~1.7、厚0.5厘米（图2-184，4；彩版七五，4）。

T0305⑬：1，绿泥透闪大理岩，灰绿色。直径2.6~3.2、厚0.9厘米（图2-184，5；彩版七五，5）。

T0305⑬：3，蛇纹大理岩，浅灰绿色。直径1.8~2.3、厚1.2厘米（图2-184，6；彩版七五，6）。

T0305⑬：6，葡萄石岩，浅绿色。直径3.2~3.4、厚1.0~1.3厘米（图2-184，7；彩版七五，7）。

T0305⑬：8，蛇纹大理岩，浅绿色。直径3.2~3.4、厚0.8~1.0厘米（图2-184，8；彩版七五，8）。

T0305⑬：32，蛇纹大理岩，灰白色。一侧边缘有切割痕迹。直径4.6~5.2、厚1.4厘米（图2-184，9；彩版七五，9）。

T0305⑮：1，蛇纹大理岩，灰白色。直径2.8~3.2、厚1.8厘米（图2-184，10；彩版七六，1）。

T0305⑰：4，透闪岩，灰白色。一面有管钻痕迹。直径3.6~4.0、厚0.9厘米（图2-184，11；彩版七六，2）。

T0305⑰：7，蛇纹大理岩，白色。直径3.7~3.9、厚0.9厘米（图2-184，12；彩版七六，3）。

T0305⑱：2，蛇纹大理岩，灰绿色。局部残缺，一面残破。直径2.3~2.6、厚1.0厘米（图2-185，1；彩版七六，4）。

T0305⑳：6，蛇纹岩，灰褐色。直径4.2~4.8、厚1.3厘米（图2-185，2；彩版七六，5）。

T0305⑳：12，蛇纹大理岩，暗绿色。直径3.4~4.0、厚1.3厘米（图2-185，3；彩版七六，6）。

T0305⑳：13，蛇纹大理岩，灰白色。直径3.4~3.8、厚1.0厘米（图2-185，4；彩版七六，7）。

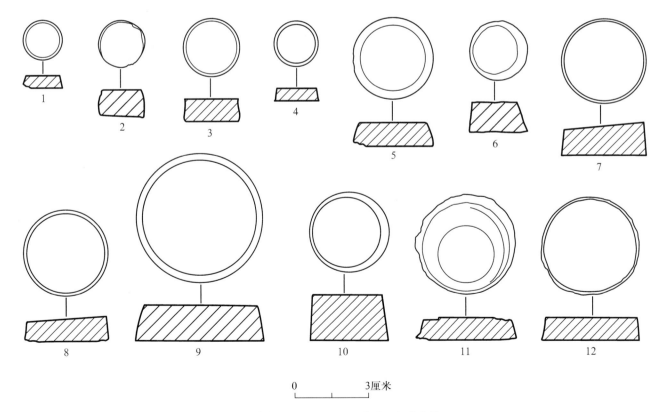

0　　　　　3厘米

图2-184　T0305出土玉石璧芯

1.T0305⑤：2　2.T0305⑥：8　3.T0305⑥：9　4.T0305⑫：1　5.T0305⑬：1　6.T0305⑬：3　7.T0305⑬：6　8.T0305⑬：8　9.T0305⑬：32　10.T0305⑮：1　11.T0305⑰：4　12.T0305⑰：7

T0305㉑：1，蛇纹大理岩，灰绿色。直径2.4～3.1、厚0.9厘米（图2-185，5；彩版七六，8）。

T0305㉑：4，蛇纹岩，深绿色。直径6.2～6.8、厚1.9厘米（图2-185，6；彩版七六，9）。

T0305㉑：6，大理岩，绿色。直径2.2～3.0、厚0.9厘米（图2-185，7；彩版七七，1）。

T0305㉑：7，透辉大理岩，黄绿色。直径2.6～3.6、厚1.9厘米（图2-185，8；彩版七七，2）。

T0305㉑：9，蛇纹大理岩，深绿色。一面残破，边缘残缺。直径6.4～6.8、厚1.4厘米（图2-185，9；彩版七七，3）。

T0305㉑：10，蛇纹大理岩，灰白色。直径3.0～3.5、厚1.1厘米（图2-185，10；彩版七七，4）。

T0305㉑：14，方解石蛇纹岩，浅黄绿色。直径2.2～2.4、厚0.9厘米（图2-185，11；彩版七七，5）。

T0305㉑：15，蛇纹大理岩，灰褐色。边缘残缺，一面残破。直径4.9～5.5、厚1.1厘米（图2-185，12；彩版七七，6）。

T0305㉑：16，绿泥岩，灰白色。一面残破。直径1.0～1.2、厚0.2厘米（图2-186，1；彩版七七，7）。

T0305㉑：19，蛇纹岩，灰白色。一面残破。直径2.2～2.6、厚1.1厘米（图2-186，2；彩版七七，8）。

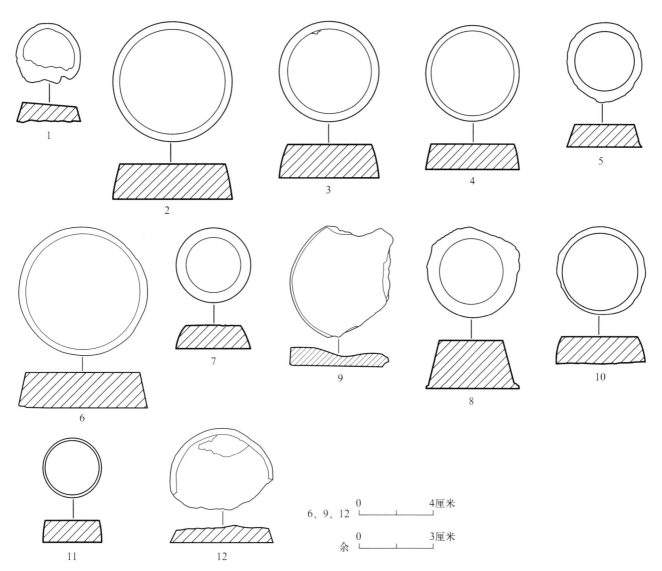

图2-185 T0305出土玉石璧芯

1.T0305⑱：2 2.T0305⑳：6 3.T0305⑳：12 4.T0305⑳：13 5.T0305㉑：1 6.T0305㉑：4 7.T0305㉑：6 8.T0305㉑：7
9.T0305㉑：9 10.T0305㉑：10 11.T0305㉑：14 12.T0305㉑：15

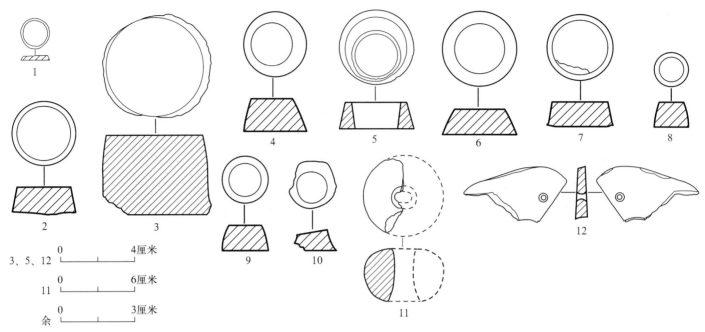

图2-186　T0305出土玉石器

1~10.璧芯T0305㉑：16、T0305㉑：19、T0305㉒：3、T0305㉒：4、T0305㉒：7、T0305㉒：8、T0305㉒：10、T0305㉒：11、T0305㉒：16、T0305㉒：19　11.权杖头T0305㉑：18　12.璜T0305⑳：3

T0305㉒：3，大理岩，灰白色。一面残破。直径5.2~5.8、厚4.2厘米（图2-186，3；彩版七七，9）。

T0305㉒：4，透闪大理岩，黄色。直径1.7~2.6、厚1.3厘米（图2-186，4；彩版七八，1）。

T0305㉒：7，蛇纹大理岩，浅灰绿色。中部钻孔，单面管钻。直径3.2~4.0、孔径2.2~2.6、厚1.4厘米（图2-186，5；彩版七八，2）。

T0305㉒：8，大理岩，黄色。直径2.0~3.0、厚0.9厘米（图2-186，6；彩版七八，3）。

T0305㉒：10，蛇纹大理岩，灰白色。一面残破。直径2.4~2.6、厚0.8厘米（图2-186，7；彩版七八，4）。

T0305㉒：11，大理岩，白色。直径1.1~1.5、厚0.8厘米（图2-186，8；彩版七八，5）。

T0305㉒：16，蛇纹大理岩，灰白色。直径1.3~1.9、厚0.9厘米（图2-186，9；彩版七八，6）。

T0305㉒：19，透闪蛇纹大理岩，浅黄绿色。边缘残缺。直径1.2~1.8、厚0.6厘米（图2-186，10；彩版七八，7）。

权杖头　1件。

T0305㉑：18，珊瑚化石灰岩，红色，器表布满白色纹理。整体呈梨形，扁圆，残余约二分之一，器身磨光，中间钻孔，双面钻，孔壁光滑。最大径6.4、孔径1.5~1.8、高4.2厘米（图2-186，11；彩版七八，8）。

璜　1件。

T0305⑳：3，方解蛇纹岩，灰白色。平面近扇形，中部钻孔，单面管钻。残存二分之一，一端穿孔，双面钻。残长5.5、残宽3.0、好径1.6~1.8、厚0.4~0.6厘米，小孔直径0.2厘米（图2-186，12；彩版七九，1）。

磨石　46件。磨石断块，大小不一，青灰色。平面近方形、三角形、长方形和不规则形。两面或一面有磨光面，磨光面粗细不一，侧面有明显断茬，个别侧面磨制光滑，个别有火烧痕迹。

T0305⑥：16，杂砂岩。平面近长方形，较厚，两面有磨光面。长10.5、宽6.4、厚4.3厘米（图2-187，1）。

T0305⑨：2，杂砂岩。平面不规则形，一面有磨光面。长8.9、宽6.7、厚0.9厘米（图2-187，2）。

T0305⑨：4，杂砂岩。平面不规则形，一面有磨光面，微凹。长11.1、宽6.2、厚1.7厘米（图2-187，3）。

T0305⑨：5，杂砂岩。平面不规则形，一面有磨光面。长8.8、宽5.7、厚0.6厘米（图2-187，4）。

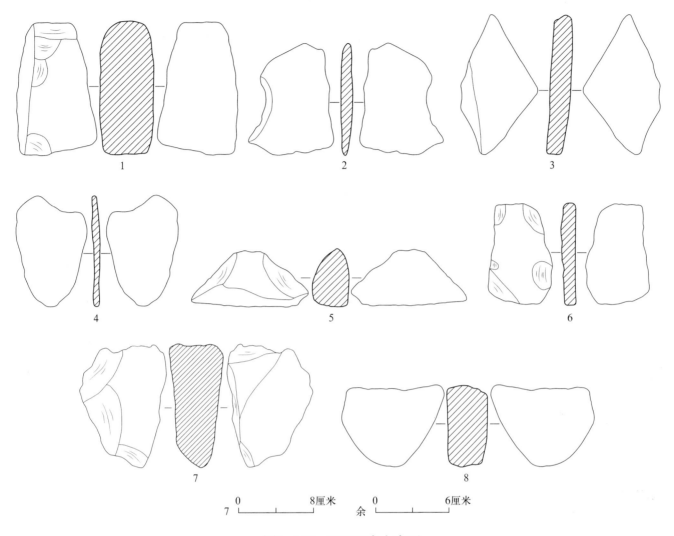

图2-187　T0305出土磨石

1.T0305⑥：16　2.T0305⑨：2　3.T0305⑨：4　4.T0305⑨：5　5.T0305⑩：7　6.T0305⑩：9　7.T0305⑬：22　8.T0305⑬：24

T0305⑩：7，杂砂岩。平面不规则形，一面有磨光面，微凹。长9.3、宽4.5、厚2.9厘米（图2-187，5）。

T0305⑩：9，杂砂岩。平面近长方形，两面有磨光面，一面微凹。长8.0、宽5.2、厚1.4厘米（图2-187，6）。

T0305⑬：22，长石石英砂岩。平面不规则形，较厚，一面有磨光面。长13.0、宽9.2、厚5.8厘米（图2-187，7）。

T0305⑬：24，杂砂岩。平面不规则形，一面有磨光面，微凹。长8.3、宽6.5、厚3.4厘米（图2-187，8）。

T0305⑬：25，杂砂岩。平面不规则形，一面有磨光面。长8.0、宽5.5、厚1.4厘米（图2-188，1）。

T0305⑬：26，杂砂岩。平面不规则形，两面及侧面有磨光面。长6.7、宽6.4、厚1.9厘米（图2-188，2）。

T0305⑬：27，杂砂岩。平面不规则形。两面有磨光面。长5.7、宽5.7、厚2.3厘米（图2-188，3）。

T0305⑬：28，杂砂岩。平面不规则形，两面有磨光面，局部有火烧痕迹。长4.5、宽4.5、厚1.8厘米（图2-188，4）。

T0305⑭：5，杂砂岩。平面近三角形，一面有磨光面，微凹，局部有火烧痕迹。长8.8、宽8.5、厚1.4厘米（图2-188，5；彩版七九，2）。

T0305⑭：6，杂砂岩。平面不规则形，一面有磨光面。长7.8、宽5.4、厚1.0厘米（图2-188，6）。

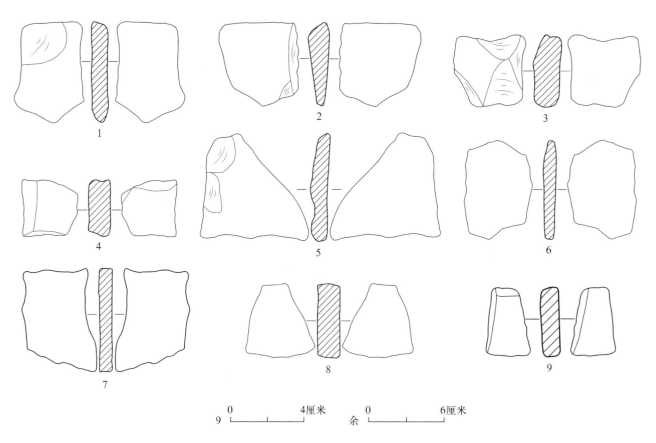

图2-188　T0305出土磨石

1.T0305⑬：25　2.T0305⑬：26　3.T0305⑬：27　4.T0305⑬：28　5.T0305⑭：5　6.T0305⑭：6　7.T0305⑭：7
8.T0305⑭：8　9.T0305⑭：9

T0305⑭：7，杂砂岩。平面不规则形，一面有磨光面，微凹。长8.2、宽6.0、厚1.1厘米（图2-188，7）。

T0305⑭：8，杂砂岩。平面不规则形，两面有磨光面。长5.9、宽5.6、厚1.8厘米（图2-188，8）。

T0305⑭：9，杂砂岩。平面近梯形，两面有磨光面。长3.6、宽2.4、厚1.0厘米（图2-188，9）。

T0305⑭：10，杂砂岩。平面近梯形，两面有磨光面。长3.8、宽2.9、厚1.2厘米（图2-189，1）。

T0305⑭：11，杂砂岩。平面不规则形，一面有磨光面，表面有火烧痕迹。长4.6、宽4.2、厚0.8厘米（图2-189，2）。

T0305⑮：8，杂砂岩。平面近方形，两面有磨光面，一面有火烧痕迹。长7.1、宽6.5、厚1.3厘米（图2-189，3）。

T0305⑮：9，杂砂岩。平面近方形，较厚。一面有磨光面，微凹。长6.8、宽5.9、厚5.0厘米（图2-189，4）。

T0305⑮：10，杂砂岩。平面近三角形，两面有磨光面，一面有火烧痕迹。长12.4、宽7.1、厚1.1厘米（图2-189，5）。

T0305⑮：11，杂砂岩。平面不规则形，两面有磨光面，一面微凹，两侧面磨光。长9.0、宽8.5、厚0.9厘米（图2-189，6）。

T0305⑮：12，杂砂岩。平面近长方形，一面有磨光面。长7.7、宽7.4、厚1.8厘米（图2-189，7）。

T0305⑮：13，石英砂岩。平面不规则形，一面有磨光面，微凹。长6.6、宽4.3、厚1.4厘米（图2-189，8）。

T0305⑮：14，杂砂岩。平面近方形，一面有磨光面。长4.5、宽4.2、厚1.0厘米（图2-189，9）。

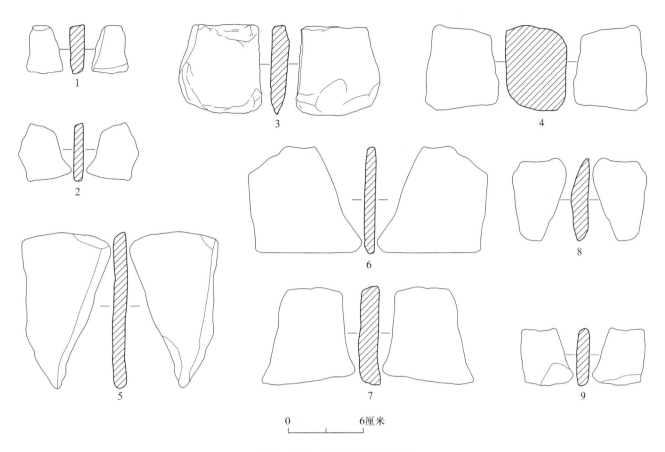

图2-189 T0305出土磨石

1.T0305⑭：10　2.T0305⑭：11　3.T0305⑮：8　4.T0305⑮：9　5.T0305⑮：10　6.T0305⑮：11　7.T0305⑮：12　8.T0305⑮：13
9.T0305⑮：14

T0305⑮：15，杂砂岩。平面近方形，两面有磨光面。长4.7、宽3.8、厚1.5厘米（图2-190，1）。

T0305⑮：16，杂砂岩。平面不规则形，两面有磨光面。长4.5、宽4.4、厚0.9厘米（图2-190，2）。

T0305⑯：5，杂砂岩。平面不规则形，一面有磨光面。长6.5、宽6.1、厚1.1厘米（图2-190，3）。

T0305⑯：6，杂砂岩。平面近长方形，一面有磨光面。长6.8、宽5.1、厚3.2厘米（图2-190，4）。

T0305⑯：8，杂砂岩。平面不规则形，两面有磨光面。长8.4、宽6.8、厚1.0厘米（图2-190，5）。

T0305⑯：9，杂砂岩。平面近长方形，两面有磨光面。长8.3、宽6.6、厚1.2厘米（图2-190，6）。

T0305⑰：12，云母杂砂岩。平面不规则形，一面有磨光面。长10.0、宽5.3、厚1.0厘米（图2-190，7）。

T0305⑰：13，杂砂岩。平面近长方形，一面有磨光面。长5.7、宽4.4、厚1.2厘米（图2-190，8）。

T0305⑰：14，杂砂岩。平面近长方形，一面有磨光面。长5.2、宽3.1、厚0.6厘米（图2-190，9）。

T0305⑳：18，杂砂岩。平面不规则形，一面有磨光面，局部有火烧痕迹。长8.8、宽6.4、厚0.9厘米（图2-190，10）。

T0305⑳：19，硅质杂砂岩。平面不规则形，两面有磨光面，微凹，局部剥落。长9.3、宽6.2、厚1.2厘米（图2-191，1）。

T0305⑳：20，石英砂岩。平面不规则形，较厚，一面有磨光面。长8.3、宽3.8、厚3.1厘米（图2-191，2）。

T0305⑳：21，长石石英砂岩。平面不规则形，一面有磨光面。长13.1、宽8.4、厚1.3厘米（图2-191，3）。

T0305⑳：22，石英砂岩。平面不规则形，一面有磨光面，微凹。长8.7、宽5.7、厚3.1厘米（图2-191，4）。

T0305㉒：27，杂砂岩。平面不规则形，两面有磨光面，局部有火烧痕迹。长9.0、宽6.3、厚1.1厘米（图

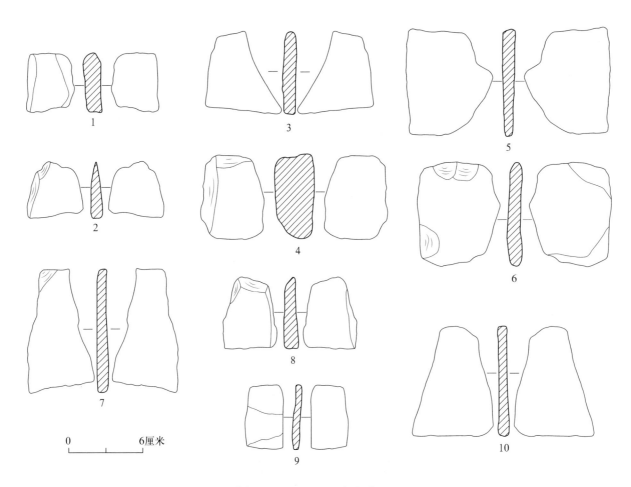

图2-190　T0305出土磨石

1. T0305⑮：15　2. T0305⑮：16　3. T0305⑯：5　4. T0305⑯：6　5. T0305⑯：8　6. T0305⑯：9　7. T0305⑰：12
8. T0305⑰：13　9. T0305⑰：14　10. T0305⑳：18

2-191，5）。

　　T0305㉒：28，杂砂岩。平面近方形，两面有磨光面，局部有火烧痕迹。长4.4、宽4.3、厚1.2厘米（图2-191，6）。

　　T0305㉒：29，杂砂岩。平面近三角形，一面有磨光面，微凹，局部有火烧痕迹。长5.9、宽5.3、厚1.4厘米（图2-191，7）。

　　T0305㉒：30，杂砂岩。平面不规则形，一面有磨光面。长5.5、宽3.8、厚1.1厘米（图2-191，8）。

　　T0305㉒：31，石英砂岩。平面不规则形，一面有磨光面，微凹。长7.3、宽4.9、厚2.2厘米（图2-191，9）。

　　T0305㉒：32，石英砂岩。平面近长方形，两面有磨光面，局部有火烧痕迹。长5.7、宽4.0、厚3.2厘米（图2-191，10）。

　　切割工具　6件。残存形状为三角形或不规则形。大部分表面磨光，一侧有双面刃，部分刃部微弧，从刃部与切割玉石料的切口判断，可能为加工玉石料的切割工具。

　　T0305⑥：15，碳质板岩，灰黑色。平面呈不规则形，刃部有明显使用痕迹。长5.8、宽4.1、厚0.7厘米（图2-192，1；彩版七九，3）。

　　T0305⑦：4，石英砂岩，灰白色。平面近三角形，刃部微弧，有使用痕迹。长4.5、宽3.7、厚0.7厘米（图2-192，2）。

　　T0305⑬：16，石英砂岩，灰褐色。平面呈不规则形，刃部微弧。长7.2、宽6.8、厚0.7厘米（图2-192，3）。

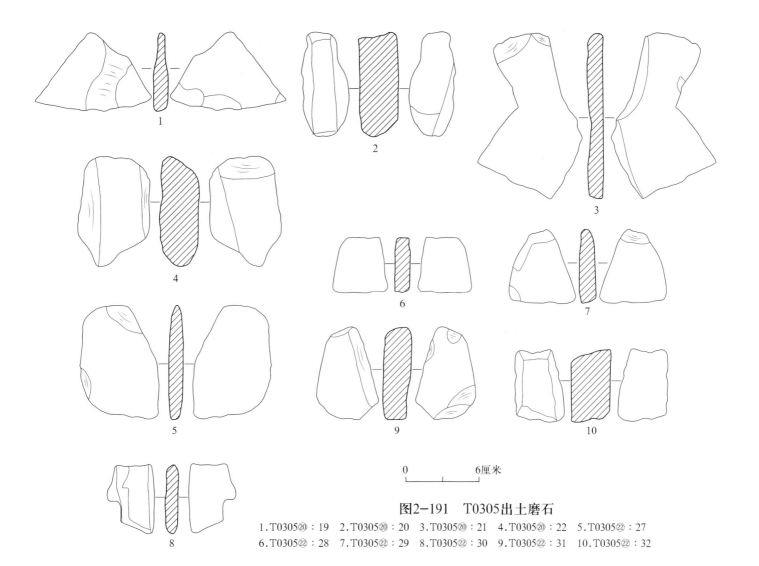

图2-191 T0305出土磨石

1.T0305⑳：19　2.T0305⑳：20　3.T0305⑳：21　4.T0305⑳：22　5.T0305㉒：27
6.T0305㉒：28　7.T0305㉒：29　8.T0305㉒：30　9.T0305㉒：31　10.T0305㉒：32

T0305⑬：29，板岩，暗绿色。平面不规则形，刃部微弧，崩裂。长5.2、宽4.7、厚0.5厘米（图2-192，4）。

T0305⑰：6，碳质板岩，灰黑色。平面近三角形，刃部微弧，有使用痕迹。长6.1、宽3.5、厚0.5厘米（图2-192，5；彩版七九，4）。

T0305㉒：22，石英粉砂岩，灰黑色。平面近三角形，刃部有使用痕迹。长5.5、宽4.7、厚0.4厘米（图2-192，6）。

磨制工具　1件。

T0305⑩：3，杂砂岩，灰黑色。残存平面近长方形，中部有圆形穿孔，对面钻，两面有磨光面，局部剥落。残长6.8、残宽4.7、孔径2.6~3.1、厚1.2厘米（图2-193，1；彩版七九，5）。

切割料　3件。

T0305⑬：4，透闪石玉，淡黄绿色。平面不规则形，表面磨光，一侧有一道切割痕迹，在剩余约三分之一处残存断茬。长4.6、宽3.2、厚1.0厘米（图2-193，2；彩版七九，6）。

T0305⑬：18，大理岩，灰白色。平面近长方形，一面为切割面。长5.7、宽3.3~4.2、厚0.8厘米（图2-193，3）。

T0305㉒：21，透闪岩，青灰色。平面不规则形。一面磨光，一面为切割面，断茬磨光，一侧有切割痕迹，在剩余约五分之一处残存断茬。长6.8、宽2.1、厚1.0厘米（图2-193，4）。

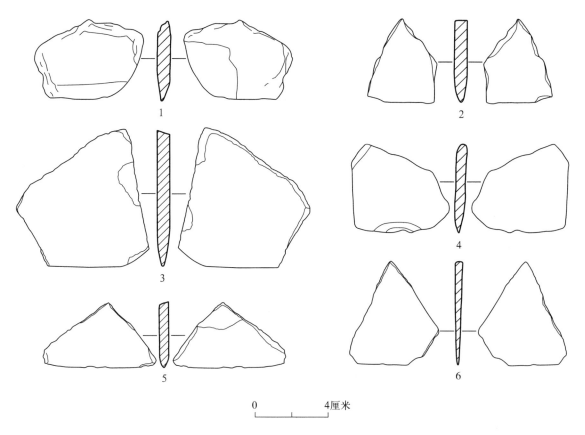

图2-192　T0305出土石切割工具

1.T0305⑥：15　2.T0305⑦：4　3.T0305⑬：16　4.T0305⑬：29　5.T0305⑰：6　6.T0305㉒：22

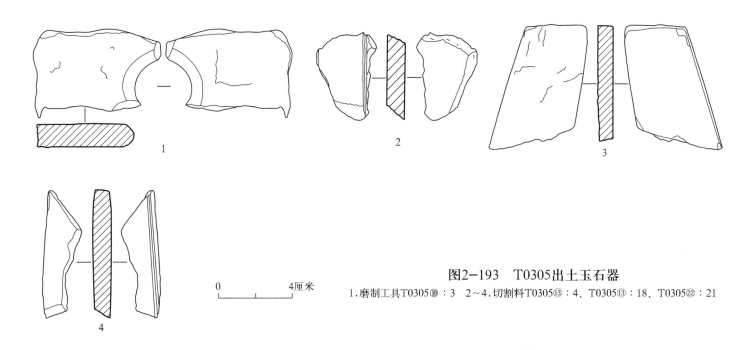

图2-193　T0305出土玉石器

1.磨制工具T0305⑩：3　2~4.切割料T0305⑬：4、T0305⑬：18、T0305㉒：21

玉石料　19件。大部分为不规则形。

T0305⑥：12，钙质矽卡岩，黑色。近椭圆形，局部磨光。长10.7、宽7.8、厚3.9厘米（图2-194，1；彩版八〇，1）。

T0305⑬：12，蛇纹石玉，绿色。长7.9、宽6.2、厚3.5厘米（图2-194，2；彩版八〇，2）。

T0305⑬：30，变质砂岩，青绿色。长7.8、宽7.4、厚2.8厘米（图2-194，3）。

T0305⑭：13，蛇纹石大理岩，青绿色。近圆形。长10.3、宽9.7、厚1.9厘米（图2-194，4）。

T0305⑮：17，蛇纹石大理岩，青色。长4.5、宽3.4、厚1.9厘米（图2-194，5）。

T0305⑮：18，蛇纹石大理岩，白色。长10.7、宽8.3、厚2.2厘米（图2-194，6）。

T0305⑮：19，蛇纹石大理岩，白色。长5.0、宽4.5、厚1.6厘米（图2-194，7）。

T0305⑯：3，蛇纹石玉，青绿色。长10.1、宽7.8、厚3.4厘米（图2-194，8；彩版八〇，3）。

T0305⑰：9，蛇纹石玉，青绿色。长3.6、宽3.2、厚2.2厘米（图2-194，9）。

T0305⑰：15，透闪石玉，褐色。长8.6、宽6.6、厚2.8厘米（图2-194，10）。

T0305⑰：16，透闪石玉，灰色。近圆形。长6.5、宽6.4、厚2.1厘米（图2-195，1）。

T0305⑱：3，蛇纹石大理岩，褐色。长9.2、宽6.5、厚4.5厘米（图2-195，2）。

T0305⑲：3，蛇纹石大理岩，青绿色。长7.7、宽4.7、厚4.2厘米（图2-195，3；彩版八〇，4）。

T0305⑳：1，蛇纹石玉，深绿色。长5.3、宽5.2、厚1.6厘米（图2-195，4；彩版八〇，5）。

T0305⑳：23，大理岩，白色。长12.2、宽7.5、厚5.6厘米（图2-195，5）。

T0305⑳：24，蛇纹石大理岩，青色。长10.3、宽6.8、厚3.2厘米（图2-195，6）。

T0305㉑：20，透闪石玉，青绿色。长9.3、宽7.3、厚3.7厘米（图2-195，7）。

T0305㉒：6，蚀变火山岩，黑色。长5.0、宽2.6、厚1.8厘米（图2-195，8）。

T0305㉒：34，蛇纹石玉，白色。长5.6、宽5.2、厚2.0厘米（图2-195，9）。

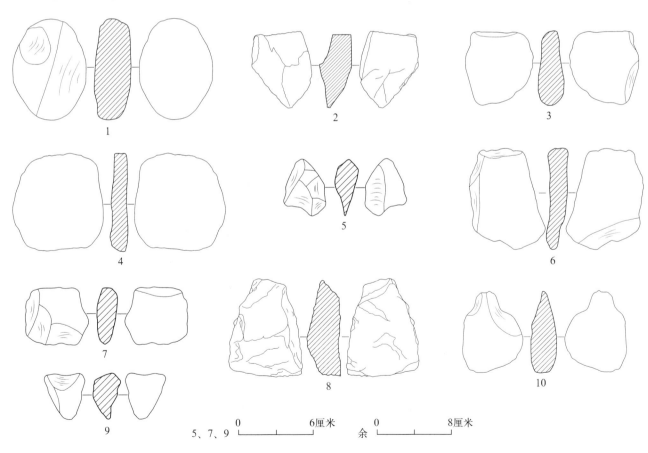

图2-194　T0305出土玉石料

1.T0305⑥：12　2.T0305⑬：12　3.T0305⑬：30　4.T0305⑭：13　5.T0305⑮：17　6.T0305⑮：18　7.T0305⑮：19　8.T0305⑯：3
9.T0305⑰：9　10.T0305⑰：15

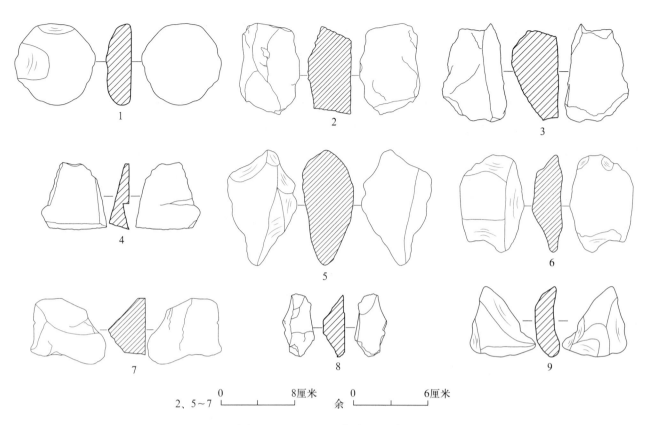

图2-195 T0305出土玉石料

1.T0305⑰：16 2.T0305⑱：3 3.T0305⑲：3 4.T0305⑳：1 5.T0305⑳：23 6.T0305⑳：24 7.T0305㉑：20 8.T0305㉒：6 9.T0305㉒：34

断块 27件。均为不规则形，大部分表面为打制破裂面，个别表面磨光，判断应该是制作玉石器残存的边角料。

T0305⑨：1，大理岩，白色。长5.3、宽3.3、厚1.9厘米（图2-196，1）。

T0305⑭：12，大理岩，白色。长5.1、宽3.3、厚1.9厘米（图2-196，2）。

T0305⑭：14，大理岩，白色。长11.0、宽6.5、厚1.7厘米（图2-196，3）。

T0305⑭：15，蛇纹石大理岩，青绿色。长8.9、宽5.9、厚2.4厘米（图2-196，4）。

T0305⑭：16，蛇纹石玉，青绿色。长6.6、宽5.8、厚2.1厘米（图2-196，5）。

T0305⑭：17，蛇纹石大理岩，青色。一面磨光。长7.1、宽4.2、厚1.4厘米（图2-196，6）。

T0305⑭：18，蛇纹石岩，青灰色。一面磨光。长5.5、宽3.5、厚2.2厘米（图2-196，7）。

T0305⑭：19，蛇纹石玉，青灰色。长6.7、宽4.0、厚2.1厘米（图2-196，8）。

T0305⑭：20，大理岩，白色。长4.8、宽3.5、厚1.5厘米（图2-196，9）。

T0305⑮：20，蛇纹石岩，青绿色。长4.7、宽3.7、厚2.1厘米（图2-197，1）。

T0305⑮：21，蛇纹石大理岩，白色。长5.9、宽5.4、厚2.8厘米（图2-197，2）。

T0305⑮：22，蛇纹石大理岩，青色。长6.3、宽4.2、厚1.3厘米（图2-197，3）。

T0305⑯：7，蛇纹石大理岩，青色。长7.4、宽5.6、厚1.6厘米（图2-197，4）。

T0305⑰：17，蛇纹石玉，青色。长4.2、宽3.8、厚1.4厘米（图2-197，5）。

T0305⑳：25，硅质石英砂岩，白色。长5.9、宽5.4、厚4.0厘米（图2-197，6）。

T0305⑳：26，大理岩，白色。长6.8、宽6.3、厚1.9厘米（图2-197，7）。

T0305㉑：17，蛇纹石岩，青绿色。长6.5、宽4.1、厚1.4厘米（图2-197，8）。

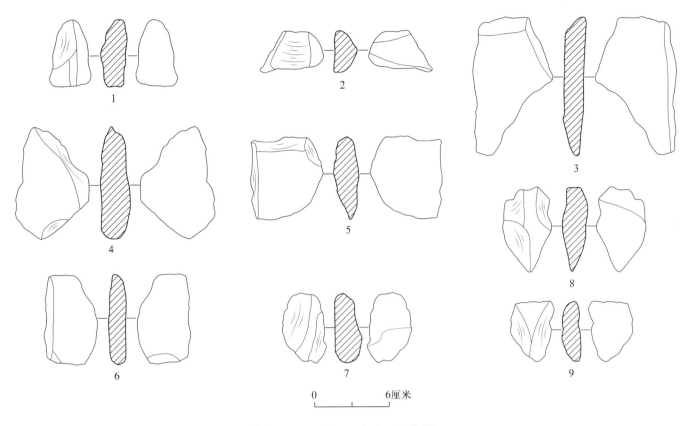

图2-196　T0305出土玉石断块

1.T0305⑨：1　2.T0305⑭：12　3.T0305⑭：14　4.T0305⑭：15　5.T0305⑭：16　6.T0305⑭：17　7.T0305⑭：18　8.T0305⑭：19
9.T0305⑭：20

T0305㉒：5，蛇纹石玉，白色。长4.4、宽2.3、厚1.1厘米（图2-197，9）。

T0305㉒：24，蛇纹石玉，青绿色。长2.7、宽2.1、厚1.7厘米（图2-198，1）。

T0305㉒：33，蛇纹石玉，青色。长4.5、宽1.7、厚1.0厘米（图2-198，2）。

T0305㉒：35，蛇纹石玉，青绿色。长4.2、宽4.1、厚2.4厘米（图2-198，3）。

T0305㉒：36，大理岩，白色。长5.3、宽3.1、厚1.8厘米（图2-198，4）。

T0305㉒：37，蛇纹石玉，青色。长4.9、宽3.7、厚1.3厘米（图2-198，5）。

T0305㉒：38，蛇纹石玉，青色。长3.7、宽3.6、厚1.1厘米（图2-198，6）。

T0305㉒：39，硅质石英砂岩，青绿色。长4.1、宽2.1、厚1.5厘米（图2-198，7）。

T0305㉒：40，蛇纹石岩，青绿色。长3.5、宽3.5、厚1.5厘米（图2-198，8）。

T0305㉒：41，蛇纹石玉，青绿色。长4.2、宽2.0、厚1.3厘米（图2-198，9）。

刀　18件。大多残存一半。大多通体磨光，平面呈长方形或圆角长方形，均为双面刃，单孔或双孔，双面钻，个别无钻孔或未钻透。

T0305④：2，云母石英砂岩，灰绿色。平面近长方形，弧背，直刃，单孔。残长8.4、宽4.8、孔径0.4、厚0.8~1.2厘米（图2-199，1）。

T0305④：3，长石石英杂砂岩，灰褐色。残存一半，平面长方形，直背，直刃，有明显使用崩痕，单孔。残长5.3、宽4.7、孔径0.6、厚1.2厘米（图2-199，2）。

T0305④：4，粉砂岩，黑灰色。平面圆角长方形，背部打制，直背，弧刃，局部磨光，一侧残断，无钻孔。长10.6、宽5.6、厚0.9厘米（图2-199，3）。

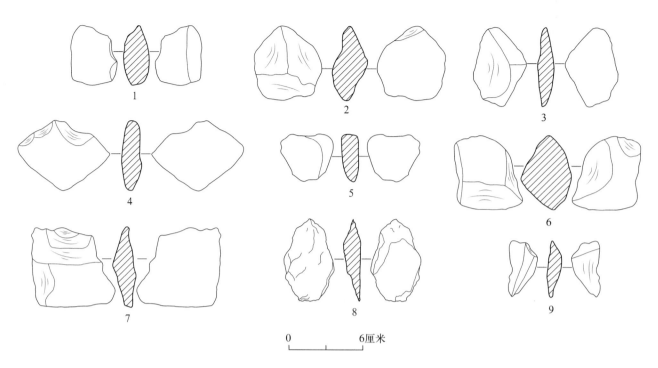

图2-197 T0305出土玉石断块

1.T0305⑮：20 2.T0305⑮：21 3.T0305⑮：22 4.T0305⑯：7 5.T0305⑰：17 6.T0305⑳：25 7.T0305⑳：26 8.T0305㉑：17
9.T0305㉒：5

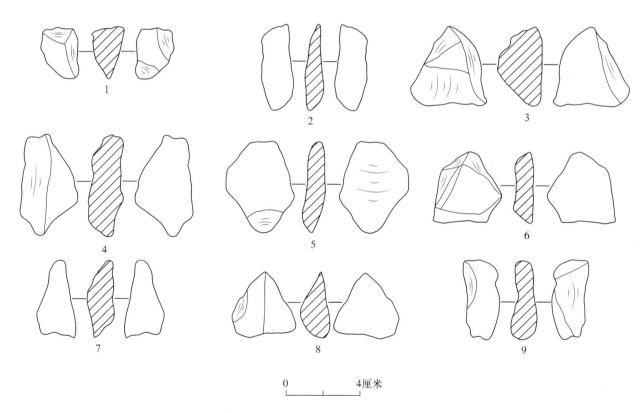

图2-198 T0305出土玉石断块

1.T0305㉒：24 2.T0305㉒：33 3.T0305㉒：35 4.T0305㉒：36 5.T0305㉒：37 6.T0305㉒：38 7.T0305㉒：39
8.T0305㉒：40 9.T0305㉒：41

T0305④：6，石英长石杂砂岩，暗绿色。残存一半，平面长方形，直背，直刃，局部有使用崩痕，单孔。残长5.3、宽4.8、孔径0.5、厚0.6厘米（图2-199，4）。

T0305⑥：2，石英长石砂岩，暗绿色。平面圆角长方形，通体磨光，直背，弧刃，有明显使用崩痕，单孔。长9.6、宽6.2、孔径0.6、厚1.2厘米（图2-199，5；彩版八〇，6）。

T0305⑥：6，碳质板岩，黑色。残存局部，平面长方形，直背，刃部破裂严重，单孔。残长3.1、宽4.4、孔径0.5、厚0.3厘米（图2-199，6）。

T0305⑦：3，硅质板岩，灰褐色。残存一半，平面长方形，直背，弧刃，刃部有使用崩痕，单孔。残长4.8、宽5.6、孔径0.3、厚1.3厘米（图2-199，7）。

T0305⑩：1，石英砂岩，灰绿色。平面近长方形，直背，弧刃，有明显使用崩痕，无钻孔。长9.8、宽6.2、厚1.2厘米（图2-199，8；彩版八一，1）。

T0305⑩：4，泥质板岩，红色。残存一半，平面圆角长方形，弧背，弧刃。残长3.4、宽4.5、厚0.5厘米（图2-199，9；彩版八一，2）。

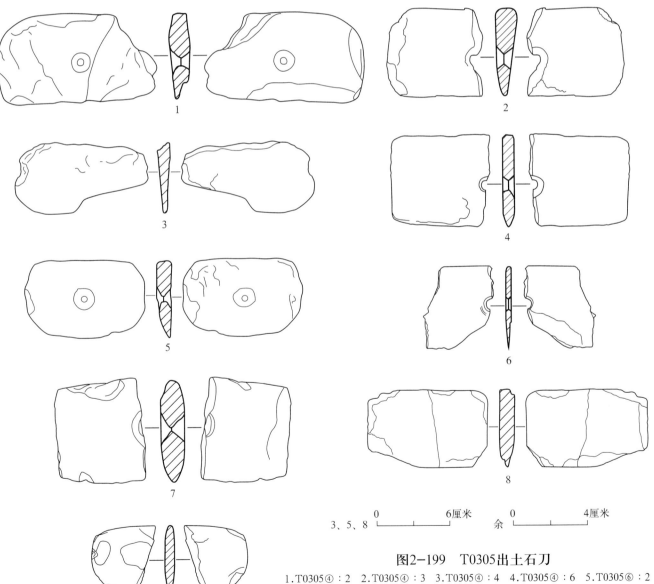

图2-199　T0305出土石刀

1.T0305④：2　2.T0305④：3　3.T0305④：4　4.T0305④：6　5.T0305⑥：2
6.T0305⑥：6　7.T0305⑦：3　8.T0305⑩：1　9.T0305⑩：4

　　T0305⑫：3，变质粉砂岩，暗绿色。残存一半，平面圆角长方形，直背，弧刃，有明显使用崩痕，双孔。残长7.8、宽4.7、孔径0.5、厚0.7厘米（图2-200，1）。

　　T0305⑬：15，变质石英砂岩，墨绿色。平面长方形，直背，弧刃，刃部有明显使用崩痕，单孔。长9.5、宽4.4、孔径0.8、厚0.8厘米（图2-200，2；彩版八一，3）。

　　T0305⑰：8，杂砂岩，黑褐色。残存一半，平面长方形，直背，刃部微弧，单孔，未钻透。残长4.3、宽5.0、厚0.8厘米（图2-200，3）。

　　T0305⑳：4，长石石英杂砂岩，灰褐色。残存一半，平面长方形，直背，刃部微弧，有明显使用崩痕，单孔。残长5.2、宽5.5、孔径0.3、厚0.9厘米（图2-200，4；彩版八一，4）。

　　T0305⑳：9，杂砂岩，暗绿色。平面长方形，局部磨光，刃部较薄，单孔。长7.5、宽5.5、孔径0.4、厚1.5厘米（图2-200，5；彩版八一，5）。

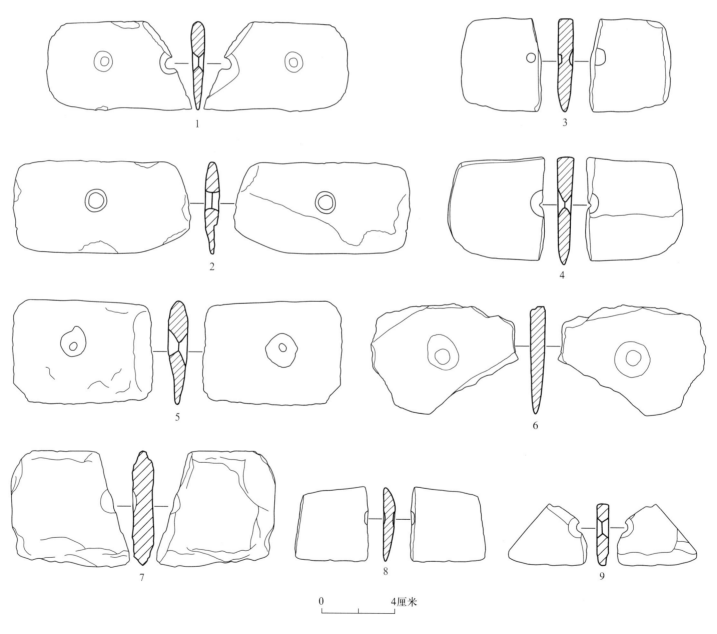

0　　　　　4厘米

图2-200　T0305出土石刀

1.T0305⑫：3　2.T0305⑬：15　3.T0305⑰：8　4.T0305⑳：4　5.T0305⑳：9　6.T0305⑳：14　7.T0305⑳：16　8.T0305㉒：17　9.T0305㉒：23

T0305⑳：14，变质石英砂岩，灰黑色。残存局部，平面不规则形，刃部磨光，单孔。残长 7.8、宽 5.7、孔径 0.8、厚 0.8 厘米（图 2-200，6）。

T0305⑳：16，长石石英砂岩，灰绿色。残存一半，平面长方形，表面局部磨光，刃部打制成形，未磨光，单孔，未钻透。残长 6.3、宽 6.2、厚 1.1 厘米（图 2-200，7）。

T0305㉒：17，粉砂岩，灰黑色。仅存一半，平面呈长方形，直背，弧刃，有明显的使用崩痕，单孔，未钻透。残长 4.0、宽 4.0、厚 0.6 厘米（图 2-200，8）。

T0305㉒：23，石英粉砂岩，灰黑色。残存部分平面近三角形，单孔。残长 4.2、宽 3.7、厚 0.6 厘米（图 2-200，9）。

刀坯料　3 件。整体打制成形，平面呈圆角长方形或长方形，刃部打制，未磨光。

T0305⑫：7，硅质石英砂岩，灰色。平面近圆角长方形，一面有打制破裂面，背部较平，刃部较直。长 8.9、宽 5.5、厚 1.1 厘米（图 2-201，1）。

T0305⑮：6，硅质砂岩，黑色。平面近长方形，背部较直，刃部微弧。长 7.8、宽 5.9、厚 1.2 厘米（图 2-201，2）。

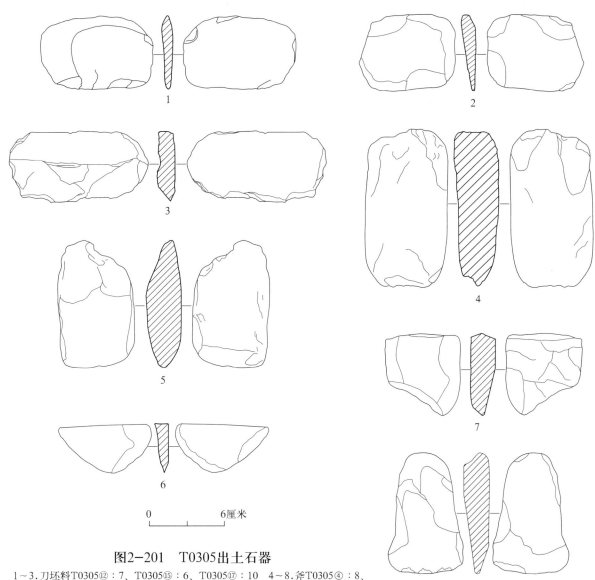

图 2-201　T0305 出土石器

1～3.刀坯料 T0305⑫：7、T0305⑮：6、T0305⑰：10　4～8.斧 T0305④：8、
T0305⑥：1、T0305⑭：1、T0305㉒：25、T0305㉒：26

T0305⑰：10，变质石英粉砂岩，暗绿色。平面近长方形，背部较直，刃部较薄较直。长 11.1、宽 5.6、厚 1.4 厘米（图 2-201，3）。

斧　5 件。

T0305④：8，变质石英砂岩，青色。扁平长条状，局部磨光，顶部有打制疤痕，刃部残，有明显使用崩痕。残长 12.6、宽 7.9、厚 3.4 厘米（图 2-201，4）。

T0305⑥：1，硅质粉砂岩，青灰色。扁平长条状，通体磨光，断面呈圆角方形，顶部破裂，弧刃，有使用崩痕。残长 10.4、宽 6.4、厚 3.1 厘米（图 2-201，5；彩版八一，6）。

T0305⑭：1，杂砂岩，青色。仅存刃部，局部磨光，弧刃，刃部有明显使用崩痕。残长 3.9、宽 7.4、厚 1.2 厘米（图 2-201，6）。

T0305㉒：25，硅质石英砂岩，青色。扁平长条状，整体打制成形，局部磨光，顶部较平，弧刃，残。残长 6.3、宽 5.9、厚 2.0 厘米（图 2-201，7）。

T0305㉒：26，硅质石英砂岩，青色。扁平长条状，整体打制成形，局部磨光。顶部较窄，刃部较宽，弧刃，有明显的使用痕迹。残长 9.5、宽 5.9、厚 1.9 厘米（图 2-201，8）。

斧坯料　3 件。平面近长方形，整体打制成形，两侧琢制规整，一面为自然面，一面为破裂面。顶部较平，刃部打制，未磨光。

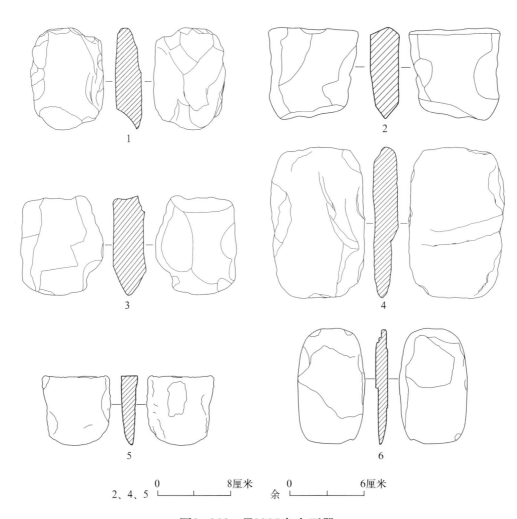

图2-202　T0305出土石器

1～3.斧坯料T0305⑨：3、T0305⑭：4、T0305⑳：15　4～6.铲T0305⑫：8、T0305⑬：7、T0305⑳：11

T0305⑨：3，变质石英砂岩，青灰色。长10.8、宽7.9、厚2.9厘米（图2-202，1）。

T0305⑭：4，变质石英砂岩，青色。长7.3、宽7.2、厚2.3厘米（图2-202，2）。

T0305⑳：15，硅质石英砂岩，青色。长10.3、宽8.6、厚3.7厘米（图2-202，3；彩版八二，1）。

铲　3件。

T0305⑫：8，长石石英砂岩，青灰色。整体打制成形，局部磨光，顶部较平，弧刃。长15.6、宽9.7、厚2.8厘米（图2-202，4）。

T0305⑬：7，硅质石英砂岩，灰色。整体打制成形，两面和刃部磨光，顶部残，弧刃，有明显的使用崩痕。残长5.5、宽5.4、厚1.3厘米（图2-202，5）。

T0305⑳：11，云母石英砂岩，青灰色。扁平长条状。弧刃，刃部磨光，有使用崩痕，长9.1、宽5.4、厚0.9厘米（图2-202，6）。

铲坯料　4件。以石片为毛坯，整体打制成形，一面为自然面，一面为破裂面，个别两面均有打制疤痕，刃部打制，未磨光。

T0305⑥：4，硅质石英砂岩，青灰色。平面近方形。长8.8、宽7.4、厚1.4厘米（图2-203，1）。

T0305⑥：13，石英砂岩，青灰色。平面近舌形。长8.7、宽8.5、厚2.2厘米（图2-203，2；彩版八二，2）。

T0305⑭：3，硅质石英砂岩，青色。平面近长方形。长9.4、宽7.1、厚2.4厘米（图2-203，3）。

T0305⑰：11，硅质石英砂岩，青色。近舌形。长15.4、宽7.4、厚1.4厘米（图2-203，4；彩版八二，3）。

研磨器　1件。

T0305⑩：5，硅质砂岩，灰色。研磨端为白色。平面近三角形，器身通体磨光，一端为磨光面，局部残存少量红色颜料，顶端断裂。残长8.8、宽6.2、厚2.7厘米（图2-203，5；彩版八二，4）。

凿　1件。

T0305⑬：21，安山玢岩，黑色。柱状长条状，通体磨光，断面呈椭圆形，顶部有砸击痕迹，刃部破裂。长14.3、宽4.3、厚3.8厘米（图2-203，6；彩版八二，5）。

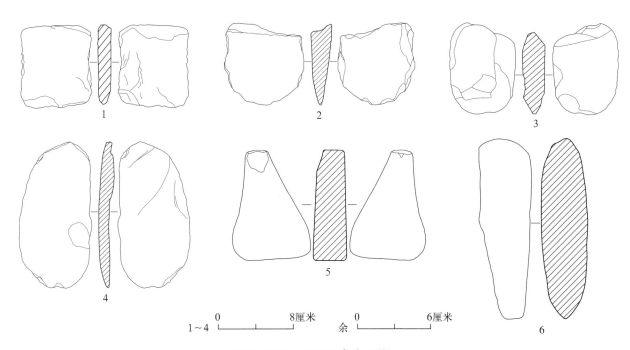

图2-203　T0305出土石器

1~4.铲坯料T0305⑥：4、T0305⑥：13、T0305⑭：3、T0305⑰：11　5.研磨器T0305⑩：5　6.石凿T0305⑬：21

锤　4件。

T0305⑬：19，变质石英砂岩，青绿色。圆饼状，四周有打制疤痕和砸击痕迹。长12.7、宽10.6、厚5.3厘米（图2-204，1）。

T0305⑬：20，变质石英砂岩，黑灰色。圆饼状，四周有打制疤痕和砸击痕迹。长10.2、宽8.1、厚4.3厘米（图2-204，2）。

T0305⑭：2，长石石英杂砂岩，棕色。扁平长条状，顶部较平，横截面呈圆角长方形，底部有砸击痕迹。长9.1、宽7.5、厚3.7厘米（图2-204，3）。

T0305⑱：4，硅质石英砂岩，灰色。柱状长条状，底部有砸击痕迹。长9.0、宽6.2、厚5.4厘米（图2-204，4）。

砧　1件。

T0305⑫：6，石英砂岩，青灰色。平面近圆形，两面较平，四周有打制疤痕，面上有砸击凹窝。长12.2、宽10.3、厚4.8厘米（图2-204，5）。

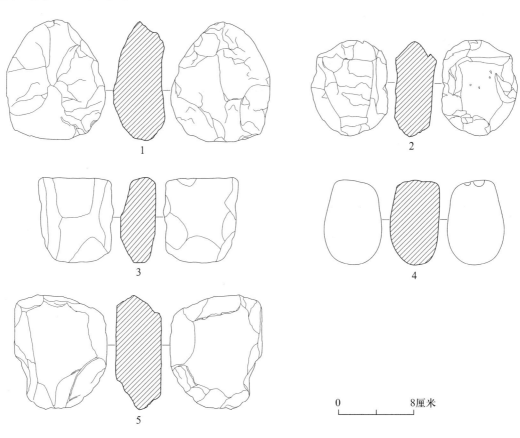

图2-204　T0305出土玉石器

1~4.锤T0305⑬：19、T0305⑬：20、T0305⑭：2、T0305⑱：4　5.砧T0305⑫：6

八　T0402

（一）地层堆积

T0402位于发掘区东南部，大部分区域在施工中破坏严重，仅在东北角保存地层5层。各层堆积介绍如下。

①层：棕色沙土，土质疏松。呈斜坡状堆积，主要分布于探方东北角，厚0~10厘米。包含植物根系、白灰

块、塑料等，出土了少量夹砂灰陶、泥质灰陶片和石块。现代垫土层。

②层：青灰色土，土质较致密，呈斜坡状堆积，分布于探方东北角，厚0~76厘米。包含少量炭屑和烧土颗粒，出土少量夹砂红陶、夹砂红褐陶片和兽骨、石块。齐家文化层。

③层：浅灰色土，土质较致密，呈斜坡状堆积，分布于探方东北角，厚0~12厘米。包含少量炭屑，出土夹砂红陶、夹砂红褐陶片和兽骨、石块，少量磨石。齐家文化层。

④层：深灰色土，土质较致密，呈斜坡状堆积，分布于探方东北角，厚0~44厘米。包含大量炭屑，出土少量夹砂红陶、夹砂红褐陶、夹砂橙黄陶片和兽骨、石块，少量璧和纺轮。齐家文化层。

⑤层：黑灰色土，土质致密，呈斜坡状堆积，分布于探方东北角，厚0~26厘米。包含大量炭屑，出土夹砂红陶、夹砂红褐陶片和兽骨、石块，少量石器。齐家文化层。

⑤层下为生土。

（二）出土遗物

T0402出土了少量陶、石器和兽骨。

1.陶器

陶器按陶质陶色可分为泥质红陶、夹砂红陶、夹砂灰陶、夹砂橙黄陶、夹砂红褐陶、泥质橙黄陶等。纹饰主要有绳纹等（表2-8）。主要包括器物口部、腹部、底部和耳部残片。从残存口沿判断，器形包括双小耳罐、侈口罐、瓮、鬲、斝等。

双小耳罐　1件。

T0402④：P4，夹砂红陶。侈口，束颈，溜肩，颈部饰绳纹。残高8.9、残宽6.6、厚0.7厘米（图2-205，1）。

侈口罐　1件。

T0402⑤：P1，夹砂红陶，器表有烟炱。侈口，束颈，溜肩。肩部饰绳纹。口径11.8、残高5、厚0.3~0.5厘米（图2-205，2）。

瓮　3件。直口，方唇，筒状腹，微鼓。

T0402④：P1，夹砂红陶。直口，微侈，口沿外有凸棱一周，饰绳纹。口径27.6、残高4.5、残宽6.9、厚0.6~0.9厘米（图2-205，3）。

T0402⑤：P2，夹砂灰陶。通体饰绳纹。口径27.6、残高5.6、残宽5.8、厚0.7厘米（图2-205，4）。

表2-8　T0402陶系统计表

纹饰 \ 陶质陶色	泥质陶					夹砂陶					合计	百分比（%）
	红	红褐	灰	橙黄	小计	红	红褐	灰	橙黄	小计		
素面	14	3	5	14	36	55	27	2	25	109	145	61.44
绳纹			1		1	4	26	3	3	36	37	15.68
篮纹	15	1		6	22	19		1	6	26	48	20.34
弦纹		2			2						2	0.85
麦粒状绳纹						3		1		4	4	1.69
合计	29	6	6	20	61	81	53	7	34	175	236	
百分比（%）	12.29	2.54	2.54	8.47	25.85	34.32	22.46	2.97	14.41	74.15		100

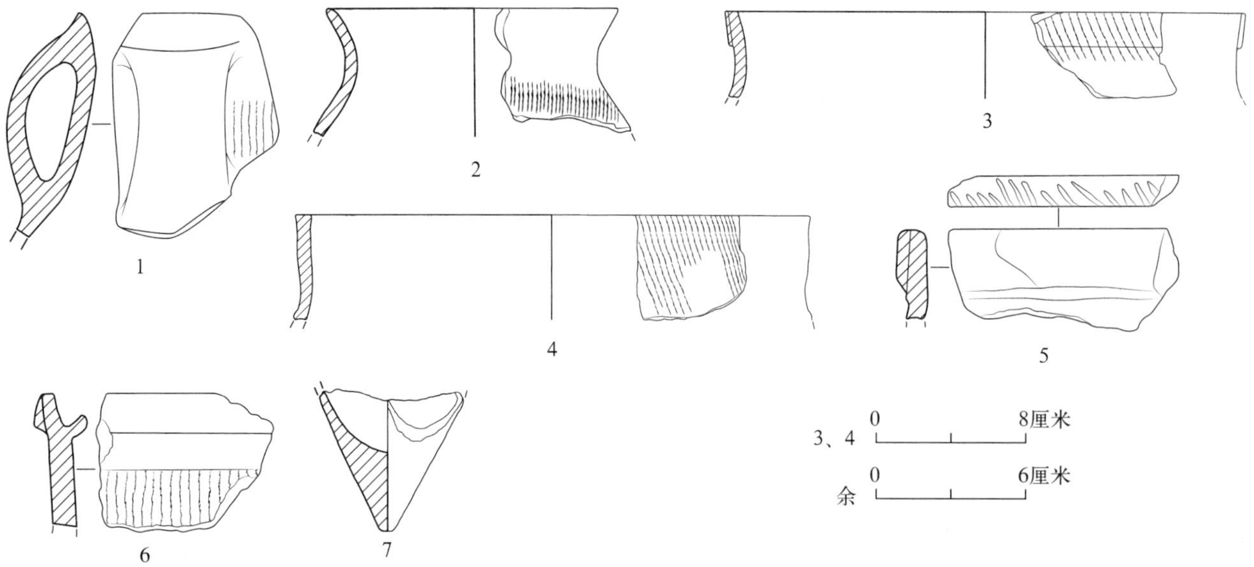

图2-205 T0402出土陶器

1.双小耳罐T0402④：P4 2.侈口罐T0402⑤：P1 3～5.瓮T0402④：P1、T0402⑤：P2、T0402⑤：P4 6.斝T0402④：P3 7.鬲足T0402⑤：P5

T0402⑤：P4，夹砂红陶。口沿外有凸棱一周，唇上饰刻划纹。残高4.2、残宽9.1、厚0.7～1.2厘米（图2-205，5）。

斝 1件。

T0402④：P3，夹砂红陶。重唇口，微侈，筒状腹。口沿外有凸棱一周，腹部饰绳纹。残高5.6、残宽7.1、厚0.7～0.9厘米（图2-205，6）。

鬲足 1件。

T0402⑤：P5，夹砂红陶，器表有烟炱。袋状足。残高5.7、残宽5.9、厚0.3厘米（图2-205，7）。

2.玉石器

主要有璧、纺轮、切割工具、磨石和石刀。

璧 2件。平面近圆形，两面磨光，中间钻孔，单面钻，好侧略厚，逐渐向外缘减薄。

T0402④：1，蛇纹大理岩，青灰色。残余约四分之一璧面，外缘磨光。外径10.3～11.0、好径3.3～3.7、厚0.6～1.0厘米（图2-206，1；彩版八三，1）。

T0402④：2，蛇纹大理岩，灰绿色，残余约三分之一璧面，外缘有打制疤痕。外径7.5～8.3、好径2.4～2.7、厚0.8～1.0厘米（图2-206，2；彩版八三，2）。

纺轮 1件。

T0402④：3，大理岩，白色。圆饼状，通体磨光，一侧残，中间钻孔，单面管钻。外径6.2～6.3、孔径0.7～1.1、厚0.8厘米（图2-206，3；彩版八三，3）。

切割工具 1件。

T0402⑤：1，石英砂岩，黑色。平面近长方形，一面磨光，一侧有双面刃，其他侧面有断茬。长2.4、宽2.2、厚0.6厘米（图2-206，4）。

磨石 2件。粉砂岩，青灰色。

T0402③：1，平面近三角形，一面有磨光面。长7.9、宽6.4、厚0.8厘米（图2-206，5）。

T0402③：2，灰色。平面不规则形，两面有磨光面。长11.4、宽9.5、厚0.7厘米（图2-206，6）。

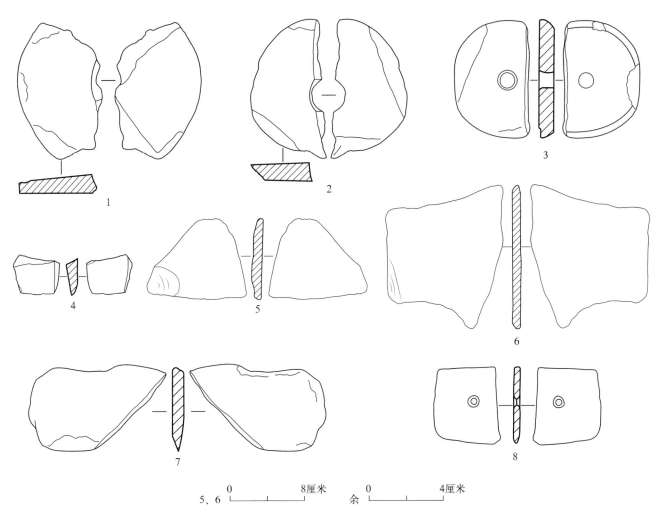

图2-206　T0402出土玉石器

1、2.璧T0402④：1、T0402④：2　3.纺轮T0402④：3　4.切割工具T0402⑤：1　5、6.磨石T0402③：1、T0402③：2　7、8.刀
T0402⑤：2、T0402⑤：3

刀　2件。平面近长方形，仅存一半。通体磨光，弧刃，有明显的使用崩痕，
T0402⑤：2，石英粉砂岩，暗绿色。无钻孔。残长6.7、宽4.3、厚0.5厘米（图2-206，7）。
T0402⑤：3，粉砂岩，灰色。单孔，双面钻。残长3.6、宽4.2、孔径0.4、厚0.4厘米（图2-206，8）。

九　T0403

（一）地层堆积

T0403位于发掘区东南部，部分区域被现代水管沟破坏，中部地层堆积保存较完整。根据土质土色和包含物可
分为20层（图2-207），各层堆积介绍如下。

①层：棕色沙土，土质疏松，呈水平状堆积，分布于全探方，厚0~42厘米。四周被现代水管沟打破，西南
部被破坏。包含有植物根系、草木灰和砖块。出土有少量夹砂红陶、夹砂灰陶、夹砂红褐陶、夹砂橙黄陶片和兽
骨、石块等。现代垫土层。

②层：浅黄色沙土，土质疏松，呈水平状堆积，南部无分布，四周被现代水管沟打破，西南部被破坏，厚
0~50厘米。包含有塑料、砖块等。出土有泥质红陶、夹砂红陶、夹砂灰陶、夹砂红褐陶片和兽骨、石块等。现代

耕土层。

③层：褐色土，土质致密，呈水平状堆积，分布于探方西北部，被现代水管沟打破，厚0～26厘米。包含有少量炭屑和红烧土颗粒。出土有少量夹砂红陶和泥质灰陶片。战国时期文化层。

④层：黄褐色土，土质较致密，呈水平状堆积，分布于探方北部和西部，被现代水管沟打破，厚0～44厘米。包含有少量红烧土颗粒，出土有泥质红陶、夹砂红陶、夹砂灰陶、夹砂红褐陶片和兽骨、石块等。战国时期文化层。

⑤层：浅灰色土，局部有黄色斑块，土质较致密，呈斜坡状堆积，分布于探方西北部，被现代水管沟打破，厚0～42厘米。包含有少量炭屑和红烧土颗粒。出土泥质红陶、夹砂红陶、泥质灰陶、夹砂红褐陶、夹砂橙黄陶片和兽骨、石块等，少量的璧、璧芯和蚌饰等。齐家文化层。

⑥层：灰黑色土，土质较致密，呈斜坡状堆积，分布于探方北部，厚0～38厘米。包含有大量炭屑、红烧土颗粒和料礓石等，出土有泥质红陶、夹砂红陶、泥质灰陶、夹砂灰陶、夹砂红褐陶、夹砂橙黄陶、彩陶片和兽骨、石块，少量的璧、璧芯、石斧和骨器等。齐家文化层。

⑦层：灰褐色土，土质较致密，呈斜坡状堆积，分布于探方北部和西部，厚0～60厘米。包含有大量炭屑、红烧土颗粒和料礓石，出土有泥质红陶、夹砂红陶、泥质灰陶、夹砂灰陶、夹砂红褐陶、夹砂橙黄陶片和兽骨、石块等，少量的璧、璧芯、砧、玉石料等。齐家文化层。

⑧层：灰色土，土质较致密，呈斜坡状堆积，分布于探方北部和西部，厚0～30厘米。包含有少量炭屑和红烧土颗粒。出土有泥质红陶、夹砂红陶、夹砂红褐陶片和兽骨、石块等，少量的璧芯。齐家文化层。

⑨层：深灰色土，土质较致密，呈斜坡状堆积，分布于探方北部、西部和东北角，东北部被现代水管沟打破，厚0～46厘米。包含有大量炭屑和红烧土颗粒。出土有泥质红陶、夹砂红陶、泥质灰陶、夹砂灰陶、夹砂红褐陶片和兽骨、石块等，璧、璧芯、石斧、磨石等。齐家文化层。

⑩层：灰黑色土，土质较致密，呈斜坡状堆积，分布于探方西部，西南部被破坏，厚0～24厘米。包含有大量炭屑和红烧土颗粒。出土有泥质红陶、夹砂红陶、夹砂灰陶、夹砂红褐陶片和兽骨、石块等。齐家文化层。

⑪层：黄褐色土，土质较致密，呈斜坡状堆积，分布于探方西南部，西南角被破坏，厚0～56厘米。包含有少量炭屑，出土有泥质红陶、夹砂红陶、泥质灰陶、夹砂灰陶、夹砂红褐陶、彩陶片和兽骨、石块等。齐家文化层。H3开口于该层下。

⑫层：灰褐色土，局部有黄色斑块，土质较致密，呈斜坡状堆积，分布于全探方，南部被H3打破，东南部和东北部被现代水管沟打破，西南部被破坏，厚0～56厘米。包含有大量炭屑、红烧土颗粒和料礓石等，出土有泥质红陶、夹砂红陶、泥质灰陶、夹砂灰陶、夹砂红褐陶、夹砂橙黄陶、泥质橙黄陶、彩陶片和兽骨、石块等，少量的磨石和玉石料。齐家文化层。H8、H11、H12均开口于该层下。

⑬层：深灰色土，土质较致密，呈斜坡状堆积，分布于探方东部和南部，南部被H3、H8、H11和H12打破，东北部和东南部被现代水管沟打破，厚0～48厘米。包含有大量炭屑和红烧土颗粒，出土有泥质红陶、夹砂红陶、夹砂灰陶、夹砂红褐陶片和兽骨、石块等，少量的璧和璧芯。齐家文化层。

⑭层：灰黑色土，土质较致密，呈斜坡状堆积，分布于探方北部和西部，厚0～26厘米。包含有大量炭屑、红烧土颗粒和料礓石，出土有泥质红陶、夹砂红陶、夹砂红褐陶、夹砂橙黄陶片和兽骨、石块等，少量璧、切割料、石斧、磨石等。齐家文化层。

⑮层：灰褐色土，土质较致密，呈斜坡状堆积，分布于探方北部和西部，厚0～32厘米。包含有少量炭屑、红烧土颗粒和料礓石，出土有泥质红陶、夹砂红陶、夹砂红褐陶片和兽骨、石块等，少量的璧和切割料等。齐家文化层。

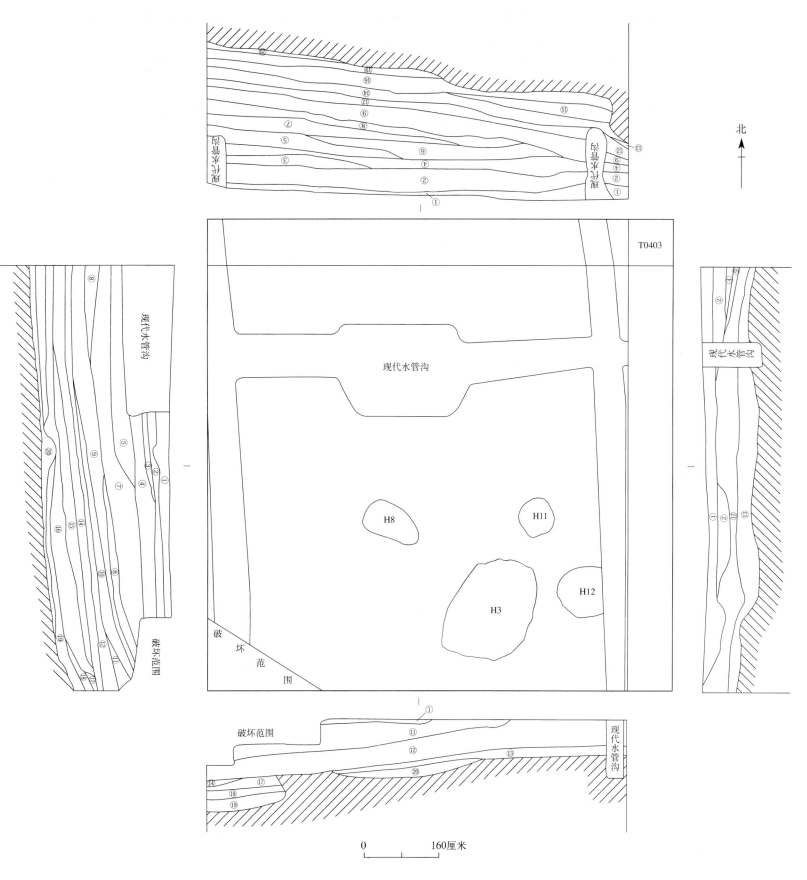

图2-207 T0403平、剖面图

⑯层：灰黑色土，土质较致密，呈斜坡状堆积，分布于探方北部和西部，厚0~34厘米。包含有大量炭屑、红烧土颗粒和料礓石等。出土有泥质红陶、夹砂红陶、夹砂灰陶、夹砂红褐陶、夹砂橙黄陶、泥质橙黄陶、彩陶片和兽骨、石块等，少量璧、璧芯、石刀、砧等。齐家文化层。

⑰层：浅灰色土，土质较致密，呈斜坡状堆积，分布于探方西南角，厚0~20厘米。包含有少量炭屑和红烧土颗粒。齐家文化层。

⑱层：深灰色土，土质较致密，呈斜坡状堆积，分布于探方西南角，厚0~20厘米。包含有少量炭屑和红烧土颗粒，出土少量泥质红陶、夹砂红陶、夹砂红褐陶片和兽骨、石块等。齐家文化层。

⑲层：灰黑色土，土质较致密，呈斜坡状堆积，分布于探方北部和西部，厚0~20厘米。包含有大量炭屑、红烧土颗粒和料礓石等，出土有泥质红陶、夹砂红陶、夹砂灰陶、夹砂红褐陶、夹砂橙黄陶、彩陶片和兽骨、石块等，少量的磨石、玉石料等。齐家文化层。

⑳层：深灰色土，局部有黄色斑块，土质较致密，呈斜坡状堆积，东部无分布，厚0~30厘米。包含有大量炭屑、红烧土颗粒和料礓石等，出土有泥质红陶、夹砂红陶、夹砂红褐陶片和兽骨、石块等，少量的石锤、铲、斧坯料、砧、磨石等。齐家文化层。

⑳层下为生土。

（二）出土遗物

T0403出土有陶、铜、骨、玉石器，还有兽骨。

1.陶器

陶器按陶质陶色可分为泥质红陶、夹砂红陶、夹砂灰陶、夹砂橙黄陶、夹砂红褐陶、泥质橙黄陶等。纹饰主要有篮纹、绳纹、刻划纹、戳印纹、附加堆纹、麦粒状绳纹和弦纹等（表2-9）。主要包括器物的口部、腹部、底部和耳部残片。从残存口沿判断，器形包括双大耳罐、双小耳罐、高领罐、侈口罐、花边口罐、壶、瓮、豆、尊、鬲、斝、盆、器盖、纺轮等。

表2-9　T0403陶系统计表

纹饰 / 陶质陶色 数量	泥质陶						夹砂陶						合计	百分比（%）
	红	红褐	灰	橙黄	白陶	小计	红	红褐	灰	橙黄	白陶	小计		
素面	127	11	20	113	2	273	772	223	71	421	3	1490	1763	54.03
绳纹			1	2		3	149	306	21	82		558	561	17.19
篮纹	52	6	5	53		116	594	39	6	102		741	857	26.26
戳印纹	3					3	6	4		2		12	15	0.46
麦粒状绳纹							8	14				22	22	0.67
刻划纹				6		6	13			5		18	24	0.74
附加堆纹							10					10	10	0.31
彩陶	3					3	5			2		7	10	0.31
压印纹							1					1	1	0.03
合计	185	17	26	174	2	404	1558	586	98	614	3	2859	3263	
百分比（%）	5.67	0.52	0.8	5.33	0.06	12.38	47.75	17.96	3	18.82	0.09	87.62		100

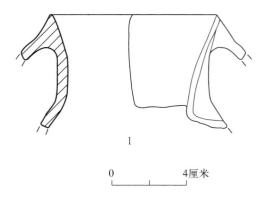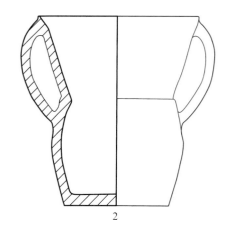

图2-208 T0403出土双大耳陶罐

1.T0403⑲∶P8 2.T0403⑮∶4

双大耳罐 2件。泥质红陶。大敞口，高领，口腹之间有双大耳。

T0403⑲∶P8，耳与口沿平齐。口径9.0、残高6.0、厚0.3～0.5厘米（图2-208，1）。

T0403⑮∶4，筒状腹，微鼓，平底。耳略低于口沿。口径8.7、底径5.6、最大腹径7.1、高10.0、厚0.5～0.6厘米（图2-208，2；彩版八三，4）。

双小耳罐 12件。夹砂红陶、夹砂灰陶或夹砂橙黄陶。侈口或敞口，圆唇，束颈，圆肩或溜肩，口肩之间有双耳。大部分素面。部分肩腹部饰绳纹。个别彩陶。

T0403⑤∶P3，夹砂红陶，器表有烟炱。侈口，圆肩，耳与口沿平齐。颈肩部饰绳纹。残高8.8、残宽10.4、厚0.4～0.8厘米（图2-209，1）。

T0403⑥∶P3，夹砂红陶，器表有烟炱。侈口，圆肩，耳低于口沿。肩部饰绳纹。残高6.1、残宽8.9、厚0.5～0.7厘米（图2-209，2）。

T0403⑥∶P4，夹砂红陶，器表有烟炱。侈口，圆肩，耳低于口沿。口径19.4、残高7.5、厚0.7厘米（图2-209，3）。

T0403⑯∶P1，夹砂红陶。侈口，圆肩，耳与口沿平齐。肩部饰绳纹。口径17.8、残高7.0、残宽8.4、厚0.5～0.7厘米（图2-209，4）。

T0403⑯∶P2，夹砂红陶。侈口，圆肩，耳略低于口沿。口径13.0、残高6.5、残宽5.1、厚0.3～0.7厘米（图2-209，5）。

T0403⑯∶P5，夹砂灰陶。侈口，圆肩，耳与口沿平齐。口径10.0、残高6.0、残宽5.5、厚0.4～0.5厘米（图2-209，6）。

T0403⑯∶P15，夹砂红陶。侈口，圆肩，耳与口沿平齐。耳面粘贴小泥饼，颈部饰绳纹。口径17.0、残高8.0、残宽10.0、厚0.5～0.7厘米（图2-210，1）。

T0403⑲∶P1，夹砂红陶，器表有烟炱。侈口，圆肩，耳低于口沿。颈肩部饰绳纹。口径15.0、残高6.7、残宽9.4、厚0.6～0.7厘米（图2-210，2）。

T0403⑲∶P4，夹砂红陶，器表有烟炱。侈口，溜肩，耳低于口沿。残高6.8、残宽5.2、厚0.7厘米（图2-210，3）。

T0403⑲∶P7，夹砂红陶。侈口，圆肩，耳略低于口沿。口沿及器表外壁饰黑彩，口沿内壁饰宽条带纹两周，颈、肩部饰横条带纹、竖条带纹、三角纹等，耳面饰竖条带纹三道，口耳相接处有穿孔两个。口径9.6、残高6.0、残宽5.9、厚0.5厘米（图2-210，4）。

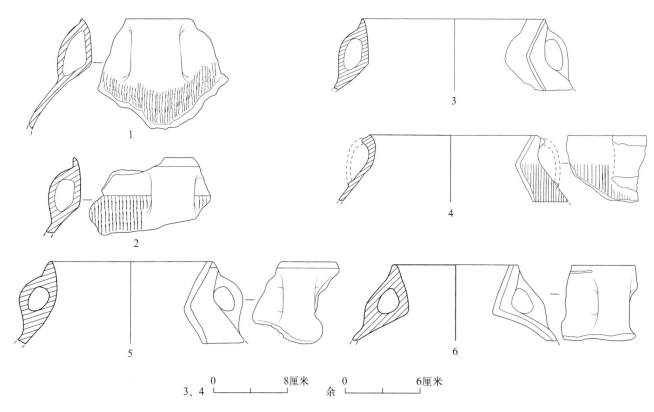

图2-209　T0403出土双小耳陶罐

1.T0403⑤：P3　2.T0403⑥：P3　3.T0403⑥：P4　4.T0403⑯：P1　5.T0403⑯：P2　6.T0403⑯：P5

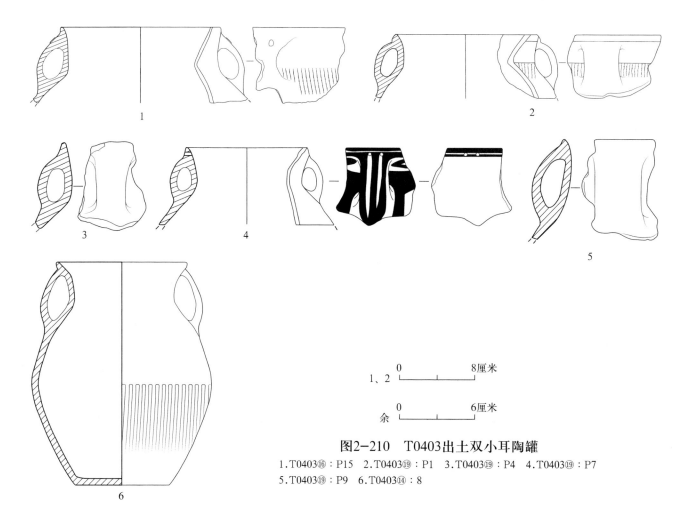

图2-210　T0403出土双小耳陶罐

1.T0403⑯：P15　2.T0403⑲：P1　3.T0403⑲：P4　4.T0403⑲：P7
5.T0403⑲：P9　6.T0403⑭：8

T0403⑲：P9，夹砂橙黄陶，侈口，溜肩。耳与口沿平齐。残高7.8、残宽5.2、厚0.5~0.8厘米（图2-210，5）。

T0403⑭：8，夹砂红陶。敞口，溜肩，鼓腹，下腹弧收，耳略低于口沿。下腹饰篮纹。口径10.6、最大腹径14.4、底径7.6、高17.7、厚0.5厘米（图2-210，6；彩版八三，5）。

高领罐 13件。泥质红陶、夹砂红陶、夹砂红褐陶或夹砂橙黄陶。大敞口，圆唇，高领，个别领部饰戳印纹、腹部饰篮纹。

T0403⑤：P5，夹砂红陶。领部饰戳印纹。残高4.6、残宽4.5、厚0.5~0.6厘米（图2-211，1）。

T0403⑥：P6，夹砂橙黄陶。口径21.6、残高4.0、残宽8.8、厚0.5~0.6厘米（图2-211，2）。

T0403⑥：P8，夹砂红陶。残高5.1、残宽7.3、厚0.4~0.7厘米（图2-211，3）。

T0403⑦：P4，夹砂红陶。口径23.6、残高5.9、残宽5.6、厚0.2~0.4厘米（图2-211，4）。

T0403⑦：P5，夹砂橙黄陶。领部饰戳印纹和弦纹。口径16.4、残高5.8、厚0.3~0.5厘米（图2-211，5）。

T0403⑦：P6，夹砂红陶。残高8.7、残宽5.7、厚0.4~0.7厘米（图2-211，6）。

T0403⑦：P9，夹砂红陶。折肩。口径14.6、残高9.5、厚0.5厘米（图2-211，7）。

T0403⑫：P2，夹砂红褐陶。折肩，鼓腹。领部饰戳印纹。口径18.0、残高14.0、厚0.7厘米（图2-211，8）。

T0403⑫：P5，泥质红陶。残高6.5、残宽8.7、厚0.3~0.6厘米（图2-212，1）。

T0403⑭：P8，夹砂红陶。残高3.5、残宽5.4、厚0.6厘米（图2-212，2）。

T0403⑯：P9，夹砂红陶。口径20.4、残高5.0、厚0.7~0.8厘米（图2-212，3）。

T0403⑯：P24，夹砂红陶。斜腹，平底。腹部饰篮纹。残高10.3、残宽11.1、底径7.9、厚0.3~0.5厘米（图2-212，4）。

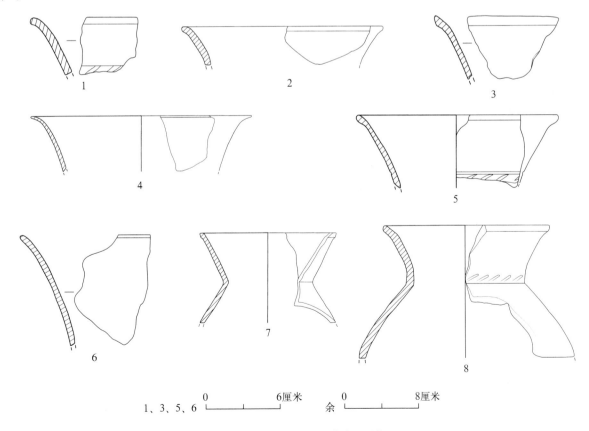

图2-211 T0403出土高领陶罐

1.T0403⑤：P5 2.T0403⑥：P6 3.T0403⑥：P8 4.T0403⑦：P4 5.T0403⑦：P5 6.T0403⑦：P6 7.T0403⑦：P9 8.T0403⑫：P2

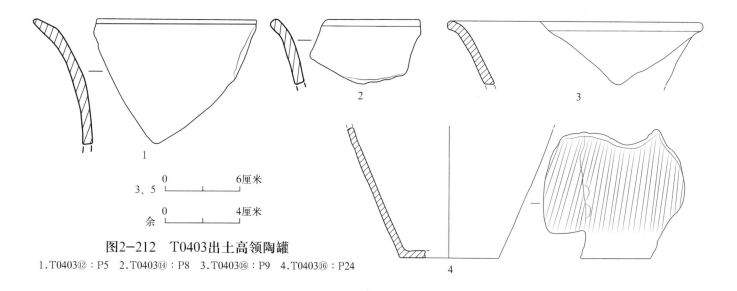

图2-212 T0403出土高领陶罐
1.T0403⑫：P5 2.T0403⑭：P8 3.T0403⑯：P9 4.T0403⑯：P24

侈口罐 7件。泥质红陶、夹砂红陶、夹砂灰陶或夹砂橙黄陶。侈口，圆唇，束颈，溜肩或圆肩，鼓腹。部分肩腹部饰绳纹、篮纹，个别彩陶。

T0403⑤：P1，夹砂橙黄陶。溜肩。肩部饰绳纹。残高4.7、残宽4.7、厚0.6～0.9厘米（图2-213，1）。

T0403⑤：P6，夹砂红陶。溜肩。肩部饰篮纹。残高4.5、残宽4.1、厚0.7厘米（图2-213，2）。

T0403⑦：P8，夹砂灰陶。圆肩。肩部饰绳纹。残高5.0、残宽9.1、厚0.7～1.1厘米（图2-213，3）。

T0403⑭：P2，夹砂红陶，器表有烟炱。溜肩。肩部饰绳纹。口径14.0、残高5.2、残宽8.7、厚0.4～0.7厘米（图2-213，4）。

T0403⑯：P12，夹砂红陶，器表有烟炱。溜肩。肩部饰绳纹。残高5.2、残宽4.6、厚0.4～0.6厘米（图2-213，5）。

T0403⑯：P21，泥质红陶。溜肩。器表及口沿内壁饰黑彩。口沿内壁饰宽条带纹，颈、肩部饰窄条带纹、菱形网格纹、宽条带纹。残高3.5、残宽3.7、厚0.3～0.5厘米（图2-213，6）。

T0403⑮：3，夹砂灰陶。溜肩，下腹弧收。肩、腹部饰绳纹。口径11.4、最大腹径12.4、底径6.8、高14.8、厚0.5～0.7厘米（图2-213，7；彩版八四，1）。

壶 2件。泥质红陶。敞口，圆唇。高领。

T0403⑯：P18，口径19.6、残高13.5、厚0.5厘米（图2-214，1）。

T0403⑯：P22，口径13.4、残高3.4、残宽7.1、厚0.5厘米（图2-214，2）。

花边口罐 4件。夹砂红陶或夹砂橙黄陶。侈口，束颈，溜肩。口沿外饰花边附加堆纹一周。

T0403⑦：P10，夹砂橙黄陶。残高4.5、残宽5.2、厚0.5～0.8厘米（图2-214，3）。

T0403⑭：P4，夹砂红陶，器表有烟炱。残高4.0、残宽3.6、厚0.2～0.5厘米（图2-214，4）。

T0403⑯：P7，夹砂红陶。颈肩部饰绳纹。残高7.0、残宽7.1、厚0.5～0.9厘米（图2-214，5）。

T0403⑲：P12，夹砂红陶。颈部饰绳纹。残高5.1、残宽6.4、厚0.8厘米（图2-214，6）。

瓮 10件。夹砂红陶、夹砂红褐陶或夹砂橙黄陶，直口，方唇，近直筒腹，微鼓。

T0403⑦：P2，夹砂红陶。通体饰绳纹。残高9.6、残宽6.5、厚0.9～1.0厘米（图2-215，1）。

T0403⑫：P8，夹砂橙黄陶。通体饰绳纹。残高6.0、残宽4.6、厚1.0～1.7厘米（图2-215，2）。

T0403⑭：P6，夹砂红陶。口沿外有凸棱一周，通体饰绳纹。残高5.3、残宽3.6、厚0.6～0.8厘米（图2-215，3）。

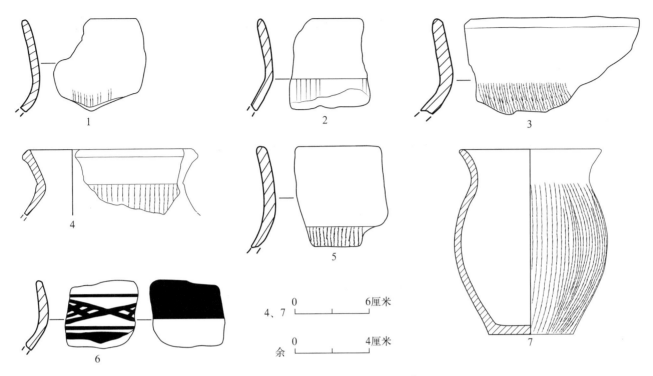

图2-213　T0403出土侈口陶罐

1.T0403⑤：P1　2.T0403⑤：P6　3.T0403⑦：P8　4.T0403⑭：P2　5.T0403⑯：P12　6.T0403⑯：P21　7.T0403⑮：3

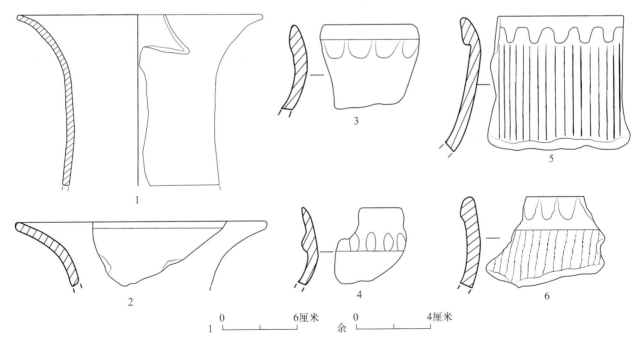

图2-214　T0403出土陶器

1、2.壶T0403⑯：P18、T0403⑯：P22　3～6.花边口罐T0403⑦：P10、T0403⑭：P4、T0403⑯：P7、T0403⑲：P12

　　T0403⑭：P7，夹砂橙黄陶。口沿外有凸棱一周，通体饰绳纹。残高4.0、残宽5.3、厚0.9～1.1厘米（图2-215，4）。

　　T0403⑯：P6，夹砂红陶，器表有烟炱。直口，微侈，筒状腹，微鼓，口沿外有凸棱一周，通体饰绳纹，唇部饰刻划纹。口径25.4、残高7.4、残宽10.9、厚0.6～1.4厘米（图2-215，5）。

T0403⑯：P10，夹砂红陶。直口，微侈，筒状腹，微鼓，通体饰绳纹。残高6.8、残宽8.2、厚0.6~1厘米（图2-215，6）。

T0403⑯：P11，夹砂橙黄陶。通体饰绳纹。残高6.1、残宽8.8、厚1.0~1.5厘米（图2-215，7）。

T0403⑯：P17，夹砂红陶。直口，微侈，口沿外有凸棱一周，通体饰绳纹。口径36.8、残高9.9、残宽11.4、厚0.7~1.7厘米（图2-215，8）。

T0403⑲：P2，夹砂红褐陶。口沿外有凸棱一周，通体饰绳纹。口径17.6、残高4.3、厚0.9~1.5厘米（图2-215，9）。

T0403⑲：P6，夹砂红陶。直口，筒状腹，微鼓，口沿外有凸棱一周，口沿部饰刻划菱形网格纹，腹部饰绳纹。残高5.9、残宽8.1、厚0.7~0.9厘米（图2-215，10）。

豆　2件。敞口，圆唇，浅盘腹，微弧，柄残。

T0403⑥：P7，夹砂红陶。口径18、残高4.5、残宽8.1、厚0.2~0.6厘米（图2-216，1）。

T0403⑯：P20，泥质橙黄陶。斜沿。口径14.0、残高2.8、残宽7.6、厚0.4厘米（图2-216，2）。

尊　1件。

T0403⑦：P3，泥质红陶。敞口，斜沿，方唇，筒状腹。口径19.6、残高2.4、残宽6.6、厚0.4厘米（图2-216，3）。

鬲足　2件。

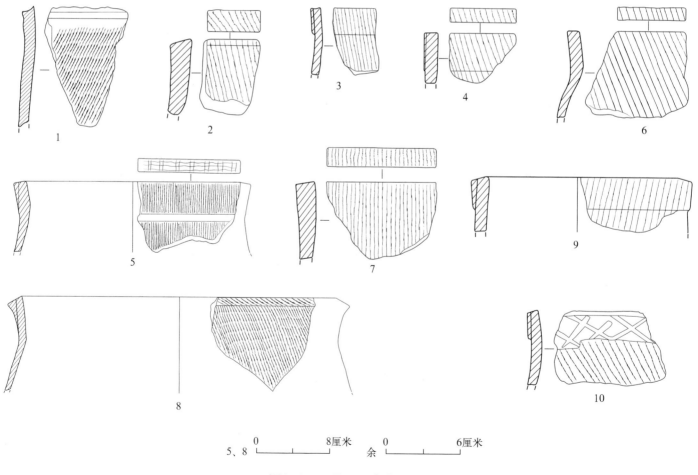

图2-215　T0403出土陶瓮

1.T0403⑦：P2　2.T0403⑫：P8　3.T0403⑭：P6　4.T0403⑭：P7　5.T0403⑯：P6　6.T0403⑯：P10　7.T0403⑯：P11　8.T0403⑯：P17
9.T0403⑲：P2　10.T0403⑲：P6

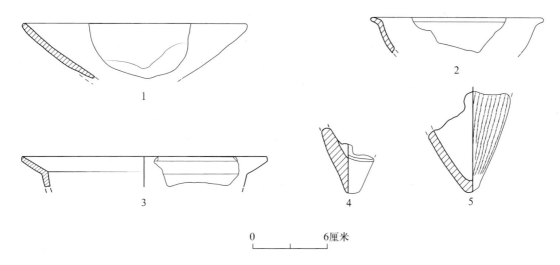

图2-216　T0403出土陶器

1、2.豆T0403⑥：P7、T0403⑯：P20　3.尊T0403⑦：P3　4、5.高足T0403⑭：P3、T0403⑲：P5

T0403⑭：P3，夹砂红陶。袋状足，矮实足跟。残高5.2、残宽3.5、厚1.0厘米（图2-216，4）。

T0403⑲：P5，夹砂红陶，器表有烟炱。袋状足，饰绳纹。残高8.1、残宽5.8、厚0.6厘米（图2-216，5）。

罌　5件。夹砂红陶或夹砂橙黄陶，重唇口，近直筒腹。

T0403⑦：P1，夹砂红陶。口沿外饰凹弦纹三周和附加堆纹。口径21.4、残高4.0、残宽6.4、厚0.6～0.9厘米（图2-217，1）。

T0403⑭：P1，夹砂橙黄陶，器表有烟炱。口径21.8、残高5.2、残宽5.6、厚0.5～1.5厘米（图2-217，2）。

T0403⑯：P4，夹砂红陶。腹部饰绳纹，口腹之间有双耳，残。口径18.6、残高6.5、残宽6.8、厚0.5～0.6厘米（图2-217，3）。

T0403⑯：P16，夹砂红陶。近口沿饰附加堆纹一周，腹部饰绳纹。残高4.8、残宽6.3、厚0.6～1.0厘米（图2-217，4）。

T0403⑲：P10，夹砂红陶。口沿下饰附加堆纹一周，腹部饰篮纹。残高4.5、残宽5.3、厚0.3～0.5厘米（图2-217，5）。

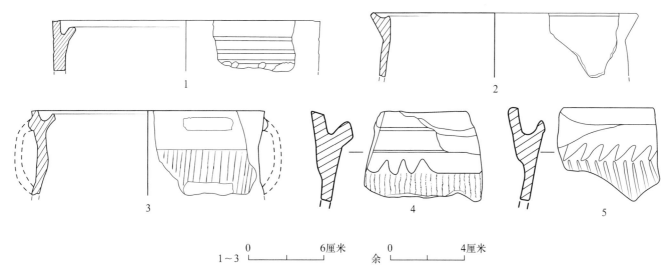

图2-217　T0403出土陶罌

1.T0403⑦：P1　2.T0403⑭：P1　3.T0403⑯：P4　4.T0403⑯：P16　5.T0403⑲：P10

器盖　5件。夹砂红陶或夹砂橙黄陶，斗笠状，盖面斜直或圆弧，盖面之上有捉纽，个别器表饰绳纹。

T0403⑤：P2，夹砂红陶，器表有烟炱。盖面圆弧。盖径10.4、残高3.5、厚0.4~0.8厘米（图2-218，1）。

T0403⑤：P4，夹砂橙黄陶，器表有烟炱。盖面斜直。盖径14.0、残高2.5、厚0.4~0.6厘米（图2-218，2）。

T0403⑩：1，夹砂红陶。盖面斜直，顶部有圆形捉纽，中部有凹窝。盖径14.6、纽径4.0、高5.0、厚0.2~0.6厘米（图2-218，3）。

T0403⑫：1，夹砂红陶。盖面斜直，顶部有圆形捉纽，较大，中部有凹窝。盖径7.6、纽径5.2、高2.6、厚0.3~1.0厘米（图2-218，4）。

T0403⑮：6，夹砂红陶。盖面圆弧，顶部有圆柱形捉纽。盖面通体饰绳纹，纽顶饰刻划纹。盖径10.0、纽径2.0、高5.9、厚0.7厘米（图2-218，5）。

盆　1件。

T0403⑮：5，夹砂红陶。敞口，方唇，斜腹，下腹内收，平底。腹部饰篮纹。口径16.3、底径7.8、高5、厚0.6~0.8厘米（图2-219，1）。

纺轮　2件。

T0403⑤：5，夹砂灰陶，系用陶器底部改制而成。中部穿孔，残存一半。直径5.9、孔径0.3、厚0.8~1.0厘

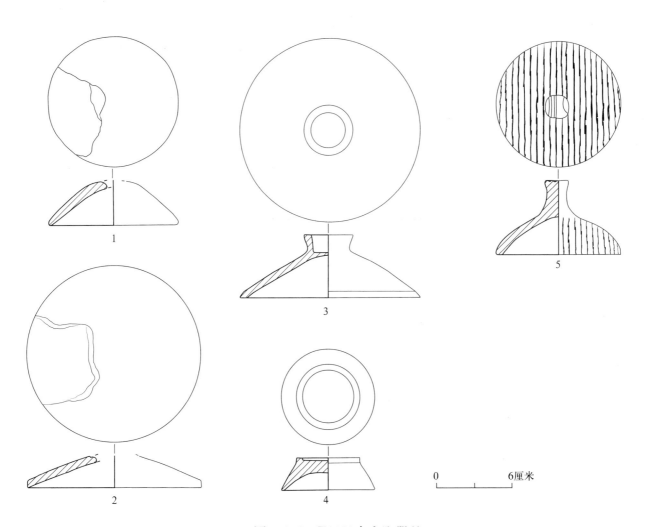

图2-218　T0403出土陶器盖

1.T0403⑤：P2　2.T0403⑤：P4　3.T0403⑩：1　4.T0403⑫：1　5.T0403⑮：6

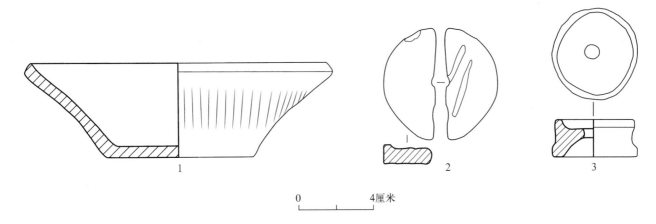

图2-219　T0403出土陶器

1.盆T0403⑮：5　2、3.纺轮T0403⑤：5、T0403⑥：3

米（图2-219，2）。

T0403⑥：3，泥质灰陶。圆饼状，系用器盖盖纽改制而成，两面有凹窝，中部有一穿孔。直径4.4～4.8、孔径0.8、厚2.0厘米（图2-219，3）。

2.铜器

铜器　1件。

T0403⑯：18，红铜质。扁平状，锈蚀严重。长2.5、宽1.3、厚0.8厘米（图2-220）。

3.骨、牙、蚌器

出土数量较少，包括蚌饰、骨锯、凿、片和牙器。

蚌饰　1件。

T0403⑤：4，系用蚌壳磨制而成，平面近圆形，中部穿孔，单面钻。直径1.5、孔径0.3、厚0.1厘米（图2-221，1）。

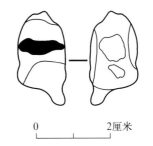

图2-220　T0403出土铜器

T0403⑯：18

骨锯　3件。系用动物的肩胛骨磨制而成，通体磨光，一侧有锯齿状豁口。

T0403⑥：10，长11.2、宽2.3、厚0.9厘米（图2-221，2）。

T0403⑥：11，背部微弧。长12.2、宽2.5、厚1.2厘米（图2-221，3）。

T0403⑥：13，系用动物肋骨磨制而成，一面磨光，背部微弧。长15.2、宽3.1、厚0.7厘米（图2-221，4）。

骨片　1件。

T0403⑥：12，系用动物肋骨磨制成片状，平面近长方形。一面及侧面磨光。长8.8、宽3.4、厚0.4厘米（图2-221，5）。

骨凿　1件。

T0403⑦：9，系用大型动物肢骨磨制而成，长条形，骨壁较厚，通体磨光，一侧保留有骨髓腔，顶端较宽，刃部较窄，双面刃。长10.3、宽1.8～3.0、厚0.6厘米（图2-221，6；彩版八四，2）。

牙器　1件。

T0403⑯：17，系用大型动物牙齿磨制而成，通体磨光，呈半环状，残存局部。残长5.5、宽2.4、厚0.6厘米（图2-221，7）。

4.玉石器

主要包括玉石器产品及加工工具，少量的生产工具。绝大部分为磨制石器，大部分通体磨光。玉石器产品包括璧和璧芯。玉石器加工工具包括磨石。出土了少量玉石料，制作玉石器残存的断块，部分玉石料有切割痕迹。生产工具包括刀、刀坯料、斧、斧坯料、铲、铲坯料、研磨器、盘状器、石砧等。

璧　23件。仅个别完整，平面近圆形或圆角方形，大部分表面磨光，外缘仅个别磨制规整，大部分保留有打制疤痕。大部分好侧稍厚，逐渐向外缘减薄。单面管钻，个别未钻透，孔壁保留有管钻痕迹，断钻处有明显断茬。

T0403⑤：2，蛇纹岩，青灰色。平面近圆形，残余约二分之一璧面。外径8.4～8.8、好径3.4～4.2、厚0.8～1.1厘米（图2-222，1；彩版八四，3）。

T0403⑤：7，蛇纹岩，绿色。平面近圆形，残余约四分之一璧面。外径9.2～9.6、好径2.9～3.7、厚1.3厘米（图2-222，2；彩版八四，4）。

T0403⑥：2，蛇纹大理岩，浅绿色。平面近圆形，残余约二分之一璧面。外径3.8～4.2、好径1.4～1.8、厚0.5厘米（图2-222，3；彩版八四，5）。

T0403⑥：4，透闪岩，绿色。平面近圆形，残余约四分之一璧面。外径8.3～9.4、好径2.5～2.9、厚0.6～1.3厘米（图2-222，4；彩版八四，6）。

T0403⑥：5，片状透闪大理岩，绿色。平面近圆形，残余约四分之一璧面。外径10.4～11.0、好径2.8～3.2、厚1.4～1.7厘米（图2-222，5；彩版八五，1）。

T0403⑥：6，片状蛇纹大理岩，灰白色。平面近圆形，残余约二分之一璧面。外径7.7～8.1、好径1.8～2.1、厚0.3～1.0厘米（图2-222，6；彩版八五，2）。

T0403⑦：1，蛇纹大理岩，绿色。平面近圆形，残余约四分之一璧面。外径11.5～12.3、好径3.6～3.9、厚0.2～1.1厘米（图2-222，7；彩版八五，3）。

T0403⑦：3，蛇纹大理岩，灰绿色。平面圆形，残余约二分之一璧面。外径9.3～9.8、好径2.7～3.9、厚0.8～1.0厘米（图2-222，8；彩版八五，4）。

T0403⑦：5，大理岩，灰绿色。平面近圆形，残余约三分之一璧面。外径7.1～8.2、好径1.6～2.2、厚0.6厘米

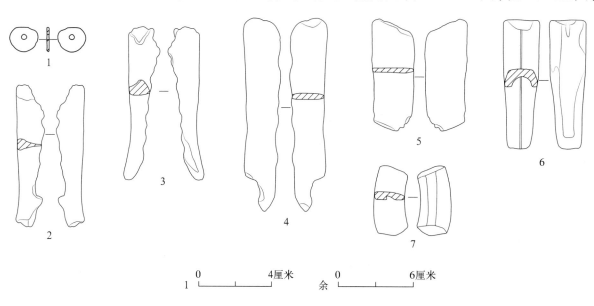

图2-221　T0403出土骨、牙、蚌器

1.蚌饰T0403⑤：4　2～4.骨锯T0403⑥：10、T0403⑥：11、T0403⑥：13　5.骨片T0403⑥：12　6.骨凿T0403⑦：9　7.牙器T0403⑯：17

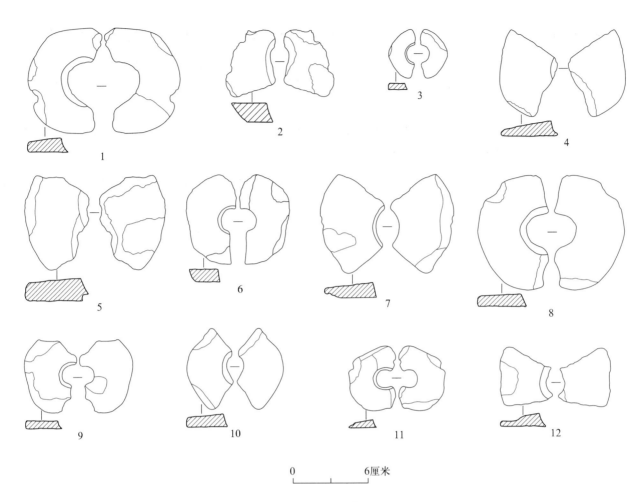

0　　　　　　　6厘米

图2-222　T0403出土玉石璧

1.T0403⑤：2　2.T0403⑤：7　3.T0403⑥：2　4.T0403⑥：4　5.T0403⑥：5　6.T0403⑥：6　7.T0403⑦：1　8.T0403⑦：3
9.T0403⑦：5　10.T0403⑨：2　11.T0403⑨：3　12.T0403⑬：1

米（图2-222，9；彩版八五，5）。

T0403⑨：2，蛇纹大理岩，暗绿色。平面近圆形，残余约三分之一璧面。外径8.1～8.5、好径2.6～3.2、厚0.8～1.0厘米（图2-222，10；彩版八五，6）。

T0403⑨：3，蛇纹大理岩，灰白色。平面近圆角方形，残余约二分之一璧面。外径5.2～5.5、好径1.4～1.8、厚0.2～0.6厘米（图2-222，11；彩版八六，1）。

T0403⑬：1，蛇纹大理岩，绿色。平面近圆形，残余约五分之一璧面。外径8.6～9.9、好径3.2～4.2、厚0.4～1.0厘米（图2-222，12；彩版八六，2）。

T0403⑭：1，片状蛇纹大理岩，灰白色。平面近圆形，残余约四分之一璧面。外径8.8～9.6、好径1.6～2.1、厚0.7～1.0厘米（图2-223，1；彩版八六，3）。

T0403⑭：2，蛇纹大理岩，暗绿色。平面近圆角方形，残余约四分之一璧面。外径14.6～15.8、好径4.6～4.9、厚0.4～1.1厘米（图2-223，2；彩版八六，4）。

T0403⑭：3，蛇纹大理岩，白色。平面近圆形，残余约二分之一璧面。外径5.9～6.5、好径1.7～2.4、厚0.6～0.8厘米（图2-223，3；彩版八六，5）。

T0403⑭：4，蛇纹大理岩，灰白色。仅存局部。残长2.8、残宽2.2、好径2.8～3.4、厚1.0厘米（图2-223，4；彩版八六，6）。

　　T0403⑮：1，蛇纹大理岩，灰黄色。平面近圆形，残余约四分之一璧面。外径14.7～15.8、好径2.5～2.9、厚0.8～1.2厘米（图2-223，5；彩版八七，1）。

　　T0403⑯：1，蛇纹大理岩，灰白色。平面圆形，残余约五分之四璧面，外缘磨光。外径6.0～6.2、好径2.1～2.6、厚1.0厘米（图2-223，6；彩版八七，2）。

　　T0403⑯：5，蛇纹大理岩，青灰色。平面近圆形，残余约四分之一璧面，外缘磨光。外径8.2～8.9、好径2.6～3.4、厚0.5～0.7厘米（图2-223，7；彩版八七，3）。

　　T0403⑯：6，蛇纹大理岩，绿色。平面近圆形。外径4.6～5.2、好径1.5～1.9、厚0.5厘米（图2-223，8；彩版八七，4）。

　　T0403⑯：8，透闪石玉，灰褐色。平面近圆形，残存边缘，外缘磨光。外径10.4～10.8、厚0.9厘米（图2-223，9；彩版八七，5）。

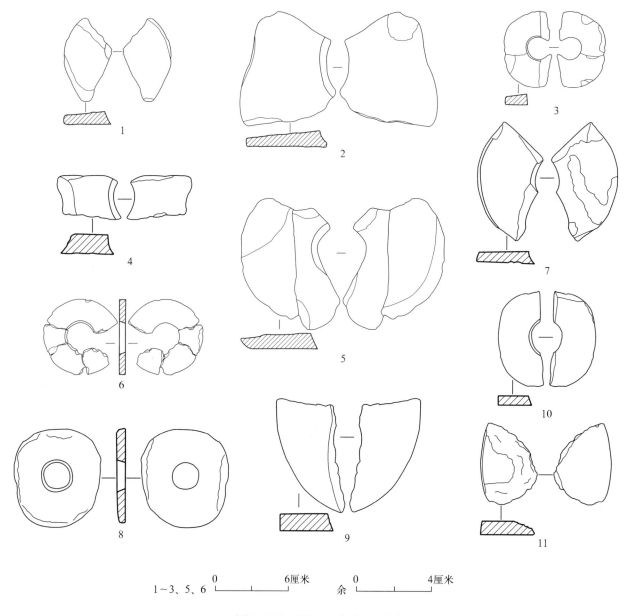

图2-223　T0403出土玉石璧

1.T0403⑭：1　2.T0403⑭：2　3.T0403⑭：3　4.T0403⑭：4　5.T0403⑮：1　6.T0403⑯：1　7.T0403⑯：5　8.T0403⑯：6　9.T0403⑯：8　10.T0403⑯：10　11.T0403⑯：11

T0403⑯∶10，蛇纹大理岩，浅绿色。平面近圆形，残余约二分之一璧面。外径5.0~5.4、好径1.7~2.4、厚0.5厘米（图2-223，10；彩版八七，6）。

T0403⑯∶11，片状蛇纹大理岩，灰绿色。平面近圆形，残存边缘，外缘磨光。外径7.9~8.4、厚0.7厘米（图2-223，11；彩版八八，1）。

璧芯　11件。大部分保存完整，平面圆形，单面管钻，芯壁呈斜坡状，纵剖面呈梯形，两面磨光，侧面大多保留有管钻痕迹，断钻处大多未修整，保留有明显断茬。

T0403⑤∶1，透闪大理岩，灰绿色。直径1.6~1.8、厚0.8厘米（图2-224，1；彩版八八，2）。

T0403⑤∶3，方解石透闪石岩，灰绿色。直径2.5~3.0、厚0.8厘米（图2-224，2；彩版八八，3）。

T0403⑥∶8，蛇纹岩，灰绿色。直径3.1~4.2、厚1.5厘米（图2-224，3；彩版八八，4）。

T0403⑦∶4，蛇纹大理岩，绿色。一面残破。直径2.4~2.6、厚0.8厘米（图2-224，4；彩版八八，5）。

T0403⑦∶6，绿泥岩，黄色。一面有管钻痕迹。直径2.5~2.7、厚1.0厘米（图2-224，5；彩版八八，6）。

T0403⑧∶1，滑石岩，白色。直径1.7~2.0、厚0.4厘米（图2-224，6；彩版八八，7）。

T0403⑨∶1，片状蛇纹大理岩，浅灰绿色。直径3.6~3.9、厚1.2厘米（图2-224，7；彩版八八，8）。

T0403⑬∶2，蛇纹大理岩，灰绿色。直径3.2~3.8、厚1.3厘米（图2-224，8；彩版八九，1）。

T0403⑯∶2，透闪岩，白色。一面有切割痕迹一道。直径1.8~2.3、厚0.7~0.9厘米（图2-224，9；彩版八九，2）。

T0403⑯∶3，蛇纹大理岩，灰绿色。直径3.8~4.2、厚1.6厘米（图2-224，10；彩版八九，3）。

T0403⑯∶4，蛇纹岩，浅绿色。直径2.1~2.4、厚0.5厘米（图2-224，11；彩版八九，4）。

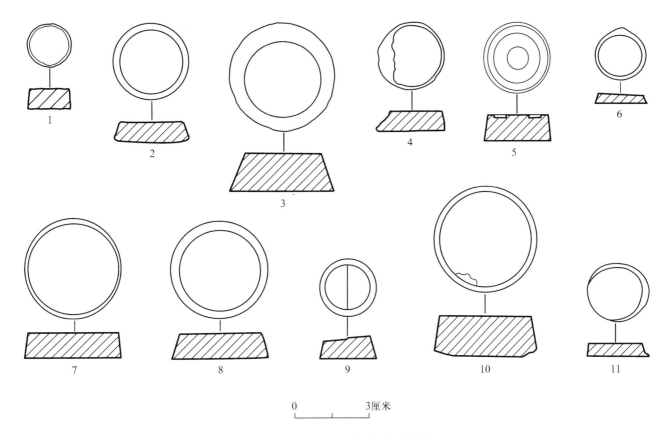

0　　　　　3厘米

图2-224　T0403出土玉石璧芯

1.T0403⑤∶1　2.T0403⑤∶3　3.T0403⑥∶8　4.T0403⑦∶4　5.T0403⑦∶6　6.T0403⑧∶1　7.T0403⑨∶1　8.T0403⑬∶2　9.T0403⑯∶2　10.T0403⑯∶3　11.T0403⑯∶4

磨石 18件。磨石断块，大小不一，青灰色。平面近方形、三角形、长方形和不规则形。两面或一面有磨光面，磨光面粗细不一，侧面有明显断茬，个别侧面磨制光滑，个别有火烧痕迹。

T0403⑤：6，粉砂岩。平面不规则形，一面有磨光面，局部有火烧痕迹。长 7.7、宽 3.6、厚 1.2 厘米（图2-225，1）。

T0403⑥：9，石英砂岩。平面不规则形，两面有磨光面，一面微凹。长 6.2、宽 4.1、厚 1.5 厘米（图2-225，2；彩版八九，5）。

T0403⑥：14，杂砂岩。平面不规则形，两面有磨光面，一面微凹，有火烧痕迹。长 6.3、宽 3.6、厚 1.6 厘米（图2-225，3；彩版八九，6）。

T0403⑦：8，石英砂岩。平面近长方形，一面有磨光面。长 9.6、宽 6.8、厚 2.5～3.5 厘米（图2-225，4；彩版八九，7）。

T0403⑨：7，粗粒杂砂岩。平面不规则形，较厚，一面有磨光面。长 10.8、宽 7.1、厚 5.7 厘米（图2-225，5）。

T0403⑫：2，硅质石英砂岩。平面近长方形，两面有磨光面，一面微凹。长 6.5、宽 4.5、厚 1.4 厘米（图

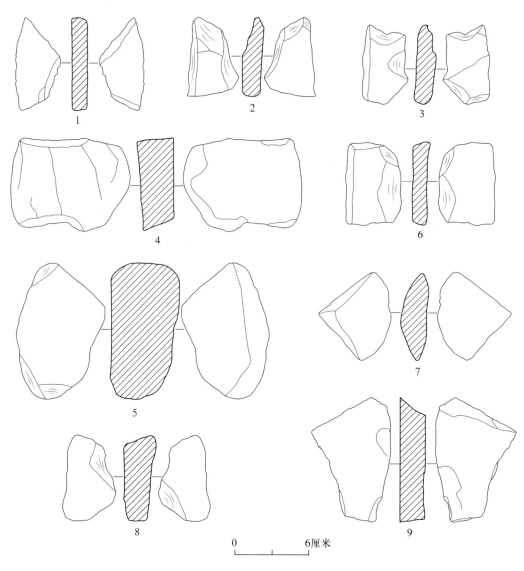

0 _____ 6厘米

图2-225 T0403出土磨石

1.T0403⑤：6 2.T0403⑥：9 3.T0403⑥：14 4.T0403⑦：8 5.T0403⑨：7 6.T0403⑫：2 7.T0403⑫：3 8.T0403⑫：4
9.T0403⑭：6

2-225，6；彩版九〇，1）。

T0403⑫：3，杂砂岩。平面近三角形，一面有磨光面。长7.0、宽5.8、厚2.1厘米（图2-225，7）。

T0403⑫：4，石英砂岩。平面不规则形，两面有磨光面。长6.8、宽4.3、厚2.6厘米（图2-225，8）。

T0403⑭：6，杂砂岩。平面不规则形，一面及一侧有磨光面。长9.2、宽6.2、厚2.1厘米（图2-225，9）。

T0403⑭：10，杂粉砂岩。平面不规则形，两面有磨光面。长8.3、宽6.0、厚1.2厘米（图2-226，1）。

T0403⑭：11，杂砂岩。平面不规则形，一面有磨光面，微凹。长7.2、宽6.7、厚1.3厘米（图2-226，2）。

T0403⑭：12，杂砂岩。平面不规则形，一面有磨光面。长9.2、宽8.2、厚3.6～4.2厘米（图2-226，3）。

T0403⑲：2，粉砂质板岩。平面近长方形，一面有磨光面。长8.6、宽7.5、厚1.2厘米（图2-226，4）。

T0403⑲：4，粉砂岩。平面不规则形，两面有磨光面。长8.9、宽7.2、厚0.6厘米（图2-226，5）。

T0403⑲：5，石英砂岩。平面不规则形，两面有磨光面。长6.2、宽3.0、厚0.6厘米（图2-226，6）。

T0403⑳：7，石英砂岩。平面不规则形，一面有磨光面，微凹。长8.7、宽7.4、厚3.5厘米（图2-226，7）。

T0403⑳：9，杂砂岩。平面不规则形，两面有磨光面。长7.5、宽5.8、厚1.5厘米（图2-226，8；彩版九〇，2）。

T0403⑳：10，杂砂岩。平面不规则形，两面有磨光面。长7.3、宽4.9、厚1.3厘米（图2-226，9；彩版九〇，3）。

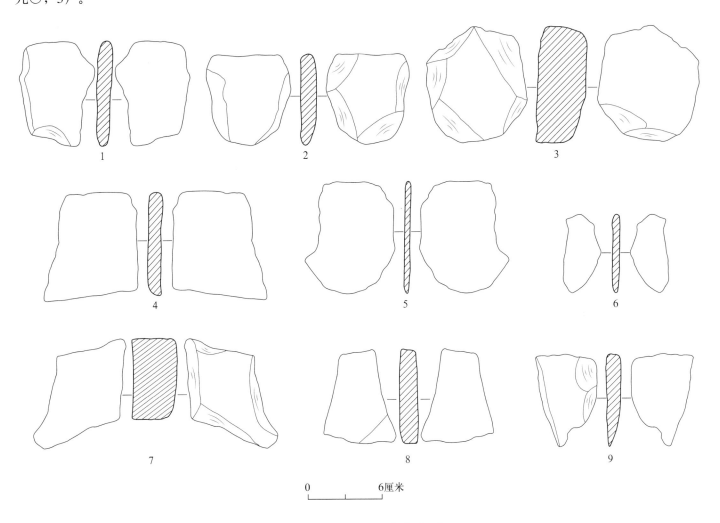

0 ————— 6厘米

图2-226　T0403出土磨石

1.T0403⑭：10　2.T0403⑭：11　3.T0403⑭：12　4.T0403⑲：2　5.T0403⑲：4　6.T0403⑲：5　7.T0403⑳：7　8.T0403⑳：9　9.T0403⑳：10

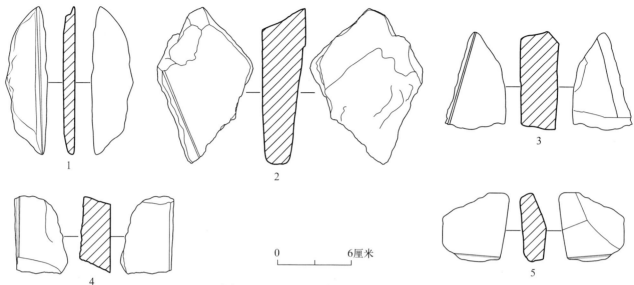

图2-227　T0403出土玉石切割料
1.T0403⑦：10　2.T0403⑭：5　3.T0403⑮：2　4.T0403⑯：12　5.T0403⑳：13

切割料　5件。

T0403⑦：10，透闪石玉，深绿色。平面呈不规则形，两面磨光，一侧有切割痕迹，在剩余约三分之一处残存断茬。长7.7、宽2.2、厚0.7厘米（图2-227，1；彩版九〇，4）。

T0403⑭：5，蛇纹透闪大理岩，灰白色。平面呈不规则形。一面磨光，一侧保留切割痕迹一道。长8.2、宽6.2、厚2.4厘米（图2-227，2）。

T0403⑮：2，蛇纹岩，白色。平面不规则形，一面为磨光面，一面为切割面，一侧保留有切割痕迹一道，在剩余二分之一处残存断茬。长5.3、宽3.3、厚2.2厘米（图2-227，3；彩版九〇，5）。

T0403⑯：12，蛇纹大理岩，灰白色。平面近长方形，一面磨光，一侧有两道对向切割痕迹，在近中部残存断茬。长4.1、宽2.8、厚1.6厘米（图2-227，4；彩版九〇，6）。

T0403⑳：13，透闪石玉，棕黄色，两面为切割面，一侧有两道对向切割痕迹，在近中部残存断茬。长3.6、宽3.5、厚0.8～1.3厘米（图2-227，5；彩版九一，1）。

玉石料　6件。均为不规则形。

T0403⑤：8，蛇纹石大理岩，白色，泛青。长6.1、宽5.8、厚0.9厘米（图2-228，1；彩版九一，2）。

T0403⑦：7，蛇纹石大理岩，青绿色。长8.7、宽8.6、厚1.0～2.5厘米（图2-228，2）。

T0403⑦：11，蛇纹石岩，青灰色。长8.9、宽7.6、厚3.0厘米（图2-228，3）。

T0403⑫：6，石英砂岩，黄色。长8.2、宽8.0、厚4.8厘米（图2-228，4）。

T0403⑯：14，蛇纹大理岩，青灰色，表面局部磨光。长6.2、宽5.1、厚1.3厘米（图2-228，5；彩版九一，3）。

T0403⑲：3，蛇纹石玉，青绿色。长10.6、宽4.1、厚2.7厘米（图2-228，6）。

断块　12件。不规则形，大部分表面为打制破裂面，个别表面磨光，判断应该是制作玉石器残存的边角料。

T0403⑦：12，蛇纹石玉，青绿色。长7.0、宽3.9、厚2.6厘米（图2-229，1）。

T0403⑦：13，蛇纹石玉，青灰色。长4.0、宽3.4、厚1.4厘米（图2-229，2）。

T0403⑫：5，石英砂岩，青灰色。长5.6、宽5.3、厚2.7厘米（图2-229，3）。

T0403⑫：7，蛇纹石大理岩，青灰色。长8.5、宽8.1、厚3.0厘米（图2-229，4）。

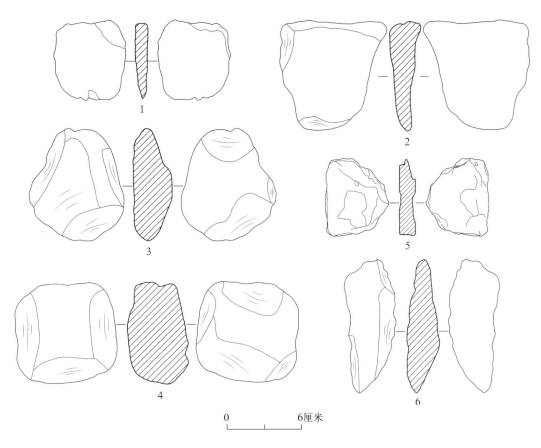

0 _____ 6厘米

图2-228　T0403出土玉石料

1.T0403⑤：8　2.T0403⑦：7　3.T0403⑦：11　4.T0403⑫：6　5.T0403⑯：14　6.T0403⑲：3

T0403⑫：8，蛇纹石大理岩，白色。长5.8、宽3.2、厚1.7厘米（图2-229，5）。

T0403⑫：9，蛇纹石大理岩，白色。长6.8、宽5.5、厚1.7厘米（图2-229，6）。

T0403⑫：10，蛇纹石岩，白色。长4.6、宽3.4、厚2.8厘米（图2-229，7）。

T0403⑯：9，蛇纹石大理岩，青色。长7.3、宽5.5、厚1.8厘米（图2-229，8；彩版九一，4）。

T0403⑲：6，蛇纹石玉，青绿色。长6.6、宽4.1、厚3.5厘米（图2-229，9）。

T0403⑲：7，蛇纹石岩，青绿色。长4.9、宽2.8、厚2.3厘米（图2-229，10）。

T0403⑳：6，大理岩，灰白色。长5.1、宽4.7、厚1.7厘米（图2-229，11）。

T0403⑳：14，蛇纹石玉，青灰色。长6.7、宽3.7、厚3.3厘米（图2-229，12）。

刀　3件。均为双面刃。

T0403⑥：7，泥质板岩，青灰色。平面圆角长方形，仅存局部。弧刃，表面有打制疤痕。残长3.4、宽1.3、厚0.4厘米（图2-230，1；彩版九一，5）。

T0403⑯：7，石英粉砂岩，褐色。平面长方形，残存一半，背部微弧，直刃，通体磨光。单孔，双面钻。残长5.7、宽4.8、孔径0.6、厚0.7厘米（图2-230，2；彩版九一，6）。

T0403⑯：19，硅质板岩，黑灰色。平面圆角长方形，局部磨光，弧背，弧刃，刃部破裂。单孔，未钻透。残长5.6、宽6.6、厚1.4厘米（图2-230，3）。

刀坯料　1件。

T0403⑨：5，云母片岩，灰白色。整体打制成形，平面呈圆角长方形，背部较直，弧刃，未磨光。长12.2、宽5.4、厚0.8厘米（图2-230，4；彩版九二，1）。

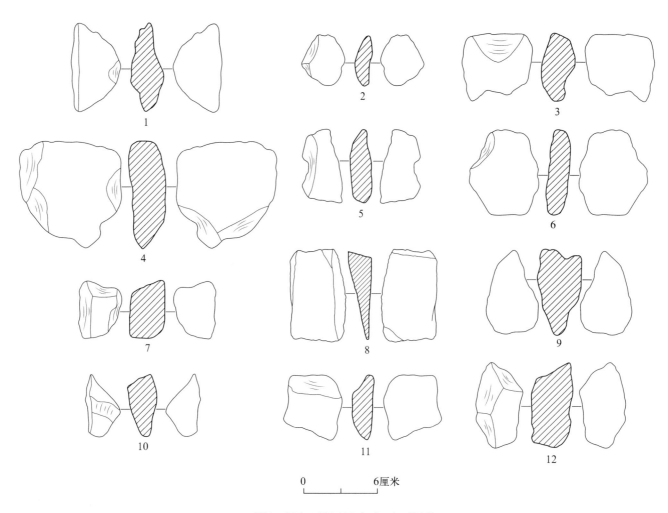

0　　　　　　6厘米

图2-229　T0403出土玉石断块

1.T0403⑦：12　2.T0403⑦：13　3.T0403⑫：5　4.T0403⑫：7　5.T0403⑫：8　6.T0403⑫：9　7.T0403⑫：10　8.T0403⑯：9
9.T0403⑲：6　10.T0403⑲：7　11.T0403⑳：6　12.T0403⑳：14

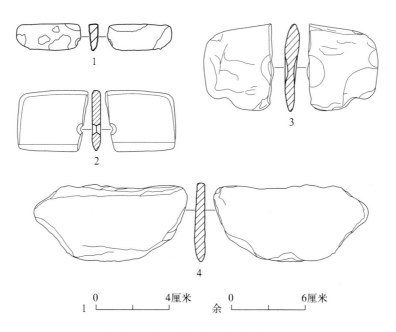

0　　　　4厘米　　0　　　　　　6厘米
1　　　　　　　　　余

图2-230　T0403出土玉石器

1～3.刀T0403⑥：7、T0403⑯：7、T0403⑯：19　4.刀坯料T0403⑨：5

斧　4件。

T0403⑥：1，蛇纹大理岩，青色。扁平长条状，平面长方形。通体磨光，顶部残断，双面刃，较直，有明显使用崩痕。残长 6.8、宽 3.9、厚 1.0 厘米（图 2-231，1；彩版九二，2）。

T0403⑨：4，变质石英砂岩，青灰色。扁平长条状，平面长方形，整体打制成形，局部磨光，顶部微弧，刃部打制，有明显的使用痕迹。残长 7.9、宽 5.0、厚 2.1 厘米（图 2-231，2；彩版九二，3）。

T0403⑭：7，变质石英砂岩，青灰色。扁平长条状，两面磨制平整，顶部较平，有明显的打制疤痕，刃部较钝，弧刃，有明显使用痕迹。长 10.3、宽 5.2、厚 2.2 厘米（图 2-231，3）。

T0403⑭：9，变质石英砂岩，青灰色。扁平长条状，仅存刃部局部，弧刃，磨光，有明显使用痕迹。长 7.7、宽 6.8、厚 2.6 厘米（图 2-231，4）。

斧坯料　1件。

T0403⑳：1，石英砂岩，灰色，平面近方形，整体打制成形，顶端较平，两侧琢制规整，弧刃，未磨光。长 9.4、宽 9.7、厚 3.8 厘米（图 2-231，5）。

铲　4件。

T0403⑨：6，海绿石石英砂岩，青灰色。仅存刃部，平面呈舌形，局部磨光，弧刃，有明显使用痕迹。残长 4.4、宽 7.3、厚 1.5 厘米（图 2-232，1）。

T0403⑯：15，硅质石英砂岩，青灰色。平面长方形，一面为自然面，一面为破裂面，顶部较平，弧刃，有明显使用崩痕。长 10.6、宽 8.5、厚 2.5 厘米（图 2-232，2）。

T0403⑯：16，石英砂砾岩，灰色。平面近方形，整体打制成形，一面为自然面，一面为破裂面，顶部较平，刃部未磨光，有明显的使用痕迹。长 8.5、宽 10.2、厚 2.3 厘米（图 2-232，3）。

T0403⑳：5，杂砂岩，灰色。仅存刃部，平面呈舌形，通体磨光，弧刃，有明显使用痕迹。长 5.1、宽 8.3、厚 1.7 厘米（图 2-232，4）。

铲坯料　1件。

T0403⑳：2，硅质砂岩，黑灰色。平面近方形，整体打制成形，两侧琢制规整，一面为自然面，一面为破裂面，顶部较平，弧刃。长 6.1、宽 5.7、厚 1.5 厘米（图 2-232，5；彩版九二，4）。

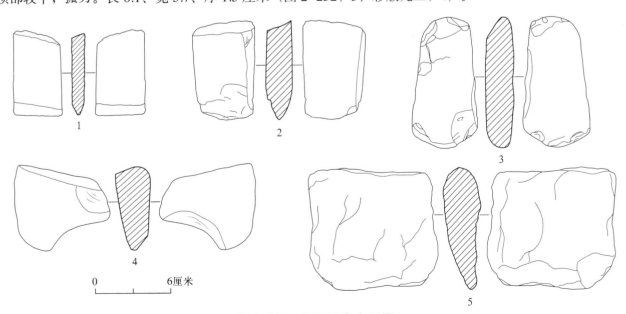

0　　　　　6厘米

图2-231　T0403出土石器

1~4.斧T0403⑥：1、T0403⑨：4、T0403⑭：7、T0403⑭：9　5.斧坯料T0403⑳：1

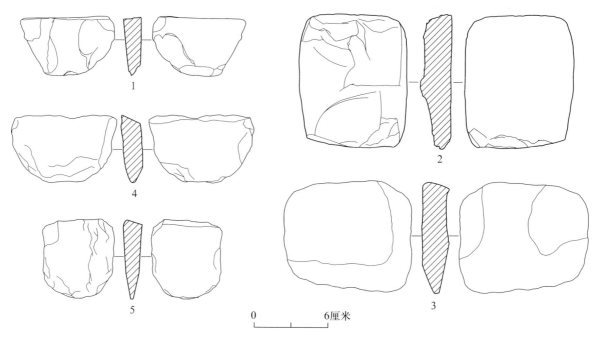

0 ⎯⎯ 6厘米

图2-232　T0403出土石器

1~4.铲T0403⑨：6、T0403⑯：15、T0403⑯：16、T0403⑳：5　5.铲坯料T0403⑳：2

锤　5件。柱状长条状。一端有砸击痕迹。

T0403⑥：15，细粒闪长岩，青灰色。长16.0、宽8.7、厚8.2厘米（图2-233，1）。

T0403⑧：2，闪长岩，灰色。长9.4、宽7.6、厚6.3厘米（图2-233，2）。

T0403⑳：4，杂砂岩，青灰色。长10.7、宽6.2、厚6.6厘米（图2-233，3；彩版九二，5）。

T0403⑳：11，蛇纹石大理岩，青绿色。一端较粗，一端较细。长14.9、宽6.5、厚5.2厘米（图2-233，4）。

T0403⑳：12，砂砾岩，青色。长9.9、宽5.7、厚5.0厘米（图2-233，5）。

研磨器　1件。

T0403⑲：1，硅质石英砂岩，青灰色。柱状长条状，断面近圆形。底端有明显的研磨磨光面。长13.9、宽6.0、厚6.0厘米（图2-234，1；彩版九二，6）。

盘状器　3件。

T0403⑨：8，石英砂岩，青色。平面不规则形，两面及一侧较平，其他侧面有打制疤痕。长12.7、宽9.9、厚3.3厘米（图2-234，2）。

T0403⑯：13，石英砂岩，青色。平面不规则形，两面及一侧较平，其他侧面有打制疤痕。长9.1、宽7.9、厚3.0厘米（图2-234，3）。

T0403⑳：3，云母片岩，青色。平面近圆形，四周有打制疤痕。长16.8、宽16.2、厚4.4厘米（图2-234，4）。

砧　3件。

T0403⑦：2，杂砂岩，青色。平面近圆形，残存局部，两面较平，面上有砸击凹窝。长9.5、宽8.3、厚3.4厘米（图2-234，5）。

T0403⑯：20，硅质石英砂岩，青色，平面不规则形，一面较平，一面有砸击凹窝。长16.5、宽11.5、厚3.6厘米（图2-234，6）。

T0403⑳：8，石英砂岩，青色。平面不规则形，两面较平，面上有砸击凹窝。长8.0、宽7.4、厚3.6厘米（图2-234，7）。

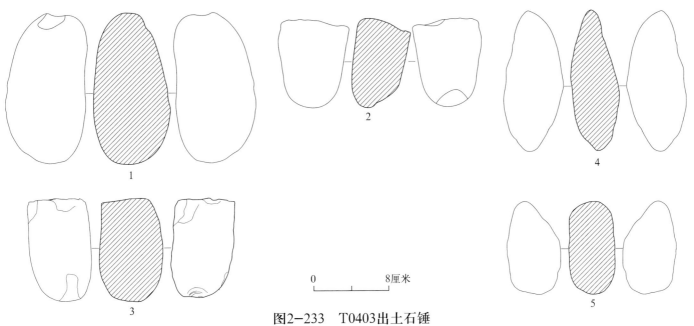

0   8厘米

图2-233 T0403出土石锤

1.T0403⑥：15 2.T0403⑧：2 3.T0403⑳：4 4.T0403⑳：11 5.T0403⑳：12

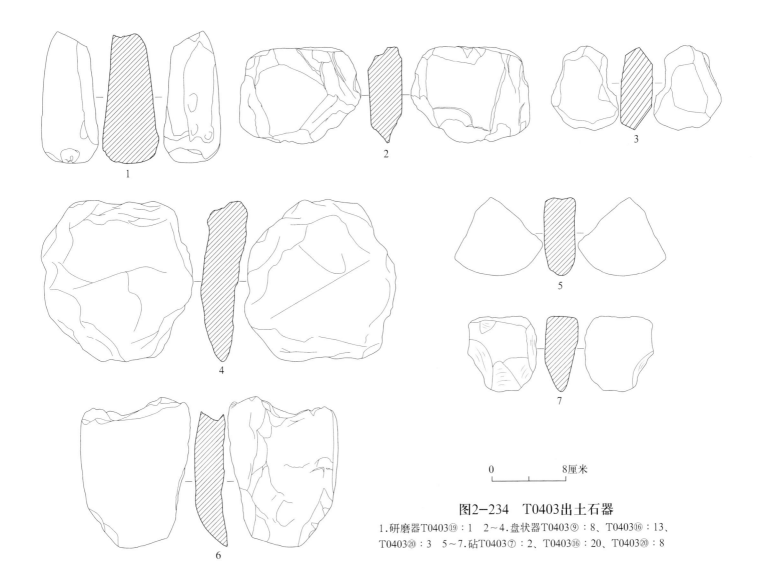

0   8厘米

图2-234 T0403出土石器

1.研磨器T0403⑲：1 2~4.盘状器T0403⑨：8、T0403⑯：13、
T0403⑳：3 5~7.砧T0403⑦：2、T0403⑯：20、T0403⑳：8

一〇　T0404

（一）地层堆积

T0404 位于发掘区东部。地层堆积较完整，局部被现代水管沟和现代扰土坑打破。根据土质土色和包含物可分为 17 层（图 2-235；彩版九三），各层堆积介绍如下。

①层：棕色沙土，土质较疏松，呈水平状堆积，分布于全探方，东部和西南部被现代水管沟打破，西部被 K3 打破，厚 0～56 厘米。包含有塑料、砖块等。现代垫土层。

②层：褐色土，土质致密，呈水平状堆积，东北部无分布，东部被现代水管沟打破，西部被 K3 打破，厚 0～42 厘米。包含有塑料、砖块等。现代耕土层。

③层：黄褐色土，土质较致密，呈水平状堆积，分布于全探方，东北部和西南部被现代水管沟打破，西部被 K3 打破，厚 0～28 厘米。包含有少量炭屑、红烧土颗粒和料礓石等，出土有少量夹砂红陶、泥质灰陶、夹砂灰陶、夹砂红褐陶片。战国时期文化层。

④层：黄色土，土质较致密，呈水平状堆积，分布于全探方，东部和西南部被现代水管沟打破，西部被 K3 打破，厚 8～44 厘米。包含有少量红烧土颗粒和料礓石等，出土有少量夹砂红陶、泥质灰陶、夹砂灰陶、夹砂红褐陶片，少量的璧、璧芯、磨石等。战国时期文化层。

⑤层：黄褐色土，土质致密，呈斜坡状堆积，分布于南部和西部，东南部和西南部被现代水管沟打破，厚 0～48 厘米。包含有少量炭屑和红烧土颗粒，出土有泥质红陶、夹砂红陶、夹砂灰陶、夹砂红褐陶、夹砂橙黄陶片和兽骨、石块等，少量璧、璧芯、玉石料、磨石等。战国时期文化层。

⑥层：灰黑色土，土质较致密，呈斜坡状堆积，分布于探方北部，东北部被现代水管沟打破，厚 0～44 厘米。包含有大量炭屑、草木灰、红烧土颗粒和料礓石等，出土有泥质红陶、夹砂红陶、夹砂红褐陶、夹砂橙黄陶片和兽骨、石块等，少量璧、璧芯、石刀、斧坯料、磨石等。齐家文化层。

⑦层：黄褐色土，土质较致密，呈斜坡状堆积，分布于探方北部，东北部被现代水管沟打破，厚 0～22 厘米。包含有少量炭屑、草木灰、红烧土颗粒和料礓石等，出土有璧、刀等。齐家文化层。

⑧层：灰黑色土，土质较致密，呈斜坡状堆积，分布于探方北部，厚 0～60 厘米。包含有大量炭屑、草木灰、红烧土颗粒和料礓石等，出土有泥质红陶、夹砂红陶、夹砂灰陶、夹砂红褐陶、夹砂橙黄陶片和兽骨、石块等，少量的璧、石刀、磨石等。齐家文化层。

⑨层：灰褐色土，土质较致密，呈斜坡状堆积，分布于全探方，东部被现代水管沟打破。厚 0～36 厘米。包含有炭屑、草木灰、红烧土颗粒和料礓石等，出土有泥质红陶、夹砂红陶、夹砂红褐陶、夹砂橙黄陶片和兽骨、石块等，少量璧、璧芯、磨石等。齐家文化层。

⑩层：浅灰色土，土质较致密，呈斜坡状堆积，分布于探方西部和南部，厚 0～28 厘米。包含有炭屑、草木灰、红烧土颗粒和料礓石等，出土有泥质红陶、夹砂红陶、泥质灰陶、夹砂灰陶、夹砂红褐陶片和兽骨、石块等，少量璧、璧芯、石斧、斧坯料等。齐家文化层。

⑪层：深灰色土，土质较致密，呈斜坡状堆积，东部无分布，东南部被现代水管沟打破，厚 0～50 厘米。包含有炭屑、草木灰、红烧土颗粒和料礓石等，出土有夹砂红陶、夹砂红褐陶片和兽骨、石块等。齐家文化层。

⑫层：灰褐色土，土质较致密，呈斜坡状堆积，东北部无分布，东南部被现代水管沟打破，厚 0～42 厘米。包含有炭屑、草木灰、红烧土颗粒和料礓石等，出土有泥质红陶、夹砂红陶、夹砂红褐陶、夹砂橙黄陶片和兽骨、石块等，少量的璧、璧芯、石刀、石锤等。齐家文化层。

⑬层：灰色土，土质较致密，呈斜坡状堆积，分布于全探方，东部被现代水管沟打破，厚 0～42 厘米。包含

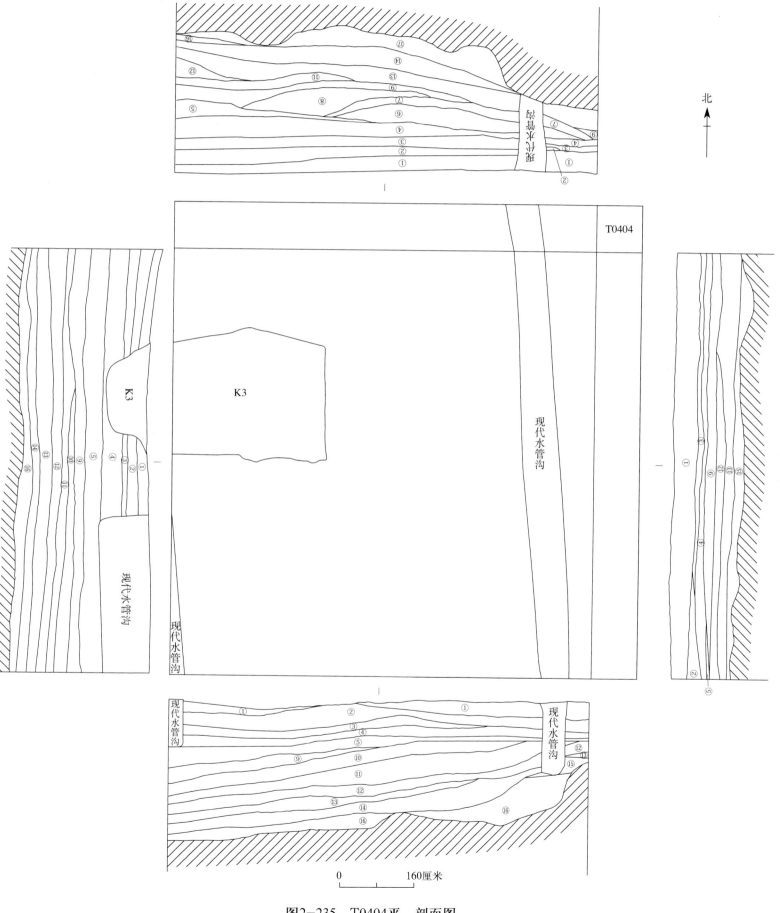

图2-235　T0404平、剖面图

有炭屑、草木灰、红烧土颗粒和料礓石等，出土有泥质红陶、夹砂红陶、夹砂灰陶、夹砂红褐陶、泥质橙黄陶片和兽骨、石块等，少量璧、璧芯、石铲、磨石等。齐家文化层。

⑭层：灰褐色土，土质较致密，呈斜坡状堆积，东部无分布，东南、东北部被现代水管沟打破，厚0～54厘米。包含有炭屑、草木灰、红烧土颗粒和料礓石等，出土有泥质红陶、夹砂红陶、夹砂灰陶、夹砂红褐陶片和兽骨、石块等，少量璧、石刀、玉石料、石铲、磨石等。齐家文化层。

⑮层：灰色土，土质较致密，呈斜坡状堆积，分布于探方东部，东部被现代水管沟打破，厚0～34厘米。包含有炭屑、草木灰、红烧土颗粒和料礓石等，出土有夹砂红陶、夹砂红褐陶片和兽骨、石块等。齐家文化层。

⑯层：灰黑色土，土质较致密，呈斜坡状堆积，东北部无分布，厚0～65厘米。包含有大量炭屑、草木灰、红烧土颗粒和料礓石等，出土有泥质红陶、夹砂红陶、泥质灰陶、夹砂灰陶、夹砂红褐陶片和兽骨、石块等，少量的璧芯、玉石料、石斧等。齐家文化层。

⑰层：深灰色土，土质较致密，呈斜坡状堆积，分布于探方北部，厚0～60厘米。包含有大量炭屑、草木灰、红烧土颗粒和料礓石等。齐家文化层。

⑰层下为生土。

（二）出土遗物

T0404出土了陶、铜、玉石、骨器，还有大量兽骨。

1.陶器

主要包括泥质红陶、夹砂红陶、夹砂灰陶、夹砂橙黄陶、夹砂红褐陶、泥质橙黄陶等。纹饰主要有篮纹、绳纹、刻划纹、戳印纹、附加堆纹、麦粒状绳纹、弦纹等（表2-10）。仅存口部、腹部、底部和耳部残片。从残存口沿判断，器形包括双大耳罐、双小耳罐、高领罐、侈口罐、花边口罐、壶、瓮、盂、器盖、盆及纺轮等。

表2-10　T0404 陶系统计表

纹饰\数量\陶质陶色	泥质陶					夹砂陶						合计	百分比（%）
	红	红褐	灰	橙黄	小计	红	红褐	灰	橙黄	白陶	小计		
素面	130	5	15	50	200	773	157	77	291	9	1307	1507	55.26
绳纹			1		1	165	254	24	47		490	491	18.01
篮纹	71	2	6	85	164	273	49	9	125		456	620	22.73
戳印纹	3			2	5	17			11		28	33	1.21
弦纹						1					1	1	0.04
麦粒状绳纹						30	17				47	47	1.73
刻划纹						10			7		17	17	0.63
附加堆纹				2	2	2	1				3	5	0.18
彩陶	1				1	1					1	2	0.07
小泥饼							2				2	2	0.07
席纹							2				2	2	0.07
合计	205	7	22	139	373	1272	482	110	481	9	2354	2727	
百分比（%）	7.52	0.26	0.81	5.1	13.68	46.64	17.68	4.03	17.64	0.33	86.32		100

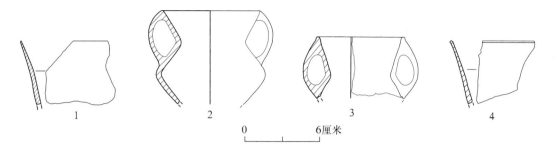

图2-236 T0404出土双大耳陶罐
1.T0404⑩：P3 2.T0404⑯：P8 3.T0404⑯：P14 4.T0404⑯：P15

双大耳罐 4件。泥质灰陶或夹细砂红陶，敞口，高领，口腹之间有双大耳。

T0404⑩：P3。泥质灰陶。残高5.2、残宽5.5、厚0.1~0.4厘米（图2-236，1）。

T0404⑯：P8，夹细砂红陶。折腹，下腹内收。耳与口沿平齐。口径7.8、最大腹径8.7、残高7.4、厚0.2~0.4厘米（图2-236，2）。

T0404⑯：P14，夹细砂红陶，折腹。耳与口沿平齐。口径7.0、残高4.8、厚0.4~0.7厘米（图2-236，3）。

T0404⑯：P15。泥质灰陶。残高5.2、残宽4.2、厚0.2~0.5厘米（图2-236，4）。

双小耳罐 17件。夹砂红陶或夹砂灰陶。侈口，圆唇，束颈，溜肩或圆肩，口肩之间有双耳，个别腹部饰绳纹、颈部饰刻划纹。

T0404⑤：P1，夹砂红陶，器表有烟炱。溜肩。耳低于口沿。口径18.6、残高7.8、厚0.6~0.9厘米（图2-237，1）。

T0404⑤：P2，夹砂红陶，器表有烟炱。圆肩。耳略低于口沿。颈肩部饰绳纹。残高8.8、残宽7.9、厚0.6~0.7厘米（图2-237，2）。

T0404⑥：P8，夹砂红陶，器表有烟炱。溜肩。耳略低于口沿。颈肩部饰绳纹。残高8.0、残宽5.0、厚0.4~0.7厘米（图2-237，3）。

T0404⑧：P6，夹砂灰陶。圆肩。耳略低于口沿。耳面饰戳印纹。残高7.8、残宽7.9、厚0.5~0.8厘米（图2-237，4）。

T0404⑧：P10，夹砂红陶，器表有烟炱。圆肩。耳略低于口沿。残高6.8、残宽5.4、厚0.5~0.8厘米（图2-237，5）。

T0404⑧：P11，夹砂红陶，器表有烟炱。圆肩。耳略低于口沿。残高8.1、残宽8.8、厚0.5~0.8厘米（图2-237，6）。

T0404⑧：P17，夹砂红陶，器表有烟炱。圆肩。耳低于口沿。颈部饰绳纹。残高6.4、残宽6.9、厚0.5~0.8厘米（图2-237，7）。

T0404⑩：P1，夹砂红陶，器表有烟炱。圆肩。耳低于口沿。颈部饰绳纹。残高8.2、残宽6.8、厚0.3~0.9厘米（图2-237，8）。

T0404⑩：P4，夹砂红陶。圆肩。耳低于口沿。残高5.6、残宽5.7、厚0.6~0.8厘米（图2-238，1）。

T0404⑩：P9，夹砂红陶。圆肩。耳低于口沿。残高6.3、残宽4.6、厚0.5~0.8厘米（图2-238，2）。

T0404⑪：P1，夹砂红陶，器表有烟炱。圆肩。耳低于口沿。颈部饰刻划纹。残高7.3、残宽7.6、厚0.5~0.8厘米（图2-238，3）。

T0404⑬：P5，夹砂红陶，器表有烟炱。耳低于口沿。口沿部有凸棱一周，颈部饰绳纹。残高6.0、残宽4.9、

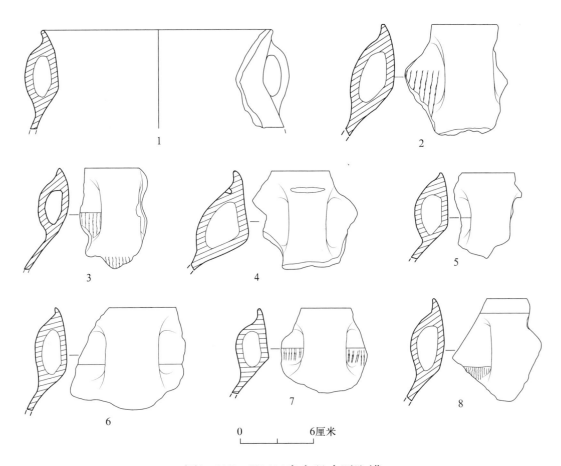

图2-237 T0404出土双小耳陶罐

1.T0404⑤：P1 2.T0404⑤：P2 3.T0404⑥：P8 4.T0404⑧：P6 5.T0404⑧：P10 6.T0404⑧：P11 7.T0404⑧：P17 8.T0404⑩：P1

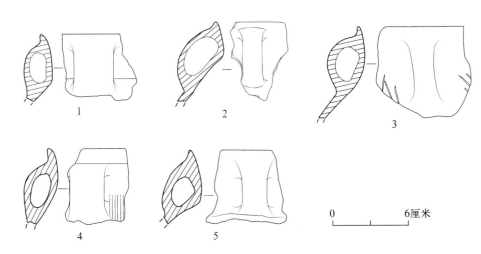

图2-238 T0404出土双小耳陶罐

1.T0404⑩：P4 2.T0404⑩：P9 3.T0404⑪：P1 4.T0404⑬：P5 5.T0404⑬：P6

厚0.5~0.8厘米（图2-238，4）。

T0404⑬：P6，夹砂灰陶。圆肩。耳略低于口沿。残高5.9、残宽6.6、厚0.5~0.7厘米（图2-238，5）。

T0404⑭：P1，夹砂红陶，器表有烟炱。溜肩。耳与口沿平齐。肩部饰绳纹。口径11.6、残高7.1、厚0.4~0.5厘米（图2-239，1）。

T0404⑭：P4，夹砂灰陶。圆肩。耳略低于口沿。残高7.7、残宽5.5、厚0.5~0.6厘米（图2-239，2）。

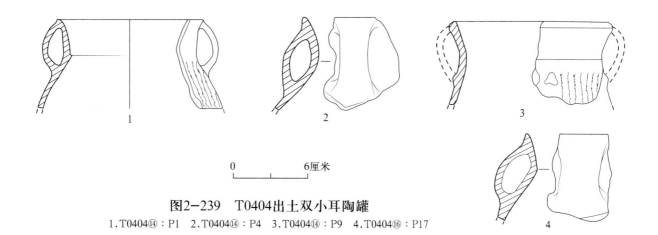

图2-239 T0404出土双小耳陶罐

1.T0404⑭：P1 2.T0404⑭：P4 3.T0404⑭：P9 4.T0404⑯：P17

T0404⑭：P9，夹砂红陶，溜肩。耳与口沿平齐。肩部饰绳纹。口径13.0、残高6.5、厚0.6厘米（图2-239，3）。

T0404⑯：P17，夹砂红陶。圆肩。耳与口沿平齐。残高6.7、残宽4.7、厚0.5~0.7厘米（图2-239，4）。

高领罐 13件。泥质红陶、夹砂红陶或夹砂橙黄陶。大敞口，圆唇，高领，个别领部饰戳印纹或弦纹。

T0404⑥：P2，夹砂红陶。领部饰戳印纹。残高5.5、残宽6.4、厚0.5~0.8厘米（图2-240，1）。

T0404⑥：P4，夹砂橙黄陶。口沿外有凸棱一周。口径17.0、残高5.1、厚0.5~0.7厘米（图2-240，2）。

T0404⑧：P13，夹砂红陶。领部饰戳印纹。残高6.0、残宽7.0、厚0.2~0.6厘米（图2-240，3）。

T0404⑧：P15，夹砂红陶。领部饰戳印纹。口径28.2、残高7.3、残宽11.0、厚0.8~1.4厘米（图2-240，4）。

T0404⑨：P1，泥质红陶。折肩，鼓腹，下腹斜收。口径12.0、最大腹径14.7、残高11.5、厚0.6~0.7厘米（图2-240，5）。

T0404⑨：P18，夹砂红陶。残高5.5、残宽6.4、厚0.5~0.6厘米（图2-240，6）。

T0404⑨：P26，夹砂红陶。折肩。残高5.5、残宽6.0、厚0.5~0.7厘米（图2-240，7）。

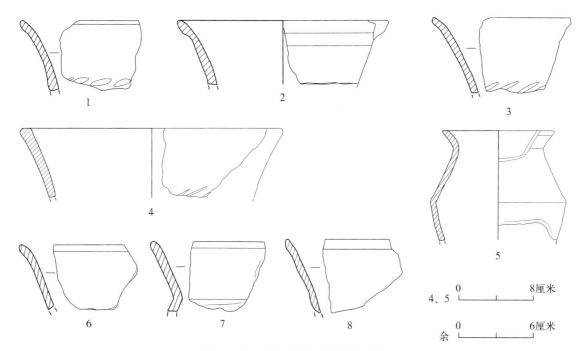

图2-240 T0404出土高领陶罐

1.T0404⑥：P2 2.T0404⑥：P4 3.T0404⑧：P13 4.T0404⑧：P15 5.T0404⑨：P1 6.T0404⑨：P18 7.T0404⑨：P26 8.T0404⑩：P6

T0404⑩：P6，夹砂红陶。残高5.9、残宽6.2、厚0.5~0.7厘米（图2-240，8）。

T0404⑫：P1，夹砂红陶，器表有烟炱。口径15.6、残高4.4、残宽6.2、厚0.6~1厘米（图2-241，1）。

T0404⑬：P10，夹砂红陶。口径17.6、残高3.3、残宽7.8、厚0.4~0.6厘米（图2-241，2）。

T0404⑭：P2，泥质红陶。口径22.6、残高6.7、厚0.6~0.8厘米（图2-241，3）。

T0404⑮：P3，夹砂红陶。口部饰凹弦纹6周。残高11.0、残宽6.7、厚0.2~0.8厘米（图2-241，4）。

T0404⑯：P2，泥质红陶。口径23.7、残高3.9、厚0.7厘米（图2-241，5）。

侈口罐　8件。夹砂红陶或夹砂灰陶。侈口，束颈，溜肩或圆肩，鼓腹。部分肩腹部饰绳纹、附加堆纹或压印纹。

T0404⑥：P5，夹砂红陶，器表有烟炱。圆唇，溜肩。肩部饰绳纹。口径10.8、残高4.2、残宽4.6、厚0.4~0.7厘米（图2-242，1）。

T0404⑧：P16，夹砂红陶。圆唇，圆肩。口径10.2、残高5.6、厚0.6厘米（图2-242，2）。

T0404⑨：P23，夹砂红陶，器表有烟炱。圆唇，溜肩。肩部饰绳纹。残高7.3、残宽7.0、厚0.6~0.7厘米（图2-242，3）。

T0404⑩：P2，夹砂灰陶。圆唇，溜肩。肩部饰绳纹。残高5.1、残宽3.7、厚0.3~0.8厘米（图2-242，4）。

T0404⑬：P4，夹砂红陶。方唇，溜肩。肩部饰绳纹。残高5.7、残宽5.8、厚0.5~0.6厘米（图2-242，5）。

T0404⑭：P10，夹砂红陶，器表有烟炱。方唇，溜肩，鼓腹。口沿部有凸棱一周，肩腹部饰附加堆纹一周和戳印纹。口径20.0、残高15.0、厚0.6~0.9厘米（图2-242，6）。

花边口罐　5件。夹砂红陶或夹砂灰陶，侈口，圆唇，束颈，溜肩。口沿外饰花边附加堆纹一周。

T0404⑧：P7，夹砂红陶，器表有烟炱。肩部饰绳纹。口径12.4、残高3.9、残宽5.7、厚0.6厘米（图2-243，1）。

T0404⑬：P7，夹砂红陶，器表有烟炱。口径13.0、残高4.5、残宽5.9、厚0.5~0.8厘米（图2-243，2）。

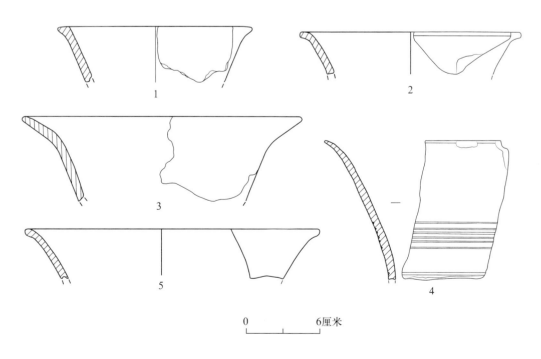

图2-241　T0404出土高领陶罐

1. T0404⑫：P1　2. T0404⑬：P10　3. T0404⑭：P2　4. T0404⑮：P3　5. T0404⑯：P2

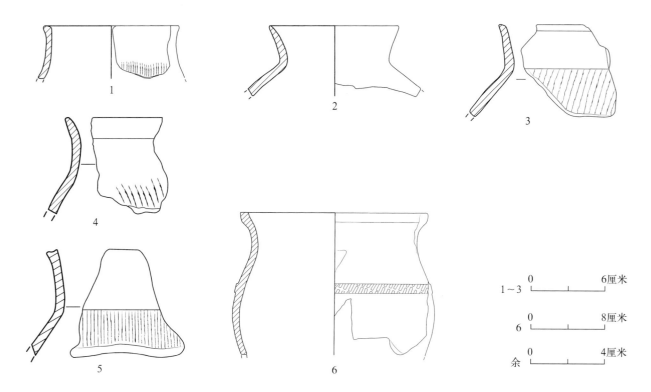

图2-242　T0404出土侈口陶罐

1.T0404⑥：P5　2.T0404⑧：P16　3.T0404⑨：P23　4.T0404⑩：P2　5.T0404⑬：P4　6.T0404⑭：P10

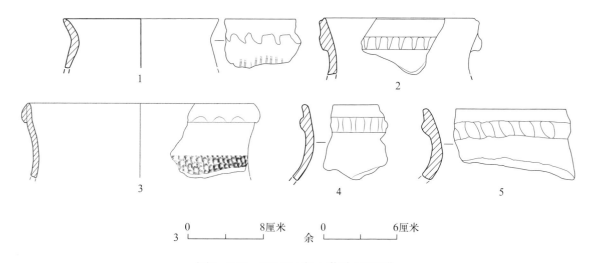

图2-243　T0404出土花边口陶罐

1.T0404⑧：P7　2.T0404⑬：P7　3.T0404⑭：P3　4.T0404⑭：P5　5.T0404⑮：P1

T0404⑭：P3，夹砂红陶，器表有烟炱。肩部饰麦粒状绳纹。口径24.0、残高7.9、厚0.6~1.1厘米（图2-243，3）。

T0404⑭：P5，夹砂灰陶。残高6.0、残宽5.2、厚0.5~0.9厘米（图2-243，4）。

T0404⑮：P1，夹砂红陶。残高5.6、残宽9.3、厚0.9厘米（图2-243，5）。

瓮　5件。夹砂红陶或夹砂橙黄陶。直口，方唇，筒状腹，微鼓。部分腹部饰绳纹。

T0404⑫：P2，夹砂橙黄陶。通体饰绳纹。残高5.4、残宽6.6、厚0.8~1.3厘米（图2-244，1）。

T0404⑬：P3，夹砂红陶。直口，微侈。口沿外有凸棱一周。通体饰绳纹。残高5.0、残宽4.4、厚0.5~1.3厘

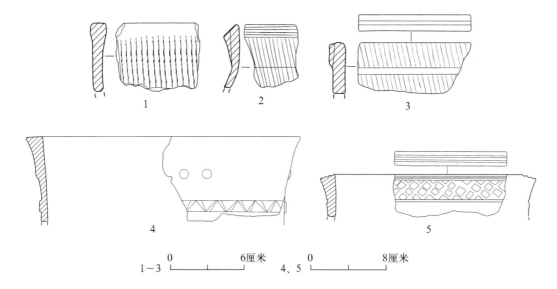

图2-244 T0404出土陶瓷

1.T0404⑫：P2　2.T0404⑬：P3　3.T0404⑬：P8　4.T0404⑬：P11　5.T0404⑬：P12

米（图2-244，2）。

T0404⑬：P8，夹砂红陶。口沿部有凸棱一周，通体饰绳纹，唇部饰刻划纹。残高4.0、残宽8.9、厚1.0～1.3厘米（图2-244，3）。

T0404⑬：P11，夹砂红陶。上腹部饰附加堆纹、戳印纹、粘贴小泥饼。口径29.6、残高9.0、厚0.7～1.8厘米（图2-244，4）。

T0404⑬：P12，夹砂红陶。口沿部饰刻划菱形网格纹，唇面饰刻划纹。口径22.8、残高4.5、残宽11.9、厚0.8～1.5厘米（图2-244，5）。

壶　1件。

T0404⑯：P3，夹砂红陶。大敞口，圆唇，高领。口径16.8、残高6.6、残宽8.5、厚0.5～0.6厘米（图2-245，1）。

盉　1件。

T0404⑨：P27，夹细砂红陶。仅存顶部，弧顶，较平，一侧有柱状流。残高6.0、残宽8.8、厚0.3～0.5厘米（图2-245，2）。

器盖　1件。

T0404⑯：P1，夹砂红陶，器表有烟炱。盖面圆弧。盖径14.4、残高3.6、厚0.6～0.8厘米（图2-245，3）。

纺轮　1件。

T0404⑦：1，夹砂灰陶。圆饼状，仅存一半，中部穿孔。直径5.5～5.9、孔径0.8～1.1、厚0.8厘米（图2-245，4）。

盆　4件。夹砂橙黄陶、泥质橙黄陶或泥质红陶。大敞口，方唇，斜腹。

T0404⑨：P15，夹砂橙黄陶。平沿，腹部饰篮纹。残高5.0、残宽8.1、沿宽2.4、厚0.7～0.8厘米（图2-246，1）。

T0404⑨：21，夹砂橙黄陶。敞口，斜弧腹，平底。口径15.6、底径7.6、高5.3、厚0.8～1.2厘米（图2-246，2）。

T0404⑬：P1，泥质红陶。斜沿。腹部饰篮纹。残高4.5、残宽6.4、沿宽4.4、厚0.6～0.7厘米（图2-246，3）。

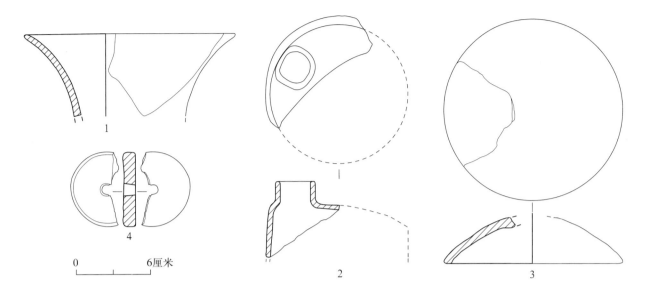

图2-245　T0404出土陶器

1.壶T0404⑯：P3　2.盉T0404⑨：P27　3.器盖T0404⑯：P1　4.纺轮T0404⑦：1

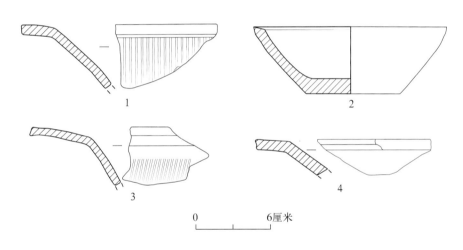

图2-246　T0404出土陶盆

1.T0404⑨：P15　2.T0404⑨：21　3.T0404⑬：P1　4.T0404⑬：P2

T0404⑬：P2，泥质橙黄陶。平沿。残高2.8、残宽9.2、沿宽2.7、厚0.8～0.9厘米（图2-246，4）。

2.铜器

仅出土锥1件。

锥　1件。

T0404⑥：12，红铜质。长条形柱状，断面呈圆形，锥身部分残。残长2.0、直径0.3厘米（图2-247）。

3.骨器

出土数量较少，包括匕、铲、锥、锯、凿。

匕　1件。

T0404⑥：3，系用动物肢骨磨制而成，通体磨光，平面呈长条形，一端残。残长5.4、宽1.8、厚0.3厘米（图2-248，1）。

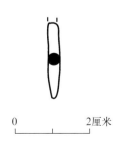

图2-247　T0404出土铜锥

T0404⑥：12

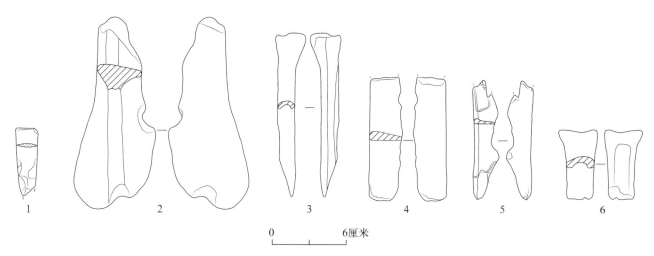

图2-248　T0404出土骨器
1.匕T0404⑥：3　2.铲T0404⑥：19　3.锥T0404⑨：18　4、5.锯T0404⑧：6、T0404⑨：30　6.凿T0404⑩：9

铲　1件。

T0404⑥：19，系用大型动物肩胛骨磨制而成，通体磨光，一面较平，刃部及顶部残。残长15.2、宽2.6～6.4、厚1.9厘米（图2-248，2）。

锥　1件。

T0404⑨：18，系用动物肢骨磨制而成。通体磨光，一面保留有骨髓腔，顶端保留有肢骨关节，一端打磨出锥尖。长13.0、宽2.5、厚0.3厘米（图2-248，3）。

锯　2件。

T0404⑧：6，系用动物肋骨磨制而成，通体磨光，一侧有锯齿状豁口，一端残。残长9.8、宽2.7、厚0.3～0.7厘米（图2-248，4）。

T0404⑨：30，系用动物肩胛骨磨制而成，通体磨光，一侧有锯齿状豁口，一端残。残长9.5、宽2.0、厚0.2～0.4厘米（图2-248，5）。

凿　1件。

T0404⑩：9，系用动物肢骨磨制而成，通体磨光，一端为肢骨关节，一侧保留有骨髓腔。刃残。残长5.5、宽2.0～3.0、厚0.5厘米（图2-248，6）。

4.玉石器

主要包括玉石器产品及加工工具，少量的生产工具，大部分为磨制石器，仅个别局部磨光。玉石器产品包括璧和璧芯。玉石器加工工具包括磨石和切割工具。出土了大量的玉石料，制作玉石器残存的断块，部分玉石料有切割痕迹。生产工具包括刀、刀坯料、斧、斧坯料、铲、铲坯料、纺轮、研磨器、凿、锛、锤、砧、盘状器等。

璧　59件。仅个别完整，平面近圆形、椭圆形、圆角方形或不规则形，大部分表面磨光，仅个别外缘磨制规整，部分保留有打制疤痕。大部分好侧稍厚，逐渐向外缘减薄。单面管钻，个别未钻透，孔壁保留有管钻痕迹，断钻处有明显断茬。

T0404④：1，大理岩，灰白色。平面近圆形，残余约五分之一璧面，外缘磨光。外径10.2～11.3、好径4.1～4.5、厚0.7～1.0厘米（图2-249，1；彩版九四，1）。

T0404④：3，片状透闪绿泥大理岩，绿色。平面近圆角方形。残余约四分之一璧面。外径6.4～7.0、好径3.1～3.9、厚0.7～0.9厘米（图2-249，2；彩版九四，2）。

T0404⑤：2，滑石岩，灰白色。平面近圆形，无钻孔。外径9.4～10.7、厚1.2厘米（图2-249，3；彩版九四，3）。

T0404⑤：6，大理岩，灰绿色。平面近椭圆形，残余约三分之一璧面。外径7.2～8.2、好径2.7～3.5、厚0.8～1.0厘米（图2-249，4；彩版九四，4）。

T0404⑤：8，透闪石玉，暗绿色。平面近椭圆形，残余约四分之一璧面。外径4.9～5.6、好径2.0～2.2、厚0.5～0.6厘米（图2-249，5；彩版九四，5）。

T0404⑤：12，蛇纹大理岩，灰白色。平面呈圆角方形，残余约四分之一璧面。外径10.6～11.0、好径

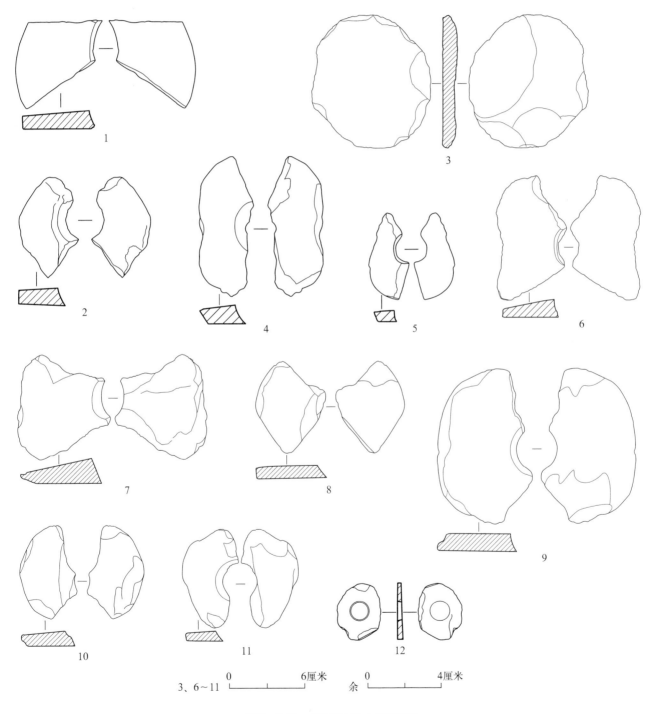

图2-249　T0404出土玉石璧

1.T0404④：1　2.T0404④：3　3.T0404⑤：2　4.T0404⑤：6　5.T0404⑤：8　6.T0404⑤：12　7.T0404⑥：6　8.T0404⑥：7
9.T0404⑥：9　10.T0404⑥：10　11.T0404⑥：11　12.T0404⑦：2

3.4~3.8、厚0.7~1.4厘米（图2-249，6；彩版九四，6）。

T0404⑥：6，片状蛇纹大理岩，绿色。平面近圆形，残余约五分之一璧面。外径14.4~15.6、好径3.5~4.5、厚0.4~2.0厘米（图2-249，7；彩版九五，1）。

T0404⑥：7，片状蛇纹大理岩，浅灰白色。平面呈圆角方形，残余约四分之一璧面。外径10.8~13.4、好径3.1~3.7、厚1.0厘米（图2-249，8；彩版九五，2）。

T0404⑥：9，蛇纹大理岩，淡黄绿色。平面近圆形，残余约三分之一璧面。外径14.3~14.8、好径3.9~4.5、厚1.4厘米（图2-249，9；彩版九五，3）。

T0404⑥：10，蛇纹大理岩，暗绿色。平面近圆形，残余约三分之一璧面。外径8.5~9.6、好径2.5~3.1、厚1.2厘米（图2-249，10；彩版九五，4）。

T0404⑥：11，蛇纹大理岩，灰绿色。平面呈圆角方形，残余约三分之一璧面。外径8.6~9.3、好径3.1~3.9、厚0.8~1.0厘米（图2-249，11；彩版九五，5）。

T0404⑦：2，大理岩，褐色。平面近椭圆形。外径2.5~3.1、好径0.9~1.1、厚0.2~0.3厘米（图2-249，12；彩版九五，6）。

T0404⑦：3，蛇纹大理岩，黄褐色。平面近圆形，外缘磨光。外径5.6~6.0、好径1.5~1.8、厚0.6厘米（图2-250，1；彩版九六，1）。

T0404⑦：4，蛇纹岩，深绿色。仅存局部，平面不规则形，残余约四分之一璧面。残长4.9~5.7、好径3.7~4.2、厚1.4厘米（图2-250，2；彩版九六，2）。

T0404⑦：5，蛇纹大理岩，青灰色。平面近圆形，残余约二分之一璧面。外径8.4~8.9、好径2.4~3.8、厚0.5~0.9厘米（图2-250，3；彩版九六，3）。

T0404⑦：6，大理岩，灰白色。平面呈圆角方形，残余约四分之一璧面。外径9.4~10.4、好径3.8~4.2、厚0.9~1.2厘米（图2-250，4；彩版九六，4）。

T0404⑦：8，大理岩，暗绿色。平面近圆形，残余约三分之一璧面。外径10.7~11.2、好径3.8~4.8、厚0.9~1.4厘米（图2-250，5；彩版九六，5）。

T0404⑦：9，片状蛇纹大理岩，绿色。平面近圆形，残余约四分之一璧面。外径11.3~12.2、好径3.5~4.1、厚1.5厘米（图2-250，6；彩版九六，6）。

T0404⑦：10，蛇纹石玉，深绿色。平面近圆形，残余约二分之一璧面。外径9.2~10.6、好径4.2~4.6、厚1.2厘米（图2-250，7；彩版九七，1）。

T0404⑦：11，蛇纹大理岩，墨绿色。平面呈圆角方形，残余约四分之一璧面。外径10.8~12.2、好径4.1~5.1、厚1.4厘米（图2-250，8；彩版九七，2）。

T0404⑦：12，大理岩，灰绿色。平面近圆形，残余约三分之一璧面。外径13.4~14.4、好径4.0~4.3、厚0.8~2.2厘米（图2-251，1；彩版九七，3）。

T0404⑧：1，透闪绿泥岩，暗绿色。平面近圆形，残余约二分之一璧面。外径13.2~14.2、好径5.1~5.7、厚0.5~1.2厘米（图2-251，2；彩版九七，4）。

T0404⑧：3，大理岩，灰白色。平面圆形，残余约二分之一璧面。外径7.5~7.8、好径3.3~4.2、厚0.8~0.9厘米（图2-251，3；彩版九七，5）。

T0404⑧：4，透闪大理岩，暗绿色。仅存局部，平面不规则形，残余约四分之一璧面。残长8.0、残宽5.7、好径1.5~2.1、厚0.4~1.1厘米（图2-251，4；彩版九七，6）。

T0404⑧：5，蛇纹岩，灰白色。平面不规则形，残存边缘。残长5.8、残宽4.7、厚1.0厘米（图2-251，5）。

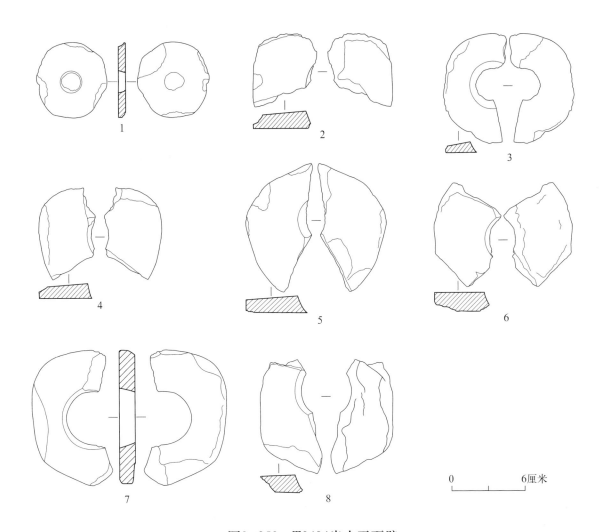

图2-250　T0404出土玉石璧

1.T0404⑦：3　2.T0404⑦：4　3.T0404⑦：5　4.T0404⑦：6　5.T0404⑦：8　6.T0404⑦：9　7.T0404⑦：10　8.T0404⑦：11

T0404⑧：7，蛇纹大理岩，灰黄色。平面近圆形，残余约四分之一璧面。外径7.2～8.2、好径1.4～1.7、厚0.2～0.8厘米（图2-251，6；彩版九八，1）。

T0404⑧：12，片状透闪蛇纹大理岩，青灰色。平面近椭圆形，两面磨光，残余约二分之一，无钻孔。外径6.7～7.9、厚1.4厘米（图2-251，7）。

T0404⑨：1，透闪大理岩，灰绿色。平面近圆形，残余约三分之一璧面。外径7.8～8.4、好径3.1～3.4、厚0.8～1.0厘米（图2-251，8；彩版九八，2）。

T0404⑨：2，大理岩，灰白色。平面近圆形，残余约五分之一璧面。外径13.2～13.8、好径2.8～3.4、厚0.5～0.9厘米（图2-252，1；彩版九八，3）。

T0404⑨：3，蛇纹大理岩，灰绿色。平面呈圆角方形，残余约四分之一璧面。外径11.5～12.8、好径2.3～2.5、厚1.4厘米（图2-252，2；彩版九八，4）。

T0404⑨：4，蛇纹大理岩，灰绿色。平面不规则形，残余约六分之一璧面。外径14.5～15.0、好径3.1～5.1、厚1.0～1.7厘米（图2-252，3；彩版九八，5）。

T0404⑨：5，蛇纹大理岩，灰白色。平面近圆形，残余约四分之一璧面。外径15.8～16.2、好径3.0～3.5、厚1.0～1.4厘米（图2-252，4；彩版九八，6）。

T0404⑨：6，大理岩，灰绿色。平面近椭圆形，残余约三分之一璧面。外径9.4～10.6、好径4.0～4.6、厚

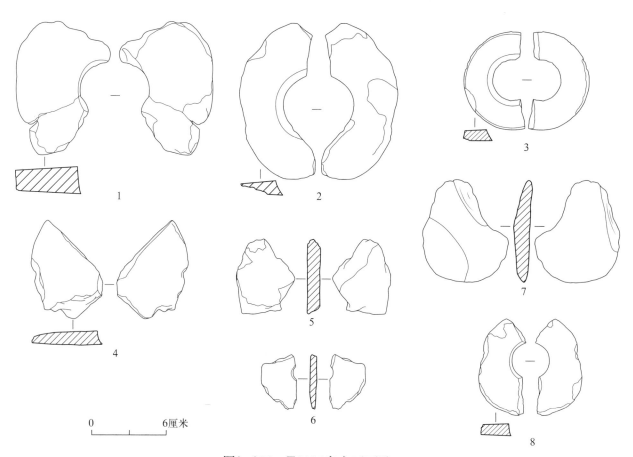

0　　　　　　6厘米

图2-251　T0404出土玉石璧

1.T0404⑦：12　2.T0404⑧：1　3.T0404⑧：3　4.T0404⑧：4　5.T0404⑧：5　6.T0404⑧：7　7.T0404⑧：12　8.T0404⑨：1

0.4～0.8厘米（图2-252，5；彩版九九，1）。

　　T0404⑨：8，蛇纹大理岩，灰绿色。平面呈圆角方形，残余约四分之一璧面。外径10.1～10.8、好径3.5～4.7、厚1.0～1.6厘米（图2-252，6；彩版九九，2）。

　　T0404⑨：9，片状蛇纹大理岩，绿色。平面不规则形，残余约四分之一璧面。残长8.2、残宽5.5、好径3.1～3.5、厚0.4～0.9厘米（图2-252，7；彩版九九，3）。

　　T0404⑨：11，蛇纹大理岩，灰白色。平面圆角方形，残余约三分之一璧面。外径8.8～9.6、好径3.6～4.1、厚0.9厘米（图2-252，8；彩版九九，4）。

　　T0404⑨：12，蛇纹石玉，绿色。平面近圆形，残余约二分之一璧面。外径5.9～6.3、好径1.7～2.1、厚0.7厘米（图2-253，1；彩版九九，5）。

　　T0404⑨：13，蛇纹大理岩，深绿色。平面近圆形，残余约四分之一璧面。外径8.6～9.5、好径2.8～3.2、厚0.3～0.9厘米（图2-253，2；彩版九九，6）。

　　T0404⑨：14，蛇纹石玉，青绿色。平面呈圆角方形，残余约四分之一璧面。外径10.8～11.6、好径3.5～3.9、厚1.2厘米（图2-253，3；彩版一〇〇，1）。

　　T0404⑨：15，大理岩，白色。平面近圆形，残余约五分之一璧面。外径13.2～13.6、好径4.1～4.9、厚0.8～1.4厘米（图2-253，4；彩版一〇〇，2）。

　　T0404⑨：16，大理岩，灰绿色。平面近圆形，残余约四分之一璧面。外径13.4～14.2、好径3.7～4.1、厚1.3厘米（图2-253，5；彩版一〇〇，3）。

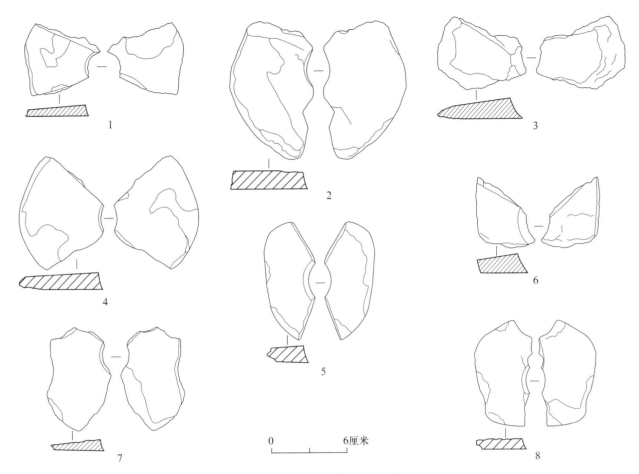

图2-252 T0404出土玉石璧

1.T0404⑨：2 2.T0404⑨：3 3.T0404⑨：4 4.T0404⑨：5 5.T0404⑨：6 6.T0404⑨：8 7.T0404⑨：9 8.T0404⑨：11

T0404⑨：17，蛇纹大理岩，灰白色。平面不规则形，残余约五分之一璧面。残长5.0、残宽4.7、好径4.1~4.9、厚1.1~1.4厘米（图2-253，6；彩版一〇〇，4）。

T0404⑩：1，蛇纹岩，灰绿色。平面呈圆角方形，残余约四分之一璧面。残径8.8~10.2、好径2.9~3.1、厚0.9厘米（图2-253，7；彩版一〇〇，5）。

T0404⑩：2，蛇纹大理岩，浅豆青色。平面近圆形，残余约五分之一璧面。外径14.6~15.4、好径4.3~4.6、厚1.3~1.4厘米（图2-253，8；彩版一〇〇，6）。

T0404⑩：3，透闪岩，浅灰绿色。平面近圆形，残余约四分之一璧面。外径12.1~12.9、好径4.1~4.6、厚1.5厘米（图2-254，1；彩版一〇一，1）。

T0404⑩：4，蛇纹岩，黄色。平面近圆形，残余约四分之一璧面，外缘磨光。外径7.6~8.5、好径1.9~2.3、厚0.9~1.0厘米（图2-254，2；彩版一〇一，2）。

T0404⑩：5，蛇纹大理岩，灰绿色。平面呈圆角方形，残余约四分之一璧面。外径13.1~14.8、好径3.2~3.6、厚1.0~1.6厘米（图2-254，3；彩版一〇一，3）。

T0404⑩：7，蛇纹大理岩，灰白色。平面不规则形，残余约四分之一璧面。残长9.6、残宽5.8、好径4.2~4.8、厚1.4厘米（图2-254，4；彩版一〇一，4）。

T0404⑩：8，透闪大理岩，绿色。平面呈椭圆形，残余约四分之一璧面。外径12.5~13.2、好径3.8~4.4、厚1.2~1.5厘米（图2-254，5；彩版一〇一，5）。

T0404⑫：3，透闪大理岩，灰绿色。平面近圆形，残余约二分之一璧面。外径10.8~13.0、好径4.2~5.4、厚

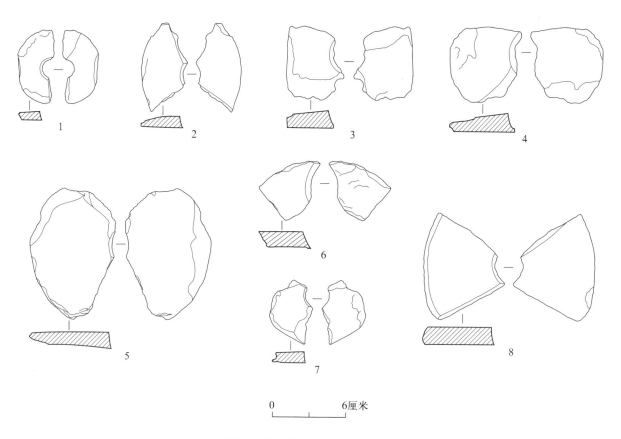

图2-253　T0404出土玉石璧

1.T0404⑨：12　2.T0404⑨：13　3.T0404⑨：14　4.T0404⑨：15　5.T0404⑨：16　6.T0404⑨：17　7.T0404⑩：1　8.T0404⑩：2

0.5～1.2厘米（图2-254，6；彩版一〇一，6）。

T0404⑫：5，蛇纹岩，灰绿色，平面呈圆角方形，残余约四分之一壁面。外径13.8～15.2、好径3.4～4.4、厚1.3厘米（图2-254，7；彩版一〇二，1）。

T0404⑬：1，蛇纹大理岩，灰绿色。平面近圆形，残余约五分之一壁面。外径17.5～18.0、好径5.1～5.8、厚1.0～1.8厘米（图2-255，1；彩版一〇二，2）。

T0404⑬：2，蛇纹大理岩，暗绿色。平面近圆形，残余约二分之一壁面，外缘磨光。外径11.8～12.2、好径3.4～3.9、厚0.8～1.0厘米（图2-255，2；彩版一〇二，3）。

T0404⑬：4，蛇纹大理岩，灰绿色。平面不规则形，残余约四分之一壁面。残长7.3、残宽6.5、好径4.9～5.9、厚3.0厘米（图2-255，3；彩版一〇二，4）。

T0404⑬：5，大理岩，灰绿色。平面近圆形，残余约六分之一壁面。外径11.4～12.4、好径4.1～5.1、厚1.0～1.6厘米（图2-255，4；彩版一〇二，5）。

T0404⑬：7，蛇纹岩，绿色。平面圆形，外缘磨光。外径5.8～6.0、好径2.2～2.7、厚0.6厘米（图2-255，5；彩版一〇二，6）。

T0404⑬：10，蛇纹大理岩，灰绿色。平面近圆形，残余约四分之一壁面，外缘磨光。外径4.9～5.2、好径1.9～2.3、厚0.5～0.6厘米（图2-255，6；彩版一〇三，1）。

T0404⑬：11，蛇纹岩，浅绿色。平面近圆形，残余约五分之一壁面。外径6.8～7.4、好径2.7～3.7、厚0.6～0.9厘米（图2-255，7；彩版一〇三，2）。

T0404⑭：5，蛇纹岩，灰白色。平面圆形，残余约二分之一壁面，外缘磨光。外径7.2～7.5、好径2.2～2.5、

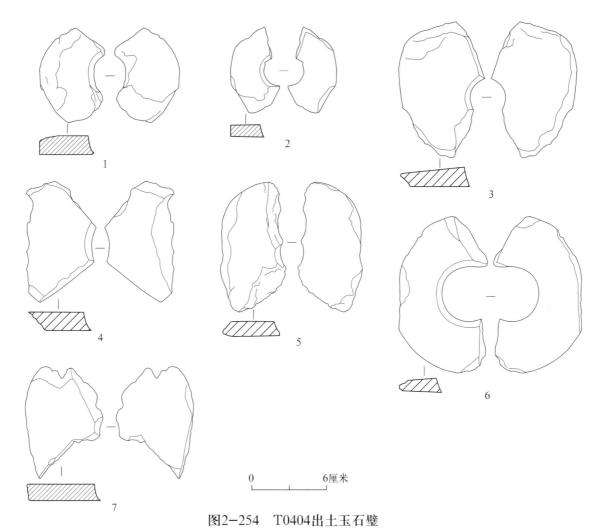

图2-254　T0404出土玉石璧

1.T0404⑩：3　2.T0404⑩：4　3.T0404⑩：5　4.T0404⑩：7　5.T0404⑩：8　6.T0404⑫：3　7.T0404⑫：5

厚0.5~0.7厘米（图2-255，8；彩版一〇三，3）。

璧芯　16件。大部分保存完整，平面呈圆形，单面管钻，芯壁呈斜坡状，纵剖面呈梯形，璧芯两面磨光，侧面大多保留有管钻痕迹，断钻处大多未修整，保留有明显断茬。

T0404④：4，片状蛇纹大理岩，浅绿色。一面残破。直径1.8~2.0、厚0.6厘米（图2-256，1；彩版一〇三，4）。

T0404④：5，蛇纹大理岩，暗绿色。直径2.5~3.0、厚1.3厘米（图2-256，2；彩版一〇三，5）。

T0404⑤：4，蛇纹大理岩，灰白色。两面残破。直径1.8~2.2、厚0.6厘米（图2-256，3；彩版一〇三，6）。

T0404⑤：5，大理岩，灰绿色。直径1.8~2.2、厚1.1厘米（图2-256，4；彩版一〇三，7）。

T0404⑤：14，蛇纹大理岩，灰绿色。直径2.7~3.2、厚1.2厘米（图2-256，5；彩版一〇四，1）。

T0404⑥：1，蛇纹大理岩，灰白色。直径2.7~2.9、厚0.8厘米（图2-256，6；彩版一〇四，2）。

T0404⑥：2，蛇纹大理岩，灰绿色。直径1.9~2.2、厚0.8厘米（图2-256，7；彩版一〇四，3）。

T0404⑨：7，蛇纹大理岩，灰绿色。一面残破。直径2.4~3.1、厚1.4厘米（图2-256，8；彩版一〇四，4）。

T0404⑨：10，蛇纹大理岩，浅灰绿色。直径3.0~3.5、厚1.1厘米（图2-256，9；彩版一〇四，5）。

T0404⑩：6，滑石蛇纹岩，青灰色。直径1.7~2.2、厚1.2厘米（图2-256，10；彩版一〇四，6）。

T0404⑫：7，大理岩，灰白色。一面残破。直径2.2~2.7、厚1.6厘米（图2-256，11；彩版一〇四，7）。

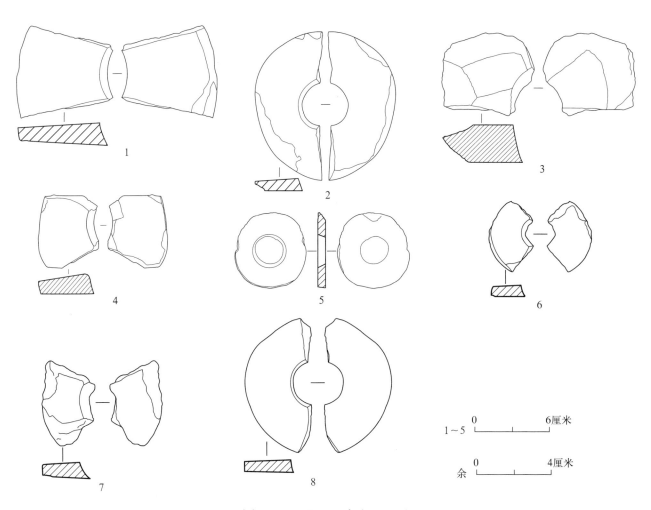

图2-255 T0404出土玉石璧

1.T0404⑬：1 2.T0404⑬：2 3.T0404⑬：4 4.T0404⑬：5 5.T0404⑬：7 6.T0404⑬：10 7.T0404⑬：11 8.T0404⑭：5

T0404⑬：3，滑石岩，灰白色。直径2.1～2.7、厚1.4厘米（图2-256，12；彩版一〇四，8）。

T0404⑬：6，蛇纹大理岩，青灰色。直径2.3～2.4、厚0.8～1.0厘米（图2-256，13；彩版一〇四，9）。

T0404⑬：8，蛇纹大理岩，灰绿色。直径2.3～2.5、厚0.8～1.0厘米（图2-256，14；彩版一〇五，1）。

T0404⑬：9，大理岩，黑褐色。一面残破。直径2.2～2.6、厚0.7～0.9厘米（图2-256，15；彩版一〇五，2）。

T0404⑯：2，大理岩，灰白色。直径3.4～3.6、厚1.0厘米（图2-256，16；彩版一〇五，3）。

切割料 1件。

T0404⑭：9，蛇纹岩，青灰色。平面不规则形，两面为切割面，断茬磨光，一侧有一道切割痕迹，在剩余约二分之一处残存断茬。长7.2、宽3.6、厚0.9厘米（图2-257，1；彩版一〇五，4）。

切割工具 5件。残存形状为方形、长方形或不规则形。大部分表面磨光，一侧有双面刃。从刃部与切割玉石料的切口判断，可能为玉石料的切割工具。

T0404⑫：1，硅质板岩，灰绿色。平面近长方形，一侧有双面刃，较直，其他侧面为断茬。长5.3、宽3.8、厚0.7厘米（图2-257，2）。

T0404⑬：25，石英砂岩，黑灰色。平面近方形，一侧有双面刃，较直，其他侧面有断茬。长4.9、宽4.4、厚0.7厘米（图2-257，3）。

T0404⑭：2，石英砂岩，灰褐色。平面近方形，较薄，一侧有双面刃，微弧，刃部有使用痕迹，其他侧面有

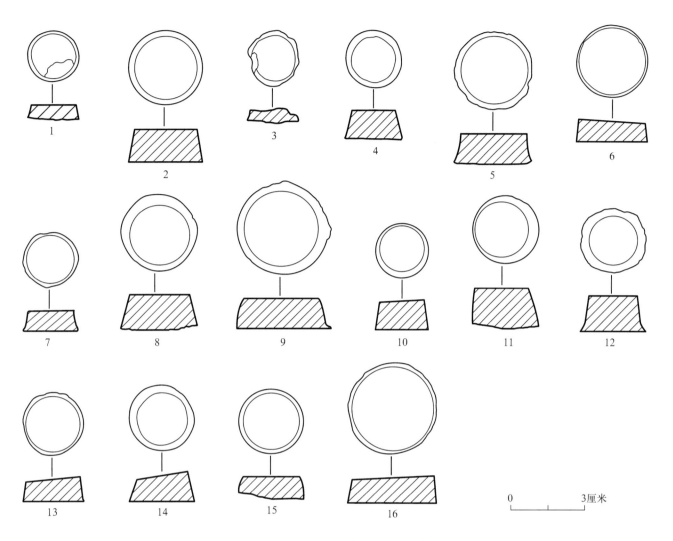

图2-256　T0404出土玉石璧芯

1.T0404④：4　2.T0404④：5　3.T0404⑤：4　4.T0404⑤：5　5.T0404⑤：14　6.T0404⑥：1　7.T0404⑥：2　8.T0404⑨：7
9.T0404⑨：10　10.T0404⑩：6　11.T0404⑫：7　12.T0404⑬：3　13.T0404⑬：6　14.T0404⑬：8　15.T0404⑬：9　16.T0404⑯：2

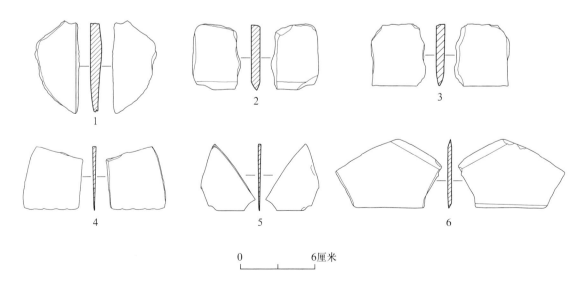

图2-257　T0404出土玉石器

1.切割料T0404⑭：9　2～6.切割工具T0404⑫：1、T0404⑬：25、T0404⑭：2、T0404⑭：7、T0404⑭：11

断茬。长 5.5、残宽 5.0、厚 0.3 厘米（图 2-257，4；彩版一〇五，5）。

T0404⑭：7，板岩，青灰色。平面不规则形，较薄，一侧有双面刃，微弧，其他侧面有断茬。残长 5.3、残宽 3.8、厚 0.2 厘米（图 2-257，5；彩版一〇五，6）。

T0404⑭：11，粉砂岩，灰褐色。平面不规则形，较薄，两侧有双面刃，一侧刃部较直，一侧刃部微弧，其他侧面有断茬。长 7.2、宽 6.3、厚 0.3 厘米（图 2-257，6；彩版一〇六，1）。

磨石 24 件。磨石断块，大小不一，青灰色。平面近方形、三角形、长方形和不规则形。两面或一面有磨光面，磨光面粗细不一，侧面有明显断茬，个别侧面磨制光滑，个别有火烧痕迹。

T0404④：7，石英砂岩。平面不规则形，一面有磨光面。长 9.0、宽 5.0、厚 3.3 厘米（图 2-258，1）。

T0404④：8，石英砂岩。平面近三角形，两面有磨光面，一面微凹。长 8.2、宽 5.6、厚 3.8 厘米（图 2-258，2）。

T0404⑤：1，变粒岩。平面近圆形，一面有磨光面，微凹。长 8.1、宽 6.1、厚 2.5 厘米（图 2-258，3）。

T0404⑤：9，石英砂岩。平面近三角形，一面有磨光面，微凹。长 7.5、宽 5.7、厚 2.9 厘米（图 2-258，4）。

T0404⑤：13，砂岩。平面近长方形，两面有磨光面，一面微凹。长 5.2、宽 2.9、厚 1.2 厘米（图 2-258，5）。

T0404⑤：17，石英砂岩。平面不规则形，一面有磨光面。长 8.1、宽 5.5、厚 2.7 厘米（图 2-258，6）。

T0404⑥：4，杂砂岩。平面近方形，两面有磨光面。长 9.8、宽 9.2、厚 2.8 厘米（图 2-258，7）。

T0404⑥：13，砂岩。平面近长方形，一面有磨光面，微凹。长 12.7、宽 8.1、厚 4.1 厘米（图 2-258，8）。

T0404⑥：17，杂砂岩。平面不规则形，一面有磨光面。长 9.6、宽 9.2、厚 0.9 厘米（图 2-259，1）。

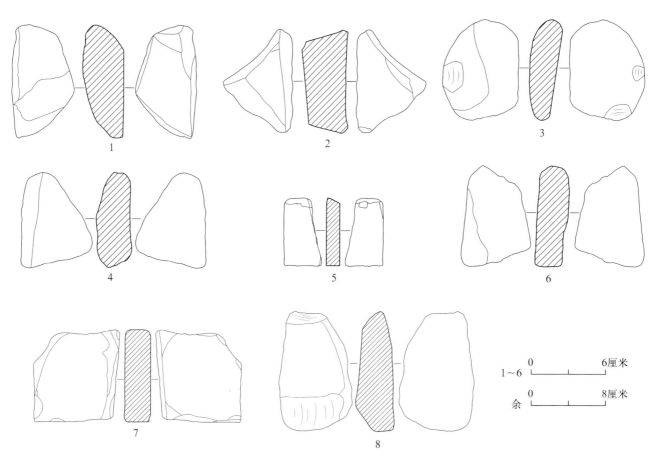

图2-258　T0404出土磨石

1.T0404④：7　2.T0404④：8　3.T0404⑤：1　4.T0404⑤：9　5.T0404⑤：13　6.T0404⑤：17　7.T0404⑥：4　8.T0404⑥：13

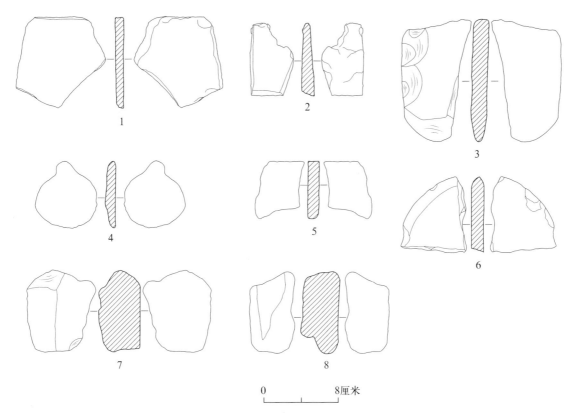

0　　　　　8厘米

图2-259　T0404出土磨石

1.T0404⑥:17　2.T0404⑥:18　3.T0404⑧:8　4.T0404⑧:9　5.T0404⑧:11　6.T0404⑨:20　7.T0404⑨:22
8.T0404⑨:23

T0404⑥:18，细粒砂岩。平面不规则形，一面有磨光面。一面剥落。长7.6、宽4.6、厚1.3厘米（图2-259，2）。

T0404⑧:8，砂岩。平面近长方形，一面有磨光面，局部有火烧痕迹。长12.9、宽7.5、厚1.8厘米（图2-259，3）。

T0404⑧:9，杂砂岩。平面近圆形，一面有磨光面。长7.1、宽6.5、厚1.2厘米（图2-259，4）。

T0404⑧:11，杂砂岩。平面不规则形，一面有磨光面。长6.1、宽5.2、厚1.1厘米（图2-259，5）。

T0404⑨:20，砂岩。平面近三角形，两面有磨光面，侧面磨光。长9.3、宽7.4、厚1.4厘米（图2-259，6）。

T0404⑨:22，砂岩。平面不规则形，一面有磨光面。长8.6、宽7.2、厚4.5厘米（图2-259，7）。

T0404⑨:23，砂岩。平面不规则形，一面有磨光面。长8.8、宽4.8、厚4.5厘米（图2-259，8）。

T0404⑨:24，杂砂岩。平面不规则形，一面有磨光面。长5.2、宽4.6、厚2.2厘米（图2-260，1）。

T0404⑨:25，杂砂岩。平面不规则形，一面有磨光面。长9.0、宽7.5、厚2.6厘米（图2-260，2）。

T0404⑨:26，杂砂岩。平面近长方形，一面有磨光面。长5.1、宽2.8、厚2.0厘米（图2-260，3）。

T0404⑨:27，杂砂岩。平面近长方形，一面有磨光面，微凹。长9.6、宽7.2、厚3.3厘米（图2-260，4）。

T0404⑨:28，砂岩。平面不规则形，一面有磨光面。长10.3、宽6.6、厚3.7厘米（图2-260，5）。

T0404⑬:20，石英砂岩。平面近半圆形，一面有磨光面，微凹，局部有火烧痕迹。长9.0、宽5.3、厚2.5厘米（图2-260，6）。

T0404⑭:15，细粒砂岩。平面不规则形，两面有磨光面。长7.3、宽4.9、厚2.2厘米（图2-260，7）。

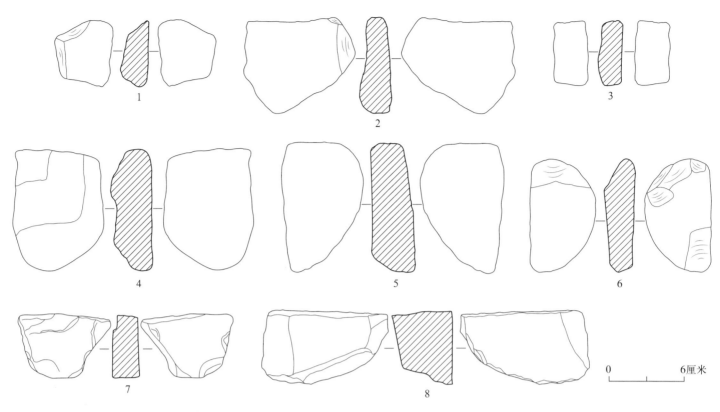

图2-260　T0404出土磨石

1.T0404⑨：24　2.T0404⑨：25　3.T0404⑨：26　4.T0404⑨：27　5.T0404⑨：28　6.T0404⑬：20　7.T0404⑭：15　8.T0404⑭：16

T0404⑭：16，砂岩。平面不规则形，两面有磨光面。长10.1、宽5.7、厚4.8厘米（图2-260，8）。

玉石料　9件。均为不规则形。

T0404⑤：10，透闪石玉，淡绿色。一面磨光。长3.0、宽2.1、厚0.3厘米（图2-261，1）。

T0404⑧：13，透闪蛇纹大理岩，墨绿色。两面磨光。长5.9、宽5.3、厚1.8厘米（图2-261，2；彩版一〇六，2）。

T0404⑧：15，蛇纹大理岩，灰绿色。局部磨光。长3.6、宽3.1、厚0.8厘米（图2-261，3）。

T0404⑩：12，蛇纹大理岩，灰白色。长7.7、宽5.3、厚1.6厘米（图2-261，4；彩版一〇六，3）。

T0404⑫：6，蛇纹大理岩，灰白色。长9.6、宽6.5、厚2.8厘米（图2-261，5）。

T0404⑬：17，蛇纹石玉，青绿色。长3.7、宽3.5、厚2.4厘米（图2-261，6；彩版一〇六，4）。

T0404⑭：3，蛇纹大理岩，青灰色。一面磨光。长7.2、宽4.2、厚2.0厘米（图2-261，7；彩版一〇六，5）。

T0404⑭：13，透闪石玉，灰白色。两面磨光。长6.9、宽3.9、厚0.7厘米（图2-261，8）。

T0404⑯：5，蛇纹石玉，白色。长7.1、宽6.0、厚2.6厘米（图2-261，9）。

断块　8件。不规则形，大部分表面为打制破裂面，个别表面磨光，判断应该是制作玉石器残存的边角料。

T0404⑤：3，大理岩，灰白色。两面磨光。长5.8、宽3.8、厚1.3厘米（图2-262，1；彩版一〇六，6）。

T0404⑥：20，蛇纹石玉，青绿色。长11.0、宽6.9、厚3.5厘米（图2-262，2）。

T0404⑥：21，硅质岩，灰色。长8.1、宽6.1、厚3.2厘米（图2-262，3）。

T0404⑧：14，细晶岩，青绿色。长6.1、宽5.2、厚2.1厘米（图2-262，4）。

T0404⑩：13，蛇纹石玉，青绿色。长6.1、宽4.0、厚3.0厘米（图2-262，5）。

T0404⑫：10，蛇纹石玉，青灰色。长6.6、宽5.6、厚2.1厘米（图2-262，6）。

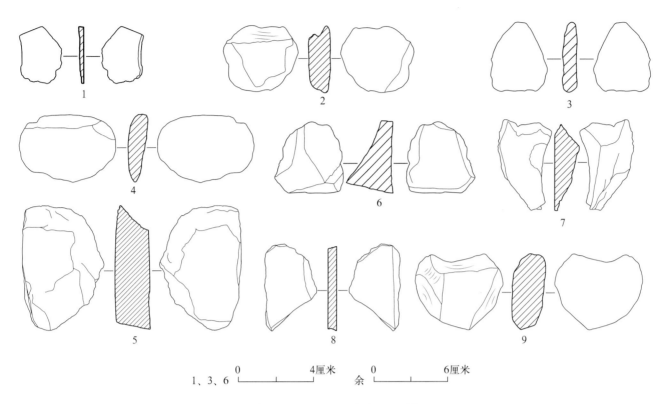

1、3、6　0　　　4厘米　　0　　　6厘米
余

图2-261　T0404出土玉石料

1.T0404⑤：10　2.T0404⑧：13　3.T0404⑧：15　4.T0404⑩：12　5.T0404⑫：6　6.T0404⑬：17　7.T0404⑭：3
8.T0404⑭：13　9.T0404⑯：5

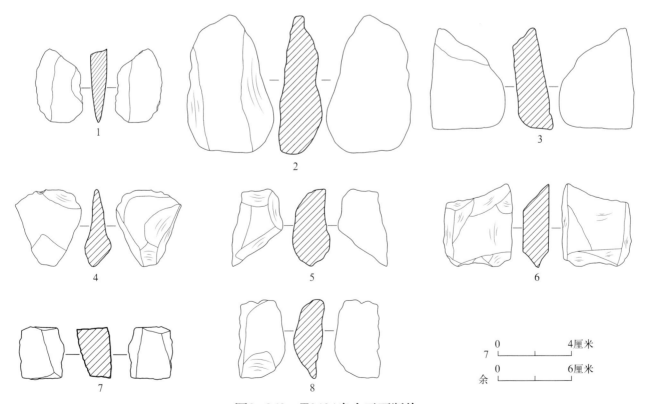

7　0　　　4厘米
余　0　　　6厘米

图2-262　T0404出土玉石断块

1.T0404⑤：3　2.T0404⑥：20　3.T0404⑥：21　4.T0404⑧：14　5.T0404⑩：13　6.T0404⑫：10　7.T0404⑭：12　8.T0404⑭：19

T0404⑭：12，蛇纹石玉，青色。长2.7、宽2.3、厚1.8厘米（图2-262，7）。

T0404⑭：19，蛇纹石岩，白色。长6.2、宽3.7、厚2.3厘米（图2-262，8）。

刀　6件。残存一半，通体磨光，平面呈长方形或圆角长方形，双面刃，单孔，双面钻，个别未钻透。

T0404⑥：8，碳质板岩，黑色。平面圆角长方形，残存一半。背部微弧，直刃，单孔。残长5.0、宽4.6、孔径0.7、厚0.6厘米（图2-263，1）。

T0404⑧：2，杂砂岩，暗绿色。平面近长方形，背部较直，弧刃，刃部有使用崩痕。单孔，未钻透。残长4.4、宽4.9、厚0.9厘米（图2-263，2）。

T0404⑫：2，长石石英砂岩，褐色。平面圆角长方形，弧刃，残存一半，局部破裂，单孔。残长4.7、宽5.5、孔径0.6、厚1.0厘米（图2-263，3）。

T0404⑬：24，粉砂岩，红色。平面圆角长方形，残存一半，一面与刃部磨光，背部较平，弧刃，有明显使用崩痕。残长5.5、宽5.8、厚0.7厘米（图2-263，4）。

T0404⑭：1，石英砂岩，灰黑色。平面长方形，残存一半，直背，刃部微弧，有明显使用崩痕。单孔。残长5.4、宽4.5、孔径0.6、厚0.9厘米（图2-263，5）。

T0404⑭：8，硅质板岩，灰黑色。平面长方形，残存一半，直背，刃部微弧。残长8.0、宽5.2、厚0.8厘米（图2-263，6）。

刀坯料　2件。

T0404⑬：14，石英杂砂岩，灰黑色。平面近长方形，整体打制成形，背部与两侧琢制规整，刃部打制，未磨

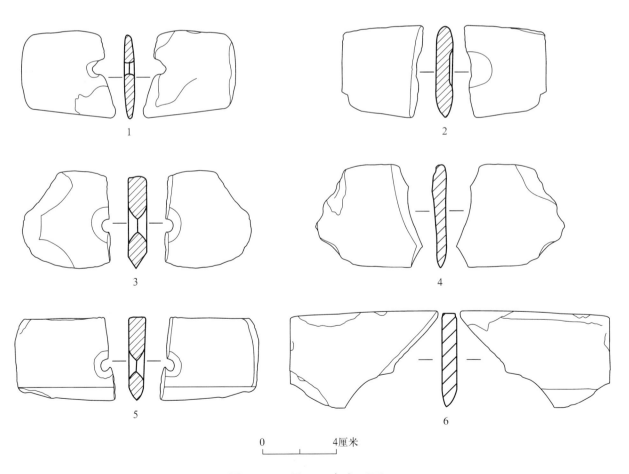

图2-263　T0404出土石刀

1.T0404⑥：8　2.T0404⑧：2　3.T0404⑫：2　4.T0404⑬：24　5.T0404⑭：1　6.T0404⑭：8

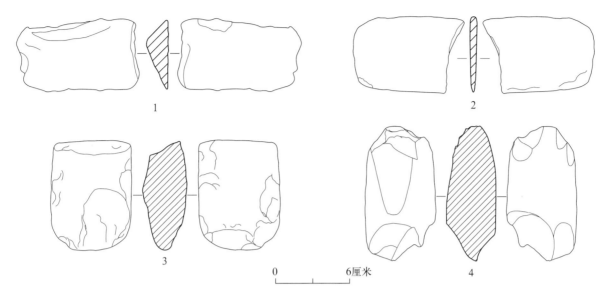

图2-264 T0404出土石器

1、2.刀坯料T0404⑬：14、T0404⑭：10 3、4.斧T0404⑩：10、T0404⑯：3

光。长10.0、宽5.6、厚1.8厘米（图2-264，1）。

T0404⑭：10，石英杂砂岩，黑灰色。平面呈长方形，残存一半，整体打制成形，局部磨光，背部和侧面琢制规整，刃部打制，未磨光。残长9.0、宽6.1、厚0.5厘米（图2-264，2；彩版一○七，1）。

斧 2件。

T0404⑩：10，杂砂岩，青灰色。整体打制成形，平面长方形，局部磨光，顶部较平，刃部微弧，磨光，有明显使用崩痕。长8.2、宽6.4、厚3.6厘米（图2-264，3）。

T0404⑯：3，弱变质粉砂岩，黑灰色。通体磨光，刃残，顶部有打制疤痕。残长10.5、宽5.6、厚4.1厘米（图2-264，4）。

斧坯料 9件。整体打制成形，一面为自然面，一面为破裂面，背部与两侧琢制规整，刃部打制较薄，未磨光。

T0404⑥：15，变质石英砂岩，灰色。平面近梯形，顶部略窄，刃部较宽，弧刃。长11.2、宽9.1、厚3.9厘米（图2-265，1；彩版一○七，2）。

T0404⑥：16，砂岩，棕色。平面近方形，顶端较平。长9.2、宽8.3、厚3.0厘米（图2-265，2）。

T0404⑧：10，石英砂岩，棕色。平面近长方形，顶部较平。长11.5、宽8.6、厚3.5厘米（图2-265，3）。

T0404⑨：19，花岗岩，青灰色。平面近方形，顶端较平，弧刃。长6.7、宽7.6、厚2.8厘米（图2-265，4）。

T0404⑩：11，砂岩，青灰色。平面亚腰形，顶端较平，刃部微弧。残长8.8、宽7.6、厚3.7厘米（图2-265，5；彩版一○七，3）。

T0404⑬：21，片麻岩，青灰色。平面近长方形，顶部不甚规整，弧刃。长10.5、宽8.6、厚3.2厘米（图2-265，6）。

T0404⑬：26，片麻岩，青灰色。平面近梯形，刃部较宽，微弧。长10.9、宽8.9、厚3.4厘米（图2-265，7）。

T0404⑭：17，变质砂岩，青灰色。平面近方形，顶端较平，弧刃。长7.4、宽7.2、厚2.7厘米（图2-265，8；彩版一○七，4）。

T0404⑭：18，硅质粉砂岩，黑灰色。平面近方形，顶部较平，两面局部磨光。长7.2、宽7.3、厚3.6厘米（图

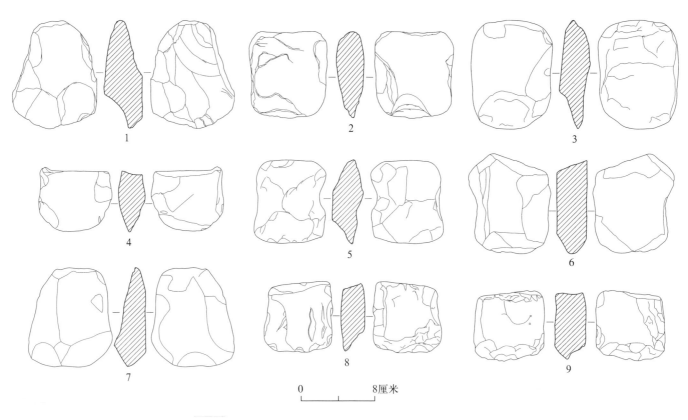

图2-265 T0404出土石斧坯料

1.T0404⑥：15 2.T0404⑥：16 3.T0404⑧：10 4.T0404⑨：19 5.T0404⑩：11 6.T0404⑬：21 7.T0404⑬：26 8.T0404⑭：17 9.T0404⑭：18

2-265，9）。

铲 4件。

T0404⑥：5，变质杂砂岩，青灰色。平面近长方形，顶部较窄，刃部较宽，微弧，局部磨光。长8.3、宽4.8、厚1.2厘米（图2-266，1）。

T0404⑨：29，杂砂岩，青灰色。扁平长条状，整体打制成形，刃部微弧，局部磨光，有明显使用崩痕。长13.6、宽5.0、厚2.8厘米（图2-266，2）。

T0404⑬：12，石英岩，灰色。扁平长条状，一面为自然面，一面为破裂面，两侧琢制规整，刃部打制，弧刃，较宽，局部磨光，有明显的使用崩痕。长12.6、宽6.4、厚2.8厘米（图2-266，3）。

T0404⑭：4，硅质板岩，青绿色。平面长方形，通体磨光，顶部残，刃部有使用崩痕。长10.4、宽5.2、厚1.4厘米（图2-266，4；彩版一〇七，5）。

铲坯料 4件。整体打制成形，一面为自然面，一面为打制破裂面，顶部和两侧琢制规整，刃部打制较薄，未磨光。

T0404⑤：16，片麻岩，青灰色。平面近方形，顶端较平。长8.6、宽11.0、厚2.2厘米（图2-267，1）。

T0404⑥：14，变质石英砂岩，青灰色。平面近长方形，顶端较平。长12.8、宽8.7、厚2.4厘米（图2-267，2）。

T0404⑬：13，变质石英砂岩，青绿色。平面近长方形，刃部较宽，微弧。长8.0、宽6.6、厚2.6厘米（图2-267，3）。

T0404⑯：4，石英砂岩，灰色。平面近长方形，顶部较平，弧刃。长6.6、宽6.2、厚1.9厘米（图2-267，4）。

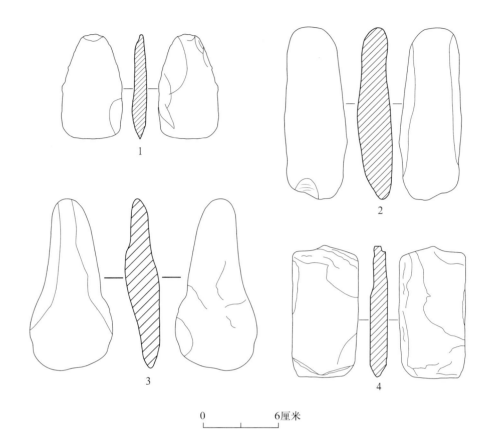

0　　　　　　6厘米

图2-266　T0404出土石铲

1.T0404⑥：5　2.T0404⑨：29　3.T0404⑬：12　4.T0404⑭：4

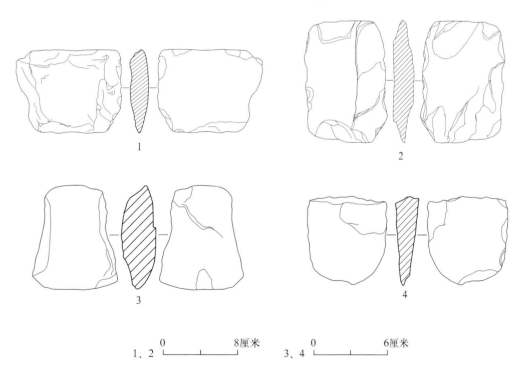

1、2　0　　　　　8厘米　　　3、4　0　　　　　6厘米

图2-267　T0404出土石铲坯料

1.T0404⑤：16　2.T0404⑥：14　3.T0404⑬：13　4.T0404⑯：4

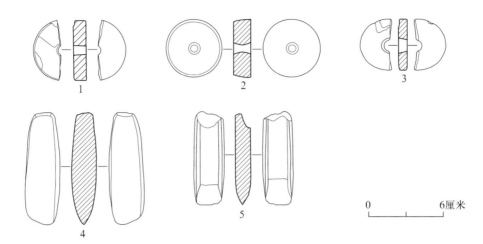

图2-268　T0404出土玉石器

1~3.纺轮T0404④：2、T0404⑦：7、T0404⑭：6　4、5.凿T0404⑤：7、T0404⑯：1

纺轮　3件。平面呈圆形，通体磨光，中间穿孔，单面或双面管钻。

T0404④：2，蛇纹大理岩，灰白色。残存二分之一。直径5.0、孔径1.0、厚1.0厘米（图2-268，1；彩版一〇七，6）。

T0404⑦：7，蛇纹大理岩，灰白色。系璧芯改制，双面钻。直径4.6、孔径0.5、厚1.1厘米（图2-268，2；彩版一〇八，1）。

T0404⑭：6，滑石岩，灰白色。残存约二分之一。单面钻。直径4.0、孔径0.9、厚0.7厘米（图2-268，3；彩版一〇八，2）。

凿　2件。

T0404⑤：7，硅质岩，黑色。两面磨光，两侧琢制平整，顶端较平，刃部微弧。长8.6、宽2.7、厚2.1厘米（图2-268，4；彩版一〇八，3）。

T0404⑯：1，弱变质粉砂岩，黑色。平面呈长方形，通体磨光，顶部残，刃部有明显使用崩痕。残长7.4、宽2.5、厚1.2厘米（图2-268，5；彩版一〇八，4）。

锤　11件。

T0404⑬：16，变质石英砂岩，黑灰色。平面近圆角长方形，断面呈椭圆形，通体磨光，两端有明显的砸击凹窝，一端有切割痕迹，中间穿孔，对面钻。长8.7、宽6.8、孔径2.1、厚4.5厘米（图2-269，1；彩版一〇八，5）。

T0404⑬：19，片麻岩，黑灰色。扁平长条状，一端较窄，为手握，一端有明显的砸击痕迹。长11.3、宽6.3、厚4.0厘米（图2-269，2）。

T0404④：6，变质石英砂岩，灰色。整体呈饼状，四周有打制疤痕和砸击痕迹。长12.3、宽9.3、厚6.4厘米（图2-269，3）。

T0404⑨：32，长石石英砂岩，灰色。平面不规则形，一面有明显打制疤痕，两侧有砸击痕迹。长11.8、宽6.8、厚5.9厘米（图2-269，4）。

T0404⑫：8，变质石英砂岩，青灰色。整体呈饼状，侧面有明显的打制疤痕和砸击痕迹。直径12.0~13.3、厚5.3厘米（图2-269，5）。

T0404⑫：9，变粒岩，青灰色。整体呈饼状，侧面有明显打制疤痕和砸击痕迹。直径12.1~13.4、厚5.3厘米（图2-269，6）。

T0404⑨：31，柱状长条状，断面近椭圆形。变质砂岩，青绿色。两端有砸击痕迹。长11.0、宽5.9、厚3.7厘

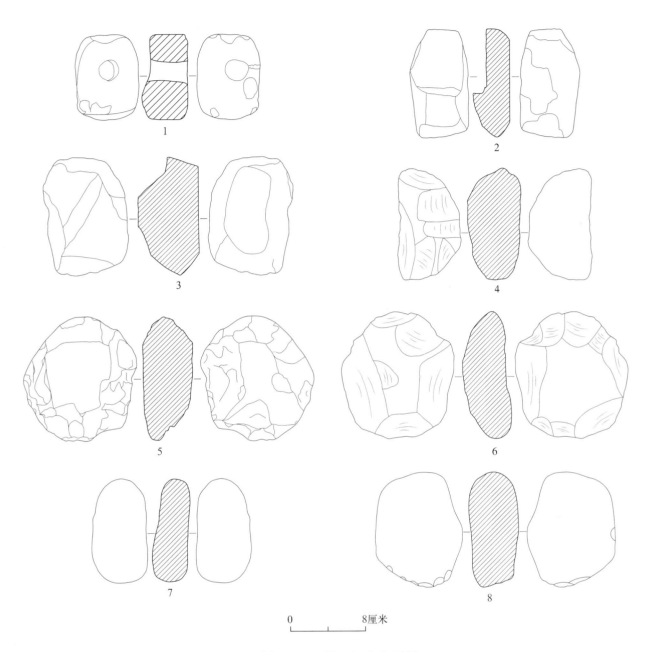

图2-269　T0404出土石锤

1.T0404⑬：16　2.T0404⑬：19　3.T0404④：6　4.T0404⑨：32　5.T0404⑫：8　6.T0404⑫：9　7.T0404⑨：31　8.T0404⑨：33

米（图2-269，7）。

T0404⑨：33，闪长玢岩，棕色。两端有砸击痕迹。长12.2、宽9.7、厚5.3厘米（图2-269，8）。

T0404⑬：22，变质石英砂岩，灰色。一端有砸击痕迹。长14.1、宽8.2、厚5.9厘米（图2-270，1）。

T0404⑬：27，闪长岩，灰色。一端有砸击痕迹。长9.5、宽7.0、厚6.3厘米（图2-270，2）。

T0404⑬：28，砂岩，青灰色。表面有磨制痕迹，一端有砸击痕迹。长10.6、宽6.1、厚4.4厘米（图2-270，3）。

盘状器　1件。

T0404⑤：15，片麻岩，青灰色。平面近圆形，两面较平，边缘有打制疤痕，一侧较平，作为手握，其他侧面打制成刃部。长14.3、宽11.2、厚3.5厘米（图2-270，4）。

砧　3件。青灰色。平面近圆形，两面较平，面上有砸击凹窝。

T0404⑧：16，绿泥石化闪长岩。长18.2、宽16.1、厚6.8厘米（图2-270，5）。

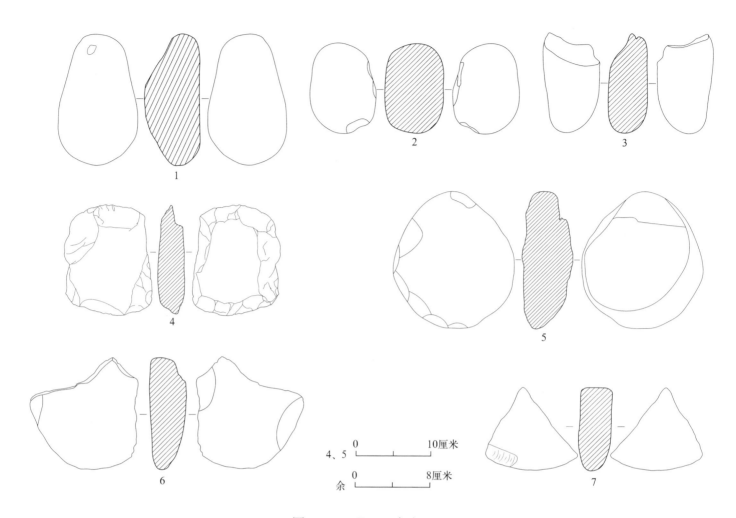

图2-270　T0404出土玉石器

1～3.锤T0404⑬：22、T0404⑬：27、T0404⑬：28　4.盘状器T0404⑤：15　5～7.砧T0404⑧：16、T0404⑧：17、T0404⑬：18

T0404⑧：17，闪长玢岩。残存局部。残长11.9、宽11.6、厚4.0厘米（图2-270，6）。

T0404⑬：18，石英砂岩。残存局部。长9.8、宽8.8、厚3.4厘米（图2-270，7）。

研磨器　3件。

T0404⑬：15，变质石英砂岩，青灰色。柱状长条状，断面呈圆形，一端有研磨磨光面。长14.2、宽3.6、厚3.5厘米（图2-271，1）。

T0404⑭：14，变质石英砂岩，青绿色。柱状长条状，仅存一端，一端有研磨磨光面。残长4.7、宽6.7、厚3.1厘米（图2-271，2）。

T0404⑭：20，长石石英砂岩，灰色。柱状长条形，完整，断面近椭圆形，表面有磨制痕迹，一端有研磨磨光面。长10.4、宽4.8、厚4.1厘米（图2-271，3）。

锛　1件。

T0404⑫：4，蛇纹岩，灰白色。通体磨光，仅存刃部，单面刃，微弧，刃部有明显使用崩痕。残长3.3、宽4.6、厚1.4厘米（图2-271，4；彩版一〇八，6）。

刮削器　1件。

T0404⑤：11，玉髓，黄棕色。不规则形，双弧刃，刃缘用压制法单面压制而成。长1.5、宽1.4、厚0.5厘米（图2-271，5；彩版一〇八，7）。

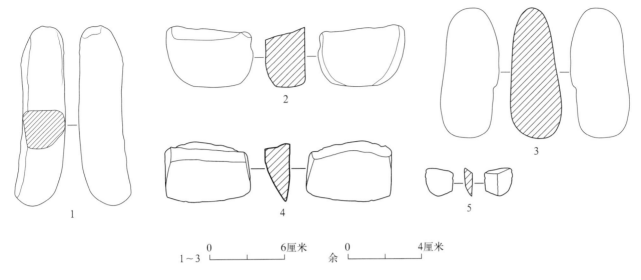

图2-271 T0404出土玉石器

1~3.研磨器T0404⑬：15、T0404⑭：14、T0404⑭：20 4.锛T0404⑫：4 5.刮削器T0404⑤：11

一一 T0405

（一）地层堆积

T0405位于发掘区东北部，被K3、K5及现代扰土坑和现代水管沟破坏，仅南部地层堆积较完整，根据土质土色和包含物可分为16层（图2-272；彩版一〇九，1），各层堆积介绍如下。

①层：棕色沙土，土质较疏松，呈水平状堆积，分布于探方西部和南部，西部被现代扰土坑K3和K5打破，东南部被现代水管沟和现代扰土坑打破，厚10~44厘米。包含有塑料、砖块等，出土有夹砂红陶、夹砂红褐陶片和石块等。现代扰土层。

②层：灰褐色土，土质较疏松，呈水平状堆积，分布于探方西部和南部，西部被K3和K5打破，东南部被现代水管沟和扰土坑打破，厚12~46厘米。包含有塑料、砖块等，出土有夹砂红陶、夹砂红褐陶片和石块等。现代耕土层。

③层：黄褐色土，土质较疏松，呈水平状堆积，分布于探方西部和南部，西部被K3和K5打破，东南部被现代水管沟和现代扰土坑打破，厚0~22厘米。出土有泥质红陶、夹砂红陶、夹砂灰陶、夹砂红褐陶片和兽骨、石块等。战国时期文化层。

④层：黄色土，土质较致密，呈水平状堆积，分布于全探方，北部和东部被现代扰土坑和K5打破，东南部被现代扰土坑和现代水管沟打破，厚0~48厘米。包含有少量红烧土颗粒和料礓石等，出土有泥质红陶、夹砂红陶、泥质灰陶、夹砂红褐陶、彩陶片和兽骨、石块等，少量的石刀和璧芯。战国时期文化层。

⑤层：灰褐色土，局部有黑灰色斑块。土质较致密，呈斜坡状堆积，分布于探方东南部，被现代水管沟和现代扰土坑打破，厚0~40厘米。包含有大量炭屑、草木灰、红烧土颗粒和料礓石等，出土有泥质红陶、夹砂红陶、泥质灰陶、夹砂灰陶、夹砂红褐陶片和兽骨、石块等。战国时期文化层。

⑥层：灰色土，土质较致密，呈斜坡状堆积，分布于探方东南部，被现代水管沟和现代扰土坑打破，厚0~20厘米。包含有少量炭屑、红烧土颗粒和料礓石等，出土有泥质红陶、夹砂红陶、夹砂红褐陶片和兽骨、石块等，少量的纺轮、璧、玉石料等。齐家文化层。

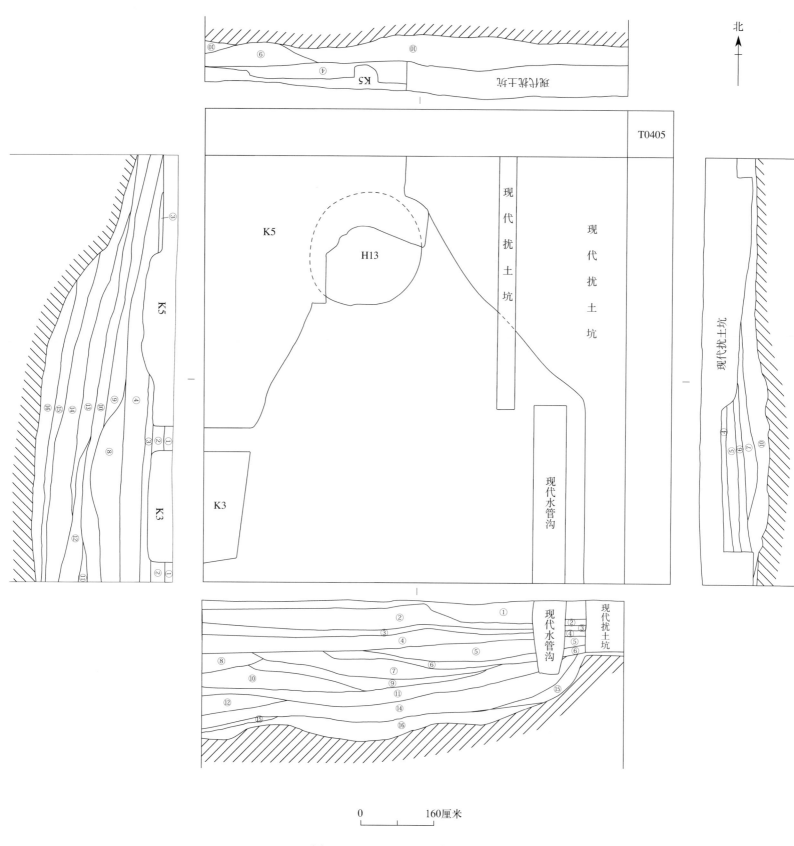

北

图2-272　T0405平、剖面图

⑦层：灰黑色土，土质较疏松，呈斜坡状堆积，分布于探方东南部，东部被扰土坑和现代水管沟打破，厚0~40厘米。包含有大量炭屑、草木灰、红烧土颗粒和料礓石等，出土有泥质红陶、夹砂红陶、夹砂红褐陶、夹砂橙黄陶片和兽骨、石块等，少量的璧、璧芯、纺轮、石刀等。齐家文化层。

⑧层：深灰色土，土质较致密，呈斜坡状堆积，分布于探方西南部，厚0~66厘米。包含有炭屑、红烧土颗粒和料礓石等，出土有泥质红陶、夹砂红陶、夹砂红褐陶片和兽骨、石块等，少量的璧、璧芯、玉石料、磨石等。齐家文化层。

⑨层：灰色土，土质较致密，呈斜坡状堆积，东北部无分布，厚0~32厘米。包含有炭屑、红烧土颗粒和料礓石等，出土有泥质红陶、夹砂红陶、泥质灰陶、夹砂红褐陶片和兽骨、石块等，少量的璧、磨石等。齐家文化层。

⑩层：灰黑色土，局部有黄褐色斑块，土质较致密，呈斜坡状堆积，分布于全探方，东部、北部被扰土坑打破，厚0~65厘米。包含有炭屑、草木灰、红烧土颗粒和料礓石等，出土有泥质红陶、夹砂红陶、夹砂红褐陶、夹砂橙黄陶片和兽骨、石块等，少量的璧、璧芯等。齐家文化层。H13开口于该层下。

⑪层：灰褐色土，土质较致密，呈斜坡状堆积，分布于探方南部，东南部被现代水管沟打破，厚0~34厘米。包含有炭屑、草木灰、红烧土颗粒和料礓石等，出土有泥质红陶、夹砂红陶、夹砂红褐陶片和兽骨、石块等，少量的璧芯等。齐家文化层。

⑫层：灰黑色土，土质较致密，呈斜坡状堆积，分布于探方西南部，厚0~40厘米。包含有大量炭屑、草木灰和红烧土颗粒等，出土有泥质红陶、夹砂红陶、夹砂红褐陶、夹砂橙黄陶、彩陶片和兽骨、石块等，少量的磨石、石刀、切割工具等。齐家文化层。

⑬层：黄褐色土，土质较致密，呈斜坡状堆积，分布于探方西部，厚0~34厘米。包含有少量炭屑、草木灰和红烧土颗粒等，出土有夹砂红陶、夹砂红褐陶片和兽骨、石块等，少量的璧。齐家文化层。

⑭层：深灰色土，土质较致密，呈斜坡状堆积，主要分布于探方西部和南部，东南部被现代水管沟打破，厚0~50厘米。包含有炭屑、草木灰、红烧土颗粒和料礓石等，出土有泥质红陶、夹砂红陶、泥质灰陶、夹砂灰陶、夹砂红褐陶、泥质橙黄陶、夹砂橙黄陶、彩陶片和兽骨、石块等，璧、璧芯、石刀、磨石等。齐家文化层。

⑮层：灰黑色土，土质较致密，呈斜坡状堆积，分布于探方西部和南部，厚0~34厘米。包含有炭屑、草木灰、红烧土颗粒和料礓石等，出土有泥质红陶、夹砂红陶、夹砂红褐陶片和兽骨、石块等，少量璧、璧芯、磨石等。齐家文化层。

⑯层：深灰色土，土质较致密，呈斜坡状堆积，分布于探方西部和南部，厚0~38厘米。包含有大量炭屑、草木灰、红烧土颗粒和料礓石等，出土有泥质红陶、夹砂红陶、夹砂灰陶、夹砂红褐陶、泥质橙黄陶、夹砂橙黄陶片和兽骨、石块等，少量璧、璧芯、石刀、磨石等。齐家文化层。

⑯层下为生土。

（二）出土遗物

T0405出土了陶、铜、玉石、骨器，还出土了大量兽骨。

1.陶器

陶器按陶质陶色可分为泥质红陶、夹砂红陶、夹砂灰陶、泥质灰陶、夹砂红褐陶、泥质橙黄陶等。纹饰主要有篮纹、绳纹、刻划纹、附加堆纹、戳印纹、麦粒状绳纹等（表2-11）。包括器物口部、腹部、底部和耳部残片。从残存口沿判断，器形包括双大耳罐、双小耳罐、高领罐、侈口罐、花边口罐、瓮、豆、尊、鬲、盆、器盖、纺轮及陶饼等。

双大耳罐 6件。泥质红陶或夹细砂红陶，大敞口，高领，口腹之间有双大耳。

表2-11　T0405陶系统计表

纹饰	泥质陶						夹砂陶						合计	百分比(%)
	红	红褐	灰	橙黄	白陶	小计	红	红褐	灰	橙黄	白陶	小计		
素面	100	10	15	80	4	209	541	176	90	284	4	1095	1304	51.62
绳纹	1		1	2		4	164	238	22	77		501	505	19.99
篮纹	62	17	5	87		171	273	65	11	132		481	652	25.81
戳印纹	1	1				2	3	3		5		11	13	0.51
麦粒状绳纹	1					1	8	14	1			23	24	0.95
刻划纹							7	1		6		14	14	0.56
附加堆纹							1	1	1			3	3	0.12
彩陶	3					3	3					3	6	0.24
小泥饼							1	3				4	4	0.16
席纹		1				1							1	0.04
小计	168	29	21	169	4	391	1001	501	125	504	4	2135	2526	
百分比(%)	6.65	1.15	0.83	6.69	0.16	15.48	39.63	19.83	4.95	19.95	0.16	84.52		100

T0405⑧：P4，泥质红陶。残高5.1、残宽3.2、厚0.2~0.4厘米（图2-273，1）。

T0405⑩：P8，泥质红陶。耳略低于口沿。口径9.2、残高4.7、厚0.3~0.5厘米（图2-273，2）。

T0405⑩：P10，泥质红陶。耳略低于口沿。残高4.8、残宽7.1、厚0.4厘米（图2-273，3）。

T0405⑫：P3，泥质红陶。耳略低于口沿。口径8.6、残高5.0、厚0.6厘米（图2-273，4）。

T0405⑭：P2，泥质红陶。领部饰红彩条带纹、菱形网格纹。残高4.1、残宽4.9、厚0.2~0.3厘米（图2-273，5）。

T0405⑯：37，夹细砂红陶，器表有烟炱。折腹，下腹内收，平底。耳略低于口沿。口径11.0、最大腹径13.6、底径7.6、高14.0、厚0.6~0.8厘米（图2-273，6；彩版一〇九，2）。

双小耳罐　12件。泥质红陶、夹砂红陶或夹砂灰陶。大部分素面。侈口，圆唇，束颈，溜肩或圆肩，口肩之间有双耳，部分肩、腹部饰绳纹。个别彩陶。

T0405⑭：P1，夹砂红陶。溜肩，耳低于口沿。颈部饰凹弦纹一周，颈肩部饰绳纹。残高7.4、残宽8.1、厚0.4~0.8厘米（图2-274，1）。

T0405⑭：P22，泥质红陶。圆肩，耳低于口沿。口沿内壁及器表饰黑彩，口沿内饰宽条带纹两周，器表及耳面饰条带纹。残高5.6、残宽5.8、厚0.4~1.3厘米（图2-274，2）。

T0405⑭：P25，夹砂红陶，器表有烟炱。圆肩，耳低于口沿。残高5.3、残宽5.1、厚0.2~0.7厘米（图2-274，3）。

T0405⑭：P26，夹砂灰陶，器表有烟炱。圆肩，耳与口沿平齐。残高4.8、残宽6.5、厚0.3~0.7厘米（图2-274，4）。

T0405⑭：P29，夹砂红陶。圆肩，耳低于口沿。口沿部有凸棱一周。口径9.3、残高5.1、厚0.4~1.4厘米（图2-274，5）。

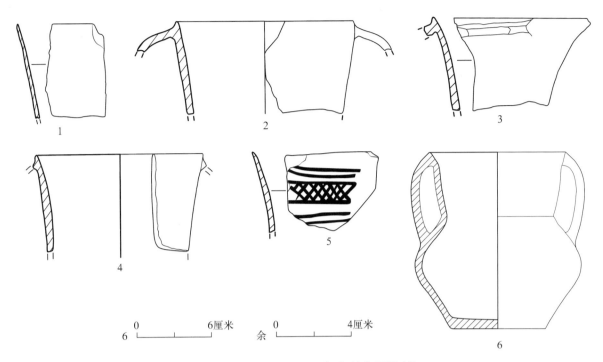

图2-273　T0405出土双大耳陶罐

1.T0405⑧：P4　2.T0405⑩：P8　3.T0405⑩：P10　4.T0405⑫：P3　5.T0405⑭：P2　6.T0405⑯：37

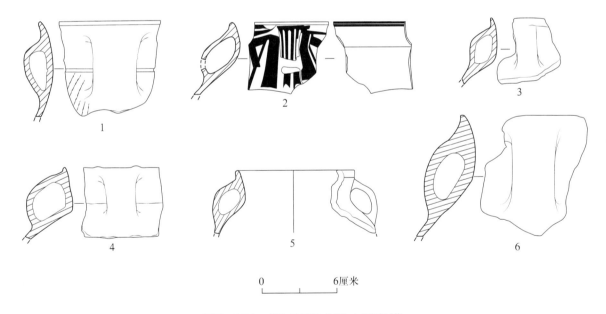

图2-274　T0405出土双小耳陶罐

1.T0405⑭：P1　2.T0405⑭：P22　3.T0405⑭：P25　4.T0405⑭：P26　5.T0405⑭：P29　6.T0405⑯：P2

T0405⑯：P2，夹砂红陶。溜肩，耳略低于口沿。残高9.5、残宽6.9、厚0.5~1.0厘米（图2-274，6）。

T0405⑯：P4，夹砂红陶。溜肩，耳低于口沿。肩部饰绳纹。口径24.2、残高6.5、残宽11.3、厚0.6~0.7厘米（图2-275，1）。

T0405⑯：P11，夹砂灰陶。圆肩，耳与口沿平齐。残高7.9、残宽8.4、厚0.6~0.8厘米（图2-275，2）。

T0405⑯：P13，夹砂红陶。圆肩，耳低于口沿。肩部饰绳纹。残高7.7、残宽6.9、厚0.3~0.5厘米（图2-275，3）。

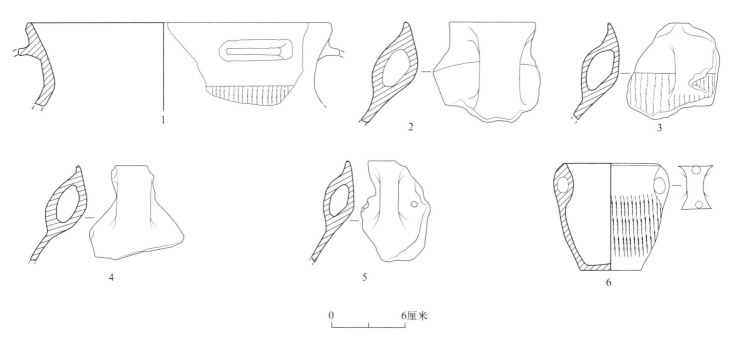

图2-275　T0405出土双小耳陶罐
1.T0405⑯：P4　2.T0405⑯：P11　3.T0405⑯：P13　4.T0405⑯：P14　5.T0405⑯：P15　6.T0405⑪：2

T0405⑯：P14，泥质红陶。圆肩。耳与口沿平齐。器表施紫红色陶衣，饰黑彩，脱落严重。残高7.5、残宽7.7、厚0.3~0.6厘米（图2-275，4）。

T0405⑯：P15，泥质红陶。圆肩。耳低于口沿。残高8.0、残宽5.6、厚0.4~0.6厘米（图2-275，5）。

T0405⑪：2，泥质红陶。器表有烟炱。溜肩，鼓腹，下腹斜收，平底。耳与口沿平齐。耳面粘贴小泥饼，肩腹部饰绳纹。口径7.6、最大腹径8.3、底径4.8、高8.5、厚0.6厘米（图2-275，6；彩版一〇九，3）。

高领罐　13件。泥质红陶、夹砂红陶或夹砂橙黄陶。大敞口，圆唇，高领。个别领部饰戳印纹。

T0405⑥：P3，夹砂红陶。口径22.4、残高4.0、残宽11.7、厚0.5~0.8厘米（图2-276，1）。

T0405⑥：P5，泥质红陶。折肩。残高8.3、残宽7.8、厚0.3~0.6厘米（图2-276，2）。

T0405⑧：P1，夹砂红陶。口径15.4、残高6.2、残宽8.0、厚0.6厘米（图2-276，3）。

T0405⑩：P6，夹砂红陶。折肩。领肩部饰戳印纹一周。口径18.6、残高8.9、厚0.4~0.7厘米（图2-276，4）。

T0405⑩：P13，夹砂红陶。折肩。领肩之间饰戳印纹一周。残高7.2、残宽8.2、厚0.5~0.8厘米（图2-276，5）。

T0405⑩：P16，夹砂橙黄陶。口径18.8、残高7.3、残宽6.5、厚0.5厘米（图2-276，6）。

T0405⑩：P17，夹砂红陶。口径12.6、残高4.4、厚0.5~0.7厘米（图2-276，7）。

T0405⑫：P1，夹砂红陶。口径16.6、残高4.4、厚0.6厘米（图2-276，8）。

T0405⑭：P12，夹砂红陶。残高4.7、残宽6.6、厚0.3~0.5厘米（图2-277，1）。

T0405⑭：P20，夹砂红陶，领部饰戳印纹一周。残高6.8、残宽8.4、厚0.7~1.2厘米（图2-277，2）。

T0405⑭：P24，夹砂红陶。残高5.9、残宽9.6、厚0.3~0.5厘米（图2-277，3）。

T0405⑭：P32，夹砂红陶。残高8.9、残宽6.6、厚0.3~0.5厘米（图2-277，4）。

T0405⑯：P8，夹砂红陶，折肩。口径16.2、残高8.1、残宽9.4、厚0.5~0.7厘米（图2-277，5）。

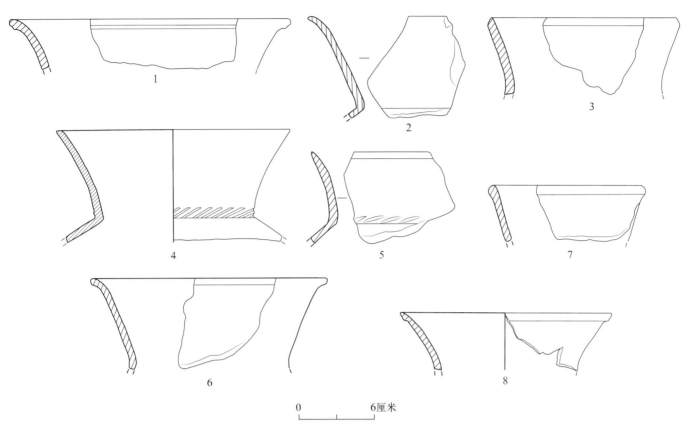

0　　　　　6厘米

图2-276　T0405出土高领陶罐

1.T0405⑥：P3　2.T0405⑥：P5　3.T0405⑧：P1　4.T0405⑩：P6　5.T0405⑩：P13　6.T0405⑩：P16　7.T0405⑩：P17　8.T0405⑫：P1

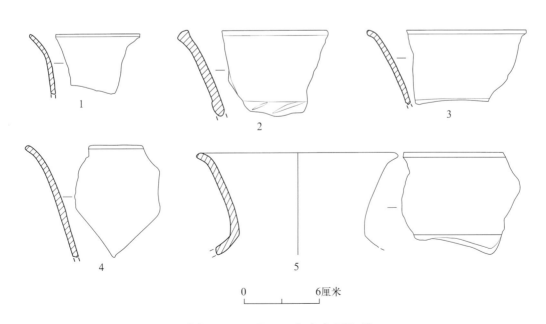

0　　　　　6厘米

图2-277　T0405出土高领陶罐

1.T0405⑭：P12　2.T0405⑭：P20　3.T0405⑭：P24　4.T0405⑭：P32　5.T0405⑯：P8

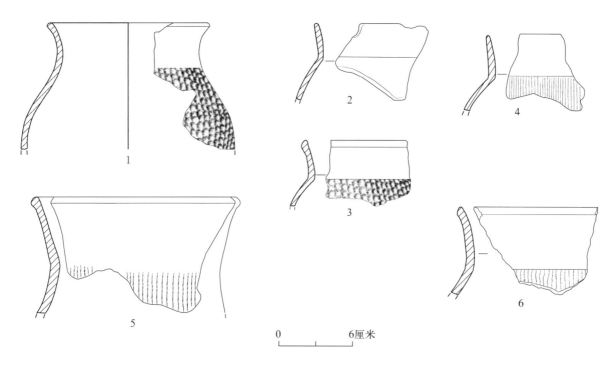

图2-278 T0405出土侈口陶罐

1.T0405⑤：P3 2.T0405⑤：P5 3.T0405⑤：P6 4.T0405⑥：P4 5.T0405⑩：P1 6.T0405⑩：P9

侈口罐 11件。夹砂红陶。侈口，圆唇，束颈，溜肩，鼓腹。部分肩、腹部饰绳纹或麦粒状绳纹。

T0405⑤：P3。肩腹部饰麦粒状绳纹。口径13.0、残高10.0、厚0.5厘米（图2-278，1）。

T0405⑤：P5，器表有烟炱。残高6.4、残宽6.2、厚0.5厘米（图2-278，2）。

T0405⑤：P6，器表有烟炱，肩部饰麦粒状绳纹。残高5.2、残宽6.7、厚0.6厘米（图2-278，3）。

T0405⑥：P4，肩部饰绳纹。残高6.1、残宽6.2、厚0.3~0.6厘米（图2-278，4）。

T0405⑩：P1，肩部饰绳纹。口径16.8、残高9.2、残宽14.8、厚0.8厘米（图2-278，5）。

T0405⑩：P9，肩部饰绳纹。残高7.0、残宽9.8、厚0.5~0.7厘米（图2-278，6）。

T0405⑭：P11。残高3.7、残宽7.1、厚0.3~0.5厘米（图2-279，1）。

T0405⑭：P23，肩腹部饰麦粒状绳纹。残高6.8、残宽7.2、厚0.3~0.6厘米（图2-279，2）。

T0405⑭：P30，肩部饰绳纹。残高6.4、残宽7.4、厚0.3~0.5厘米（图2-279，3）。

T0405⑯：P3，器表有烟炱。肩腹部饰绳纹。口径14.7、残高8.0、残宽12.0、厚0.5~0.6厘米（图2-279，4）。

T0405⑯：P12，肩部饰绳纹。口径11.2、残高5.2、残宽6.6、厚0.2~0.5厘米（图2-279，5）。

花边口罐 3件。夹砂红陶。侈口，束颈，溜肩。口沿外饰花边附加堆纹一周。

T0405⑨：P2，器表有烟炱，腹部饰绳纹。残高3.3、残宽4.6、厚0.3~0.5厘米（图2-280，1）。

T0405⑭：P27，残高4.6、残宽6.7、厚0.3~0.6厘米（图2-280，2）。

T0405⑯：P17，腹部饰麦粒状绳纹。残高3.7、残宽6.6、厚0.4厘米（图2-280，3）。

豆 1件。

T0405⑫：P2，夹砂红陶。窄平沿，圆唇，浅弧腹，柄残。口径16.0、残高3.8、厚0.7厘米（图2-280，4）。

尊 1件。

T0405⑩：P11，泥质红陶。斜沿，圆唇，筒状腹。残高5.2、残宽5.8、厚0.5厘米（图2-280，5）。

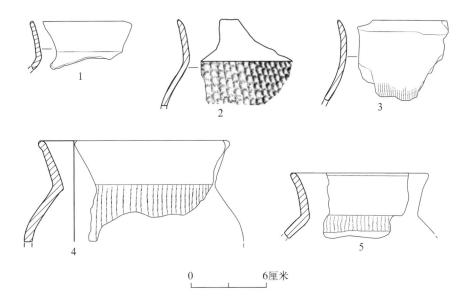

图2-279　T0405出土侈口陶罐

1.T0405⑭：P11　2.T0405⑭：P23　3.T0405⑭：P30　4.T0405⑯：P3　5.T0405⑯：P12

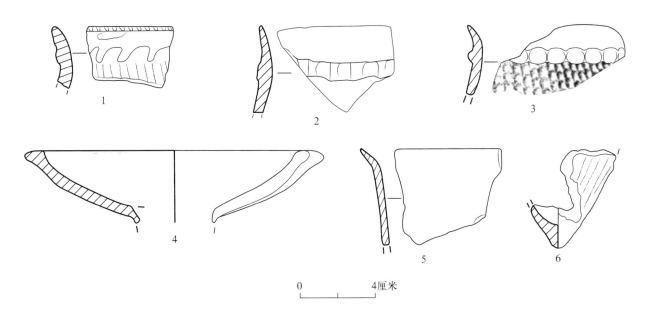

图2-280　T0405出土陶器

1~3.花边口罐T0405⑨：P2、T0405⑭：P27、T0405⑯：P17　4.豆T0405⑫：P2　5.尊T0405⑩：P11　6.鬲足T0405⑥：P6

鬲足　1件。

T0405⑥：P6，夹砂红陶，器表有烟炱。袋状足。饰绳纹。残高5.3、残宽4.6、厚0.3厘米（图2-280，6）。

盆　7件。夹砂红陶、泥质红陶、泥质灰陶或泥质橙黄陶，敞口，斜腹或圆弧腹。

T0405⑥：P2，夹砂红陶。斜沿，圆唇，斜腹。口径30.0、残高5.3、残宽9.3、沿宽3.3、厚0.6~0.8厘米（图2-281，1）。

T0405⑦：P2，夹砂红陶。斜沿，方唇，斜弧腹。口径33.0、残高3.7、残宽8.8、沿宽1.4、厚0.6~1.0厘米（图2-281，2）。

T0405⑩：P3，泥质红陶。斜沿，方唇，斜腹。残高4.8、残宽6.2、沿宽1.5、厚0.6厘米（图2-281，3）。

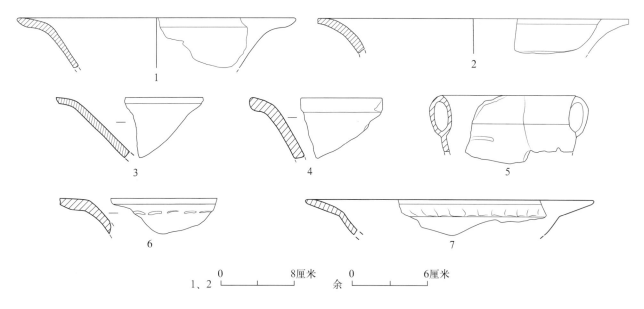

图2-281　T0405出土陶盆

1.T0405⑥：P2　2.T0405⑦：P2　3.T0405⑩：P3　4.T0405⑫：P4　5.T0405⑭：P33　6.T0405⑯：P7　7.T0405⑯：P9

T0405⑫：P4，夹砂红陶。斜沿，圆唇，斜腹。残高4.8、残宽6.6、沿宽1.3、厚0.5～0.7厘米（图2-281，4）。

T0405⑭：P33，泥质灰陶。敞口，圆唇，束颈，鼓腹。口腹部有双耳。口径10.6、残高5.5、厚0.4～0.5厘米（图2-281，5）。

T0405⑯：P7，泥质橙黄陶。平沿，方唇，斜腹。沿外饰戳印纹一周。残高2.8、残宽8.4、沿宽2.2、厚0.5～1.0厘米（图2-281，6）。

T0405⑯：P9，夹砂红陶。斜沿，圆唇，圆弧腹，沿外饰戳印纹一周。口径23.0、残高3.9、残宽11.4、厚0.4～0.8厘米（图2-281，7）。

瓮　5件。夹砂红陶。直口，方唇。

T0405⑥：P1，器表有烟炱。直口，微敛，近直筒腹。口沿部有凸棱一周，通体饰绳纹。口径32.4、残高6.5、残宽8.7、厚0.6～1.5厘米（图2-282，1）。

T0405⑧：P3，口沿外有凸棱一周，腹微鼓。通体饰绳纹。残高5.1、残宽4.2、厚0.6厘米（图2-282，2）。

T0405⑭：P5，直口，微侈，腹微鼓，通体饰绳纹。残高4.3、残宽5.1、厚0.6～0.8厘米（图2-282，3）。

T0405⑭：P16，近直筒腹，口部有凸棱一周，通体饰绳纹。残高5.0、残宽5.6、厚0.6～0.9厘米（图2-282，4）。

T0405⑯：P16，近直口，微敛，直筒腹，微鼓。口部有凸棱一周，通体饰绳纹。残高6.0、残宽8.0、厚0.4～1.5厘米（图2-282，5）。

器盖　2件。

T0405⑦：P1，夹砂橙黄陶。斗笠状，盖面圆弧，盖面饰刻划三角纹。盖径10.8、残高2.8、厚0.8厘米（图2-283，1）。

T0405⑧：5，夹砂红陶，器表有烟炱。斗笠状，盖面斜直，顶部有圆形捉纽，中部有凹窝。盖径14.3、纽径3.6、高4.7、厚0.6～0.9厘米（图2-283，2）。

纺轮　3件。夹砂红陶。圆饼状，残存一半。中部有一穿孔。

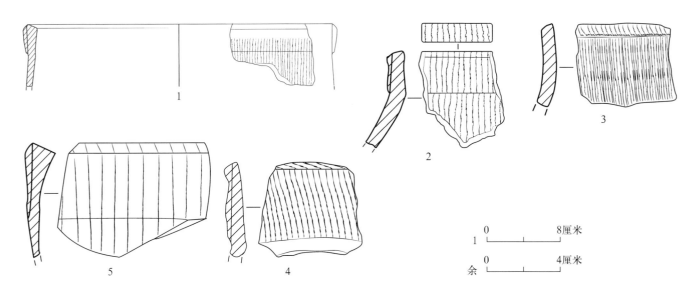

图2-282　T0405出土陶瓮

1.T0405⑥：P1　2.T0405⑧：P3　3.T0405⑭：P5　4.T0405⑭：P16　5.T0405⑯：P16

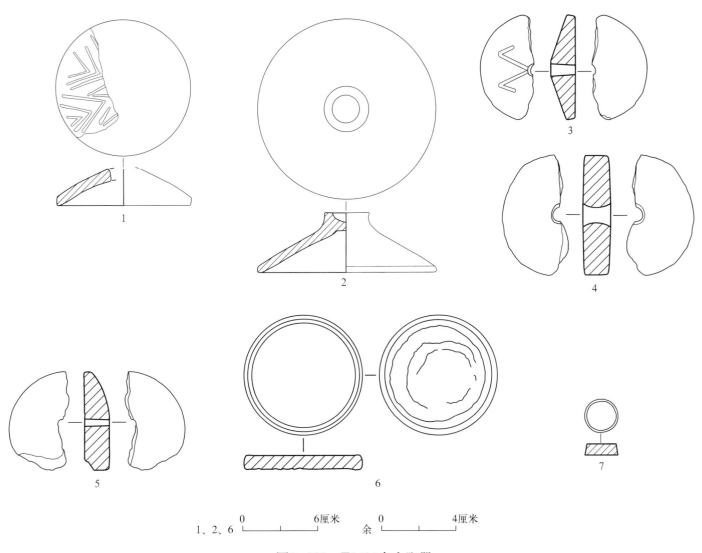

图2-283　T0405出土陶器

1、2.器盖T0405⑦：P1、T0405⑧：5　3～5.纺轮T0405⑥：1、T0405⑥：7、T0405⑦：2　6、7.陶饼T0405⑭：4、T0405⑯：8

T0405⑥：1，一面突起，饰有刻划纹。直径5.8、孔径0.6、厚0.5~1.4厘米（图2-283，3）。

T0405⑥：7，直径6.4、孔径0.7、厚1.3~1.5厘米（图2-283，4）。

T0405⑦：2，直径6.1、孔径0.4、厚0.5~1.3厘米（图2-283，5）。

陶饼　2件。

T0405⑭：4，系用陶器底部磨制而成。圆饼状。直径8.6、厚1.0厘米（图2-283，6）。

T0405⑯：8，系用陶片磨制而成，圆形，一面略大，断面呈梯形。直径1.6~1.8、厚0.6厘米（图2-283，7）。

2. 铜器

仅出土铜器1件。

凿形器　1件。

T0405⑮：9，红铜质。柱状长条状，一端为尖刃，一端残，中部有凸起棱脊，断面近椭圆形。残长4.4、断面长径1.0、断面短径0.5厘米（图2-284；彩版一一〇，1）。

3. 骨、蚌器

出土较少，包括铲、锥、匕、镞和蚌饰。

铲　1件。

T0405⑨：4，系用动物肢骨磨制而成，扁平状，顶端较宽，刃部较窄，刃部双面磨制。长8.7、宽1.0~2.4、孔径0.4~0.7、厚0.6厘米（图2-285，1；彩版一一〇，2）。

锥　1件。

T0405⑮：15，系用动物肢骨条磨制而成，通体磨光，断面呈圆形，锥尖残。残长5.8、直径0.4厘米（图2-285，2）。

匕　1件。

T0405⑯：6，系用动物肢骨磨制而成，通体磨光，平面近长方形，仅存顶端，顶端有一穿孔，双面钻。残长5.5、宽2.2、孔径0.2~0.4、厚0.2~0.5厘米（图2-285，3）。

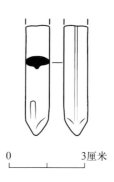

图2-284　T0405出土铜凿形器
T0405⑮：9

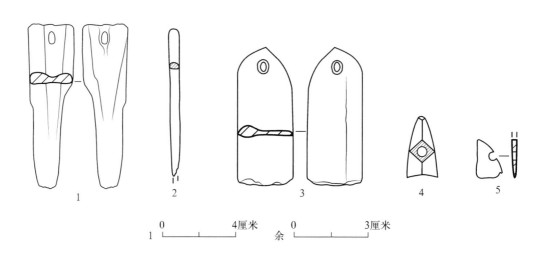

图2-285　T0405出土骨、蚌器
1.骨铲T0405⑨：4　2.骨锥T0405⑮：15　3.骨匕T0405⑯：6　4.骨镞T0405⑯：9　5.蚌饰T0405⑯：11

镞 1件。

T0405⑯：9，通体磨光，四棱状。无铤，有后锋，断面呈菱形，尾端有圆孔。长2.4、宽1.2、孔径0.5、厚1.2厘米（图2-285，4）。

蚌饰 1件。

T0405⑯：11，残存部分，通体磨光，中部有一穿孔。残长1.5、残宽1.0、厚0.2厘米（图2-285，5；彩版一一〇，3）。

4.玉石器

主要包括玉石器产品及加工工具，少量的生产工具，绝大部分为磨制石器，磨制石器大部分通体磨光。玉石器产品包括璧、璧芯和绿松石片饰。玉石器加工工具包括磨石和切割工具。出土了大量的玉石料，制作玉石器残存的断块，部分玉石料有切割痕迹，局部磨光。生产工具包括刀、斧、斧坯料、铲、铲坯料、凿、凿形器、石球、盘状器、锤、砧和尖状器等。

璧 34件。仅个别完整，大部分为残块，平面呈近圆形、椭圆形、圆角方形和不规则形，大部分表面磨光，外缘仅个别磨制规整，保留有打制疤痕。好侧稍厚，逐渐向外缘减薄。中间钻孔，单面管钻，个别未钻透，孔壁保留有管钻痕迹，断钻处有明显断茬。

T0405⑥：2，蛇纹大理岩，灰绿色。平面近圆形，残余约四分之一璧面。外径6.8~7.8、好径2.2~2.4、厚0.2~0.6厘米（图2-286，1；彩版一一〇，4）。

T0405⑥：3，蛇纹大理岩，灰白色。平面近圆形，残余约四分之一璧面。外径8.0~8.7、好径3.4~3.8、厚0.3~1.2厘米（图2-286，2；彩版一一〇，5）。

T0405⑥：5，蛇纹大理岩，灰白色。平面近圆角方形，残余约二分之一璧面。外径14.2~15.4、好径3.6~3.8、厚0.4~1.2厘米（图2-286，3；彩版一一一，1）。

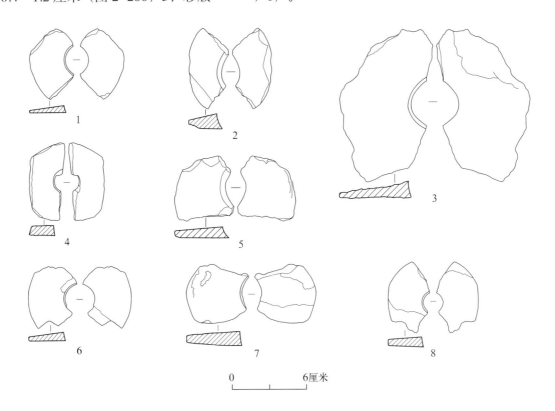

0   6厘米

图2-286 T0405出土玉石璧

1.T0405⑥：2 2.T0405⑥：3 3.T0405⑥：5 4.T0405⑥：6 5.T0405⑥：8 6.T0405⑦：1 7.T0405⑦：5 8.T0405⑦：6

　　T0405⑥：6，蛇纹大理岩，灰白色。平面近圆角方形，残余约二分之一璧面。外径 5.2~6.5、好径 1.6~1.8、厚 0.8 厘米（图 2-286，4；彩版一一一，2）。

　　T0405⑥：8，片状蛇纹大理岩，绿色。平面近圆形，残余约四分之一璧面。外径 9.2~10.0、好径 3.5~4.0、厚 0.4~0.9 厘米（图 2-286，5；彩版一一一，3）。

　　T0405⑦：1，蛇纹大理岩，灰白色。平面近圆形，残余约五分之一璧面。外径 7.8~8.4、好径 2.6~2.8、厚 0.3~0.7 厘米（图 2-286，6；彩版一一一，4）。

　　T0405⑦：5，绿泥岩，灰绿色。平面近圆形，残余约五分之一璧面。外径 11.2~12.2、好径 3.2~3.6、厚 0.6~1.2 厘米（图 2-286，7；彩版一一一，5）。

　　T0405⑦：6，蛇纹大理岩，绿色。平面近圆形，残余约四分之一璧面。外径 7.4~7.9、好径 1.5~1.8、厚 0.5~0.8 厘米（图 2-286，8；彩版一一一，6）。

　　T0405⑦：7，蛇纹大理岩，灰白色。平面呈不规则形，残余约五分之一璧面。残长 3.0、残宽 3.2、好径 1.7~2.1、厚 0.8 厘米（图 2-287，1）。

　　T0405⑧：2，蛇纹大理岩，浅绿色。平面近圆形，残余约二分之一璧面。外径 6.6~6.9、好径 2.2~2.6、厚 0.8 厘米（图 2-287，2；彩版一一二，1）。

　　T0405⑨：1，蛇纹岩，青灰色。平面圆形，残余约三分之一璧面。外径 8.4~9.1、好径 4.0~4.6、厚 0.4~0.6 厘米（图 2-287，3；彩版一一二，2）。

　　T0405⑨：2，蛇纹大理岩，绿色。平面近圆形，残余约五分之一璧面。外径 9.4~10.3、好径 2.7~3.3、厚 0.5~1.0 厘米（图 2-287，4；彩版一一二，3）。

　　T0405⑨：3，蛇纹大理岩，灰绿色。平面近圆形，残余约四分之一璧面。外径 7.2~7.6、好径 1.8~2.1、厚 0.4~0.6 厘米（图 2-287，5；彩版一一二，4）。

　　T0405⑩：2，蛇纹大理岩，灰白色。平面近圆形，残余约四分之一璧面。外径 8.2~8.5、好径 1.8~2.1、厚 0.4~0.7 厘米（图 2-287，6；彩版一一二，5）。

　　T0405⑩：3，蛇纹大理岩，暗绿色。平面圆角方形，残余约四分之一璧面。外径 9.1~10.8、好径 2.6~2.9、

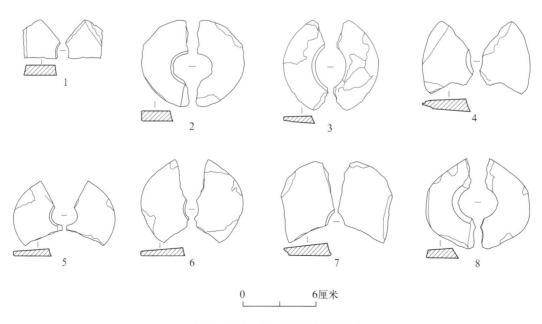

0　　　　　6厘米

图2-287　T0405出土玉石璧

1.T0405⑦：7　2.T0405⑧：2　3.T0405⑨：1　4.T0405⑨：2　5.T0405⑩：3　6.T0405⑩：2　7.T0405⑩：3　8.T0405⑬：1

厚1.0厘米（图2-287，7；彩版一一二，6）。

T0405⑬：1，蛇纹岩，暗绿色。平面圆角方形，残余约三分之一璧面。外径7.1~7.8、好径2.6~3.6、厚0.6~0.8厘米（图2-287，8；彩版一一三，1）。

T0405⑭：2，蛇纹大理岩，浅黄绿色。平面圆角方形，残余约三分之一璧面。外径8.2~9.0、好径3.1~3.4、厚0.4~1.0厘米（图2-288，1；彩版一一三，2）。

T0405⑭：3，蛇纹大理岩，灰绿色。平面近圆角方形，残余约四分之一璧面。外径9.6~10.1、好径3.5~4.1、厚1.0厘米（图2-288，2；彩版一一三，3）。

T0405⑭：5，大理岩，绿色。平面不规则形，残余约四分之一璧面。残长6.7、残宽7.4、好径5.2~6.0、厚2.2厘米（图2-288，3；彩版一一三，4）。

T0405⑭：6，大理岩，暗绿色。平面近圆形，残余约四分之一璧面。外径12.6~16.6、好径3.2~3.8、厚0.8~1.2厘米（图2-288，4；彩版一一三，5）。

T0405⑭：8，蛇纹岩，灰白色。平面不规则形，残余约三分之一璧面。残长6.9、残宽3.5、好径4.4~4.6、厚1.2~1.7厘米（图2-288，5；彩版一一三，6）。

T0405⑭：10，蛇纹岩，灰绿色。平面近圆形，残余约四分之一璧面。外径9.2~9.4、好径3.8~4.1、厚0.7~1.3厘米（图2-288，6；彩版一一四，1）。

T0405⑮：2，透闪岩，青灰色。平面近圆形，残余约五分之一璧面。外径13.5~14.6、好径4.8~5.1、厚1.2厘米（图2-288，7；彩版一一四，2）。

T0405⑮：4，蛇纹大理岩，绿色，平面近圆形。残余约二分之一璧面。外径10.4~11.6、好径4.0~4.4、厚0.6~1.2厘米（图2-288，8；彩版一一四，3）。

T0405⑮：5，方解蛇纹岩，暗绿色。平面近圆形，残余约三分之一璧面。外径6.8~7.5、好径1.8~2.1、厚0.4~0.6厘米（图2-289，1；彩版一一四，4）。

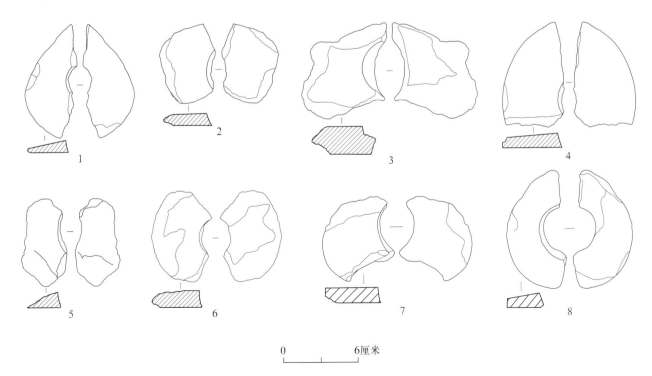

0   6厘米

图2-288　T0405出土玉石璧
1.T0405⑭：2　2.T0405⑭：3　3.T0405⑭：5　4.T0405⑭：6　5.T0405⑭：8　6.T0405⑭：10　7.T0405⑮：2　8.T0405⑮：4

T0405⑮：6，蛇纹大理岩，青灰色。平面不规则形，残余约四分之一璧面。残长7.2、残宽4.9、好径4.4~5.2、厚0.7~1.1厘米（图2-289，2；彩版一一四，5）。

T0405⑮：10，大理岩，灰白色。平面近椭圆形，残余约四分之一璧面。外径6.4~7.5、好径3.1~3.5、厚0.8厘米（图2-289，3；彩版一一四，6）。

T0405⑮：11，蛇纹岩，浅绿色。平面圆角方形，残余约四分之一璧面。外径6.5~7.6、好径2.6~3.0、厚0.6~0.7厘米（图2-289，4；彩版一一五，1）。

T0405⑮：12，蛇纹大理岩，灰白色。平面圆角方形，残余约二分之一璧面。外径4.6~5.2、好径1.6~1.8、厚0.5厘米（图2-289，5；彩版一一五，2）。

T0405⑮：14，大理岩，灰绿色。平面圆角方形，残余约二分之一璧面。外径3.6~4.8、好径1.2~1.6、厚0.5厘米（图2-289，6；彩版一一五，3）。

T0405⑯：2，大理岩，灰白色。平面近圆形，残余约二分之一璧面。外径4.2~4.6、好径1.5~1.8、厚0.5厘米（图2-289，7；彩版一一五，4）。

T0405⑯：5，蛇纹大理岩，灰白色。平面近圆形，无钻孔。外径8.8~9.4、厚0.6~0.8厘米（图2-289，8；彩版一一五，5）。

T0405⑯：7，片状蛇纹大理岩，灰白色。平面近椭圆形，中部有钻孔，未钻透。外径5.8~6.3、好径1.8、厚0.6厘米（图2-289，9；彩版一一五，6）。

T0405⑯：17，蛇纹岩，灰白色。平面近圆形，边缘残，无钻孔。外径6.5~8.0、厚1.1厘米（图2-289，10；彩版一一六，1）。

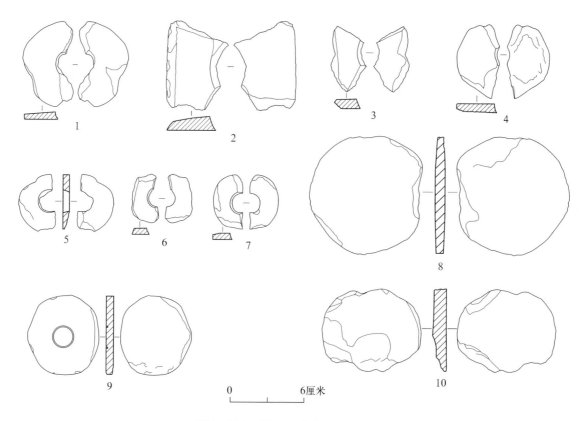

图2-289　T0405出土玉石璧

1.T0405⑮：5　2.T0405⑮：6　3.T0405⑮：10　4.T0405⑮：11　5.T0405⑮：12　6.T0405⑮：14　7.T0405⑯：2　8.T0405⑯：5　9.T0405⑯：7　10.T0405⑯：17

璧芯 11件。大部分保存完整，平面圆形，单面管钻，芯壁呈斜坡状，纵剖面呈梯形，璧芯两面磨光，侧面大多保留有管钻痕迹，断钻处大多未修整，保留有明显断茬。

T0405④：2，蛇纹岩，灰黑色。一面残破。直径3.6~4.1、厚1.4厘米（图2-290，1；彩版一一六，2）。

T0405⑦：3，大理岩，灰黑色。一面残破。直径1.8~2.1、厚0.8厘米（图2-290，2；彩版一一六，3）。

T0405⑦：8，蛇纹大理岩，灰绿色。直径1.7~2.1、厚0.5厘米（图2-290，3；彩版一一六，4）。

T0405⑧：1，蛇纹大理岩，绿色。直径2.4~2.9、厚1.0厘米（图2-290，4；彩版一一六，5）。

T0405⑩：1，蛇纹大理岩，白色。直径2.5~2.9、厚1.0厘米（图2-290，5；彩版一一六，6）。

T0405⑪：1，大理岩，绿色。直径3.4~3.7、厚1.0厘米（图2-290，6；彩版一一六，7）。

T0405⑭：1，蛇纹岩，绿色。直径1.8~2.0、厚1.0厘米（图2-290，7；彩版一一六，8）。

T0405⑮：3，蛇纹大理岩，黄色。直径4.8~5.2、厚1.6厘米（图2-290，8；彩版一一六，9）。

T0405⑮：8，蛇纹大理岩，灰绿色。边缘残缺，两面残破。直径5.3~5.9、厚2.8厘米（图2-290，9；彩版一一七，1）。

T0405⑮：13，绿泥岩，灰白色。直径2.2~2.4、厚0.9厘米（图2-290，10；彩版一一七，2）。

T0405⑯：3，蛇纹大理岩，灰白色。一面残破。直径3.1~3.4、厚1.0厘米（图2-290，11；彩版一一七，3）。

磨石 17件。磨石断块，大小不一，青灰色。平面近方形、三角形和不规则形。一面或两面有磨光面，磨光面粗细不一，侧面有明显断茬，个别有火烧痕迹。

T0405⑤：2，杂砂岩。平面近长方形，一面有磨光面，微凹。长8.2、宽6.1、厚2.7厘米（图2-291，1）。

T0405⑧：6，板岩。平面近三角形，两面有磨光面。长7.2、宽6.2、厚0.9厘米（图2-291，2；彩版一一七，

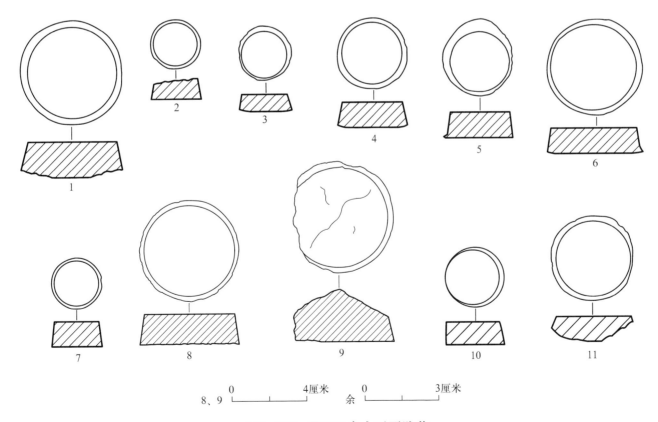

0 ____ 4厘米 0 ____ 3厘米
8、9 余

图2-290 T0405出土玉石璧芯

1.T0405④：2 2.T0405⑦：3 3.T0405⑦：8 4.T0405⑧：1 5.T0405⑩：1 6.T0405⑪：1 7.T0405⑭：1 8.T0405⑮：3
9.T0405⑮：8 10.T0405⑮：13 11.T0405⑯：3

4）。

T0405⑧：8，长石石英砂岩。平面不规则形，一面有磨光面。长8.8、宽6.1、厚4.5厘米（图2-291，3）。

T0405⑨：5，长石石英砂岩。平面近方形，两面有磨光面，一面有磨痕一道。长6.2、宽4.9、厚2.3厘米（图2-291，4；彩版一一七，5）。

T0405⑨：7，杂砂岩。平面不规则形，两面有磨光面。一面微凹。长7.9、宽5.2、厚2.3厘米（图2-291，5）。

T0405⑩：4，板岩。平面不规则形，一面有磨光面。长7.0、宽5.9、厚1.2厘米（图2-291，6）。

T0405⑫：1，石英砂岩。平面近圆形，一面有磨光面，侧面打制规整。长14.7、宽12.4、厚2.5厘米（图2-291，7）。

T0405⑫：5，石英砂岩。平面近方形，较厚，两面有磨光面，一面微凹。长4.8、宽4.6、厚3.4厘米（图2-291，8）。

T0405⑭：15，板岩。平面不规则形，一面有磨光面。长6.3、宽5.8、厚0.7厘米（图2-292，1）。

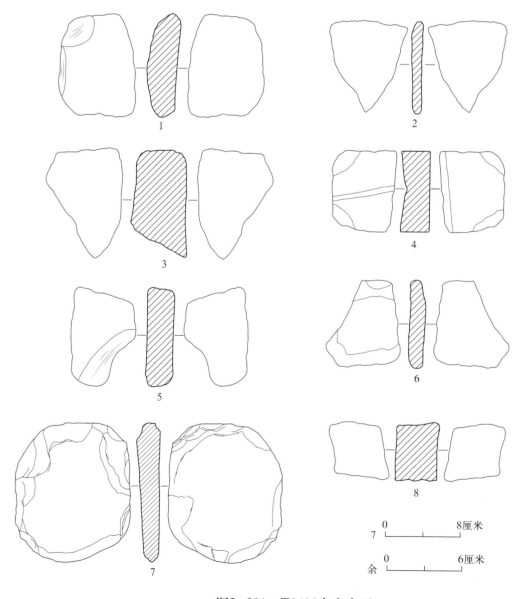

图2-291　T0405出土磨石

1.T0405⑤：2　2.T0405⑧：6　3.T0405⑧：8　4.T0405⑨：5　5.T0405⑨：7　6.T0405⑩：4　7.T0405⑫：1　8.T0405⑫：5

　　T0405⑮：7，长石石英砂岩。平面近长方形，一面有磨光面，微凹。长8.5、宽6.2、厚3.2厘米（图2-292，2；彩版一一七，6）。

　　T0405⑯：19，硅质石英砂岩。平面不规则形，两面有磨光面，一面微凹，有火烧痕迹。长8.5、宽6.1、厚1.5厘米（图2-292，3）。

　　T0405⑯：21，板岩。平面不规则形，两面有磨光面，局部有火烧痕迹。长7.5、宽5.8、厚1.4厘米（图2-292，4）。

　　T0405⑯：22，板岩。平面不规则形，两面有磨光面。长7.9、宽5.4、厚1.1厘米（图2-292，5）。

　　T0405⑯：23，硅质石英砂岩。平面不规则形，两面有磨光面，局部有火烧痕迹。长5.7、宽4.3、厚1.1厘米（图2-292，6）。

　　T0405⑯：24，长石石英砂岩。平面不规则形，一面有磨光面。长7.1、宽5.4、厚4.1厘米（图2-292，7）。

　　T0405⑯：30，硅质板岩。平面近方形，两面有磨光面，一面微凹。长7.6、宽7.6、厚1.3厘米（图2-292，8）。

　　T0405⑯：38，硅质板岩。平面近方形，一面有磨光面，长6.8、宽6.2、厚1.6厘米（图2-292，9）。

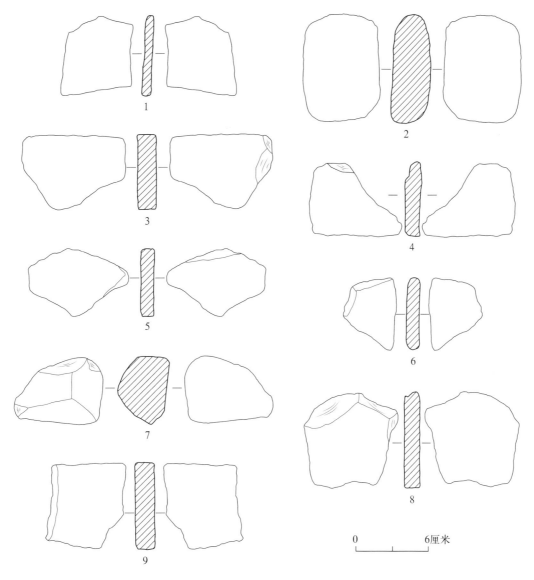

图2-292　T0405出土磨石

1.T0405⑭：15　2.T0405⑮：7　3.T0405⑯：19　4.T0405⑯：21　5.T0405⑯：22　6.T0405⑯：23　7.T0405⑯：24
8.T0405⑯：30　9.T0405⑯：38

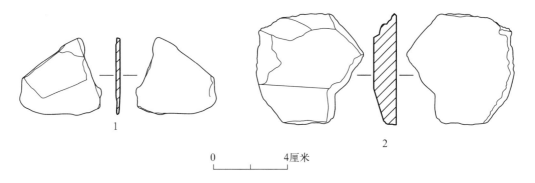

0 　　　　　4厘米

图2-293　T0405出土石器
1.切割工具T0405⑫：3　2.切割料T0405⑭：11

切割工具　1件。

T0405⑫：3，碳质板岩，黑色。平面近三角形，较薄，两面磨光，一侧有双面刃，微弧，其他侧面有断茬。长4.3、宽4.0、厚0.2厘米（图2-293，1）。

切割料　1件。

T0405⑭：11，滑石岩，灰白色。平面呈不规则形，一面磨光，一面有切割面，中间凸起。长5.9、宽5.7、厚1.2厘米（图2-293，2）。

玉石料　9件。均为不规则形。

T0405⑥：4，蛇纹石大理岩，青绿色。长3.5、宽2.7、厚2.9厘米（图2-294，1；彩版一一七，7）。

T0405⑧：4，蛇纹石玉，青绿色。长4.8、宽3.5、厚3.6厘米（图2-294，2）。

T0405⑫：4，蛇纹石大理岩，青绿色。长10.5、宽8.0、厚7.6厘米（图2-294，3；彩版一一八，1）。

T0405⑭：16，蛇纹石大理岩，青灰色。长22.2、宽13.2、厚7.1厘米（图2-294，4）。

T0405⑯：12，透闪石玉，褐色。长8.6、宽4.6、厚2.4厘米（图2-294，5；彩版一一八，2）。

T0405⑯：13，蛇纹石玉，青绿色。戈壁料。长6.6、宽3.5、厚2.1厘米（图2-294，6；彩版一一八，3）。

T0405⑯：25，蛇纹石大理岩，青色。长7.9、宽4.9、厚3.1厘米（图2-294，7）。

T0405⑯：35，蛇纹岩，灰白色。表面局部磨光。长6.5、宽5.5、厚1.1厘米（图2-294，8；彩版一一八，4）。

T0405⑯：39，蚀变火山岩，灰黑色。表面局部磨光。长7.0、宽4.8、厚3.3厘米（图2-294，9；彩版一一八，5）。

断块　7件。蛇纹石大理岩，不规则形，大部分表面为打制破裂面，判断应该是制作玉石器残存的边角料。

T0405⑧：7，青灰色。长3.6、宽3.1、厚3.1厘米（图2-295，1）。

T0405⑨：6，青绿色。长9.8、宽5.4、厚3.7厘米（图2-295，2）。

T0405⑫：6，青绿色。长7.0、宽5.9、厚1.2厘米（图2-295，3）。

T0405⑭：17，青灰色。长6.9、宽4.4、厚2.0厘米（图2-295，4）。

T0405⑭：18，青灰色。长5.3、宽2.6、厚0.7厘米（图2-295，5）。

T0405⑯：26，青绿色。长8.0、宽3.6、厚1.3厘米（图2-295，6）。

T0405⑯：27，青灰色。长6.7、宽2.8、厚1.6厘米（图2-295，7）。

刀　6件。残存一半，通体磨光，平面呈长方形或圆角长方形，双面刃，单孔或双孔，双面钻。

T0405④：1，粉砂岩，暗绿色。平面近长方形，背部微弧，直刃，单孔。残长4.8、宽4.9、孔径0.3、厚0.6厘米（图2-296，1）。

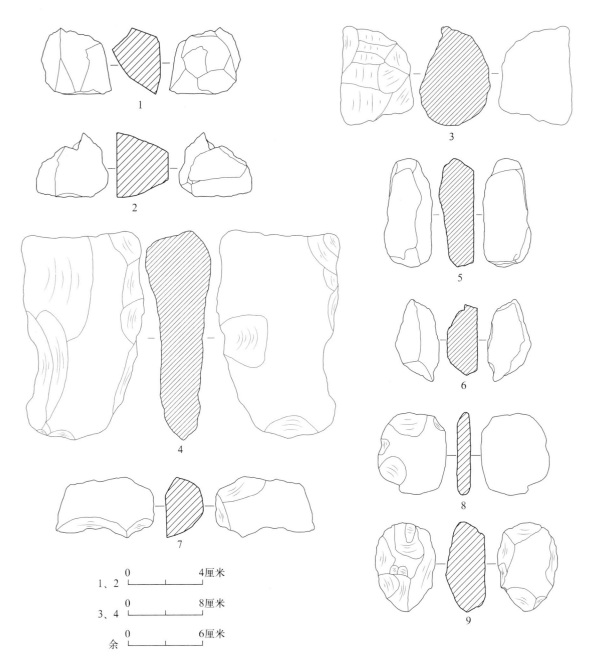

图2-294　T0405出土玉石料

1.T0405⑥：4　2.T0405⑧：4　3.T0405⑫：4　4.T0405⑭：16　5.T0405⑯：12　6.T0405⑯：13　7.T0405⑯：25　8.T0405⑯：35　9.T0405⑯：39

T0405⑤：1，石英杂砂岩，暗红色。平面近长方形，直背，直刃，有明显使用痕迹，单孔。残长5.7、宽5.4、孔径0.4、厚0.8厘米（图2-296，2）。

T0405⑦：4，变质石英砂岩，暗绿色。平面近长方形，弧背，直刃，刃部有明显使用痕迹，双孔。残长7.5、宽4.8、孔径0.4～0.6、厚0.8厘米（图2-296，3）。

T0405⑫：2，石英杂砂岩，灰绿色。平面近长方形，直背，刃部微弧，有明显使用痕迹。残长3.8、宽4.5、厚0.8厘米（图2-296，4）。

T0405⑭：7，长石石英杂砂岩，灰褐色。平面长方形，直背，直刃，断裂边缘有一穿孔。残长4.9、宽4.6、厚0.6厘米（图2-296，5；彩版一一八，6）。

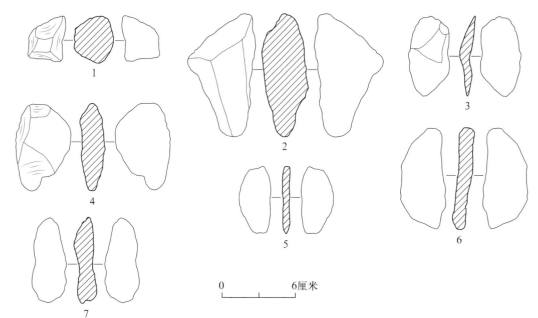

图2-295　T0405出土玉石断块

1. T0405⑧：7　2. T0405⑨：6　3. T0405⑫：6　4. T0405⑭：17　5. T0405⑭：18　6. T0405⑯：26　7. T0405⑯：27

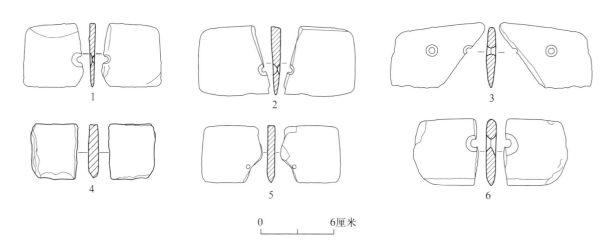

图2-296　T0405出土石刀

1. T0405④：1　2. T0405⑤：1　3. T0405⑦：4　4. T0405⑫：2　5. T0405⑭：7　6. T0405⑯：4

　　T0405⑯：4，杂砂岩，灰黑色。平面圆角长方形，直背，弧刃，单孔。残长 5.1、宽 5.2、孔径 0.6、厚 0.8 厘米（图 2-296，6；彩版一一九，1）。

　　斧　1 件。

　　T0405⑮：1，板岩，黑灰色。通体磨光，顶部及刃部残，顶部有一钻孔，双面钻。残长 11.9、宽 4.4、孔径 0.6、厚 1.2 厘米（图 2-297，1；彩版一一九，2）。

　　斧坯料　2 件。青色。平面近长方形，整体打制成形，两面及两侧打制规整，顶端较平，未磨光。

　　T0405⑯：18，蛇纹石大理岩。弧刃。长 9.4、宽 8.1、厚 2.1 厘米（图 2-297，2）。

　　T0405⑯：31，石英砂岩。弧刃。局部有火烧痕迹。长 7.8、宽 6.8、厚 1.9 厘米（图 2-297，3；彩版一一九，3）。

　　铲　1 件。

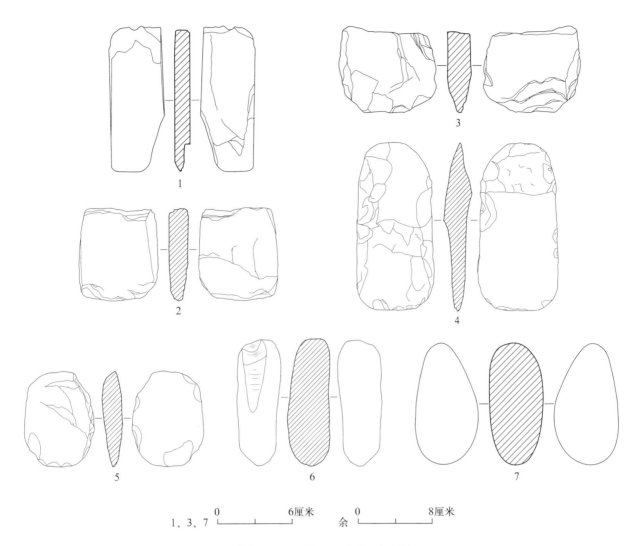

图2-297　T0405出土玉石器

1.斧T0405⑮：1　2、3.斧坯料T0405⑯：18、T0405⑯：31　4.铲T0405⑭：12　5.铲坯料T0405⑯：34　6、7.锤T0405⑭：14、T0405⑯：40

T0405⑭：12，砂岩，青绿色。平面近长方形，整体打制成形，两侧琢制规整，弧刃，较薄，局部磨光。长17.8、宽8.9、厚3.2厘米（图2-297，4；彩版一一九，4）。

铲坯料　1件。

T0405⑯：34，变质石英砂岩，黑灰色。平面近长方形，整体打制成形，一面为自然面，一面为破裂面，顶部及两侧琢制规整，刃部未磨光。长10.1、宽7.4、厚2.1厘米（图2-297，5；彩版一一九，5）。

锤　2件。柱状长条形，断面近圆形。

T0405⑭：14，石英砂岩，青灰色。两端有砸击痕迹。长13.3、宽4.7、厚4.6厘米（图2-297，6；彩版一一九，6）。

T0405⑯：40，硅质石英砂岩，青色。一端有砸击痕迹。长9.6、宽5.3、厚4.4厘米（图2-297，7）。

凿　2件。

T0405⑯：1，板岩，黑灰色。扁平长条形，通体磨光，弧刃，局部破裂，刃部有明显使用崩痕。长10.8、宽2.6、厚2.2厘米（图2-298，1）。

T0405⑯：16，硅质石英砂岩，棕色。局部有火烧痕迹。扁平长条形，整体磨制，刃部残。残长12.3、宽4.8、厚2.5厘米（图2-298，2）。

凿形器　1件。

T0405⑧：3，蛇纹石玉，灰白色。通体磨光，长条形，断面呈方形，一侧有切割痕迹一道，在剩余约五分之一处残存断茬，断茬略磨制。双面刃，顶部残。残长6.3、宽1.5、厚1.0厘米（图2-298，3；彩版一二〇，1）。

球　1件。

T0405⑭：13，大理岩，白色。通体磨光，局部有砸击疤痕。直径5.2~5.3厘米（图2-298，4）。

盘状器　3件。青灰色。饼状，两面较平，四周打制有刃部。

T0405⑯：32，杂砂岩砾石。长12.1、宽12.0、厚5.2厘米（图2-298，5；彩版一二〇，2）。

T0405⑯：33，杂砂岩砾石。长9.4、宽9.3、厚3.6厘米（图2-298，6）。

T0405⑯：36，变质石英砂岩。一侧较平，为手握。长9.3、宽7.3、厚4.1厘米（图2-298，7）。

尖状器　1件。

T0405⑭：9，碳质板岩，黑色。三棱状，一面为打制破裂面，一面有磨光面，顶端较平，尖部锐利。残长7.5、宽2.7、厚1.0厘米（图2-299，1；彩版一二〇，3）。

砧　3件。灰色。平面近圆形，两面较平，面上有砸击凹窝。

T0405⑯：20，石英砂岩。残存一半。直径10~11.4、厚3.3厘米（图2-299，2）。

T0405⑯：28，砂岩。完整。直径12.7~13.9、厚3.1厘米（图2-299，3）。

T0405⑯：29，长石石英砂岩。残存局部。长9.5、宽6.9、厚2.7厘米（图2-299，4）。

绿松石片饰　3件。

T0405⑯：10，平面呈长方形。长0.7、宽0.4、厚0.1厘米（图2-299，5；彩版一二〇，4）。

T0405⑯：14，不规则形。长0.5、宽0.3、厚0.1厘米（图2-299，6；彩版一二〇，5）。

T0405⑯：15，不规则形。长0.5、宽0.4、厚0.1厘米（图2-299，7；彩版一二〇，6）。

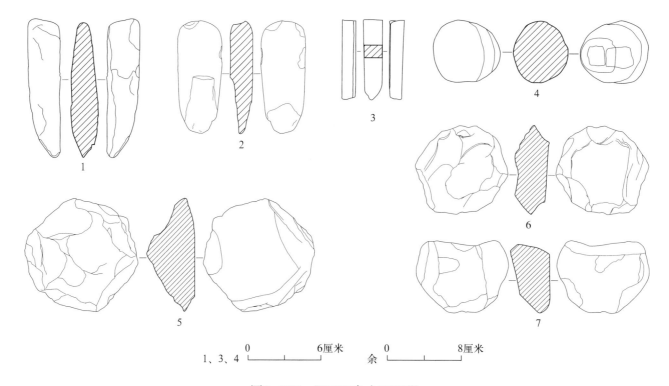

图2-298　T0405出土玉石器

1、2.凿T0405⑯：1、T0405⑯：16　3.凿形器T0405⑧：3　4.球T0405⑭：13　5~7.盘状器T0405⑯：32、T0405⑯：33、T0405⑯：36

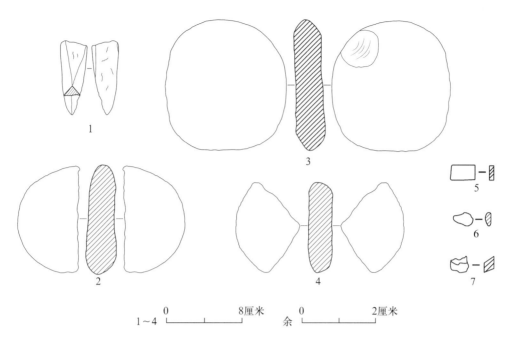

图2-299　T0405出土玉石器

1.尖状器T0405⑭：9　2~4.砧T0405⑯：20、T0405⑯：28、T0405⑯：29　5.绿松石片饰T0405⑯：10　6、7.绿松石残块T0405⑯：14、T0405⑯：15

第二节　墓葬及出土遗物

共发掘墓葬12座。开口于上部战国文化层或表土层（耕土或垫土）之下，打破下部齐家文化层。部分墓葬上部被破坏，埋藏较浅，部分墓葬被现代水管沟破坏和扰动，人骨破坏严重。竖穴土坑墓，平面较规整，圆角长方形，一般长180~270、宽50~170、深20~60厘米。墓葬方向为东西向，头部向西，墓向268°~285°。单人葬、三人合葬和扰乱葬，流行仰身直肢葬或侧身屈肢葬。无明显葬具。随葬陶器一般位于墓主人脚骨附近，玉石璧一般位于人骨头部、胸部或盆骨附近，部分墓主头骨周围随葬了大量白色石块及玉料块。部分玉石璧和石块涂有朱砂。个别墓葬随葬有动物的下颌骨，位于墓主脚骨附近，与陶器堆放于一起。

墓葬共出土随葬品143件，主要包括陶器、玉石璧、白色石块、骨器、绿松石串饰等，个别墓葬随葬猪下颌骨。其中陶器57件，璧36件，白色石块41件，骨器5件，绿松石串饰4件。陶器组合主要包括双大耳罐、双小耳罐、高领罐、侈口罐、豆、盆、尊、球等。璧包括近圆形、圆角方形、近椭圆形或不规则形，大部分完整。白色石块大部分为玉料围岩，仅个别为玉料。骨器仅见匕和臂钏。

一　M1

（一）墓葬形制

墓向268°。位于T0205北部，开口于①层下，距地表5厘米。早年平田整地过程中墓葬上部被破坏，西部被水管沟打破。竖穴土坑墓，平面呈长方形，直壁、平底。墓室残长270、宽170、深20厘米。无葬具。人骨扰动破坏，且扰乱严重，仅存头骨碎片、肋骨及部分肢骨，三人合葬墓。居中墓主仅存部分头骨碎片、部分肋骨、椎骨及下肢骨，从保存骨骼的位置判断应为仰身直肢葬，南侧墓主仅存部分头骨碎片、部分肋骨、椎骨、盆骨及下肢骨，从仅存骨骼的位置判断应为侧身屈肢葬，北侧墓主仅存部分肋骨及头骨碎片，葬式不明。居中墓主为男性，成年；南侧墓主为女性（？），青年；北侧墓主性别无法鉴定，青年，16～18 岁。同时还发现少量未成年人骨骼。墓室填土为黑灰色土，土质较致密，出土有少量的陶片和兽骨（图 2-300）。该墓与皇娘娘台 M48 形制、葬式一致，对比判断居中墓主为仰身直肢葬，两侧墓主为侧身屈肢葬[1]。

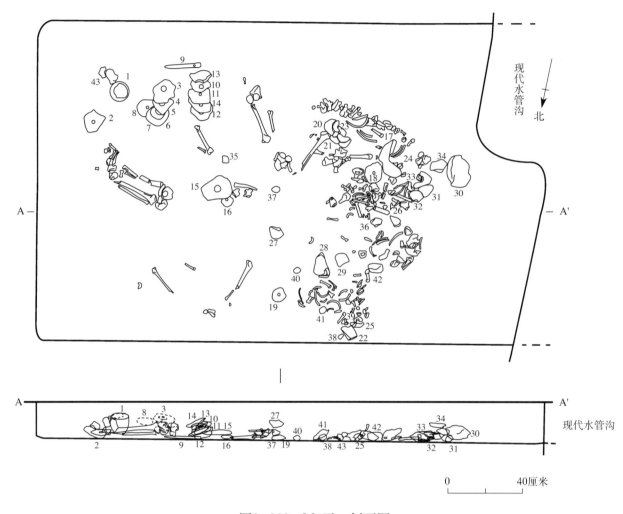

图2-300　M1平、剖面图
1.高领折肩陶罐　2～8、10～21、23～26.玉石璧　9.骨匕　22、27～42.石块　43.侈口陶罐

（二）出土遗物

随葬器物 43 件，其中石璧 23 件，石块 17 件（彩版一二一，1），陶罐 2 件（彩版一二一，2），骨匕 1 件。陶器位于南侧墓主脚骨下方，石璧大部分发现于人骨周围，其中南侧墓主脚骨附近发现两堆石璧，叠压在一起（彩版一二二，1），部分石璧上涂有朱砂。墓主上身附近随葬大量石块，特别是居中墓主头骨和南侧人骨上身附近随葬石块较多。南侧墓主脚骨附近随葬骨匕 1 件。

侈口陶罐 1 件。

M1：43，泥质红陶，手制。侈口，圆唇，长束颈，溜肩，圆鼓腹，最大腹径位于腹中，下腹内收，平底。口径 8.6、最大腹径 14.0、底径 6.2、高 17.7、厚 0.2～0.7 厘米（图 2-301，1）。

高领折肩陶罐 1 件。

[1]　甘肃省博物馆：《武威皇娘娘台遗址第四次发掘》，《考古学报》1978年第4期。

M1：1，夹砂红陶，手制。口、颈残。折肩，腹微鼓，下腹斜收，平底，内凹。腹部有双小耳。腹部饰篮纹。最大腹径 9.6、底径 6.6、残高 10.9、厚 0.4～0.9 厘米（图 2-301，2）。

骨匕　1 件。

M1：9，系动物肢骨磨制而成，通体磨光，器身呈柳叶形，一面有凹槽，锋部圆钝，后端方正，有穿孔。长 19.7、孔径 0.5～0.9、宽 1.2～3.0、厚 0.6 厘米（图 2-301，3；彩版一二二，2）。

玉石璧　23 件。大多完整，个别器形较大。平面呈圆形、椭圆形、圆角方形或不规则形，表面磨光，中间钻孔，单面管钻，孔壁保留有管钻痕迹，断钻处有明显断茬，好侧稍厚，逐渐向外缘减薄，大部分外缘不规整，未经修整。

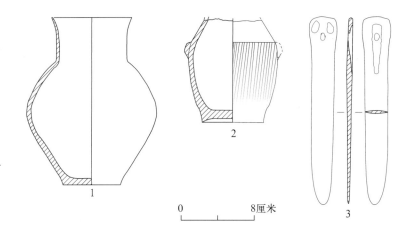

图2-301　M1出土器物

1.侈口陶罐M1：43　2.高领折肩陶罐M1：1　3.骨匕M1：9

平面不规则形　11 件。

M1：2，蛇纹大理岩，灰白色。一面涂朱砂。外径 9.4～12.3、好径 1.7～2.2、厚 0.8～1.0 厘米（图 2-302，1；彩版一二二，3）。

M1：3，蛇纹大理岩，灰白色。一面涂朱砂。外径 10.7～11.5、好径 2.9～4.2、厚 1.6～1.8 厘米（图 2-302，2；彩版一二三，1）。

M1：4，滑石蛇纹大理岩，灰白色。一面涂朱砂。外径 9.7～11.7、好径 3.3～4.1、厚 0.6～1.2 厘米（图 2-302，3；彩版一二三，2）。

M1：6，大理岩，灰白色。一面及一侧边缘处涂朱砂。外径 8.0～10.5、好径 2.2～3.0、厚 0.4～0.9 厘米（图 2-302，4；彩版一二三，3）。

M1：10，蛇纹大理岩，灰白色。一面涂朱砂。外径 9.2～11.3、好径 3.4～4.7、厚 0.5～1.5 厘米（图 2-302，5；彩版一二三，4）。

M1：11，蛇纹大理岩，浅绿色。外径 10.5～11.3、好径 1.2～1.6、厚 0.7～1.5 厘米（图 2-302，6；彩版一二三，5）。

M1：12，蛇纹大理岩，浅绿色。外径 9.2～13.5、好径 1.8～2.3、厚 1.0 厘米（图 2-302，7；彩版一二三，6）。

M1：13，大理岩，浅绿色。外径 7.1～9.7、好径 2.2～4.0、厚 1.0～1.4 厘米（图 2-302，8；彩版一二四，1）。

M1：14，蛇纹大理岩，白色。外径 5.7～7.0、好径 1.3～1.6、厚 0.6 厘米（图 2-302，9；彩版一二四，2）。

M1：17，蛇纹大理岩，灰白色。残留约四分之三璧面。外径 14.7～20.2、好径 4.4～5.8、厚 1.5 厘米（图 2-302，10；彩版一二四，3）。

M1：18，蛇纹大理岩，灰白色。外径 8.7～11.2、好径 1.6～1.8、厚 1.1 厘米（图 2-302，11；彩版一二四，4）。

平面近椭圆形　7 件。

M1：5，蛇纹大理岩，灰白色。通体涂朱砂。外径 10.5～12.3、好径 3.4～4.9、厚 0.6～1.3 厘米（图 2-303，1；彩版一二四，5）。

M1：7，大理岩，白色。局部涂朱砂。外径 6.3～10.2、好径 1.4～1.8、厚 0.5～1.1 厘米（图 2-303，2；彩版一二四，6）。

M1：8，大理岩，灰白色。局部涂朱砂。外径 7.7～13.2、好径 3.0～4.2、厚 0.4～1.2 厘米（图 2-303，3；彩

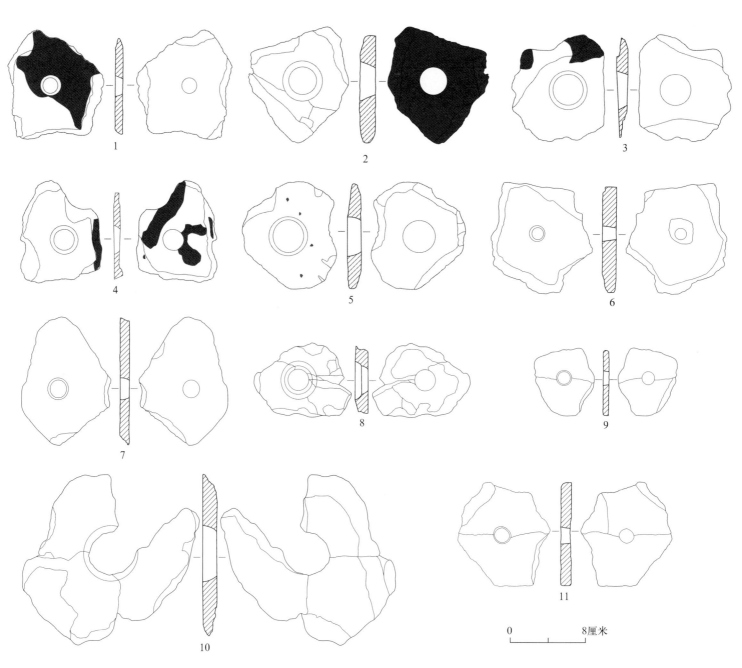

图2-302　M1出土玉石璧

1.M1：2　2.M1：3　3.M1：4　4.M1：6　5.M1：10　6.M1：11　7.M1：12　8.M1：13　9.M1：14　10.M1：17　11.M1：18

版一二五，1）。

M1：16，蛇纹大理岩，灰白色。局部涂朱砂。外径6.6～7.6、好径1.2～1.6、厚0.6厘米（图2-303，4；彩版一二五，2）。

M1：20，大理岩，灰白色。残余约二分之一璧面。外径7.6～8.4、好径1.4～1.5、厚0.3～0.8厘米（图2-303，5；彩版一二五，3）。

M1：23，片状蛇纹大理岩，灰白色。残余约三分之一璧面。外径5.6～6.1、好径1.1～1.4、厚0.6厘米（图2-303，6；彩版一二五，4）。

M1：24，片状蛇纹大理岩，灰白色。残余约三分之一璧面。外径10.6～11.6、好径3.9～4.9、厚0.8厘米（图2-303，7；彩版一二五，5）。

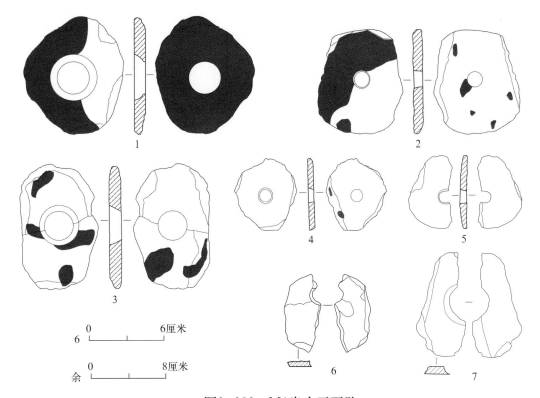

图2-303 M1出土玉石璧

1.M1∶5 2.M1∶7 3.M1∶8 4.M1∶16 5.M1∶20 6.M1∶23 7.M1∶24

平面近方形 2件。

M1∶15，蛇纹岩，灰绿色。外径12.3～15.5、好径2.4～4.7、厚1.9～2.2厘米（图2-304，1；彩版一二五，6）。

M1∶21，大理岩，灰白色。外径5.2～6.3、好径1.3～1.5、厚0.4厘米（图2-304，2；彩版一二六，1）。

平面近圆形 3件。残余约二分之一璧面。

M1∶19，大理岩，白色。外径6.2～6.5、好径2.3～3.0、厚1.0厘米（图2-304，3；彩版一二六，2）。

M1∶25，蛇纹大理岩，白色。外径7.6～8.0、好径1.5～1.8、厚0.4～0.6厘米（图2-304，4；彩版一二六，3）。

M1∶26，蛇纹大理岩，白色。外径6.5～6.8、好径2.7～3.3、厚1.0厘米（图2-304，5；彩版一二六，4）。

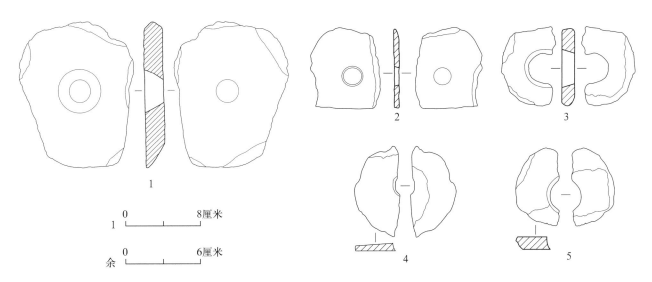

图2-304 M1出土玉石璧

1.M1∶15 2.M1∶21 3.M1∶19 4.M1∶25 5.M1∶26

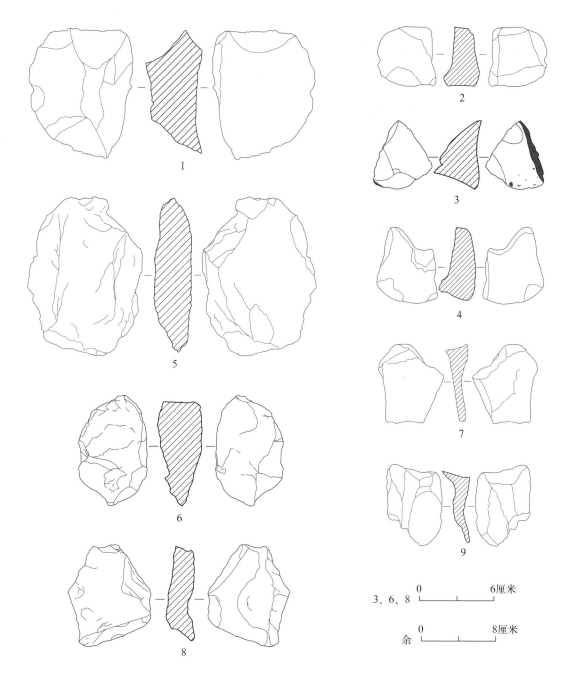

图2-305 M1出土石块

1.M1：22 2.M1：27 3.M1：28 4.M1：29 5.M1：30 6.M1：31 7.M1：32 8.M1：33 9.M1：34

石块 17件。白色为主，个别青色，个别表面保留有磨制痕迹。

M1：22，大理岩。长14.5、宽10.8、厚6.8厘米（图2-305，1）。

M1：27，大理岩。长6.6、宽6.5、厚4.0厘米（图2-305，2）。

M1：28，大理岩。局部涂朱砂。长5.4、宽4.8、厚3.6厘米（图2-305，3）。

M1：29，大理岩。长7.2、宽6.4、厚3.2厘米（图2-305，4）。

M1：30，大理岩。长16.6、宽12.3、厚4.5厘米（图2-305，5）。

M1：31，大理岩。长8.8、宽5.6、厚3.5厘米（图2-305，6）。

M1：32，大理岩。长8.6、宽6.2、厚2.4厘米（图2-305，7）。

M1：33，大理岩。长7.5、宽6.7、厚2.0厘米（图2-305，8）。

M1：34，蛇纹石大理岩，青色。长 9.5、宽 6.3、厚 3.4 厘米（图 2-305，9；彩版一二六，5）。

M1：35，大理岩。长 5.2、宽 3.4、厚 2.2 厘米（图 2-306，1）。

M1：36，大理岩。长 10.8、宽 4.3、厚 3.2 厘米（图 2-306，2）。

M1：37，大理岩。长 9.9、宽 6.7、厚 3.0 厘米（图 2-306，3）。

M1：38，长石石英杂砂岩。长 6.4、宽 4.8、厚 3.6 厘米（图 2-306，4）。

M1：39，蛇纹石大理岩。长 9.2、宽 4.4、厚 3.1 厘米（图 2-306，5）。

M1：40，蛇纹石大理岩。长 5.6、宽 4.7、厚 2.6 厘米（图 2-306，6）。

M1：41，蛇纹石大理岩。长 6.7、宽 5.1、厚 2.9 厘米（图 2-306，7）。

M1：42，大理岩。局部涂朱砂。长 12.8、宽 10.1、厚 3.2 厘米（图 2-306，8）。

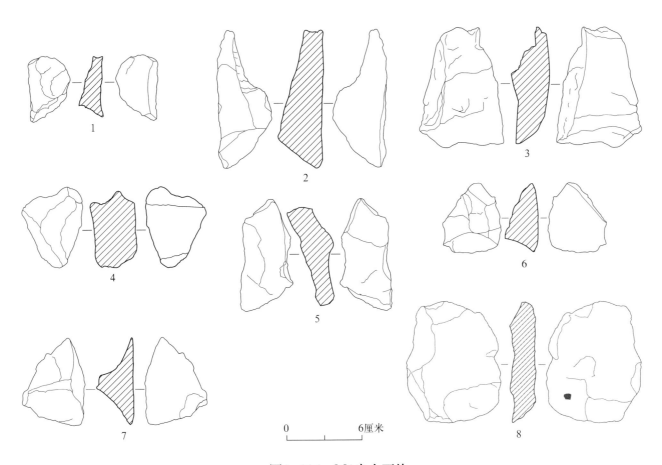

图2-306 M1出土石块

1.M1：35 2.M1：36 3.M1：37 4.M1：38 5.M1：39 6.M1：40 7.M1：41 8.M1：42

二 M2

（一）墓葬形制

墓向 267°。位于 T0304 西部，开口于⑤层下，距地表 58 厘米。西部被现代水管沟打破，北部被现代扰土坑 K2 打破。竖穴土坑墓，平面呈长方形，直壁、平底。墓室长 236、残宽 120、深 50 厘米。无葬具。单人葬，仅存盆骨及下肢骨，仰身直肢葬。墓主为男性，年龄 20±。墓室内填土为黑灰色土，土质较致密（图 2-307；彩版一二七，1）。

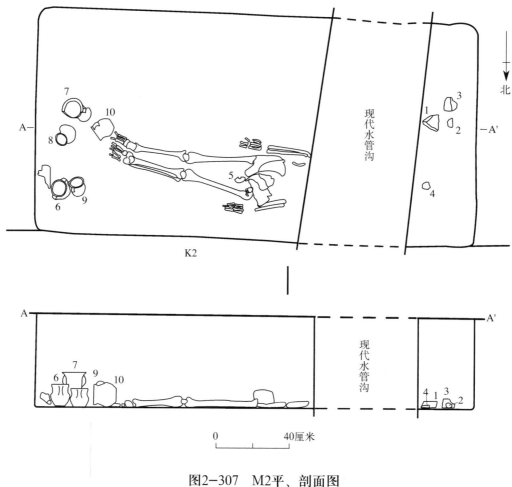

图2-307　M2平、剖面图
1~3.石块　4、5.玉石璧　6、9、10.双小耳陶罐　7.陶尊　8.单耳陶罐

（二）出土遗物

随葬陶器10件，包括双大耳罐1件、双小耳罐4件、单耳罐3件、尊2件（彩版一二七，2），玉石璧2件，石块3件，猪下颌骨1块。陶器和猪下颌骨位于墓主脚骨附近，玉石璧残块1件位于墓主股骨之间，玉石璧1件和石块位于墓室西侧。另外，该墓西部被水管沟打破，当地文物部门从该墓附近水管沟内采集完整陶器5件，判断应该是该墓葬出土。

双大耳陶罐　1件。

M2：19，泥质红陶，手制，素面。敞口，高领，折腹，下腹斜收，平底，最大腹径位于上腹，口腹之间有双大耳，领腹之间分界明显。口径8.1、底径3.4、最大腹径6.5、高13.5、厚0.1~0.3厘米（图2-308，1）。

双小耳陶罐　4件。夹砂红陶或夹砂灰陶，手制。侈口，圆唇，束颈，溜肩，鼓腹，最大腹径位于上腹，下腹斜收，平底。口腹之间有双耳。

M2：6，夹砂红陶。耳低于口沿。口沿部有凸棱一周，腹部饰绳纹。口径10.2、最大腹径11.6、底径5.6、高12.0、厚0.4~0.6厘米（图2-308，2；彩版一二八，1）。

M2：9，夹砂灰陶。口部带流，与器身不通，器表有烟炱。耳低于口沿。底部饰席纹。口径8.8、最大腹径9.5、底径5.2、高10、厚0.3~0.6厘米（图2-308，3；彩版一二八，2）。

M2：10，夹砂红陶。耳低于口沿。口沿部有凸棱一周，颈部和耳面饰刻划折线纹，腹部饰绳纹，底部饰席纹。口径10.0、最大腹径12.3、底径6.4、高12.4、厚0.3~0.5厘米（图2-308，4；彩版一二八，3）。

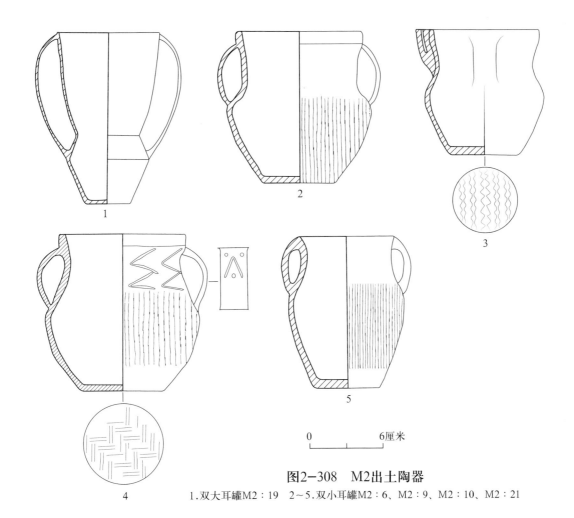

图2-308 M2出土陶器

1.双大耳罐M2：19 2～5.双小耳罐M2：6、M2：9、M2：10、M2：21

M2：21，夹砂红陶。耳与口沿平齐。腹部饰绳纹。口径7.6、最大腹径9.3、底径5.1、高12.1、厚0.4～0.6厘米（图2-308，5）。

单耳陶罐 3件。夹砂红陶或泥质红陶，侈口，束颈，溜肩或圆肩，圆鼓腹，平底，口腹之间有单耳，下腹弧收。

M2：8，泥质红陶。圆肩。最大腹径位于腹中。耳与口沿平齐。口径8.0、最大腹径12.0、底径5.4、高13、厚0.2～0.5厘米（图2-309，1；彩版一二八，4）。

M2：20，夹砂红陶。最大腹径位于腹中，下腹内收。耳与口沿平齐。口径6.1、最大腹径10.5、底径5.4、高10.2、厚0.3～0.6厘米（图2-309，2）。

M2：23，夹砂红陶。最大腹径位于上腹。耳低于口沿。口径9.0、底径4.7、最大腹径9.6、高11、厚0.3～0.5厘米（图2-309，3）。

陶尊 2件。

M2：7，夹砂白陶，手制。喇叭口，斜沿，圆唇，直筒腹，较深，腹部有双耳，喇叭形高圈足。口径13.8、底径9.0、高17.8、厚0.4～1.5厘米（图2-309，4；彩版一二九，1）。

M2：22，泥质红陶，泥条盘筑。敞口，斜沿，圆唇，筒状腹，斜直，平底。底部饰席纹。口径13.8、底径6.5、高9.6、厚0.4～0.8厘米（图2-309，5）。

玉石璧 2件。平面近圆形或椭圆形，表面磨光，外缘不规整，中间钻孔，单面管钻，孔壁保留有管钻痕迹，断钻处有明显断茬，好侧稍厚，逐渐向外缘减薄，外缘未经修整。

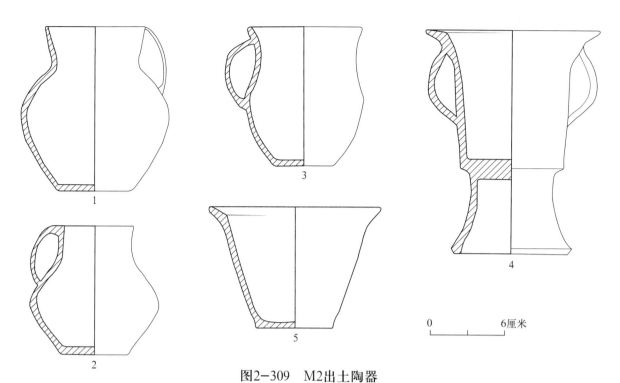

图2-309　M2出土陶器

1~3.单耳罐M2：8、M2：20、M2：23　4、5.尊M2：7、M2：22

　　M2：4，蛇纹大理岩，青灰色。平面近圆形，残余约四分之一壁面。外径11.0~11.8、好径1.8~2.1、厚0.7~1.4厘米（图2-310，1；彩版一二九，2）。

　　M2：5，透闪蛇纹大理岩，灰白色。平面近椭圆形。外径7.2~7.6、好径1.8~2.2、厚0.5~0.7厘米（图2-310，2；彩版一二九，3）。

　　石块　3件。

　　M2：1，长石石英杂砂岩，灰色。长11.5、宽9.2、厚4.5厘米（图2-310，3）。

　　M2：2，杂砂岩，白色。长5.3、宽3.0、厚1.5厘米（图2-310，4）。

　　M2：3，长石石英杂砂岩，白色。长6.6、宽6.2、厚4.5厘米（图2-310，5）。

　　墓室填土出土大量的陶片和兽骨，以及玉石璧、璧芯、石刀、骨匕、泥杯、陶纺轮。从陶片口沿判断，器形

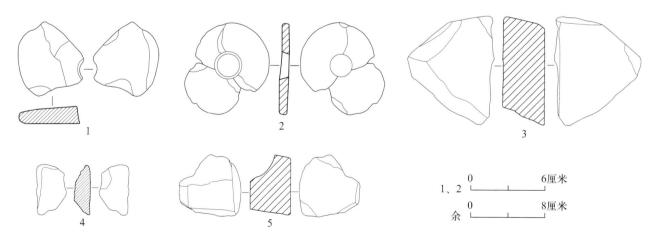

图2-310　M2出土玉石器

1、2.璧M2：4、M2：5　3~5.石块M2：1、M2：2、M2：3

主要包括双大耳罐、双小耳罐、高领罐、侈口罐。

双大耳陶罐 2件。泥质红陶。敞口，高领，口腹之间有双耳。耳略低于口沿。

M2：P2，口径10.0、残高5.4、厚0.1~0.5厘米（图2-311，1）。

M2：P3，口径8.8、残高5.5、厚0.1~0.4厘米（图2-311，2）。

双小耳陶罐 1件。

M2：P6，夹砂红陶。侈口，束颈，口腹之间有双耳。耳低于口沿。残高5.0、残宽5.1、厚0.5~0.7厘米（图2-311，3）。

侈口陶罐 1件。

M2：P1，夹砂红陶。直口，微侈，圆唇，溜肩，圆鼓腹。腹部饰绳纹，器表有烟炱。口径11.0、残高10.0、厚0.5~0.7厘米（图2-311，4）。

高领陶罐 2件。夹砂红陶。大敞口，圆唇，高领。

M2：P5，口径15.8、残高2.5、厚0.4厘米（图2-311，5）。

M2：P7，口径26.0、残高7.2、残宽10.6、厚0.3~0.6厘米（图2-311，6）。

陶纺轮 1件。

M2：31，夹砂红陶。圆饼状，残存一半，中间有穿孔。直径6.4、孔径0.9~1.4、厚1.1厘米（图2-311，7）。

泥杯 1件。

M2：18，泥质，捏制。敛口，方唇，筒状腹，平底，口腹残。口径3.2、底径2、高4、厚0.5~2厘米（图2-311，8）。

骨匕 1件。

M2：16，平面呈长方形，中间厚，边缘薄。一端残。通体磨光。两侧有刻槽，一面有刻划"X"纹。残长6.8、宽1.3~1.8、厚0.2厘米（图2-311，9；彩版一二九，4）。

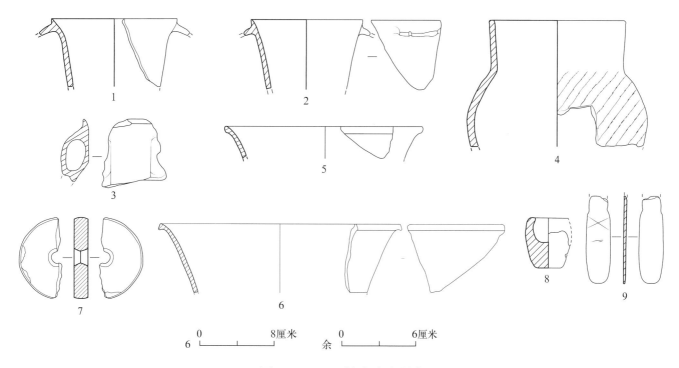

图2-311 M2填土出土器物

1、2.双大耳陶罐M2：P2、M2：P3 3.双小耳陶罐M2：P6 4.侈口陶罐M2：P1 5、6.高领陶罐M2：P5、M2：P7 7.陶纺轮M2：31
8.泥杯M2：18 9.骨匕M2：16

玉石璧　2件。均为石璧残块，平面呈圆形，残余约四分之一璧面。表面磨光，中间钻孔，单面管钻，孔壁保留有管钻痕迹，断钻处有明显断茬，好侧稍厚，逐渐向外缘减薄，外缘未经修整。

M2：12，透闪岩，暗绿色。外径5.3～6.2、好径1.8～2.2、厚0.6厘米（图2-312，1；彩版一三〇，1）。

M2：17，蛇纹大理岩，灰白色。外径6.8～7.2、好径2.6～3.0、厚0.7厘米（图2-312，2；彩版一三〇，2）。

玉石璧芯　1件。

M2：14，蛇纹石玉，黄色。芯壁呈斜坡状，纵剖面呈梯形，两面磨光，一面边缘有断茬，芯壁保留有管钻痕迹。直径1.8～2.3、厚1.0厘米（图2-312，3；彩版一三〇，3）。

石刀　3件。平面均呈长方形，通体磨光，有明显使用痕迹。

M2：13，细粒杂砂岩，灰褐色。残存一半，直背，弧刃，单孔，双面钻。残长4.2、宽4.7、孔径0.6、厚0.5厘米（图2-312，4）。

M2：15，石英砂岩，灰黑色。背部微弧，弧刃，单孔，双面钻，刃部和一侧略残。长9.5、宽5.0、孔径0.6、厚1.0厘米（图2-312，5；彩版一三〇，4）。

M2：25，杂砂岩，灰褐色。残存一半，直背，弧刃。残长4.6、宽6.3、厚0.6厘米（图2-312，6）。

玉石料　1件。

M2：26，玉髓，青绿色。平面近长方形。两面磨制平整。长6.9、宽3.7、厚0.7厘米（图2-312，7）。

磨石　5件。板岩。磨石断块，大小不一，青灰色。平面近三角形、长方形和不规则形。磨光面粗细不一，侧面有明显断茬，个别侧面磨制光滑，个别有火烧痕迹。

M2：24，平面近三角形，一面有磨光面，一面剥落，局部有火烧痕迹。长5.8、宽4.5、厚1.0厘米（图2-313，1）。

M2：27，平面不规则形，两面有磨光面，中部有穿孔，单面钻。长8.9、宽6.4、厚1.2厘米（图2-313，2）。

M2：28，平面近长方形，两面有磨光面，局部有火烧痕迹。长11.4、宽5.9、厚1.2厘米（图2-313，3）。

M2：29，平面近三角形，两面有磨光面。长6.4、宽3.1、厚0.6厘米（图2-313，4）。

M2：30，平面不规则形，两面有磨光面。长10.7、宽7.2、厚0.8厘米（图2-313，5）。

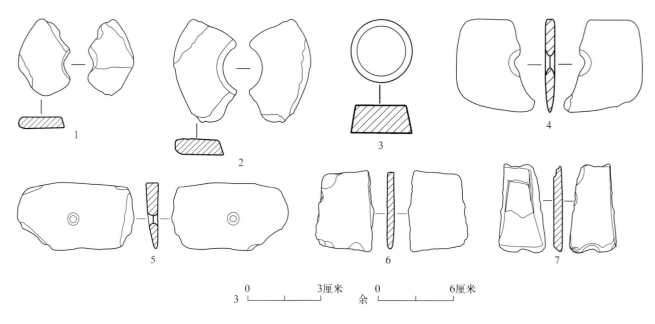

0　　　　3厘米　　0　　　　6厘米
3　　　　　　　　　余

图2-312　M2填土出土玉石器

1、2.璧M2：12、M2：17　3.璧芯M2：14　4～6.刀M2：13、M2：15、M2：25　7.玉石料M2：26

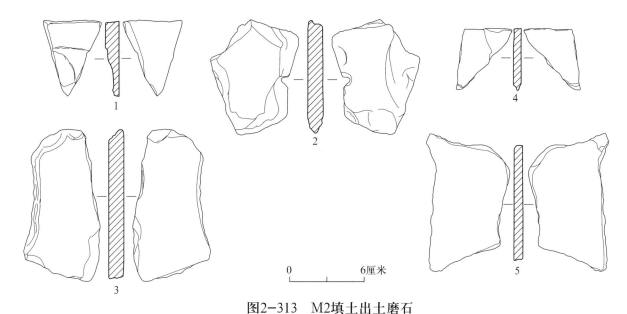

图2-313 M2填土出土磨石
1.M2:24 2.M2:27 3.M2:28 4.M2:29 5.M2:30

三 M3

（一）墓葬形制

墓向285°。位于T0303南部，开口于④层下，距地表10厘米。墓室上部完全破坏，仅剩墓底，西南部被现代扰土坑破坏。竖穴土坑墓，残存平面近三角形，直壁，平底，墓室长250、残宽90、残深15厘米。无葬具。头骨、南部肋骨及部分上肢骨破坏，其余部分保存较好，单人仰身直肢葬。墓主为男性，年龄25±（图2-314；彩版一三一，1）。墓室内填土为灰褐色花土，土质较致密，出土有少量的陶片。

（二）出土遗物

随葬陶器10件，包括双大耳罐2件，双小耳罐4件，侈口罐2件，器盖1件，陶杯1件（彩版一三一，2），玉石璧2件，绿松石串珠1件，石块9件。陶器位于墓主脚骨附近，玉石璧位于墓主北侧肩胛骨之上，绿松石串珠位于北侧肩胛骨之下，石块位于墓主盆骨及下肢骨附近。另外，该墓在清理之前工程施工过程中遭到破坏，当地文物部门从墓内人骨附近取走石璧1件。

双大耳陶罐 2件。手制。大敞口，高领，折腹，平底。口腹之间有双耳，耳与口沿平齐，领腹之间分界明显。

M3:2，泥质橙黄陶。耳上饰戳印圆圈纹和刻划纹。最大腹径位于上腹。口径9.4、最大腹径8.1、底径5.0、高10.9、厚0.2~0.7厘米（图2-315，1；彩版一三二，1）。

M3:8，泥质红陶。最大腹径位于腹中偏上。口径10.0、最大腹径8.8、底径6.0、高13.0、厚0.4~1.2厘米（图2-315，2；彩版一三二，2）。

双小耳陶罐 4件。夹砂红褐陶，手制。敞口或侈口，圆唇，束颈，溜肩，鼓腹，下腹斜收，平底。口腹之间有双耳。最大腹径位于上腹。

M3:3，器表有烟炱。敞口。耳略低于口沿。腹部饰绳纹。口径11.5、最大腹径9.7、底径7.0、高11.6、厚0.3~0.4厘米（图2-315，3；彩版一三二，3）。

M3:4，器表有烟炱。侈口，颈、耳部饰刻划折线纹，腹部饰绳纹，底部饰席纹。口径8.5、最大腹径9.2、底径5.4、高11.2、厚0.3~0.4厘米（图2-315，4；彩版一三二，4）。

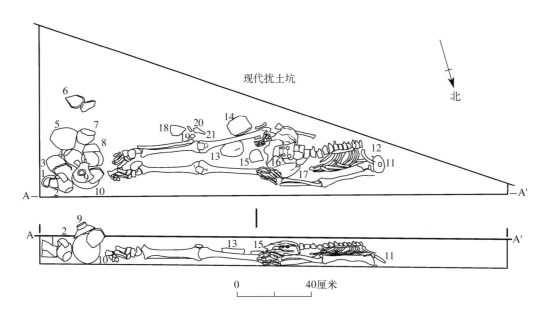

图2-314　M3平、剖面图

1.陶杯　2、8.双大耳陶罐　3、4、6、7.双小耳陶罐　5、10.侈口陶罐　9.陶器盖　11、22.玉石璧　12.绿松石串珠　13~21.玉石块

M3:6，仅存下腹及底部，下腹斜收，平底。底径6.4、残高8.3、厚0.5~0.8厘米（图2-315，5）。

M3:7，敞口。腹部饰绳纹。口径9.6、最大腹径9.4、底径6.0、高10.5、厚0.4~0.7厘米（图2-315，6；彩版一三三，1）。

侈口陶罐　2件。

M3:5，夹砂红陶。口颈部残，圆肩，鼓腹，下腹弧收，底部饰席纹。最大腹径位于腹中，最大腹径14.4、底径7.8、残高14.4、厚0.3~1厘米（图2-316，1）。

M3:10，泥质红陶。侈口，高束颈，圆肩，鼓腹，下腹弧收，平底，底部饰席纹。最大腹径位于腹中。口径11.0、最大腹径15.2、底径7.8、高18.7、厚0.3~0.9厘米（图2-316，2；彩版一三三，2）。

陶器盖　1件。

M3:9，夹砂灰陶，器表有烟炱。斗笠状，盖面斜直，圆形捉纽，中部有凹窝。盖径12.0、纽径4.5、高4.6、厚0.5~1.2厘米（图2-316，3；彩版一三三，3）。

陶杯　1件。

M3:1，泥质红陶，泥条盘筑。敞口，方唇，筒状腹，斜直，平底。底部饰席纹。口径9.2、底径6.0、高7.4、厚0.4~0.9厘米（图2-316，4；彩版一三三，4）。

玉石璧　2件。平面近圆形，表面磨光，外缘不规整，中间钻孔，单面管钻，孔壁保留有管钻痕迹，断钻处有明显断茬，好侧稍厚，逐渐向外缘减薄。

M3:11，蛇纹大理岩，灰绿色。表面涂有朱砂。外径9.4~10.6、好径2.8~3.8、厚0.7~1.0厘米（图2-317，1；彩版一三三，5）。

M3:22，蛇纹石大理岩，白色。外径8.5~8.8、好径2.5~3.3、厚0.6厘米（图2-317，2）。

绿松石串珠　1件。

M3:12，绿色。柱状，略扁，中间略粗，截面近椭圆形，对钻穿孔。直径0.5、高0.5、孔径0.1厘米（图2-317，3；彩版一三三，6）。

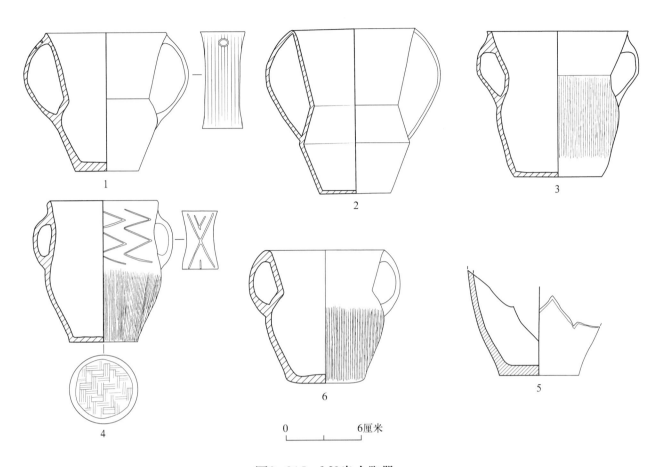

图2-315 M3出土陶器

1、2.双大耳罐M3：2、M3：8 3~6.双小耳罐M3：3、M3：4、M3：6、M3：7

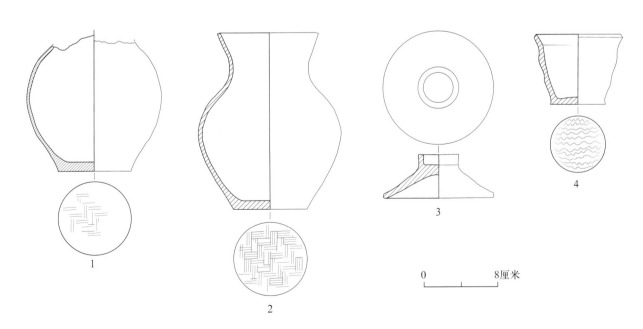

图2-316 M3出土陶器

1、2.侈口罐M3：5、M3：10 3.器盖M3：9 4.杯M3：1

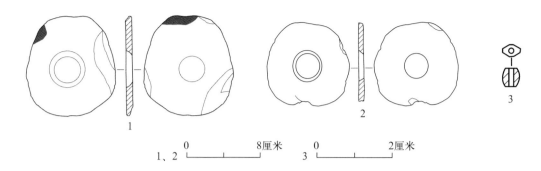

图2-317　M3出土玉石器

1、2.璧M3：11、M3：22　3.绿松石串珠M3：12

玉石块　9件。

M3：13，大理岩，白色。长12.8、宽10.2、厚2.8厘米（图2-318，1）。

M3：14，蛇纹石大理岩，白色。局部涂有朱砂。长11.8、宽8.8～10.3、厚3.2厘米（图2-318，2）。

M3：15，云母质玉，黄绿色。局部涂有朱砂。长6.2、宽5.2、厚1.3～1.7厘米（图2-318，3）。

M3：16，蛇纹石玉，青绿色。局部涂有朱砂。长8.4、宽5.4、厚2.5厘米（图2-318，4）。

M3：17，蚀变火山岩，黄色。长6.6、宽5.9、厚2.1厘米（图2-318，5）。

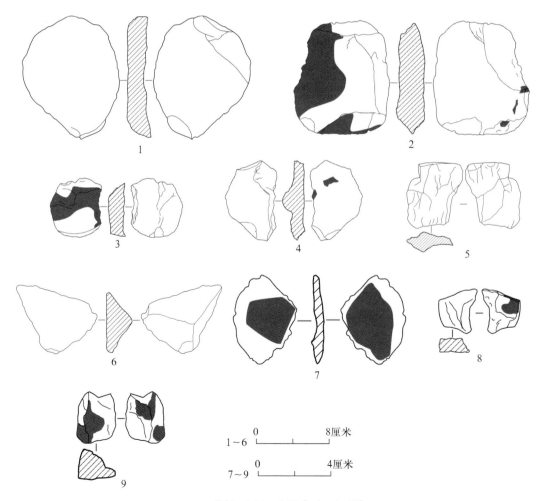

图2-318　M3出土玉石块

1.M3：13　2.M3：14　3.M3：15　4.M3：16　5.M3：17　6.M3：18　7.M3：19　8.M3：20　9.M3：21

M3：18，硅质石英砂岩，青灰色。长7.7、宽6.4、厚2.8厘米（图2-318，6）。

M3：19，大理岩，白色，局部涂有朱砂。长4.5、宽3.2、厚0.6厘米（图2-318，7）。

M3：20，变质石英砂岩，白色。局部涂有朱砂。长2.4、宽2.1、厚0.7厘米（图2-318，8）。

M3：21，大理岩，白色。局部涂有朱砂。长2.7、宽2.1、厚1.5厘米（图2-318，9）。

墓室填土内出土少量陶片。从残存口沿判断，器形有高领罐、双耳彩陶罐等。

高领陶罐　1件。

M3：P1，夹砂红陶。大敞口，圆唇，高领。口径15.8、残高2.8、厚0.4厘米（图2-319，1）。

双耳彩陶罐　1件。

M3：P2，夹细砂红陶。侈口，束颈，溜肩，口腹之间有双耳，器表及口沿内饰黑彩，口沿内饰横条带纹和竖短线纹，口沿外壁饰条带纹和折带纹。残高4、残宽6.2、厚0.2～0.5厘米（图2-319，2）。

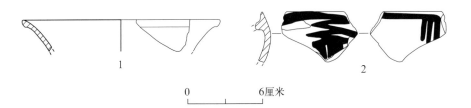

0　　　　　　6厘米

图2-319　M3填土出土陶器
1.高领罐M3：P1　2.双耳彩罐M3：P2

四　M4

（一）墓葬形制

墓向270°。位于T0303北部，西部被现代扰土坑K1打破。开口于④层下，距地表15～20厘米。竖穴土坑墓，平面呈圆角长方形，直壁、平底。墓室残长100、宽56、深20厘米。无葬具。单人葬。人骨破坏严重，仅残部分脚骨，葬式不明。墓主性别无法鉴定，成年。墓室内填土为灰褐色花土，土质较致密（图2-320；彩版一三四，1）。

（二）出土遗物

随葬陶器4件，包括双大耳罐2件、鼓腹罐1件、高领罐1件，位于墓主脚骨附近（彩版一三四，2）。

双大耳陶罐　2件。泥质红陶，手制。大敞口，高领，折腹，平底，最大腹径位于腹中偏上。口腹之间有双耳，领腹部有明显分界。耳与口沿平齐。

M4：1，口径8.4、最大腹径8.8、底径4.8、高11.3、厚0.2～0.8厘米（图2-321，1）。

M4：2，口径8.2、最大腹径8.8、底径4.8、高11.2、厚0.2～0.6厘米（图2-321，2）。

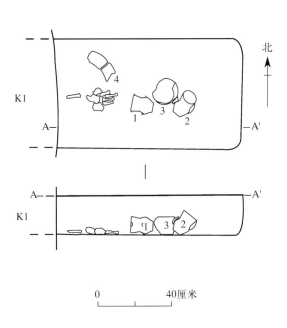

0　　　　　　40厘米

图2-320　M4平、剖面图
1、2.双大耳陶罐　3.鼓腹陶罐　4.高领陶罐

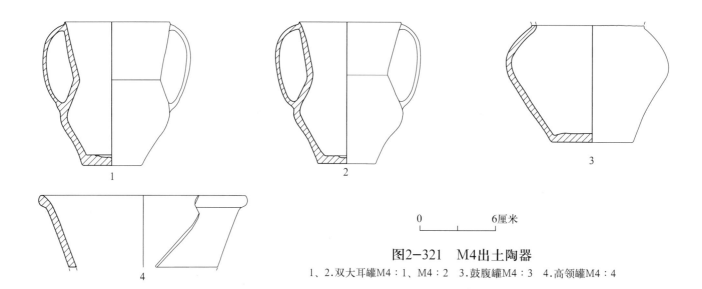

图2-321　M4出土陶器

1、2.双大耳罐M4：1、M4：2　3.鼓腹罐M4：3　4.高领罐M4：4

鼓腹陶罐　1件。

M4：3，夹砂红陶，手制。口、颈部残，圆鼓腹，下腹内收，平底。最大腹径13.0、底径6.6、残高9.2、厚0.4～0.7厘米（图2-321，3）。

高领陶罐　1件。

M4：4，夹砂红陶，手制。仅存口沿，大敞口，高领，圆唇。口径16.8、残高5.7、厚0.5～0.7厘米（图2-321，4）。

五　M5

（一）墓葬形制

墓向260°。位于T0303东南部，西部被破坏，仅存墓底。开口于④层下，最深处距地表42厘米。竖穴土坑墓，平面呈圆角长方形，直壁、平底。墓室残长210、宽80、深8～40厘米。无葬具。单人葬，人骨破坏严重，仅残留部分胫骨、腓骨和脚骨，葬式不明。墓主性别无法鉴定，成年。墓室填土为黄褐色五花土，土质较疏松（图2-322；彩版一三五，1）。

（二）出土遗物

随葬陶器8件，包括双大耳罐3件、双小耳罐2件、高领折肩

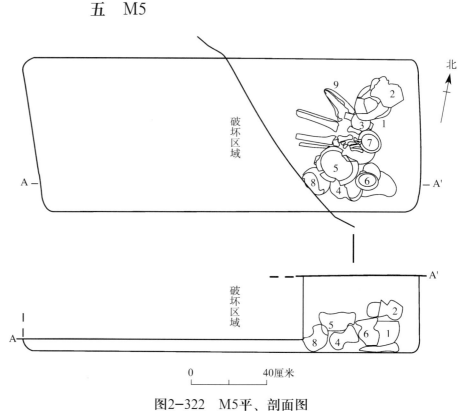

图2-322　M5平、剖面图

1、4、6.双大耳陶罐　2.高领折肩陶罐　3、8.双小耳陶罐　5.陶尊　7.侈口陶罐　9.猪下颌骨

罐 1 件、尊 1 件、侈口罐 1 件（彩版一三五，2），猪下颌骨 1 块。主要位于墓室东部，墓主脚骨附近。

双大耳陶罐 3 件。泥质红陶或夹细砂红陶，手制。大敞口，高领，折腹，平底，最大腹径位于上腹。口腹之间有双耳，领腹部有明显分界。耳略低于口沿。

M5：1，夹细砂红陶。口径 8.2、最大腹径 8.6、底径 4.2、高 9.8、厚 0.2~0.8 厘米（图 2-323，1）。

M5：4，泥质红陶。口径 9.2、最大腹径 8.1、底径 4.8、高 11.4、厚 0.2~0.7 厘米（图 2-323，2；彩版一三六，1）。

M5：6，泥质红陶。口径 8.2、最大腹径 8.5、底径 4.0、高 10.1、厚 0.2~1.0 厘米（图 2-323，3；彩版一三六，2）。

双小耳陶罐 2 件。手制。圆唇，束颈，平底。口腹之间有双耳，耳低于口沿。

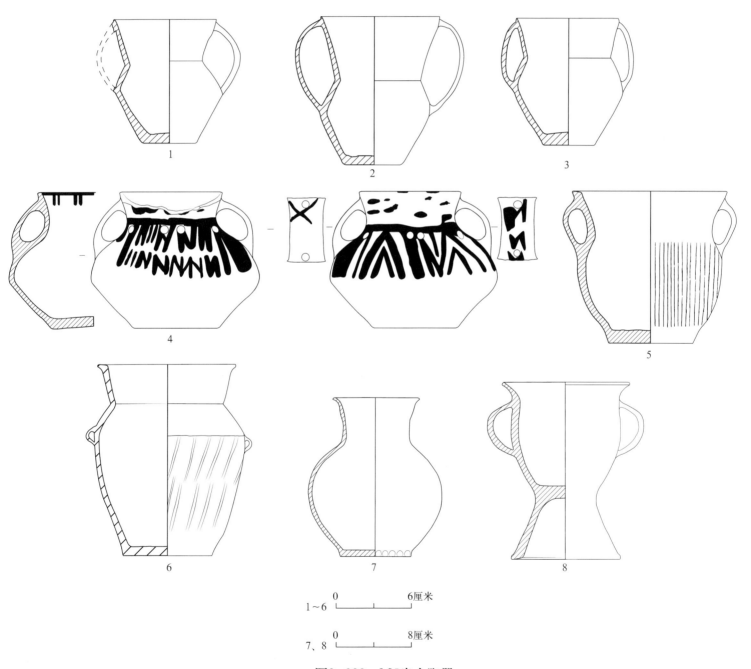

图2-323 M5出土陶器

1~3.双大耳罐M5：1、M5：4、M5：6 4、5.双小耳罐M5：3、M5：8 6.高领折肩罐M5：2 7.侈口罐M5：7 8.尊M5：5

　　M5：3，泥质红陶。侈口，圆肩，鼓腹，下腹内收。器表施紫红色陶衣，饰黑彩。口沿内壁及颈、肩、腹饰黑彩，局部脱落。口沿内壁饰宽条带纹和竖短线纹一周。器表口部饰不连续圆点纹，颈部饰宽条带纹一周，肩腹部饰折线纹、倒三角纹和竖条带纹等，耳面饰"N""X"形纹。最大腹径位于腹中，口径8.2、最大腹径13.4、底径6.8、高10.8、厚0.3～0.8厘米（图2-323，4；彩版一三六，3）。

　　M5：8，夹砂红褐陶。器表有烟炱。敞口，溜肩，鼓腹，下腹内收，腹部饰绳纹。最大腹径位于腹中。口径12.0、最大腹径11.6、底径6.8、高12.0、厚0.6～1.0厘米（图2-323，5；彩版一三六，4）。

　　高领折肩陶罐　1件。

　　M5：2，夹砂红陶。敞口，方唇，高领，折肩，鼓腹，下腹斜收，平底，腹部有双小耳。腹部饰篮纹。口径11.0、最大腹径11.8、底径7.0、高15.2、厚0.4～0.7厘米（图2-323，6；彩版一三七，1）。

　　侈口陶罐　1件。

　　M5：7，夹细砂红陶，手制。侈口，圆唇，高束颈，溜肩，圆鼓腹，下腹弧收，平底。近底饰戳印纹一周。最大腹径位于腹中，口径9.2、最大腹径14.2、底径7.4、高16.8、厚0.2～0.7厘米（图2-323，7；彩版一三七，2）。

　　陶尊　1件。

　　M5：5，夹细砂红陶，手制。喇叭口，斜沿，圆唇，圆弧腹，较深，喇叭形高圈足，外撇，下腹与足部之间无折棱，腹部有双耳。口径13.8、底径9.0、高18.8、厚0.4～1.5厘米（图2-323，8；彩版一三七，3）。

六　M6

（一）墓葬形制

　　墓向270°。位于T0304西北部，部分分布于T0204的西部，南邻M2。上部被现代扰土坑K2打破，仅剩墓底，中部被水管沟打破。开口于⑤层下，距地表88厘米。竖穴土坑墓，平面呈圆角长方形，直壁、平底。墓室长210、宽60、深30厘米。无葬具。下肢骨被破坏，其他部位保存较好，单人仰身直肢葬。墓主为女性，年龄40±（图2-324；彩版一三八，1）。墓室填土为灰褐色五花土，土质较致密。

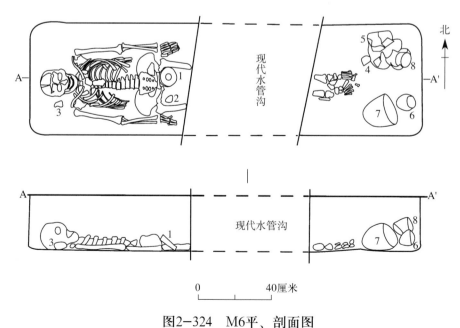

图2-324　M6平、剖面图
1.玉石璧　2、3.石块　4.陶豆　5.高领折肩陶罐　6、8.双大耳陶罐　7.陶盆

（二）出土遗物

随葬陶器5件，包括双大耳罐2件，盆1件，豆1件，高领折肩罐1件（彩版一三八，2），玉石璧1件，石块2件。陶器位于墓主脚骨附近，璧位于墓主盆骨之上，石块1件位于股骨之间，另1件位于墓主头骨南侧附近。

双大耳陶罐　2件。泥质红陶或夹细砂红陶，手制。大敞口，高领，折腹，平底。口腹之间有双大耳，领腹部分界明显。

M6：6，夹细砂红陶。口、领、耳残，最大腹径位于腹中偏上。最大腹径8.7、底径5.6、残高7.7、厚0.5~0.8厘米（图2-325，1）。

M6：8，泥质红陶。耳略低于口沿。最大腹径位于上腹。口径8.0、最大腹径9.1、底径4.8、高11.2、厚0.3~0.8厘米（图2-325，2）。

陶盆　1件。

M6：7，夹砂红陶，手制，器表有烟炱。侈口，圆唇，束颈，鼓腹，最大腹径位于上腹，下腹内收，平底。口腹之间有双耳。口沿外有凸棱一周，颈、耳部饰刻划折线纹，腹部饰绳纹，底部饰席纹。口径14.4、最大腹径14.5、底径6.6、高14.1、厚0.5~0.6厘米（图2-325，3）。

陶豆　1件。

M6：4，夹砂红陶，手制。喇叭口，圆唇，浅盘腹，斜弧壁，下附高圈足，外撇不明显。口径14.2、底径7.0、高9.8、厚0.5~0.7厘米（图2-325，4；彩版一三九，1）。

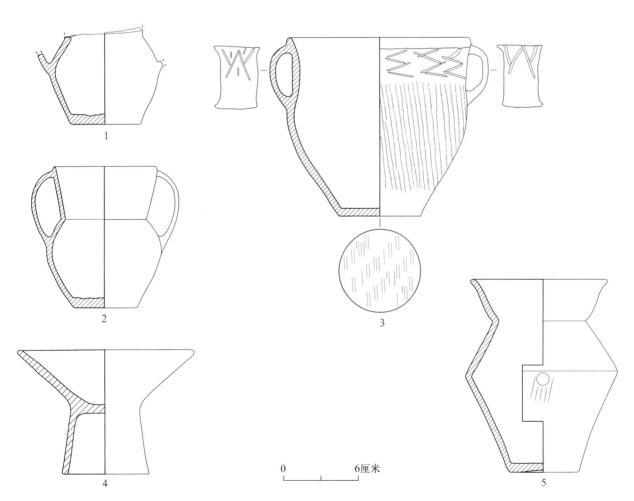

0　　　　6厘米

图2-325　M6出土陶器

1、2.双大耳罐M6：6、M6：8　3.盆M6：7　4.豆M6：4　5.高领折肩罐M6：5

高领折肩陶罐 1件。

M6：5，夹细砂红陶。大敞口，圆唇，高领，折肩，下腹斜收，平底，腹部粘贴小泥饼。口径11.0、最大腹径12.2、底径5.6、高15.3、厚0.4~0.7厘米（图2-325，5；彩版一三九，2）。

玉石璧 1件。

M6：1，绿泥岩，暗绿色。平面呈圆形。两面磨光，一面涂有朱砂，外缘规整。中间钻孔，单面管钻，孔壁保留有管钻痕迹，断钻处有断茬，厚度均匀。外径10.2~10.6、好径2.4~3.8、厚2.4厘米（图2-326，1；彩版一三九，3）。

石块 2件。

M6：2，蛇纹石大理岩，青绿色。长6.6、宽4.5、厚1.8厘米（图2-326，2）。

M6：3，长石石英杂砂岩，灰白色。长6.6、宽6.3、厚2.9厘米（图2-326，5）。

墓室填土中出土绿松石片饰5件（彩版一三九，5），石块2件。

绿松石片饰 5件。

M6：9，长0.6、宽0.6、厚0.1厘米（图2-326，6）。

M6：12，长0.5、宽0.3、厚0.1厘米（图2-326，7）。

M6：13，长0.3、宽0.3、厚0.2厘米（图2-326，8）。

M6：14，长0.4、宽0.2、厚0.1厘米（图2-326，9）。

M6：15，长0.3、宽0.2、厚0.1厘米（图2-326，10）。

石块 2件。蛇纹石大理岩，青绿色。

M6：10，长3.8、宽1.9、厚2.1厘米（图2-326，3；彩版一三九，4）。

M6：11，长7.2、宽5.2、厚3.1厘米（图2-326，4）。

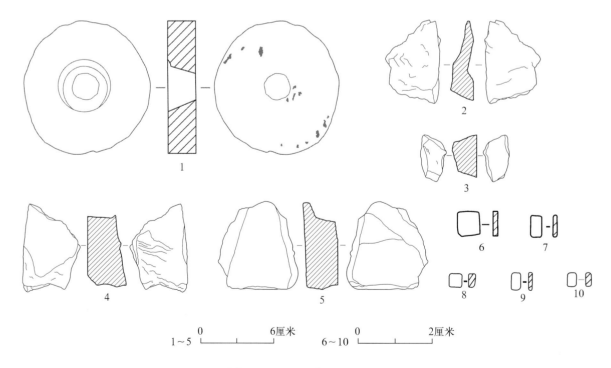

图2-326 M6出土玉石器

1.璧M6：1 2~5.石块M6：2、M6：10、M6：11、M6：3 6~10.绿松石片饰M6：9、M6：12、M6：13、M6：14、M6：15

七　M7

（一）墓葬形制

墓向 268°。位于 T0205 中部，西部被水管沟打破，北邻 M1，东邻 M8。开口于①层下，距地表 10 厘米。竖穴土坑墓，平面呈圆角长方形，直壁，墓底不平。墓室残长 140～148、宽 65、深 20～26 厘米。无葬具。墓主仅存盆骨和下肢骨，单人仰身直肢葬。墓主为男性，年龄 20～25 岁。墓室填土为灰褐色五花土，土质较致密，填土内出土有少量陶片和兽骨（图 2-327；彩版一四〇，1）。

（二）出土遗物

随葬陶器 6 件，包括双大耳罐 1 件，双小耳罐 2 件，高领折肩罐 1 件，侈口罐 2 件（彩版一四〇，2）。位于墓主脚骨附近。

双大耳陶罐　1 件。

M7：2，泥质红陶，手制。大敞口，圆唇，高领，鼓腹，最大腹径位于上腹，口腹间有双耳，领腹部有明显分界。耳与口沿平齐。口径 7.8、最大腹径 8.5、底径 5.0、高 10.9、厚 0.3～0.5 厘米（图 2-328，1；彩版一四一，1）。

双小耳陶罐　2 件。夹砂红陶或夹砂红褐陶，手制。器表有烟炱。侈口，圆唇，鼓腹，平底。口肩之间有双耳。

M7：4，夹砂红陶。溜肩。下腹斜收，最大腹径位于上腹，耳低于口沿。腹部饰绳纹。口径 11.4、最大腹径 13.0、底径 9.2、高 14.8、厚 0.6～1.2 厘米（图 2-328，2；彩版一四一，2）。

M7：6，夹砂红褐陶。束颈，圆肩，最大腹径位于上腹。耳与口沿平齐。颈部及肩部饰附加堆纹，腹部饰绳纹。口径 8.6、最大腹径 12.4、底径 7.0、高 12.2、厚 0.6～0.8 厘米（图 2-328，3；彩版一四一，3）。

侈口陶罐　2 件。夹砂橙黄陶或夹砂红陶，手制。侈口，高束颈，圆鼓腹，下腹弧收，平底。

M7：3，夹砂橙黄陶。圆肩，颈部有凸棱一周，最大腹径位于腹中。口径 11.4、最大腹径 19.2、底径 9.6、高 25.8、厚 0.6～0.8 厘米（图 2-328，4；彩版一四一，4）。

M7：5，夹砂红陶。溜肩，最大腹径位于腹中，下腹内收。口径 8.2、最大腹径 12.8、底径 6.4、高 13.6、厚 0.2～0.6 厘米（图 2-328，5；彩版一四二，1）。

高领陶罐　1 件。

M7：1，夹砂橙黄陶。敞口，圆唇，高领，鼓腹，下腹斜收，最大腹径位于上腹，平底。腹部有双耳，下腹饰篮纹。口径 13.0、最大腹径 14.5、底径 8.2、高 24.0、厚 0.4～0.8 厘米（图 2-328，6；彩版一四二，2）。

墓室填土中出土陶球 2 件。

陶球　2 件。夹砂红陶。

M7：7，直径 2.2 厘米（图 2-328，7）。

M7：8，直径 2.1 厘米（图 2-328，8；彩版一四二，3）。

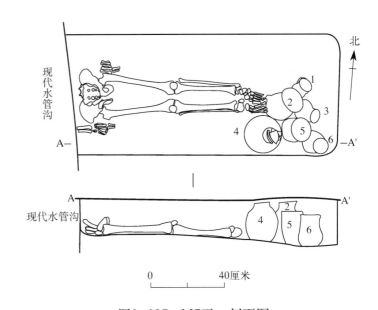

图 2-327　M7 平、剖面图

1.高领折肩陶罐　2.双大耳陶罐　3、5.侈口陶罐　4、6.双小耳陶罐

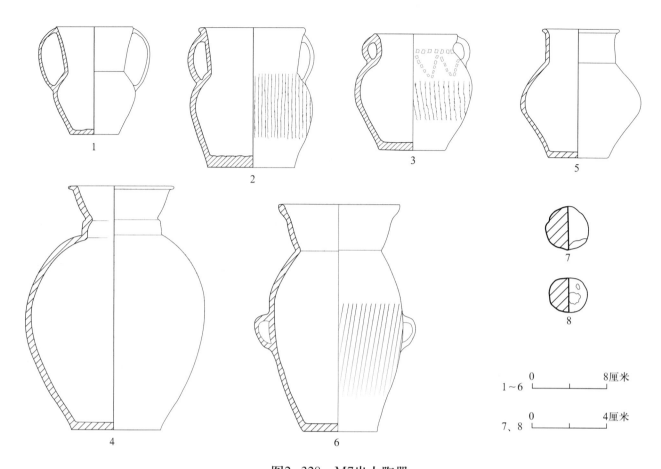

图2-328 M7出土陶器

1.双大耳罐M7:2 2、3.双小耳罐M7:4、M7:6 4、5.侈口罐M7:3、M7:5 6.高领折肩罐M7:1 7、8.陶球M7:7、M7:8

八 M8

（一）墓葬形制

墓向不明。位于T0205东北部，西邻M7，东南角被H2打破。开口于③层下，距地表10厘米，竖穴土坑墓，平面呈圆角长方形，直壁、斜底，东高西低。墓室长180、宽64、深14～25厘米。无葬具。扰乱葬，人骨集中堆放在墓室西部，主要有头骨、盆骨和肢骨，从盆骨和肢骨数量判断，葬有人骨1具，葬式不明。墓主为男性（？），年龄18～20岁。墓室填土为灰褐色花土，土质较疏松，填土内有少量陶片和兽骨。随葬璧5件，石块3件，位于墓室西部墓主周围（图2-329；彩版一四二，4）。

（二）出土遗物

玉石璧 5件。平面近椭圆形，两面磨

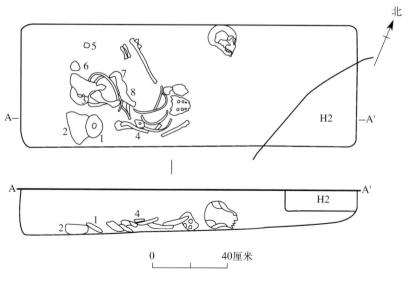

图2-329 M8平、剖面图

1、3、4、7、8.玉石璧 2、5、6.石块

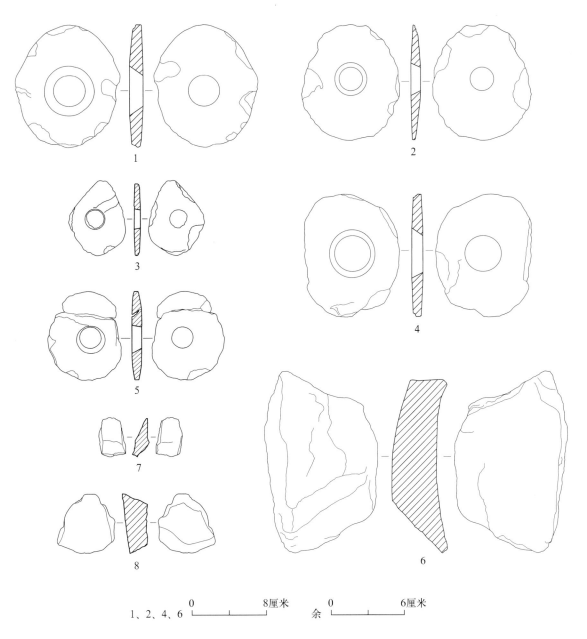

图2-330 M8出土玉石器

1~5.璧M8：1、M8：3、M8：4、M8：7、M8：8 6~8.石块M8：2、M8：5、M8：6

光，外缘不规整。中间钻孔，单面管钻，孔壁保留有管钻痕迹，断钻处有明显断茬，好侧稍厚，逐渐向外缘减薄，外缘有打制去薄痕迹。

M8：1，蛇纹大理岩，浅绿色。外径10.7~13.1、好径3.4~5.2、厚0.8~1.4厘米（图2-330，1；彩版一四三，1）。

M8：3，蛇纹大理岩，浅绿色。外径10.4~12.2、好径2.6~3.4、厚0.4~1.0厘米（图2-330，2；彩版一四三，2）。

M8：4，蛇纹大理岩，浅绿色。外径4.5~6.0、好径1.4~1.6、厚0.4~0.5厘米（图2-330，3；彩版一四三，3）。

M8：7，蛇纹大理岩，灰白色。外径9.7~12.9、好径3.7~5.4、厚0.5~1.0厘米（图2-330，4；彩版一四三，4）。

M8：8，蛇纹岩，绿色。外径5.6~6.7、好径1.7~2.2、厚0.3~0.8厘米（图2-330，5；彩版一四三，5）。

石块 3件。

M8：2，蛇纹石大理岩，青绿色。长 19.2、宽 12.2、厚 4.8 厘米（图 2-330，6；彩版一四三，6）。

M8：5，蛇纹石大理岩，白色。长 3.3、宽 2.2、厚 1.2 厘米（图 2-330，7）。

M8：6，大理岩，白色。长 4.7、宽 4.5、厚 1.4~2.0 厘米（图 2-330，8）。

九　M9

（一）墓葬形制

墓向不明。位于 T0305 西北部，北邻 M10。开口于⑤层下，距地表 40 厘米，竖穴土坑墓，平面圆角长方形，直壁，平底。墓室长 202、宽 80、深 12 厘米。无葬具。仅存盆骨 1 块和脚趾骨 1 块，葬式不明。墓主为女性，年龄 25±。墓室填土为黄色土，土质较致密，填土内有少量兽骨（图 2-331）。

（二）出土遗物

随葬绿松石串珠 1 件，位于墓主脚趾骨附近。

绿松石串珠　1 件。

M9：1，扁平状，中部对钻穿孔。长 0.5、宽 0.6、孔径 0.1、厚 0.1 厘米（图 2-331，1；彩版一四四，1）。

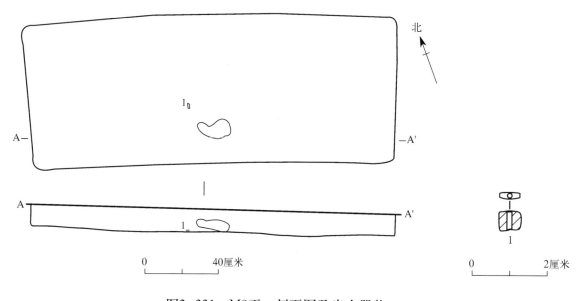

图2-331　M9平、剖面图及出土器物
1.绿松石串珠

一〇　M10

（一）墓葬形制

墓向不明。位于 T0305 北部，南邻 M9。开口于⑤层下，距地表 41 厘米。竖穴土坑墓，平面圆角长方形，直壁、平底。长 202、宽 65、深 48 厘米。无葬具。扰乱葬，人骨集中堆放在墓室中部，主要为肢骨和盆骨，从肢骨和盆骨数量判断，葬有人骨 2 具。一墓主为男性，成年；一墓主为女性，35~40 岁。墓室填土为黄褐色土，土质较疏松，填土内出土有少量陶片和兽骨（图 2-332；彩版一四四，2）。

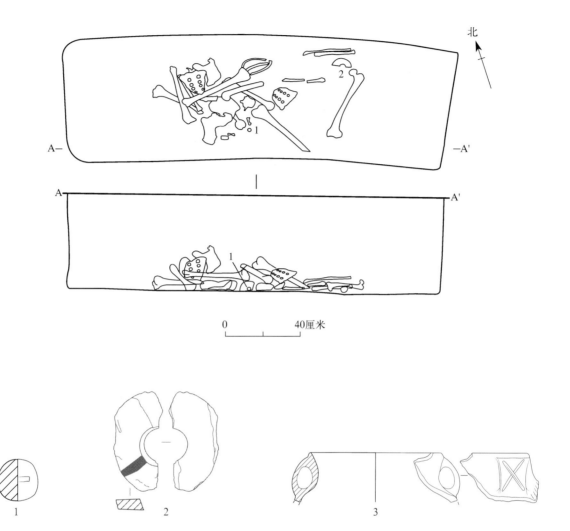

图2-332　M10平、剖面图及出土器物
1.陶球　2.玉石璧　3.双小耳罐M10：P1（填土）

（二）出土遗物

随葬玉石璧和陶球各1件。陶球位于南侧盆骨附近，玉石璧位于北侧肢骨附近。

陶球　1件。

M10：1，泥质灰陶。表面刻有一凹槽。直径1.5～1.7厘米（图2-332，1）。

玉石璧　1件。

M10：2，蛇纹大理岩，灰绿色。平面圆角方形，表面磨光，局部涂有朱砂。残余约二分之一璧面，中间钻孔，单面管钻，孔壁保留有管钻痕迹，断钻处有明显断茬，好侧稍厚，逐渐向外缘减薄，外缘有打制去薄的痕迹。外径10.0～10.6、好径3.6～4.0、厚1.0～1.2厘米（图2-332，2；彩版一四四，3）。

墓室填土中出土少量陶片，从残存口沿判断器形为双小耳罐。

M10：P1，夹砂红陶，器表有烟炱。侈口，束颈，圆肩。口肩之间有双耳。耳略低于口沿。耳上饰刻划纹。口径14.2、残高5.2、厚0.5～0.7厘米（图2-332，3）。

一一　M11

（一）墓葬形制

墓向 270°。位于 T0204 东北部，北邻 M12，开口于①层下，距地表 15 厘米。竖穴土坑墓，平面呈长方形，直壁、平底，西深东浅。长 200、宽 75、深 24～35 厘米。无葬具。人骨保存较好，单人侧身屈肢葬。头向西，面向南，墓主为女性，16～17 岁。墓室填土为灰褐色土，土质较致密，填土内出土有少量陶片和兽骨（图 2-333；彩版一四五，1）。

（二）出土遗物

随葬陶器 6 件，包括双大耳罐 2 件，单耳罐 1 件，侈口罐 1 件，盆 2 件（彩版一四五，2），玉石璧 1 件。玉石璧位于墓主盆骨附近（彩版一四六，1），陶器位于墓主脚骨附近。

双大耳陶罐　2 件。泥质红陶，手制。大敞口，高领，平底，最大腹径位于上腹。口腹之间有双耳，耳略低于口沿，领腹部有明显分界。

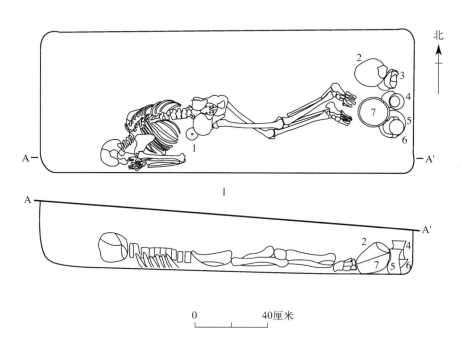

图2-333　M11平、剖面图
1.玉石璧　2.侈口陶罐　3、6.双大耳陶罐　4.单耳陶罐　5、7.陶盆

M11：3，鼓腹，耳面饰戳印纹。口径 9.8、最大腹径 8.2、底径 5.4、高 11.0、厚 0.3～0.5 厘米（图 2-334，1；彩版一四六，2）。

M11：6，折腹，耳上饰刻划纹。口径 8.2、最大腹径 8.2、底径 5.4、高 10、厚 0.4～0.7 厘米（图 2-334，2；彩版一四六，3）。

单耳陶罐　1 件。

M11：4，泥质红陶。侈口，圆唇，束颈，溜肩，鼓腹，最大腹径位于腹中，平底。口沿内壁及器表施红色陶衣，饰黑彩。口沿内壁饰宽条带纹一周。口沿外及颈部饰宽条带纹两周，腹部饰条带纹和菱形网格纹。口径 9.0、最大腹径 10.8、底径 5.4、高 9.3、厚 0.5～1.0 厘米（图 2-334，3；彩版一四七，1）。

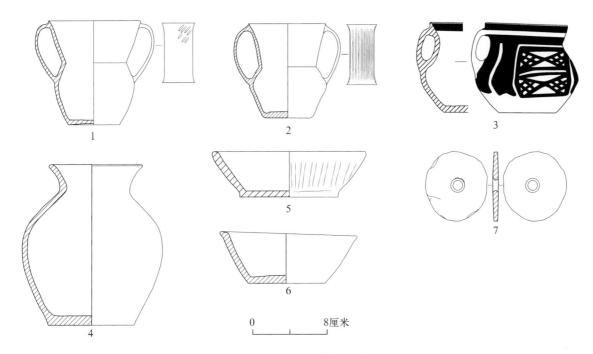

图2-334　M11出土器物

1、2.双大耳陶罐M11∶3、M11∶6　3.单耳陶罐M11∶4　4.侈口陶罐M11∶2　5、6.陶盆M11∶5、M11∶7　7.玉石璧M11∶1

侈口陶罐　1件。

M11∶2，夹细砂红陶，手制。侈口，矮束颈，溜肩，圆鼓腹，下腹弧收，平底，最大腹径位于上腹。口径10.0、最大腹径15.0、底径9.2、高15.1、厚0.6~1.0厘米（图2-334，4；彩版一四七，2）。

陶盆　2件。夹细砂红陶。敞口，圆唇，斜直腹，平底。

M11∶5，腹部饰篮纹，局部有烟炱。口径16.4、底径10.4、高4.8、厚0.6~0.8厘米（图2-334，5；彩版一四七，3）。

M11∶7，器形不甚规整。口径14.7、底径8.2、高5.0~5.5、厚0.8~0.9厘米（图2-334，6；彩版一四七，4）。

玉石璧　1件。

M11∶1，蛇纹大理岩，浅绿色。平面呈圆形，两面磨光，外缘磨制规整。中间钻孔，双面管钻，孔壁保留有管钻痕迹。好侧稍厚、逐渐向外缘减薄。外径6.8~7.4、好径1.1~1.5、厚0.4~0.6厘米（图2-334，7；彩版一四七，5）。

墓室填土中出土有铜锥、石铲、切割工具、磨石、石块。

铜锥　1件。

M11∶9，红铜质。长条状，断面呈圆形。锥尖较钝，锥尾扁平。锥长4.7、直径0.3厘米（图2-335，1；彩版一四八，1）。

石铲　1件。

M11∶8，蚀变火山岩，青灰色。扁平长条状，断面呈椭圆形。整体打制成形，表面有打制疤痕，一端较宽，一端较窄，刃部微弧。长12.3、宽3.8、厚1.7厘米（图2-335，2；彩版一四八，2）。

石切割工具　3件。平面不规则形，器身较薄，两面磨光，一侧有双面刃，其他侧面有断茬。

M11∶10，杂砂岩，灰色。刃部微弧。长4.4、宽4.2、厚0.5厘米（图2-335，3）。

M11∶13，板岩，黑灰色。刃部微弧。长4.6、宽3.0、厚0.5厘米（图2-335，4）。

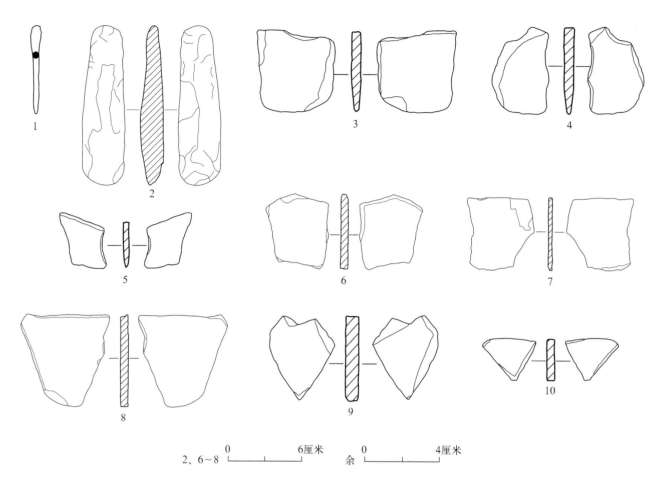

图2-335　M11填土出土器物

1.铜锥M11：9　2.石铲M11：8　3~5.石切割工具M11：10、M11：13、M11：15　6~8.磨石M11：11、M11：16、M11：17　9、10.石块M11：12、M11：14

M11：15，石英砂岩，灰黑色。长2.9、宽2.4、厚0.3厘米（图2-335，5）。

磨石　3件。板岩，灰色，平面不规则形。

M11：11，一面有磨光面，其他侧面有断茬。长6.0、宽5.1、厚0.6厘米（图2-335，6）。

M11：16，两面有磨光面，其他侧面有断茬。长5.8、宽5.3、厚0.3厘米（图2-335，7）。

M11：17，两面有磨光面，其他侧面有断茬。长7.3、宽7.2、厚0.6厘米（图2-335，8）。

石块　2件。

M11：12，石英砂岩，灰褐色。长4.5、宽3.5、厚0.7厘米（图2-335，9）。

M11：14，硅质石英砂岩，灰色。长2.8、宽2.2、厚0.4厘米（图2-335，10）。

一二　M12

（一）墓葬形制

墓向280°。位于T0204北部，南邻M11，南部被K2打破。开口于①层下，距地表15厘米。竖穴土坑墓，平面圆角长方形，直壁、平底。墓室长210、宽40~50、深56~60厘米。无葬具。人骨保存较好，单人仰身直肢葬，头骨有朱砂。墓主女，16~18岁。墓室填土为灰褐色五花土，土质较致密，填土内出土有少量陶片和兽骨（图2-336；彩版一四八，3）。

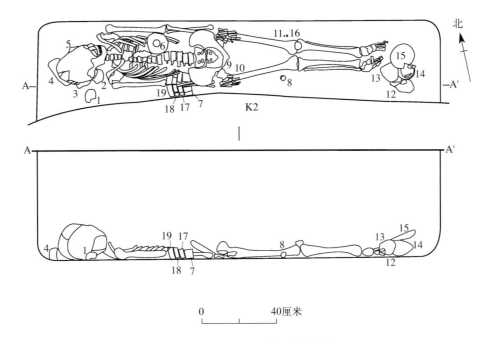

图2-336　M12平、剖面图
1~5、9、10.石块　6.玉石璧　7、17~19.骨臂钏　8.陶盖纽　11、16.绿松石串珠　12、13.双大耳陶罐　14.花边口陶罐　15.陶豆

（二）出土遗物

随葬陶器5件，包括双大耳罐2件、花边口罐1件、豆1件、盖纽1件（彩版一四九，1），玉石璧1件，石块7件，骨臂钏4件，绿松石串珠2件。陶器主要位于墓主脚骨附近，玉石璧位于肋骨之上（彩版一四九，2），石块位于头骨及头骨下，骨臂钏套于右桡骨、尺骨之上（彩版一五〇，1），盖纽位于下肢骨南侧，绿松石串珠位于下肢骨北侧。

双大耳陶罐　2件。手制。大敞口，高领，折腹，最大腹径位于上腹，平底。口腹之间有双耳，领腹部有明显分界。

M12：12，泥质红陶。耳与口沿平齐。耳上及上腹部饰刻划纹。口径10.0、最大腹径8.5、底径5.0、高11.6、厚0.3~0.8厘米（图2-337，1；彩版一五〇，2）。

M12：13，夹细砂红陶。耳与口沿平齐。口径8.4、最大腹径9.6、底径4.8、高11.8、厚0.4~0.9厘米（图2-337，2；彩版一五〇，3）。

花边口陶罐　1件。

M12：14，夹砂红陶，手制，器表有烟炱。侈口，圆唇，束颈，圆肩，鼓腹，下腹内收，平底。最大腹径位于腹中偏上，口沿外饰花边附加堆纹一周，腹部饰绳纹。口径8.4、最大腹径10.5、底径6.0、高9.0、厚0.4厘米（图2-337，3；彩版一五一，1）。

陶豆　1件。

M12：15，夹砂橙黄陶，手制。喇叭口，平沿，圆唇，深盘腹，斜弧壁，圈足残。口径13.2、残高5.0、厚0.7厘米（图2-337，4）。

陶盖纽　1件。

M12：8，夹砂橙黄陶。亚腰形，一面大一面小。直径2.4~2.8、高1.7厘米（图2-337，5）。

骨臂钏　4件。表面磨光，筒状，一侧有豁口，一端略大，壁厚均匀。

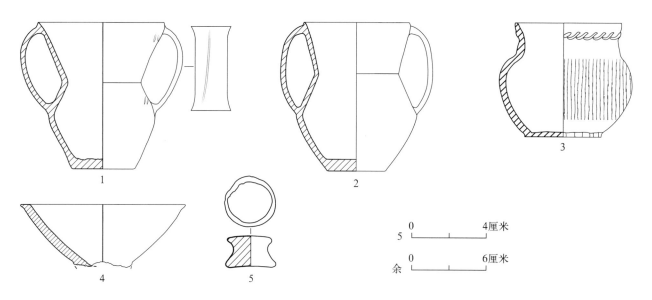

图2-337 M12出土陶器
1、2.双大耳罐M12：12、M12：13 3.花边口罐M12：14 4.豆M12：15 5.盖纽M12：8

M12：7，表面涂有朱砂。外径8.5、内径7.3、高4.3、厚0.4~0.6厘米（图2-338，1；彩版一五一，2）。

M12：17，外径10.8、内径8.9、高2.5~2.7、厚0.6~0.7厘米（图2-338，2；彩版一五一，3）。

M12：18，外径9.6、内径8.5、高2.1、厚0.5~0.6厘米（图2-338，3；彩版一五一，4）。

M12：19，外径8.4、内径7.0、高2.4、厚0.5~0.6厘米（图2-338，4；彩版一五一，5）。

玉石璧 1件。

M12：6，蛇纹大理岩，灰白色。平面近圆形，表面磨光，局部涂有朱砂。中间钻孔，单面管钻，孔壁保留有管钻痕迹，断钻处有明显断茬，好侧稍厚，逐渐向外缘减薄，外缘未经修整。外径10.8~11.2、好径2.6~3.8、厚0.8~1.0厘米（图2-339，1；彩版一五一，6）。

石块 7件。

M12：1，蛇纹石大理岩，青绿色。长14.4、宽11.9、厚8.6厘米（图2-339，2）。

M12：2，长石石英砂岩，灰色。长8.0、宽5.0、厚2.0厘米（图2-339，3）。

M12：3，蛇纹石岩，青绿色。长7.8、宽4.4、厚1.8厘米（图2-339，4）。

M12：4，大理岩，白色。长11.2、宽7.1、厚3.3厘米（图2-339，5）。

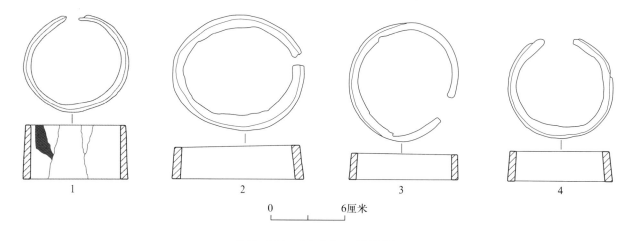

图2-338 M12出土骨臂钏
1.M12：7 2.M12：17 3.M12：18 4.M12：19

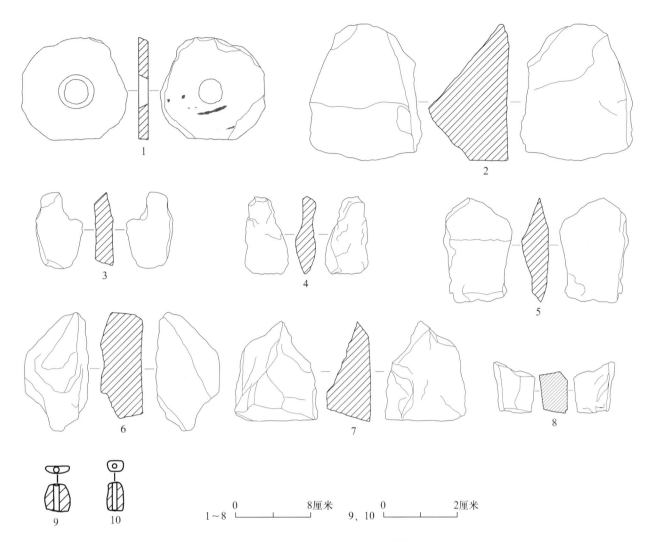

图2-339　M12出土玉石器

1.璧M12：6　2~8.石块M12：1、M12：2、M12：3、M12：4、M12：5、M12：9、M12：10　9、10.绿松石串珠M12：11、M12：16

M12：5，蛇纹石大理岩，青绿色。长12.9、宽7.2、厚4.1厘米（图2-339，6）。

M12：9，蛇纹石大理岩，白色。长10.6、宽8.8、厚4.3厘米（图2-339，7）。

M12：10，大理岩，白色。长4.5、宽4.4、厚2.9厘米（图2-339，8）。

绿松石串珠　2件。扁圆形，通体磨光，中部穿孔，对面钻。

M12：11，长0.7、宽0.6、孔径0.1、厚0.2厘米（图2-339，9；彩版一五一，7右）。

M12：16，长0.8、宽0.4、孔径0.1、厚0.3厘米（图2-339，10；彩版一五一，7左）。

第三节　灰坑及出土遗物

灰坑11个。平面形制为长方形、圆形、近圆形或不规则形。个别灰坑形制规整，打破生土，可能为窖穴。

一　H3

位于T0403的东南部。北邻H11，东邻H12，开口于⑪层下，打破生土，开口距地表60~80厘米。平面不规则形，口部边缘明显，直壁，平底。南北长214、东西宽190、深32～80厘米。坑内堆积分为3层：①层，灰褐色土，土质较疏松，斜坡状堆积，厚5～40厘米。包含有夹砂红陶片。②层，深灰色土，土质较疏松，包含有大量草木灰和炭屑，水平状堆积，厚15～20厘米。包含有夹砂红陶片。③层，灰褐色土，土质较致密，水平状堆积，厚10～20厘米，出土石刀1件，断块2件（图2-340；彩版一五二，1）。

　　石刀　1件。

　　H3③：1，细粒石英砂岩，灰绿色。平面近长方形，刀部打制成形，直背，直刃。长7.4、宽4.8、厚0.8厘米（图2-341，1；彩版一五三，1）。

　　断块　2件。硅质岩，青灰色。不规则形。

　　H3③：2，长6.4、宽2.5、厚1.5厘米（图2-341，2）。

　　H3③：3，长6.6、宽6.2、厚2.5厘米（图2-341，3）。

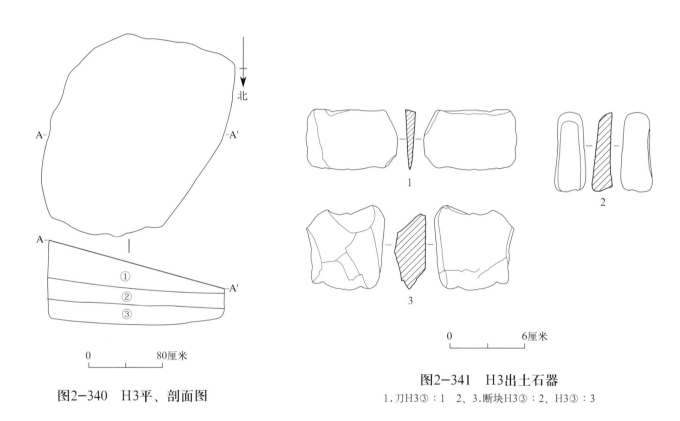

图2-340　H3平、剖面图

图2-341　H3出土石器
1.刀H3③：1　2、3.断块H3③：2、H3③：3

二　H4

　　位于T0304西南部，部分延伸至T0204东部，被现代水管沟打破。开口于⑥层下，距地表75厘米。平面近方形，口部边缘明显。直壁，平底。长160、宽150、深64厘米。坑内堆积为浅灰色土，土质较疏松。包含有炭屑，出土有少量陶片（图2-342；表2-12）。

三　H5

　　位于T0304西南部，部分延伸至T0204东部，西部被现代水管沟打破，南部被H4打破，开口于⑥层下，距地表78厘米。平面近长方形，口部边缘明显，直壁，平底。长180～210、宽140～160、深50厘米。坑内堆积

表2-12　H4陶系统计表

纹饰	泥质陶					夹砂陶					合计	百分比(%)
	红	红褐	灰	橙黄	小计	红	红褐	灰	橙黄	小计		
素面	5			2	7	16	4	8	2	30	37	64.91
绳纹						2	7			9	9	15.79
篮纹	1		3		4	6				6	10	17.54
弦纹		1			1						1	1.75
合计	6	1	5		12	24	11	8	2	45	57	
百分比(%)	10.53	1.75	8.77		21.05	42.11	19.3	14.04	3.51	78.95		100

为灰褐色土，土质较致密。出土有陶片、兽骨、石块等（图2-343；彩版一五二，2；表2-13）。从陶片残存口沿判断，器形有瓮和双小耳罐等。

陶瓮　1件。

H5：P1，夹砂红陶。直口，方唇。口沿外有凸棱一周，饰绳纹。残高5.1、残宽6.3、厚1.2厘米（图2-344，1）。

双小耳陶罐　1件。

H5：P2，夹砂红陶，器表有烟炱。侈口，圆唇，束颈，圆肩。口肩之间有双耳，耳低于口沿。肩部饰绳纹。残高9.8、残宽6.3、厚0.5～0.8厘米（图2-344，2）。

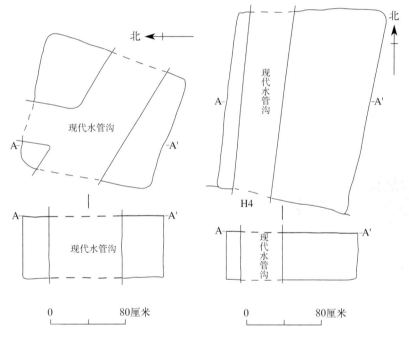

图2-342　H4平、剖面图　　　图2-343　H5平、剖面图

表2-13　H5陶系统计表

纹饰	泥质陶					夹砂陶					合计	百分比(%)
	红	红褐	灰	橙黄	小计	红	红褐	灰	橙黄	小计		
素面	3				3	11				11	14	43.75
绳纹						1	5			6	6	18.75
篮纹	1				1	8	1	1	1	11	12	37.50
合计	4				4	20	6	1	1	28	32	
百分比(%)	12.5				12.5	62.5	18.75	3.13	3.13	87.5		100

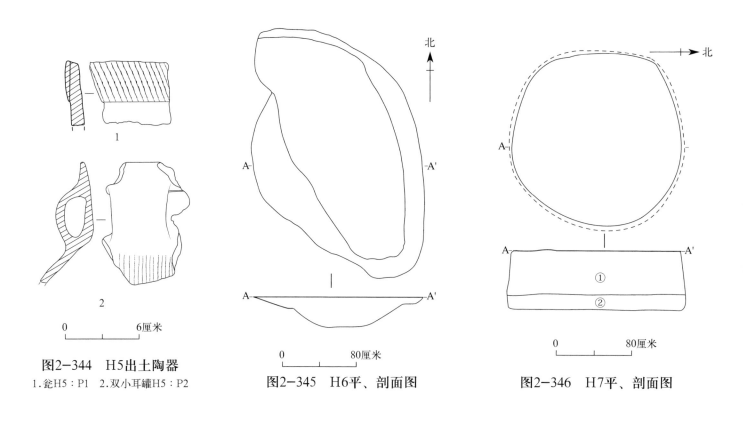

图2-344　H5出土陶器
1.瓮H5∶P1　2.双小耳罐H5∶P2

图2-345　H6平、剖面图

图2-346　H7平、剖面图

四　H6

位于T0203西北角。开口于①层下。平面呈不规则形，弧壁，锅底状。长264、宽186、深32厘米。坑内堆积为灰色土，土质较疏松，包含有少量草木灰和炭屑。出土有兽骨和石块等（图2-345）。

五　H7

位于T0205的西北部，部分延伸至西壁外。开口于①层下，开口距地表深14厘米，打破生土。圆形，袋状，口小底大，壁面较规整，平底，口径178、底径196、深63厘米。坑内堆积分为2层：①层，灰褐色土，土质较致密，包含大量的炭屑，呈水平状堆积，厚约48厘米。出土有少量的陶片、兽骨、石块，同时出土有玉石镞、切割工具、铲、璧、断块和玉石料2件。②层，黄褐色土，土质致密，呈水平状堆积，包含少量红烧土，厚约15厘米，出土有少量的陶片（图2-346；彩版一五三，2、3）。

玉石璧　1件。

H7①∶1，蛇纹大理岩，灰白色。平面近圆形，表面磨光，残余约三分之一璧面。中间钻孔，单面管钻，断钻处有明显断茬，好侧稍厚，逐渐向外缘减薄，外缘有打制去薄的痕迹。外径12.6～13.8、好径4.0～4.6、厚0.2～1.2厘米（图2-347，1；彩版一五四，1）。

玉石镞　1件。

H7①∶3，玉髓，青灰色。平面三角形，打制成形后压制修整而成，器身规整，整体较薄，无后锋。长2.2、宽1.7、厚0.3厘米（图2-347，2；彩版一五四，2）。

石切割工具　1件。

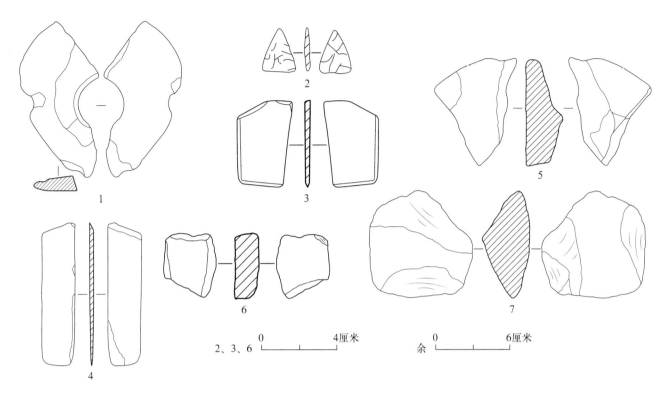

图2-347 H7出土玉石器

1.璧H7①：1 2.镞H7①：3 3.切割工具H7①：4 4.玉铲H7①：2 5、7.玉石料H7①：5、H7①：6 6.断块H7①：7

H7①：4，粉砂岩，灰黑色。平面近长方形，表面磨光，两侧有双面刃，其他侧面有断茬。长4.5、宽2.6、厚0.3厘米（图2-347，3；彩版一五四，3）。

玉铲 1件。

H7①：2，透闪石玉，灰白色。平面呈长方形，表面磨光，顶端断裂，双面刃。残长11.3、宽2.7、厚0.3厘米（图2-347，4；彩版一五四，4）。

玉石料 2件，均呈不规则形。

H7①：5，透闪石玉，浅绿色。一面磨光。长8.5、宽7.3、厚2.9厘米（图2-347，5；彩版一五四，5）。

H7①：6，长石石英砂岩，青灰色。长8.6、宽8.3、厚3.9厘米（图2-347，7）。

玉石断块 1件。

H7①：7，蛇纹石大理岩，白色。不规则形。长3.4、宽2.8、厚1.3厘米（图2-347，6）。

六 H8

位于T0403西南部，东邻H11和H3，开口于⑫层下，开口距地表170厘米。平面近椭圆形，口部边缘明显，直壁，斜底。长径122、短径80、深18～30厘米。坑内堆积为灰褐色土，土质较疏松。出土有少量陶片和兽骨等。厚18～30厘米（图2-348；彩版一五五，1）。

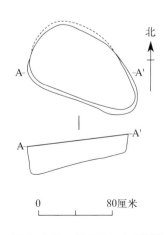

图2-348 H8平、剖面图

七 H9

位于 T0304 的西北部，西北部被 K2 打破，南部被 F1 打破，开口于⑨层下，距地表 140 厘米。平面呈不规则形，口部边缘明显，弧壁，平底。长 273、宽 264、深 50 厘米。坑内堆积为灰褐色土，土质较致密，厚 40～50 厘米。出土有少量陶片、玉石璧、玉石璧芯、石刀和兽骨（图 2-349；表 2-14）。

表2-14 H9陶系统计表

纹饰 \ 陶质陶色 数量	泥质陶					夹砂陶					合计	百分比（%）
	红	红褐	灰	橙黄	小计	红	红褐	灰	橙黄	小计		
素面	4	1	2		7	88	28	11	34	161	168	50.15
绳纹						20	49		23	92	92	27.46
篮纹			1		1	57	11		2	70	71	21.19
麦粒状绳纹							1			1	1	0.3
刻划纹							1		1	2	2	0.6
小泥饼		1			1						1	0.3
合计	4	2	3		9	165	90	11	60	326	335	
百分比（%）	1.19		0.6	0.9	2.69	49.25	26.87	3.28	17.91	97.31		100

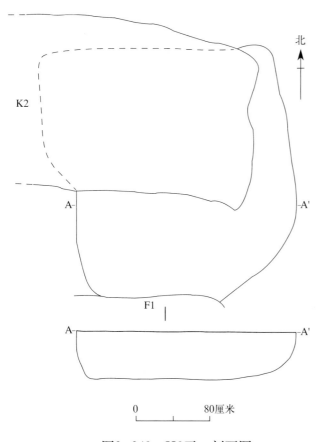

图2-349 H9平、剖面图

出土陶片从残存口沿判断，器形有花边口罐和侈口罐等。

花边口陶罐 1件。

H9：P3，夹砂红陶，器表有烟炱。侈口，圆唇。口沿外饰花边附加堆纹一周。口径 10.0、残高 3.3、残宽 7.2、厚 0.5 厘米（图 2-350，1）。

侈口陶罐 1件。

H9：P1，夹砂灰陶。侈口，圆唇，束颈，溜肩。腹部饰绳纹。口径 9.2、残高 5.2、残宽 5.7、厚 0.5～0.6 厘米（图 2-350，2）。

玉石璧 1件。

H9：3，蛇纹大理岩，青灰色。平面近圆形，两面磨光，残余约三分之一璧面。中间钻孔，单面管钻，断钻处有明显断茬，孔壁保留有管钻痕迹。好侧稍厚，逐渐向外缘减薄，外缘有打制去薄痕迹。外径 11.5～12.9、好径 2.8～3.2、厚 0.3～0.9 厘米（图 2-350，3；彩版一五五，2）。

玉石璧芯 1件。

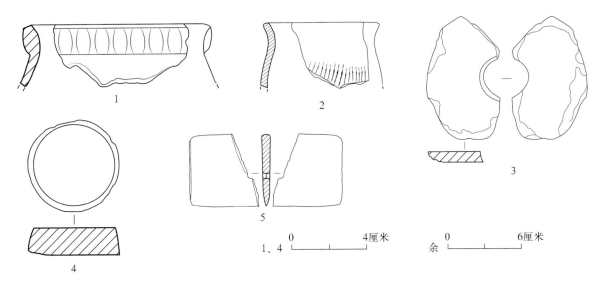

图2-350　H9出土器物

1.花边口陶罐H9：P3　2.侈口陶罐H9：P1　3.璧H9：3　4.璧芯H9：2　5.石刀H9：1

H9：2，透闪岩，灰绿色。平面圆形，表面磨光。芯壁呈斜坡状，纵剖面呈梯形，侧面保留管钻痕迹。直径4.3～4.9、厚1.4厘米（图2-350，4；彩版一五五，3）。

石刀　1件。

H9：1，石英砂岩，绿色。平面长方形，表面磨光，残存一半，直背，双面刃，较直。单孔，双面钻。残长5.4、宽5.7、孔径0.4、厚0.7厘米（图2-350，5）。

八　H10

位于T0305西南角和T0304西北角，西部被现代水管沟破坏，开口于⑧层下，距地表120厘米。残存平面近方形。口部边缘明显，直壁，平底。长268、宽172、深20～36厘米。坑内堆积为灰黑色土，土质较疏松，包含有大量料礓石，出土少量陶片、骨器、石块等（图2-351；彩版一五六，1；表2-15）。

陶器包括双小耳罐和器盖。

双小耳陶罐　1件。

H10：1，夹砂红陶，手制，器表有烟炱。侈口，圆唇，束颈，圆肩，鼓腹，最大腹径位于上腹，平底。口肩之间有双耳，耳略低于口沿。口沿外饰凹弦纹一周，腹部饰绳纹。口径13.0、最大腹径19.4、底径9.0、高23.0、厚0.6厘米（图2-352，1；彩版一五五，4）。

陶器盖　1件。

H10：2，夹砂红陶。斗笠状，盖面斜直，圆形捉纽，纽顶有凹窝。盖径12.4、纽径3.4、高4.3、厚0.2～1.1厘米（图2-352，2）。

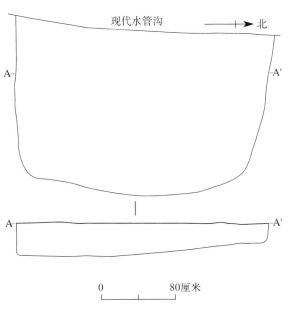

图2-351　H10平、剖面图

表2-15 H10陶系统计表

陶质陶色 数量 纹饰	泥质陶				合计	百分比 （%）
	红	红褐	灰	橙黄		
素面	15	1		2	18	40.91
绳纹	3	2	1	6	12	27.27
篮纹	6	1		7	14	31.81
合计	24	4	1	15	44	
百分比（%）	54.55	9.1	2.27	34.09		100

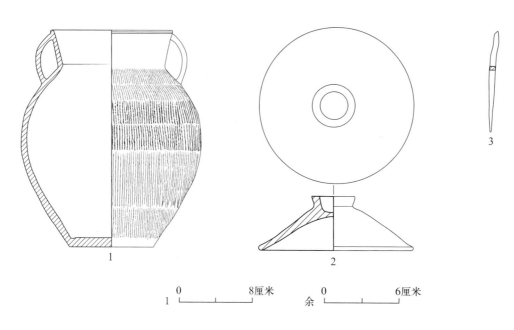

图2-352 H10出土器物

1.双小耳陶罐H10：1 2.陶器盖H10：2 3.骨锥H10：3

骨锥 1件。

H10：3，系用动物的肢骨劈成细条磨制而成。器身扁平，通体磨光，断面呈长方形。长8.0、宽0.5、厚0.3厘米（图2-352，3）。

九 H11

位于T0403东南部，西邻H8，南邻H3和H12。开口于⑫层下，距地表64厘米，打破生土。平面近圆形，口部边缘明显，直壁，斜底。口径76~82、深36~50厘米。坑内堆积为灰褐色土，土质较致密。包含有少量炭屑、草木灰等，出土有少量陶片、石纺轮1件、兽骨和石块等（图2-353；彩版一五六，2）。

石纺轮 1件。

H11：1，硅质板岩，黑灰色。平面圆形，通体磨光，边缘磨制规整，残余约二分之一。中间钻孔，单面管钻。外径6.3、孔径0.8、厚0.7厘米（图2-354；彩版一五六，3）。

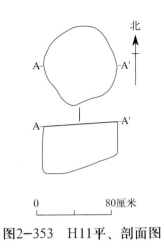

图2-353　H11平、剖面图

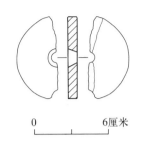

图2-354　H11出土石纺轮
H11：1

一〇　H12

位于T0403东南部，西邻H3，东部被现代水管沟打破。开口于⑫层下，距地表80厘米。平面近圆形，口部边缘明显，直壁，斜底。口径108~112、深30~58厘米。坑内堆积为灰褐色土，土质较致密。出土少量陶片和兽骨（图2-355；彩版一五七，1；表2-16）。

表2-16　H12陶系统计

陶质陶色 数量 纹饰	泥质陶					夹砂陶					合计	百分比（%）
	红	红褐	灰	橙黄	小计	红	红褐	灰	橙黄	小计		
素面	3		1	7	11	15	5	5	9	34	45	67.16
绳纹						3	3		3	9	9	13.43
篮纹	4			1	5	2	3		2	7	12	17.91
席纹		1			1						1	1.49
合计	7	1	1	8	17	20	11	5	14	50	67	
百分比（%）	10.45	1.49	1.49	11.94	25.37	29.85	16.42	7.46	20.9	74.63		100

一一　H13

位于T0405的北部。开口于⑩层下，距地表126厘米，打破生土。平面呈圆形，直壁，壁面规整，平底。直径238、深38厘米。坑内堆积分为3层：第①层，黑灰色土，土质较致密，包含大量的草木灰，呈水平状堆积，厚约10~20厘米。出土有少量的陶片、兽骨、石块等，同时出土串珠3件、骨针4件、石器3件、蚌饰2件、陶球1件。第②层，灰褐色土，土质较疏松，呈锅底状堆积，厚约0~8厘米，出土有少量的陶片和兽骨。第③层，黄褐色土，土质较疏松，呈水平状堆积，厚约10~26厘米，出土有陶片和兽骨等（图2-356；彩版一五七，2）。

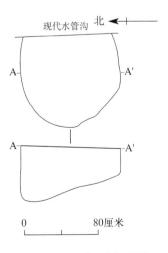

图2-355　H12平、剖面图

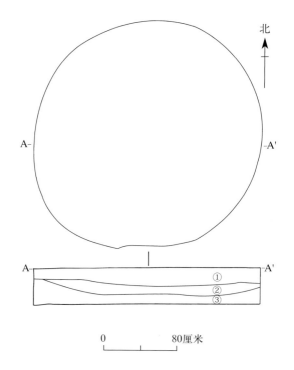

北

0　　　　　80厘米

图2-356　H13平、剖面图

从残存口沿判断，陶器器形包括双大耳罐、双小耳罐、侈口罐、敛口罐、高领折肩罐、壶、瓮、鬲和陶球等。

双大耳陶罐　1件。

H13①：P22，泥质红陶。敞口，圆唇。残高4.8、残宽4.0、厚0.2~0.3厘米（图2-357，1）。

双小耳陶罐　4件。夹砂红陶。侈口，圆唇或方唇，束颈，溜肩或圆肩。口肩之间有双耳。

H13①：P2，圆唇。耳略低于口沿。口沿外壁及腹部饰绳纹。口径21.6、残高13.7、厚0.5~0.8厘米（图2-357，2）。

H13①：P9，方唇。耳低于口沿。肩部饰绳纹。残高6.9、残宽8.1、厚0.5~0.6厘米（图2-357，3）。

H13①：P16，圆唇，鼓腹。耳与口沿平齐。腹部饰绳纹，耳上粘贴小泥饼。口径7.2、残高4.6、厚0.3~0.5厘米（图2-357，4）。

H13①：P18，圆唇，鼓腹。器表有烟炱。耳低于口沿。口径11.6、残高9.0、厚0.4~0.6厘米（图2-357，5）。

陶壶　2件。敞口，圆唇，高领。

H13①：P4，夹砂红陶。口径16.2、残高5.5、厚0.3~0.5厘米（图2-357，6）。

H13①：P6，泥质红陶。器表饰黑彩横条带纹、宽竖条带纹和菱形网格纹。口径17.2、残高6.8、厚0.5~0.6厘米（图2-357，7）。

侈口陶罐　4件。侈口，圆唇，束颈，溜肩。

H13①：P7，夹砂红陶。肩部饰绳纹。残高6.6、残宽12.8、厚0.7~0.9厘米（图2-358，1）。

H13①：P15，泥质灰陶。口径11.2、残高9.4、厚0.5~0.7厘米（图2-358，2）。

H13①：P20，夹砂红陶。口径12.2、残高3.5、厚0.5厘米（图2-358，3）。

H13①：P21，夹砂红陶。鼓腹。肩腹部饰绳纹。口径13.2、残高10.4、厚0.5~0.7厘米（图2-358，4）。

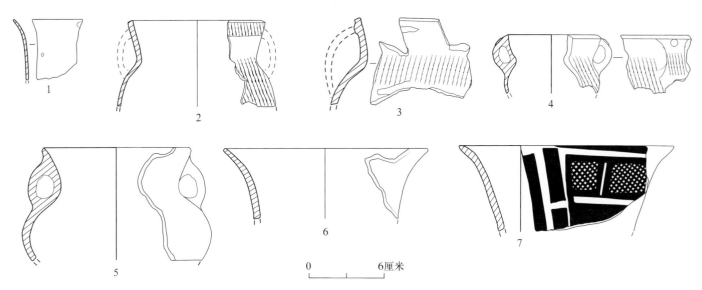

图2-357 H13出土陶器

1.双大耳罐H13①：P22 2~5.双小耳罐H13①：P2、H13①：P9、H13①：P16、H13①：P18 6、7.壶H13①：P4、H13①：P6

敛口陶罐 1件。

H13①：P1，夹砂红陶。敛口，方唇，圆肩。口径19.6、残高7.4、厚0.6~0.8厘米（图2-358，5）。

高领折肩陶罐 1件。

H13①：2，泥质橙黄陶。大喇叭口，高领，束颈，折肩，不甚明显，鼓腹，较深，最大腹径位于上腹，下腹弧收，平底。腹部有双耳，颈部饰刻划纹和弦纹。口径21.2、最大腹径21.4、底径9.6、高37.8、厚0.3~1.0厘米（图2-358，6；彩版一五八，1）。

陶瓮 1件。

H13①：P5，夹砂红陶。直口，方唇，腹微鼓。腹部饰绳纹。口径40.8、残高7.5、厚0.7~1.5厘米（图2-358，7）。

陶鬲足 1件。

H13①：P23，夹砂红陶。袋状足，矮实足跟，饰绳纹。残高3.9、残宽4.1、厚0.5~1.8厘米（图2-358，8）。

陶球 1件。

H13①：4，泥质红陶。直径1.6~1.8厘米（图2-358，9）。

骨针 4件。由动物肢骨骨片磨制而成，器身细长，通体磨光，断面呈圆形。

H13①：6，顶端残。残长2.8、直径0.2厘米（图2-359，1）。

H13①：13，顶端残。残长1.8、直径0.2厘米（图2-359，2）。

H13①：14，两端残。残长2.3、直径0.2厘米（图2-359，3）。

H13①：15，两端残。残长1.5、直径0.1厘米（图2-359，4）。

蚌饰 2件。片状，不规则形，磨制。边缘残。

H13①：7，残长1.8、残宽1.8、厚0.1厘米（图2-359，5）。

H13①：16，残长1.6、残宽1.2、厚0.1厘米（图2-359，6）。

石凿 1件。

H13①：1，硅质岩，黑灰色。扁平长条状，通体磨光，两端断裂。残长4.5、宽3.5、厚1.3厘米（图2-360，1）。

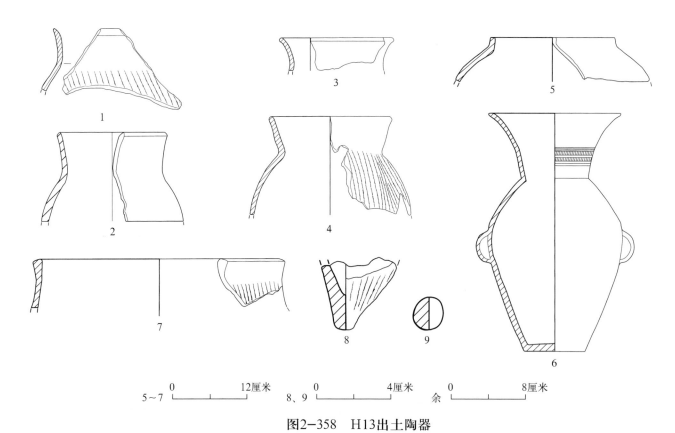

0   12厘米   0   4厘米   0   8厘米

5~7 ⊢——————┤   8、9 ⊢——————┤   余 ⊢——————┤

图2-358   H13出土陶器

1~4.侈口罐H13①：P7、H13①：P15、H13①：P20、H13①：P21 5.敛口罐H13①：P1 6.高领折肩罐H13①：2 7.瓮H13①：P5
8.鬲足H13①：P23 9.陶球H13①：4

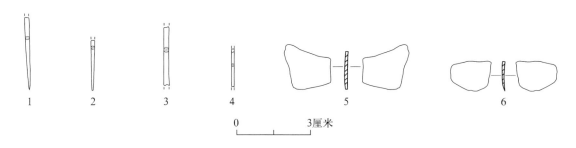

0   3厘米

图2-359   H13出土骨、蚌器

1~4.骨针H13①：6、H13①：13、H13①：14、H13①：15   5、6.蚌饰H13①：7、H13①：16

细石叶   1件。

H13①：10，玛瑙质，红色。平面呈长方形，石叶远端，背面为剥片疤痕，腹面特征缺失。长1.8、宽1.0、厚0.3厘米（图2-360，2；彩版一五八，2）。

磨石   1件。

H13①：18，杂砂岩，灰色。平面近长方形，两面有磨光面，侧面有断茬。长6.2、宽4.1、厚1.1厘米（图2-360，3）。

石锤   1件。

H13①：17，粉砂岩，灰色。柱状长条状，两端有砸击痕迹。长14.0、宽6.2、厚4.1厘米（图2-360，4）。

玉石断块   1件。

H13①：3，玉髓，黄褐色。平面呈不规则形。长3.0、宽1.7、厚0.9厘米（图2-360，5）。

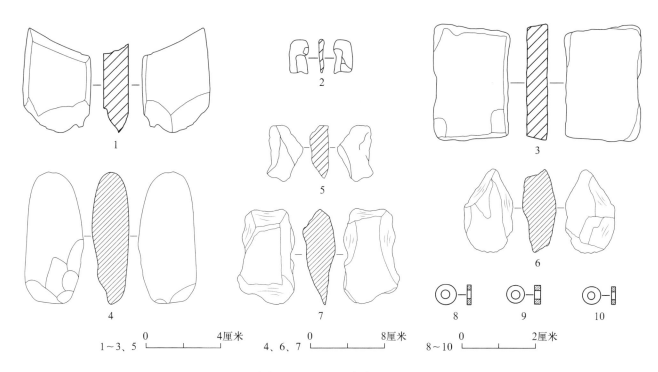

图2-360 H13出土玉石器

1.凿H13①：1 2.细石叶H13①：10 3.磨石H13①：18 4.锤H13①：17 5.断块H13①：3 6、7.玉石料H13①：8、H13①：9
8～10.串饰H13①：5、H13①：11、H13①：12

玉石料 2件。平面呈不规则形。

H13①：8，石英砂岩，白色。长8.8、宽5.2、厚3.5厘米（图2-360，6）。

H13①：9，玉髓，青绿色。长10.1、宽5.9、厚3.4厘米（图2-360，7）。

石串饰 3件。硅质岩，黑色。圆形，通体磨光，中心钻孔。

H13①：5，直径0.5、孔径0.2、厚0.1厘米（图2-360，8；彩版一五八，3右）。

H13①：11，直径0.4、孔径0.2、厚0.2厘米（图2-360，9；彩版一五八，3中）。

H13①：12，直径0.4、孔径0.2、厚0.1厘米（图2-360，10；彩版一五八，3左）。

第四节 房址及出土遗物

共清理发掘房址1座。

F1位于T0304的西南部，部分位于T0204的东隔梁，西部被水管沟和H4、H5打破，北侧被M2打破，南侧被K1打破。开口于⑧层下，距地表80～100厘米。房址为木骨泥墙地面式建筑，平面形状呈圆角长方形，由墙体、木柱、活动面、灶坑、火烧面组成。房址南部和西部破坏，门道不明。房址东西长4.2、南北残宽4、墙体残高0.56米，残存面积16.8平方米。立木柱作为骨架，木柱之间编织篱笆，在木柱和篱笆表面敷上泥土，形成墙体，墙体及倒塌堆积局部保留有树枝的痕迹。墙体及内侧三期活动面局部保存墙体倒塌堆积。墙体仅存北墙、东墙局部和西北角局部，北墙残存木柱12个，东墙残存木柱8个，木柱直径8～10厘米，残高70厘米，木柱间距约15～30厘米（图2-361；彩版一五九，1）。

根据活动面和垫土判断房址分为三期。早期活动面保存较好，为黄褐色硬面，厚4～5厘米。活动面中部有一灶坑，灶坑呈圆角长方形，坑壁局部保存红色烧结面，灶坑内为黑色灰烬，长48、宽28、深8厘米。活动面之上发现玉石璧一块（彩版一五九，2）。中期活动面系在早期活动面之上垫土形成，垫土为灰褐色，厚23厘米，活动面明显，灰褐色，较硬，厚2~3厘米。西南部残存火烧面痕迹，长62~100、宽52~76、厚3~5厘米（彩版一六〇，1）。晚期活动面系在中期活动面之上垫土形成，垫土为灰褐色，厚20厘米，活动面明显，白色，较硬，厚2~3厘米。活动面中部有近椭圆形的灶坑，坑壁有明显的烧结面，灶坑南面有近圆形的红烧土面，灶坑内为灰烬，出土双大耳陶罐1件（彩版一六〇，2）。灶坑长90、宽56、深18厘米，红烧土面直径35~44厘米。中期垫土土质较致密，包含有大量的炭屑，出土有少量的夹砂红陶片。晚期垫土土质较致密，纯净，包含少量的炭屑（表

表2-17 F1陶系统计表

陶质陶色 数量 纹饰	泥质陶					夹砂陶					合计	百分比（%）
	红	红褐	灰	橙黄	小计	红	红褐	灰	橙黄	小计		
素面	17		8	9	34	119	23	19	23	184	218	53.83
绳纹						40	48			88	88	21.73
篮纹	21	2		12	35	24	17	1	13	55	90	22.22
戳印纹	2				2						2	0.49
弦纹			1		1						1	0.25
麦粒状绳纹							6			6	6	1.48
合计	40	2	9	21	72	183	94	20	36	333	405	
百分比（%）	9.88	0.49	2.22	5.19	17.78	45.19	23.21	4.94	8.89	82.22		100

2-17）。

双大耳陶罐 1件。

F1z3:1，泥质红陶。大敞口，高领，鼓腹，口腹之间有双大耳，最大腹径位于上腹，下腹内收不明显，平底，内凹，耳与口沿平齐。口径7.8、最大腹径7.0、底径4.6、高9.5、厚0.2~0.4厘米（图2-362，1；彩版一六一，1）。

玉石璧 1件。

F1③:1，大理岩，灰白色。平面近圆形，表面磨光，外缘较规整，中间钻孔，单面管钻，孔壁保留有管钻痕迹，断钻处有明显断茬。外径12.8~14.2、好径3.4~4.2、厚1.1厘米（图2-362，2；彩版一六一，2）。

房址垫土中出土了大量的陶片，少量的玉石璧、石刀等。从残存口沿判断，器形包括侈口罐等。

侈口陶罐 1件。

F1②:P1，夹砂灰陶。侈口，圆唇。腹部饰绳纹。残高4.8、残宽5、厚0.5~0.8厘米（图2-363，1）。

玉石璧 1件。

F1②:1，片状蛇纹大理岩，灰白色。平面近圆形，残余约三分之一璧面。表面磨光，外缘较规整，中间钻孔，单面管钻，孔壁保留有管钻痕迹，断钻处有明显断茬。外径7.6~8.4、好径2.5~2.7、厚0.6厘米（图2-363，2；彩版一六一，3）。

玉石璜 1件。

F1②:2，蛇纹大理岩，暗绿色。残，中部有钻孔，单面管钻，孔壁保留有管钻痕迹，一侧有切割痕迹，一侧有断茬，外缘磨光，厚薄均匀。一侧有穿孔，双面钻。残长3.8、残宽2.8、好径2.7~2.9、厚0.4厘米，穿孔直径

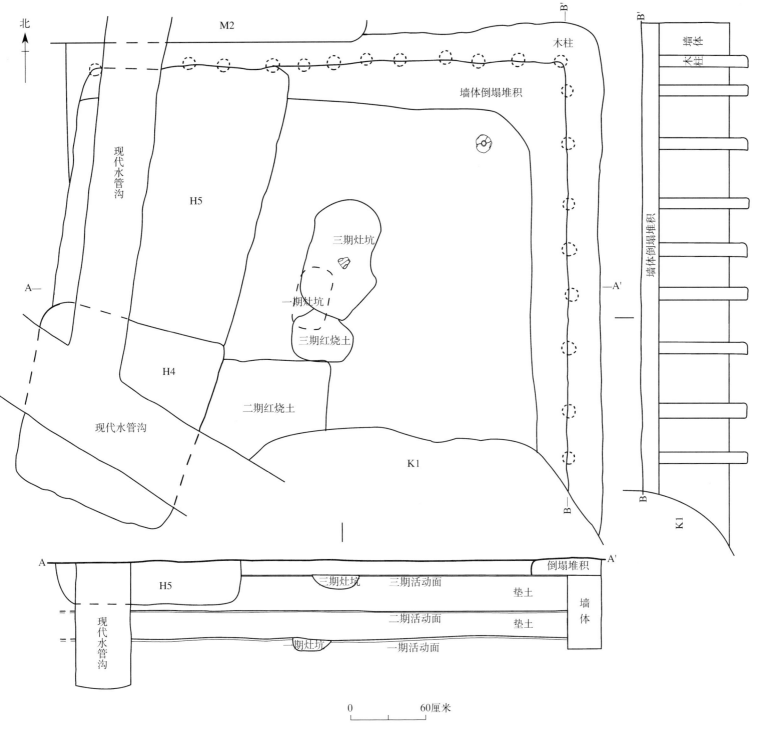

图2-361　F1平、剖面图

0.2～0.4厘米（图2-363，3；彩版一六一，4）。

石切割工具　1件。

F1③：2，石英粉砂岩，灰黑色。平面三角形，一侧有双面刃，其他侧面有断茬。长3.4、宽3.1、厚0.3厘米（图2-363，4；彩版一六一，5）。

石刀　1件。

F1②：3，石英杂砂岩，灰色。平面圆角长方形，直背，双面刃，较直，局部磨光，单孔，双面钻。长8.9、

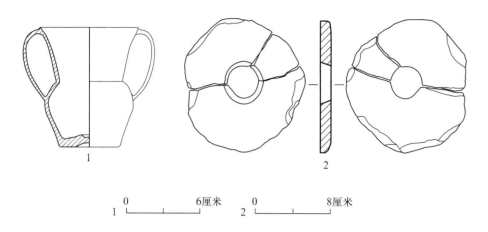

图2-362 F1出土器物

1.双大耳罐F1z3：1 2.玉石璧F1③：1

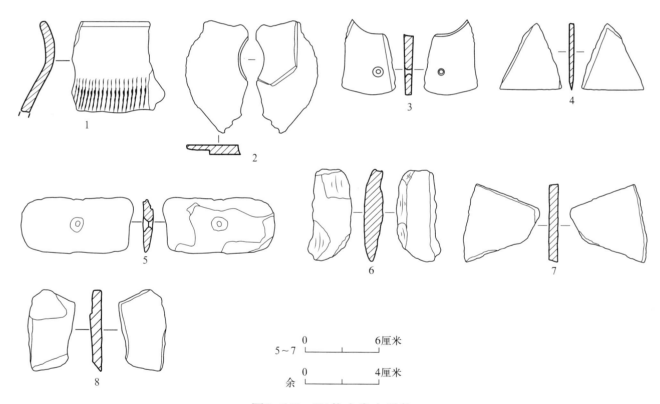

图2-363 F1垫土出土器物

1.侈口陶罐F1②：P1 2.玉石璧F1②：1 3.玉石璜F1②：2 4.石切割工具F1③：2 5.石刀F1②：3 6.玉石料F1③：3
7、8.磨石F1①：1、F1①：2

宽 4.8、孔径 0.2、厚 0.7 厘米（图 2-363，5；彩版一六一，6）。

玉石料 1件。

F1③：3，蛇纹石大理岩，青色。平面呈不规则形。长 7.3、宽 3.3、厚 1.4 厘米（图 2-363，6）。

磨石 2件。灰色，平面不规则形，两面有磨光面，其他侧面有断茬。

F1①：1，石英砂岩。长 6.2、宽 6.1、厚 0.7 厘米（图 2-363，7）。

F1①：2，砂岩。一面局部剥落。长 4.3、宽 2.5、厚 0.5 厘米（图 2-363，8）。

第五节 采集遗物

骨针 1件。

2018C：12，系用动物肢骨骨片磨制而成，器身细长，通体磨光，断面呈圆形，顶端残。残长5.3、直径0.2厘米（图2-364，1）。

骨饼形器 1件。

2018C：15，平面圆形，残存一半，器身残存穿孔4个。直径5.1、孔径0.3～0.4、厚0.2厘米（图2-364，2）。

玉石璧 13件。仅个别完整，大部分为残块，平面近圆形、圆角方形或椭圆形，表面磨光，外缘仅个别磨制规整，外缘保留有打制疤痕。好侧稍厚，逐渐向外缘减薄。中间钻孔，单面管钻，孔壁保留有管钻痕迹，断钻处有明显断茬。

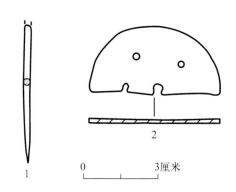

图2-364 采集骨器
1.针2018C：12 2.饼形器2018C：15

2018C：1，蛇纹大理岩，灰白色。平面近圆形，无钻孔。外径9.5～9.8、厚1.0～1.4厘米（图2-365，1）。

2018C：6，蛇纹大理岩，灰黑色。平面近圆形，残余约二分之一璧面。外径8.9～9.2、好径3.8～4.4、厚0.6～0.9厘米（图2-365，2；彩版一六二，1）。

2018C：7，蛇纹大理岩，黄白色。平面近圆角方形，残余约二分之一璧面。外径3.2～3.6、好径1.1～1.5、厚0.5厘米（图2-365，3；彩版一六二，2）。

2018C：11，蛇纹大理岩，绿色。平面近圆角方形，残余约四分之一璧面。外径7.7～8.2、好径2.8～3.5、厚0.8厘米（图2-365，4）。

2018C：14，蛇纹大理岩，绿色。平面近椭圆形。外径9.2～11.7、好径3.1～4.2、厚0.6～1.1厘米（图2-365，5；彩版一六二，3）。

2018C：16，蛇纹大理岩，暗绿色。平面近圆形，残余约二分之一璧面，系璧芯改制而成，外缘保存管钻痕迹。外径4.5～5.5、好径1.0～1.4、厚1.0厘米（图2-365，6；彩版一六二，4）。

2018C：17，大理岩，白色。平面近圆形。外径7.1～7.5、好径2.6～3.5、厚0.5～0.7厘米（图2-365，7；彩版一六二，5）。

2018C：19，蛇纹大理岩，浅绿色。平面近圆形，残余约三分之一璧面。外径8.5～9.0、好径2.6～3.3、厚0.2～0.4厘米（图2-365，8；彩版一六二，6）。

2018C：21，大理岩，灰白色。平面近圆角方形。外径9.1～9.6、好径2.7～3.4、厚0.6厘米（图2-365，9；彩版一六三，1）。

2018C：22，大理岩，青灰色。平面近圆形，残余约四分之一璧面。外径13.8～14.2、好径4.0～4.8、厚0.9～1.1厘米（图2-365，10；彩版一六三，2）。

2019C：1，蛇纹大理岩，灰绿色。平面近圆形，残余约五分之一璧面。外径11.5～12.7、好径3.4～4.2、厚1.1～1.5厘米（图2-365，11；彩版一六三，3）。

2019C：2，绿泥岩，灰白色。平面近椭圆形，残余约三分之一璧面。外径6.4～7.2、好径1.4～1.9、厚0.3厘米（图2-365，12；彩版一六三，4）。

2019C：3，大理岩，灰绿色。平面圆角方形，残余约二分之一璧面。外径9.0～9.5、好径3.5～4.2、厚0.5厘

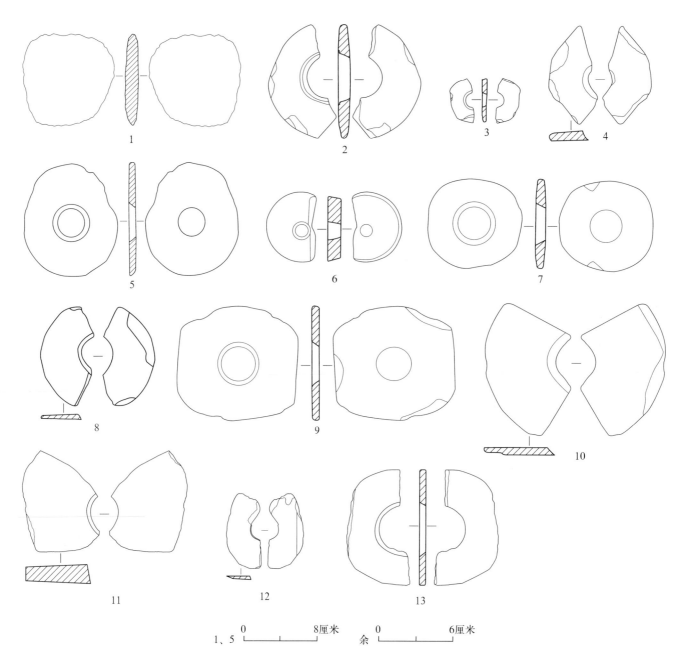

图2-365　采集玉石璧

1.2018C：1　2.2018C：6　3.2018C：7　4.2018C：11　5.2018C：14　6.2018C：16　7.2018C：17　8.2018C：19　9.2018C：21　10.2018C：22　11.2019C：1　12.2019C：2　13.2019C：3

米（图2-365，13；彩版一六三，5）。

玉石璧芯　3件。保存完整，平面呈圆形，单面管钻，芯壁呈斜坡状，纵剖面呈梯形，侧面大多保留有管钻痕迹，断钻处大多未修整，保留有明显断茬。

2018C：20，蛇纹大理岩，灰绿色。直径2.0~2.4、厚0.7厘米（图2-366，1；彩版一六三，6）。

2018C：23，蛇纹大理岩，灰绿色。一面残破。直径2.7~3.0、厚0.8厘米（图2-366，2；彩版一六四，1）。

2018C：25，透闪绿泥岩，灰白色。一面残破。直径1.2~1.8、厚1.0厘米（图2-366，3；彩版一六四，2）。

石切割工具　1件。

2018C：8，粉砂质板岩，灰褐色。平面呈不规则形，两面磨光，一侧有双面刃，微弧，其他侧面有断茬。长

7.1、宽 5.6、厚 0.3 厘米（图 2-366，4）。

石刀　5 件。通体磨光，平面长方形或圆角长方形，双面刃，单孔，双面钻。

2018C：3，变质粉砂岩，灰黑色。弧背，直刃，刃部有使用痕迹。长 9.4、宽 5.3、孔径 0.5、厚 0.3~0.9 厘米（图 2-366，5；彩版一六四，3）。

2018C：5，杂砂岩，灰黑色。平面圆角长方形，残存一半，直背，弧刃。残长 4.7、宽 4.5、孔径 0.5、厚 0.7 厘米（图 2-366，6）。

2018C：18，变质石英粉砂岩，灰绿色。平面圆角长方形，背部较直，刃部微弧。长 9.1、宽 5.9、孔径 0.4、厚 0.7 厘米（图 2-366，7；彩版一六四，4）。

2018C：24，石英砂岩，褐色。平面圆角长方形，残存一半，弧背，直刃。残长 6.3、宽 4.0、孔径 0.4、厚 0.6 厘米（图 2-366，8）。

2018C：26，石英杂砂岩，灰色。平面长方形，残存一半，直背，直刃。残长 4.7、宽 5.0、孔径 0.5、厚 0.7 厘米（图 2-366，9）。

玉锛　1 件。

T0103 地层 C：1，透闪石玉，棕黄色。形制规整，通体磨光，平面长方形，顶端为白色，微弧。刃部单面磨制。长 8.1、宽 4.7、厚 0.6 厘米（图 2-366，10；彩版一六四，5）。

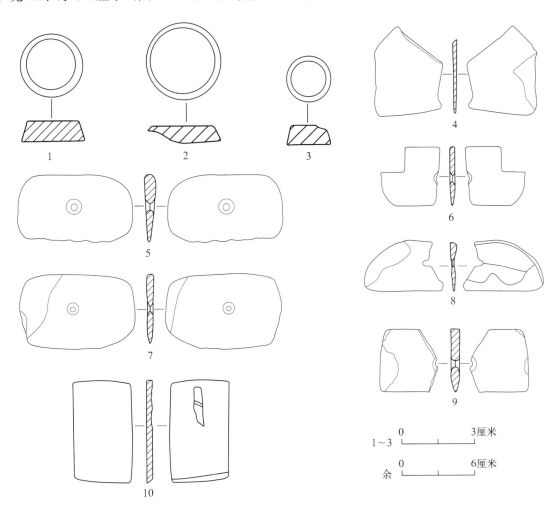

图2-366　采集玉石器

1~3.璧芯2018C：20、2018C：23、2018C：25　4.切割工具2018C：8　5~9.刀2018C：3、2018C：5、2018C：18、2018C：24、2018C：26
10.锛T0103地层C：1

第三章　战国时期遗存

第一节　地层堆积及出土遗物

（一）地层

战国时期地层堆积叠压在齐家文化地层堆积之上，开口于战国时期地层之下的H1、H2、JS1打破齐家文化地层。晚期农田建设和工程建设，对该时期地层破坏严重，从地层堆积分布看，南部的T0402和T0302，西部的T0203、T0204无该时期堆积，T0205仅在东部有分布，其他探方均有分布。由于破坏程度不一，各探方内堆积厚度也不一致，大部分探方垫土或耕土层下为②至⑤层为战国时期文化层，各探方地层堆积厚度不一，最厚的位置堆积约90~100厘米。

（二）出土遗物

从出土遗物看，不论是地层堆积还是遗迹单位，存在早期的齐家文化时期与战国时期陶器共存的现象。战国时期遗物发现很少，仅发现少量的泥质灰陶片，陶片较碎且较少。

陶罐　1件。

T0303④：P1，泥质灰陶，轮制，器表有轮痕。侈口，方唇，圆肩。残高6.4、残宽7.0、厚1.0~1.2厘米（图3-1，1）。

陶盆　2件。泥质灰陶，轮制，器表有轮痕。敞口，平沿，方唇，斜腹。

T0403④：P1，残高3.0、残宽9.5、厚0.9~1.2厘米（图3-1，2）。

T0403④：P2，残高4.0、残宽8.0、厚0.7~0.9厘米（图3-1，3）。

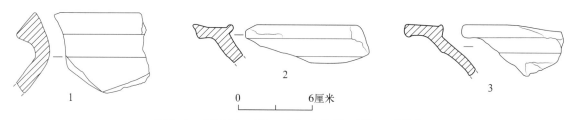

图3-1　T0303、T0403出土陶器（战国时期）

1.罐T0303④：P1　2、3.盆T0403④：P1、T0403④：P2

第二节　灰坑及出土遗物

一　H1

位于T0305西部。南部被现代水管沟打破，中东部被现代扰土沟和JS1打破，开口于④层下，开口距地表36厘米。平面不规则形，直壁，平底。长324、宽184、深32~60厘米。坑内堆积为黄褐色土，土质较致密，出土有大量的夹砂红陶和极少量的泥质灰陶片（图3-2；彩版一六五，1；表3-1）。

表3-1 H1陶系统计表

陶质陶色 数量 纹饰	泥质陶					夹砂陶					合计	百分比（%）
	红	红褐	灰	橙黄	小计	红	红褐	灰	橙黄	小计		
素面	23	3	3	11	40	21	16	13	5	55	95	71.43
绳纹						3	13	1		17	17	12.78
篮纹	1	5		6	12	1	4			5	17	12.78
麦粒状绳纹							1	1		2	2	1.5
刻划纹		1		1	2						2	1.5
合计	24	9	3	18	54	26	34	14	5	79	133	
百分比（%）	18.05	6.77	2.26	13.53	40.6	19.55	25.56	10.53	3.76	59.4		100

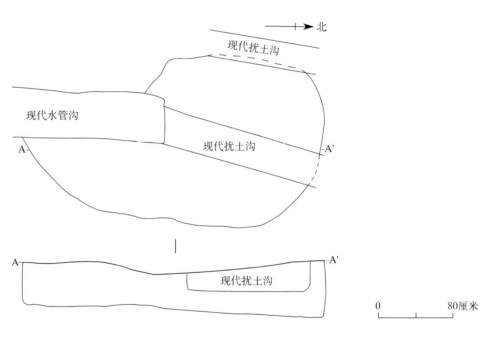

图3-2 H1平、剖面图

二 H2

位于T0305西部和T0205东部，被H1、JS1和现代水管沟、扰土沟打破。开口于⑤层下，距地表70厘米。平面呈不规则形，斜壁，底部不平。长612、宽482、深50～90厘米。坑内堆积为黄色土，土质较致密，包含大量料礓石，出土少量陶片、兽骨、石块和石器（图3-3；表3-2）。大部分为齐家文化时期陶片，仅个别战国时期夹细砂灰陶片。

出土器物从残存口沿判断，器形有双大耳罐和器盖等。

双大耳罐 1件。

H2：P2，泥质红陶。敞口，高领，口腹之间有双大耳，耳与口沿平齐。上腹饰刻划纹。口径7.8、残高4.3、厚0.4厘米（图3-4，1）。

表3-2　H2陶系统计表

陶质陶色 数量 纹饰	泥质陶					夹砂陶					合计	百分比(%)
	红	红褐	灰	橙黄	小计	红	红褐	灰	橙黄	小计		
素面	2				2	15	1	1	3	20	22	43.14
绳纹						2	3		1	6	6	11.76
篮纹	1				1		18		1	19	20	39.22
刻划纹							3			3	3	5.88
合计	3				3	20	22	1	5	48	51	
百分比（%）	5.88				5.88	39.22	43.14	1.96	9.8	94.12		100

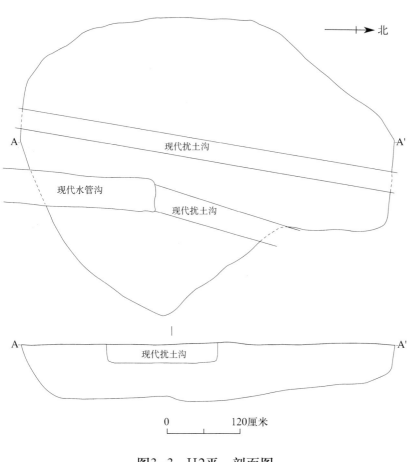

图3-3　H2平、剖面图

陶器盖　1件。

H2∶P1，夹砂红陶。器表有烟炱。斗笠状，盖面斜直，圆形捉纽，中部有凹窝。残高4.2、纽径3.2、厚0.6～0.7厘米（图3-4，2）。

玉石璧　1件。

H2∶1，蛇纹大理岩，深绿色。平面近圆形，表面磨光，残余约三分之一璧面。中间钻孔，单面管钻，孔壁保留有管钻痕迹，断钻处有明显断茬，好侧稍厚，逐渐向外缘减薄。外径9.5～10.3、好径1.2～1.4、厚1.3厘米（图3-4，3；彩版一六五，2）。

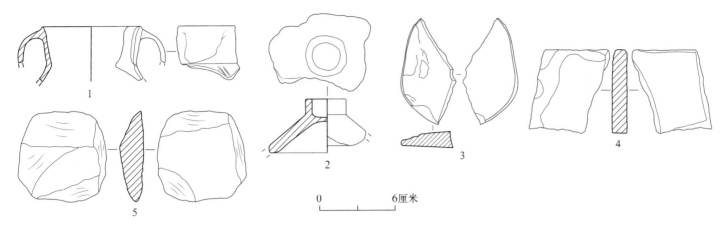

图3-4　H2出土器物

1.双大耳陶罐H2：P2　2.陶器盖H2：P1　3.玉石璧H2：1　4.磨石H2：3　5.玉石料H2：2

磨石　1件。

H2：3，长石石英杂砂岩，灰色。平面近方形，一面有磨光面，侧面有断茬。长6.6、宽6.3、厚1.2厘米（图3-4，4）。

玉石料　1件。

H2：2，蛇纹石玉，青色。长7.3、宽7.1、厚1.9厘米（图3-4，5）。

第三节　祭祀坑及出土遗物

JS1

JS1　位于T0305的西部，西部被现代扰土沟打破。开口于T0305④层下，最深处距地表34厘米。平面近椭圆形，直壁，斜底，南浅北深，南北长142、东西宽106、深66～109厘米。坑内埋藏马头骨5个，马蹄骨（前蹄）10个，羊头骨5个，完整狗骨架1具，部分殉牲骨骼被扰土沟破坏（彩版一六六，1）。坑内殉牲可以分为三层，五个马头骨东西向紧密排列，马蹄骨叠压于马头骨下或者置于马头骨的空隙间，部分蹄骨与头骨方向一致（彩版一六六，2）。北部马头骨之下叠压羊头骨5个（彩版一六七，1）。完整的狗骨架叠压在北部马头骨和羊头骨之上（彩版一六七，2）。坑内填土为红褐色土，土质较致密，包含有少量炭屑，出土有绿松石珠饰2件，骨镞3件，骨器1件，璧芯1件和少量的夹砂红陶、泥质灰陶、夹砂灰陶片（图3-5）。

（一）出土遗物

出土器物有陶片、石器和骨器。陶片较碎，器形不明。石器包括绿松石串珠2件、璧芯1件。

1.玉石器

玉石璧芯　1件。

JS1：5，蛇纹大理岩，暗绿色。平面圆形，芯壁呈斜坡状，纵剖面呈梯形。一面保留有断茬。直径1.2～2.0、厚0.8厘米（图3-6，1；彩版一六八，1）。

绿松石串珠　2件。绿色。柱状，略扁，断面呈近椭圆形，中部有穿孔，双面钻。

JS1：1，长0.9、宽0.6、孔径0.2、厚0.5厘米（图3-6，2；彩版一六八，2右）。

JS1：2，长1.0、宽0.8、孔径0.2、厚0.5厘米（图3-6，3；彩版一六八，2左）。

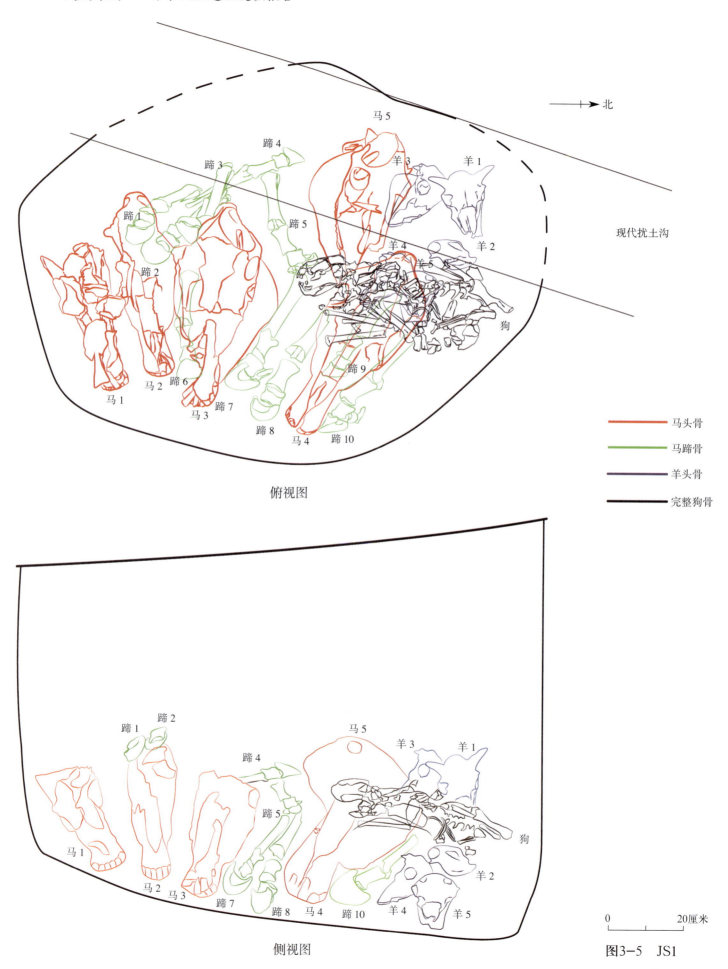

北

马 5

蹄 4

蹄 3

蹄 1

羊 3

羊 1

蹄 2

现代扰土沟

蹄 5

羊 4

羊 2

羊 5

狗

蹄 6

马 2

蹄 9

马 1

蹄 7

马 3

蹄 8

马 4

蹄 10

俯视图

马头骨
马蹄骨
羊头骨
完整狗骨

蹄 1
蹄 2

马 5

羊 3
羊 1

蹄 4

蹄 5

狗

马 1

马 2
马 3
蹄 7
蹄 8
马 4
蹄 10

羊 4
羊 5

羊 2

侧视图

0   20厘米

图3-5 JS1

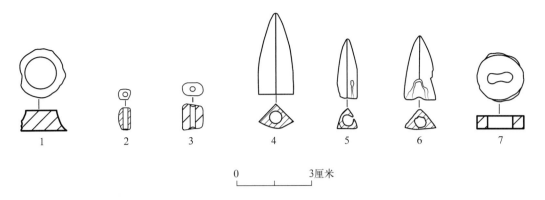

图3-6 JS1出土器物

1.玉石璧芯JS1：5 2、3.绿松石串珠JS1：1、JS1：2 4~6.骨镞JS1：3、JS1：6、JS1：7 7.骨饼形器JS1：4

2.骨器

镞 3件。三棱状，通体磨光，无铤，无后锋，尾端有圆孔。

JS1：3，断面近菱形，长3.2、翼宽1.4、孔径0.5、厚1.0厘米（图3-6，4；彩版一六八，3）。

JS1：6，断面近三角形，长2.4、翼宽0.8、孔径0.5、厚0.8厘米（图3-6，5；彩版一六八，4）。

JS1：7，断面近三角形，长2.5、翼宽1.3、孔径0.5、厚0.8厘米（图3-6，6；彩版一六八，5）。

骨饼形器 1件。

JS1：4，系用动物肢骨磨制而成，平面呈圆形，中心有近椭圆形穿孔，直径1.8~2.0、孔长径1.0、孔短径0.3、厚0.5厘米（图3-6，7）。

（二）相关问题探讨

战国地层和遗迹单位内出土了少量的陶片，但陶片较碎，无可修复器物，从个别口沿判断，主要为灰陶盆、灰陶罐等。形制与中原地区战国晚期同类器物相似。结合祭祀坑内马骨的测年结果为2349BP~2181BP年，相当于战国时期。结合器物形制比较及碳-14测年结果初步确认，战国文化层的年代应该在战国晚期。下面我们主要就祭祀坑与周边地区同类遗存比较，认识海藏遗址战国时期遗存的文化特征。

JS1中头骨和蹄骨的殉牲组合是春秋中期之后北方草原地区游牧民族的常见习俗。这种殉牲的习俗在大约同时期的长城沿线的河西走廊、燕山地区、内蒙古、宁夏地区与甘肃东部东周时期的墓地中较为常见[1]。

河西走廊大规模殉牲遗存发现在沙井文化时期。早期的西岗和柴湾岗墓地殉牲比例较低，较晚的蛤蟆墩墓地中比例较高。蛤蟆墩墓地殉牲动物有牛、羊、马和少量驴，羊的数量最多。羊主要随葬头骨、下颌骨和蹄趾骨，牛主要随葬头骨和蹄趾骨，马只随葬头骨，驴只见少量蹄骨。多数殉牲摆放在人头骨上端的填土中，部分放置于二层台和墓底人骨周围。殉牲动物吻部朝向与墓主头向大体保持一致（多向北）[2]。海藏遗址没有发现沙井文化时期遗物，其与沙井文化遗存的关系目前没有证据证实，还待进一步的认识。

与海藏遗址战国时期同时代的甘肃东部和宁夏南部大量发现该类殉牲。甘肃东部马家塬墓地、漳县墩坪、秦

[1] 乌恩：《欧亚大陆草原早期游牧文化的几点思考》，《考古学报》2002年第4期；马芳芳：《马家塬墓地西戎文化研究》，西北大学硕士学位论文，2018年；杨建华：《春秋战国时期中国北方文化带的形成》，文物出版社，2004年；王辉：《张家川马家塬墓地相关问题初探》，《文物》2009年第10期；甘肃省文物考古研究所：《永昌三角城与蛤蟆墩沙井文化遗存》，《考古学报》1990年第2期；宁夏文物考古研究所、固原博物馆：《宁夏固原杨郎青铜文化墓地》，《考古学报》1993年第1期；宁夏文物考古研究所、彭阳县文物管理所：《王大户与九龙山——北方青铜文化墓地》，文物出版社，2016年。

[2] 甘肃省文物考古研究所：《永昌三角城与蛤蟆墩沙井文化遗存》，《考古学报》1990年第2期；洪猛：《双湾墓葬及沙井文化相关问题研究》，吉林大学硕士学位论文，2008年。

安王洼、清水刘坪及宁县袁家村等墓地均发现了类似带有殉牲的墓葬[1]。马家塬墓地共发现墓葬80座，这些墓葬中均有殉牲动物，殉牲动物有马、牛、羊和狗，其中马、牛、羊均以随葬头骨和蹄骨为主，也有少量完整马匹和牛、马的肋骨、肢骨和完整的狗。马和牛的数量最多，其次是羊，最后是狗。殉牲大多随葬于墓道填土中和墓道底部车辆附近，一般殉牲吻向东。此外，该墓地还发现了两座祭祀坑——M17和M27。M17中共分4层埋葬有马头、牛头、羊头及蹄骨共306具。这些马头、牛头、羊头的吻部朝向均向东。M27分三层放置殉牲，主要为羊头骨，达百余个，其余为少量马头骨及一定数量的马、羊蹄骨、羊牙及羊角等[2]。宁夏地区的张街、于家庄、杨郎、陈阳川、王大户等墓地中均发现了羊、牛、马的头骨及蹄骨随葬的现象。羊的数量最多，其次是牛和马。羊的随葬部位主要是头骨，还有很少的颌骨[3]。牛和马均以头骨为主，还伴出一些蹄骨。竖穴土坑墓中殉牲动物直接摆放在墓主身边两侧或足端。土洞墓中，殉牲动物摆放在墓道填土中或放置于墓道底部一端。这些殉牲动物的吻部朝向与墓主人头向一致，多朝东。海藏遗址此次发现的祭祀坑，与陇东和宁夏等地东周时期的戎人墓地的殉牲情况类似，特别与马家塬大型贵族墓地相似，殉牲不仅在墓葬中出现，还发现了单独的祭祀坑，两者均以马、牛、羊的头骨和蹄骨为主要殉牲，还有完整的狗，殉牲朝向均为东。海藏遗址祭祀坑殉牲与甘肃东部马家塬墓地祭祀坑殉牲表现出相似性，二者是否存在关系，还待进一步的探讨。

海藏遗址战国祭祀坑殉牲与马家塬墓地、宁夏与内蒙古地区部分殉牲在多方面表现出相似性，体现了他们在文化上的关联性，其深层次的原因可能在于他们生业形态和社会形态的相似性。

[1] 甘肃省文物考古研究所：《甘肃秦安王洼战国墓地2009年发掘简报》，《文物》2012年第8期；甘肃省文物考古研究所、清水县博物馆：《清水刘坪》，文物出版社，2014年；甘肃省文物考古研究所：《甘肃漳县墩坪墓地2014年发掘简报》，《考古》2017年第8期。

[2] 甘肃省文物考古研究所：《甘肃张家川马家塬战国墓地2012～2014年发掘简报》，《文物》2018年第3期；甘肃省文物考古研究所：《甘肃重要考古发现（2000～2019）》，文物出版社，2020年。

[3] 宁夏文物考古研究所、固原博物馆：《宁夏固原杨郎青铜文化墓地》，《考古学报》1993年第1期；宁夏文物考古研究所、彭阳县文物管理所：《王大户与九龙山——北方青铜文化墓地》，文物出版社，2016年；宁夏文化考古研究所：《宁夏固原于家庄墓地发掘简报》，《华夏考古》1991年第3期。

第四章　分期与年代

海藏遗址根据叠压打破关系和出土典型器物特征，可以分为两期，晚期堆积为战国时期，早期堆积为齐家文化时期。

第一节　文化分期

一　层位关系

海藏遗址战国时期堆积，遭到早期农田建设和晚期工程建设的破坏，个别探方无该时期堆积或堆积较薄，地层内出土战国时期遗物较少，大部分战国时期遗物和齐家文化遗物共存。虽然一组打破关系 JS1 → H1 → H2，但是祭祀坑内和灰坑内出土的陶片很少，无典型的器物进行对比，故战国时期遗存无法进行进一步分期（表4-1）。

表4-1　海藏遗址地层遗迹叠压打破关系表

叠压关系	战国文化时期	④-H1、JS1 ⑤-H2
	齐家文化时期	①-M1、M7、M11、M12、H6、H7 ③-M8 ④-M3、M4、M5 ⑤-M2、M6、M9、M10 ⑥-H4、H5 ⑧-F1、H10 ⑨-H9 ⑩-H13 ⑪-H3 ⑫-H8、H11、H12
打破关系	战国文化时期	JS1→H1→H2
	齐家文化时期	H4→H5→F1→H9 M2→F1

注："—"表示叠压关系，"→"表示打破关系，后同。

海藏遗址齐家文化时期堆积较厚，遍布整个发掘区所有探方，各层下开口齐家文化时期遗迹包括墓葬12座、灰坑11个、房址1座，且部分遗迹之间存在打破关系，故遗迹开口层位和打破关系是分期的主要依据，下表是地层堆积对照表和遗迹打破关系表（表4-1、4-2）。

表4-2　海藏遗址各期地层对照表

探方地层时期	现代垫土层	现代耕土层	战国时期	齐家时期
T0203	无	无	无	①～⑧层
T0204	①层	无	无	②～⑳层
T0205	①层	无	②～③层	④～⑱层
T0302	无	无	无	①～⑥层
T0303	①层	②层	③～④层	⑤～⑳层
T0304	①层	②层	③～⑤层	⑥～⑱层
T0305	①层	②层	③～⑤层	⑥～㉓层
T0402	①层	无	无	②～⑤层
T0403	①层	②层	③～④层	⑤～⑳层
T0404	①层	②层	③～⑤层	⑥～⑰层
T0405	①层	②层	③～⑤层	⑥～⑯层

从遗迹开口层位看，M1、M7、M11、M12开口于表土层下，M2、M3、M4、M5、M6、M8、M9、M10开口于战国文化层下，各墓之间无打破关系，墓葬方向向西（267°～285°）。由于西部的T0203、T0204、T0205地势较低，战国时期文化层大部分被破坏，南部T0302、T0303局部、T0402由于施工对战国时期文化层破坏，中、北部地势较高，探方内垫土层和耕土层下保存有薄厚不均的战国时期文化层。其中M1、M7、M11、M12直接开口于①层现代垫土层下，M2、M3、M4、M5、M6、M8、M9、M10开口于战国地层下，故开口层位对探讨墓葬之间的早晚关系意义不大（表4-2）。墓葬打破齐家地层、灰坑和房址，且墓葬及其打破的地层、灰坑、房址内出土典型器物组合关系，各类器物形态差异是分期的重要依据。下面以打破关系和陶器类型学为基础，根据典型器物的演变规律，并结合甘青地区已有的齐家文化遗存的分期成果，探讨海藏遗址齐家文化时期遗存的分期和时代。

虽然开口于齐家文化时期地层下的房址、灰坑有打破关系，但是灰坑、房址及打破的地层内出土器物的演变特征不明显，给进一步认识较早遗存的分期带来困难。因此主要通过墓葬内典型器物与地层或地层下开口灰坑、房址等单位内同类器物比较，认识器物的演变发展规律。

二　齐家文化典型器物演变特征

我们选择出土数量较多、组合关系明确、演变特征明显的器物作为标型器，认识陶器的演变规律。以双大耳罐、双小耳罐、侈口罐、高领折肩罐、盆、豆、尊等器物进行分析（表4-3）。

双大耳罐　泥质红陶为主，个别夹细砂红陶，手制。敞口，圆唇，高领，鼓腹或折腹，平底，口腹之间有双大耳。素面。根据领腹高度比例和腹部特征不同，可分为二型。

A型　腹部高于领部。根据口、领和腹部等特征变化可分为三式。

Ⅰ式　领部较直，折腹，最大腹径位于腹中，下腹内收明显。T0303⑪：28。

Ⅱ式　领部外撇明显，圆折腹，最大腹径位于上腹，下腹内收，不甚明显。F1z3：1。

Ⅲ式　领部外撇明显，鼓腹，最大腹径位于上腹，下腹斜收。M12：13。

B型　领高于腹部。根据领、腹部等特征变化可分为二式。

Ⅰ式　高领，筒状腹，微鼓，领腹之间折棱不明显，耳下端位于上腹处。T0304⑪：25。

Ⅱ式　高领，折腹，下腹斜收，领腹之间折棱明显，耳下端位于腹中偏上。M2：19。

双小耳罐　夹砂红陶或红褐陶，个别夹砂灰陶、泥质红陶，手制。束颈，圆唇，溜肩或圆肩，鼓腹或圆鼓腹，下腹内收或斜收，口腹之间有双小耳，平底。肩腹部多饰绳纹，部分颈部饰刻划纹，个别饰黑彩。根据口、肩、腹部等特征可分为四型。

A型　侈口，口较大，溜肩，鼓腹，下腹斜收。根据腹部和耳部变化可分为二式。

Ⅰ式　颈部较矮，腹部较鼓，下腹斜直，最大腹径位于上腹，耳与口沿平齐。T0405⑪：2。

Ⅱ式　颈部较高，鼓腹，下腹弧收，最大腹径位于腹中，耳低于口沿。M2：10。

B型　侈口，口较大，鼓腹，腹部较深，腹部饰绳纹。根据肩腹部特征变化可分为二式。

Ⅰ式　圆肩，鼓腹，下腹略内收，最大腹径位于腹中。H10：1。

Ⅱ式　溜肩，腹略鼓，下腹斜收，最大腹径位于上腹。M2：21。

C型　口较小，圆肩，鼓腹，口沿内壁和器表饰黑彩，部分施紫红色陶衣。根据口、肩腹部变化可分为二式。

Ⅰ式　近直口，微侈，圆肩，鼓腹。最大腹径位于上腹。T0304⑦：P19。

Ⅱ式　侈口，圆肩，鼓腹，下腹内收明显，最大腹径位于腹中。M5：3。

D型　口较小，圆肩，鼓腹，腹部饰绳纹。根据口、肩腹部变化可分为二式。

Ⅰ式　近直口，微侈，圆肩，圆鼓腹，最大腹径位于上腹。T0304⑭：P1。

Ⅱ式　侈口，圆肩，鼓腹，下腹内收，最大腹径位于腹中。M7：6。

侈口罐　夹砂红陶或夹砂红褐陶，部分为泥质红陶，手制。侈口，束颈，溜肩或圆肩，鼓腹或圆鼓腹，平底。部分肩腹部饰绳纹。根据口、腹部特征可分为二型。

A型　口较大，侈口，溜肩，鼓腹，下腹弧收。肩腹部多饰绳纹，少量饰麦粒状绳纹。T0403⑮：3。

B型　口较小，侈口，圆肩，鼓腹，下腹内收，素面。根据颈、腹部特征变化可分为二式。

Ⅰ式　短束颈，鼓腹。T0303⑦：14。

Ⅱ式　长束颈，圆鼓腹。M5：7。

花边口罐　侈口，圆唇，束颈，溜肩，鼓腹，下腹弧收。口颈部饰一周花边堆纹或口沿外戳印、压印一周花边，腹部饰绳纹或麦粒状绳纹。T0304⑦：28。

高领折肩罐　夹砂红陶或橙黄陶，个别泥质橙黄陶，手制。喇叭口或敞口，高领，折肩或溜肩，下腹斜收或内收，平底。腹部有双耳。大部分腹部饰篮纹，领部饰戳印纹或弦纹。根据领、肩及腹部特征变化可分为三式。

Ⅰ式　喇叭口，折肩较明显，鼓腹，下腹内收。T0304⑰：P3。

Ⅱ式　喇叭口，折肩不甚明显，腹较鼓，下腹斜收。H13①：2。

Ⅲ式　敞口，溜肩，腹部略鼓，下腹斜收。M7：1。

豆　夹砂红陶，手制。敞口或喇叭口，盘形腹，高圈足。根据腹部与圈足等特征变化可分为二式。

Ⅰ式　敞口，窄斜沿，浅盘腹，高圈足，外撇。T0303⑪：29。

Ⅱ式　喇叭口，深盘腹，高圈足，外撇不明显。M6：4。

表4-3　海藏遗址齐家文化典型器物演变与分期对

罐

型式分期	双大耳罐		双小耳罐					修口罐		花边口罐	高领折肩罐
	A型	B型	A型	B型	C型	D型		A型	B型		
晚期	M12：13	M2：19	M2：10	M2：21	M5：3	M7：6			M5：7		M7：1
早期	F1z3：1 / T0303①：28	T0304①：25	T0405①：2	H10：1	T0304⑦：P19	T0304⑭：P1		T0403⑮：3	T0303⑦：14	T0304⑦：28	H13①：2 / T0304⑦：P3

型式分期	豆	尊		鬲	盆				高领折肩罐
		A型	B型		A型			B型	
					Aa型	Ab型			
晚期	M6：4	M5：5		T0304⑦：31		M11：5		M6：7	
早期	T0303①：29	T0203⑧：7	T0303⑯：P28		T0204⑳：25	T0303⑰：12		T0304⑮：3	

尊　夹砂红陶和橙黄陶，部分泥质红陶或橙黄陶，个别白陶，手制。根据有无圈足分为二型。

A 型　喇叭口，高圈足，外撇，腹部有双耳。根据腹部特征变化可分为二式。

Ⅰ式　斜沿，盆形腹，斜直，较浅。T0203⑧：7。

Ⅱ式　折沿，筒形腹，微鼓，较深。M5：5。

B 型　无圈足，斜沿或平沿，圆唇，筒形腹，斜直，平底。大部分残存为口沿、腹部。T0303⑯：P28。

盆　夹砂红陶或橙黄陶，部分泥质红陶和橙黄陶，手制。根据有无耳分为二型。

A 型　无耳，敞口，腹较浅。多饰篮纹，部分素面。根据有无沿分为二亚型。

Aa 型　器形大，大敞口，宽沿，浅弧腹。T0204⑳：25。

Ab 型　器形小，敞口，无沿，浅腹。根据腹部变化可分为二式。

Ⅰ式　腹壁较弧。T0303⑰：12。

Ⅱ式　腹壁斜直。M11：5。

B 型　口腹间有双耳，直口，微侈，圆唇，鼓腹，下腹斜收或弧收，平底。部分饰绳纹、刻划纹等。根据口部和腹部变化可分为二式。

Ⅰ式　近直口，下腹内收，腹部较浅。T0304⑮：3。

Ⅱ式　侈口，下腹弧收，腹部较深。M6：7。

三　文化分期

陶器主要有双大耳罐、双小耳罐、高领折肩罐、侈口罐、花边口罐、敛口罐、单耳罐、盆、瓮、豆、尊、鬲、斝、盉、器盖等。根据器物组合和型式变化可分为两组。

第一组主要以各探方齐家文化时期地层及地层下开口遗迹中出土遗物为代表。双大耳罐、双小耳罐、高领折肩罐、侈口罐、花边口罐、敛口罐、盆、瓮、豆、尊、鬲、斝、盉、器盖共存。器形组合包括 A 型Ⅰ式双大耳罐、A 型Ⅱ式双大耳罐、B 型Ⅰ式双大耳罐、A 型Ⅰ式双小耳罐、B 型Ⅰ式双小耳罐、C 型Ⅰ式双小耳罐、D 型Ⅰ式双小耳罐、A 型侈口罐、B 型Ⅰ式侈口罐、花边口罐、Ⅰ式高领折肩罐、Ⅱ式高领折肩罐、Ⅰ式豆、A 型Ⅰ式尊、B 型尊、Aa 型盆、Ab 型Ⅰ式盆、B 型Ⅰ式盆。

第二组以齐家文化时期墓葬中出土遗物为代表。双大耳罐、双小耳罐、高领折肩罐、侈口罐、单耳罐、盆、豆、尊、器盖共存，少见花边口罐，不见瓮、鬲、盉及斝等三足器。器形组合包括 A 型Ⅲ式双大耳罐、B 型Ⅱ式双大耳罐、A 型Ⅱ式双小耳罐、B 型Ⅱ式双小耳罐、C 型Ⅱ式双小耳罐、D 型Ⅱ式双小耳罐、B 型Ⅱ式侈口罐、Ⅲ式高领折肩罐、Ⅱ式豆、A 型Ⅱ式尊、Ab 型Ⅱ式盆、B 型Ⅱ式盆、单耳罐。

根据器物组合及典型器物演变特征将海藏遗址齐家文化遗存分为早、晚两期，两期与器物的分组相对应。

早期与第一组器物组合对应，该时期包括地层及灰坑 H3～H13、房址 F1。该时期大部分罐形器的器身相对较鼓，领部和颈部较矮，腹部圆鼓。尊、豆腹部相对较浅。盆相对较浅，腹部较弧，该时期较常见三足器斝、盉、鬲等。A 型Ⅰ式、Ⅱ式双大耳罐折腹明显，领部相对较矮。B 型Ⅰ式双大耳罐，筒状腹，双耳较大。A 型Ⅰ式、B 型Ⅰ式双小耳罐，颈部相对较矮，鼓腹，最大腹径位于上腹或腹中偏上。C 型Ⅰ式、D 型Ⅰ式双小耳罐，大多近直口，微侈，圆肩，鼓腹，最大腹径位于上腹。B 型Ⅰ式侈口罐，口较小，圆鼓腹，最大腹径位于上腹。Ⅰ式、Ⅱ式高领折肩罐，折肩明显，腹鼓。Ⅰ式豆、A 型Ⅰ式尊器形整体较矮，腹部较浅。Aa 型盆、Ab 型Ⅰ式盆、B 型Ⅰ式盆腹部相对较浅，弧腹或折腹。

晚期与第二组器物组合对应，该时期包括墓葬 M1～M12。该时期大部分罐形器逐渐向瘦高演变，颈部和领部较早期逐渐变高，腹部较早期逐渐变瘦变深，最大腹径逐渐从上腹向腹中偏移。尊、豆腹部较早期逐渐变深，盆逐渐变深且腹部变直。双大耳罐 A 型Ⅲ式、B 型Ⅱ式与Ⅰ式比较，领部变高，双耳变大。双小耳罐 A 型Ⅱ式、B 型Ⅱ式与Ⅰ式比较，颈部逐渐变高，腹变瘦。双小耳罐 C 型Ⅱ式、D 型Ⅱ式与Ⅰ式比较，肩部逐渐变瘦，腹部内收明显。A 型侈口罐少见，基本不见麦粒状绳纹。B 型Ⅱ式侈口罐，颈变高，最大腹径下移至腹中。花边口罐少见，基本不见麦粒状绳纹。Ⅲ式高领折肩罐，器形整体变瘦高，口部外撇不明显，折肩不明显。Ⅱ式豆、A 型Ⅱ式尊较早期相比，器身整体瘦高，腹部变深，Aa 型盆少见。Ab 型Ⅱ式盆腹部逐渐变直，B 型Ⅱ式盆腹部逐渐变深，内收不甚明显。晚期墓葬中常见单耳罐，不见早期常见的瓮，也不见鬲、盉及斝等三足器。

第二节 文化年代

下面通过海藏遗址典型器物演变分期与周边地区齐家文化遗存的分期与年代比较，结合系统碳 -14 测年结果，综合认识海藏齐家早晚两期遗存的相对年代和绝对年代。

一 海藏遗址相对年代

海藏齐家文化早期出土器物组合与邻近皇娘娘台遗址中房址和早期墓葬出土器物组合一致。海藏 A 型Ⅰ式双大耳罐与皇娘娘台Ⅱ式双大耳罐 M30：1 一致，A 型Ⅱ式双大耳罐与皇娘娘台Ⅱ式双大耳罐 M32：3 一致，B 型Ⅰ式双大耳罐与皇娘娘台Ⅰ式双大耳罐 M38：12 一致。海藏Ⅰ式高领折肩罐与皇娘娘台Ⅰ式双耳折肩罐一致。海藏 A 型Ⅰ式双小耳罐、B 型Ⅰ式双小耳罐、C 型Ⅰ式双小耳罐、D 型Ⅰ式双小耳罐、B 型Ⅰ式侈口罐、A 型Ⅰ式尊、B 型尊、Ⅰ式豆、鬲等器物都与皇娘娘台遗址早期墓葬同类器物一致，C 型Ⅰ式双小耳罐彩陶纹饰与皇娘娘台Ⅱ式彩陶罐纹饰也相似，主要为菱形网格、条带纹和三角形等几何形纹饰组成。综上，海藏遗址与邻近的皇娘娘台遗址早期墓葬时代相当。关于皇娘娘台遗址的分期，目前学术界认识不尽一致，大部分学者将皇娘娘台遗址定在齐家文化中晚期，结合诸位学者对皇娘娘台遗址的分期，海藏遗址早期遗存相当于齐家文化中期遗存。同时部分探方最下层出土了少量的典型马厂文化晚期施紫红色陶衣陶盆和陶壶，与齐家文化遗存共存，判断海藏遗址少量早期遗存可能早到马厂晚期。

海藏遗址早期出土的 C 型Ⅰ式双小耳彩陶罐与西城驿遗址二期、缸缸洼遗址晚期、火石梁遗址、五坝墓地西城驿文化时期彩陶罐的器形、纹饰相似，判断海藏早期与上述遗址该时期遗存时代相当。海藏早期 A 型Ⅰ式双大耳罐、A 型侈口罐、B 型Ⅰ式侈口罐、Aa 型盆、花边口罐、鬲、斝、盉等器物与甘肃东部和宁夏南部齐家文化遗存器物相似，特别是侈口罐和花边口罐饰麦粒状绳纹，可能是东部齐家文化西进的结果，时代上与甘肃东部和宁夏南部齐家文化晚期遗存时代略有重合。海藏遗址早期双大耳罐、双小耳罐、高领折肩罐、侈口罐在青海省东北部喇家遗址、金禅口遗址、柳湾墓地等遗址找到相同或相似的器物，从而判断海藏早期与上述遗址时代上有重合，或者互相有影响。

海藏遗址齐家文化晚期遗存主要为墓葬，与邻近的皇娘娘台遗址墓葬比较，不论是墓葬方向、形制、随葬品组合、随葬品摆放位置，还是葬式等方面都具有一致性。因此，从墓葬形制判断，海藏遗址墓葬与皇娘娘台遗址墓葬完全一致。从墓葬随葬器物组合看，海藏遗址双大耳罐、双小耳罐、高领折肩罐、侈口罐、单耳罐、盆、豆与皇娘娘台墓葬器物组合基本一致。从墓葬典型器物比较，海藏 B 型Ⅱ式双大耳罐与皇娘娘台Ⅲ式双大耳罐一致，海藏Ⅲ式高领折肩罐与皇娘娘台遗址侈口双耳罐（M76：1）相似，海藏Ⅱ式豆、A 型Ⅱ式尊、Ab 型Ⅱ式盆与皇娘娘台遗址晚期墓葬出土器物一致，并且随葬的大量玉璧和白色石块都具有一致性。综上，海藏遗址墓葬与皇娘娘台晚期墓葬时代相当。结合诸位学者对皇娘娘台遗址的分期，海藏遗址晚期墓葬相当于齐家文化晚期遗存。

海藏遗址墓葬出土的 C 型 II 式双小耳彩陶罐、彩陶单耳罐与西城驿二期 D 组彩陶相似，时代可能已晚到四坝文化早期。海藏遗址墓葬出土器物与甘肃东部秦魏家、齐家坪、磨沟墓地比较，海藏遗址墓葬出土的双大耳罐、双小耳罐、高领折肩罐、侈口罐、单耳罐、盆、豆在上述墓地早期墓葬中都有相同或相似的器物，结合学者对上述墓地的分期判断，海藏遗址墓葬年代与上述墓地早期墓葬时代相当，均为齐家文化晚期偏早遗存。

二　海藏遗址绝对年代

海藏遗址 T0204 剖面系统采样，同时在 T0205 齐家文化最上层④层、T0403 齐家文化最下层 ⑳ 层采集样品，挑选当年生植物炭化粟黍和麦类进行测年，测年结果经校正拟合，齐家文化时期地层年代为 3900BP～3600BP。海藏遗址墓葬打破下部文化层，因此，海藏遗址墓葬的年代上限为 3600BP 前后。下面我们结合其他地区测年结果比较，进一步认识海藏遗址的绝对年代。

甘肃东部和宁夏南部齐家文化多个遗址进行测年，其中隆德沙塘北塬遗址绝对年代为 2200BC～1900BC[1]，师赵村第七期遗存的绝对年代约 4100BP～3900BP[2]，林子梁遗址四、五段遗存测年结果为 2480BC～1910BC[3]。早年师赵村和林子梁遗址采集木炭测年，且年代误差较大，受到"老木效应"的影响，年代可能偏早[4]，结合沙塘北塬最新测年结果判断，甘肃东部和宁夏南部齐家文化遗存绝对年代在 4200BP～3900BP 比较可靠，因此甘肃东部齐家文化年代下限与海藏遗址年代上限相当。青海省东北部河湟地区喇家遗址和金禅口遗址系统测年，其中金禅口 10 个当年生炭化麦类或粟黍测年结果校正拟合年代为 4100BP～3800BP[5]，喇家遗址对不同区域进行测年，各区域测年结果有差别，张雪莲对喇家遗址测年结果拟合，年代主要集中在 2300BC～1900BC，喇家遗址 F3、F4 人骨测年结果年代在 1950BC～1885BC[6]，说明遗址地层中采集木炭测年，受"老木效应"的影响，可能偏老，特别是近年围绕喇家地震、洪水等研究大规模对人骨和动物骨骼测年，测年结果在 1900～1800BC[7]。综合判断，喇家遗址的绝对年代的上限可能在 2200BC，下限在 1800BC，青海省东北部以喇家遗址和金禅口遗址代表的齐家文化遗存绝对年代在 4100BP～3700BP 比较合适，因此海藏遗址年代与青海省东北部齐家文化年代有重合。甘肃中部洮河流域齐家文化多个遗址和墓地进行测年，其中永靖大何庄早期遗存 F7 年代为 2114BC～1748BC[8]，由于早年木炭测年受到"老木效应"的影响，且年代误差较大，该年代可能偏早。临夏李家坪遗址大麦和小麦测年，校正年代结果为 1750BC～1450BC[9]。齐家坪早期 M108 人骨测年，校正年代结果为 1515BC～1440BC[10]。近年中美洮河流域

[1] 宁夏文物考古研究所：《宁夏隆德沙塘北塬遗址2013年发掘简报》，《文博》2017年第6期。

[2] 中国社会科学院考古研究所：《师赵村与西山坪》，中国大百科全书出版社，1999年。

[3] 宁夏文物考古研究所、中国历史博物馆考古部：《宁夏菜园：新石器时代遗址、墓葬发掘报告》，科学出版社，2003年。

[4] Yang, S Zhang, C Oldknow, .et al. Refined chronology of prehistoric cultures and its implication for re-evaluating human-environment relations in the Hexi Corridor, Northwest China. *Science China Earth Science*; Long T, Wagner M, Tarasov P E. A Bayesian analysis of radiocarbon dates from prehistoric sites in the Haidai Region, East China, for evaluation of the archaeological chronology. *Journal of Archaeological Science Reports*, 2017, 12:81–90.

[5] 杨颖：《河湟地区金禅口和李家坪齐家文化遗址植物大遗存分析》，兰州大学硕士学位论文，2014年。

[6] 张雪莲、叶茂林、仇士华等：《民和喇家遗址碳十四测年及初步分析》，《考古》2014年第11期。

[7] 董广辉、张帆宇、刘峰文等：《喇家遗址史前灾害与黄河大洪水无关》，《中国科学：地球科学》2018年第4期。

[8] 中国社会科学院考古研究所：《中国考古学中碳十四年代数据集(1965-1991)》，文物出版社，1992年。

[9] 杨颖：《河湟地区金禅口和李家坪齐家文化遗址植物大遗存分析》，兰州大学硕士学位论文，2014年。

[10] Ma M, Dong G, Jia X et al. Dietary shift after 3600calyr BP and its influencing factors in northwestern China: Evidence from stable isotopes. *Quaternary Science Reviews*. 2016, 145: 57–70; Ma M, Dong G, Liu X et al. Stable isotope analysis of human and animal remains at the Qijiaping site in middle Gansu, China. *International Journal of Osteoarchaeology*. 2015, 25(6): 923–934.

调查对齐家坪遗址试掘，最新测年结果为3568BP～3389BP[1]，拟合结果为3500BP～3400BP。北京大学对齐家坪人骨测年为1700BC～1500BC[2]，从目前已有的齐家坪遗址的年代看，齐家坪遗址年代为1700BC～1400BC可能更合适。磨沟墓地齐家偏晚墓葬M51人骨测年，校正年代为3414±30BP[3]。陈建立对磨沟墓地齐家末期至寺洼早期墓葬测年，校正年代为3445BP～3211BP[4]。刘歆益对磨沟墓地齐家—寺洼时期人骨测年校正结果为1750 BC-1100BC[5]。从目前磨沟墓地年代较晚的墓葬来看，磨沟墓地齐家文化下限在3400BP前后，因此洮河流域齐家文化年代在3700BP～3400BP比较合适。总之，甘肃中部的洮河流域及周边地区齐家文化年代上限与海藏遗址年代下限有重合。河西走廊齐家文化多个遗址测年，其中张掖西城驿遗址马厂—四坝文化与齐家文化共存，西城驿遗址测年结果拟合为4100BP～3500BP[6]，金塔缸缸洼遗址马厂/西城驿文化与齐家文化共存，火石梁遗址西城驿文化与齐家文化共存，测年结果拟合为4100BP～3700BP[7]，五坝墓地西城驿文化与齐家文化遗存共存，测年结果在4000BP～3800BP[8]，齐家文化皇娘娘台遗址剖面系统测年，测年结果为4075BP～3641BP[9]，古浪齐家文化李家圪楞遗址年代为3810BP～3588BP[10]。综合来看，河西走廊齐家文化年代在4100BP～3500BP前后合适，海藏遗址年代与河西走廊齐家文化中晚期年代完全重合。

通过海藏遗址碳-14测年校正拟合的绝对年代与甘青地区其他齐家文化遗存绝对年代比较，并结合典型陶器演变重建的相对年代早晚关系判断，海藏遗址整体晚于甘肃东部、宁夏南部齐家文化遗存，海藏遗址早期与青海省东北部、河西走廊齐家文化中期遗存年代相当，时代在4000BP～3700BP；海藏遗址晚期处于齐家文化晚期偏早阶段，与甘肃中部齐家坪、秦魏家、磨沟早期墓葬年代相当，年代在3600BP前后。

[1]　Katherine B，Ren L L，Zhao X C，et al. Zooarchaeology，ancient mtDNA，and radiocarbon dating provide new evidence for the emergence of domestic cattle and caprines in the Tao River Valley of Gansu Province，northwest China-ScienceDirect. *Journal of Archaeological Science: Reports*，31.

[2]　洪玲玉、吴浩森(A.Womack)、哈克(Y.Jaffe)等：《齐家坪：齐家文化典型遗址研究的新进展》，《考古与文物》2019年第3期。

[3]　Ma M，Dong G，Liu X et al. Stable isotope analysis of human and animal remains at the Qijiaping site in middle Gansu，China. *International Journal of Osteoarchaeology*. 2015，25(6): 923-934.

[4]　陈建立、毛瑞林、王辉等：《甘肃临潭磨沟寺洼文化墓葬出土铁器与中国冶铁技术起源》，《文物》2012年第8期。

[5]　Liu X，Lightfoot E，O'Connell T C，et al. From necessity to choice：dietary revolutions in west China in the second millennium BC. *World Archaeology*. 2014，46(5)：661-680.

[6]　张雪莲、张良仁、王辉等：《张掖市西城驿遗址的碳十四测年及初步分析》，《华夏考古》2015年第4期；张雪莲、仇士华、钟建等：《放射性碳素测定年代报告(四一)》，《考古》2015年第7期。

[7]　Ren LL，Yang YS，Qiu MH et al.，Direct dating of the earliest domesticated cattle and caprines in northwestern China reveals the history of pastoralism in the Gansu-Qinghai region. *Journal of Archaeological Science*，2022; Qiu MH，Li HR，Lu MX et al.，Diversification in Feeding Pattern of Livestock in Early Bronze Age Northwestern China.*Frontiers in Ecology and Evolution*，2022.

[8]　Liu X，Lightfoot E，O'Connell T C，et al. From necessity to choice: dietary revolutions in west China in the second millennium BC. *World Archaeology*. 2014，46(5): 661-680.

[9]　Zhou X，Li X，Dodson J et al. Land degradation during the Bronze Age in Hexi Corridor (Gansu，China). *Quaternary International*，2012，254(1):42-48.

[10]　杨谊时：《河西走廊史前生业模式转变及影响因素研究》，兰州大学博士学位论文，2017年。

第五章　相关问题综合研究

第一节　考古学文化特征

第四章对海藏遗址齐家文化时期陶器类型及组合进行分析，并依据地层关系和典型器物的演变特征进行了分期研究，对该遗址的分期和时代有了准确的认识。下面我们通过与周边地区同时期遗存对比研究，以观察海藏遗址遗存的文化属性。

目前，关于齐家文化的内涵界定、分期、类型和年代等基本问题，学界有不同的意见，且分歧越来越大[1]，而且关于齐家文化的分布认识也不一致。以齐家文化典型器物的分布看，齐家文化分布的主体东到六盘山，西北至河西走廊，西达黄河上游及青海湖的东部，北至甘肃内蒙古的交界，南至甘肃南部的甘南地区。从行政区划来看，集中分布在甘肃、宁夏、青海三省。就齐家文化标志性器物双大耳罐的分布范围，向北影响到内蒙古南部，东影响到陕西中东部，西南影响到四川，但是上述区域很少见另一典型器物高领折肩罐。下面我们就从微观和宏观两个角度，认识海藏遗址的文化属性和时代特征。宏观角度就海藏遗址出土遗存与大区域内齐家文化遗存比较，微观角度就典型遗址或典型遗物进行比较研究。

一　与河西走廊齐家文化遗存比较

河西走廊齐家文化是不断"西渐"的产物[2]，是甘肃东部齐家文化不断向西扩张的结果，在河西走廊地区与马厂、西城驿、四坝文化共存，且互相影响。目前根据河西走廊地区遗址空间分布来看，单纯的齐家文化遗存主要分布在河西走廊的东部，河西走廊西部齐家文化与马厂、西城驿文化共存，部分四坝文化遗存也有发现。考古调查显示，河西走廊地区齐家文化早期遗址多集中分布在武威地区，朵家梁遗址、水口子遗址和磨嘴子遗址都发现了齐家文化时期遗存与马厂文化遗存共存，齐家文化遗址有李家圪垴遗址、皇娘娘台遗址和海藏遗址，有少量的西城驿文化遗存。河西走廊中部地区民乐五坝墓地齐家文化双大耳罐和双小耳罐与西城驿文化双耳彩陶罐共存[3]。西城驿遗址发掘显示，齐家文化与西城驿遗址一期至三期遗存共存[4]。河西走廊西部酒泉地区，齐家文化遗存主要发现在金塔县，考古试掘和调查显示，金塔火石梁遗址主体为西城驿文化时期，齐家文化遗存与之共存；缸缸洼遗址可以分为两期，早期为马厂晚期，晚期为西城驿文化时期，两期遗存都与齐家文化遗存共存[5]。敦煌旱峡玉矿遗址调查发现折肩罐腹部残片饰篮纹，表明西城驿文化与齐家文化遗存共存[6]。酒泉市干骨崖墓地发现了极少量的篮纹陶片，可能也与齐家文化相关[7]。总之，河西走廊地区东部齐家文化早期与马厂文化共存，单纯的齐家文化中期遗存主要分布于河西

[1]　任瑞波、陈苇：《关于齐家文化的几个基本问题》，《四川文物》2017年第5期；段天璟：《关于齐家文化的三个问题》，《边疆考古研究》2016年第2期。
[2]　李水城：《东风西渐：中国西北史前文化之进程》，文物出版社，2009年。
[3]　甘肃省文物考古研究所：《甘肃民乐五坝史前墓地发掘简报》，《考古与文物》2012年第4期。
[4]　甘肃省文物考古研究所：《甘肃张掖市西城驿遗址》，《考古》2014年第7期。
[5]　甘肃省文物考古研究所：《甘肃重要考古发现（2000～2019）》，文物出版社，2020年。
[6]　甘肃省文物考古研究所：《敦煌旱峡玉矿遗址发掘简报》，《敦煌研究》2021年第5期。
[7]　甘肃省文物考古研究所、北京大学考古文博学院：《酒泉干骨崖》，文物出版社，2016年。

走廊的东部，与少量西城驿文化时期遗存共存。河西走廊中西部地区齐家文化与马厂、西城驿、四坝文化共存，甚至火烧沟墓地个别陶器还保留有齐家文化双大耳罐的特征，是齐家文化的孑遗。

目前河西走廊地区发掘的典型齐家文化遗址仅有皇娘娘台遗址，包含典型齐家文化遗存的遗址主要有五坝墓地、西城驿、西河滩、缸缸洼及火石梁遗址。下面我们与上述几个遗址对比研究，进一步认识海藏遗址齐家文化遗存的文化属性和时代特征。

皇娘娘台遗址于1957年、1959年和1975年进行了四次发掘[1]，证实皇娘娘台遗址是一处大型聚落遗址，面积约10万平方米。共清理房址9座，窖穴65个，墓葬88座。从叠压打破关系判断，墓葬打破房址和灰坑（窖穴）。皇娘娘台遗址房址为半地穴式，灰坑（窖穴）有圆形、椭圆形和方形，部分灰坑埋人。墓葬以长方形竖穴土坑墓为主，包括单人葬、双人或三人合葬，少量二次乱骨葬，合葬墓包括成人与小孩合葬，成人与成人合葬，流行仰身直肢葬和侧身屈肢葬。成人合葬墓中，一具人骨为仰身直肢，其他一具或两具人骨侧身屈肢。随葬陶器、白色石块或玉石块，多位于脚骨附近，玉石璧一般位于人骨上身或头骨附近，部分玉石璧在人骨上身之上或上肢骨附近。皇娘娘台遗址发现齐家文化璧264件，璜5件，绿松石珠32枚，小石块1549块。

海藏遗址与皇娘娘台遗址比较，聚落特征具有一致性，墓葬打破房址和灰坑。从房址结构看，海藏遗址仅发现木柱泥墙地面式房址一座，目前在同时期齐家文化时期聚落中都鲜有发现，这与皇娘娘台遗址半地穴房屋有明显的差别，与西城驿遗址、金塔火石梁遗址地面立木柱式建筑相似，从西城驿遗址聚落形态演变判断，地面式建筑晚于半地穴式建筑，由此判断皇娘娘台遗址的半地穴房址可能早于海藏遗址地面立柱式建筑。从窖穴判断，海藏遗址打破生土的袋状或直壁灰坑，与皇娘娘台遗址灰坑（窖穴）形制一致。海藏和皇娘娘台不论是墓葬布局、墓葬形制、随葬品组合、随葬品位置，还是墓主埋葬方式等都具有一致性。从墓向看，海藏墓葬方向主要向西，皇娘娘台墓葬绝大多数为西北。从墓葬形制判断，两者都是竖穴土坑墓，流行单人葬，部分双人合葬或三人合葬，少量的二次乱骨葬。单人葬多为仰身直肢葬或侧身屈肢葬，双人合葬一侧墓主为仰身直肢，一侧墓主为侧身屈肢，三人葬中间墓主为仰身直肢，两侧墓主为侧身屈肢，略有差别的是海藏遗址不见灰坑（窖穴）埋人的现象。从随葬品类别来看，两者随葬品主要为陶器、骨器、玉石璧、绿松石珠饰、白色石块（玉石料）、猪下颌骨等，略有差别的是，海藏不见生产工具刀、锛、铲等，皇娘娘台个别随葬。随葬品位置看，陶器和猪下颌骨都位于墓主脚骨附近，玉石璧都位于人骨上身及头骨附近，略有差别的是，海藏随葬的白色石块大都位于头骨、下肢骨附近，皇娘娘台大都位于脚骨附近。随葬陶器组合基本一致，主要为高领折肩罐、双大耳罐、双小耳罐、单耳罐、无耳罐、豆、尊、盆等。从聚落特征到墓葬特征都具有一致性。

目前关于皇娘娘台的分期认识不一，发掘者魏怀珩先生根据遗迹叠压打破关系，将墓葬分为早晚两期；胡谦盈先生认为皇娘娘台遗址相当于齐家文化晚段乙型；谢端琚先生认为皇娘娘台遗址整体相当于齐家文化的第四期，与秦魏家遗址上层相当，即秦魏家遗址第二层。张忠培先生根据墓葬和房址的打破关系，认为皇娘娘台遗址相当于齐家文化三期八段的第三、四段；水涛先生认为皇娘娘台遗址相当于齐家文化三期六段的二、三、四段；张天恩先生认为皇娘娘台遗址相当于齐家文化的早中期；任瑞波先生认为皇娘娘台遗址相当于齐家文化的中晚期[2]。诸位学者虽然对齐家文化的分期认识分歧比较大，但是皇娘娘台遗址早到齐家文化的中期，这是大部分学者认可的。海藏早期与皇娘娘台比较，海藏A型Ⅰ式双大耳罐与皇娘娘台早期Ⅱ式双大耳罐（M30：1）一致，A型Ⅱ式

---

[1] 甘肃省博物馆：《甘肃武威皇娘娘台遗址发掘报告》，《考古学报》1960年第2期；甘肃省博物馆：《武威皇娘娘台遗址第四次发掘》，《考古学报》1978年第4期。

[2] 水涛：《甘青地区青铜时代的文化结构和经济形态研究》，《中国西北地区青铜时代考古论集》，科学出版社，2001年；张忠培：《齐家文化研究（上）》，《考古学报》1987年第1期；张忠培：《齐家文化研究（下）》，《考古学报》1987年第2期；胡谦盈：《论齐家文化的不同类型及其源流》，《考古与文物》1980年第3期；谢端琚：《论大何庄与秦魏家齐家文化的分期》，《考古》1980年第3期；任瑞波、陈苇：《关于齐家文化的几个基本问题》，《四川文物》2017年第5期。

双大耳罐与皇娘娘台 M32：3 一致，B 型 I 式双大耳罐与皇娘娘台 I 式双大耳罐 M38：12 一致。海藏 I 式高领折肩罐与皇娘娘台 I 式双耳折肩罐 M38：1 一致。海藏 A 型 I 式双小耳罐、B 型 I 式双小耳罐、C 型 I 式双小耳罐、D 型 I 式双小耳罐、B 型 I 式侈口罐、I 式豆、B 型尊、Aa 型盆、鬲等器物都与皇娘娘台遗址早期同类器物一致，C 型 I 式双小耳罐彩陶纹饰与皇娘娘台 II 式彩陶罐纹饰也相似，主要为菱形网格、条带纹和三角形等几何形纹饰。海藏晚期与皇娘娘台比较，海藏 A 型 III 式双大耳罐与皇娘娘台 M47：11 双大耳罐相似，B 型 II 式双大耳罐与皇娘娘台 III 式双大耳罐 M37：13 一致，III 式高领折肩罐与皇娘娘台遗址侈口双耳罐 M76：1 一致，II 式豆、A 型 II 式尊、Ab 型 II 式盆与皇娘娘台晚期墓葬出土器物一致。结合诸位学者对皇娘娘台遗址的分期，海藏遗址齐家文化早晚两期都晚于皇娘娘台遗址墓葬打破的房址和窖穴的时代，海藏遗址齐家早期遗存与皇娘娘台早期墓葬年代相当，海藏遗址齐家晚期遗存与皇娘娘台晚期墓葬时代相当。

五坝墓地于 2009 年发掘 200 平方米 [1]，发现半山类型、马厂类型、齐家文化、西城驿文化时期墓葬共 53 座，包括竖穴偏洞室墓和竖穴土坑墓，以竖穴土坑墓为主，流行仰身直肢葬。M36 竖穴土坑墓，扰乱葬，随葬侈口罐 1 件，位于脚部附近，为典型齐家文化时期陶器。M38 为竖穴土坑墓，仰身直肢葬，随葬壶 1 件和罐 3 件，位于头部附近；M47 为竖穴偏洞室墓，仰身直肢葬，随葬陶罐 5 件，位于头部和脚部附近，两墓西城驿文化和齐家文化时期陶器共存。结合五坝墓地分期看，上述三座墓葬为西城驿／齐家文化时期墓葬。齐家文化和西城驿文化陶器共存的墓葬在皇娘娘台墓葬也有发现，共存陶器形制和纹饰也相似，二者时代相当。五坝墓地 M47 双耳彩陶罐为典型西城驿文化时期遗存，与皇娘娘台遗址 M1、M6 和瓜州潘家庄 M1、M2 出土的双耳彩陶罐，在器形和纹饰上都具有相似性，二者时代应该相当，应该为西城驿文化较早的遗存。五坝墓地 M36 花边口罐、M38、M47 出土花边口双耳罐与宁夏南部齐家文化早中期同类器物相似，应该为齐家文化中期遗存。

从葬俗葬制看，海藏与五坝典型齐家文化墓葬一致，竖穴土坑墓，随葬陶器位于脚部附近。五坝西城驿和齐家文化陶器共存的墓葬，不论墓葬形制还是随葬品位置都与海藏墓葬有差别，五坝出现了偏洞室墓，随葬品多位于头部附近。海藏早期 C 型 I 式双耳彩陶罐与五坝晚期 M47：2 双耳彩陶罐器形相似，横条带纹、竖条带纹、三角纹和网格纹一致，但海藏早期 I 式双耳彩陶罐器耳低于口沿，判断该类器物略晚于五坝墓地同类器物。海藏 B 型 I 式双大耳罐与五坝晚期 M47：3 双大耳罐形制一致，筒状腹，微鼓；海藏 A 型侈口罐与五坝晚期 M36：1 侈口罐一致，腹部饰绳纹；海藏 B 型 I 式双耳罐与五坝晚期 M47：5 双耳罐相似，海藏遗址 D 型 I 式双耳罐与五坝晚期 M47：1 双耳罐相似，这两件双耳罐带有花边口，与海藏遗址早期花边口罐相似。因此，从典型齐家器物来看，五坝齐家／西城驿文化时期墓葬与海藏齐家早期时代相当。从典型西城驿文化双耳彩陶罐演变规律判断，海藏遗址彩陶罐略晚于五坝墓地彩陶罐。整体来看，五坝墓地晚期齐家／西城驿文化时期墓葬与海藏齐家早期相当或略早。

西城驿遗址于 2010～2017 年发掘 5100 平方米 [2]，是一处从马厂晚期延续至四坝文化早期的大型聚落遗址，齐家文化遗存与马厂晚期至四坝文化早期共存。其中一期马厂晚期聚落主要由半地穴房址和灰坑组成，房屋为半地穴式房址。器形主要包括各类罐、壶、盆等，以马厂文化时期遗存为主，发现少量齐家文化双大耳罐、高领折肩罐等。一期遗存根据陶器类型学研究结合碳-14 测年，年代为 4100BP～4000BP。二期西城驿时期聚落主要由半地穴式房址、地面立柱式房屋、地面土坯房屋、陶窑、灰坑、墓葬等组成。地面立柱式建筑平面为方形，中部有火烧面。墓葬多集中在西城驿二期晚段，多为竖穴土坑墓，个别有头龛、脚龛或侧龛，以单人儿童墓为主，随葬陶器一般位于龛内，部分墓葬发现有随葬玉石块和白色石块。该期陶器类型可分为四组，A 组为马厂晚期遗存，

[1] 甘肃省文物考古研究所：《甘肃民乐五坝史前墓地发掘简报》，《考古与文物》2012年第4期；甘肃省文物考古研究所：《民乐五坝墓地发掘报告》，文物出版社，2022年。

[2] 甘肃省文物考古研究所：《甘肃张掖市西城驿遗址》，《考古》2014年第7期；甘肃省文物考古研究所：《甘肃张掖市西城驿遗址2010年发掘简报》，《考古》2015年第10期；甘肃省文物考古研究所：《甘肃重要考古发现（2000～2019)》，文物出版社，2020年。

以彩陶盆和双耳罐为主；B 组为齐家文化遗存，主要包括双大耳罐、双小耳罐、高领罐、侈口罐、盆和少量的三足器；C 组为西城驿文化时期遗存，主要包括彩陶双耳罐、彩陶单耳罐、彩陶壶、双小耳罐、凸棱罐、盆和器盖等；D 组为四坝文化早期遗存，主要包括盆、罐和器盖等。A、B、C 三组共存较多，A 组在二期早段较多，往后逐渐减少，B、C 两组在二期中段时几乎平分秋色，D 组出现数量极少。二期遗存根据陶器类型学并结合碳 -14 测年，年代为 4000BP～3700BP。三期与二期聚落组成相同，主要包括房址、墓葬和灰坑，仅见地面立柱式建筑和地面土坯建筑，三期墓葬与墓葬葬俗葬制与二期一致。器形主要包括双耳罐、单耳罐、高领罐、盆和器盖等，其中二期 B 类齐家文化时期陶器仍然可见，比例明显降低。三期遗存根据陶器类型学并结合碳 -14 测年，年代为 3700BP～3500BP。

海藏遗址早期与西城驿一期比较，海藏遗址最下部地层出土了个别施紫红色陶衣的盆，与西城驿一期同类器物相似，海藏 B 型 I 式盆与西城驿一期 F65：3 双耳盆相似。西城驿遗址一期出土的齐家文化时期双大耳罐、高领罐、双小耳罐、侈口罐与海藏遗址早期器物组合一致，但是从典型器物演变来看，西城驿一期高领折肩罐折肩明显，鼓腹明显，下部斜收，西城驿一期双小耳罐大多为近直口或微侈口，而海藏大多为侈口，且耳部大都低于口沿早于海藏早期遗存。从测年结果看，西城驿一期年代早于海藏遗址早期年代。综上，西城驿一期明显早于海藏齐家文化早期。

海藏齐家文化早期与西城驿二期比较，海藏木柱泥墙房址与西城驿二期地面立柱式房址相似，中部有灶坑或者火烧面。从典型陶器来看，海藏早期与西城驿二期中段 B 类器物在陶质陶色、器形及组合、彩陶纹饰都有一定相似性，海藏 A 型 II 式双大耳罐与西城驿遗址 H23③层双大耳罐相似，海藏 B 型 I 式双小耳罐与西城驿 H8⑤层双耳罐相似，海藏 A 型侈口罐和花边口罐与西城驿 H15④层出土的侈口罐和 T0301⑦a、T0301⑥e 层花边口罐相似，部分饰麦粒状绳纹，海藏遗址 Aa 型盆与西城驿 T0301⑦d 层盆一致，海藏出土的各类三足器的足在西城驿二期 B 类器物也有发现，海藏鬶与西城驿 H20③层出土的鬶一致。海藏遗址 C 型 I 式双耳彩陶罐与西城驿二期 C 类彩陶双耳罐与相似，双耳低于口沿，纹饰特征也相似。不论是典型器物还是器物组合上看，二者都具有相似性，说明海藏齐家早期与西城驿二期相当，结合西城驿二期测年结果，同样证实海藏遗址齐家早期与西城驿二期中晚段大体相当。

海藏齐家晚期与西城驿二期晚段或三期比较，西城驿墓葬西城驿二期晚段或三期墓葬形制多竖穴土坑墓，与海藏遗址基本一致，不同之处是西城驿的墓葬带龛，随葬陶器大多位于龛内。西城驿人骨上身或头部随葬白色石块或玉料与海藏墓葬一致，应该是受齐家文化葬俗的影响。海藏墓葬随葬的双小耳罐、彩陶罐与西城驿遗址二期晚段和三期器物基本一致，海藏 M11：4 单耳彩陶罐与西城驿 M4：1 单耳彩陶罐形制和纹饰一致，海藏 C 型 II 式双耳彩陶罐与西城驿四坝文化 M13：1 双耳彩陶罐器形和纹饰相似。海藏墓葬双小耳罐和器盖与西城驿遗址三期 M22 出土双耳罐和器盖一致。不论是从葬俗葬式，还是随葬的典型器物看，海藏遗址墓葬的年代与西城驿遗址二期晚段和三期墓葬年代相当，结合西城驿三期测年结果，同样证实海藏齐家晚期与西城驿二期晚段和三期时代接近。

金塔县的火石梁遗址和缸缸洼遗址于 2017 年试掘[1]。缸缸洼遗址试掘表明，该遗址可以分为早晚两期，早期为马厂晚期与齐家文化共存，晚期为西城驿文化和齐家文化共存。缸缸洼遗址发现地面立柱式建筑与海藏遗址 F1 结构相似，方形房址中部有火烧面。西城驿文化时期出土陶器的陶质陶色可分为泥质橙黄陶、夹砂红（褐）陶、泥质红陶和夹砂灰陶，以夹砂红陶为主。器形主要包括双大耳罐、双小耳罐、侈口罐、高领折肩罐、盆等。素面陶饰绳纹、篮纹、刻划纹和戳印纹，彩陶部分施红色或紫红色陶衣，纹饰有条带纹、倒三角纹、菱形网格纹、折

---

[1] 甘肃省文物考古研究所：《甘肃重要考古发现（2000～2019)》，文物出版社，2020年。

线纹等。缸缸洼遗址典型齐家文化陶器比例较高，大部分饰绳纹、篮纹、篦点纹和附加堆纹。与海藏遗址早期陶器比较，不论是陶质陶色和纹饰，还是器形都具有一致性。海藏C型Ⅰ式双耳彩陶罐与缸缸洼晚期彩陶罐相似，竖条带纹和横条带纹为主体，之间饰网格纹和三角纹等。海藏早期的双大耳罐、A型Ⅰ式双小耳罐、D型Ⅰ式双小耳罐、高领折肩罐、侈口罐、Aa型盆在缸缸洼遗址晚期均能找到相似器物，说明海藏遗址早期与缸缸洼晚期时代相当。缸缸洼遗址晚期西城驿文化遗存测年结果为4000BP～3700BP[1]，结合测年结果判断，海藏齐家早期与缸缸洼遗址晚期西城驿文化时期遗存相当或略晚。

火石梁遗址试掘表明，该遗址为西城驿文化和齐家文化遗存共存。火石梁遗址发现的地面立柱式建筑与海藏F1结构一致，中部有火烧面。火石梁遗址发现墓葬两座，打破遗址地层，竖穴土坑墓，仰身直肢葬或侧身屈肢葬，无陶器随葬。从墓葬形制和葬俗看，海藏遗址与火石梁遗址基本一致。火石梁遗址出土陶器的陶质陶色可分为泥质或夹砂橙黄陶、夹砂红（褐）陶、泥质红陶和夹砂灰陶，以夹砂红陶为主。素面陶常见刻划纹、绳纹、戳印纹、篦点纹和附加堆纹，彩陶常见条带纹、倒三角纹、菱形网格纹、折线纹等。从典型陶器和测年结果看，火石梁遗址与缸缸洼遗址晚期时代一致。海藏齐家早期陶器与火石梁遗址同类器物比较，不论是器形，还是陶质陶色和纹饰都具有相似性。火石梁遗址系统测年，绝对年代与缸缸洼晚期测年结果一致，测年结果为4000BP～3700BP[2]。结合测年结果判断，海藏早期与火石梁遗存基本一致，时代基本相当或略晚。

西河滩遗址于2003～2005年发掘11000平方米，是一处包含马厂、齐家文化、四坝文化、西河滩史前本土因素（西城驿文化）的大型聚落遗址，以西河滩本地因素为主[3]。从目前公布的西河滩遗址出土陶器来看，应该没有四坝文化时期遗存，主体为西城驿文化时期遗存，与齐家文化遗存共存[4]。聚落中房址包括长方形半地穴式和木骨泥墙地面式建筑，与海藏遗址木骨泥墙地面式建筑相似。西城驿遗址的发掘表明，河西走廊地区马厂晚期房屋以半地穴式房屋为主，至西城驿文化时期出现地面式建筑，海藏和西河滩遗址地面式木柱泥墙的出现，在一定程度上说明二者与西城驿遗址二期年代相当。西河滩遗址出土陶器主要为夹砂褐陶，其次为夹砂红陶和橙黄陶，有一定数量的彩陶，以鼓腹双耳罐最多，其次为双耳彩陶罐和器盖，部分单耳彩陶罐、彩陶盆。两者陶器形制具有相似性，西河滩遗址彩陶比例较高，海藏彩陶很少见，这与两者文化主体不一致有关。海藏C型Ⅰ式彩陶罐与西河滩遗址西城驿时期彩陶罐纹饰基本相似，海藏D型Ⅰ式双小耳罐与西河滩遗址同类器物相似，都属于西城驿文化时期，表明海藏遗址早期与西河滩本土因素（西城驿文化时期）时代相当或略晚。

综上可知，海藏遗址齐家早期与皇娘娘台早期墓葬、西城驿遗址二期中段、五坝墓地晚期、缸缸洼晚期、火石梁遗址和西河滩遗址本土因素（西城驿文化）遗存时代相当或略晚。海藏遗址齐家文化晚期墓葬与皇娘娘台晚期墓葬、西城驿二期晚段和三期时代相当。

二 与甘肃东部、宁夏南部齐家文化相关遗存比较

目前该地区齐家文化相关遗存的典型遗址主要有天水师赵村与西山坪、武山傅家门、隆德页河子、隆德沙塘北塬、海原林子梁等。长期以来，对该地区龙山晚期遗存的文化属性存在较大争议，特别是关于齐家文化遗存的

[1] Ren LL，Yang YS，Qiu MH et al.，Direct dating of the earliest domesticated cattle and caprines in northwestern China reveals the history of pastoralism in the Gansu−Qinghai region. *Journal of Archaeological Science*，2022; Qiu MH，Li HR，Lu MX et al.，Diversification in Feeding Pattern of Livestock in Early Bronze Age Northwestern China.*Frontiers in Ecology and Evolution*，2022.

[2] Ren LL，Yang YS，Qiu MH et al.，Direct dating of the earliest domesticated cattle and caprines in northwestern China reveals the history of pastoralism in the Gansu−Qinghai region. Journal of Archaeological Science，2022; Qiu MH，Li HR，Lu MX et al.，Diversification in Feeding Pattern of Livestock in Early Bronze Age Northwestern China.Frontiers in Ecology and Evolution，2022.

[3] 甘肃省文物考古研究所：《甘肃重要考古发现（2000～2019）》，文物出版社，2020年。

[4] 作者在甘肃省文物考古研究所库房看这批资料，得出的直观认识。

性质认识存在分歧。如天水师赵村七期、西山坪七期遗存被发掘者称为"齐家文化"或齐家文化师赵村类型[1]，张忠培认为该遗存不是齐家文化遗存，应属于客省庄二期文化[2]；李水城也认为与客省庄二期文化联系更为紧密[3]。陈小三根据陇山山麓地区龙山晚期遗存陶器组合的差异，将北部地区的遗存称为"页河子类型"，以隆德页河子"齐家文化遗存"、林子梁遗址三至五段遗存为代表。偏南地区的遗存称为"师赵类型"，以天水师赵村七期与西山坪七期遗存为代表[4]。

师赵村与西山坪遗址经过十余次发掘[5]，遗存主要可分为七期，师赵村七期与西山坪七期为齐家文化遗存。师赵村七期遗存主要包括房址26座、陶窑3座、窖穴17座、祭祀遗迹1处及墓葬3座。出土了陶器、玉器、石器、骨器等各类器物。房址为半地穴式，平面呈方形、长方形或多边形，均有白灰面。墓葬均为长方形竖穴土坑墓，墓内不见木质葬具，墓底发现砾石均为二次葬。随葬品包括石斧、玉琮、玉璧、陶斝、壶、罐等。西山坪七期遗存主要包括房址3座、窖穴9座、墓葬2座，出土了陶器、玉器、石器、骨器等各类器物。房址为方形半地穴式，均有白灰面。墓葬为竖穴土坑墓和圆形竖穴殉葬坑，竖穴土坑墓内合葬两人，一人仰身直肢，一人为二次葬。陶器组合为高领罐、侈口罐、双耳罐、斝、单耳和无耳鬲。

海藏与师赵村七期、西山坪七期遗存比较，聚落结构相似，都由房址、灰坑、墓葬等组成。从房址结构看，海藏遗址发现的木柱泥墙地面式建筑，与师赵村与西山坪七期半地穴房址有明显的差别，可能是时代早晚存在差别。从窖穴形制来看，海藏遗址为袋状或直壁筒状，而师赵村和西山坪的形制较为多样，有袋状、直壁筒状、锅底状等。从葬俗葬制来看，两者均为竖穴土坑墓，海藏遗址多为一次葬，个别扰乱葬，而师赵村与西山坪墓葬多为单人二次葬，有少量的双人合葬与多人葬。从随葬器物组合和位置来看，海藏遗址墓葬随葬品位置较固定，陶器多位于墓主脚骨附近，陶器主要为高领折肩罐、双大耳罐、双小耳罐、单耳罐、侈口罐、豆、尊、盆；师赵村和西山坪遗址随葬陶器位置不固定，主要有侈口罐、高领罐、三耳罐及斝等，两者随葬陶器组合有明显差异。师赵村与西山坪随葬玉器和石块，玉器为玉琮、玉璧，海藏主要随葬石璧和白色石块，主要位于墓主头骨及上肢骨附近，二者有一定的相似性，但是海藏遗址不见琮，玉璧形制也存在差别，海藏随葬玉石璧大多形制不规整。海藏出土了大量玉石器及处于操作链上的半成品、废料和加工工具等，这可能与海藏遗址的性质有一定关系。

从出土器物组合和形制来看，两者均以高领罐、双大耳罐、双小耳罐、单耳罐、侈口罐、豆、盆、尊为主，还有部分空三足器，以红陶为主，灰陶较少，海藏遗址多为夹砂红（褐）陶，师赵村与西山坪多泥质红陶。两者纹饰均以绳纹为主，还有部分附加堆纹、篮纹、弦纹及刻划纹，少量麦粒状绳纹等。以典型的高领罐、双大耳罐、侈口罐和鬲为例，师赵村高领罐多为圆肩，鼓腹，折肩不甚明显，口部相对较小，与海藏早期Ⅰ式高领罐有明显差别；西山坪七期高领折肩罐与海藏遗址Ⅰ式高领折肩罐比较，前者器形低矮，折肩明显。海藏A型Ⅰ式双大耳罐与师赵村七期A型、西山坪七期B型双大耳罐相似，腹部较鼓，领部较矮，但海藏遗址下腹内收明显，呈折腹，且双耳更大，整体较高。师赵村、西山坪七期侈口罐多与海藏A型侈口罐和花边口罐相似，多饰绳纹和麦粒状绳纹。师赵村鬲形制多样，海藏遗址仅见师赵村A型鬲，且差别明显，师赵村该类器物腹、裆明显，海藏遗址领下直接接袋足，裆较窄。海藏遗址单把鬲与西山坪B型鬲整体相似，但西山坪该类器物领部更高，领腹明显。从典型器形演变特征判断，师赵村、西山坪七期整体早于海藏遗址。师赵村第七期遗存的绝对年代4100BP~3900BP，

[1] 中国社会科学院考古研究所：《师赵村与西山坪》，中国大百科全书出版社，1999年；谢端琚：《试论齐家文化与陕西龙山文化的关系》，《文物》1979年第10期。
[2] 张忠培：《齐家文化研究(下)》，《考古学报》1987年第2期；
[3] 李水城：《东风西渐：中国西北史前文化之进程》，文物出版社，2009年。
[4] 陈小三：《河西走廊及其邻近地区早期青铜时代遗存研究——以齐家、四坝文化为中心》，吉林大学博士学位论文，2013年。
[5] 中国社会科学院考古研究所：《师赵村与西山坪》，中国大百科全书出版社，1999年。

海藏遗址绝对年代上限约 3900BP，结合绝对年代判断，进一步证实师赵村整体早于海藏遗址齐家早期遗存，海藏遗址早期文化特征更接近于西山坪七期遗存。

隆德页河子遗址于 1986 年北京大学和固原博物馆进行了发掘，龙山时代遗存可分为两期[1]。龙山时代遗存中发现房址 1 座（白灰面残迹 2 处）和灰坑 81 个。房址为半地穴式，平面呈不规则长方形。灰坑为圆形、椭圆形、长方形及不规则形，壁多直壁和斜直壁，底多平底，以袋状一壁有小龛的圆形灰坑具有特色。陶容器以夹砂和泥质橘红、橘黄陶占大多数，有少量泥质灰陶和夹砂灰褐陶。主要器形有侈口罐、高领折肩罐、花边口罐、双耳罐、单耳罐、盆、豆、尊、器盖及鬲、斝、盉等。纹饰以篮纹和麦粒状绳纹为主，另有一定数量的附加堆纹、绳纹和少量刻划、网格纹等。

海藏早期与页河子龙山时代遗存对比，页河子房址为带斜坡状门道的半地穴式，而海藏遗址房址为木骨泥墙地面式建筑。从灰坑形制来看，两者灰坑形制差异较小，页河子带小龛的袋状灰坑在海藏不见。从陶器组合与纹饰来看，两者均出土了高领折肩罐、侈口罐、双大耳罐、花边口罐、盆、器盖、豆、尊、斝、盉及鬲等器物，页河子中占据主导地位的器类是高领折肩罐和侈口罐，海藏占据主导地位的器类是双耳罐与高领折肩罐，双耳罐在页河子遗址出土量较少。两者陶质陶色均以泥质红陶、夹砂红陶为主，而纹饰方面存在较大差异。页河子横篮纹与麦粒状绳纹占比较高，尤其是在侈口罐与花边口罐上表现更为明显，部分双大耳罐器表也饰横篮纹，而海藏多竖篮纹和绳纹，麦粒状绳纹少见。海藏 A 型 I 式高领折肩罐与页河子 Ab Ⅲ式高领罐特征相似，领较高，折肩较明显，下腹饰篮纹；海藏早期 A 型 I 式双大耳罐与页河子 A 型 Ⅲ式双大耳罐相似，折腹明显，领部较高，海藏遗址 B 型 I 式双大耳罐与页河子 B 型双大耳罐相似，领部高于腹部，整体瘦高，海藏双耳更大；海藏遗址 A 型侈口罐与页河子 Aa 型侈口罐形制相似；海藏花边口罐与页河子 Ba 型花边口罐形制一致。除部分典型器物外，两者出土的单把鬲、豆、盖、盆等器物形制也相似。综上，根据典型器物演变特征判断，海藏齐家早期遗存更接近于页河子龙山时代第三期遗存。

隆德沙塘北塬遗址于 2013、2015、2016 年由宁夏文物考古研究所进行了发掘[2]。发现房址 34 座、灰坑 392 座、墓葬 13 座、陶窑 5 座，出土了陶、石、骨、玉器等。房址多为半地穴式，3 座为窑洞式，平面多呈方形或长方形，多有白灰面。灰坑以圆形或椭圆形袋状坑为主，还有圜底状、筒状及不规则形等。墓葬为长方形竖穴土坑墓，葬式有单人仰身直肢葬、双人侧身屈肢葬及俯身葬等，部分无随葬品，仅少量有石串珠、骨串饰等装饰品。陶器有侈口罐、花边口罐、大口罐、小口罐、高领罐、双耳罐、单耳罐、三耳罐、带鋬罐、盆、瓮、斝、盉、尊、豆、器盖等，以夹砂红陶为主、夹砂灰陶次之，少量泥质红陶，泥质灰陶与泥质黑陶最少。纹饰以麻点纹居多，其次为绳纹和篮纹，还有部分附加堆纹、刻划纹等。麻点纹和绳纹多饰于夹砂陶器，篮纹主要饰于泥质陶器，也有篮纹与麻点纹、篮纹与绳纹饰于同一件器物之上。

海藏早期与北塬遗址比较，海藏房址为木柱泥墙地面式建筑，而北塬遗址的房址主要为半地穴式建筑，并有部分为窑洞式建筑。从墓葬葬俗葬制来看，北塬为竖穴土坑墓，葬式有单人仰身直肢葬、双人侧身屈肢葬与俯身葬等，与海藏墓葬形制、葬式方面有较高的一致性，但随葬品方面有明显差别，北塬基本不随葬陶器。从陶器来看，沙塘北塬以侈口罐（小口罐）、花边口罐数量较多，而海藏以高领折肩罐和双耳罐为主。北塬的器形整体较低矮，而海藏的器形整体偏瘦高。海藏 A 型 I 式高领罐与北塬高领罐差别明显。海藏 A 型 I 式双大耳罐与北塬 B 型双耳罐形制较相似，北塬该类器物领部较低，耳较小，领腹分界与折腹不明显。两者侈口罐与花边口罐器形基

[1] 北京大学考古实习队、固原博物馆：《隆德页河子新石器时代遗址发掘报告》，《考古学研究（三）》，科学出版社，1997年。
[2] 宁夏文物考古研究所：《宁夏隆德沙塘北塬遗址2013年发掘简报》，《文博》2017年第6期；宁夏文物考古研究所、吉林大学边疆考古研究中心：《宁夏隆德沙塘北塬遗址2015年发掘简报》，《考古》2018年第5期；宁夏文物考古研究所：《宁夏隆德沙塘北塬遗址2016年发掘简报》，《考古》2020年第4期。

本相同，仅纹饰有所差异，北塬侈口罐颈部多饰附加堆纹和横篮纹，这种现象在海藏较为少见，还有北塬器物饰麦粒状绳纹（麻点纹）的现象较普遍，而海藏多饰绳纹，个别饰麦粒状绳纹。北源遗址出土的盆、豆和三足器在海藏也有发现。北源遗址碳-14测年结果为2200BC～1900BC，从典型器物演变特征及碳-14年代结果看，北塬遗址整体早于海藏遗址。

此外，海藏遗址早期遗存中发现了相当数量的斝、鬲、盉等空三足器物，在陇山山麓的师赵村与西山坪七期、页河子及北塬遗址中也有发现，该类器物是中原地区龙山文化不断西进的结果。甘肃东部与宁夏南部齐家文化相关遗存中发现的斝、单把鬲等空三足器，应是本地齐家文化在发展过程中受到关中地区客省庄二期文化影响的结果。陇山附近的龙山晚期齐家文化相关遗存时代要早于海藏遗址齐家文化遗存，海藏遗址齐家文化早期遗存中三足器的出现，可能是受到东边齐家文化相关遗存的影响。

综上，海藏遗址齐家早期遗存与陇山西侧附近同时期遗存之间虽有一定差异，但相似度较高，海藏早期遗存时代整体晚于陇山西侧齐家文化相关遗存，应是甘肃东部齐家文化向西不断扩张的结果。

三　与青海东北部齐家文化遗存比较

青海省东北部的河湟地区是齐家文化分布的重要区域，目前大规模发掘的典型齐家文化遗址有民和喇家遗址、乐都柳湾墓地、贵南尕马台墓地、互助金禅口遗址等。研究显示，柳湾墓地可早到齐家文化早期，大部分遗址为齐家文化中晚期遗存。下面就海藏遗址与上述遗址进行对比，进一步认识海藏遗址的文化属性和时代特征。

青海省文物考古研究所于2010～2011年对金禅口遗址进行发掘[1]，遗址文化性质比较单纯，是一处齐家文化聚落遗址。发现房址5座、灰坑15个、墓葬1座和陶窑2座。房址皆为半地穴式房屋，墓葬为竖穴土坑墓。出土陶器主要为侈口罐、双小耳罐、双大耳罐、高领罐、盆、尊等，发现少量的彩陶片。金禅口房址地层内出土少量的紫红色陶衣陶片，与海藏齐家早期出土的少量马厂陶片一致，房址F1、F3出土的侈口罐、双大耳罐、高领罐、双小耳罐、盆、尊与海藏齐家早期出土器物相似。从典型器物演变看，海藏A型Ⅰ式高领罐与金禅口F1高领罐比较，整体形制一致，海藏遗址高领罐腹部更瘦高，说明金禅口F1、F3为代表的遗存略早于海藏遗址早期遗存。海藏A型Ⅰ式双大耳罐与金禅口遗址Y2：1双大耳罐相似，折腹，腹部大于口部；金禅口Y2出土的双耳罐施红色陶衣，饰黑彩，外彩在上腹部以上，内彩仅在口沿及颈部，与海藏C型Ⅰ式双耳彩陶罐相似，纹饰也一致，该类彩陶是西城驿文化典型器物，说明以Y2为代表的遗存与海藏早期遗存时代相当。F3出土了铜片两件，与海藏遗址T0304⑩层出土的铜片相似。同时，金禅口出土了个别玉器，其中出土的玉锛与海藏玉锛形制相似。金禅口多个测年结果拟合年代为4000BP～3800BP，整体来看，金禅口早期遗存年代略早于海藏齐家早期遗存，稍晚的遗存与海藏遗址齐家早期相当。

中国社会科学院考古研究所甘青考古队和青海省文物考古研究所对喇家遗址进行了多年的发掘。喇家遗址典型器物分期显示，F4略晚于F3[2]。F3、F4出土典型器物组合主要包括高领双耳罐、双大耳罐、双小耳罐、侈口罐、敛口罐、豆、尊、盆等，器物组合与海藏遗址早期基本一致。从典型器物比较，海藏Ⅰ式高领折肩罐与喇家F4出土的Ⅱ式高领腹耳罐一致，肩腹部折棱明显；海藏A型Ⅰ式和A型Ⅱ式双大耳罐与喇家F3出土Ⅰ式和F4出土的Ⅱ式双大耳罐相似；海藏早期的侈口罐、豆、尊、双小耳罐、盆、敛口罐等器物与喇家遗址的同类器物基本一致，双耳罐和侈口罐多饰绳纹和篮纹。同时喇家遗址出土的璧与海藏遗址璧形制特征基本一致，只是喇家遗址大都磨

[1]　青海省文物考古研究所、互助土族自治县文物管理所：《青海互助县金禅口遗址发掘简报》，《四川文物》2020年第1期。
[2]　中国社会科学院考古研究所甘青工作队、青海省文物考古研究所：《青海民和喇家遗址发现齐家文化祭坛和杆栏式建筑》，《考古》2004年第6期；中国社会科学院考古研究所甘青工作队、青海省文物考古研究所：《青海民和县喇家遗址2000年发掘简报》，《考古》2002年第12期。

制精致，海藏遗址大都不甚规整；喇家遗址同样出土了玉料，说明存在制器活动，这与海藏遗址具有一致性。喇家遗址多个区域测年结果表明，不同区域遗存年代有早晚差别，早期遗存的年代可早到 4200BP~4000BP，晚期遗存的年代可晚到 3700BP，海藏遗址系统测年年代为 3900BP~3600BP，整体来看，海藏遗址齐家早期与喇家遗址 F4 代表的同类遗存年代相当，晚于喇家 F3 代表的同类遗存。

1997 年青海考古队和北京大学历史系对贵南尕马台遗址进行了发掘，发现齐家文化墓葬 44 座[1]。墓葬形制为竖穴土坑墓，根据有无二层台分为两类，无葬具，单人葬为主，有一定数量的合葬墓和迁葬墓。葬式整体以俯身葬为主，流行二次扰乱葬。随葬陶、石、骨、铜器等，装饰品是主要随葬品。陶器位于头部附近，个别陶器置于墓室中部或足下。随葬陶器中最常见的是双大耳罐，还有部分小罐、单耳盆、双耳盆、彩陶双耳罐等，出土了少量镜、泡、指环、环、镯等铜器。海藏墓葬与尕马台墓地均为竖穴土坑墓，不同之处是尕马台墓葬有二层台，尕马台流行俯身葬，海藏流行仰身直肢葬或屈肢葬。两者随葬品种类和位置差异比较明显，海藏主要随葬陶器、璧和石块等，尕马台主要随葬各类装饰品、铜器和少量陶器，海藏陶器一般位于墓主脚骨附近，尕马台陶器大都位于头骨或头骨一侧的二层台，两者在葬俗葬制方面差异较大。从典型器物来看，尕马台除双大耳罐外，其他器物出土较少且不典型。海藏 A 型 Ⅱ 式双大耳罐与尕马台 Ⅰ 式双大耳罐基本一致，折腹明显，最大腹径位于腹中，双耳略低于口沿；海藏 A 型 Ⅲ 式双大耳罐与尕马台 Ⅱ 式双大耳罐相似，最大腹径上移至腹中偏上，折腹不甚明显；海藏 B 型 Ⅰ 式双大耳罐与尕马台 Ⅲ 式双大耳罐一致，尕马台不见海藏遗址早期 A 型 Ⅰ 式双大耳罐。二者出土铜环、铜镯基本一致。从上述器物比较判断，尕马台墓地晚于海藏齐家早期，与海藏墓葬的年代相当。

柳湾墓地共发掘齐家文化墓葬 366 座[2]，以竖穴土坑墓为主，个别凸字形墓，部分保存有结构清楚的木构棺木。葬式以单人葬和二次葬为主，部分为双人合葬，少量的三人合葬及多人合葬墓。单人葬多仰身直肢葬，双人和多人合葬墓部分为侧身屈肢葬。随葬陶器绝大多数置于墓室的西侧、南侧或脚骨下方，绿松石串珠、石璧大多置于颈部和胸部附近。海藏和柳湾从葬俗葬制方面看，竖穴土坑墓形制一致，葬式均以单人仰身直肢葬为主，合葬墓部分侧身屈肢葬、部分为二次扰乱葬，陶器置于脚骨附近、装饰品置于颈部和胸部附近，二者具有相似性。不同之处表现在柳湾墓地墓葬中有葬具，海藏遗址无葬具，柳湾随葬的生产工具在海藏不多见。柳湾陶器组合主要包括壶、高领双耳罐、双大耳罐、双小耳罐、双耳彩陶罐、侈口鼓腹罐、盆、尊、豆、敛口罐、少量盉和斝，陶质以泥质红陶为主、夹砂红褐陶次之、泥质灰陶较少，陶色多橙黄陶。两者器物组合基本一致，但是陶质有明显的差别，海藏以夹砂红陶为主，柳湾以泥质红陶为主。从分期来看，海藏齐家早期 A 型 Ⅰ 式双大耳罐、Ⅰ 式高领罐、A 型 Ⅰ 式侈口罐、Ⅰ 式豆、Aa 型盆、B 型 Ⅰ 式盆都与柳湾中期同类器物较接近。海藏墓葬中出土的 A 型 Ⅲ 式双大耳罐、Ⅲ 式高领罐、A 型 Ⅱ 式侈口罐、Ⅱ 式豆、Ab 型 Ⅱ 式盆与柳湾晚期墓葬同类器物接近，部分双小耳罐、尊等器形也相似，时代应该相当。整体来看，海藏齐家早期与柳湾中期时代接近，海藏晚期与柳湾晚期时代相当。

通过海藏遗址与青海省东北部齐家文化遗址和墓地比较，海藏齐家早期与金禅口以 Y2 代表的遗存、喇家遗址 F4 代表的遗存、柳湾墓地中期遗存时代相当或接近，海藏遗址墓葬与尕马台墓地和柳湾晚期墓葬时代相当。

四　与甘肃中部齐家文化遗存比较

甘肃中部大夏河和洮河流域是齐家文化分布的重要区域。洮河流域所在的定西、甘南地区，黄河附近临夏、

[1]　青海省文物考古研究所、北京大学考古文博学院：《贵南尕马台》，科学出版社，2015 年。

[2]　青海省文物管理处考古队、中国社会科学院考古研究所：《青海柳湾——乐都柳湾原始社会墓地》，文物出版社，1984 年。

兰州地区都发现了大量的齐家文化时期的遗址和墓地。该区域目前大规模发掘的遗址和墓地主要包括秦魏家、大何庄、磨沟、齐家坪、李家坪、寺下川等遗址或墓地等。下面就海藏遗址与发表资料丰富的秦魏家、大何庄、齐家坪、磨沟墓地进行比较，进一步认识海藏遗址的文化属性和时代特征。

1959~1960 年，中国科学院考古研究所甘肃工作队对大何庄遗址进行了大规模的发掘，共发掘房址或居住面 7 座、窖 11 个、墓葬 82 座、石圆圈 5 处，墓葬大都叠压房址 [1]。大何庄墓葬均为竖穴土坑墓，葬式以单人葬为主，仅个别双人或三人合葬墓。儿童墓葬 55 座，占 67%，成人墓 26 座，占 32%，另有 1 座为成人与儿童合葬墓。随葬陶、骨、石器和装饰品等，陶器绝大多数随葬于墓主脚骨附近，生产工具斧、刀、锥、凿置于脚骨附近，装饰品绿松石和玛瑙珠置于耳旁。随葬的猪和羊的下颌骨大多置于脚骨附近和脚部上方填土中。个别墓葬随葬白色小石块，大多置于肱骨和盆骨旁，个别石块涂红色，个别人骨有红色赭石粉。随葬陶器普遍为双大耳罐和夹砂侈口罐，少数有碗、豆、高领折腹罐、器盖等。海藏和大何庄从墓葬形制、葬式、人骨有红色颜料、随葬品位置、随葬品组合、随葬猪下颌骨和随葬白色石块及石块涂红等方面来看，两者具有较强的一致性，差别主要表现在大何庄以儿童墓葬为主，海藏扰乱葬在大何庄墓地少见，大何庄部分墓葬随葬的生产工具斧、凿等石器，纺轮和骨针在海藏不见。大何庄可以分为两期，早期为大何庄下层（原第三层），晚期为大何庄的上层（原第二层）[2]。海藏墓葬与大何庄墓葬典型器物比较来看，大何庄墓葬双大耳罐、高领罐、高领双耳罐、小口鼓腹罐和侈口罐等典型器形整体较海藏同类器物瘦高，海藏 A 型和 B 型双大耳罐在大何庄墓葬不见，海藏 II 式高领罐与大何庄墓葬高领罐相似，腹部瘦长，折肩不明显；大何庄双耳罐、侈口罐与海藏出土同类器物比较，腹部都偏瘦长，颈部更高，口部更敞。从典型器物演变并结合大何庄的分期，大何庄墓葬晚于海藏墓葬。

早期大何庄下层（原第三层）墓葬大都叠压在房址之上，下层出土的盆、高领折肩罐、双小耳罐、鬲足与海藏早期同类器物形制相似，海藏 II 式高领双耳罐与大何庄 F7：3 高领双耳罐相似，折肩不明显；海藏出土的鬲足在大何庄下层也有发现；大何庄 T7：12、T19：2 刻槽纹盆与宁夏南部齐家同类器物相似，时代可能偏早。因此，大何庄早期房址年代可早到海藏早期。大何庄 F7 早年两个测年结果重新校正年代为 4145BP~3858BP，早年用木炭测年，受到"老木效应"的影响，且测年误差较大，该年代可能偏早，结合海藏遗址的年代，大何庄早期年代不早于海藏遗址的上限 3900BP。整体来看，大何庄早期遗存可早到海藏早期。

1959~1960 年中国科学院考古研究所甘肃工作队对秦魏家遗址进行了大规模的发掘，发掘墓葬 138 座、窖穴 73 个、石圆圈遗迹 1 处 [3]。墓葬皆为长方形竖穴土坑墓，无葬具，单人葬和合葬，单人葬 114 座，合葬墓 24 座。单人葬以仰身直肢葬为主，少量的侧身葬、屈肢葬和俯身葬，双人葬主要包括仰身直肢葬、侧身直肢葬和侧身屈肢葬。随葬陶、石、骨器和装饰品等，陶器大部分置于墓主脚骨附近，装饰品绿松石串饰主要置于墓主颈部和耳侧，石璧主要置于胸前和头部附近，少数墓葬人骨周围有小石块，猪下颌骨多随葬于人骨脚部上部的填土中，少数置于脚部附近陶器上。随葬陶器组合主要包括双大耳罐、高领双耳罐、侈口罐、碗和豆，部分随葬盆、双小耳罐和单耳罐，主要为泥质红陶、夹砂红褐陶和泥质灰陶。秦魏家可以分为两期，早期为秦魏家下层（原第三层），晚期为秦魏家上层（原第二层），且早期晚于大何庄的晚期 [4]。海藏墓葬与秦魏家墓地从墓葬形制、葬式、随葬品位置及组合、人骨有红色颜料、随葬白色石块、随葬猪下颌骨等葬制葬俗上看，两者具有较强的一致性，差别主要表现在海藏有部分二次扰乱葬，而秦魏家二次扰乱葬少见。秦魏家部分墓葬随葬的生产工具斧、凿等石器在海藏不见。从分期并结合典型器物演变比较来看，海藏 A 型 I 式双大耳罐在秦魏家遗址不见，海藏 B 型 I 式双大耳

[1] 中国科学院考古研究所甘肃工作队：《甘肃永靖大何庄遗址发掘报告》，《考古学报》1974年第2期。
[2] 谢端琚：《论大何庄与秦魏家齐家文化的分期》，《考古》1988年第6期。
[3] 中国科学院考古研究所甘肃工作队：《甘肃永靖秦魏家齐家文化墓地》，《考古学报》1975年第2期。
[4] 谢端琚：《论大何庄与秦魏家齐家文化的分期》，《考古》1988年第6期。

罐与秦魏家Ⅰ式双大耳罐相似，海藏 A 型Ⅲ式双大耳罐与秦魏家Ⅲ式双大耳罐相似，而秦魏家双大耳罐耳部更大，腹部圆鼓，海藏不见秦魏家Ⅳ式和Ⅴ式双大耳罐；海藏Ⅱ式高领双耳罐与秦魏家Ⅰ式高领双耳罐相似，海藏Ⅲ式高领双耳罐与秦魏家Ⅵ式高领双耳罐相似，但秦魏家更瘦高；海藏早期侈口罐和花边口罐腹部较鼓，秦魏家的同类器物腹部瘦长；海藏 Ab 型Ⅱ式盆、Ⅱ式豆、Ⅲ式高领折肩罐、B 型Ⅱ式侈口罐、双小耳罐、单耳罐与秦魏家早期墓葬出土同类器物相似。从典型器物演变对比并结合分期可以看出，秦魏家整体晚于海藏早期，海藏墓葬部分器物与秦魏家遗址早期墓葬同类器物相似，从典型器物双大耳罐、高领双耳罐、折腹罐、侈口罐演变趋势判断，海藏墓葬与秦魏家早期墓葬时代相当或略早于秦魏家早期墓葬。

虽然秦魏家墓葬时代相对较晚，但是被墓葬打破的下层灰坑时代较早，秦魏家 H68：5 花边口罐与海藏早期的花边口罐相似，秦魏家 H1：3 鬲足与海藏早期的鬲足也相似，通体饰绳纹。因此，秦魏家下层灰坑的时代可能早到海藏早期。

1975 年甘肃省博物馆对齐家坪遗址进行了两次发掘，A 区发掘墓葬 113 座，祭祀遗迹 2 处，灰坑 2 个。B 区发掘房址 2 座，灰坑 15 个，墓葬 5 座，出土石、骨、玉、铜、陶器等遗物[1]。墓葬形制除了少数是不规则椭圆形墓坑或没有墓坑外，其余均为长方形竖穴土坑墓，无葬具。单人葬葬式可分为仰身直肢葬、侧身屈肢葬、俯身葬和扰乱葬。合葬墓包括双人合葬和多人合葬，葬式有仰身直肢和侧身屈肢等，其中男女双人合葬墓中男性多为仰身直肢葬，而女性则为侧身屈肢葬，面向男性，多人合葬墓中有仰身直肢葬和侧身屈肢葬，部分存在二次扰乱葬。随葬陶器大多位于墓主脚骨一侧，器形有双大耳罐、侈口罐、高领双耳罐、双小耳罐、碗、盆、豆等，以双大耳罐、侈口罐、高领腹耳罐最常见。部分墓葬随葬白色小石块，多置于人骨左侧腰身处，个别墓葬人骨有红色颜料和随葬猪下颌骨。从墓葬形制、葬式、随葬品位置及组合、随葬猪下颌骨、随葬白色石块、个别石块涂红、人骨有红色颜料等葬制葬俗看，两者具有较强的一致性。合葬墓中男性为仰身直肢葬，女性为侧身屈肢也一致。差别主要表现在海藏不见齐家坪俯身葬，也不见生产工具石斧、骨锥。从齐家坪陶器整体特征看，器形较瘦长，整体与秦魏家遗址和大何庄遗址同类器物特征相近，时代应该相近。齐家坪遗址基本不见海藏地层中 A 型Ⅰ式双大耳罐，齐家坪 C 型Ⅰ式、Ⅱ式、Ⅲ式双大耳罐与海藏 A 型Ⅲ式双大耳罐相似，腹部逐渐变瘦高的趋势是一致的，齐家坪 A 型、B 型、D 型双大耳罐在海藏不见；海藏早期Ⅰ式高领折肩罐在齐家坪基本不见，海藏墓葬出土的Ⅲ式高领折肩罐与齐家坪 A 型Ⅰ式相似，腹部较瘦长；海藏墓葬 B 型Ⅱ式侈口罐与齐家坪早期的Ⅰ式侈口罐相似，齐家坪中晚期器形更瘦长的同类器物在海藏不见。海藏早期地层中出土的部分三足器斝、鬲、盉足在齐家坪遗址不见。结合最新的测年数据，齐家坪一期 M108 校正年代为 3414±30BP[2]。近年中美洮河流域调查队对齐家坪试掘，最新测年校正结果为 3568BP～3389BP。拟合结果为 3600BP～3400BP[3]，北京大学对齐家坪人骨测年结果为 1700BC～1500BC[4]，海藏遗址系统测年结果为 3900BP～3600BP。结合分期及测年结果看，齐家坪遗址整体晚于海藏遗址齐家早期，齐家坪一期墓葬与海藏遗址墓葬年代接近，二、三期晚于海藏遗址墓葬年代。

2008～2011 年甘肃省文物考古研究所和西北大学对磨沟墓地进行了大规模的发掘，发掘齐家—寺洼文化时

---

[1] 报告正在整理中。

[2] Ma M，Dong G，Jia X，et al. Dietary shift after 3600 calyr BP and its influencing factors in northwestern China: Evidence from stable isotopes. *Quaternary Science Reviews*. 2016，145: 57−70; Ma M，Dong G，Liu X et al. Stable isotope analysis of human and animal remains at the Qijiaping site in middle Gansu，China. *International Journal of Osteoarchaeology*. 2015，25(6): 923−934.

[3] Katherine B，Ren L L，Zhao X C，et al. Zooarchaeology，ancient mtDNA，and radiocarbon dating provide new evidence for the emergence of domestic cattle and caprines in the Tao River Valley of Gansu Province，northwest China − ScienceDirect. *Journal of Archaeological Science: Reports*，31.

[4] 洪玲玉、吴浩森(A.Womack)、哈克(Y.Jaffe)等：《齐家坪：齐家文化典型遗址研究的新进展》，《考古与文物》2019年第3期。

期墓葬 1700 座 [1]。墓地多列排列相对整齐，墓葬方向基本为西北方向。磨沟墓地齐家文化墓葬的埋葬方式以土葬为主，同时也发现有少量火葬以及个别土葬与火葬混合埋葬的现象。墓葬形制和埋葬方式复杂，墓葬形制主要包括竖穴土坑墓和竖穴偏洞室墓。竖穴土坑墓中单人一次葬居多，少数为上下叠置，多人并列或推挤堆置合葬等。竖穴偏洞室墓形制多样，包括单偏室、双偏室或多偏室等，部分单偏室多人合葬。葬式可分为一次葬、二次葬、迁葬、扰乱葬和人骨推挤现象。一次葬可分为仰身直肢葬、俯身直肢葬、侧身屈肢葬。磨沟墓地竖穴偏室墓的墓道埋人现象可分为殉人类和非殉人类。随葬品主要包括陶、石、骨、铜器及装饰品，陶器主要包括泥质橙黄陶和夹砂褐陶。随葬陶器位置复杂，竖穴土坑墓中一般置于头骨及躯干骨附近，少数置于脚骨附近或头龛内，竖穴偏洞室墓随葬品较复杂，涉及墓道、头龛、不同偏室内等，存在殉牲，随葬完整的狗、羊，以及牛头骨和羊、猪的下颌骨等，少量墓葬随葬白石块。从葬俗和葬制来看，磨沟墓地更为复杂，海藏墓葬形制、葬式、随葬品位置与组合、随葬猪下颌骨、随葬白石块都能在磨沟墓地找到相似的因素，不同之处是海藏普遍随葬璧和白石块、不随葬石斧、凿、骨锥、针等生产生活用具。根据磨沟墓地齐家墓葬出土典型陶器可以分为四期 [2]，与海藏遗址早期器物比较，磨沟高领罐、双大耳罐、侈口罐和细颈罐等典型器物整体呈瘦高型，与齐家坪、秦魏家墓地器形更接近，少见海藏早期折腹、鼓腹等矮胖型的同类器形，不见海藏鬲、斝等三足器，仅有少量的无足盉。磨沟墓地齐家偏晚墓葬 M51 人骨测年校正年代为 3414±30BP[3]，陈建立对磨沟墓地齐家末期至寺洼早期墓葬测年结果为 3445BP～3211BP，拟合后年代为 3450BP～3200BP[4]，刘歆益对磨沟墓地人骨测年结果为 1750 BC～1100BC[5]，磨沟墓地齐家文化年代下限在 3500BP～3400BP，部分墓葬与齐家坪早期墓葬年代相当，可早到 3700BP 前后。综合来看，磨沟墓地整体晚于海藏遗址早期，磨沟墓地早期墓葬与海藏墓葬年代接近，中晚期墓葬晚于海藏墓葬。

海藏遗址与甘肃中部的洮河和大夏河流域附近遗址比较，墓葬整体特征在显示出相似性的同时，不同区域墓葬呈现出自身特征。根据典型器物及发展演变特征，并结合年代判断，海藏齐家早期与秦魏家、大何庄早期部分房址和灰坑时代可能相当，海藏墓葬年代整体早于大何庄墓地年代，与齐家坪早期、磨沟早期、秦魏家墓地早期墓葬年代接近。

通过海藏遗址与甘青宁不同地区齐家文化遗存比较，对海藏遗址的文化属性和时代特征及齐家文化在甘青宁地区的传播和影响过程有了进一步的认识。整体上看，甘青宁地区齐家文化呈现出东部早于西部的特点。甘肃东部和宁夏南部齐家文化与客省庄二期文化相似度很高，时代早于河西走廊东部皇娘娘台遗址和海藏遗址，河西走廊齐家文化应该是东部齐家文化不断向西影响的结果。近年河西走廊调查和西城驿遗址的发掘，证实河西走廊东部马厂晚期与齐家文化遗存共存，说明河西走廊存在更早的齐家文化遗存。在齐家文化西渐河西的过程中，受到马厂和西城驿文化的影响。青海东北部齐家文化部分遗址早期遗存略早于海藏遗存，但是整体上与海藏为代表的河西走廊齐家文化遗存年代相当，出土的典型陶器、铜器、玉器都表明，两地区齐家文化存在密切的交流与互动。海藏遗址与甘肃中部洮河流域和大夏河流域的齐家文化比较，海藏早期整体早于甘肃中部的墓地，海藏墓葬整体上与甘肃中部墓地的早期相当或略偏早。

[1] 甘肃省文物考古研究所、西北大学丝绸之路文化遗产保护考古学研究中心：《甘肃临潭磨沟墓地齐家文化墓葬2009年发掘简报》，《文物》2014年第6期；甘肃省文物考古研究所：《甘肃重要考古发现（2000～2019）》，文物出版社，2020年；钱耀鹏、毛瑞林：《甘肃临潭磨沟齐家文化墓地发掘及主要收获》，《考古学研究（九）》，文物出版社，2012年。

[2] 周静：《磨沟齐家文化墓地分期分区及相关问题研究》，西北大学硕士学位论文，2010年。

[3] Ma M，Dong G，Jia X，et al. Dietary shift after 3600 cal yr BP and its influencing factors in northwestern China: Evidence from stable isotopes. *Quaternary Science Reviews*，2016，145:57-70.

[4] 陈建立、毛瑞林、王辉等：《甘肃临潭磨沟寺洼文化墓葬出土铁器与中国冶铁技术起源》，《文物》2012年第8期。

[5] Liu XY，Lightfoot E，O'Connell T C，et al. From necessity to choice: dietary revolutions in west China in the second millennium BC. *World Archaeology*. 2014，46(5)：661-680.

第二节　手工业研究

海藏遗址出土包括陶、石、玉、铜、骨等遗物，其中玉石器及玉石料是该遗址发现最为丰富的遗物，主要包括玉石器成品，玉石器加工的坯料，玉石器制作残存的断块（边角料），玉石器制作的各类工具，保留了玉石器"生产链"上所有的遗物。因此从整体上判断，该遗址是一处齐家文化时期玉石器加工作坊遗址。从出土的其他材质遗物判断，该遗址存在制陶、制骨等手工业生产活动。由于该遗址只发现了铜器，没有发现西城驿等遗址完整"生产链"上的相关冶金遗物，暂无法判定该遗址存在冶金活动。该遗址发掘面积有限，各类遗迹和遗物的分布判断，不存在手工业生产功能分区的特点。下面结合各类遗物的特征，对陶器、骨器、玉石器的制作工艺进行论述。需要说明的是该遗址出土了大量的璧、边角料及相关生产工具，石器制作部分主要探讨生产生活工具的制作工艺，玉石璧的制作工艺分节详细论述。

一　陶器制作

此次发掘出土了大量的齐家文化陶片，其中完整或可修复陶器约 100 件。陶器以平底器为主，部分为空三足器。器类主要有高领折肩罐、双大耳罐、双小耳罐、单耳罐、侈口罐、花边口罐、瓮、敛口罐、盆、尊、器盖、斝、鬲及盉等。陶质以夹砂陶居多（88.3%），泥质陶略少（11.7%）。其中夹砂红陶最多（47.2%）、夹砂红褐陶（20.9%）与夹砂橙黄陶（19.7%）次之，泥质红陶（6.1%）较少，还有部分夹砂灰陶、泥质灰陶、泥质橙黄陶及少量白陶。纹饰以绳纹和篮纹为主，部分刻划纹、戳印纹及附加堆纹，少量麦粒状绳纹和弦纹。

陶器的制作过程大体经历了陶土的选择和淘洗，羼和料的加入，陶器器形的成型、修整、装饰，最后陶器的烧制。

1. 原料的选择

该遗址位于海藏河东岸台地上，北边有石羊河，周边地区分布有第四纪黄土与第三纪红土，获取陶土与水源较为方便，为陶器制作取料提供了便利。泥质双大耳罐陶胎很薄，陶土进行了淘洗。夹砂陶的器表和陶片断茬发现羼和料主要为砂粒，不同陶器羼和料颗粒大小存在较大差别。

2. 成型工艺

通过观察海藏遗址出土陶器和陶片上保留的制作痕迹，可以看出海藏遗址陶器制作主要为手制，可分为泥条圈筑法、捏塑法和模制法。部分器物先将各部位制作好，再整体拼接成型。泥条圈筑法是指将泥条一圈圈逐渐向上平行叠加，再将泥条间缝隙抹平，最终成型，部分陶片内壁可见泥条和指印痕迹。泥条圈筑法是该遗址制作较大器形的主要方法，大部分陶器内壁经修整不见泥条痕迹，仅少部分存留。捏塑法是直接用手将泥坯捏制成各种器形，此类器物一般制作不规整，少修整，外壁常留有指印或指甲纹，主要用于海藏遗址器形较小的器物及部分器物的附件，如耳、鋬等。模制法主要用于空三足器的足部制作。

3. 修整工艺

陶器坯体经过上述成型工艺制成后，多会对坯体进行修整以弥补不完善的部位或去掉多余部分，使其更加规整、美观或坚固。该遗址陶器中常见的修整工艺有慢轮修整、刮抹或拍打等。海藏遗址部分器物在口沿或颈部保留有慢轮修整时存留的细密且成组的平行细线，陶器上出现轮修的频率较高，不仅泥质陶上可见，夹砂陶上也有发现。该遗址部分陶器在下腹或底部存留刮削修整痕迹，部分陶器外壁常留下素面或带纹饰的拍印痕，内壁保留垫窝或者指窝。

4.装饰工艺

装饰工艺主要包括压印、戳印、刻划、绘彩和粘贴。纹饰以绳纹、篮纹居多，还有弦纹、三角纹、折线纹、圆点纹等几何形纹饰，部分粘贴小圆泥饼或颈肩部饰附加堆纹。彩陶主要饰黑彩，个别饰红彩。绳纹施加方式为滚压，滚压绳纹多是用绕绳圆木棒滚压形成，多呈长条状分布，所饰绳纹分布较广。如瓮，通体饰绳纹，部分侈口罐和双小耳罐颈部以下饰绳纹，器盖盖面饰绳纹，鬲、斝器表饰绳纹。篮纹多是修整时，用篮纹陶拍拍打形成。篮纹多饰于高领折肩罐的腹部及盆的沿下器表，均较粗。附加堆纹一般是将泥条贴附于器物外壁，并且对其按压等进一步加工美化。陶器附加堆纹主要施于口颈部，之上再按压、戳印出纹饰或上饰绳纹等。该遗址瓮、双小耳罐、花边口罐、侈口罐等器物表面施附加堆纹。刻划纹是用较锋利或尖锐的工具在器表刻划形成，一般是在烧制之前刻划的。该遗址双小耳罐、侈口罐颈部、耳部和器盖盖面等饰刻划纹。戳印纹和刻划纹类似，用较尖锐的工具在器表沿某一方向戳出印纹。该遗址双大耳罐、双小耳罐、高领折肩罐及花边口罐等饰戳印纹，多饰于双大耳罐耳腹部、高领罐的领部、花边口罐的口沿部。麦粒状绳纹是指用多次对折拧成的绳子，缠绕而成的工具在器表滚压而成，形制与绳纹较为相似，不过"颗粒感"更为明显。该遗址麦粒状绳纹多饰于花边口罐和侈口罐肩腹部。磨光是指器物成型半干后，利用某些表面光滑而坚硬的工具在器表打磨出光面，以达到更加美观与坚固的效果。该遗址器表磨光的器物主要为双大耳罐和彩陶，多为泥质陶器。彩陶是陶器坯体晾干后，用颜料绘制陶衣和纹饰，之后烧制而成。该遗址部分双耳彩陶罐、单耳彩陶罐、彩陶盆施紫红色或红色陶衣后进行绘彩，部分彩陶壶和彩陶盆器表磨光后直接绘彩。

5.烧制工艺

海藏遗址出土陶器多为红陶、红褐陶或橙黄陶，灰陶占比较少，并且灰陶陶色较均匀。可见当时陶器烧制以氧化气氛烧制为主。一般陶器烧制可利用陶窑或无窑直接平地堆烧、一次性薄壳窑烧制，由于无窑烧制对温度、烧制气氛等条件难以控制，虽然也可以烧制出红色系的器物，但一般烧制出的陶器颜色深浅不均，多为红褐陶，并且很难烧制出灰陶。虽然此次发掘未发现陶窑，但根据出土陶器特征结合其他同时期遗址发现的陶窑等分析，该遗址陶器应属陶窑烧制。

海藏遗址出土典型器物有双大耳罐、双小耳罐、侈口罐、高领折肩罐、花边口罐及盆等，还有部分三足器。下面就结合部分典型器物及残存的制作痕迹，简单认识各类器物的制作工艺。

（1）双大耳罐

双大耳罐多为泥质红陶，部分夹细砂，多采用泥条圈筑法成型，大多内壁经修整，泥条痕迹基本不可见，仅个别保留平行泥条痕迹。部分残片内壁领腹交接处有明显接痕，器物是由领部与腹部拼接出主体，最后将预先制作好的双大耳粘贴于器表，拼接之后再刻划、戳刺以加固。部分双大耳罐胎体薄，器形规整，制作精致，壁厚仅约0.2厘米，其成型技术可能不使用泥条圈筑法，可能使用了泥条拉坯或轮制技术。领部内外壁多见轮痕，部分器物下腹内壁保留有横向指甲印，应是修整外壁时手指垫于内壁而遗留的。部分器耳面有明显刮抹痕迹。器表大多经磨光。

（2）双小耳罐

双小耳罐以夹砂陶居多，部分泥质，成型工艺应与双大耳罐类似。大部分器物内壁经修整不见泥条痕迹，仅少量可见平行分布的泥条痕迹。部分器形较小的该类器物，内壁上腹有纵向分布的褶皱痕迹，推测可能是捏制。部分器物颈肩处有一泥条接缝痕迹，颈腹断茬存在重合叠压的痕迹，推测腹部与口颈部是分别制作，整体拼接成型。主体成形后再粘贴双耳，部分器耳粘贴于绳纹之上，应是先饰绳纹，再粘贴器耳。根据耳部残存痕迹看，多数器耳为扁平泥条粘贴而成，部分为泥条对折双层粘贴，耳两端根部将两层分开，一层向上、一层向下粘贴。修整主要是对腹部和口部的规整化，器表经过拍打修整，器表修整痕迹不明显，少量先饰绳纹再拍打，导致绳纹模糊，仅部分内壁可见垫窝。部分口部内外壁可见慢轮修整痕迹。在颈耳部饰刻划纹、戳印纹，腹部饰绳纹，部分器耳粘贴小圆泥饼，部分底部有压印纹。

（3）高领折肩罐

高领折肩罐多为夹细砂陶，泥质陶较少。多数器物内壁都经过修整，制作痕迹多数不明显，根据陶片残存泥条痕分析，成型方法应还是泥条圈筑。部分器形较大、领部较高者，在领肩交接处填充泥条，再饰戳印纹，以此方法加固和装饰器物。大部分腹部粘贴两耳，从纹饰来看，部分为先饰纹饰，再粘贴耳。该类器物制作规整，多数口领部内外壁均保留有轮修痕迹，推测该类器物可能使用了轮修技术。部分腹部内壁有刮抹泥条缝隙痕迹，并有修整时遗留的垫窝。修整后部分腹部饰篮纹，领、肩部饰戳印纹，少数领部饰细弦纹。

（4）侈口罐

侈口罐多为夹砂陶，也有少量泥质陶。制作应与双小耳罐类似。成型主要以泥条圈筑为主，部分陶片颈肩交接处外壁有凸棱一周、内壁有刮抹痕迹，可能是分别制作后，整体拼接成型。部分陶片腹部内壁有垫窝，口部轮修痕迹明显。修整是以拍打腹部、轮修口领部内外壁为主，少数器表经抹光，下腹有刮削痕迹。多数腹部饰绳纹，少量颈部饰刻划纹、肩部饰附加堆纹。

（5）花边口罐

花边口罐主要可分为两类，一类是在口沿外先施一圈泥条附加堆纹，再在泥条上压印出一周压印纹，形成花边；另一类直接在陶罐口唇部戳印一周连续的凹槽，形成花边。由于花边口罐大多为口肩部残片且器物内壁都经过修整，因此仅少量陶片内壁可见水平状泥条接缝。推测这两种花边口罐均用泥条圈筑法制成主体，再在口沿外施压印附加堆纹或戳印出锯齿状花边口。口颈部刮抹或慢轮修整，腹部拍打规整，部分堆纹上可见轮修痕。部分口颈部可见轮修痕，上腹部内壁有垫窝。腹部多饰绳纹。

该遗址出土了鬲、斝、盉的足，其中斝与鬲足器壁薄厚不均，形制不甚规整，内壁粗糙，或许为泥条或捏制后经修整而成。盉足体细长，形制规整，内壁光滑，推测可能为模制法制作，只是此次发掘未发现内模。

总之，海藏遗址陶器制作较为复杂，以泥条圈筑为主要成型方法，少量的捏制和模制作为辅助成型方法，可能辅以轮修技术。不同的器形选择不同的制作方法。各部位单独制作，最终拼接成型为一大特点。常见修整方法为轮修和拍打，部分会使用刮削和刮抹。不同的器物装饰方式也不相同，以饰绳纹、篮纹为主，部分饰戳印纹、附加堆纹、刻划纹等，部分器表磨光，少量彩陶饰黑彩或红彩。陶器制作工序整体大体经历选料、制坯成型、修整装饰和烧制。

这种将各部位单独制作，最终拼接成型的制作方法，还见于武威皇娘娘台、永靖大何庄、秦魏家、青海大通长宁等齐家文化遗址中。分段拼接成型方法是齐家文化较为普遍的一种制作方法。泥条圈筑法还见于同时期的大通长宁遗址、喇家遗址，说明泥条圈筑成型是齐家文化制陶工艺的一大特点。

二　骨器制作

海藏遗址此次发掘共发现骨（角、牙、蚌）器98件，其中战国祭祀坑出土4件，2018年采集2件，其余均出土于齐家文化单位。骨器种类繁多，数量较少，针24、锥21、镞10、锯8、片饰6、匕6、臂钏4、凿3、铲1、柄1、笄1、珠1、蚌饰4、角锥3、牙饰2、牙器2、饼形器1件。战国时期祭祀坑出土了骨镞3件、骨片饰1件，采集品为针和饼形器各1件。

骨器制作工艺研究一般使用痕迹观察法、模拟实验及民族考古等方法。由于出土骨器大多残损，器形不完整，器表痕迹多为使用所致，制作痕迹有限。现根据骨器表面有限的制作痕迹和以往相关研究对海藏遗址出土骨器的制作工艺作简单分析。需要说明的是，战国时期祭祀坑填土中出土的镞，与齐家文化遗迹单位出土的形制接近，判断可能为齐家文化时期的镞，采集的饼形器由于时代不明，此处暂不讨论。

1. 痕迹观察

骨针虽然出土数量较多，但大多仅残存针尖或器身一段。器体光滑，可能为制作时打磨所致，也可能是后期使用所致，器表基本不见制作痕迹，仅一件（T0205⑱：75）残存针孔。

骨锥之间形制差异较大，多是利用动物肢骨制作而成。部分顶端还保留有关节端，器身可见骨腔内壁，一端打磨出尖；部分直接将肢骨片一端打磨出尖。器身残存制作痕迹较少，仅尖部可见斜向和竖向打磨痕迹。大多器身为原始骨片形制，未修整，基本不见制作骨料时遗留的痕迹，仅 T0203③：3，顶端及一侧面有截料与开料时留存的切割痕迹。骨锥制作较为粗糙，器身多不做修整，仅修整锥尖。

骨镞可根据其形制差异，大致分为三类：无铤，圈銎，截面呈三角形或菱形；有铤，截面呈三角形；无铤，体扁平，平面近三角形。第一类的銎孔较圆、较深，孔内壁肉眼不见加工痕迹。第二类的铤较长，呈不甚规整的柱状，有疑似刮削痕迹，但被磨痕覆盖，不明显。骨镞大多利用骨壁较厚的动物肢骨制成，三类均制作规整。器体打磨光滑，可见斜向打磨痕迹。

骨锯形制不甚规整，多利用动物肩胛骨加工而成，保留纵向一半。一侧边保留有原始侧边，另一侧边呈不规则的锯齿状。锯齿边缘、部分器表光滑，应为使用时所致。

骨凿形制较为规整，多利用动物肢骨加工而成。部分顶端保留原始关节端，器身制作规整，打磨出刃。器体光滑，可见斜向与竖向打磨痕迹。

臂钏形制较规整，筒状，平面近圆形，用动物肢骨加工而成。器表光滑，部分内壁可见粗磨痕，外壁有少量细磨痕。

骨匕用动物肢骨片或肋骨加工而成，部分一端有切割痕迹，部分顶端有孔。器体较为规整，存留少量竖向打磨痕迹，孔多为双面钻成。

骨柄石刀的柄部用动物肢骨片加工而成，器体较为规整，一侧切割出"V"形凹槽以镶嵌石刃。器体光滑，不见打磨痕迹。

骨铲用动物肩胛骨打磨而成，边缘磨制光滑。

蚌饰用蚌壳加工而成，形体较小，中间钻孔。器表及外缘打磨光滑，孔多单面钻成。

2. 制作分析

骨锥多选择破碎的动物肢骨片和少量带关节端、另一端破裂的肢骨为原料。肢骨片或破裂肢骨原料可能是制作器物前将完整骨骼砍砸、劈裂而成，也可能是直接选择原本就已破碎的骨片或骨骼为原料。原料选取后制作雏形，一般是将肢骨片两侧边打磨并将一端打磨出尖。最终将雏形进行修整，主要对尖部修整规整，部分器体打磨光滑。当然，也有少量锥体一端及两侧边可见截料与开料痕迹，即将原料用切割及劈裂等方法加工规整，使其制作更为容易、形制更为美观。

骨镞直接选择形制接近镞体的骨片或将骨骼加工成形制接近镞体的骨料。获得原料后制作雏形，利用刮削、打磨将骨料制作出镞身、翼及铤而成雏形，有銎的在尾端钻出圆孔。最终再将器体打磨规整、光滑。骨锯制作先选择动物肩胛骨为原料，用砍砸、敲打等方法使其保留纵向的一半。再将破裂的一侧边加工出锯齿状便可成器。骨凿的制作先选择大型动物的肢骨片或一端砍砸破裂的肢骨为原料，再将两侧边打磨规整、打磨出刃成雏形，最后将器体打磨修整规整，打磨光滑。骨匕制作先选择肢骨片或肋骨为原料，直接将原料打磨成雏形，或通过切割砍砸等方法制成骨料，骨料再经打磨成雏形，部分在一端双面钻孔。最后将雏形打磨修整规整。臂钏制作选择大型哺乳动物的股骨为原料，切割出高约3~5厘米的骨环，并切割出一缺口，制成雏形，最终将器表打磨修整光滑成器。骨柄石刀制作先选择原料，多为破碎的动物肢骨片或将完整的肢骨加工成骨片。再将一侧边用石刀或铜刀等工具切割出"V"形凹槽。最后对器表打磨修整以成骨柄，镶嵌石刃成器。蚌饰制作应是先选择适宜的蚌壳为原料，再将原料加工成形制较小的蚌片，钻孔以成雏形。最后将雏形的表面和侧缘打磨光滑成器。

整体来看，海藏遗址骨器大多制作较为简单，仅针、镞、骨柄石刀制作规整，相对复杂。制骨原料多为动物肢骨，部分为肋骨、角及蚌壳；多采用砍砸、切割、刮削、打磨、钻孔等方法制作。

制作工序大致经历了选取原料、加工雏形及精细修整。少量器体残存切割痕迹，可能是将原料经过切割等工序加工成坯料的过程遗留的。因此，部分器物或许还存在制作坯料的环节，只是器表经打磨修整，能体现这一环节的极少，如镞和针等。几乎所有器表均有打磨痕迹，可见打磨是较为常用的一种制作、修整方法。遗址出土了大量磨石，多数可能为加工玉石器的工具，但骨器也可能是由这些磨石打磨加工的。骨匕、蚌饰及部分骨镞使用了钻孔工艺，但是钻孔方式也不相同，骨匕多使用双面对钻，蚌饰多使用单面钻。遗址出土了铜锥、形体较细小的石片等尖状工具，上述穿孔可能就是由这些工具钻制的。

三　石器制作

海藏遗址出土了大量的石器和少量的石制品，石器分为打制石器和磨制石器，包括锤、斧、铲、刀、锛、凿、凿形器、镞、研磨器、权杖头、石砧、磨石、切割工具、盘状、刮削器、细石叶。石器根据用途和功能可分为石器加工工具和生产生活用具。还出土了较多的石料（大多为磨圆度较好的砾石）、石器坯料和石器断块（边角料），坯料主要包括斧坯料、铲坯料和刀坯料。

1. 原料及坯料

海藏遗址出土了大量的石料和各类生产工具的坯料，经鉴定主要包括石英砂岩、大理岩、变质石英砂岩、杂砂岩、闪长玢岩等。石料主要为砾石。坯料数量较多，从形状上观察包括斧坯料、铲坯料、刀坯料，主要为工具类石器的初级阶段产品。部分坯料制作完成度较高，可进行下一步的修整和磨制，部分坯料制作过程中因残损或未达到制坯目的而放弃，遗址内发现了大量制作石器的断块（边角料）。坯料可分为以石片为毛坯或以砾石为毛坯，大部分器形如斧、铲、刀多以石片为毛坯加工而成，仅少数利用砾石整体打制成形。

2. 石器加工工具

主要包括锤、砧、磨石、切割工具，经鉴定主要包括变质石英砂岩、闪长玢岩、杂砂岩、粉砂岩、硅质板岩、碳质板岩等。石锤根据其形制可以分为三种，第一种数量较多，多为长条形柱状，大多使用长条形砾石，一端或两端为砸击面；第二种数量较少，呈圆饼状，侧面有砸击痕迹；第三种仅一件，为复合工具，带柄石锤。石砧多选用两面平整的大块砾石，大部分石砧使用面之上残留有砸击凹窝，多为残块。磨石选用砂岩，大部分为残断块，一面或两面经长期使用而磨光，磨光面粗细不一，个别磨光面微凹。切割工具均为不规则形，形制较小，大多为断块，大部分为直刃，个别刃部微弧，大多选用甚薄的板岩或砂岩，两面磨光，在一侧或两侧磨制出刃部即可使用，推测这类工具可能被用来进行玉石料的切割。这几类工具选用合适的天然砾石或砂岩即可。

3. 制作过程与工艺

生产生活工具主要包括石斧、铲、刀、锛、凿、研磨器、石臼、镞、盘状器、刮削器、尖状器等。经鉴定主要包括变质石英砂岩、长石石英砂岩、硅质石英砂岩、玻基玄武岩等。装饰品主要包括串珠和片饰。同时出土权杖头1件。根据各类石器特征，对海藏遗址的石器制作工艺复原，大致经历了选料、器形打制、修整、磨光和抛光和钻孔。

选料为石器制作的第一环节。海藏遗址的石器原料大多为就地取材，大部分为磨圆度甚好的砾石，据中山大学丘志力团队调查显示，海藏遗址大部分石器原料来源于邻近的海藏河河床。首先选用大小合适的砾石采用锤击法直接剥片，斧坯料、铲坯料以及刀坯料一面为自然面，一面为破裂面。石斧选用较厚的石片或近扁平长条形的砾石整体打制成形，石铲一般选用锤击剥取的较薄石片。选用形制合适的石片或砾石可以减少制作工序，缩短时间，节省劳动力，而用石片作为毛坯的还易于控制器身厚度，且石片边缘较薄，易于修出刃部。

器形的成形。毛坯的制作主要使用锤击法，自石片或砾石顶部沿两侧向底部两面打制出方形或梯形的毛坯。从出土的斧坯料、铲坯料以及刀坯料上的打制片疤来看，部分石斧和石铲顶部及两侧片疤较小，部分顶部有截断痕迹，主要目的为取平，刃部片疤较大，主要目的为去薄，易于进一步修整刃部。部分石铲选用从砾石上剥取的第一件石片作为毛坯，这类石片形制较为规整，平面呈舌形或椭圆形，因此打制修整较少，直接利用石片较薄的边缘作为刃部，该遗址出土了大量的该类石铲，个别刃部局部磨光。以石片为毛坯制作的石刀较为少见，仅从一件刀坯料（T0305⑫：7）中可以看出制作过程，即选用平面近圆角方形的石片，直接磨制而成。其他石刀大部分以砂岩或板岩为毛坯，形制规整，磨制精细。这一步骤会产生数量较多的石片或碎片，海藏遗址中发现大量石器制作过程中产生的断块（边角料）。

琢制修整。琢制法是一种用打击来修整石器的方法，是否使用琢制修整与石料的硬度和韧性有密切的关系，石料硬度高而韧性小的毛坯不适用于琢制修整，硬度高不容易修整，韧性小则容易在修整过程中损坏，因此海藏遗址出土的部分英安岩、玻基玄武岩材质的斧、铲、凿等，适宜采用琢制法修整。琢制不会产生片疤，但是会在器身表面留下较多的琢制凹窝。经打制修整出的毛坯大部分器身及两侧凹凸不平，刃部不甚规整，片疤之间有凸起的棱脊，琢制可以对打制遗留的棱脊和不规则边缘进行修整，使器形更加规整，也可以使器身表面更加平整，便于下一步的磨制。海藏遗址出土的部分斧、铲及其坯料表面和两侧保留有琢制凹窝。

磨制与抛光。磨制技术最早在旧石器时代晚期已经出现，到新石器时代磨制技术被广泛运用到石器的制作中，磨制技术可以使器形更加规整，增加刃部的锋利程度，实验表明，磨制石器的使用寿命和功效要高于打制石器[1]。海藏遗址通体磨光者数量更少，大部分仅刃部或局部磨制，个别石器表面还可能经过抛光处理，如石凿、权杖头等磨制抛光精致。海藏遗址出土较多数量的磨石，除用来进行玉石璧的磨制加工外，还可用来加工石器。经过琢制之后的石器表面还会残留有较多凹窝，磨制可以使器身表面平整光滑。这一步骤会在石器表面残留较密的线性擦痕。这类痕迹在石斧、石铲、石刀等生产工具的表面较为常见，而研磨器的磨光面应为使用磨光面，非专门磨制加工。

海藏遗址中钻孔技术主要应用于石刀、石斧、纺轮和装饰品的制作。其中石斧仅两件顶部钻孔，钻孔方式为实心对钻，钻孔较规整。装饰品钻孔方式也为实心对钻穿孔，孔壁较光滑。纺轮采用单面管钻或双面实心对钻穿孔，实心对钻钻孔的孔壁较光滑，单面管钻孔壁保留有管钻痕迹。石刀的钻孔方式可分为实心直接对钻或先琢后钻。实心对钻方式钻孔较圆，边缘规整。先琢后钻方式即在预钻孔处琢制出凹窝，再两面钻孔，这种钻孔方法外圆不规整，且留有较多琢制痕迹。

综上所述，海藏遗址出土石器中大部分为打制石器，约占66%，且处于石器加工的初步阶段。磨制石器比例较低，占比约34%，且大部分在使用过程中残损，而邻近的皇娘娘台遗址出土石器940件，除盘状器外，其余均为磨制石器[2]。出现这种差异的原因可能与两处遗址的性质不同有关，推测海藏遗址为石器的初级加工场所，临近的皇娘娘台遗址为石器深加工场所，完成石器进一步的修整和抛光。同样海藏遗址出土的玉石璧包括大量的残块、未钻孔或未钻透的璧、璧芯，且璧制作不规整，外缘大多打制，未经磨制修整，也进一步证实了海藏遗址为一处玉石器初加工遗址。

[1] 翟少冬：《华北地区磨制石器制作工艺考察》，《中原文物》2015年第1期。

[2] 甘肃省博物馆：《甘肃武威皇娘娘台遗址发掘报告》，《考古学报》1960年第2期。

四 玉石璧制作

1.璧与芯的整体情况与量化分析

海藏齐家文化遗址出土 384 件璧与 165 件璧芯，其中带完整孔的璧 62 件，带残损孔的璧 297 件，未完成钻孔的璧 25 件；完整璧芯 154 件，残损 11 件。大量标本的集中出土对研究齐家文化玉石璧制作工艺具有重要价值。对出土璧的动态类型、操作链、钻孔工艺做了逐层深入分析与还原。

从动态"操作链"的角度分析，有些璧的制作流程是：1.开料，获得石板；2.钻孔；3.修理四周形态；4.修整边缘。e 型标本[1]即代表了璧加工的第二阶段。当然，从海藏遗址出土的特殊标本中也存在另外的制作流程：1.开料；2.修理周边形态；3.修整边缘；4.钻孔。如 T0405⑯：7 器身形态完好，中央管钻出一环形凹槽，说明该器物的最后一道工序应是钻孔。因此，依据少量半成品的基本情况，我们推断海藏遗址的璧制作可能存在以上两种操作模式。但是从成品石璧来看，不论完好还是残损者，仍无法判断哪种模式占主流。

一般情况下，受璧身厚度不均（或者钻具偏轴）的影响，璧孔在被完全钻透之前，璧芯会呈现一部分分离（露出如新月般的空隙），另一部分仍然与璧身连接的现象。这时工匠一般会用敲击的办法，用锤头击打璧芯，使其脱落。这种方法具体有两种方式：既可以从璧芯的顶部敲击，也可以从其底部击打，但不同的方式产生的破损痕迹是有差别的。多数时候，如果芯和璧连接部分较大，击打璧芯的顶部会将璧身底部的石料带下来一些，使璧身的底部出现破损，留下疤痕。如果从底部击打璧芯部分，璧芯会产生破损，璧孔底部连接璧身处会有盈余的石料，甚至有时能看到管钻产生芯与璧之间的弧形沟槽，这对判断钻具的形态和磨耗程度有较大帮助。T0405⑯：7 是一件刚刚开始采取管钻方式钻孔的半成品，周身磨制成近圆形，器身中部有一处圆环状凹槽，槽底部呈"U"形。该件标本有力的说明钻具管壁较薄。

2.钻孔工艺模拟实验

齐家文化玉石璧取孔工艺主要为单面管钻，看似简单的开孔活动，却也能反映出古代工匠的智慧，甚至可以用来评价齐家制玉水平在我国史前玉器工艺体系中的地位[2]。尤其进入齐家文化中晚期阶段，铜器作为工具开始出现，既有红铜，也有青铜，大部分为锻造而成[3]，铜质工具是否也会介入到玉器制作环节中？是值得思考的问题。具体来说，钻具怎么运动能够发挥功效？璧表面形貌的变化与钻具的损耗有何关系？璧芯的各种形态如何受到钻杆旋转运动方式的影响？我们如何从表象特征来判断和复原古代工匠的工艺行为？模拟实验可以从实证的角度提供一些可能，也不失为一种有效的方法。

模拟实验以下三种钻孔的模拟。

（1）简单工具钻孔

总体的实验目标是体验并记录管钻的方式制成璧孔，并伴生璧芯的全过程，为出土材料积累实验对比数据。简单工具钻孔的具体目标是通过实践操作记录简单工具的工作效率、单向管钻产生璧芯的形态变化、玉石璧孔径与钻具的关系等[4]。自然界中，植物竹管、草管及动物骨管均可用来作为管钻钻头，除了用竹子之外，本实验还采用了集束管的设计理念，即先用统一规格的细木签或竹签（直径约 3 毫米）做一卷帘，将其围绕、捆绑在规整圆柱体的木杆（截面直径约 2 厘米）的一端，露出长约 5 厘米的部分形成管状，即为钻头。这样的钻头优势在于既

[1] 见本书附录四。

[2] 邓淑苹：《观天思地、崇日拜月——齐家文化玉石器的神秘性》，《故宫文物月刊》2017年。

[3] 王振：《从齐家文化铜器分析看中国铜器的起源与发展》，《西部考古》2008年第1期。

[4] 崔天兴、张建：《磨制(玉)石器定孔工艺的实验考古研究》，《华夏考古》2017年第4期。

可以按木杆的粗细变化调整大小，又可以弥补某些高纬度地区竹子等大型空芯植物的缺乏问题。自然界中，植物竹管、草管及动物骨管都可以用来作为管钻钻头，但因受到具体形貌的限制，以及钻杆在旋转过程中会发生晃动和偏移，磨出来的环形凹槽的宽度都会大于钻管壁厚。第一，不论是禽鸟类的、还是哺乳动物类的管状骨，其横截面都不是完全的圆形，均为接近圆形的不规则形态。这样的骨管制成的钻头，在水、砂的配合下，可以对玉料形成环形凹槽，但是受钻头截面形态的影响，产生的环槽宽度要远大于管壁的厚度。俄罗斯学者有相关实验可以证实。第二，目前所知禾本科竹属中最薄者，如薄竹，壁厚也在 2～3 毫米。第三，禾本科草类植物中，芦苇的管径较大，内径可达 10 毫米，管壁较薄，1.5～2 毫米左右。极窄环痕现象的发生，其前提条件应是高精密的车床和极薄的钻管。

（2）竖轴机械装置钻孔

机械装置的运用是为了大幅度提高工作效率，在陶器和玉器的制作领域中也理应存在，但受到埋藏条件的制约，我们只能间接获得关于机械装置的证据。邓聪等学者通过对史前"轴承器"的发现与研究，模拟复原了轮盘解玉装置，在史前玉器管钻工艺研究中具有重要意义 [1]。用这种轴承轮盘装置，将玉料平置在轮盘上，使其随着轮盘同心旋转，这样产生的玉芯呈轴对称。

海藏遗址大量的璧与璧芯的量化分析结果使我们有了新的思考。比如，遗址中出现了璧芯不对称的偏心情况。一方面可以说明璧在钻孔的过程中是相对稳定的，基本处于静止状态；另一方面说明管钻钻杆在旋转过程中，还受到来自某个方向的拉拽力，使得旋转轴逐渐发生偏移。因此，设想简单的机械装置应为竖轴旋转，待钻孔的玉石料平置于底部。

（3）特殊类型标本的模拟

考虑到齐家文化时期，已经出现红铜、砷铜、青铜制品，我们应用厚度为 0.3 毫米的薄片，弯成半闭合的圆形管钻头，再配合相应的设备进行了模拟钻孔实验。经 30 分钟左右，即可产生与 T0405⑯：7 特征相近的环形凹槽。虽然铜管壁很薄，但弯成的铜管并非正圆形，因此形成的环槽宽度要大于铜片的厚度。

第三节　环境与生业经济

一　海藏遗址周边齐家文化时期气候环境

1.动物遗存反映的当时环境特征

通过考古遗址中出土的动物遗存来复原古代自然环境特征及变化是动物考古学研究的目的之一。通过对动物生活习性和分布特征分析，可以复原当时遗址周边植被特征和环境特征。文化生态学主张从各个地区的人类、自然、社会和文化的各种变量的交互作用中研究各种文化产生和发展的规律，动物资源是自然环境的一个组成部分，通过对各类动物资源的迁徙和分布研究，可以重建过去古环境的变化。河西走廊受地貌的控制，不同的地貌单元气候垂直地带性明显，植被呈现垂直地带性分布，为不同动物的生存提供了不同的生境。

海藏遗址齐家文化时期的动物遗存鉴定共计 12399 件，可鉴定标本数为 7426 件，对应最小个体数为 773 个。可鉴定标本数和最小个体数结果均显示，家养动物黄牛、绵羊/山羊、猪在动物遗存中占据显著优势，此外狗也是重要的家养动物，发现了部分马属动物。野生哺乳动物所占比例较低，包括野生的牛科和鹿科，如羚羊、盘羊、

马鹿、梅花鹿、狍子等。根据以往的研究，家养动物因人类的驯养，生活习性受到较大的人为影响和改变，因此在复原古代环境信息时，家养动物一般不作为参考，一般根据野生动物的分布和习性来复原认识古代环境。下面主要通过野生动物在河西走廊地区的分布特征和活动习性的分析，可在一定程度上推测当时遗址周边的自然背景[1]。

从野生动物的组成看主要包括牛科和鹿科动物，主要包括羚羊、盘羊、马鹿、梅花鹿、狍子等，其中中型鹿科和小型鹿科动物比例较大，少量的豹属和野猪等。现在羚羊、盘羊、马鹿、梅花鹿、狍子都在河西走廊及其邻近的南北山地区广泛分布。其中狍子多栖息在疏林带和河谷、缓坡上活动（海拔一般不超 2400 米），现分布于祁连山东端山前林带和走廊内荒漠灌丛中。盘羊是典型的山地动物，喜在半开旷的高山裸岩带及起伏的山间丘陵生活，现分布于祁连山高海拔地区。马鹿属于北方森林草原型动物，由于分布范围较大，栖息环境也极为多样，其中主要分布于西北地区有水源的干旱灌丛、胡杨林与疏林草地等环境中，河西走廊的东段荒漠灌丛有分布。梅花鹿生活于森林边缘和山地草原地区，白天和夜间的栖息地有着明显的差异，白天多选择在向阳的山坡，茅草丛较为深密，夜间则栖息于山坡的中部或中上部，栖息的地方茅草则相对低矮稀少，现分布于祁连山东端的山前草原地区。羚羊中普氏原羚分布于青海、内蒙古西部、新疆东南部、甘肃北部、宁夏等地，目前河西走廊地区栖息在比较平坦的半荒漠草原地带，被称为"滩黄羊"。鹅喉羚属典型的荒漠、半荒漠动物，栖息于海拔 2000～3000 米的高原开阔地带，产于西北及内蒙古，现分布于河西走廊荒漠和半荒漠灌木地区。从常见的鹿科动物在现代祁连山及河西走廊地区分布来看，海藏遗址常见的鹿科动物主要分布在河西走廊地区山前草原、稀疏林带或者荒漠、半荒漠的灌木丛中，当时狩猎的主要区域应该为走廊荒漠或山前草原地区。大量的稀疏草原和荒漠草原动物群落的发现，指示当时海藏遗址所在的河西走廊东部可能整体呈现干凉的荒漠草原或稀疏草原环境。古气候研究表明，海藏遗址北部青土湖湖泊重建的气候记录表明，4000BP～3600BP 该地区快速向干冷转变，河西走廊绿洲—荒漠地区适合食草类家畜牛羊和大量的野生鹿科动物的活动。海藏遗址家养动物中绵羊和山羊占比超过 50%，食草性动物羊、牛占绝对的优势，从一定程度上反映当时海藏及其周边地区整体为荒漠草原和草原环境，为畜牧业的发展奠定了基础。

2. 植物遗存反映的当时环境特征

通过遗址中出土植物遗存分析来复原古代自然环境及气候特征是植物考古学的研究目的之一。通过出土农作物和伴生的杂草分析，一定程度上反映当时人群生存环境特征及人群对植物的选择性利用。植物的生长有强烈环境适应性特征，每一种植物对生长环境的要求和环境的选择不同。不同植被组成的植物群落与本地区气候具有相适应的特点，植物群落特征及其与气候的关系研究有助于深入了解不同地区植物群落演替趋势，明确植物适宜分布区及其环境特点。通过对海藏遗址地层出土炭化植物遗存进行土样采集、浮选、鉴定种属，可以探讨先民农业种植、植物资源的利用，出土野生植物遗存可以反映当时植被特征及气候特征。同时，遗址出土的杂草是伴随着人类的出现而形成的、依附于人类的生产和生活区域而存在的一类特殊植物，与人类活动关系密切，在生态系统中，不同环境、不同人群中所代表的意义有所差别。

海藏遗址所在的河西走廊东部平原为荒漠—绿洲复合生态系统。海藏遗址所在大区地貌为祁连山山前洪积—冲积平原，河流的山前冲积扇组成的倾斜平原，地表上部为亚砂土覆盖，下部为砾石层，洪积扇前缘泉水溢出带，地势平坦，泉水汇聚地带形成宽而浅的河流，一些地区发育成沼泽地。现在遗址所在地区为典型的绿洲灌溉区。海藏遗址位于海藏河一侧的台地上，适宜农业发展。

该遗址出土了丰富的炭化植物遗存，包括大量的木炭和炭化植物种子。在 118 份浮选样品中共鉴定出 4482 粒炭化植物遗存，包括 4474 粒炭化植物种子和 8 粒小麦穗轴。该遗址出土农作物种子有粟、黍、小麦、大麦和大豆

[1]　张荣祖：《中国动物地理》，科学出版社，2011 年；蒋志刚：《中国哺乳动物多样性及地理分布》，科学出版社，2015 年。

五种，共计 4231 粒，此外，还出土狗尾巴草、白刺、草木樨、直立黄芪、胡枝子、苦马豆、扁蓄、沙棘、猪毛菜、碱蓬、紫筒草、苔草等 20 种非农作物种子。下面我们结合各种植物生存环境分析，特别是出土的杂草组合分析，进而探讨当时的植物组合特征，再结合现代环境背景，我们也可一窥遗址周边地区植被特征以及植被所反映的气候环境背景。

　　狗尾巴草是禾本科狗尾草属植物，为旱地作物常见的一种杂草，适生性强，耐旱耐贫瘠，酸性或碱性土壤均可生长，分布中国各地。白刺是蒺藜科白刺属的灌木，白刺属多浆旱生植物，具有很强的耐旱特性，生长于荒漠和半荒漠的湖盆沙地、河流阶地、山前平原积沙地、有风积沙的黏土地。分布于陕西北部、内蒙古西部、宁夏、甘肃河西、青海、新疆及西藏东北部，同梭梭、沙冬青等构成耐旱荒漠植物群落。沙棘是胡颓子科沙棘属落叶灌木，极耐干旱，极耐贫瘠，极耐冷热，常生于海拔 800～3600 米温带地区向阳的山嵴、谷地、干涸河床地或山坡，产于河北、内蒙古、山西、陕西、甘肃、青海、四川西部。草木樨是豆科草木樨属一年生或二年生草本植物，耐旱、耐盐、耐寒的一种优良的绿肥作物和牧草，长于温暖而湿润的沙地、山坡、草原、滩涂及农区的田埂、路旁和弃耕土地上，分布于东北、华北及陕西、甘肃、宁夏、新疆、江苏、江西、台湾、四川、贵州、云南、西藏等省区。直立黄芪是豆科黄芪属多年生草本植物，抗盐、抗旱、抗风沙，分布在黑龙江、吉林、辽宁、内蒙古、甘肃、宁夏、新疆。胡枝子是豆科胡枝子属植物，中生性落叶灌木，耐阴、耐寒、耐干旱、耐瘠薄。分布于东北、华北、西北地区及湖北、浙江、江西、福建等省。苦马豆为豆科苦马豆属半灌木或多年生草本，较耐干旱，习见于盐化草甸、高强度钙质性灰钙土上，生于山坡、草原、荒地、沙滩、戈壁绿洲、沟渠旁及盐池周围，分布于吉林、辽宁、内蒙古、河北、山西、陕西、宁夏、甘肃、青海、新疆。紫筒草是紫草科多年生草本植物，生于戈壁滩、河滩、草甸、丘陵、石坡、沙地等，分布于辽宁、内蒙古、北京、河北、山西、陕西、甘肃、青海、山东等。扁蓄是蓼科蓼属一年生草本植物，喜冷凉、湿润的气候条件，抗热、耐旱，广泛分布于北温带，在中国各地都有分布。猪毛菜是藜科一年生草本植物，猪毛菜一般生于村边、路旁、荒地戈壁滩和含盐碱的沙质土壤上，分布于东北、华北、西北、西南及山东、江苏、安徽、河南等地。碱蓬是碱蓬属一年生草本植物，喜高湿、耐盐碱、耐贫瘠，生于海滨、荒地、渠岸、田边等含盐碱的土壤上，分布于黑龙江、内蒙古、河北、山东、江苏、浙江、河南、山西、陕西、宁夏、甘肃、青海、新疆南部。苔草为莎草科苔草属多年生草本，喜潮湿，多生长于山坡、沼泽、林下湿地或湖边，分布于东北、西北、华北和西南高山地区，南方种类较少。海藏遗址非农作物大部分都是常见的农田杂草[1]。

　　通过对以上各属植物生产习性、生长环境和分布区域的统计，可以看出不同植物对环境的适应和选择有不同的要求。沙棘、白刺等极耐干旱，极耐贫瘠，极耐冷热，抗风沙的落叶灌木，主要分布在北方干旱—半干旱的荒漠、半荒漠、戈壁和沙地，河西走廊分布极其常见，一般指示干旱环境。草木樨、直立黄芪、苦马豆、胡枝子等豆科草本或半灌木植物，耐旱、耐盐、耐寒等，部分抗风沙，部分耐盐碱，可以生存在荒漠地、盐碱地和绿洲戈壁之上，主要分布在北方温带地区干旱—半干旱、半湿润区，同样指示干旱气候，草木樨、胡枝子等一般可作为牧草，可能和畜养家畜有关。扁蓄、猪毛菜等是生长环境较广的温带地区常见的植物种属，苔草、碱蓬等植物是喜潮湿环境、近水而居的植物种属。海藏遗址所在区域为海藏河和所属湿地适宜喜潮湿环境植物生长。以上统计表明，遗址发现的植物遗存大部分为亚洲荒漠植物，主要以旱生、超旱生灌木、半灌木和草本植物为主。海藏遗址出土植物遗存表明当时的气候应该为干冷气候，特别是极耐旱，抗风沙植物沙棘、白刺的果实的发现，说明当时气候干旱，部分耐旱耐寒的草本植物指示气候也较干冷。极耐干旱，极耐贫瘠的沙棘、白刺等落叶灌木，耐阴、耐寒、耐旱、耐瘠薄的胡枝子中生性落叶灌木，较耐干旱的苦马豆属半灌木或多年生草本植物的发现，喜潮湿环

[1]　中国科学院中国植物志编辑委员会：《中国植物志》，科学出版社，2013年。

境、近水而居的苔草、碱蓬等植物说明当时周边区域大范围为荒漠绿洲。海藏遗址所在的武威绿洲地区适合旱作农业的粟、黍和灌溉农业的大麦和小麦的种植，大范围的荒漠环境也适合畜牧业的发展。

3.海藏遗址周边环境特征

结合植物和动物遗存的信息，我们可以看出 4000BP～3600BP 前后，河西走廊地区呈现出干冷的气候特征。结合河西走廊东端的地形特征，遗址周边地区广大区域为石羊河流域最大的洪积—冲积平原，也是石羊河流域最大的绿洲—荒漠分布区，地势平坦，绿洲地区适合农业的发展，半荒漠—荒漠地区适合牧业的发展，祁连山低山麓和山前低山区地带黄土堆积较厚，也适宜人类的生存，目前在山前洪积扇及低山丘陵区分布着马厂—齐家文化遗址。在石羊河洪积扇前缘泉水溢出带以北，地势平坦，泉水汇聚地带形成宽而浅的河流，一些地区发育成沼泽地，其中海藏河下游及周围湿地就是该类型地貌，周围也适合人类生存，其中皇娘娘台和海藏遗址位于海藏河台地上。石羊河下游地区青土湖附近是典型的荒漠和沙漠分布区，尾闾湖附近适合人类的生存，在现在民勤青土湖的范围内分布有大量的沙井文化遗址。

河西走廊东部武威地区属石羊河流域。现代气象观测数据及降水机制的研究发现，包括该区域在内的青藏高原北部地区是现代亚洲夏季风的重要影响区，然而这一区域并不属于典型的季风区。其中，祁连山东段地区与中、西段的现代降水过程和机制有显著差异，主要是由于夏季风和中纬度西风之间的相互作用所导致的。石羊河流域全新世气候环境变化的研究始于 20 世纪 60 年代，经历了数十年的发展，已取得重要的进展。目前，该流域的相关研究涵盖上、中、下游地区，分别以黄土地层、河湖相沉积、湖泊沉积为主要研究对象，重建了河西走廊东部古气候环境演变过程。近年学者通过对石羊河不同区域沉积物古环境代用指标重建了河西走廊东部全新世以来古气候变化过程，大致经历了早期 8450BP～7950BP 气候干旱，约 7950BP～7500BP 气候湿润，7500BP～7290BP 气温升高，7290BP～6380BP 气候温暖湿润，5950BP～5070BP 温度上升，气候更干旱，5070BP～3230BP 气候在干冷和湿冷之间反复，并在约 5070BP～4670BP、约 4300BP～3740BP 和 3410BP～3230BP 三个阶段气温下降，在约 3000BP 的一次干旱事件之后河湖沉积过程停止，进入了风成沉积的过程。特别是约 4449BP～3444BP 时期，气候干旱，所以生物数量很少，风成沉积物中喜爱干旱环境的草本植物数量有大幅度的上升，干旱环境植物的孢粉含量较多[1]。海藏遗址碳-14 测年结果为 3900BP～3600BP，这一时期河西走廊正处于整个全新世以来气候波动明显的干冷时期，特别是受 4000 年干冷事件影响，该时期西北地区在 4000BP 后逐渐走向干冷，河西走廊内陆河尾闾湖都记录了这次干冷事件，整个 4000BP～3000BP 是河西走廊干冷最严重的时期。

通过动植物遗存的分析和古气候记录对比，多方面的证据表明海藏遗址所在的河西走廊东部地区在 4000BP～3600BP 正值河西走廊地区气候干冷时期，人类为了适应干旱气候，齐家文化人群选择水源较好的海藏河下游的台地生活，同时为适应干冷的气候环境，海藏人群改变着农作物种植结构，农作物类型逐渐多元化，麦类作物成为粟黍以外重要的植物性资源。随着气候干旱，遗址所在绿洲地区可能形成草原环境，适合牧业的发展，大量西亚驯化的食草动物从欧亚草原传播而来，牛羊成为最重要的家畜。

二　海藏遗址人群生业经济模式

植物遗存的浮选鉴定是认识古代人群食物来源以及获得方式的重要手段，进而复原古代人类的生业模式及生存策略选择。肉食资源的获取是人类生活的重要活动之一，通过遗址出土动物骨骼遗存的鉴定，可以获取人类

---

[1]　李育、王岳、张成琦等：《干旱区内陆河流域中游地区全新世沉积相变与环境变化——以石羊河流域为例》，《地理研究》2014年第10期；Zhang H C，Ma Y Z，Wünnemann B，et al. A Holocene climatic record from arid Northwestern China. *Palaeogeography，Palaeoclimatology，Palaeoecology*，2000，162（1）：389-401.

对动物资源的驯养、家畜的饲养和肉食资源利用等信息，是复原古代人类生业经济的重要手段。人和动物骨骼碳氮稳定同位素的分析，可以重建一个地区人类对植物性资源和动物资源的摄食情况，可以反映人类对家畜的管理模式等。齐家文化时期是西北地区生业经济发生转变的关键时期[1]，俞伟超曾经指出"中国西北地区自齐家文化开始，农业经济开始向复杂的畜牧经济转变，这一区域经济形态演变对我国以及世界其他地区古代社会有重要影响"。通过植物考古、动物考古和碳氮稳定同位素的研究，可以有效地获取生业经济的关键信息，重建海藏先民的生业经济。

1.动物遗存反映的生业模式

获取肉食资源是人类生活的重要组成部分。通过对海藏遗址出土动物遗存鉴定分析，可以认识海藏齐家文化人群对动物资源的饲养管理、摄食利用情况。海藏遗址出土动物骨骼遗存鉴定显示，出土动物遗存可以分为两大类，一类是人类饲养或可能饲养的动物，包括食草性家养动物绵羊、山羊、黄牛、马属动物（还待进一步研究是否为家马）和杂食性动物猪和狗；一类是人类狩猎动物，主要包括野生食草性哺乳动物，种类主要包括野生的牛科和鹿科，如羚羊、盘羊、马鹿、梅花鹿、狍子等，食肉性动物豹属等。

海藏遗址出土动物骨骼可鉴定标本数和最小个体数均显示出外来的草食性家畜绵羊/山羊和黄牛占主导，杂食性家畜——猪次之的动物资源结构。从可鉴定标本数看，绵羊/山羊遗存的数量占比最高，黄牛次之，家猪随后；而最小个体数则显示，绵羊/山羊在动物群中的比例远高于黄牛和猪，后二者比例相似。海藏遗址齐家文化地层出土的动物骨骼显示，黄牛骨骼的破碎程度高于绵羊/山羊和猪，这一差异可能导致黄牛的可鉴定标本数所占比例较实际情况偏大，因此在本研究中认为最小个体数代表了更为可信的动物组合，即以绵羊/山羊为绝对主导，黄牛和猪次之，且二者比例相似的动物资源利用策略。从各种统计方法分析，野生动物所占比例较低，说明狩猎经济在海藏先民中所占比重较低，而家畜中食草性动物山羊和绵羊比例超过了50%，牛和猪数量相当，说明海藏先民主要以畜牧羊获取肉食资源。杂食性动物猪的比例较低，但是在 M2 和 M5 随葬有猪下颌骨，说明猪在人类生活中占有重要的地位，随葬在墓葬中也体现了猪在人类生产生活中的意义重大，猪应该是人类饲养和肉食资源来源的重要组成部分。目前，海藏遗址是经过科学鉴定发现马骨最多的齐家文化遗址，马作为牧业经济和之后游牧经济重要长距离活动的工具，为牧业经济的发展奠定了基础，海藏遗址马骨的发现，说明马也可能已经成为海藏先民饲养的重要动物。近年，学者通过西北地区出土牛羊动物的年龄鉴定，表明先民畜牧牛羊是为了更多获取奶或毛等次级产品而非单纯的肉食[2]。从这个层面判断，海藏遗址先民可能大规模畜牧牛羊是为获得奶和毛次级产品，以获取更多的资源。

海藏遗址与甘青地区不同遗址人群对家养动物利用，表现出一定差异性。甘青地区自仰韶时代家养的猪、狗不断向西传播，猪和狗是甘青地区人类最重要的家养动物和肉食资源的来源。马家窑文化后期随着西亚驯化的绵羊、山羊、黄牛传入中国后，对甘青地区动物饲养和利用产生了重要的影响，同时该地区特殊的自然地理特征也适宜牧业的发展，牛羊成为甘青地区齐家文化人群重要的肉食资源。通过对比齐家文化时期不同地区人类对动物资源的利用来看，齐家文化人群的动物资源利用策略有区域差异，甘肃东部天水师赵村遗址齐家文化层、甘肃中南部永靖县大何庄遗址、秦魏家墓地和广河县的齐家坪遗址中出土的动物遗存组合均以猪为主，西山坪、大何庄、秦魏家都有大量随葬猪的遗存，指示饲养猪是主要获取肉食资源的手段。青海的长宁遗址、喇家遗址、金禅口遗址中动物遗存以草食性家畜为主[3]，说明青海地区齐家文化表现为农牧混合的经济形态。以上研究表明，齐家文化人群的生业存在地区差异性，甘肃中东部继续着黄土高原地区自仰韶以来饲养猪狗的生活方式，青海省东北部

[1] 张弛：《旧大陆西部作物及家畜传入初期中国北方生业经济结构的区域特征》，《华夏考古》2017年第3期。

[2] 宋艳波、陈国科、王辉等：《张掖西城驿遗址2014年出土动物遗存分析》，《东方考古》2016年第1期。

[3] 任乐乐：《青藏高原东北部及其周边地区新石器晚期至青铜时代先民利用动物资源的策略研究》，兰州大学博士学位论文，2017年。

和河西走廊地区受到欧亚草原人群生业方式的影响，这些区域为高原草原和绿洲荒漠草原，适合牧业经济的发展，以畜牧牛羊获取肉食资源。

2. 植物考古反映的生业模式

人类从采集野生植物及其果实到人类驯化农作物，最终种植农作物获取植物资源成为新石器以来人类生产生活最重要的组成部分。海藏遗址出土炭化植物比例看，主要包括农作物和非农作物。农作物种子的数量占全部炭化植物种子的94.58%，非农作物仅占5.42%，农作物的比重远高于非农作物，并且农作物遗存的出土概率为100%，表明农业种植在海藏遗址先民的生存策略中占主导地位。粟黍占比较大，麦类占有一定的比例。该遗址出土了小麦穗轴8粒，说明麦类作物当地种植，同时期或稍晚的河西走廊青铜时代遗址发现了大量麦类的穗轴[1]，西城驿遗址发现了粟黍的颖壳[2]，也证明河西走廊先民大规模地种植粟黍作物。从农作物的比例看，海藏先民从事粟黍和麦类混合农业种植，皇娘娘台遗址也出土了少量炭化麦类作物遗存[3]，说明麦类作物已经成为先民种植的农作物，但种植有限。新石器晚期马家窑文化、齐家文化不断西进河西走廊，粟黍农业在河西走廊绿洲地区和山前地带获得快速的发展，青铜时代早期4000BP前后随着西亚驯化的麦类作物的传入，改变了河西走廊以粟黍为主的农业传统，麦类作物开始在河西走廊种植并不断地强化。麦类在河西走廊西部出现后，迅速的传播至甘肃中部和青海东北部，成为齐家文化人群农作物的一部分。

综合对比甘青地区齐家文化时期各遗址出土植物遗存的情况看，表现出以粟黍为主，麦类作物为辅的农业生产模式，各地区遗址出土作物比例差别较大，特别是麦类的比例差别明显。从海藏遗址出土麦类作物的比重来看，麦类作物占出土农作物总量的15.77%，与同属河西走廊齐家文化的李家圪塄遗址相似，与皇娘娘台差别较大，与河西走廊西城驿文化的缸缸洼、火石梁、西城驿遗址二期比较，海藏遗址麦类作物明显偏高，小麦比例高于大麦，进一步说明海藏先民种植小麦作物比例较高，但是始终没有改变河西走廊地区乃至整个甘青地区齐家文化人群以粟黍农业为主的种植和摄食结构。

海藏遗址还出土了一定数量的豆科植物种子，共计110粒，占出土非农作物种子的45.26%。草木樨、胡枝子等豆科植物可作为牧草，可能和畜养家畜有关。目前考古遗址出土动物骨骼信息以及骨骼同位素数据显示，青铜时代早期，河西走廊地区因地制宜的发展了混合农业和畜牧互补的经济形态，畜牧业在生业经济中占有重要的地位，豆科植物的高比重可能与畜牧业的发展有关。

海藏遗址出土了沙棘果实，沙棘分布于内蒙古西部、宁夏、甘肃河西、新疆、青海的沙漠地区，生于湖盆边缘、绿洲外围沙地，果实酸甜适口，可供食用，有"沙樱桃"之称，说明沙棘果可能是海藏先民采摘的重要植物果实。同时期的西城驿遗址也出土了大量的沙棘，说明沙棘是整个荒漠—绿洲地区先民重要采摘的植物果实。

3. 人—动物骨骼碳氮稳定同位素重建的人类食谱

人骨骨骼碳氮稳定同位素可以重建先民农业种植结构和家畜饲养结构，直接反映古代居民饮食习惯，也可以反映出人群和文化之间的交流过程。动物骨骼碳氮稳定同位素的分析，认识家养动物和野生动物食物的差异，可以探讨家养动物的饲养方式，了解不同动物对先民肉食资源的贡献程度，从而深层次认识不同家养动物的饲养方式及其对社会和文化的影响机制。

通过选取海藏遗址齐家文化时期墓葬中出土的12例人骨样品、地层中出土的28例人骨样品和32例地层中出土的动物骨骼，进行骨骼碳氮稳定同位素的提取和检测，动物骨骼样品包括家养动物绵羊/山羊骨骼7例、黄牛骨

[1] 杨谊时：《河西走廊史前生业模式转变及影响因素研究》，兰州大学博士学位论文，2017年。

[2] 蒋宇超、陈国科、李水城：《甘肃张掖西城驿遗址2010年浮选结果分析》，《华夏考古》2017年第1期；范宪军：《西城驿遗址炭化植物遗存分析》，山东大学硕士学位论文，2016年。

[3] Zhou XY，Li XQ，Dodson J et al. Rapid agricultural transformation in the prehistoric Hexi corridor，China，*Quaternary International*.254:42-48.

骼 6 例、猪骨 7 例、狗骨 5 例，野生食草动物 6 例和野生食肉动物 1 例。

人骨骨胶原 $\delta^{13}C$ 的范围为 $-15.5‰～-6.8‰$，且多数集中在 $-11.0‰～-6.8‰$，均值为 $-8.4‰$，说明海藏遗址齐家文化时期先民大部分个体呈 C_4 信号，先民主要摄食了 C_4 粟黍作物或者以粟黍食物为主的动物，少数个体呈 C_3/C_4 混合信号，说明少量的先民摄食了一定量的 C_3 麦类作物或者以 C_3 麦类或其他植物为食物的动物。墓地中出土人骨的 $\delta^{13}C$ 值与地层中出土人骨差异不显著，说明两组个体生前摄取的食物资源组合相似。与出土植物遗存的比例基本一致，粟黍所占比例较高。人骨骨胶原 $\delta^{15}N$ 的范围为 $8.0‰～10.9‰$，$\delta^{15}N$ 平均值为 $9.4‰$，比食草家养动物 $\delta^{15}N$ 平均值为 $6.5‰$ 和杂食性家养动物 $\delta^{15}N$ 平均值为 $8.2‰$ 高，说明海藏先民摄食了大量的动物蛋白质，且肉食量比较高。与出土动物骨骼遗存显示家畜是海藏先民重要的食物来源一致。对比墓葬和地层中出土人骨的氮稳定同位素结果发现，墓葬中人骨的氮稳定同位素值显著高于地层中的人骨，说明墓葬中的先民生前消费了更多动物资源，可能暗示了更高的社会阶层。与河西走廊新石器晚期至青铜时代先民人骨碳氮稳定同位素比较，先民摄食的植物性资源中，粟黍作物占绝对优势，摄食了一定量的麦类作物，且随着时间推移，C_3 麦类作物摄食的比重逐渐增加，或大量的消费了以 C_3 植物为食物的动物。从人骨碳氮同位素分析，海藏遗址先民主要摄食粟黍作物，也摄食了一定量的麦类作为，但是比重较低，同时家养动物是人类蛋白质和肉类的主要来源，结合动物遗存鉴定结果判断，畜牧牛羊是人类获取肉食资源的最重要的来源。

通过对比人和不同动物碳氮同位素的差异，可以反映家养动物的饲养方式可能受到人类有意识的控制干预和饲养。海藏遗址中猪骨胶原的 $\delta^{13}C$ 和 $\delta^{15}N$ 范围分别为 $-15.5‰～-6.8‰$ 和 $7.1‰～9.2‰$，均值为 $-9.26‰$ 和 $7.8‰$，狗骨胶原的 $\delta^{13}C$ 和 $\delta^{15}N$ 范围分别为 $-10.9‰～-8.2‰$ 和 $7.9‰～9.9‰$，均值为 $-9.0‰$ 和 $8.6‰$。二者间的 $\delta^{13}C$ 和 $\delta^{15}N$ 差异均不显著，且较食草性家养动物牛羊明显的偏正，指示了人与猪狗的摄食结构具有很强的一致性，说明猪和狗很有可能是圈养的结果，猪狗可能饲喂了大量先民食物的残留物和 C_4 粟黍作物及副产品。猪和狗的稳定氮同位素低于人骨，也反映人大量的摄食了动物的蛋白质。绵羊/山羊骨胶原的 $\delta^{13}C$ 和 $\delta^{15}N$ 范围分别为 $-17.0‰～-7.4‰$ 和 $6.2‰～9.7‰$，均值为 $-14.0‰$ 和 $7.1‰$；黄牛骨胶原的 $\delta^{13}C$ 和 $\delta^{15}N$ 范围分别为 $-17.8‰～-14.5‰$ 和 $6.0‰～8.0‰$，均值为 $-16.5‰$ 和 $6.7‰$。二者间的 $\delta^{15}N$ 差异不显著，$\delta^{13}C$ 差异显著，黄牛的 $\delta^{13}C$ 显著低于绵羊/山羊，说明黄牛摄取了更多 C_3 植物。与人骨碳同位素比较，家养食草动物牛羊 $\delta^{13}C$ 偏负，但高于食草性野生动物，个别羊显示 C_4 信号，说明人类对家养食草性动物的食物结构进行了明显的干预和喂养，食草性家养动物可能摄食了粟黍作物及粟黍作物的副产品秸秆等。人对牛羊的饲养和控制干预方面存在差异，羊更多的摄食了人类种植农作物粟黍的副产品。与海藏遗址时代相当或略早的西河滩遗址发现了畜圈遗存，清理出大量的牛羊蹄印，说明该时期人类对食草性家养动物的管理水平已经很高，也反映出畜牧经济在先民生业经济和生产活动中具有重要的地位。野生食草动物骨胶原的 $\delta^{13}C$ 和 $\delta^{15}N$ 范围分别为 $-19.5‰～-12.6‰$ 和 $2.9‰～11.0‰$，均值为 $-17.5‰$ 和 $6.2‰$；野生食肉动物骨胶原的 $\delta^{13}C$ 和 $\delta^{15}N$ 分别为 $-15.3‰$ 和 $10.7‰$；野生食草动物骨胶原的 $\delta^{13}C$ 显著低于草食性家畜，也说明人类对食草性家畜的管理水平已经很高，人类有意识饲喂家养食草性动物部分 C_4 粟黍作物和副产品。

总之，骨骼碳氮稳定同位素显示先民摄食的植物性资源主要为 C_4 粟黍作物，摄食了一定量的 C_3 麦类作物，先民对杂食性动物猪、狗的饲养和食草性动物牛、羊和马的管理水平也提高，上述动物成为先民最重要的肉食来源。由此可以看出，粟黍和麦类农业的种植和家畜牛、羊和猪的饲养和管理，为海藏先民提供了稳定的粮食和肉食资源，也为该地区齐家文化的传播、兴盛乃至社会复杂化发展奠定了稳定的经济基础。

通过动植物遗存的分析和人骨、动物骨骼碳氮同位素食谱的重建，对武威地区齐家文化海藏先民的生业经济有了全面的认识，海藏先民发展了河西走廊地区东传而来的粟黍农业和家畜猪狗的饲养，保持了黄土高原地区定居的粟黍农业兼饲养猪狗的生存生活方式；4000BP 后随着西传的麦类作物，家畜牛、马、羊传播至河西走廊的东部，逐渐被齐家文化先民接受，麦类作物成为先民种植的农作物，改变了先民的农业种植结构，家畜牛、马、羊的大规模饲养和管理水平的提高，畜牧经济得到了快速的发展，对先民的生存生活方式产生了重要的影响。河西走廊在4000BP后畜牧经济得到了快速的发展，并且影响到整个甘青地区该时期及之后其他时代生业经济形态。

第四节　早期东西方文化交流研究

4000BP~3600BP，从考古学文化发展阶段看，整个欧亚大陆进入青铜时代，中国的中原地区已进入夏纪年时期，欧亚草原地区进入青铜时代中期（MBA），该时期整个欧亚大陆文化交流步伐加快，欧亚草原人群逐渐东进，齐家文化人群也逐渐向西扩张。整个中国北方长城沿线地区都不同程度受到影响。4000BP后，长城沿线进入青铜时代，北方系青铜器大量发现。新疆深刻受到欧亚草原文化的影响，整个新疆进入青铜时代，大量的欧亚草原风格青铜器发现。河西走廊地区自马厂时期发现铜器，之后西城驿—四坝文化大量的冶金遗址发现，甘青地区齐家文化时期大部分遗址也发现了青铜器，表明甘青地区也进入了青铜时代早期，西城驿—齐家冶金共同体逐渐在甘青地区形成，进而向东影响到中原地区。

4000BP前后，中国西北地区成为探讨东亚大陆参与"史前全球化"过程的关键区域。在目前的考古证据中，旧大陆西部早期传入中国的主要是小麦和大麦等作物，绵羊、山羊、黄牛和马等家畜[1]，甚至彩陶的传播[2]，也有原产于中国的粟（黍）类作物向西传播的过程[3]。作物、家畜和技术的传播究竟始于何时，传播路线和进程有待考虑。根据海藏遗址考古发现的各类遗存，并结合周边地区齐家文化考古发现，就东西方文化交流的典型遗物进行梳理，探讨齐家文化在东西方文化交流中扮演的作用和角色。

上面通过甘青宁地区齐家文化与海藏遗址从文化面貌和时代进行对比，诸区域之间齐家文化遗址存在着密切的联系。目前学术界认识基本一致，齐家文化是分布在甘肃东部、宁夏南部的常山下层文化经宁夏菜园文化并受东部的客省庄二期文化扩张的影响，相互作用而形成，并逐步向西推进。甘肃中西部的齐家文化在西进的过程中，受到马厂文化的影响，又有明显的地方特征。结合各区域齐家文化遗存的时代和发展阶段，齐家文化不断西进的路线可能有两条。一是齐家文化在陇山西侧的宁夏南部和陇西黄土高原东部形成后，不断向西传播，推测传播路线可能是由宁夏南部经甘肃北部的靖远—会宁之后直接穿越黄河到达景泰县，进而穿越古浪到达河西走廊东部的武威市。2021年甘肃省文物研究所为配合黄河国家文化公园建设，对黄河干流及支流的甘肃北部白银市进行调查，在甘肃的会宁、靖远和古浪县发现了部分齐家文化的遗存，但遗憾的是在景泰地区目前没有发现典型齐家文化遗存[4]。二是直接从陇西黄土高原的天水地区向西经定西至兰州，进而沿黄河西进至河湟谷地。

1.基于铜器的观察

海藏遗址出土了铜刀、镯、环、锥、凿形器、片等器物，铜器类型与同时期甘青地区出土铜器器形基本一致，都是小型的生产工具和装饰品。海藏遗址铜器全部出自遗址地层和墓葬填土中，在墓葬随葬品中没有发现，铜器的时代都早于墓葬的年代，是海藏遗址早期遗存。通过海藏遗址T0204北壁地层开展地球化学元素检测分析，铜元素含量从齐家文化时期至战国时期基本没有明显的变化，与文化层之下生土中铜元素含量基本一致，说明海藏遗址不存在冶金活动，没有对土壤元素造成污染。

下面我们通过梳理甘青地区出土早期铜器，并结合学者的研究成果，简单讨论海藏遗址铜器乃至齐家文化铜

[1] 张弛：《龙山—二里头——中国史前文化格局的改变与青铜时代全球化的形成》，《文物》2017年第6期。
[2] 韩建业：《马家窑文化半山期锯齿纹彩陶溯源》，《考古与文物》2018年第2期。
[3] 董广辉、杨谊时、韩建业等：《农作物传播视角下的欧亚大陆史前东西方文化交流》，《中国科学：地球科学》2017年第5期。
[4] 甘肃省文物考古研究所：《黄河文化遗址考古调查报告——甘肃黄河左近地区史前考古调查》，甘肃教育出版社，2023年。

器的时代及铜器和铜冶金技术的传播交流问题。

目前国内较早的铜器大都发现于甘青地区的齐家文化时期、西城驿文化时期和四坝文化时期。齐家文化铜器主要出土于甘青交接的区域，甘肃中部洮河、大夏河和河西走廊的东部地区，青海省东北部的湟水及大通河流域和黄河干流附近，甘肃东部早期齐家遗址未曾发现铜器。主要发现包括武威皇娘娘台、海藏、大何庄、秦魏家、新庄坪、商罐地、杏林、魏家台子、磨沟、齐家坪、尕马台、总寨、沈那、长宁、宗日、喇家、金禅口等遗址[1]。西城驿文化时期河西走廊发现了大量的冶金遗址，4000BP～3700BP的西城驿文化时期，河西地区的冶炼活动规模空前，主要分布在黑河流域，部分位于疏勒河流域[2]。河西冶金调查过程中在张掖西城驿、金塔缸缸洼、火石梁、二道梁、一个地窝南二号、敦煌西土沟等遗址都有大量冶金遗物发现，尤其是近年西城驿遗址、火石梁遗址和缸缸洼遗址发掘出土丰富的冶金遗物，西城驿遗址出土了大量西城驿文化的矿石、炉渣、炉壁、鼓风管、石范和大量的小铜器[3]。四坝文化四坝滩、东灰山、西灰山、火烧沟、砂锅梁遗址等都发现了铜器，部分遗址也发现了铜冶炼遗物。

目前大部分学者研究都把齐家文化的铜器放在整个齐家文化大时代背景下研究，认为齐家文化出土铜器的年代集中在4200BP～3700BP，将其视作中国早期铜器的代表。上文通过不同区域齐家文化典型陶器和器物组合的演变对比来看，洮河流域和大夏河流域墓葬出土的铜器时代相对较晚，特别是近年对齐家坪、磨沟墓地测年，也证实这些墓地的年代下限可晚到了3500BP，甚至可能更晚。因此我们需要重新审视齐家文化不同地区铜器的年代，更好理解铜器在甘青地区的传播路线。

上面讨论了不同地区齐家文化遗址与海藏遗址之间的时代和相对早晚关系，对认识齐家文化铜器的来源和传播提供了时代背景。洮河流域齐家文化和大夏河流域齐家文化铜器时代相对较晚。青海省东北部黄河及湟水流域时代相对较早的柳湾墓地未发现铜器，喇家遗址出土残器1件，时代相对稍晚的金禅口遗址房址中出土的铜器与海藏遗址出土的铜器时代相当，尕马台墓地年代与海藏墓葬年代相当或略晚，铜器年代整体晚于海藏铜器的年代。陈国科对甘青地区齐家文化墓葬出土铜器与四坝文化出土铜器比较，认定为齐家文化的铜器在空间分布上主要集中在河西走廊东段及洮、湟流域，在时间上主要集中在齐家文化中期和晚期。中期主要在河西走廊东部及青海部分地区，晚期主要在洮河、湟水流域。综上，齐家文化早期铜器主要分布在河西走廊东部和青海省东部，主要有海藏、皇娘娘台、喇家、金禅口、总寨、宗日、长宁等遗址，结合碳-14年代，早期铜器的年代在4000BP～3700BP；晚期主要包括洮河流域和青海省东部，主要有齐家坪、磨沟、大何庄、秦魏家、尕马台等遗址，结合碳-14年代，晚期年代在3700BP～3500BP，甚至可能晚到3500BP及其以后[4]。

河西走廊中西部在4000BP～3700BP分布着西城驿文化，大部分遗址齐家文化和西城驿文化共存，上面我们讨论了西城驿文化和齐家文化共存的遗址与海藏遗址的早晚关系，海藏遗址早期与西城驿遗址二期、缸缸洼晚期、火石梁、西河滩遗址西河滩遗存共存，时代大体相当或略晚。陈国科认为不论从冶金出现时间、铜器形制、材质，抑或从冶炼遗址的空间分布及冶炼加工技术上，都无法将距今4000～3700年西城驿文化和齐家文化的冶金区分开来，两者呈现出一种"混合"状态，提出"西城驿—齐家冶金共同体"这一概念，以便更好地认识河西走廊距今4000～3700年冶金活动中的这一特殊现象。这一共同体冶金活动矿石主要来自走廊北部的北山地区，铅同位素指

[1] 乔虹：《青海境内齐家文化铜器初探》，《青海师范大学学报：哲学社会科学版》2018年第5期；王璐：《甘青地区早期铜器的科学分析研究——以临潭磨沟遗址出土铜器为中心》，北京科技大学博士学位论文，2019年；陈国科：《齐家文化与四坝文化铜器年代再认识》，《2016中国·广河齐家文化与华夏文明国际研讨会论文集》，文物出版社，2016年；孙淑云、韩汝玢：《中国早期铜器的初步研究》，《考古学报》1981年第3期；陈国科、李延祥、潜伟等：《张掖西城驿遗址出土铜器的初步研究》，《考古与文物》2015年第2期。

[2] 陈国科：《西城驿—齐家冶金共同体——河西走廊地区早期冶金人群及相关问题初探》，《考古与文物》2017年第5期。

[3] 甘肃省文物考古研究所等：《甘肃张掖市西城驿遗址》，《考古》2014年第7期；甘肃省文物考古研究所、北京科技大学材料与冶金史研究所、中国社会科学院考古研究所等：《甘肃张掖市西城驿遗址2010年发掘简报》，《考古》2015年第10期。

[4] 陈国科：《齐家文化与四坝文化铜器年代再认识》，《2016中国·广河齐家文化与华夏文明国际研讨会论文集》，文物出版社，2016年。

示矿石来自于北山，当时使用了"氧化矿－铜"的冶炼工艺，以冶炼红铜为主。铜器均为小型器物，器类主要为工具、饰品，工具主要有锥、刀、钻、长条形器等，饰品主要有指环、耳环、管、泡、铜镜等。材质有红铜、砷青铜、锡青铜、锑青铜，以红铜为主，砷铜次之。加工技术以热锻为主，铸造次之，逐渐形成石范铸造传统。河西走廊以东的广大区域，皇娘娘台发现有铜渣，但不能确定为炼铜渣还是熔铜渣，无法确定在当地是否存在冶炼。甘青地区其他齐家遗址出土了大量的铜器，但是都没有发现铜冶炼"生产链"上的相关遗物，暗示河西走廊的中西部西城驿—齐家冶金共同体中西城驿文化人群掌握着铜冶金技术，从事着开矿—铜冶炼—铜器制造活动，而齐家文化人群只是冶金技术的传播者。齐家文化铜器直接来源于西城驿文化[1]。

海藏遗址与邻近的皇娘娘台、甘青地区其他齐家文化遗址出土铜器形制基本一致，主要为小件的生产工具刀、锥、凿，装饰品环、镯、泡，个别的镜、钏、管和月牙形项饰，还有器形不明的片、条等，时代越晚，器形表现得越复杂。从器形看，齐家文化的小型铜器都能在河西走廊中西部黑河中下游的西城驿文化和四坝文化早期找到相同的器物，说明齐家文化铜器可能直接来自于西城驿—四坝文化。从材质方面看，西城驿遗址红铜为主，砷铜次之，锡青铜比例很低，河西走廊东部的皇娘娘台遗址出土铜器材质均为红铜，洮河和大夏河地区的大何庄、杏林遗址铜器也均为红铜，秦魏家遗址铜器以红铜材质为主，个别为锡青铜及铜锡铅合金，新庄坪和齐家坪遗址部分铜器为锡青铜材质。齐家文化晚期的磨沟遗址铜器以锡青铜为主，砷青铜占有一定的比例。青海地区含砷铜器所占比例很高，红铜所占比例低。甘青地区齐家文化铜器材质由红铜逐渐转为以锡青铜为主，部分为砷铜。从材质成分和制作工艺看，西城驿遗址砷铜对齐家文化铜器影响深远，砷铜在齐家文化铜器中占有重要的比例。

齐家文化铜器被学者作为欧亚大陆上东西方文化交流最重要的媒介，用于探讨铜器及铜冶金技术传播[2]。虽然学者们围绕齐家文化与欧亚草原安德罗诺沃文化、塞伊玛—图尔宾诺文化现象、中国北方草原青铜时代文化、二里头文化之间的传播交流及相互影响进行研究，但是大部分学者讨论甘青地区早期铜器忽略了齐家文化各发展阶段铜器的特征以及各发展阶段齐家文化与诸文化之间关系，导致认识不同文化阶段诸文化之间的关系和交流过程模糊不清。陈国科通过梳理甘青地区早期青铜器认为"没有直接的证据表明齐家进行独立的冶金生产，齐家人群在早期冶金活动中所扮演的角色，更像是一个传播者。而河西走廊的马厂、西城驿、四坝人群才是冶金技术的真正掌握者和铜器的主要生产者，齐家文化正是通过与这支人群在不同阶段的接触和交流，获取并广泛传播了冶金产品或冶金技术，从而对中国其他区域早期冶金技术产生不同程度的影响"[3]。齐家文化铜器或冶金技术的进一步向东传播影响，对中原地区二里头文化和中原二里头文明起源产生了重要的影响[4]。

2.基于玉器的观察

皇娘娘台遗址出土了玉璧、璜、锛、璧芯、绿松石珠饰和玉料等。1983年海藏公园湖底及海藏河东侧河岸发现一批齐家文化玉器、玉料等，从位置判断应位于海藏遗址的西部，是海藏遗址的一部分。该批玉石器出土以后就引起学者的重视，就齐家文化玉器的传播、玉石之路展开讨论。特别是近年在河西走廊马鬃山玉矿遗址和敦煌旱峡玉矿遗址的发掘，以及西城驿遗址出土的部分玉器，引起了学者们的高度关注，就"玉石之路"和"西玉东输"进行讨论。

海藏遗址出土了大量的玉石器、玉石器加工工具及残存的断块（边角料），还出土了大量的玉石料，其中石料主要为白色和青色的玉料围岩。玉石器材质主要包括蛇纹大理岩、大理岩、蛇纹岩（玉）、绿泥岩、透辉石、透闪石（玉）、滑石岩和绿松石等，部分玉石料和断块上残存切割痕迹。玉石器及玉石料颜色主要为青、青白、

[1]　陈国科：《西城驿—齐家冶金共同体——河西走廊地区早期冶金人群及相关问题初探》，《考古与文物》2017年第5期。
[2]　陈坤龙：《中国早期冶金的本土化与区域互动》，《考古与文物》2019年第3期；杨建华、邵会秋、潘玲：《欧亚草原东部的金属之路——丝绸之路与匈奴联盟的孕育过程》，上海古籍出版社，2016年；李水城：《东风西渐：中国西北史前文化之进程》，文物出版社，2009年。
[3]　陈国科：《西城驿—齐家冶金共同体——河西走廊地区早期冶金人群及相关问题初探》，《考古与文物》2017年第5期。
[4]　许宏：《从仰韶到齐家——东亚大陆早期用铜遗存的新观察》，《中国社会科学院古代文明研究中心通讯》，2016年。

青绿、棕黄色和墨绿色。玉石器主要包括璧、璧芯、锛、斧、凿、凿形器等，以及绿松石串珠和片饰。加工玉石器的工具主要有锤、钻、磨石、切割工具等。据统计，遗址地层中出土玉石璧 328 件、采集 13 件；璧芯出土 159 件，采集 3 件；绿松石串珠及片饰出土 10 件；切割料出土 26 件；玉石料出土 106 件；断块 131 件；磨石出土 281 件，切割工具出土 33 件。墓葬随葬玉石璧 36 件，绿松石串珠出土 4 件，白色石块和玉料出土 42 件。从不同遗迹出土各类玉石器统计及上文对出土玉石器的制作工艺研究表明该遗址为一处玉石器加工作坊遗址。

目前在甘、青、宁地区发现了大量的齐家文化玉器，目前至少 20 余处正式考古发掘的遗址出土了玉器，另外在甘肃和宁夏其他地方也出土和征集一部分玉器。主要器形主要包括钺、斧、铲、锛、刀、凿、凿形器、条形器、纺轮、璧、环、琮、璜、璧芯等[1]。考古发现齐家文化海藏遗址、皇娘娘台遗址、喇家遗址出土玉石器及加工所需玉料和残留边角料，部分与齐家文化遗存共存的西城驿文化遗址也出现了玉石器和玉石料。从该类遗址的分布看，大部分位于河西走廊。近年发掘的敦煌旱峡玉矿遗址早期是一处西城驿文化和齐家文化共存的 4000BP～3700BP 前后的玉矿开采遗址[2]，说明在齐家文化时期河西走廊存在大规模的玉矿开采、运输、加工等手工业生产。曹芳芳认为从用玉进程和用玉动机看，甘青地区用玉文化并非独立起源，而是从东部和中原引进与兴起，同时促进了甘青地区玉矿的开发与利用[3]。魏怀珩先生认为皇娘娘台随葬的璧不仅仅是一种装饰品，很可能是作为一种交换手段的货币用来随葬[4]。朱乃诚曾认为甘肃武威皇娘娘台墓地内随葬的 200 多件玉石璧可能就是原始货币[5]，何驽进一步论述了这一观点，认为华西系玉器可作为商品贸易圈共同使用的"国际货币"，在齐家文化、石峁文化、陶寺文化三个政体之间流通[6]。大胆的推测，海藏遗址为代表的河西走廊东部齐家文化遗址制作的大量玉石器，主要为璧，可能作为商品运往其他区域。

自 1989 年杨伯达先生提出"玉石之路"之后[7]，学者们根据类型学和宝石矿物学等方法，探讨不同地区玉石器交流过程。特别是邓淑苹提出华西系玉器的概念后[8]，学者们认识到齐家文化时期或者龙山文化晚期晋、陕、甘、青、宁出土的玉石器具有一定的相似性，存在文化和技术上的交流。特别是伴随着河西走廊玉矿遗址发掘和部分遗址出土了大量的玉器，更是让学者们认识到，丝绸之路之前存在一条玉石之路，近年叶舒宪组织十次玉石之路调查，并通过多方证据，证实齐家文化时期存在通往中原的玉石之路。陈国科通过对河西走廊矿冶遗址调查发掘，通过层位学、类型学分析，结合碳-14 测年，初步认为自公元前 2000 年以来的近 2000 年间，河西走廊地区一直进行着透闪石玉矿的开采，且经历了西城驿文化／齐家文化—四坝文化／齐家文化—骟马文化早段—骟马文化晚段等几个主要阶段，基本勾勒出了河西走廊地区 4000BP～2000BP 透闪石玉料的开采历程，这为玉石之路存在，玉料的开采、加工、运输和贸易提供了准确的时代框架[9]。丘志力通过对敦煌旱峡玉矿发掘出土玉料进行科学检测，并与龙山文化部分遗址出土玉器检测结果对比研究，确认敦煌旱峡古玉矿是潜在的、可能是与中国黄河流域早期玉文化关系非常密切的重要古代玉料产地[10]。河西走廊地区皇娘娘台、西城驿遗址、海藏遗址都有玉石器加工的存在，特别是海藏遗址存在完备的玉石器加工的遗物链，为探讨河西走廊玉器加工、交流和贸易提供了生

[1] 北京艺术博物馆等：《玉泽陇西：齐家文化玉器》，北京美术摄影出版社，2015 年。

[2] 甘肃省文物考古研究所：《敦煌旱峡玉矿遗址发掘简报》，《敦煌研究》2021 年第 5 期；陈国科、杨谊时：《河西走廊地区早期透闪石玉开采年代的考古学观察》，《敦煌研究》2021 年第 5 期。

[3] 曹芳芳：《甘青地区史前用玉特征与进程》，《四川文物》2022 年第 1 期。

[4] 甘肃省博物馆：《武威皇娘娘台遗址第四次发掘》，《考古学报》1978 年第 4 期。

[5] 北京艺术博物馆等：《玉泽陇西：齐家文化玉器》，北京美术摄影出版社，2015 年。

[6] 何驽：《华西系玉器背景下的陶寺文化玉石礼器研究》，《南方文物》2018 年第 2 期。

[7] 杨伯达：《"玉石之路"的布局及其网络》，《南都学坛（人文社会科学学报）》2004 年第 3 期。

[8] 邓淑苹：《史前至夏时期"华西系玉器"研究（上）》，《中原文物》2021 年第 6 期；邓淑苹：《史前至夏时期"华西系玉器"研究（中）》，《中原文物》2022 年第 1 期；邓淑苹：《史前至夏时期"华西系玉器"研究（下）》，《中原文物》2022 年第 2 期。

[9] 陈国科、杨谊时：《河西走廊地区早期透闪石玉开采年代的考古学观察》，《敦煌研究》2021 年第 5 期。

[10] 丘志力、张跃峰、杨炯等：《肃北敦煌旱峡新发现的古玉矿：一个早期古代玉器材料潜在的重要源头》，《宝石和宝石学杂志》2020 年第 5 期。

产的确凿证据。下面从主要的器形对比，结合近年学者对玉石之路的研究成果，简单探讨海藏遗址乃至河西走廊玉料及制作的玉石器向东传播的过程和路线。

从出土玉石器和组合看，海藏遗址与皇娘娘台遗址出土玉石器组合和器形基本一致，皇娘娘台遗址 M48 随葬玉石璧 83 件和海藏遗址 M1 随葬玉石璧 23 件，不论是墓葬特征还是大量随葬璧的特征都一样。皇娘娘台出土了璧芯 66 件，但墓葬随葬璧芯较少，生产玉石璧的副产品璧芯的大量出土，说明皇娘娘台遗址也可能与海藏遗址特征一致，也存在大规模的玉石器加工。与河西走廊近年发掘的西城驿遗址比较，除璧、璧芯、璜在西城驿遗址不见，锛、凿等工具类器物和绿松石串珠都常见，同时西城驿遗址出土了大量的玉料，说明也存在玉器加工的活动。大量形制相同或相近玉器的发现，表明河西走廊东中部地区存在文化交流与互动。

海藏遗址出土玉石器与同时期的甘青宁地区比较，璧、斧、锛、铲、凿、凿形器、绿松石串珠器形都基本一致，但是以海藏遗址为代表的河西走廊地区不见甘青宁其他地区出土的玉琮、大玉刀这类器形，这种组合上的差别还需进一步的讨论。以璧来分析，海藏遗址出土的璧包括正圆形、近圆形、圆角方形、椭圆形和不规则形，除个别正圆形璧通体磨光，其他形状的璧大多制作不规整，并保留有打制修整的片疤，且外缘修整不规整或未修整。甘青宁其他地区出土的璧基本为正圆形，磨制精致光滑。造成海藏遗址与甘青宁其他地区璧制作工艺上存在差异的原因，推测海藏遗址的璧处于初加工阶段，之后被交流贸易至其他地区进行精细加工，作为礼器和葬玉使用。从玉料颜色和质地上看，甘青宁部分青绿色、青色、棕黄色玉器与海藏一致，乃至部分石璧的材质也一致。目前有学者指出，齐家文化玉器的原料部分可能与敦煌旱峡玉矿玉料有关，说明在 4000BP 齐家文化人群在甘青宁广泛流动。齐家文化人群西进是否与大规模获取玉料和铜原料等资源有关，这一问题有待进一步探讨。

海藏遗址出土的玉石器与晋南地区和陕北地区出土玉石器比较，从材质上看，海藏遗址玉石器经检测，透闪石玉所占比例 3%，蛇纹石玉比例 9%，大部分为蛇纹石化大理岩和大理岩等；晋南地区清凉寺墓地和陶寺遗址玉器检测，软玉比例非常低，不足 10%，而以大理岩和蛇纹石为大宗，且其中的软玉与新疆料不存在相似性；陕北的石峁文化的新华和石峁遗址玉器经检测，软玉所占比例较高，且软玉中存在与齐家文化相同的材质[1]。海藏、晋南、陕北同时期遗存出土软玉的数量存在差异，且石峁文化玉料材质与齐家文化玉料材质有关系，暗示两者存在文化和技术上的交流，石峁玉料资源可能与甘青地区玉矿资源有关。叶舒宪认为龙山文化晚期和齐家文化时代，距今 4000 年前后，真正开启了西玉东输的华夏国家资源供应模式，河套地区的古代方国政权起到重要的中转作用[2]。海藏遗址是制玉作坊遗址，除了玉器成品，还出土了大量的璧芯、玉料、边角料等，而晋南和陕北不见此类遗物，这是遗址性质不一样造成的。玉器形制上，海藏遗址不见晋南、陕北的璋、刀、钺、动物形器，铲、锛、斧、凿特征具有相似性，但是海藏遗址铲、锛、斧、凿等器物大部分保持了甘青地区新石器时代以来生产工具的特征，与海藏遗址出土的同类石器形制一致，还未能从生产工具阶段脱离出来，而陕北地区大部分同类器物器形浑厚，已经脱离了生产工具的功能，是作为祭器和礼器使用。从典型器物璧的特征看，晋南、陕北出土的璧都非常规整，且出土牙璧、有领璧、连璜璧等，最大的区别是晋南、陕北玉石璧好径都大，很少见海藏遗址小孔璧，制作上的差异暗示海藏遗址可能将石璧管钻初加工后，作为商品贸易至晋南和陕北地区，之后在当地进行精细化加工。据学者研究，陕北石峁遗址部分玉器与河西走廊地区玉矿资源有关系，进一步证实了 4000BP 前后，河西走廊大量的玉料及玉石器初级加工产品被贸易传播至陕北乃至晋南地区[3]。

---

[1]　王强、杨海燕：《西玉东传与东工西传——黄河流域龙山时代玉器比较研究》，《东南文化》2018 年第 3 期。
[2]　叶舒宪：《齐家文化玉器与西部玉矿资源区——第四次玉帛之路考察报告》，《百色学院学报》2015 年第 3 期；叶舒宪：《玉石之路与华夏文明的资源依赖——石峁玉器新发现的历史重建意义》，《上海交通大学学报：哲学社会科学版》2013 年第 6 期。
[3]　徐琳：《中国古代玉料来源的多元一体化进程》，《故宫博物院院刊》2020 年第 2 期；何驽：《华西系玉器背景下的陶寺文化玉石礼器研究》，《南方文物》2018 年第 2 期；叶舒宪：《齐家文化玉器与西部玉矿资源区——第四次玉帛之路考察报告》，《百色学院学报》2015 年第 3 期；叶舒宪：《玉石之路与华夏文明的资源依赖——石峁玉器新发现的历史重建意义》，《上海交通大学学报：哲学社会科学版》2013 年第 6 期。

3.基于炭化农作物的观察

海藏遗址炭化农作物遗存包括粟、黍、小麦、大麦和大豆。下面就粟黍作物和麦类作物的传播过程进行简单的梳理，探讨海藏遗址乃至整个齐家文化时期粟黍和麦类混合农业建立过程和文化交流过程。

北京东胡林和河北南庄头等遗址植物大化石或微体化石研究显示，10000BP前后粟黍被驯化。8000BP前后中国北方地区前仰韶时代，裴李岗文化地处中原的强势核心作用，粟黍农业得到了快速的发展，世界上较早的粟黍农业文化圈在中国北方地区形成。仰韶文化时期是粟黍种植为基础的旱作农业在中国北方建立并发展的关键时期，大约在6500BP~6000BP中国北方地区人类的主要生业模式由采集狩猎向旱作农业的转变完成。随着仰韶文化和马家窑文化不断向西发展，马家窑文化4800BP前后最西扩张至河西走廊酒泉地区，之后黄河上游的半山文化、马厂文化、齐家文化不断向西扩张，粟黍农业也一步步的扩张至河西走廊，推动着河西走廊粟黍农业的建立和强化。进而进一步向西传播至新疆、中亚乃至欧洲地区。西亚最早的新石器时代纳吐夫文化时期，人类开始定居，有了长期和季节性两种居住营地，出土的植物种子、谷物、坚果和获取食物的工具、加工食物的工具显示先民已开始驯化和栽培植物。直到前陶新石器时期（PPNB）阶段，以种植小麦、大麦等作物为主的农业在西亚近东地区形成，近东地区前陶新石器农业兴起后，拉开了近东地区人群向外扩散的步伐，农业人群向两侧以波浪式的特征向东传播。然而麦类作物向中亚腹地传播却明显缓慢，直到公元前三千纪前后才沿着"亚洲内陆山地走廊"继续向东进入了中亚腹地的塔吉克斯坦、哈萨克斯坦和中国新疆西部地区[1]。通天洞遗址植物遗存显示麦类作物在5200BP传播至新疆地区[2]，麦类农业在中亚腹地发展了千年以后，4000BP前后逐渐传播至东疆地区和河西走廊地区，进而很快传播至青海省东北部齐家文化分布区。随着粟黍作物的西传和麦类作物的东传，混合农业结构最终在4000BP后青铜时代早中期甘青新地区确立，河西走廊成为西北地区最早出现了麦类和粟黍农业种植结构的地区之一，位于河西走廊东部齐家文化人群较早的种植麦类，海藏遗址和皇娘娘台遗址炭化植物都发现了麦类作物遗存。

目前河西走廊系统的植物考古和碳氮稳定同位素重建了河西走廊地区人群摄食结构和生业经济的演变过程，特别是麦类作物传播至河西走廊后，对河西走廊地区人群生业经济影响深刻，河西走廊地区从新石器晚期—青铜时代—早期铁器时代人群农业结构经历了以粟黍农业—粟黍麦类混合农业—大麦为主的混合农业的发展历程[3]。4000BP~3700BP河西走廊地区西城驿/齐家文化快速发展时期，也是粟黍麦类混合农业快速建立和发展时期，混合农业的发展，促使河西走廊地区青铜时代诸文化快速发展。从鉴定结果看，海藏遗址以粟黍为主的混合农业，麦类作物绝对数量比例不高，这与青铜时代早期河西走廊缸缸洼、火石梁、西城驿遗址作物比例一致。随着齐家文化在甘青地区的传播，麦类作物也传播至甘青广大地区，4000BP前后，麦类作物很快从河西走廊传播至青海省东北部，金禅口等齐家文化遗址发现了麦类作物，进而进一步向东扩张，大李家坪植物遗存，齐家坪和磨沟人骨碳氮稳定同位素显示最晚至3600BP前后麦类作物已经传播至甘肃中部的洮河流域。随着齐家文化与中原龙山文化晚期—新砦期—二里头文化间的交流，麦类作物也出现在黄河流域的中原地区，中原地区龙山晚期—二里头遗址出现了麦类作物，但是麦类作物所占比重极低。麦类作物的传播过程中甘青地区齐家文化人群扮演着至关重要的角色。

海藏遗址还出土了一粒破碎的大豆。我们简单进行梳理。大豆作为重要的农作物之一，大约在龙山文化时期起源于中国北方地区[4]，如山西陶寺遗址、河南王城岗遗址和瓦店遗址都出土了百余粒龙山文化时期的大豆遗存，之后在我国东北、山东、内蒙古等地遗址广泛发现。目前的植物考古资料显示，甘青地区只有齐家文化时期的桥

[1] 董广辉、杨谊时、韩建业等：《农作物传播视角下的欧亚大陆史前东西方文化交流》，《中国科学：地球科学》2017年第5期。

[2] Zhou XY，Yu JJ，Spengler RN，et al. 5200 year old cereal grains from the eastern Altai Mountains redate the trans- Eurasian crop exchange. *Nature Plant*，2020，6: 78 - 87.

[3] 杨谊时：《河西走廊史前生业模式转变及影响因素研究》，兰州大学博士学位论文，2017年。

[4] 孙永刚：《栽培大豆起源与植物考古学研究》，《农业考古》2013年第6期；赵志军：《公元前2500年~公元前1500年中原地区农业经济研究》，《科技考古(第二辑)》，科学出版社，2007年。

村遗址、喇家遗址中出土了大豆遗存，其中桥村遗址有 1 粒，喇家遗址出土 42 粒，从大豆遗存的出土情况来看，大豆可能在齐家文化时期传至甘青地区，但在农业生产中只占很低比例。

4.基于动物遗存的观察

海藏遗址家养动物黄牛、绵羊 / 山羊、猪在动物遗存中占据显著优势，此外狗也是重要的家养动物。马属动物占有一定比例，出土于早期地层中，是否是家马，有待结合古 DNA 等其他证据进行深入分析判断。10000BP 前后，西亚和东亚地区是最早的家畜起源中心 [1]。人类对动物的驯养和管理，不仅提高了人类承受和适应环境变化的能力，是人类历史上经济形态转变的重要因素，而且使得人类长距离的迁徙和移动成为可能，改变了人类生产生活方式和社会结构转型，加快了跨大陆文化之间的传播和交流。家畜牛、马、羊等快速流动性的特点，是探讨东西文化交流和人群扩散最宏观的证据。下面我们结合海藏遗址动物遗存在欧亚大陆的传播过程，主要梳理西亚驯化的牛和羊、中亚驯化的马，是如何一步步传播至西北地区，进而对甘青地区齐家文化时期人群生业经济、文化发展和社会结构产生影响。

猪和狗的最早驯化中心还存在很大的争议，一般认为家猪在 10000BP 前后由野猪驯化而来，分别驯化于中国和近东，但是近年猪的 DNA 研究结果证明猪有可能是各个地区被分别驯化。现代狗的基因揭示狗是由灰狼驯化而来，目前学术界存在东亚起源说、欧洲起源说、近东起源说和中亚起源说等不同观点，且各地驯化的时间也存在很大的争议。考古证据表明，中国最早的家狗骨骼出土于 10000BP 前后的河北省徐水县南庄头遗址，中国北方较早的家猪出土于河南舞阳贾湖遗址。其他最早驯化的动物基本上来自西亚的近东地区，其中包括 12000BP～10000BP 东方盘羊（赤羊）驯化出来的家养绵羊和野山羊驯化出来的家养山羊 [2]，近年有研究者认为扎格罗斯山脉另一个谱系的山羊亦被驯化 [3]。已经灭绝的原牛在 10000BP 前后驯化出黄牛，近年研究显示南亚北部巴基斯坦地区驯化出黄牛的另一个谱系，即原牛印度亚种实现了黄牛的第二次驯化 [4]。旧大陆再一次出现大型哺乳动物的驯化浪潮是马和骆驼的驯化，其中马的起源争议比较大，早前认为马 5500BP 驯化于欧亚草原东部哈萨克斯坦 [5]，另一说法 5000BP 马在伊比利亚半岛驯化 [6]，最近 DNA 研究显示，最早驯化的家马不论是欧亚草原的东部，还是伊比利亚半岛都与现代家马关系不明显，现代家马 2200BC～2000BC 起源后向欧亚大陆迅速扩张 [7]。

中国北方驯化的猪、狗随着农业人群的扩散，也传播至甘青地区。甘青地区最早出现驯化的家畜猪、狗在大地湾遗址和西山坪遗址，甘青地区随着仰韶文化中晚期和马家窑文化的不断西进，至少在 5500BP～5000BP 已经传播至甘肃中部和青藏高原东北部，马家窑—齐家文化时期猪狗成为甘青地区主要饲养的家畜。5000BP～3600BP 家猪和家狗随着马家窑、半山、马厂、齐家文化波浪式向西推进至河西走廊，猪、狗等家畜和粟黍农业一起奠定了河西走廊新石器晚期马家窑文化和齐家文化人群定居生产生活的基础。

西亚驯化的牛羊和中亚驯化的马随着欧亚草原人群的东进，也陆续传入中国。绵羊和山羊在西亚驯化后逐渐向其他地区传播，向东传播至科彼特达格山脉北麓的哲通文化和安诺文化，进而继续传播至中亚北部，向北顺着布格河—德涅斯特—巴尔干—喀尔巴阡山地区传播至北部黑海沿岸附近西伯利亚大草原，5000BP 后随着欧亚草

[1]　袁靖：《中国动物考古学》，文物出版社，2015年。

[2]　Vigne J D，Peters J，Helmer D. *The first steps of animal domestication*. Oxford: Oxbow Books. 2005.

[3]　Zeder M A，Hesse B. The initial domestication of goats (Capra hircus) in the Zagros Mountains 10，000 years ago. *Science*. 2000，287(5461): 2254-2257.

[4]　Loftus R T，MacHugh D E，Bradley D G et al. Evidence for two independent domestications of cattle. Proceedings of the *National Academy of Sciences*. 1994，91(7): 2757-2761.

[5]　Levine M A. Botai and the origins of horse domestication. *Journal of Anthropological Archaeology*. 1999，18(1): 29-78.

[6]　Warmuth V. On the origin and spread of horse domestication. University of Cambridge. 2012.

[7]　Librado P，Khan N，Fages A et al.，The origins and spread of domestic horses from the Western Eurasian steppes. Nature，2021，598: 634-640; Fages A，Hanghj K，Khan N U，et al. Tracking Five Millennia of Horse Management with Extensive Ancient Genome Time Series. *Cell*，2019，177:1419-1435.

原人群不断向东传播。目前中国最早的家养羊的证据主要来自甘青地区的马家窑文化遗存，龙山文化时期传播至中原地区，表明在5000BP~4000BP家养的羊从中亚传播至西北，进而东渐至中原地区，但是该时期羊的发现还是比较零星[1]。4000BP前后随着欧亚草原牧业进程的加快，山/绵羊顺着欧亚草原进一步影响到西北地区和长城沿线地区。甘青地区青铜时代诸文化发现了大量的羊骨，河西走廊地区缸缸洼和火石梁遗址羊骨测年结果为4100BP~3700BP。黄牛随着早期人群的迁徙经过两条路线进入中国，一条由新疆—西北地区—中原地区的路线传播，一条由欧亚草原—东北亚—中原路线传播[2]。龙山文化晚期，黄河上游到下游地区从测量数据、数量变化、埋藏现象、C/N同位素研究和DNA研究方面的证据，证实黄牛已经是家养动物。目前最早的黄牛证据来自甘青地区马家窑文化时期，之后甘青地区马厂—齐家发现大量黄牛的遗存，河西走廊缸缸洼和火石梁遗址家养动物牛骨测年结果为4100BP~3700BP[3]，因此黄牛最早可能传入的路线就是从欧亚草原传入甘青地区，之后向其他地区传播。马的驯化争议较大，最新研究显示现代家马在2200BC~2000BC在欧亚草原驯化后，与四轮马车和印度—伊朗语的扩散同步[4]。牛、羊、马不同时段传入甘青地区，4000BP后对青铜时代诸文化影响深刻，甘青地区进入定居的畜牧经济时代。

通过目前已有动物鉴定结果梳理欧亚大陆家养动物如何传播至西北的甘青地区的过程，东亚驯化猪、狗和西亚驯化的马、牛、羊逐步传播至河西走廊，4000BP后甘青地区齐家文化时期多个遗址和墓地都出土了家养动物猪、狗、马、牛、羊的遗存，部分墓地随葬有猪和羊的下颌骨，特别是齐家文化晚期的磨沟墓地殉牲完整的狗和羊，说明牛羊和猪一样在齐家文化人群中具有重要的地位。海藏遗址中绵羊/山羊占比超过50%，黄牛和猪次之，野生哺乳动物所占比例较低，显示出草食性家畜占主导，杂食性家畜为辅的肉食资源结构，进一步证实畜牧经济在河西走廊齐家文化中占有重要的地位。而特别关注的是，海藏遗址科学发掘出土了当前所见数量最多，年代最早的马骨，还待进一步科学研究是否为家马，其驯化传播过程也还需进一步的讨论。目前中国北方地区4000BP后青铜时代早期发现了少量的马骨，且马骨多为游离齿或部分骨骼残片，其中齐家文化大何庄和秦魏家墓地出土了马骨遗存，有学者据此推测甘青地区可能是马传入中原的重要通道[5]。

通过上文对海藏遗址齐家文化时期出土的各类遗物与周边地区同时期遗存比较研究，证实在欧亚大陆全球化进程中，甘青地区齐家文化连接欧亚草原与中原及周边广大区域，以"传播者"的角色在早期东西方文化交流过程中发挥着重要的作用。

第五节　主要收获

海藏遗址是河西走廊继皇娘娘台遗址后又一次科学系统发掘的典型齐家文化时期的聚落遗址，丰富了该地区齐家文化的材料。该聚落主要由墓葬、房址、灰坑等组成，其中墓葬打破聚址，这与皇娘娘台聚落特征一致。本次发掘的齐家文化墓葬是继皇娘娘台遗址后，河西走廊又一次大规模发现的齐家文化时期墓葬，特别是随葬了大量的璧和玉石料，是继皇娘娘台遗址后发现最丰富的齐家文化时期墓葬，为齐家文化葬俗葬制和相关研究提供了重要的资料。

[1]　杨谊时：《河西走廊史前生业模式转变及影响因素研究》，兰州大学博士学位论文，2017年。

[2]　蔡大伟、孙洋、汤卓炜等：《中国北方地区黄牛起源的分子考古学研究》，《第四纪研究》2014年第1期。

[3]　Ren LL，Yang YS，Qiu MH et al.，Direct dating of the earliest domesticated cattle and caprines in northwestern China reveals the history of pastoralism in the Gansu−Qinghai region. Journal of Archaeological Science，2022; Qiu MH，Li HR，Lu MX et al.，Diversification in Feeding Pattern of Livestock in Early Bronze Age Northwestern China.Frontiers in Ecology and Evolution，2022.

[4]　Librado P，Khan N，Fages A et al.，The origins and spread of domestic horses from the Western Eurasian steppes. Nature，2021，598: 634‐640.

[5]　何锟宇：《浅论中国家马的起源》，《考古学研究（七）》，2008年；刘羽阳：《中国古代家马研究的回顾与展望》，《南方文物》2014年第1期。

海藏遗址齐家文化遗存可以分为早晚两期，代表了甘青地区齐家文化发展的两个关键阶段。经碳-14系统测年，早期绝对年代为3900BP～3600BP，晚期绝对年代为3600BP前后。目前学者通过对宁夏南部、甘肃、青海省东北部齐家文化遗存分期研究，将齐家文化分为早中晚三个发展时期，海藏遗址早晚两期相当于齐家文化中期和晚期偏早阶段。

海藏遗址地层堆积较厚，齐家早期的地层、灰坑和房址内出土了大量的陶、石、玉、骨、铜等遗物，为认识海藏先民手工业生产研究提供了重要的资料。其中出土最丰富的是玉石器及相关工具，包括玉石器、坯料、玉石料、边角料等，磨制工具、切割工具、打制工具等，证实该遗址是一处齐家文化时期的玉石器加工作坊遗址，保留了玉石器"生产链"上所有的遗物，为相关玉石器手工业研究提供了不可多得的材料。同时该遗址还存在制陶、制骨等手工业生产活动。

海藏遗址出土的动植物遗存鉴定和人骨、动物骨骼碳氮稳定同位素分析，为重建海藏遗址先民生业经济和认识周边地区古环境演变提供了重要的资料，同时为认识海藏遗址齐家文化先民对环境的适应过程提供了重要证据。动植物遗存的分析和古气候记录对比，多重证据表明海藏遗址所在的河西走廊东部地区在4000BP～3600BP正值河西走廊地区气候干冷时期，随着气候干旱，遗址所在绿洲地区逐渐形成草原—荒漠草原环境。先民为了适应干旱气候，齐家文化人群选择水源较好的海藏河下游的台地生活，改变着生业结构以适应当时的环境。新石器晚期随着黄土高原地区定居的粟黍农业兼饲养猪狗的生产生活方式波浪式向河西走廊地区传播，海藏先民发展了河西走廊地区东传而来的粟黍农业和家畜猪狗的饲养，4000BP前后随着麦类作物东传，同时家畜牛、马、羊传播至河西走廊的东部，逐渐被齐家文化先民接受，麦类作物成为先民种植的农作物，改变了先民的食谱结构，粟黍和麦类混合农业在河西走廊地区得到快速发展。家畜牛、马、羊东传至河西走廊的东部，海藏先民开始大规模饲养和管理食草性家畜，畜牧经济得到了快速的发展。农作物类型逐渐多元化，畜牧经济的发展对齐家文化先民的生产生活方式产生了重要的影响，对甘青地区齐家文化及其之后诸文化生业经济、文化演进、社会结构产生了重要影响。

4000BP前后，中国西北地区成为探讨东亚大陆参与"史前全球化"过程的关键区域。广泛分布于甘、青、宁地区的齐家文化成为东西方文化交流的重要桥梁。旧大陆西部早期传入中国的主要是小麦和大麦等作物以及绵羊、山羊、黄牛和马等家畜，也有原产于中国的粟（黍）类作物和彩陶的西传，同时包括河西走廊地区铜冶金技术传播和西玉东输等。海藏遗址发现的各类遗物及周边地区齐家文化考古发现，为探讨齐家文化在4000BP～3600BP在东西方文化交流中扮演的作用和角色提供了重要的考古证据。证实在欧亚大陆全球化进程中，甘青地区齐家文化连接欧亚草原与中原及周边广大区域，以"传播者"的角色在早期东西方文化交流过程中发挥着重要的作用。

海藏遗址发现的战国时期祭祀坑遗存，年代为公元前400～公元前200年，是河西走廊地区首次发现，为该地区战国时期祭祀制度提供了重要的实物资料。这种典型的头骨和蹄骨的殉牲组合在春秋中期之后的长城沿线河西走廊东部、燕山地区、内蒙古、宁夏地区和甘肃东部战国时期的墓地中较为常见。海藏遗址祭祀坑殉牲与甘肃东部马家塬墓地祭祀坑殉牲表现出高度相似性，体现两者在文化上的关联性，对认识该时期文化交流和传播具有重要的意义。

武威海藏

齐家文化遗址发掘报告（下）

甘肃省文物考古研究所　编著

文物出版社

Haizang at Wuwei
Report on Excavation of the Qijia Culture Site
(II)

by

Gansu Provincial Institute of Cultural Relics and Archaeology

Cultural Relics Press

附表一　海藏遗址墓葬登记表

墓号	墓向	形制	长	宽	残深	葬式	头向	性别	年龄	陶葬器物	备注
M1	268	竖穴土坑墓	270	170	20	三人葬 中部：仰身直肢葬 南侧、北侧：侧身屈肢葬 侧侧：不明	西	居中墓主男性 南侧墓主女性（？） 北侧墓主无法鉴定	成年 青年 青年16~18	玉石璧23件、石块17件、侈口陶罐1件、高领折肩陶罐1件、骨匕1件	人骨破坏扰动严重
M2	276	竖穴土坑墓	236	110	50	单人仰身直肢葬	西	男性	20±	双大耳陶罐1件、双小耳陶罐4件、单耳陶罐3件、陶尊2件、石块2件、玉石璧2件	中部被现代水管沟打破，人骨局部破坏
M3	285	竖穴土坑墓	250	90	15	单人仰身直肢葬	西	男性	25±	双大耳陶罐2件、双小耳陶罐4件、侈口陶罐2件、器盖1件、陶杯1件、串珠1件、石块9件、玉石璧2件	西南部被现代水管沟打破，人骨局部破坏
M4	270	竖穴土坑墓	100	56	20	单人、葬式不明	西	无法鉴定	成年	双大耳陶罐1件、高领陶罐1件、鼓腹陶罐1件	西部被现代扰土坑打破，人骨破坏严重
M5	260	竖穴土坑墓	210	80	8~40	单人、葬式不明	西	无法鉴定	成年	双大耳陶罐3件、高领折肩陶罐1件、陶罐1件、陶尊1件、侈口陶罐1件、猪下颌骨1块	西部被现代扰土坑打破，人骨破坏严重
M6	270	竖穴土坑墓	210	60	30	单人仰身直肢葬	西	女性	40±	双大耳陶罐2件、高领折肩陶罐1件、陶盆1件、陶豆1件、玉石璧1件、石块2件	中部被现代水管沟打破，人骨破坏严重
M7	268	竖穴土坑墓	140~148	65	20~26	单人仰身直肢葬	西	男性	20~25	双大耳陶罐1件、双小耳陶罐2件、高领折肩陶罐1件、侈口陶罐2件	西部被现代水管沟打破，人骨破坏严重
M8	不明	竖穴土坑墓	180	64	14~25	单人、扰乱葬		男性（？）	18~20	玉石璧5件、石块3件	
M9	不明	竖穴土坑墓	202	80	12	单人、葬式不明		女性	25±	绿松石串珠1件	
M10	不明	竖穴土坑墓	202	65	48	双人、扰乱葬		男性 女性	成年 35~40	陶球1件、玉石璧1件	
M11	270	竖穴土坑墓	200	75	24~35	单人侧身屈肢葬	西	女性	16~17	双大耳陶罐2件、单耳陶罐1件、侈口陶罐1件、陶盆2件、玉石璧1件	
M12	280	竖穴土坑墓	210	40~50	56~60	单人仰身直肢葬	西	女性	16~18	双大耳陶罐2件、花边口陶罐1件、玉石璧1件、陶豆1件、陶盖组1件、石块7件、骨臂钏4件、绿松石串珠2件	南部被K2打破

附表二 海藏遗址出土玉石璧登记表

长度：厘米

出土单位	编号	岩性	颜色	形状	完残程度	外径／残宽～残长	好径	厚	备注
T0203①	1	蛇纹大理岩	灰白色	圆角方形	残余约二分之一	7.2～7.8	1.4～2.1	0.9	
T0203②	1	蛇纹大理岩	灰绿色	圆形	残余约二分之一	6.3～6.6	1.9～2.1	0.4～0.9	外缘磨光
T0203③	1	透闪岩	灰白色	圆形	完整	7.4	4.0～4.3	0.6～0.8	双面钻，外缘磨光
	2	蛇纹大理岩	灰白色	圆形	残余约二分之一	5.6～6.2	1.2～1.8	0.7～0.9	外缘磨光
T0204①	2	蛇纹大理岩	暗绿色	近椭圆形	完整	7.2～9.2	2.2～2.8	0.6～1.0	
T0204②	3	大理岩	灰白色	不规则形	完整	8.0～10.0	1.6～2.5	1.4	
	4	大理岩	灰白色	不规则形	完整	7.0～9.4	1.6～2.1	1.6	一面涂有朱砂
	5	大理岩	黄绿色	不规则形	残余约二分之一	5.6～6.1	1.3～1.7	0.5～0.9	
	12	蛇纹大理岩	绿色	近圆形	残余约四分之一	6.2～6.6	2.7～2.9	0.6	外缘磨制较规整
	15	蛇纹大理岩	灰白色	圆形	完整	8.8～10.0		0.9～1.2	无钻孔
T0204⑧	1	蛇纹大理岩	灰褐色	近圆形	残余约四分之一	10.5～11.3	2.2～2.4	0.6～1.0	
T0204⑨	1	蛇纹岩	灰白色	近圆形	完整	11.6～12.6	3.3～4.4	0.5～1.4	一面涂有朱砂
	2	透闪大理岩	青灰色	近圆形	完整	5.8～6.1	1.8～2.1	0.6～0.8	一面涂有朱砂
	3	蛇纹大理岩	白色	近圆角方形	完整	5.7～6.4	2.0～2.4	0.4	
T0204⑩	1	蛇纹大理岩	灰白色	圆角方形	残余约三分之一	6.6～8.4	3.9～4.2	0.9	外缘磨光
T0204⑭	1	蛇纹大理岩	白色	近圆形	残余约三分之一	5.6～6.0	1.4～1.7	0.3～0.8	
	2	蛇纹大理岩	灰白色	近方形	残余约四分之一	9.6～10.2	4.5～5.0	1.0	外缘磨光
	3	蛇纹大理岩	白色	近圆形	残余约五分之一	12.2～12.8	2.4～2.9	0.4～1.2	外缘磨光
	6	蛇纹大理岩	白色	近圆形	残余约四分之一	10.8～11.8	2.4～3.0	0.6～1.0	
	7	大理岩	灰白色	近圆形	残余约四分之一	6.6～7.6	1.7～1.9	0.3～0.6	未钻透，外缘磨光
	8	蛇纹大理岩	白色	不规则形	残余约三分之一	4.8～9.4	0.8～1.3	0.6	
T0204⑮	2	透闪大理岩	灰白色	近圆形	残余约二分之一	6.1～7.2	3.0～3.4	0.7	外缘磨光
T0204⑰	1	蛇纹大理岩	灰绿色	近圆角方形	残余约二分之一	8.0～8.6	2.6～3.2	0.6～0.8	
	4	大理岩	灰白色	不规则形	石璧残块	残长 5.5	残宽 4.6	0.7～0.9	局部磨光
	6	蛇纹大理岩	浅黄绿色	圆形	残余约三分之一	9.0～9.2	1.8～2.4	0.7～1.0	外缘磨光
	7	蛇纹大理岩	灰白色	近圆形	残余约四分之一	10.4～11.0	4.0～4.8	0.4～1.2	外缘磨光

续表

出土单位	编号	岩性	颜色	形状	完残程度	外径／残宽~残长	好径	厚	备注
T0204⑲	2	蛇纹石玉	绿色	近椭圆形	残余约三分之一	6.6~9.0	3.2~4.0	0.8	
	4	蛇纹岩	灰白色	近圆形	残余约二分之一	3.5~3.7	1.4~1.7	0.4~0.5	
T0204⑳	3	大理岩	黄白色	圆角方形	完整	3.3~3.5	1.1~1.4	0.4	
	4	蛇纹大理岩	灰白色	近圆形	残余约二分之一	6.5~7.0	1.2~1.5	0.5~0.7	外缘磨光
	6	蛇纹岩	黄绿色	不规则形	残余约六分之一	9.0~10.4	4.0~5.0	1.7	
	34	蛇纹大理岩	灰白色	近圆形	残留边缘	残长8.6	残宽2.7	1.2	外缘磨光
	36	蛇纹大理岩	灰白色	圆角方形	残余约四分之一	10.2~12.0	1.8~2.4	0.9	
	39	绿泥岩	灰色	近圆形	残余约三分之一	8.0~8.4	2.4~3.0	0.4~0.6	
	45	大理岩	灰白色	近圆形	残余约五分之一	7.8~8.1	2.0~3.2	0.8~1.1	
	46	蛇纹大理岩	灰白色	圆角方形	残余约二分之一	3.9~4.8	1.1~1.4	0.5	
	47	蛇纹大理岩	白色	圆角方形	残余约四分之一	3.4~5.2	1.0~1.4	0.5	
	52	透闪石岩	青灰色	不规则形	残余约四分之一	4.4~7.4	1.8~2.4	0.8	
T0205②	2	大理岩	灰白色	近圆角方形	残余约二分之一	4.5~5.2	1.6~1.9	0.4	
	6	蛇纹岩	青色	圆形	较完整	6.6~6.8	2.1~2.4	0.3~0.5	
	7	蛇纹大理岩	灰白色	近椭圆形	完整	3.1~3.9	1.0~1.3	0.3~0.5	一面涂有朱砂
	8	蛇纹大理岩	绿色	近圆形	残余约五分之一	8.2~8.6	1.4~1.8	1.0	未钻透，外缘磨光
T0205③	2	蛇纹大理岩	绿色	近椭圆形	完整	4.5~5.5	1.3~1.6	0.3~0.6	
	3	蛇纹大理岩	灰绿色	近圆形	残余约三分之二	9.6~10.2	4.0~4.4	0.5~1.0	
	4	蛇纹大理岩	绿色	近圆形	完整	12.9~14.8	5.3~6.5	1.0~1.6	
T0205⑤	1	蛇纹大理岩	青灰色	近圆形	残余约二分之一	10.8~12.4	2.6~3.2	1.0~1.2	
T0205⑥	1	蛇纹大理岩	白色	近圆形	残余约五分之一	7.4~8.0	2.3~2.7	0.5~0.6	外缘磨光
	2	蛇纹大理岩	灰白色	近圆形	残余约二分之一	4.3~5.4	1.5	0.4~0.6	
	4	片状透闪大理岩	白色	不规则形	残余约五分之一	3.3~4.7	2.1~2.4	0.6~0.8	
	5	大理岩	灰白色	近圆形	残余约五分之一	6.8~7.6	3.4~4.6	0.7~0.9	
T0205⑨	2	蛇纹岩	浅绿色	近圆形	残余约五分之一	5.6~6.0	1.8~2.0	0.2~0.3	
T0205⑭	1	大理岩	灰白色	近圆形	残余约六分之一	6.8~7.4	1.3~1.8	0.8	外缘磨光

续表

出土单位	编号	岩性	颜色	形状	完残程度	外径／残宽~残长	好径	厚	备注
T0205⑭	2	方解蛇纹岩	绿色	近圆形	残余约五分之一	6.6~7.9	2.2~2.4	0.5	外缘局部磨光
	6	蛇纹大理岩	浅绿色	不规则形	残余约五分之一	8.0~8.5	2.3~2.7	0.9	
T0205⑱	3	蛇纹大理岩	白色	近圆形	残余约六分之一	7.3~8.3	1.8~2.2	0.3~0.5	外缘磨光
	4	蛇纹大理岩	灰白色	近圆形	残余约二分之一	4.4~5.1	1.9~2.2	0.3~0.5	外缘磨光
	6	绿泥岩	浅灰色	近圆形	残余约四分之一	7.2~8.3	3.8~4.2	0.4~0.6	外缘磨光
	9	蛇纹岩	黄绿色	近圆形	残余约五分之一	10.2~12.0	2.9~3.1	0.6~1.2	外缘磨光
	13	蛇纹大理岩	白色	近圆形	残余约四分之一	3.6~3.8	1.6~1.8	0.2	外缘磨光
	21	蛇纹大理岩	灰白色	圆角方形	完整	5.0~5.5	1.6~1.9	0.9	外缘局部磨光
	22	蛇纹大理岩	青色	圆角方形	残余约二分之一	5.7~7.1	1.6~1.8	0.6	外缘附近有切割痕迹
	24	透闪大理岩	青灰色	近圆形	残余约二分之一	6.7~7.6	1.6~1.9	0.7	外缘磨光
	39	蛇纹岩	灰白色	近圆形	残余约四分之一	7.4~8.9	2.5~2.7	0.5~0.7	外缘磨光
	40	蛇纹大理岩	白色	近圆形	残余约四分之一	7.8~8.2	2.5~2.8	0.3~0.5	外缘磨光
	60	蛇纹大理岩	灰白色	不规则形	残余约四分之一	5.6~6.2	1.9~2.1	0.5	
	88	片状蛇纹大理岩	青灰色	近圆形	残余约六分之一	11.3~12.5	2.6~3.1	0.5~0.8	
T0302④	1	蛇纹大理岩	暗绿色	圆形	残余约二分之一	4.8~5.8	2.6~2.8	0.3~0.5	
T0302⑥	3	蛇纹大理岩	绿色	圆角方形	完整	3.4~4.0	1.0~1.2	0.4	
	4	蛇纹大理岩	灰白色	近圆形	残余约四分之一	8.5~10.3	4.1~4.5	0.4~0.8	
T0303④	1	蛇纹岩	绿色	近圆形	残余约三分之一	7.2~8.4	2.5~2.9	0.6~0.8	
T0303⑥	3	蛇纹大理岩	浅绿色	近圆形	残余约五分之一	4.6~5.9	2.1~2.3	0.6~0.8	
T0303⑦	3	蛇纹岩	青灰色	近圆形	残余约二分之一	7.4~7.6	2.4~2.6	0.7	
	4	蛇纹大理岩	暗绿色	近圆形	残余约四分之一	7.1~7.4	2.2~2.4	0.5	
	6	蛇纹大理岩	灰绿色	近圆形	残余约三分之一	7.4~8.1	3.1~3.5	0.9~1.0	
T0303⑧	1	蛇纹大理岩	灰白色	近圆形	残余约五分之一	8.1~9.1	2.2~2.4	0.5~0.8	
T0303⑪	1	蛇纹大理岩	灰白色	近圆形	残余约三分之一	7.4~7.8	2.9~3.2	0.2~0.6	
	6	蛇纹透闪大理岩	绿色	近圆角方形	残余约二分之一	5.3~6.1	1.7~2.1	0.3~0.4	
T0303⑫	3	蛇纹大理岩	青灰色	近圆形	残余约三分之一	5.8~6.4	1.5~1.7	0.4~0.5	

出土单位	编号	岩性	颜色	形状	完残程度	外径／残宽~残长	好径	厚	备注
T0303⑫	6	滑石大理岩	白色	近圆角方形	完整	3.2~3.7	1.3~1.5	0.4~0.5	
	7	蛇纹大理岩	绿色	近圆形	残余约三分之一	4.3~4.8	1.7~1.9	0.2~0.4	
	8	绿泥岩	淡黄绿色	近圆形	残余约五分之一	5.4~7.1	1.6~2.0	0.6~0.7	外缘磨光
	11	蛇纹大理岩	青灰色	近圆形	残余约四分之一	9.2~9.4	3.8~4.2	1.0~1.4	
	12	大理岩	深绿色	近圆形	残余约五分之一	8.1~9.7	3.5~3.8	0.6~0.7	
T0303⑯	1	蛇纹大理岩	灰白色	近圆形	残余约五分之一	6.2~7.4	1.8~2.0	0.3~0.6	
	2	蛇纹大理岩	白色	近圆形	残余约四分之一	4.5~5.4	1.4~1.7	0.2~0.4	
	3	蛇纹大理岩	灰绿色	近圆角方形	残余约二分之一	2.4~3.6	0.8~1.0	0.2~0.4	
	4	蛇纹大理岩	绿色	近圆形	残余约五分之一	4.4~5.4	1.3~1.6	0.3~0.5	
	9	大理岩	灰绿色	近圆形	残余约二分之一	2.7~3.4	0.8~1.1	0.5~0.6	
	14	透辉石透闪石岩	灰白色	近圆角方形	残余约二分之一	5.4~5.7	1.2~1.6	0.2~1.2	未钻透
	20	蛇纹大理岩	灰绿色	近圆形	残余约二分之一	3.1~3.2	1.4~1.6	0.2~0.5	
T0303⑰	10	蛇纹大理岩	灰白色	近圆形	残余约五分之一	9.0~10.6	1.9~2.3	0.3~0.9	
T0303⑳	1	蛇纹大理岩	暗灰绿色	近圆形	完整	3.9~4.2	0.7~1.2	0.5	
T0304⑤	4	绿泥透闪大理岩	青灰色	圆形	残余二分之一	5.4	2.2~2.6	0.8	璧芯改制，外缘有管钻痕迹
	6	大理岩	灰绿色	近圆形	残余约五分之一	10.2~11.0	3.6~4.1	0.4~0.8	
	7	蛇纹大理岩	绿色	近圆形	残余约三分之一	10.7~11.6	3.2~3.6	0.5~0.8	
T0304⑥	5	千枚岩	暗绿色	近圆形	完整	8.5~9.3		0.8	未钻孔
T0304⑦	3	蛇纹岩	绿色	圆角方形	残余约二分之一	6.2~6.6	2.1~2.4	0.8	
	7	蛇纹岩	浅黄绿色	圆角方形	残余约二分之一	6.4~7.4	1.4~1.8	0.8~1.4	
	9	蛇纹岩	暗绿色	近圆形	残余约二分之一	8.5~9.4	2.4~2.8	0.3~1.0	外缘磨光
	10	片状蛇纹大理岩	绿色	近圆形	残余约二分之一	8.7~9.8	2.2~2.6	0.7	外缘磨光
	11	蛇纹大理岩	绿色	近圆形	残余约四分之一	9.1~10.4	3.2~3.5	0.3~0.8	外缘磨光
	12	方解蛇纹岩	灰白色	圆角方形	残余约三分之一	9.1~10.5	3.4~3.6	0.2~0.8	
	13	蛇纹大理岩	暗绿色	近圆形	残余约四分之一	9.9~10.8	3.4~3.7	0.2~0.8	

续表

出土单位	编号	岩性	颜色	形状	完残程度	外径／残宽~残长	好径	厚	备注
T0304⑦	14	片状蛇纹大理岩	灰绿色	近圆形	残余约五分之一	10.4~10.6	3.1~3.5	0.2~0.6	
	15	蛇纹大理岩	灰白色	近圆形	残余约二分之一	7.4~8.0	2.2~2.5	0.3~0.5	
	18	蛇纹大理岩	灰绿色	近圆形	残余约五分之一	13.9~14.5	4.0~4.4	1.1~1.2	
	19	蛇纹大理岩	灰白色	近方形	残余约四分之一	7.0~7.4	2.3~2.5	0.8	
	20	透闪岩	淡黄绿色	近圆形	残余约五分之一	5.9~7.6	1.9~2.3	0.8~1.4	
	23	蛇纹大理岩	灰绿色	近椭圆形	残余约二分之一	6.2~7.1	2.1~2.3	0.9	
	25	蛇纹大理岩	绿色	近圆形	仅存局部	长5.1	宽3.9	0.4~0.7	
	38	蛇纹大理岩	绿色	不规则形	残余约四分之一	8.7~9.2	2.9~3.3	0.6~0.8	
	41	蛇纹岩	灰白色	不规则形	残余约二分之一	6.8~7.6	2.7~3.1	1.3	边缘有一道切割痕迹
T0304⑧	2	蛇纹岩	浅绿色	近圆形	残余约四分之一	7.2~7.6	2.5~3.1	0.6~0.8	
	5	蛇纹大理岩	灰白色	近椭圆形	残余约四分之一	8.2~9.6	1.9~2.3	0.6~1.1	
	6	蛇纹大理岩	暗绿色	近圆形	残余约四分之一	7.6~8.5	2.6~3.1	0.3~1.1	
	7	大理岩	暗绿色	近圆形	残余约四分之一	8.5~9.2	3.4~3.8	0.7~0.9	
	9	蛇纹大理岩	绿色	近圆形	完整	4.6~4.9	1.7~2.2	0.4	未钻透
	10	蛇纹大理岩	灰绿色	近圆形	残余约二分之一	4.8~5.1	1.6~1.9	1.0	
	14	蛇纹岩	灰白色	近圆形	残余约五分之一	8.2~9.2	3.4~4.0	0.6~1.2	
	15	透闪蛇纹岩	暗绿色	圆形	残余约二分之一	5.3	1.6~2.1	0.4~0.8	外缘磨光
	16	透闪岩	暗绿色	近椭圆形	残余约五分之一	7.7~8.3	2.4~3.2	0.2~0.8	
	22	闪石蛇纹石大理岩	青灰色	圆角方形	残余约二分之一	长7.4	宽5.0	1.2	无钻孔
	24	蛇纹大理岩	青灰色	不规则形	仅存局部	长4.1	宽3.6	1.3	
T0304⑨	1	透闪蛇纹大理岩	青灰色	近圆形	残余约五分之一	9.5~10.1	3.5~3.9	0.7	
	2	蛇纹岩	暗绿色	近圆形	残余约二分之一	4.1~4.6	1.4~2.2	0.5	
	3	蛇纹大理岩	暗绿色	圆形	完整	6.2~6.3	1.6~2.2	0.5~0.6	外缘磨光
	4	大理岩	浅灰绿色	近圆角方形	完整	5.2~6.2	1.6~2.0	0.9	
T0304⑨	9	大理岩	灰绿色	近圆形	残余约三分之一	6.9~7.2	1.6~2.0	0.4~1.2	未钻透
T0304⑩	16	片状蛇纹大理岩	灰绿色	近圆形	残余约五分之一	9.4~10.4	3.2~3.6	1.0~1.3	

续表

出土单位	编号	岩性	颜色	形状	完残程度	外径／残宽~残长	好径	厚	备注
T0304⑩	17	蛇纹岩	灰绿色	近圆形	残余约五分之一	11.3~12.4	3.5~4.7	0.7~1.5	
T0304⑪	1	蛇纹大理岩	灰白色	近圆形	残余约二分之一	6.8~7.1	3.1~3.5	0.6	
	2	蛇纹大理岩	绿色	近圆形	残余约四分之一	13.2~13.5	3.6~4.1	1.2~2.0	
	4	蛇纹岩	浅豆青色	近椭圆形	残余约四分之一	4.8~5.6	1.8~2.1	0.7~0.8	
	5	蛇纹大理岩	灰白色	近圆形	残余约四分之一	8.2~8.9	2.6~2.9	0.5~0.8	
	8	大理岩	黄色	近圆形	残余约四分之一	6.7~7.2	2.5~2.8	0.6	
	9	蛇纹大理岩	青灰色	近圆形	残余约五分之一	11.5~12.0	4.2~5.6	0.8~1.0	
	11	蛇纹大理岩	暗绿色	近圆形	残余约五分之一	8.7~9.8	3.1~3.5	0.6~1.0	
	12	蛇纹大理岩	灰绿色	近圆形	残余约四分之一	6.4~7.1	1.5~1.7	0.5~0.6	
	14	片状蛇纹大理岩	灰绿色	近圆形	残余约六分之一	13.3~14.1	2.5~2.8	0.7~1.5	
	15	蛇纹大理岩	灰绿色	近圆形	残余约三分之一	4.1~4.7	1.5~1.7	0.2~0.3	
	22	大理岩	灰色	近方形	残余约二分之一	长6.7	宽3.9	1.1	未钻孔
	35	绿泥岩	灰褐色	近圆形	仅存局部	长4.3	宽3.7	1.1	
T0304⑫	2	蛇纹大理岩	青灰色	近圆角方形	残余约四分之一	11.0~12.0	2.7~3.2	1.4	
	3	片状蛇纹大理岩	灰褐色	近圆角方形	残余约五分之一	9.2~10.4	2.2~2.4	0.6	
	4	蛇纹大理岩	灰白色	近圆形	残余约四分之一	7.6~7.9	2.1~2.3	0.2~0.7	
	7	蛇纹大理岩	暗绿色	椭圆形	完整	7.9~9.0	2.2~3.7	1.0	
	9	大理岩	白色	近圆角方形	残余约二分之一	6.9~7.2	1.2~1.4	0.7	
	10	蛇纹大理岩	浅绿色	近圆角方形	完整	4.8~5.0	1.6~1.8	0.6	
T0304⑬	2	蛇纹岩	灰白色	近圆形	残余约二分之一	5.5~5.6	1.4~1.8	0.3~0.6	
	3	蛇纹大理岩	白色	近圆形	残余约三分之一	8.9~9.2	3.3~3.6	0.6~0.9	
	4	蛇纹大理岩	灰白色	近圆形	残余约五分之一	11.2~12.2	4.2~5.4	0.3~1.3	
	6	片状蛇纹大理岩	绿色	近圆形	残存局部	长6.1	宽4.5	1.3	
T0304⑭	2	蛇纹大理岩	灰褐色	近圆形	完整	3.1~3.3	1.4~1.6	0.4~0.6	璧芯改制
T0305④	1	大理岩	灰白色	近方形	完整	4.3~5.2	1.0~1.4	0.6~0.8	

续表

出土单位	编号	岩性	颜色	形状	完残程度	外径／残宽～残长	好径	厚	备注
T0305④	5	方解蛇纹石	灰绿色	近椭圆形	残余约三分之一	12.4～14.4	2.6～3.8	0.8～1.2	
	7	蛇纹大理岩	白色	不规则形	残余约五分之一	5.6～6.1	3.2～4.2	2.5	
T0305⑤	1	蛇纹大理岩	灰绿色	近圆形	残余约三分之一	10.8～11.2	3.2～4.2	0.5～1.1	
T0305⑥	3	蛇纹大理岩	暗绿色	近圆形	残余约四分之一	9.5～10.5	2.5～2.8	1.0～1.2	
	5	蛇纹大理岩	青灰色	近圆形	残余约四分之一	9.5～10.1	2.7～3.1	0.4～1.1	
	7	蛇纹大理岩	灰白色	圆形	残余约二分之一	4.4～4.7	1.2～1.5	0.3～0.6	
	10	蛇纹岩	绿色	近圆形	残余约四分之一	6.4～7.3	2.3～2.7	0.8	
	14	石英砂岩	青绿色	近圆形	完整	9.3～9.7		3.4	无钻孔
T0305⑦	1	蛇纹大理岩	黑绿色	近圆形	残余约四分之一	5.3～6.4	1.5～1.9	0.3～0.5	
	2	蛇纹大理岩	灰白色	近圆形	残余约五分之一	7.4～8.7	3.4～3.9	1.0	
T0305⑩	2	片状云母大理岩	灰绿色	近圆形	残余约四分之一	7.8～8.1	2.9～3.3	0.2～0.6	
	8	蛇纹大理岩	墨绿色	不规则形	仅存边缘	长9.9	宽5.0	1.7	
T0305⑪	1	蛇纹大理岩	暗绿色	近圆形	残余约二分之一	9.2～9.6	3.6～4.4	0.8～1.0	
	2	蛇纹大理岩	灰绿色	近圆形	残余约三分之一	7.8～8.4	2.4～2.7	0.5～0.7	
	3	蛇纹大理岩	灰白色	近圆形	残余约五分之一	7.3～8.0	2.4～3.2	1.3	
T0305⑫	2	蛇纹大理岩	灰绿色	圆角方形	残余约三分之二	7.7～8.1	2.7～3.1	1.4	局部涂有朱砂
	4	方解蛇纹岩	深绿色	近圆形	残余约四分之一	7.3～8.6	2.3～2.8	0.7～0.9	
T0305⑬	2	透闪蛇纹大理岩	灰绿色	近圆形	残余约二分之一	7.2～8.0	2.5～2.9	0.6	
	5	片状蛇纹大理岩	灰绿色	近圆形	残余约五分之一	10.4～11.2	3.2～3.5	1.0	
	9	方解蛇纹岩	白色	近圆形	残余约二分之一	5.0～5.2	0.7～1.0	0.9	
	11	透闪大理岩	灰白色	圆角方形	残余约三分之一	6.2～7.9	2.5～2.8	0.7	
	13	蛇纹大理岩	浅黄绿色	圆角方形	完整	8.8～9.0	2.6～3.8	1.0	
	17	绿泥岩	灰白色	近圆角方形	仅存一角	8.4～9.2	2.8～3.3	0.7～1.0	
	23	蛇纹大理岩	灰绿色	近圆形	仅存局部	长6.0	宽4.6	1.3	
	31	蛇纹大理岩	浅灰绿色	近圆形	完整	5.2～5.5	1.5～1.8	0.3～0.8	

出土单位	编号	岩性	颜色	形状	完残程度	外径／ 残宽～残长	好径	厚	备注
T0305⑮	2	蛇纹大理岩	灰绿色	近圆形	残余约五分之一	9.3～10.5	2.7～3.6	0.8～1.2	
	3	透辉矽卡岩	灰白色	近圆形	残余约四分之一	7.8～8.4	3.7～4.2	0.9～1.4	
	4	蛇纹大理石	白色	近圆形	残余约二分之一	5.2～5.5	0.8～1.1	0.9	
	5	蛇纹大理岩	灰绿色	不规则形	残余约二分之一	长 7.4	宽 4.8	0.5～1.2	
T0305⑯	1	蛇纹大理岩	灰绿色	近圆形	残余约二分之一	6.4～6.6	2.6～3.2	0.9	
	4	细砂质杂砂岩	暗绿色	近圆形	完整	7.2～7.9		0.7	无钻孔
T0305⑰	1	绿泥岩	灰白色	近圆形	残余约四分之一	11.6～12.8	4.4～5.0	0.7～1.4	
	2	蛇纹大理岩	豆青色	近圆角方形	残余约三分之一	5.8～6.2	1.9～2.2	0.6	
	3	蛇纹大理岩	暗绿色	近圆形	完整	4.6～5.3		0.6	无钻孔
	5	蛇纹岩	灰白色	近椭圆形	残余约二分之一	4.7～5.8	1.5～1.9	0.7～1.0	
T0305⑱	1	蛇纹大理岩	绿色	近圆形	残余约四分之一	8.9～10.1	4.5～4.7	1.0	
T0305⑲	1	蛇纹岩	灰白色	近圆形	完整	9.8～10.1		0.6～1.0	无钻孔，外缘磨光
	2	蛇纹大理岩	白色	圆角方形	残余约二分之一	7.1～8.8	1.9～2.4	1.5	
T0305⑳	2	蛇纹大理岩	浅绿色	近圆形	残余约二分之一	3.8～4.6	1.4～1.7	0.6～0.8	
	7	蛇纹大理岩	灰黑色	近圆形	残余约四分之一	8.9～10.2	2.9～3.6	0.8	
	8	透闪岩	豆绿色	正圆形	残余约二分之一	9.4	4.6～5.0	0.4～0.5	外缘磨光
	10	蛇纹大理岩	灰白色	近圆形	残余约四分之一	7.6～8.2	3.4～3.9	0.6～0.8	
T0305㉑	2	蛇纹大理岩	绿色	圆角方形	残余约五分之一	7.2～8.4	2.6～3.1	0.5～0.7	
	3	大理岩	灰绿色	近圆形	残余约五分之一	11.5～12.7	4.0～4.6	0.6～0.8	
	5	蛇纹大理岩	白色	近圆形	残余约二分之一	9.6～10.1	2.8～3.3	0.5～1.1	
	8	蛇纹大理岩	浅绿色	近圆形	残余约五分之一	10.0～11.1	3.7～4.0	0.2～0.5	
	11	蛇纹大理岩	灰绿色	近圆形	残余约四分之一	7.6～8.2	4.1～4.4	0.4～0.6	
	12	大理岩	灰白色	近圆形	残余约五分之一	9.6～10.3	3.2～3.6	0.6～1.0	
	13	绿泥岩	青灰色	圆角方形	残余约四分之一	4.4～5.1	1.2～1.7	0.6～0.8	
	21	蛇纹大理岩	灰白色	近圆形	完整	9.8～10.8	2.2～2.7	1.4	

续表

出土单位	编号	岩性	颜色	形状	完残程度	外径／残宽~残长	好径	厚	备注
T0305㉒	1	透闪大理岩	白色	近圆形	残余约三分之一	5.1~5.6	1.5~1.9	0.5	
	2	绿泥岩	白色	圆角方形	残余约二分之一	5.1~5.3	1.5~1.7	0.5	
	9	透闪岩	黄绿色	近圆形	残余约三分之一	7.3~8.0	1.8~2.2	0.6	
	14	蛇纹大理岩	灰白色	近圆形	残余约六分之一	10.4~11.2	3.7~4.2	0.7~0.9	
	15	蛇纹大理岩	灰黑色	近圆形	残余约四分之一	8.2~9.4	4.1~4.7	0.7~0.9	
	18	片状蛇纹大理岩	绿色	近圆形	残余约四分之一	3.2~3.8	1.0~1.3	0.5	
T0402④	1	蛇纹大理岩	青灰色	近圆形	残余约四分之一	10.3~11.0	3.3~3.7	0.6~1.0	外缘磨光
	2	蛇纹大理岩	灰绿色	近圆形	残余约三分之一	7.5~8.3	2.4~2.7	0.8~1.0	
T0403⑤	2	蛇纹岩	青灰色	近圆形	残余约二分之一	8.4~8.8	3.4~4.2	0.8~1.1	
	7	蛇纹岩	绿色	近圆形	残余约四分之一	9.2~9.6	2.9~3.7	1.3	
T0403⑥	2	蛇纹大理岩	浅绿色	近圆形	残余约二分之一	3.8~4.2	1.4~1.8	0.5	
	4	透闪岩	绿色	近圆形	残余约四分之一	8.3~9.4	2.5~2.9	0.6~1.3	
	5	片状透闪大理岩	绿色	近圆形	残余约四分之一	10.4~11.0	2.8~3.2	1.4~1.7	
	6	片状蛇纹大理岩	灰白色	近圆形	残余约二分之一	7.7~8.1	1.8~2.1	0.3~1.0	
T0403⑦	1	蛇纹大理岩	绿色	近圆形	残余约四分之一	11.5~12.3	3.6~3.9	0.2~1.1	
	3	蛇纹大理岩	灰绿色	圆形	残余约二分之一	9.3~9.8	2.7~3.9	0.8~1.0	
	5	大理岩	灰绿色	近圆形	残余约三分之一	7.1~8.2	1.6~2.2	0.6	
T0403⑨	2	蛇纹大理岩	暗绿色	近圆形	残余约三分之一	8.1~8.5	2.6~3.2	0.8~1.0	
	3	蛇纹大理岩	灰白色	近圆角方形	残余约二分之一	5.2~5.5	1.4~1.8	0.2~0.6	
T0403⑬	1	蛇纹大理岩	绿色	近圆形	残余约五分之一	8.6~9.9	3.2~4.2	0.4~1.0	
T0403⑭	1	片状蛇纹大理岩	灰白色	近圆形	残余约四分之一	8.8~9.6	1.6~2.1	0.7~1.0	
	2	蛇纹大理岩	暗绿色	圆角方形	残余约四分之一	14.6~15.8	4.6~4.9	0.4~1.1	
	3	蛇纹大理岩	白色	近圆形	残余约二分之一	5.9~6.5	1.7~2.4	0.6~0.8	
	4	蛇纹大理岩	灰白色	近方形	仅存局部	2.2~2.8	2.8~3.4	1.0	
T0403⑮	1	蛇纹大理岩	灰黄色	近圆形	残余约四分之一	14.7~15.8	2.5~2.9	0.8~1.2	

续表

出土单位	编号	岩性	颜色	形状	完残程度	外径／残宽～残长	好径	厚	备注
T0403⑯	1	蛇纹大理岩	灰白色	圆形	残余约五分之四	6.0～6.2	2.1～2.6	1.0	外缘磨光
	5	蛇纹大理岩	青灰色	近圆形	残余约四分之一	8.2～8.9	2.6～3.4	0.5～0.7	外缘磨光
	6	蛇纹大理岩	绿色	近圆形	完整	4.6～5.2	1.5～1.9	0.5	
	8	透闪石玉	灰褐色	近圆形	残存边缘	10.4～10.8		0.9	外缘磨光
	10	蛇纹大理岩	浅绿色	近圆形	残余约二分之一	5.0～5.4	1.7～2.4	0.5	
	11	片状蛇纹大理岩	灰绿色	近圆形	残存边缘	7.9～8.4		0.7	外缘磨光
T0404④	1	大理岩	灰白色	近圆形	残余约五分之一	10.2～11.3	4.1～4.5	0.7～1.0	外缘磨光
	3	片状透闪绿泥大理岩	绿色	近圆角方形	残余约四分之一	6.4～7.0	3.1～3.9	0.7～0.9	
T0404⑤	2	滑石岩	灰白色	近圆形	完整	9.4～10.7		1.2	无钻孔
	6	大理岩	灰绿色	近椭圆形	残余约三分之一	7.2～8.2	2.7～3.5	0.8～1.0	
	8	透闪石玉	暗绿色	近椭圆形	残余约四分之一	4.9～5.6	2.0～2.2	0.5～0.6	
	12	蛇纹大理岩	灰白色	圆角方形	残余约四分之一	10.6～11.0	3.4～3.8	0.7～1.4	
T0404⑥	6	片状蛇纹大理岩	绿色	近圆形	残余约五分之一	14.4～15.6	3.5～4.5	0.4～2.0	
	7	片状蛇纹大理岩	浅灰白色	圆角方形	残余约四分之一	10.8～13.4	3.1～3.7	1.0	
	9	蛇纹大理岩	淡黄绿色	近圆形	残余约三分之一	14.3～14.8	3.9～4.5	1.4	
	10	蛇纹大理岩	暗绿色	近圆形	残余约三分之一	8.5～9.6	2.5～3.1	1.2	
	11	蛇纹大理岩	灰绿色	圆角方形	残余约三分之一	8.6～9.3	3.1～3.9	0.8～1.0	
T0404⑦	2	大理岩	褐色	近椭圆形	完整	2.5～3.1	0.9～1.1	0.2～0.3	
	3	蛇纹大理岩	黄褐色	近圆形	完整	5.6～6.0	1.5～1.8	0.6	外缘磨光
	4	蛇纹岩	深绿色	不规则形	残余约四分之一	4.9～5.7	3.7～4.2	1.4	
	5	蛇纹大理岩	青灰色	近圆形	残余约二分之一	8.4～8.9	2.4～3.8	0.5～0.9	
	6	大理岩	灰白色	圆角方形	残余约四分之一	9.4～10.4	3.8～4.2	0.9～1.2	
	8	大理岩	暗绿色	近圆形	残余约三分之一	10.7～11.2	3.8～4.8	0.9～1.4	
	9	片状蛇纹大理岩	绿色	近圆形	残余约四分之一	11.3～12.2	3.5～4.1	1.5	
	10	蛇纹石玉	深绿色	近圆形	残余约二分之一	9.2～10.6	4.2～4.6	1.2	
	11	蛇纹大理岩	墨绿色	圆角方形	残余约四分之一	10.8～12.2	4.1～5.1	1.4	

续表

出土单位	编号	岩性	颜色	形状	完残程度	外径／残宽~残长	好径	厚	备注
T0404⑦	12	大理岩	灰绿色	近圆形	残余约三分之一	13.4~14.4	4.0~4.3	0.8~2.2	
T0404⑧	1	透闪绿泥岩	暗绿色	近圆形	残余约二分之一	13.2~14.2	5.1~5.7	0.5~1.2	
	3	大理岩	灰白色	圆形	残余约二分之一	7.5~7.8	3.3~4.2	0.8~0.9	
	4	透闪大理岩	暗绿色	不规则形	残余约四分之一	5.7~8.0	1.5~2.1	0.4~1.1	
	5	蛇纹岩	灰白色	不规则形	残存边缘	4.7~5.8		1.0	
	7	蛇纹大理岩	灰黄色	近圆形	残余约四分之一	7.2~8.2	1.4~1.7	0.2~0.8	
	12	片状透闪蛇纹大理岩	青灰色	近椭圆形	残存约二分之一	6.7~7.9		1.4	无钻孔
T0404⑨	1	透闪大理岩	灰绿色	近圆形	残余约三分之一	7.8~8.4	3.1~3.4	0.8~1.0	
	2	大理岩	灰白色	近圆形	残余约五分之一	13.2~13.8	2.8~3.4	0.5~0.9	
	3	蛇纹大理岩	灰绿色	圆角方形	残余约四分之一	11.5~12.8	2.3~2.5	1.4	
	4	蛇纹大理岩	灰绿色	不规则形	残余约六分之一	14.5~15.0	3.1~5.1	1.0~1.7	
	5	蛇纹大理岩	灰白色	近圆形	残余约四分之一	15.8~16.2	3.0~3.5	1.0~1.4	
	6	大理岩	灰绿色	近椭圆形	残余约三分之一	9.4~10.6	4.0~4.6	0.4~0.8	
	8	蛇纹大理岩	灰绿色	圆角方形	残余约四分之一	10.1~10.8	3.5~4.7	1.0~1.6	
	9	片状蛇纹大理岩	绿色	不规则形	残余约四分之一	5.5~8.2	3.1~3.5	0.4~0.9	
	11	蛇纹大理岩	灰白色	圆角方形	残余约三分之一	8.8~9.6	3.6~4.1	0.9	
	12	蛇纹石玉	绿色	近圆形	残余约二分之一	5.9~6.3	1.7~2.1	0.7	
	13	蛇纹大理岩	深绿色	近圆形	残余约四分之一	8.6~9.5	2.8~3.2	0.3~0.9	
	14	蛇纹石玉	青绿色	圆角方形	残余约四分之一	10.8~11.6	3.5~3.9	1.2	
	15	大理岩	白色	近圆形	残余约五分之一	13.2~13.6	4.1~4.9	0.8~1.4	
	16	大理岩	灰绿色	近圆形	残余约四分之一	13.4~14.2	3.7~4.1	1.3	
	17	蛇纹大理岩	灰白色	不规则形	残余约五分之一	4.7~5.0	4.1~4.9	1.1~1.4	
T0404⑩	1	蛇纹岩	灰绿色	圆角方形	残余约四分之一	8.8~10.2	2.9~3.1	0.9	
	2	蛇纹大理岩	浅豆青色	近圆形	残余约五分之一	14.6~15.4	4.3~4.6	1.3~1.4	
	3	透闪岩	浅灰绿色	近圆形	残余约四分之一	12.1~12.9	4.1~4.6	1.5	

出土单位	编号	岩性	颜色	形状	完残程度	外径／ 残宽～残长	好径	厚	备注
T0404⑩	4	蛇纹岩	黄色	近圆形	残余约四分之一	7.6～8.5	1.9～2.3	0.9～1.0	外缘磨光
	5	蛇纹大理岩	灰绿色	圆角方形	残余约四分之一	13.1～14.8	3.2～3.6	1.0～1.6	
	7	蛇纹大理岩	灰白色	不规则形	残余约四分之一	5.8～9.6	4.2～4.8	1.4	
	8	透闪大理岩	绿色	椭圆形	残余约四分之一	12.5～13.2	3.8～4.4	1.2～1.5	
T0404⑫	3	透闪大理岩	灰绿色	近圆形	残余约二分之一	10.8～13.0	4.2～5.4	0.5～1.2	
	5	蛇纹岩	灰绿色	圆角方形	残余约四分之一	13.8～15.2	3.4～4.4	1.3	
T0404⑬	1	蛇纹大理岩	灰绿色	近圆形	残余约五分之一	17.5～18.0	5.1～5.8	1.0～1.8	
	2	蛇纹大理岩	暗绿色	近圆形	残余约二分之一	11.8～12.2	3.4～3.9	0.8～1.0	外缘磨光
	4	蛇纹大理岩	灰绿色	不规则形	残余约四分之一	6.5～7.3	4.9～5.9	3.0	
	5	大理岩	灰绿色	近圆形	残余约六分之一	11.4～12.4	4.1～5.1	1.0～1.6	
	7	蛇纹岩	绿色	圆形	完整	5.8～6.0	2.2～2.7	0.6	外缘磨光
	10	蛇纹大理岩	灰绿色	近圆形	残余约四分之一	4.9～5.2	1.9～2.3	0.5～0.6	外缘磨光
	11	蛇纹岩	浅绿色	近圆形	残余约五分之一	6.8～7.4	2.7～3.7	0.6～0.9	
T0404⑭	5	蛇纹岩	灰白色	圆形	残余约二分之一	7.2～7.5	2.2～2.5	0.5～0.7	外缘磨光
T0405⑥	2	蛇纹大理岩	灰绿色	近圆形	残余约四分之一	6.8～7.8	2.2～2.4	0.2～0.6	
	3	蛇纹大理岩	灰白色	近圆形	残余约四分之一	8.0～8.7	3.4～3.8	0.3～1.2	
	5	蛇纹大理岩	灰白色	近圆角方形	残余约二分之一	14.2～15.4	3.6～3.8	0.4～1.2	
	6	蛇纹大理岩	灰白色	圆角方形	残余约二分之一	5.2～6.5	1.6～1.8	0.8	
	8	片状蛇纹 大理岩	绿色	近圆形	残余约四分之一	9.2～10.0	3.5～4.0	0.4～0.9	
T0405⑦	1	蛇纹大理岩	灰白色	近圆形	残余约五分之一	7.8～8.4	2.6～2.8	0.3～0.7	
	5	绿泥岩	灰绿色	近圆形	残余约五分之一	11.2～12.2	3.2～3.6	0.6～1.2	
	6	蛇纹大理岩	绿色	近圆形	残余约四分之一	7.4～7.9	1.5～1.8	0.5～0.8	
	7	蛇纹大理岩	灰白色	不规则形	残余约五分之一	3.0～3.2	1.7～2.1	0.8	
T0405⑧	2	蛇纹大理岩	浅绿色	近圆形	残余约二分之一	6.6～6.9	2.2～2.6	0.8	
T0405⑨	1	蛇纹岩	青灰色	圆形	残余约三分之一	8.4～9.1	4.0～4.6	0.4～0.6	

续表

出土单位	编号	岩性	颜色	形状	完残程度	外径／残宽~残长	好径	厚	备注
T0405⑨	2	蛇纹大理岩	绿色	近圆形	残余约五分之一	9.4~10.3	2.7~3.3	0.5~1.0	
	3	蛇纹大理岩	灰绿色	近圆形	残余约四分之一	7.2~7.6	1.8~2.1	0.4~0.6	
T0405⑩	2	蛇纹大理岩	灰白色	近圆形	残余约四分之一	8.2~8.5	1.8~2.1	0.4~0.7	
	3	蛇纹大理岩	暗绿色	圆角方形	残余约四分之一	9.1~10.8	2.6~2.9	1.0	
T0405⑬	1	蛇纹岩	暗绿色	圆角方形	残余约三分之一	7.1~7.8	2.6~3.6	0.6~0.8	
T0405⑭	2	蛇纹大理岩	浅黄绿色	圆角方形	残余约三分之一	8.2~9.0	3.1~3.4	0.4~1.0	
	3	蛇纹大理岩	灰绿色	近圆角方形	残余约四分之一	9.6~10.1	3.5~4.1	1.0	
	5	大理岩	绿色	不规则形	残余约四分之一	6.7~7.4	5.2~6.0	2.2	
	6	大理岩	暗绿色	近圆形	残余约四分之一	12.6~16.6	3.2~3.8	0.8~1.2	
	8	蛇纹岩	灰白色	不规则形	残余约三分之一	3.5~6.9	4.4~4.6	1.2~1.7	
	10	蛇纹岩	灰绿色	近圆形	残余约四分之一	9.2~9.4	3.8~4.1	0.7~1.3	
T0405⑮	2	透闪岩	青灰色	近圆形	残余约五分之一	13.5~14.6	4.8~5.1	1.2	
	4	蛇纹大理岩	绿色	近圆形	残余约二分之一	10.4~11.6	4.0~4.4	0.6~1.2	
	5	方解蛇纹岩	暗绿色	近圆形	残余约三分之一	6.8~7.5	1.8~2.1	0.4~0.6	
	6	蛇纹大理岩	青灰色	不规则形	残余约四分之一	4.9~7.2	4.4~5.2	0.7~1.1	
	10	大理岩	灰白色	近椭圆形	残余约四分之一	6.4~7.5	3.1~3.5	0.8	
	11	蛇纹岩	浅绿色	圆角方形	残余约四分之一	6.5~7.6	2.6~3.0	0.6~0.7	
	12	蛇纹大理岩	灰白色	圆角方形	残余约二分之一	4.6~5.2	1.6~1.8	0.5	
	14	大理岩	灰绿色	圆角方形	残余约二分之一	3.6~4.8	1.2~1.6	0.5	
T0405⑯	2	大理岩	灰白色	近圆形	残余约二分之一	4.2~4.6	1.5~1.8	0.5	
	5	蛇纹大理岩	灰白色	近圆形	完整	8.8~9.4		0.6~0.8	无钻孔
	7	片状蛇纹大理岩	灰白色	近椭圆形	完整	5.8~6.3	1.8	0.6	未钻透
	17	蛇纹岩	灰白色	近圆形	边缘残	6.5~8.0		1.1	无钻孔
M1	2	蛇纹大理岩	灰白色	不规则形	完整	9.4~12.3	1.7~2.2	0.8~1.0	一面涂有朱砂
	3	蛇纹大理岩	灰白色	不规则形	完整	10.7~11.5	2.9~4.2	1.6~1.8	一面涂有朱砂

续表

出土单位	编号	岩性	颜色	形状	完残程度	外径／ 残宽~残长	好径	厚	备注
M1	4	滑石蛇纹 大理岩	灰白色	不规则形	完整	9.7~11.7	3.3~4.1	0.6~1.2	一面涂有朱砂
	5	蛇纹大理岩	灰白色	近椭圆形	完整	10.5~12.3	3.4~4.9	0.6~1.3	通体涂有朱砂
	6	大理岩	灰白色	不规则形	完整	8.0~10.5	2.2~3.0	0.4~0.9	一面及一侧边缘 涂有朱砂
	7	大理岩	白色	近椭圆形	完整	6.3~10.2	1.4~1.8	0.5~1.1	局部涂有朱砂
	8	大理岩	灰白色	近椭圆形	完整	7.7~13.2	3.0~4.2	0.4~1.2	局部涂有朱砂
	10	蛇纹大理岩	灰白色	不规则形	完整	9.2~11.3	3.4~4.7	0.5~1.5	一面涂有朱砂
	11	蛇纹大理岩	浅绿色	不规则形	完整	10.5~11.3	1.2~1.6	0.7~1.5	
	12	蛇纹大理岩	浅绿色	不规则形	完整	9.2~13.5	1.8~2.3	1.0	
	13	大理岩	浅绿色	不规则形	完整	7.1~9.7	2.2~4.0	1.0~1.4	
	14	蛇纹大理岩	白色	不规则形	完整	5.7~7.0	1.3~1.6	0.6	
	15	蛇纹岩	灰绿色	近方形	完整	12.3~15.5	2.4~4.7	1.9~2.2	
	16	蛇纹大理岩	灰白色	近椭圆形	完整	6.6~7.6	1.2~1.6	0.6	局部涂有朱砂
	17	蛇纹大理岩	灰白色	不规则形	残余约四分之三	14.7~20.2	4.4~5.8	1.5	
	18	蛇纹大理岩	灰白色	不规则形	完整	8.7~11.2	1.6~1.8	1.1	
	19	大理岩	白色	近圆形	残余约二分之一	6.2~6.5	2.3~3.0	1.0	
	20	大理岩	灰白色	近椭圆形	残余约二分之一	7.6~8.4	1.4~1.5	0.3~0.8	
	21	大理岩	灰白色	近方形	完整	5.2~6.3	1.3~1.5	0.4	
	23	片状蛇纹 大理岩	灰白色	近椭圆形	残余约三分之一	5.6~6.1	1.1~1.4	0.6	
	24	片状蛇纹 大理岩	灰白色	近椭圆形	残余约三分之一	10.6~11.6	3.9~4.9	0.8	
	25	蛇纹大理岩	白色	近圆形	残余约二分之一	7.6~8.0	1.5~1.8	0.4~0.6	
	26	蛇纹大理岩	白色	近圆形	残余约二分之一	6.5~6.8	2.7~3.3	1.0	
M2	4	蛇纹大理岩	青灰色	近圆形	残余约四分之一	11.0~11.8	1.8~2.1	0.7~1.4	
	5	透闪蛇纹 大理岩	灰白色	近椭圆形	完整	7.2~7.6	1.8~2.2	0.5~0.7	
	12	透闪岩	暗绿色	圆形	残余约四分之一	5.3~6.2	1.8~2.2	0.6	
	17	蛇纹大理岩	灰白色	圆形	残余约四分之一	6.8~7.2	2.6~3.0	0.7	

出土单位	编号	岩性	颜色	形状	完残程度	外径／残宽~残长	好径	厚	备注
M3	11	蛇纹大理岩	灰绿色	近圆形	完整	9.4~10.6	2.8~3.8	0.7~1.0	表面涂有朱砂
	22	蛇纹大理岩	白色	近圆形	完整	8.5~8.8	2.5~3.3	0.6	
M6	1	绿泥岩	暗绿色	圆形	完整	10.2~10.6	2.4~3.8	2.4	一面涂有朱砂
M8	1	蛇纹大理岩	浅绿色	近椭圆形	完整	10.7~13.1	3.4~5.2	0.8~1.4	
	3	蛇纹大理岩	浅绿色	近椭圆形	完整	10.4~12.2	2.6~3.4	0.4~1.0	
	4	蛇纹大理岩	浅绿色	近椭圆形	完整	4.5~6.0	1.4~1.6	0.4~0.5	
	7	蛇纹大理岩	灰白色	近椭圆形	完整	9.7~12.9	3.7~5.4	0.5~1.0	
	8	蛇纹岩	绿色	近椭圆形	完整	5.6~6.7	1.7~2.2	0.3~0.8	
M10	2	蛇纹大理岩	灰绿色	圆角方形	残余约二分之一	10.0~10.6	3.6~4.0	1.0~1.2	局部涂有朱砂
M11	1	蛇纹大理岩	浅绿色	圆形	完整	6.8~7.4	1.1~1.5	0.4~0.6	
M12	6	蛇纹大理岩	灰白色	近圆形	完整	10.8~11.2	2.6~3.8	0.8~1.0	局部涂有朱砂
H2	1	蛇纹大理岩	深绿色	近圆形	残余约三分之一	9.5~10.3	1.2~1.4	1.3	
H7①	1	蛇纹大理岩	灰白色	近圆形	残余约三分之一	12.6~13.8	4.0~4.6	0.2~1.2	
H9	3	蛇纹大理岩	青灰色	近圆形	残余约三分之一	11.5~12.9	2.8~3.2	0.3~0.9	
F1②	1	片状蛇纹大理岩	灰白色	近圆形	残余约三分之一	7.6~8.4	2.5~2.7	0.6	
F1③	1	大理岩	灰白色	近圆形	完整	12.8~14.2	3.4~4.2	1.1	
2018C	1	蛇纹大理岩	灰白色	近圆形	完整	9.5~9.8		1.0~1.4	无钻孔
	6	蛇纹大理岩	灰黑色	近圆形	残余约二分之一	8.9~9.2	3.8~4.4	0.6~0.9	
	7	蛇纹大理岩	黄白色	近圆角方形	残余约二分之一	3.2~3.6	1.1~1.5	0.5	
	11	蛇纹大理岩	绿色	近圆角方形	残余约四分之一	7.7~8.2	2.8~3.5	0.8	
	14	蛇纹大理岩	绿色	近椭圆形	完整	9.2~11.7	3.1~4.2	0.6~1.1	
	16	蛇纹大理岩	暗绿色	近圆形	残余约二分之一	4.5~5.5	1.0~1.4	1.0	璧芯改制，保存管钻痕迹
	17	大理岩	白色	近圆形	完整	7.1~7.5	2.6~3.5	0.5~0.7	
	19	蛇纹大理岩	浅绿色	近圆形	残余约三分之一	8.5~9.0	2.6~3.3	0.2~0.4	
	21	大理岩	灰白色	近圆角方形	完整	9.1~9.6	2.7~3.4	0.6	
	22	大理岩	青灰色	近圆形	残余约四分之一	13.8~14.2	4.0~4.8	0.9~1.1	

出土单位	编号	岩性	颜色	形状	完残程度	外径／残宽～残长	好径	厚	备注
	1	蛇纹大理岩	灰绿色	近圆形	残余约五分之一	11.5～12.7	3.4～4.2	1.1～1.5	
2019C	2	绿泥岩	灰白色	近椭圆形	残余约三分之一	6.4～7.2	1.4～1.9	0.3	
	3	大理岩	灰绿色	圆角方形	残余约二分之一	9.0～9.5	3.5～4.2	0.5	

附表三　海藏遗址出土玉石璧芯登记表

长度：厘米

出土单位	编号	岩性	颜色	完残程度	直径（小面）	直径（大面）	厚	备注
T0203①	4	蛇纹大理岩	灰白色	完整	1.9	2.1	0.3	
T0204②	13	蛇纹大理岩	浅灰绿色	完整	2.1	2.6	1.1	
T0204⑩	3	蛇纹大理岩	灰白色	完整	3.6	4.2	1.1	一面残破
	4	云母质玉	灰黑色	完整	1.4	1.8	0.4	
T0204⑪	1	透闪大理岩	青灰色	完整	3.4	4.2	1.5	
T0204⑭	4	蛇纹岩	灰白色	完整	2.4	2.7	0.8	一面残破
	5	蛇纹大理岩	白色	完整	3.5	3.7	0.7	一面残破
T0204⑮	1	透闪大理岩	灰绿色	完整	2.0	2.6	0.8	
	3	蛇纹大理岩	黄绿色	完整	2.4	2.8	1.6	
	4	绿泥岩	灰绿色	完整	3.5	4.2	1.7	两面残破
T0204⑯	1	透闪大理岩	灰白色	完整	1.8	2.4	1.0	一面残破
	3	蛇纹岩	灰绿色	完整	1.4	1.5	1.0	
T0204⑰	2	绿泥岩	灰白色	完整	2.5	2.6	0.8	
	3	蛇纹岩	灰绿色	完整	1.7	1.8	0.7	
	5	蛇纹大理岩	黄绿色	完整	2.6	2.8	0.7	
	9	透闪大理岩	灰白色	完整	2.3	2.6	0.8	一面残破
T0204⑱	1	绿泥岩	绿色	完整	1.5	1.7	0.6	
	2	蛇纹大理岩	浅灰绿色	完整	2.4	2.9	1.0	
T0204⑳	1	蛇纹岩	灰白色	完整	3.2	3.9	1.6	一面残破
	2	蛇纹大理岩	灰白色	完整	4.3	4.9	1.3～1.7	一面残破，一面有切割痕迹
	35	蛇纹大理岩	灰白色	完整	3.0	3.4	1.3	一面残破
	38	蛇纹大理岩	灰白色	完整	1.7	2.2	0.8	
	48	蛇纹大理岩	灰白色	残余约三分之一	3.6	3.7	1.2	
	49	蛇纹岩	灰黑色	完整	1.8	2.2	0.6	

续表

出土单位	编号	岩性	颜色	完残程度	直径（小面）	直径（大面）	厚	备注
T0204⑳	50	蛇纹大理岩	浅灰白色	完整	1.8	2.2	0.8	
	51	蛇纹大理岩	灰白色	残存边缘	4.7	4.9	1.0	
T0205②	5	大理岩	浅绿色	残存二分之一	5.8	6.1	1.6	一面残破
T0205④	1	大理岩	灰白色	完整	2.2	2.2	1.1	
T0205⑦	1	蛇纹大理岩	浅绿色	完整	2.6	3.0	0.9	
T0205⑩	1	蛇纹大理岩	灰白色	完整	2.8	3.2	1.2	一面残破
T0205⑭	3	方解蛇纹岩	浅绿色	仅存局部	5.8	6.0	1.4	一面残破
T0205⑰	10	蛇纹大理岩	灰白色	完整	3.0	3.4	0.5~1.0	一面残破
T0205⑱	1	绿泥岩	灰褐色	完整	1.4	1.6	0.2~0.5	一面残破
	8	绿泥岩	灰绿色	完整	1.3	1.5	0.8	
	18	蛇纹岩	灰白色	完整	2.2	2.4	0.4	一面残破
	19	透闪大理岩	灰绿色	完整	1.9	2.3	0.7	
	31	滑石大理岩	灰白色	完整	2.4	2.7	1.4~1.6	
	33	蛇纹大理岩	灰色	完整	1.1	1.3	0.7	
	34	大理岩	白色	完整	1.0	1.4	0.3	
	59	大理岩	灰绿色	边缘残缺	2.2	2.6	1.1	一面有琢制凹窝
	62	大理岩	灰白色	完整	1.5	1.7	0.8	
	63	蛇纹大理岩	浅褐色	完整	1.5	1.6	0.7	一面残破
T0302⑤	1	蛇纹大理岩	绿色	完整	1.6	2.3	1.3	
T0303⑦	2	蛇纹大理岩	灰绿色	完整	2.5	2.8	0.7	一面残破
	5	大理岩	绿色	完整	2.3	2.8	1.1	
	7	大理岩	灰绿色	完整	1.8	2.2	0.8	一面残破
	8	蛇纹大理岩	绿色	完整	2.3	2.4	0.4	
T0303⑪	2	蛇纹大理岩	绿色	完整	2.8	3.6	1.2	
	3	大理岩	黑褐色	完整	2.2	2.6	0.7~1.1	
	4	蛇纹大理岩	绿色	完整	2.6	3.1	1.0	
	7	蛇纹大理岩	青灰色	完整	1.6	1.8	0.7	
	9	蛇纹大理岩	青灰色	完整	1.4	1.6	0.5	
	10	蛇纹大理岩	灰绿色	完整	2.2	2.6	0.8~1.0	
T0303⑫	2	蛇纹大理岩	灰绿色	完整	1.4	1.4	0.7	
	13	蛇纹大理岩	绿色	完整	1.4	1.4	0.4	
	14	蛇纹岩	绿色	完整	2.2	2.4	1.2	
	18	透闪大理岩	灰绿色	完整	2.1	3.3	1.3	

出土单位	编号	岩性	颜色	完残程度	直径（小面）	直径（大面）	厚	备注
T0303⑫	19	大理岩	灰绿色	完整	5.5	6.0	1.8~2.0	两面残破
	22	蛇纹大理岩	绿色	仅存局部	4.5	4.6	0.8	
T0303⑯	6	蛇纹岩	灰绿色	完整	0.9	1.2	2.0	
	10	大理岩	白色	完整	1.7	1.8	0.7	一面残破
	15	蛇纹大理岩	灰白色	完整	2.0	2.4	1.1	一面残破
T0303⑳	3	蛇纹大理岩	灰白色	完整	3.0	3.4	0.9	
T0304⑥	1	蛇纹大理岩	灰绿色	完整	3.8	4.2	0.7	
T0304⑦	4	大理岩	灰绿色	完整	4.6	5.0	1.3	
	5	大理岩	灰绿色	完整	2.0	2.3	0.8	
	8	蛇纹大理岩	灰绿色	完整	3.0	3.6	1.0	
	16	石英砂岩	灰色	完整	3.2	3.8	0.9	
	17	蛇纹大理岩	暗绿色	完整	2.4	3.0	0.8	
	34	蛇纹大理岩	黑褐色	完整	3.1	3.3	1.1	
	35	蛇纹大理岩	灰绿色	完整	2.1	2.3	0.7	
	37	蛇纹大理岩	黑褐色	完整	2.6	3.6	1.3	
T0304⑧	8	蛇纹大理岩	暗绿色	完整	3.2	4.2	1.4	
	11	蛇纹大理岩	灰白色	完整	2.4	2.6	0.6	
T0304⑨	5	蛇纹大理岩	灰绿色	完整	3.4	4.3	1.2	
	6	变质石英砂岩	灰绿色	完整	4.0	4.4	0.8	一面残破
T0304⑩	4	蛇纹大理岩	暗绿色	完整	3.2	3.9	1.0	
	8	片状蛇纹大理岩	浅绿色	完整	1.5	1.7	0.9	
	9	大理岩	灰白色	完整	0.8	1.2	0.7	
	13	蛇纹石玉	灰绿色	完整	1.4	1.7	0.8	
T0304⑪	3	蛇纹大理岩	灰绿色	完整	2.3	3.0	0.9	一面残破
	13	蛇纹大理岩	灰白色	完整	3.4	3.9	1.0	一面残破
	17	蛇纹大理岩	绿色	完整	2.1	2.6	1.0	
T0304⑫	8	石英砂岩	黑灰色	完整	2.4	3.1	0.9	两面磨制不规整
	11	蛇纹大理岩	灰绿色	完整	2.3	3.3	1.2	
T0304⑬	1	蛇纹大理岩	深绿色	完整	2.9	3.3	1.4	
T0304⑭	1	大理岩	灰白色	完整	2.3	2.7	1.3	一面残破
T0305⑤	2	蛇纹大理岩	暗绿色	完整	1.4	1.6	0.5	一面残破
T0305⑥	8	蛇纹大理岩	绿色	完整	1.7	1.8	1.1	
	9	蛇纹大理岩	绿色	完整	2.2	2.3	0.9	

续表

出土单位	编号	岩性	颜色	完残程度	直径（小面）	直径（大面）	厚	备注
T0305⑫	1	蛇纹大理岩	灰白色	完整	1.6	1.7	0.5	
T0305⑬	1	绿泥透闪大理岩	灰绿色	完整	2.6	3.2	0.9	
	3	蛇纹大理岩	浅灰绿色	完整	1.8	2.3	1.2	
	6	葡萄石岩	浅绿色	完整	3.2	3.4	1.0~1.3	
	8	蛇纹大理岩	浅绿色	完整	3.2	3.4	0.8~1.0	
	32	蛇纹大理岩	灰白色	完整	4.6	5.2	1.4	一面边缘，有切割痕迹
T0305⑮	1	蛇纹大理岩	灰白色	完整	2.8	3.2	1.8	
T0305⑰	4	透闪岩	灰白色	完整	3.6	4.0	0.9	一面有管钻痕迹
	7	蛇纹大理岩	白色	完整	3.7	3.9	0.9	
T0305⑱	2	蛇纹大理岩	灰绿色	局部残缺	2.3	2.6	1.0	一面残破
T0305⑳	6	蛇纹岩	灰褐色	完整	4.2	4.8	1.3	
	12	蛇纹大理岩	暗绿色	完整	3.4	4.0	1.3	
	13	蛇纹大理岩	灰白色	完整	3.4	3.8	1.0	
T0305㉑	1	蛇纹大理岩	灰绿色	完整	2.4	3.1	0.9	
	4	蛇纹岩	深绿色	完整	6.2	6.8	1.9	
	6	大理岩	绿色	完整	2.2	3.0	0.9	
	7	透辉大理岩	黄绿色	完整	2.6	3.6	1.9	
	9	蛇纹大理岩	深绿色	边缘残缺	6.4	6.8	1.4	一面残破
	10	蛇纹大理岩	灰白色	完整	3.0	3.5	1.1	
	14	方解石蛇纹岩	浅黄绿色	完整	2.2	2.4	0.9	
	15	蛇纹大理岩	灰褐色	边缘残缺	4.9	5.5	1.1	一面残破
	16	绿泥岩	灰白色	完整	1.0	1.2	0.2	一面残破
	19	蛇纹岩	灰白色	完整	2.2	2.6	1.1	一面残破
T0305㉒	3	大理岩	灰白色	完整	5.2	5.8	4.2	一面残破
	4	透闪大理岩	黄色	完整	1.7	2.6	1.3	
	7	蛇纹大理岩	浅灰绿色	完整	3.2	4.0	1.4	中部钻孔 单面管钻
	8	大理岩	黄色	完整	2.0	3.0	0.9	
	10	蛇纹大理岩	灰白色	完整	2.4	2.6	0.8	一面残破
	11	大理岩	白色	完整	1.1	1.5	0.8	
	16	蛇纹大理岩	灰白色	完整	1.3	1.9	0.9	
	19	透闪蛇纹大理岩	浅黄绿色	边缘残缺	1.2	1.8	0.6	
T0403⑤	1	透闪大理岩	灰绿色	完整	1.6	1.8	0.8	
	3	方解石透闪石岩	灰绿色	完整	2.5	3.0	0.8	

出土单位	编号	岩性	颜色	完残程度	直径（小面）	直径（大面）	厚	备注
T0403⑥	8	蛇纹岩	灰绿色	完整	3.1	4.2	1.5	
T0403⑦	4	蛇纹大理岩	绿色	完整	2.4	2.6	0.8	一面残破
	6	绿泥岩	黄色	完整	2.5	2.7	1.0	一面有管钻痕迹
T0403⑧	1	滑石岩	白色	完整	1.7	2.0	0.4	
T0403⑨	1	片状蛇纹大理岩	浅灰绿色	完整	3.6	3.9	1.2	
T0403⑬	2	蛇纹大理岩	灰绿色	完整	3.2	3.8	1.3	
T0403⑯	2	透闪岩	白色	完整	1.8	2.3	0.7~0.9	一面有切割痕迹一道
	3	蛇纹大理岩	灰绿色	完整	3.8	4.2	1.6	
	4	蛇纹岩	浅绿色	完整	2.1	2.4	0.5	
T0404④	4	片状蛇纹大理岩	浅绿色	完整	1.8	2.0	0.6	一面残破
	5	蛇纹大理岩	暗绿色	完整	2.5	3.0	1.3	
T0404⑤	4	蛇纹大理岩	灰白色	完整	1.8	2.2	0.6	两面残破
	5	大理岩	灰绿色	完整	1.8	2.2	1.1	
	14	蛇纹大理岩	灰绿色	完整	2.7	3.2	1.2	
T0404⑥	1	蛇纹大理岩	灰白色	完整	2.7	2.9	0.8	
	2	蛇纹大理岩	灰绿色	完整	1.9	2.2	0.8	
T0404⑨	7	蛇纹大理岩	灰绿色	完整	2.4	3.1	1.4	一面残破
	10	蛇纹大理岩	浅灰绿色	完整	3.0	3.5	1.1	
T0404⑩	6	滑石蛇纹岩	青灰色	完整	1.7	2.2	1.2	
T0404⑫	7	大理岩	灰白色	完整	2.2	2.7	1.6	一面残破
T0404⑬	3	滑石岩	灰白色	完整	2.1	2.7	1.4	
	6	蛇纹大理岩	青灰色	完整	2.3	2.4	0.8~1.0	
	8	蛇纹大理岩	灰绿色	完整	2.3	2.5	0.8~1.0	
	9	大理岩	黑褐色	完整	2.2	2.6	0.7~0.9	一面残破
T0404⑯	2	大理岩	灰白色	完整	3.4	3.6	1.0	
T0405④	2	蛇纹岩	灰黑色	完整	3.6	4.1	1.4	一面残破
T0405⑦	3	大理岩	灰黑色	完整	1.8	2.1	0.8	一面残破
	8	蛇纹大理岩	灰绿色	完整	1.7	2.1	0.5	
T0405⑧	1	蛇纹大理岩	绿色	完整	2.4	2.9	1.0	
T0405⑩	1	蛇纹大理岩	白色	完整	2.5	2.9	1.0	
T0405⑪	1	大理岩	绿色	完整	3.4	3.7	1.0	
T0405⑭	1	蛇纹岩	绿色	完整	1.8	2.0	1.0	
T0405⑮	3	蛇纹大理岩	黄色	完整	4.8	5.2	1.6	

续表

出土单位	编号	岩性	颜色	完残程度	直径（小面）	直径（大面）	厚	备注
T0405⑮	8	蛇纹大理岩	灰绿色	边缘残缺	5.3	5.9	2.8	两面残破
	13	绿泥岩	灰白色	完整	2.2	2.4	0.9	
T0405⑯	3	蛇纹大理岩	灰白色	完整	3.1	3.4	1.0	一面残破
M2	14	蛇纹石玉	黄色	完整	1.8	2.3	1.0	
H9	2	透闪岩	灰绿色	完整	4.3	4.9	1.4	
JS1	5	蛇纹大理岩	暗绿色	完整	1.2	2.0	0.8	
2018C	20	蛇纹大理岩	灰绿色	完整	2.0	2.4	0.7	
	23	蛇纹大理岩	灰绿色	完整	2.7	3.0	0.8	一面残破
	25	透闪绿泥岩	灰白色	完整	1.2	1.8	1.0	一面残破

附表四　海藏遗址出土玉石料登记表

长度：厘米

出土单位	编号	岩性	颜色	形状	长	宽	厚	备注
T0203③	5	透闪石玉	墨绿色	不规则形	5.1	2.5	1.2	
	6	蛇纹石玉	墨绿色	不规则形	10.1	8.2	6.1	
	10	蛇纹石大理岩	青色	不规则形	10.9	8.5	4.0	
T0204③	2	蛇纹石大理岩	白色	不规则形	6.6	5.1	3.6	局部为绿色
T0204④	9	蛇纹石玉	青色	不规则形	3.8	2.5	1.2	
T0204⑨	5	蛇纹石玉	青色	不规则形	3.2	2.6	1.8	
T0204⑰	11	大理岩	白色	不规则形	8.4	8.1	5.4	局部磨光
	12	蛇纹大理岩	灰白色	不规则形	7.0	3.7	1.5	两面磨光
T0204⑱	6	英安岩	黑灰色	不规则形	9.0	7.0	4.7	
	13	大理岩	白色	不规则形	10.3	7.5	5.7	
T0204⑳	5	蛇纹石玉	青绿色	不规则形	3.9	3.5	1.8	
T0205③	12	蛇纹石玉	青绿色	不规则形	8.1	7.6	2.7	
	16	蛇纹石玉	青绿色	不规则形	7.4	4.7	1.8	
	17	蛇纹石玉	青绿色	不规则形	5.8	4.8	2.9	
	18	蛇纹石大理岩	青灰色	不规则形	4.8	4.8	1.9	局部涂有朱砂
	26	硅质石英砂岩	棕色	不规则形	9.9	6.9	3.3	
T0205④	7	蛇纹石岩	青绿色	不规则形	9.6	6.7	5.0	
	9	蛇纹石大理岩	青绿色	不规则形	4.5	3.0	2.2	局部有火烧痕迹
	12	蛇纹石玉	青绿色	不规则形	4.5	2.9	1.2	

出土单位	编号	岩性	颜色	形状	长	宽	厚	备注
T0205⑭	4	蛇纹石玉	青绿色	不规则形	3.8	2.9	1.2	
T0205⑮	2	蛇纹石玉	青绿色	不规则形	7.3	4.6	3.2	
T0205⑰	4	蛇纹大理岩	灰绿色	不规则形	4.6	3.8	1.8	
	12	蛇纹大理岩	灰白色	不规则形	3.4	2.9	2.0	局部磨光
T0205⑱	5	蛇纹大理岩	灰白色	不规则形	4.0	3.5	1.2	
	49	蛇纹岩	灰白色	不规则形	6.3	3.6	1.2	局部磨光
	51	蛇纹大理岩	灰白色	不规则形	5.3	3.1	1.4	
	52	蛇纹岩	灰褐色	不规则形	4.8	3.7	1.5	
	55	蛇纹岩	青灰色	不规则形	8.1	5.0	1.5	
	56	蛇纹大理岩	灰白色	不规则形	4.2	2.1	1.9	局部磨光
	85	蛇纹石大理岩	白色	不规则形	7.7	6.7	2.2	局部有火烧痕迹
	92	青磐岩	暗绿色	不规则形	4.6	4.3	2.1	局部有磨制痕迹
	93	蛇纹石玉	青绿色	不规则形	3.9	3.7	1.4	
	94	蛇纹石大理岩	青绿色	不规则形	4.4	2.8	1.3	
	95	蛇纹石玉	青绿色	不规则形	4.3	3.0	2.0	
T0302⑥	2	蛇纹石玉	青绿色	不规则形	2.5	1.9	1.6	
T0303⑦	19	蛇纹石玉	青绿色	不规则形	10.6	5.7	3.9	
	21	蛇纹石玉	青绿色	不规则形	6.6	4.6	2.5	
T0303⑨	1	蛇纹大理岩	灰白色	不规则形	12.0	4.6	1.8	
T0303⑪	14	片麻岩	青灰色	不规则形	10.7	8.2	4.2	
	33	蛇纹石大理岩	青绿色	不规则形	8.4	5.9	3.2	
	35	蛇纹石岩	青绿色	不规则形	6.0	5.0	2.3	
T0303⑫	9	蛇纹大理岩	暗绿色	不规则形	4.5	3.0	2.2	局部磨光
	36	蛇纹石玉	青绿色	不规则形	3.8	3.2	1.0	
T0303⑯	8	蛇纹石玉	黄色	不规则形	5.7	2.9	1.0	
	18	蛇纹石玉	青色	不规则形	3.9	2.6	1.3	
T0303⑰	5	蛇纹石玉	青绿色	不规则形	3.9	2.5	1.7	
	6	蛇纹石玉	青绿色	不规则形	4.7	2.6	1.7	
	7	蛇纹石玉	青绿色	不规则形	2.9	1.8	1.6	
	8	蛇纹石玉	青绿色	不规则形	2.4	2.1	1.7	
	9	蛇纹石玉	青绿色	不规则形	2.9	2.2	1.0	

续表

出土单位	编号	岩性	颜色	形状	长	宽	厚	备注
T0303⑲	1	蛇纹岩	淡绿色	不规则形	5.0	4.3	1.2	局部磨光
	3	蛇纹石玉	青绿色	不规则形	6.5	4.7	2.6	
T0304⑦	43	蛇纹石岩	青绿色	不规则形	4.5	1.6	1.2	
T0304⑨	13	蛇纹石岩	灰白色	不规则形	6.0	2.2	1.4	
T0304⑪	18	蛇纹大理岩	灰白色	不规则形	5.6	4.4	1.1	
	23	蛇纹石大理岩	青绿色	不规则形	10.1	7.8	1.8	
	51	大理岩	灰色	不规则形	10.7	8.4	5.7	
T0304⑫	5	蛇纹石玉	青绿色	不规则形	6.8	4.6	3.9	
	15	蛇纹大理岩	灰白色	不规则形	5.0	4.1	1.4	局部磨光
	19	蛇纹石大理岩	青绿色	不规则形	12.3	9.0	3.0	
	20	蛇纹石大理岩	青绿色	不规则形	9.2	6.9	3.2	
T0305⑥	12	钙质矽卡岩	黑色	近椭圆形	10.7	7.8	3.9	局部磨光
T0305⑬	12	蛇纹石玉	绿色	不规则形	7.9	6.2	3.5	
	30	变质砂岩	青绿色	不规则形	7.8	7.4	2.8	
T0305⑭	13	蛇纹石大理岩	青绿色	近圆形	10.3	9.7	1.9	
T0305⑮	17	蛇纹石大理岩	青色	不规则形	4.5	3.4	1.9	
	18	蛇纹石大理岩	白色	不规则形	10.7	8.3	2.2	
	19	蛇纹石大理岩	白色	不规则形	5.0	4.5	1.6	
T0305⑯	3	蛇纹石玉	青绿色	不规则形	10.1	7.8	3.4	
T0305⑰	9	蛇纹石玉	青绿色	不规则形	3.6	3.2	2.2	
	15	透闪石玉	褐色	不规则形	8.6	6.6	2.8	
	16	透闪石玉	灰色	不规则形	6.5	6.4	2.1	
T0305⑱	3	蛇纹石大理岩	褐色	不规则形	9.2	6.5	4.5	
T0305⑲	3	蛇纹石大理岩	青绿色	不规则形	7.7	4.7	4.2	
T0305⑳	1	蛇纹石玉	深绿色	不规则形	5.3	5.2	1.6	
	23	大理岩	白色	不规则形	12.2	7.5	5.6	
	24	蛇纹石大理岩	青色	不规则形	10.3	6.8	3.2	
T0305㉑	20	透闪石玉	青绿色	不规则形	9.3	7.3	3.7	
T0305㉒	6	蚀变火山岩	黑色	不规则形	5.0	2.6	1.8	
	34	蛇纹石玉	白色	不规则形	5.6	5.2	2.0	
T0403⑤	8	蛇纹石大理岩	白色	不规则形	6.1	5.8	0.9	

出土单位	编号	岩性	颜色	形状	长	宽	厚	备注
T0403⑦	7	蛇纹石大理岩	青绿色	不规则形	8.7	8.6	1.0~2.5	
	11	蛇纹石岩	青灰色	不规则形	8.9	7.6	3.0	
T0403⑫	6	石英砂岩	黄色	不规则形	8.2	8.0	4.8	
T0403⑯	14	蛇纹大理岩	青灰色	不规则形	6.2	5.1	1.3	局部磨光
T0403⑲	3	蛇纹石玉	青绿色	不规则形	10.6	4.1	2.7	
T0404⑤	10	透闪石玉	淡绿色	不规则形	3.0	2.1	0.3	一面磨光
T0404⑧	13	透闪蛇纹大理岩	墨绿色	不规则形	5.9	5.3	1.8	两面磨光
	15	蛇纹大理岩	灰绿色	不规则形	3.6	3.1	0.8	局部磨光
T0404⑩	12	蛇纹大理岩	灰白色	不规则形	7.7	5.3	1.6	
T0404⑫	6	蛇纹大理岩	灰白色	不规则形	9.6	6.5	2.8	
T0404⑬	17	蛇纹石玉	青绿色	不规则形	3.7	3.5	2.4	
T0404⑭	3	蛇纹大理岩	青灰色	不规则形	7.2	4.2	2.0	一面磨光
	13	透闪石玉	灰白色	不规则形	6.9	3.9	0.7	两面磨光
T0404⑯	5	蛇纹石玉	白色	不规则形	7.1	6.0	2.6	
T0405⑥	4	蛇纹石大理岩	青绿色	不规则形	3.5	2.7	2.9	
T0405⑧	4	蛇纹石玉	青绿色	不规则形	4.8	3.5	3.6	
T0405⑫	4	蛇纹石大理岩	青绿色	不规则形	10.5	8.0	7.6	
T0405⑭	16	蛇纹石大理岩	青灰色	不规则形	22.2	13.2	7.1	
T0405⑯	12	透闪石玉	褐色	不规则形	8.6	4.6	2.4	
	13	蛇纹石玉	青绿色	不规则形	6.6	3.5	2.1	
	25	蛇纹石大理岩	青色	不规则形	7.9	4.9	3.1	
	35	蛇纹岩	灰白色	不规则形	6.5	5.5	1.1	表面磨光
	39	蚀变火山岩	灰黑色	不规则形	7.0	4.8	3.3	表面磨光
M1	22	大理岩	白色	不规则形	14.5	10.8	6.8	
	27	大理岩	白色	不规则形	6.6	6.5	4.0	
	28	大理岩	白色	不规则形	5.4	4.8	3.6	局部涂有朱砂
	29	大理岩	白色	不规则形	7.2	6.4	3.2	
	30	大理岩	白色	不规则形	16.6	12.3	4.5	
	31	大理岩	白色	不规则形	8.8	5.6	3.5	
	32	大理岩	白色	不规则形	8.6	6.2	2.4	
	33	大理岩	白色	不规则形	7.5	6.7	2.0	

续表

出土单位	编号	岩性	颜色	形状	长	宽	厚	备注
M1	34	蛇纹石大理岩	青色	不规则形	9.5	6.3	3.4	
	35	大理岩	白色	不规则形	5.2	3.4	2.2	
	36	大理岩	白色	不规则形	10.8	4.3	3.2	
	37	大理岩	白色	不规则形	9.9	6.7	3.0	
	38	长石石英杂砂岩	白色	不规则形	6.4	4.8	3.6	
	39	蛇纹石大理岩	白色	不规则形	9.2	4.4	3.1	
	40	蛇纹石大理岩	白色	不规则形	5.6	4.7	2.6	
	41	蛇纹石大理岩	白色	不规则形	6.7	5.1	2.9	
	42	大理岩	白色	不规则形	12.8	10.1	3.2	局部涂有朱砂
M2	1	长石石英杂砂岩	灰色	不规则形	11.5	9.2	4.5	
	2	杂砂岩	白色	不规则形	5.3	3.0	1.5	
	3	长石石英杂砂岩	白色	不规则形	6.6	6.2	4.5	
	26	玉髓	青绿色	近长方形	6.9	3.7	0.7	表面磨制平整
M3	13	大理岩	白色	不规则形	12.8	10.2	2.8	
	14	蛇纹石大理岩	白色	不规则形	11.8	8.8~10.3	3.2	表面涂有朱砂
	15	云母质玉	黄绿色	不规则形	6.2	5.2	1.3~1.7	表面涂有朱砂
	16	蛇纹石玉	青绿色	不规则形	8.4	5.4	2.5	表面涂有朱砂
	17	蚀变火山岩	黄色	不规则形	6.6	5.9	2.1	
	18	硅质石英砂岩	青灰色	不规则形	7.7	6.4	2.8	
	19	大理岩	白色	不规则形	4.5	3.2	0.6	表面涂有朱砂
	20	变质石英砂岩	白色	不规则形	2.4	2.1	0.7	表面涂有朱砂
	21	大理岩	白色	不规则形	2.7	2.1	1.5	
M6	2	蛇纹石大理岩	青绿色	不规则形	6.6	4.5	1.8	
	3	长石石英杂砂岩	灰白色	不规则形	6.6	6.3	2.9	
	10	蛇纹石大理岩	青绿色	不规则形	3.8	1.9	2.1	
	11	蛇纹石大理岩	青绿色	不规则形	7.2	5.2	3.1	
M8	2	蛇纹石大理岩	青绿色	不规则形	19.2	12.2	4.8	
	5	蛇纹石大理岩	白色	不规则形	3.3	2.2	1.2	
	6	大理岩	白色	不规则形	4.7	4.5	1.4~2.0	
M11	12	石英砂岩	灰褐色	不规则形	4.5	3.5	0.7	
	14	硅质石英砂岩	灰色	不规则形	2.8	2.2	0.4	

续表

出土单位	编号	岩性	颜色	形状	长	宽	厚	备注
M12	1	蛇纹石大理岩	青绿色	不规则形	14.4	11.9	8.6	
	2	长石石英砂岩	灰色	不规则形	8.0	5.0	2.0	
	3	蛇纹石岩	青绿色	不规则形	7.8	4.4	1.8	
	4	大理岩	白色	不规则形	11.2	7.1	3.3	
	5	蛇纹石大理岩	青绿色	不规则形	12.9	7.2	4.1	
	9	蛇纹石大理岩	白色	不规则形	10.6	8.8	4.3	
	10	大理岩	白色	不规则形	4.5	4.4	2.9	
H2	2	蛇纹石玉	青色	不规则形	7.3	7.1	1.9	
H7①	5	透闪石玉	浅绿色	不规则形	8.5	7.3	2.9	一面磨光
	6	长石石英砂岩	青灰色	不规则形	8.6	8.3	3.9	
H13①	8	石英砂岩	白色	不规则形	8.8	5.2	3.5	
	9	玉髓	青绿色	不规则形	10.1	5.9	3.4	
F1③	3	蛇纹石大理岩	青色	不规则形	7.3	3.3	1.4	

附表五 海藏遗址出土玉石断块登记表

长度：厘米

出土单位	编号	岩性	颜色	形状	最大长	最大宽	厚	备注
T0203④	1	大理岩	灰白色	不规则形	4.2	3.3	2.5	
	2	大理岩	灰白色	不规则形	3.7	2.6	0.9	
T0203⑧	4	蛇纹石大理岩	灰白色	不规则形	4.3	2.7	1.6	
	5	蛇纹石大理岩	灰白色	不规则形	5.5	4.9	1.0	
	6	蛇纹石玉	灰白色	不规则形	4.1	2.7	2.2	
T0204②	19	蛇纹石玉	灰白色	不规则形	5.0	2.1	2.1	
	26	蛇纹石岩	白色	不规则形	7.0	5.6	1.3	
	27	片状透闪大理岩	灰白色	不规则形	4.4	4.0	1.0	
T0204③	3	蛇纹石大理岩	灰白色	不规则形	8.6	6.1	2.6	
T0204④	10	蛇纹石玉	白色	不规则形	4.5	3.7	1.4	
T0204⑲	5	蛇纹大理岩	灰白色	不规则形	4.7	2.4	1.5	
	6	蛇纹大理岩	灰白色	不规则形	5.8	2.0	1.1	
T0204⑳	63	蛇纹石玉	青绿色	不规则形	4.8	3.8	1.2	

出土单位	编号	岩性	颜色	形状	最大长	最大宽	厚	备注
T0205①	2	硅质岩	棕色	不规则形	3.6	3.5	1.1	一侧磨光
T0205②	17	蛇纹石大理岩	灰色	不规则形	6.8	6.1	3.6	
T0205③	13	蛇纹石大理岩	青灰色	不规则形	6.5	4.9	3.6	
	14	蛇纹石大理岩	青灰色	不规则形	7.3	5.4	2.3	
	15	蛇纹石大理岩	灰白色	不规则形	8.4	4.0	2.0	
	19	蛇纹石大理岩	灰白色	不规则形	4.5	3.8	3.0	
	20	蛇纹石岩	青灰色	不规则形	6.3	2.3	1.7	
T0205④	8	蛇纹石大理岩	灰白色	不规则形	5.7	4.1	1.9	
	10	蛇纹石大理岩	灰白色	不规则形	3.7	2.7	2.7	
	11	蛇纹石大理岩	青绿色	不规则形	4.0	2.5	0.8	
T0205⑤	6	大理岩	灰白色	不规则形	3.1	2.9	1.3	
	7	蛇纹石大理岩	灰白色	不规则形	4.8	3.6	1.5	
	8	大理岩	白色	不规则形	3.2	2.1	1.1	
T0205⑩	16	大理岩	白色	不规则形	8.5	6.0	3.9	
	17	杂砂岩	灰白色	不规则形	5.5	5.2	2.3	
	18	蛇纹石大理岩	青灰色	不规则形	9.1	4.0	1.1	
	20	蛇纹石岩	青灰色	不规则形	3.8	3.8	1.6	
	21	蛇纹石玉	青灰色	不规则形	4.0	2.9	2.9	
T0205⑰	5	蛇纹岩	灰白色	不规则形	5.3	2.9	1.2	
	6	蛇纹岩	灰白色	不规则形	6.1	2.1	0.9	
T0205⑱	50	蛇纹岩	青灰色	不规则形	4.9	2.5	0.8	
	86	蛇纹石大理岩	灰白色	不规则形	6.3	5.8	2.6	
	87	蛇纹石大理岩	灰白色	不规则形	5.5	3.9	3.2	
	89	蛇纹石大理岩	青灰色	不规则形	4.2	3.6	0.9	
	90	蛇纹石大理岩	白色	不规则形	5.5	3.2	1.2	
	91	蛇纹石大理岩	白色	不规则形	5.3	3.5	1.5	
	96	蛇纹石大理岩	白色	不规则形	4.7	2.8	1.8	
	97	蛇纹石大理岩	白色	不规则形	3.7	2.7	2.1	
	98	蛇纹石大理岩	青灰色	不规则形	3.6	2.1	2.0	
	99	蛇纹石大理岩	白色	不规则形	3.1	2.7	1.7	
	100	蛇纹石岩	绿色	不规则形	3.2	1.8	1.3	
T0303⑦	20	变质石英砂岩	青绿色	不规则形	5.8	5.1	2.5	
	23	蛇纹石大理岩	白色	不规则形	6.4	5.5	2.2	

出土单位	编号	岩性	颜色	形状	最大长	最大宽	厚	备注
T0303⑧	4	透闪蛇纹大理岩	暗绿色	不规则形	10.5	3.9	1.5	
T0303⑪	34	大理岩	白色	不规则形	6.5	4.6	3.4	
	36	蛇纹石岩	白色	不规则形	5.9	3.0	1.7	
T0303⑫	34	大理岩	白色	不规则形	4.0	3.3	2.8	
	35	蛇纹石玉	青白色	不规则形	5.7	3.2	2.0	
T0303⑯	19	蛇纹石片岩	灰色	不规则形	3.4	1.8	0.9	
	22	蛇纹大理岩	灰白色	不规则形	5.0	2.9	1.5	局部磨光
T0303⑰	1	蛇纹大理岩	灰绿色	不规则形	4.0	3.2	3.2	
	3	大理岩	白色	不规则形	5.1	4.4	1.6	两面磨光
T0303⑲	4	大理岩	白色	不规则形	4.9	3.6	2.0	
	5	蛇纹石玉	青绿色	不规则形	5.6	4.0	1.6	
	6	蛇纹石玉	白色	不规则形	4.1	3.4	1.2	
T0304⑦	42	蛇纹石岩	青绿色	不规则形	5.8	5.3	2.1	
T0304⑧	20	蛇纹石大理岩	青绿色	不规则形	7.6	4.1	1.7	
	21	细晶岩	青灰色	不规则形	6.8	5.4	4.2	
	23	蛇纹石岩	青绿色	不规则形	6.0	5.4	2.0	
T0304⑪	28	杂砂岩	灰色	不规则形	6.6	4.9	0.8	
	39	变质石英砂岩	青灰色	不规则形	7.6	7.1	2.5	
	40	云母片岩	灰绿色	不规则形	7.9	4.9	1.4	
	41	蛇纹石大理岩	灰白色	不规则形	6.4	6.0	2.5	
	42	蛇纹石岩	青灰色	不规则形	6.3	4.4	2.8	
	43	蛇纹石大理岩	青灰色	不规则形	5.2	4.4	1.4	
	44	蛇纹石大理岩	灰白色	不规则形	7.6	3.4	1.7	
	45	蛇纹大理岩	青灰色	不规则形	8.1	4.0	1.2	
	46	蛇纹石玉	青绿色	不规则形	7.0	4.0	2.6	
	47	蛇纹大理岩	灰白色	不规则形	6.0	3.5	1.0	
	48	大理岩	白色	不规则形	5.4	3.5	1.4	
	49	蛇纹石大理岩	灰色	不规则形	5.3	3.5	0.7	
	50	闪长玢岩	青绿色	不规则形	4.8	3.0	1.6	
T0304⑫	13	大理岩	白色	不规则形	5.2	3.6	1.1	两面磨光
	18	蛇纹石大理岩	青绿色	不规则形	7.8	5.0	2.8	
T0304⑬	5	变质含砾砂岩	灰色	不规则形	5.1	4.8	1.3	
T0305⑨	1	大理岩	白色	不规则形	5.3	3.3	1.9	

续表

出土单位	编号	岩性	颜色	形状	最大长	最大宽	厚	备注
T0305⑭	12	大理岩	白色	不规则形	5.1	3.3	1.9	
	14	大理岩	白色	不规则形	11.0	6.5	1.7	
	15	蛇纹石大理岩	青绿色	不规则形	8.9	5.9	2.4	
	16	蛇纹石玉	青绿色	不规则形	6.6	5.8	2.1	
	17	蛇纹石大理岩	青色	不规则形	7.1	4.2	1.4	一面磨光
	18	蛇纹石岩	青灰色	不规则形	5.5	3.5	2.2	一面磨光
	19	蛇纹石玉	青灰色	不规则形	6.7	4.0	2.1	
	20	大理岩	白色	不规则形	4.8	3.5	1.5	
T0305⑮	20	蛇纹石岩	青绿色	不规则形	4.7	3.7	2.1	
	21	蛇纹石大理岩	白色	不规则形	5.9	5.4	2.8	
	22	蛇纹石大理岩	青色	不规则形	6.3	4.2	1.3	
T0305⑯	7	蛇纹石大理岩	青色	不规则形	7.4	5.6	1.6	
T0305⑰	17	蛇纹石玉	青色	不规则形	4.2	3.8	1.4	
T0305⑳	25	硅质石英砂岩	白色	不规则形	5.9	5.4	4.0	
	26	大理岩	白色	不规则形	6.8	6.3	1.9	
T0305㉑	17	蛇纹石岩	青绿色	不规则形	6.5	4.1	1.4	
T0305㉒	5	蛇纹石玉	白色	不规则形	4.4	2.3	1.1	
	24	蛇纹石玉	青绿色	不规则形	2.7	2.1	1.7	
	33	蛇纹石玉	青色	不规则形	4.5	1.7	1.0	
	35	蛇纹石玉	青绿色	不规则形	4.2	4.1	2.4	
	36	大理岩	白色	不规则形	5.3	3.1	1.8	
	37	蛇纹石玉	青色	不规则形	4.9	3.7	1.3	
	38	蛇纹石玉	青色	不规则形	3.7	3.6	1.1	
	39	硅质石英砂岩	青绿色	不规则形	4.1	2.1	1.5	
	40	蛇纹石岩	青绿色	不规则形	3.5	3.5	1.5	
	41	蛇纹石玉	青绿色	不规则形	4.2	2.0	1.3	
T0403⑦	12	蛇纹石玉	青绿色	不规则形	7.0	3.9	2.6	
	13	蛇纹石玉	青灰色	不规则形	4.0	3.4	1.4	
T0403⑫	5	石英砂岩	青灰色	不规则形	5.6	5.3	2.7	
	7	蛇纹石大理岩	青灰色	不规则形	8.5	8.1	3.0	
	8	蛇纹石大理岩	白色	不规则形	5.8	3.2	1.7	
	9	蛇纹石大理岩	白色	不规则形	6.8	5.5	1.7	
	10	蛇纹石岩	白色	不规则形	4.6	3.4	2.8	

续表

出土单位	编号	岩性	颜色	形状	最大长	最大宽	厚	备注
T0403⑯	9	蛇纹石大理岩	青色	不规则形	7.3	5.5	1.8	
T0403⑲	6	蛇纹石玉	青绿色	不规则形	6.6	4.1	3.5	
	7	蛇纹石岩	青绿色	不规则形	4.9	2.8	2.3	
T0403⑳	6	大理岩	灰白色	不规则形	5.1	4.7	1.7	
	14	蛇纹石玉	青灰色	不规则形	6.7	3.7	3.3	
T0404⑤	3	大理岩	灰白色	不规则形	5.8	3.8	1.3	两面磨光
T0404⑥	20	蛇纹石玉	青绿色	不规则形	11.0	6.9	3.5	
	21	硅质岩	灰色	不规则形	8.1	6.1	3.2	
T0404⑧	14	细晶岩	青绿色	不规则形	6.1	5.2	2.1	
T0404⑩	13	蛇纹石玉	青绿色	不规则形	6.1	4.0	3.0	
T0404⑫	10	蛇纹石玉	青灰色	不规则形	6.6	5.6	2.1	
T0404⑭	12	蛇纹石玉	青色	不规则形	2.7	2.3	1.8	
	19	蛇纹石岩	白色	不规则形	6.2	3.7	2.3	
T0405⑧	7	蛇纹石大理岩	青灰色	不规则形	3.6	3.1	3.1	
T0405⑨	6	蛇纹石大理岩	青绿色	不规则形	9.8	5.4	3.7	
T0405⑫	6	蛇纹石大理岩	青绿色	不规则形	7.0	5.9	1.2	
T0405⑭	17	蛇纹石大理岩	青灰色	不规则形	6.9	4.4	2.0	
	18	蛇纹石大理岩	青灰色	不规则形	5.3	2.6	0.7	
T0405⑯	26	蛇纹石大理岩	青绿色	不规则形	8.0	3.6	1.3	
	27	蛇纹石大理岩	青灰色	不规则形	6.7	2.8	1.6	
H3③	2	硅质岩	青灰色	不规则形	6.4	2.5	1.5	
	3	硅质岩	青灰色	不规则形	6.6	6.2	2.5	
H7①	7	蛇纹石大理岩	白色	不规则形	3.4	2.8	1.3	
H13①	3	玉髓	黄褐色	不规则形	3.0	1.7	0.9	

附表六 海藏遗址出土玉石切割料登记表

长度：厘米

出土单位	编号	岩性	颜色	形状	长	宽	厚	备注
T0203③	7	蛇纹大理岩	灰白色	不规则形	4.7	3.9	1.4	一面磨光，一侧有切割痕迹，在剩余二分之一处残存断荐
T0204⑳	29	透闪岩	青灰色	不规则形	5.7	3.3	0.5~0.9	两面磨光，一侧边缘有单向切割痕迹，在剩余约二分之一处残存断荐
	33	透闪岩	青灰色	近方形	3.5	3.1	0.6~0.8	一面磨光，一侧边缘有单向切割痕迹，在剩余约二分之一处残存断荐
	37	蛇纹大理岩	青灰色	近长方形	12.4	4.6	1.2~1.4	一面为切割面，一侧边缘有单向切割痕迹，在剩余约四分之一处残存断荐

续表

出土单位	编号	岩性	颜色	形状	长	宽	厚	备注
T0205⑭	5	大理岩	灰白色	近三角形	4.9	3.8	1.2	两面磨光，一面有三道切割痕迹
T0205⑮	1	透闪石玉	褐色	不规则形	6.3	3.1	1.5	两侧有切割痕迹
T0205⑱	42	蛇纹岩	灰白色	不规则形	4.9	2.7	1.1	一面磨光，一面有"V"字形切痕
T0205⑱	53	蛇纹岩	灰白色	不规则形	3.3	2.2	1.7	两面磨光，一侧有切割痕迹
T0205⑱	54	蛇纹大理岩	灰白色	不规则形	3.5	2.3	0.7	两面磨光，一侧有切割痕迹，在剩余约二分之一处残存断茬
T0303⑦	9	蛇纹大理岩	青灰色	近长方形	10.2	6.2	3.3	一面磨光，磨光面有切割面一处，一侧有四道切割痕迹，在剩余约三分之一处残存断茬
T0303⑭	1	蛇纹大理岩	灰白色	近三角形	5.2	3.9	0.8~1.4	两面磨光，两侧有切割痕迹，在剩余三分之二处残存断茬
T0303⑯	17	蛇纹大理岩	青灰色	近长方形	9.2	4.6	0.8~2.2	两面为切割面，残存断茬，一侧有两道对向切割痕迹，在剩余二分之一处残存断茬
T0304⑥	4	蛇纹岩	青灰色	近三角形	10.5	5.4	1.6	两面有切割面四处，局部有断茬，一侧有两道对向切割痕迹，中部残存断茬
T0304⑫	25	闪长玢岩	灰白色	不规则形	14.8	11.1	8.0	一面有切割面，面上局部残存弧形断茬
T0304⑭	3	大理岩	灰白色	不规则形	5.9	4.6	2.3	一面磨光，一侧有两道对向切割痕迹，在剩余约五分之一处残存断茬
T0304⑯	1	蛇纹岩	灰白色	不规则形	6.0	3.8	2.0	两面磨光，一面有两道切割痕迹，断茬磨光，一侧有两道对向切割痕迹，中部残存断茬
T0305⑬	4	透闪石玉	淡黄绿色	不规则形	4.6	3.2	1.0	表面磨光，一侧有一道切割痕迹，在剩余约三分之一处残存断茬
T0305⑬	18	大理岩	灰白色	近长方形	5.7	3.3~4.2	0.8	一面为切割面
T0305㉒	21	透闪岩	青灰色	不规则形	6.8	2.1	1.0	一面磨光，一面为切割面，断茬磨光，一侧有一道切割痕迹，在剩余约五分之一处残存断茬
T0403⑦	10	透闪石玉	深绿色	不规则形	7.7	2.2	0.7	两面磨光，一侧有一道切割痕迹，在剩余约三分之一处残存断茬
T0403⑭	5	蛇纹透闪大理岩	灰白色	不规则形	8.2	6.2	2.4	一面磨光，侧面有一道切割痕迹
T0403⑮	2	蛇纹岩	白色	不规则形	5.3	3.3	2.2	一面磨光，一面为切割面，一侧有一道切割痕迹，在剩余二分之一处残存断茬
T0403⑯	12	蛇纹大理岩	灰白色	近长方形	4.1	2.8	1.6	一面磨光，一侧有两道对向切割痕迹，在近中部残存断茬
T0403⑳	13	透闪石玉	棕黄色	不规则形	3.6	3.5	0.8~1.3	两面为切割面，一侧有两道对向切割痕迹，在中部残存断茬
T0404⑭	9	蛇纹岩	青灰色	不规则形	7.2	3.6	0.9	两面为切割面，一侧有一道切割痕迹，在剩余约二分之一处残存断茬
T0405⑭	11	滑石岩	灰白色	不规则形	5.9	5.7	1.2	一面磨光，一面为切割面，中部凸起

附表七　海藏遗址出土切割工具登记表

出土单位	编号	岩性	颜色	形状	完残程度	最大长	最大宽	厚	备注
T0203①	2	硅质板岩	黑灰色	近梯形	残	5.2	5.1	0.1~0.3	一侧有刃
T0203③	8	粉砂质板岩	灰褐色	近长方形	残	5.6	3.7	0.4	一侧有刃，两侧有凹槽
T0204⑯	8	粉砂板岩	灰褐色	不规则形	残	5.7	4.7	0.2~0.6	一侧有刃，刃部微凹
T0204⑳	30	粉砂岩	灰黑色	近长方形	残	5.2	2.7	0.1~0.4	一侧有刃，刃部微凹，有使用崩痕
	31	粉砂岩	灰色	近方形	残	3.3	3.3	0.1~0.7	一侧有刃
T0205①	3	石英砂岩	灰褐色	近方形	残	4.3	3.6	0.6	一侧有刃，刃部微凹
	4	石英粉砂岩	灰黑色	近三角形	残	3.4	2.7	0.3	一侧有刃
T0205⑥	8	硅质石英砂岩	青灰色	近长方形	残	8.7	6.0	1.2	一侧有刃，刃部微凹
T0205⑯	1	杂砂岩	灰色	不规则形	残	5.3	4.9	0.6	一侧有刃
	7	石英砂岩	黑灰色	近梯形	残	8.2	6.3	0.6	刃部缺失
T0205⑱	15	粉砂质板岩	灰褐色	不规则形	残	5.6	4.9	0.4	一侧有刃
	41	石英砂岩	灰褐色	不规则形	残	6.4	5.0	0.7	一侧有刃
T0303⑪	5	泥质板岩	黑色	近三角形	残	5.2	4.3	0.6	一侧有刃，一侧有切割痕迹
T0303⑫	5	石英砂岩	灰绿色	近三角形	残	6.0	4.9	0.5	一侧有刃，弧刃
T0303⑯	5	碳质板岩	黑灰色	不规则形	残	3.4	3.3	0.3	一侧有刃，一侧磨光
T0303⑱	7	云母石英砂岩	灰黑色	不规则形	残	7.1	3.9	0.4	一侧有刃，弧刃
T0304⑦	1	杂砂岩	灰色	近方形	残	6.2	4.9	0.5	一侧有刃，刃部微凹
	24	石英砂岩	灰褐色	不规则形	残	8.7	6.1	0.6	一侧有刃，刃部有使用痕迹
	26	硅质板岩	灰黑色	不规则形	残	5.4	3.1	0.6	一侧有刃
T0304⑨	10	石英砂岩	灰褐色	近长方形	残	8.6	4.7	0.3~1.0	一侧有刃
T0305⑥	15	碳质板岩	灰黑色	不规则形	残	5.8	4.1	0.7	一侧有刃，刃部有使用痕迹
T0305⑦	4	石英砂岩	灰白色	不规则形	残	4.5	3.7	0.7	一侧有刃，刃部微凹，刃部有使用痕迹
T0305⑬	16	石英砂岩	灰褐色	不规则形	残	7.2	6.8	0.7	一侧有刃，刃部微凹
	29	板岩	暗绿色	不规则形	残	5.2	4.7	0.5	一侧有刃，刃部崩裂
T0305⑰	6	碳质板岩	灰黑色	近三角形	残	6.1	3.5	0.5	一侧有刃，刃部微凹，有使用痕迹
T0305㉒	22	石英粉砂岩	灰黑色	近三角形	残	5.5	4.7	0.4	一侧有刃，刃部微凹，局部残
T0402⑤	1	石英砂岩	黑色	近长方形	残	2.4	2.2	0.6	一侧有刃
T0404⑫	1	硅质板岩	灰绿色	近长方形	残	5.3	3.8	0.7	一侧有刃
T0404⑬	25	石英砂岩	黑灰色	近方形	残	4.9	4.4	0.7	一侧有刃

续表

出土单位	编号	岩性	颜色	形状	完残程度	最大长	最大宽	厚	备注
T0404⑭	2	石英砂岩	灰褐色	近方形	残	5.5	5.0	0.3	一侧有刃，刃部有使用痕迹
	7	板岩	青灰色	不规则形	残	5.3	3.8	0.2	一侧有刃
	11	粉砂岩	灰褐色	不规则形	残	7.2	6.3	0.3	两侧有刃，一侧直刃，一侧弧刃
T0405⑫	3	碳质板岩	黑色	近三角形	残	4.3	4.0	0.2	一侧有刃，刃部微凹
M11	10	杂砂岩	灰色	不规则形	残	4.4	4.2	0.5	一侧有刃
	13	板岩	黑灰色	不规则形	残	4.6	3.0	0.5	一侧有刃
	15	石英砂岩	灰黑色	不规则形	残	2.9	2.4	0.3	一侧有刃
H7①	4	粉砂岩	灰黑色	近长方形	残	4.5	2.6	0.3	两侧有刃
F1③	2	石英粉砂岩	灰黑色	近三角形	残	3.4	3.1	0.3	一侧有刃
2018C	8	粉砂质板岩	灰褐色	不规则形	残	7.1	5.6	0.3	一侧有刃，刃部微凹

附表八 海藏遗址出土磨石登记表

长度：厘米

出土单位	编号	岩性	颜色	形状	完残程度	最大长	最大宽	厚	备注
T0203③	11	硅质板岩	灰色	近方形	残	7.6	6.9	0.8	两面有磨光面
	12	硅质板岩	灰色	近长方形	残	9.3	7.0	1.3	两面有磨光面
	13	硅质板岩	灰色	近方形	残	9.5	9.3	1.5	两面有磨光面
T0203⑧	2	硅质板岩	灰色	近三角形	残	7.6	6.1	0.9	两面有磨光面，表面有火烧痕迹
	3	硅质板岩	灰色	近长方形	残	8.0	4.3	1.1	两面有磨光面
T0204①	3	粉砂质泥岩	灰黑色	不规则形	残	10.6	7.2	1.8	两面有磨光面，一面局部剥落，一面微凹，一侧磨光
T0204②	1	长石石英砂岩	青灰色	不规则形	残	12.8	8.1	3.5	一面有磨光面，磨光面较粗
	20	粉砂岩	青灰色	不规则形	残	14.2	7.0	0.6	一面有磨光面，有明显火烧痕迹
	21	粉砂岩	青灰色	不规则形	残	15.2	7.8	0.8	一面有磨光面，有明显火烧痕迹
	22	粉砂岩	青灰色	近长方形	残	7.1	4.7	0.9	两面有磨光面，局部有凹窝
	23	粉砂岩	青灰色	不规则形	残	8.5	5.4	1.2	两面有磨光面
	24	泥质粉砂岩	青灰色	不规则形	残	10.9	5.0	1.2	一面有磨光面
	25	粉砂岩	青灰色	近三角形	残	6.6	4.9	1.0	两面有磨光面
T0204④	3	海绿石石英砂岩	青灰色	近方形	残	10.1	8.8	1.7	一面有磨光面，有火烧痕迹，一面不甚平整
	4	石英砂岩	青灰色	不规则形	残	8.9	8.5	1.0	两面有磨光面，局部有火烧痕迹，局部剥落
	5	海绿石石英砂岩	青灰色	近方形	残	7.5	6.8	1.8	两面有磨光面
	6	石英砂岩	青灰色	不规则形	残	9.6	5.8	1.4	两面有磨光面，局部剥落

续表

出土单位	编号	岩性	颜色	形状	完残程度	最大长	最大宽	厚	备注
T0204④	7	泥质粉砂岩	青灰色	不规则形	残	7.6	6.2	0.5	两面有磨光面，一面局部剥落
	8	石英砂岩	青灰色	近长方形	残	7.6	3.2	1.2	两面有磨光面
T0204⑤	1	杂砂岩	青灰色	近长方形	残	9.6	5.6	1.6	一面有磨光面
T0204⑦	1	长石石英砂岩	青灰色	三角形	残	17.5	15.6	3.0	两面有磨光面，一面局部剥落
	2	粉砂岩	青灰色	不规则形	残	11.5	8.5	1.1	一面有磨光面
	3	粉砂岩	青灰色	近方形	残	6.9	6.7	0.9	一面有磨光面
	4	硅质粉砂岩	青灰色	近方形	残	6.2	5.5	1.1	一侧磨光，两面有磨光面
	5	粉砂岩	青灰色	不规则形	残	7.5	4.9	0.7	侧面局部磨光，一面有磨光面
	6	硅质粉砂岩	青灰色	近长方形	残	4.8	3.5	1.0	两面有磨光面
T0204⑨	6	粉砂岩	青灰色	椭圆形	残	10.5	7.1	0.9	两面有磨光面
T0204⑩	5	长石石英砂岩	青灰色	不规则形	残	7.8	5.6	2.7	一面有磨光面
T0204⑯	6	粉砂岩	青灰色	近长方形	残	6.5	4.4	0.8	两面有磨光面
T0204⑱	8	粉砂岩	青灰色	不规则形	残	10.4	7.7	1.1	两面有磨光面
	9	长石石英砂岩	青灰色	近方形	残	7.1	5.6	2.5	一面有磨光面，局部有火烧痕迹
	10	粉砂岩	青灰色	近长方形	残	4.7	3.7	0.8	一面有磨光面，一面剥落
	11	粉砂岩	青灰色	不规则形	残	4.3	4.3	0.5	两面有磨光面，局部剥落
	12	粉砂岩	青灰色	不规则形	残	5.4	3.1	0.4	一面有磨光面，一面剥落
T0204⑳	7	粉砂岩	青灰色	近方形	残	6.3	6.2	1.1	两面有磨光面，一面局部剥落
	10	粉砂岩	青灰色	近方形	残	6.4	6.2	1.0	两面有磨光面，一面局部剥落
	11	粉砂岩	青灰色	不规则形	残	9.4	6.7	0.9	两面有磨光面，一面剥落
	12	粉砂岩	青灰色	近方形	残	6.4	5.8	0.9	两面有磨光面，一面局部剥落
	13	粉砂岩	青灰色	不规则形	残	7.7	7.1	1.2	一面有磨光面，磨光面微凹
	14	粉砂岩	青灰色	近方形	残	7.9	6.7	1.1	一面有磨光面，有火烧痕迹
	16	粉砂岩	青灰色	不规则形	残	6.0	5.3	0.6	一面有磨光面
	17	粉砂岩	青灰色	近三角形	残	5.5	5.5	0.7	两面有磨光面，局部有火烧痕迹
	18	粉砂岩	青灰色	近长方形	残	5.2	3.8	0.4	两面有磨光面
	19	粉砂岩	青灰色	不规则形	残	7.4	3.8	0.4	两面有磨光面
	20	粉砂岩	青灰色	近三角形	残	6.1	5.1	1.0	两面有磨光面，一侧局部磨光
	21	粉砂岩	青灰色	近三角形	残	4.9	4.3	1.3	两面有磨光面
	22	粉砂岩	青灰色	不规则形	残	5.2	4.0	0.6	一面有磨光面
	23	粉砂岩	青灰色	近三角形	残	5.4	5.3	0.9	一面有磨光面
	24	粉砂岩	青灰色	近长方形	残	9.5	6.5	1.0	一面有磨光面，局部有火烧痕迹

续表

出土单位	编号	岩性	颜色	形状	完残程度	最大长	最大宽	厚	备注
T0204⑳	44	碳质粉砂岩	青灰色	不规则形	残	8.1	3.4	0.7	两面有磨光面，局部有火烧痕迹
	59	粉砂岩	青灰色	近三角形	残	11.1	6.9	1.2	两面有磨光面
	60	粉砂岩	青灰色	不规则形	残	10.8	6.0	0.7	两面有磨光面，一面有明显火烧痕迹
	61	粉砂岩	青灰色	不规则形	残	8.2	6.5	0.8	两面有磨光面
	62	粉砂岩	青灰色	近长方形	残	6.5	5.1	0.7	一面有磨光面
T0205①	6	石英砂岩	灰色	不规则形	残	7.9	5.8	2.3	一面有磨光面
T0205②	12	变质石英砂岩	青灰色	不规则形	残	9.9	7.9	1.7	两面有磨光面
	13	粉砂岩	青灰色	不规则形	残	7.6	7.4	1.0	一面有磨光面，一面局部剥落
	14	粉砂岩	青灰色	不规则形	残	7.8	5.8	0.7	两面有磨光面
	15	云母石英岩	灰黑色	不规则形	残	4.8	4.7	0.4	两面有磨光面
	16	粉砂岩	青灰色	不规则形	残	5.9	4.1	0.7	两面有磨光面，一面局部剥落
T0205③	22	硅质板岩	灰黑色	不规则形	残	7.1	4.3	0.9	两面有磨光面
	23	杂砂岩	青灰色	不规则形	残	6.8	5.3	1.8	两面有磨光面，一面有火烧痕迹
	24	硅质板岩	灰黑色	不规则形	残	6.0	4.8	1.1	一面有磨光面，一面局部剥落，有火烧痕迹
T0205④	13	石英砂岩	青灰色	不规则形	残	7.5	5.2	1.3	一面有磨光面，一面局部破裂
T0205⑤	4	细砂岩	青灰色	不规则形	残	9.2	6.3	1.6	一面有磨光面，局部有火烧痕迹
	5	粉砂岩	青灰色	不规则形	残	7.8	6.8	1.1	两面有磨光面，一面局部剥落
T0205⑩	6	杂砂岩	灰褐色	不规则形	残	6.1	5.4	0.7	两面有磨光面
	12	粉砂岩	青灰色	不规则形	残	6.8	3.7	0.7	两面有磨光面
	13	硅质云母砂岩	青灰色	近方形	残	5.0	4.3	1.0	两面有磨光面，局部剥落
	14	硅质粉砂岩	青灰色	不规则形	残	5.5	4.2	0.8	两面有磨光面
	15	粉砂岩	青灰色	不规则形	残	3.9	3.2	0.4	两面有磨光面，一面局部剥落
	19	杂砂岩	青灰色	不规则形	残	4.1	3.7	1.3	一面有磨光面
	22	蛇纹石岩	青灰色	不规则形	残	13.7	6.9	1.2	一面有磨光面，有火烧痕迹
	23	蛇纹石岩	青灰色	近长方形	残	9.8	5.9	1.2	两面有磨光面，一面局部剥落
	24	杂砂岩	青灰色	近菱形	残	9.9	5.9	1.6	两面有磨光面
	25	杂砂岩	青灰色	不规则形	残	6.1	5.4	2.3	两面有磨光面
	26	云母杂砂岩	青灰色	近长方形	残	5.9	4.6	1.0	一面有磨光面
	27	杂砂岩	青灰色	近方形	残	5.1	4.8	1.4	两面有磨光面
	28	泥质粉砂岩	青灰色	不规则形	残	6.4	4.8	1.3	两面有磨光面，一面剥落，有火烧痕迹
	29	蛇纹石岩	青灰色	不规则形	残	6.9	5.2	1.2	一面有磨光面

出土单位	编号	岩性	颜色	形状	完残程度	最大长	最大宽	厚	备注
T0205⑯	3	硅质粉砂岩	青灰色	不规则形	残	6.0	5.8	0.8	一面有磨光面，有火烧痕迹
	4	粉砂岩	青灰色	不规则形	残	7.3	5.8	0.8	一面有磨光面，微凹
	5	粉砂岩	青灰色	不规则形	残	6.2	4.9	1.1	两面有磨光面
	6	泥质粉砂岩	青灰色	不规则形	残	14.6	10.4	1.6	两面有磨光面，局部有火烧痕迹，一面局部剥落
T0205⑰	3	海绿石石英砂岩	青灰色	近长方形	残	7.1	4.5	1.3	两面有磨光面
	7	粉砂岩	青灰色	近方形	残	9.5	6.9	0.9	两面有磨光面，一面局部剥落
	8	海绿石石英砂岩	青灰色	近长方形	残	9.0	6.7	1.3	一面有磨光面，一面局部剥落
	14	长石石英砂岩	红棕色	不规则形	残	10.8	6.9	3.7	一面有磨光面，微凹
	15	杂砂岩	青灰色	不规则形	残	5.4	3.7	1.3	两面有磨光面
	16	杂细砂岩	青灰色	近长方形	残	6.2	5.1	1.4	一面有磨光面
T0205⑱	10	泥质粉砂岩	青灰色	近方形	残	4.9	4.6	0.4	一面有磨光面
	11	泥质粉砂岩	青灰色	不规则形	残	5.5	4.3	1.1	一面有磨光面
	16	长石石英砂岩	青灰色	不规则形	残	7.8	7.6	3.3	两面有磨光面，一面微凹
	17	粉砂岩	青灰色	近长方形	残	7.7	5.4	3.3	一面有磨光面，微凹
T0205⑱	44	粉砂岩	青灰色	近方形	残	6.9	6.2	1.3	两面有磨光面，一面微凹，残存朱砂
	45	石英砂岩	青灰色	不规则形	残	8.7	5.2	2.2	两面有磨光面，一面局部剥落
	46	长石砂岩	青灰色	近三角形	残	7.8	5.3	2.8	两面有磨光面，微凹
	47	粉砂岩	青灰色	近长方形	残	7.0	5.2	1.2	两面有磨光面
	57	长石石英砂岩	青灰色	不规则形	残	8.7	6.2	2.1	一面有磨光面
	79	粉砂岩	青灰色	近长方形	残	6.9	5.1	1.1	一面有磨光面，一面局部剥落
	80	泥质粉砂岩	青灰色	不规则形	残	6.2	5.3	0.7	两面有磨光面
	81	长石石英砂岩	青灰色	不规则形	残	9.0	5.7	2.4	一面有磨光面
	82	泥质粉砂岩	青灰色	近长方形	残	4.9	3.0	1.1	一面有磨光面，局部剥落，有火烧痕迹
	83	粉砂岩	青灰色	不规则形	残	8.0	7.1	0.9	两面有磨光面，一面微凹
	84	泥质粉砂岩	青灰色	近方形	残	6.7	5.9	1.0	一面有磨光面
T0303⑦	15	杂砂岩	青灰色	近方形	残	9.8	8.4	3.2	一面有磨光面，微凹
	16	长石石英砂岩	青灰色	不规则形	残	9.4	7.7	5.0	一面有磨光面
	17	杂砂岩	青灰色	近方形	残	6.8	5.0	4.4	两面有磨光面，微凹
	18	粉砂岩	青灰色	不规则形	残	7.5	5.9	0.9	一面有磨光面

续表

出土单位	编号	岩性	颜色	形状	完残程度	最大长	最大宽	厚	备注
T0303⑧	5	粉砂岩	青灰色	不规则形	残	22.8	16.5	1.6	两面有磨光面，局部有火烧痕迹，局部剥落
	7	长石砂岩	青灰色	不规则形	残	8.9	6.3	4.8	两面有磨光面
	8	长石石英杂砂岩	青灰色	近三角形	残	9.3	7.5	4.4	两面有磨光面，微凹
T0303⑩	1	粉砂岩	青灰色	不规则形	残	9.7	6.8	1.1	两面有磨光面
T0303⑪	12	长石石英杂砂岩	青灰色	近圆形	残	9.2	8.4	3.3	两面有磨光面，微凹
	18	云母片岩	青灰色	近圆角方形	残	10.6	9.2	2.9	两面有磨光面，微凹
	30	杂砂岩	青灰色	不规则形	残	6.8	5.1	1.7	一面有磨光面，微凹
	31	粉砂岩	青灰色	不规则形	残	7.0	5.5	1.4	两面有磨光面
	32	粉砂岩	青灰色	不规则形	残	5.6	3.9	0.7	一面有磨光面
	37	粉砂岩	青灰色	近方形	残	7.6	7.5	1.1	两面有磨光面，一面局部剥落
	38	粉砂岩	青灰色	不规则形	残	7.5	5.3	1.3	一面有磨光面
	40	闪长玢岩	青灰色	近长方形	残	11.1	8.6	3.4	两面有磨光面
T0303⑫	21	硅质岩	青灰色	近长方形	残	10.6	5.2	3.4	一面有磨光面，微凹
	25	粉砂岩	青灰色	不规则形	残	7.8	7.7	0.9	两面有磨光面，局部有火烧痕迹
	26	粉砂岩	青灰色	近方形	残	8.5	7.1	1.0	一面有磨光面
	27	粉砂岩	青灰色	不规则形	残	8.0	6.8	1.4	两面有磨光面，两面有火烧痕迹
	28	杂砂岩	青灰色	不规则形	残	9.1	6.8	2.3	两面有磨光面
	29	粉砂岩	青灰色	近方形	残	5.6	4.4	1.4	两面有磨光面，局部有火烧痕迹，局部残存朱砂
	30	粉砂岩	青灰色	近方形	残	6.5	5.7	2.2	一面有磨光面，局部有火烧痕迹
	31	泥质粉砂岩	青灰色	不规则形	残	5.2	4.2	1.1	一面有磨光面，局部有火烧痕迹
	32	粉砂岩	青灰色	近方形	残	4.8	4.6	0.9	一面有磨光面，微凹
	33	粉砂岩	青灰色	不规则形	残	5.1	4.3	1.4	两面有磨光面
T0303⑯	12	粉砂岩	青灰色	不规则形	残	11.2	9.4	0.8	两面有磨光面
T0303⑰	11	粉砂岩	青灰色	不规则形	残	4.6	3.7	0.4	一面有磨光面，边缘有切割痕迹一道
T0303⑱	1	粉砂岩	青灰色	不规则形	残	9.9	6.8	1.2	一面有磨光面
	2	长石石英砂岩	青灰色	不规则形	残	7.5	6.7	1.7	一面有磨光面，微凹
	3	粉砂岩	青灰色	不规则形	残	7.7	7.5	1.7	一面有磨光面，局部有火烧痕迹
	4	硅质粉砂岩	青灰色	不规则形	残	6.5	4.4	1.3	两面有磨光面，局部剥落
	6	粉砂岩	青灰色	不规则形	残	7.7	4.9	1.1	一面有磨光面
T0303⑲	2	粉砂岩	青灰色	不规则形	残	8.6	7.8	1.3	两面有磨光面，局部剥落

续表

出土单位	编号	岩性	颜色	形状	完残程度	最大长	最大宽	厚	备注
T0304⑤	2	石英砂岩	青灰色	近长方形	残	9.6	5.1	1.0~2.2	两面有磨光面
	5	石英砂岩	青灰色	不规则形	残	8.4	6.6	1.2	两面有磨光面
T0304⑥	7	云母杂砂岩	青灰色	近方形	残	8.4	6.7	1.1	一面有磨光面，一面局部剥落，局部有火烧痕迹
T0304⑦	6	云母石英砂岩	青灰色	圆形	残	5.3	4.8	2.6	残余五分之一，一面有磨光面，局部剥落，近中部有钻孔，双面钻
	33	云母片岩	灰黑色	不规则形	残	7.6	6.2	0.4	两面有磨光面
T0304⑧	19	杂砂岩	青灰色	近方形	残	6.2	5.0	1.7	两面有磨光面，局部剥落
T0304⑨	11	长石石英砂岩	青灰色	不规则形	残	8.6	6.4	1.3	两面有磨光面
	18	石英砂岩	青灰色	近三角形	残	9.1	5.1	2.8	两面有磨光面，一面有凹槽
	20	杂砂岩	青灰色	不规则形	残	6.1	5.1	1.8	一面有磨光面
	21	杂砂岩	青灰色	不规则形	残	6.0	4.8	1.5	两面有磨光面
	22	砂岩	青灰色	不规则形	残	6.2	4.6	1.0	两面有磨光面
	23	粉砂质硅质板岩	青灰色	不规则形	残	7.1	4.1	1.0	两面有磨光面
	24	杂砂岩	青灰色	不规则形	残	13.0	7.5	0.9	一面有磨光面，局部有火烧痕迹，局部剥落
	25	石英砂岩	青灰色	近方形	残	10.0	9.7	2.0	一面有磨光面
T0304⑩	18	石英砂岩	青灰色	不规则形	残	8.0	7.9	1.5	一面有磨光面，局部有火烧痕迹
	19	石英砂岩	青灰色	不规则形	残	6.9	5.9	3.4	两面有磨光面
T0304⑪	26	杂砂岩	青灰色	近长方形	残	7.2	4.5	1.3	两面有磨光面
	27	杂砂岩	青灰色	不规则形	残	7.9	7.6	1.2	两面有磨光面，局部有火烧痕迹
	29	杂砂岩	青灰色	不规则形	残	9.8	6.2	1.3	一面有磨光面
	30	杂砂岩	青灰色	不规则形	残	6.9	6.1	1.1	一面有磨光面
	31	砂岩	青灰色	不规则形	残	7.0	5.6	2.2	一面有磨光面，微凹
	32	杂砂岩	青灰色	近三角形	残	5.6	4.6	1.7	两面有磨光面
	33	杂砂岩	青灰色	不规则形	残	6.2	4.6	0.8	一面有磨光面
	34	杂砂岩	青灰色	不规则形	残	7.0	5.0	0.5	两面有磨光面
	36	辉绿岩	青灰色	不规则形	残	8.9	8.2	4.2	一面有磨光面，微凹
	37	砂岩	青灰色	不规则形	残	10.0	8.0	1.1	一面有磨光面，一面局部剥落
	38	砂岩	青灰色	近方形	残	11.1	10.1	4.2	一面有磨光面
T0304⑫	12	粉砂岩	青灰色	不规则形	残	9.4	7.3	1.1	一面有磨光面
	14	杂砂岩	青灰色	不规则形	残	6.0	3.4	0.9	一面有磨光面，局部剥落
	21	杂砂岩	青灰色	近方形	残	7.4	5.7	2.4	一面有磨光面
	22	粉砂质板岩	青灰色	不规则形	残	6.7	6.2	0.9	一面有磨光面

续表

出土单位	编号	岩性	颜色	形状	完残程度	最大长	最大宽	厚	备注
T0304⑫	23	石英砂岩	青灰色	不规则形	残	8.1	6.8	3.0	一面有磨光面，微凹
	24	石英砂岩	青灰色	不规则形	残	5.4	4.7	3.3	一面有磨光面，一面局部剥落
T0304⑭	8	粉砂质板岩	青灰色	不规则形	残	9.5	7.6	1.1	一面有磨光面
T0305⑥	16	杂砂岩	青灰色	近长方形	残	10.5	6.4	4.3	两面有磨光面
T0305⑨	2	杂砂岩	青灰色	不规则形	残	8.9	6.7	0.9	一面有磨光面
	4	杂砂岩	青灰色	不规则形	残	11.1	6.2	1.7	一面有磨光面，一面微凹
	5	杂砂岩	青灰色	不规则形	残	8.8	5.7	0.6	一面有磨光面
T0305⑩	7	杂砂岩	青灰色	不规则形	残	9.3	4.5	2.9	一面有磨光面，一面微凹
	9	杂砂岩	青灰色	近长方形	残	8.0	5.2	1.4	两面有磨光面，一面微凹
T0305⑬	22	长石石英砂岩	青灰色	不规则形	残	13.0	9.2	5.8	一面有磨光面
	24	杂砂岩	青灰色	不规则形	残	8.3	6.5	3.4	一面有磨光面，微凹
	25	杂砂岩	青灰色	不规则形	残	8.0	5.5	1.4	一面有磨光面
	26	杂砂岩	青灰色	不规则形	残	6.7	6.4	1.9	两面及侧面有磨光面
	27	杂砂岩	青灰色	不规则形	残	5.7	5.7	2.3	两面有磨光面
	28	杂砂岩	青灰色	不规则形	残	4.5	4.5	1.8	两面有磨光面，局部有火烧痕迹
T0305⑭	5	杂砂岩	青灰色	近三角形	残	8.8	8.5	1.4	一面有磨光面，微凹，局部有火烧痕迹
	6	杂砂岩	青灰色	不规则形	残	7.8	5.4	1.0	一面有磨光面
	7	杂砂岩	青灰色	不规则形	残	8.2	6.0	1.1	一面有磨光面，微凹
	8	杂砂岩	青灰色	不规则形	残	5.9	5.6	1.8	两面有磨光面
	9	杂砂岩	青灰色	近梯形	残	3.6	2.4	1.0	两面有磨光面
	10	杂砂岩	青灰色	近梯形	残	3.8	2.9	1.2	两面有磨光面
	11	杂砂岩	青灰色	不规则形	残	4.6	4.2	0.8	一面有磨光面，表面有火烧痕迹
T0305⑮	8	杂砂岩	青灰色	近方形	残	7.1	6.5	1.3	两面有磨光面，一面有火烧痕迹
	9	杂砂岩	青灰色	近方形	残	6.8	5.9	5.0	一面有磨光面，微凹
	10	杂砂岩	青灰色	近三角形	残	12.4	7.1	1.1	两面有磨光面，一面有火烧痕迹
	11	杂砂岩	青灰色	不规则形	残	9.0	8.5	0.9	两面有磨光面，一面微凹，两侧磨光
	12	杂砂岩	青灰色	近长方形	残	7.7	7.4	1.8	一面有磨光面
	13	石英砂岩	青灰色	不规则形	残	6.6	4.3	1.4	一面有磨光面，微凹
	14	杂砂岩	青灰色	近方形	残	4.5	4.2	1.0	一面有磨光面
	15	杂砂岩	青灰色	近方形	残	4.7	3.8	1.5	两面有磨光面
	16	杂砂岩	青灰色	不规则形	残	4.5	4.4	0.9	两面有磨光面
T0305⑯	5	杂砂岩	青灰色	不规则形	残	6.5	6.1	1.1	一面有磨光面

续表

出土单位	编号	岩性	颜色	形状	完残程度	最大长	最大宽	厚	备注
T0305⑯	6	杂砂岩	青灰色	近长方形	残	6.8	5.1	3.2	一面有磨光面
	8	杂砂岩	青灰色	不规则形	残	8.4	6.8	1.0	两面有磨光面
	9	杂砂岩	青灰色	近长方形	残	8.3	6.6	1.2	两面有磨光面
T0305⑰	12	云母杂砂岩	青灰色	不规则形	残	10.0	5.3	1.0	一面有磨光面
	13	杂砂岩	青灰色	近长方形	残	5.7	4.4	1.2	一面有磨光面
	14	杂砂岩	青灰色	近长方形	残	5.2	3.1	0.6	一面有磨光面
T0305⑳	18	杂砂岩	青灰色	不规则形	残	8.8	6.4	0.9	一面有磨光面，局部有火烧痕迹
	19	硅质杂砂岩	青灰色	不规则形	残	9.3	6.2	1.2	两面有磨光面，微凹，局部剥落
	20	石英砂岩	青灰色	不规则形	残	8.3	3.8	3.1	一面有磨光面
	21	长石石英砂岩	青灰色	不规则形	残	13.1	8.4	1.3	一面有磨光面
	22	石英砂岩	青灰色	不规则形	残	8.7	5.7	3.1	一面有磨光面，微凹
T0305㉒	27	杂砂岩	青灰色	不规则形	残	9.0	6.3	1.1	两面有磨光面，局部有火烧痕迹
	28	杂砂岩	青灰色	近方形	残	4.4	4.3	1.2	两面有磨光面，局部有火烧痕迹
	29	杂砂岩	青灰色	近三角形	残	5.9	5.3	1.4	一面有磨光面，微凹，局部有火烧痕迹
	30	杂砂岩	青灰色	不规则形	残	5.5	3.8	1.1	一面有磨光面
	31	石英砂岩	青灰色	不规则形	残	7.3	4.9	2.2	一面有磨光面，微凹
	32	石英砂岩	青灰色	近长方形	残	5.7	4.0	3.2	两面有磨光面，局部有火烧痕迹
T0402③	1	粉砂岩	青灰色	近三角形	残	7.9	6.4	0.8	一面有磨光面
	2	粉砂岩	青灰色	不规则形	残	11.4	9.5	0.7	两面有磨光面
T0403⑤	6	粉砂岩	青灰色	不规则形	残	7.7	3.6	1.2	一面有磨光面，局部有火烧痕迹
T0403⑥	9	石英砂岩	青灰色	不规则形	残	6.2	4.1	1.5	两面有磨光面，一面微凹
	14	杂砂岩	青灰色	不规则形	残	6.3	3.6	1.6	两面有磨光面，一面微凹，有火烧痕迹
T0403⑦	8	石英砂岩	青灰色	近长方形	残	9.6	6.8	2.5~3.5	一面有磨光面
T0403⑨	7	粗粒杂砂岩	青灰色	不规则形	残	10.8	7.1	5.7	一面有磨光面
T0403⑫	2	硅质石英砂岩	青灰色	近长方形	残	6.5	4.5	1.4	两面有磨光面，一面微凹
	3	杂砂岩	青灰色	近三角形	残	7.0	5.8	2.1	一面有磨光面
	4	石英砂岩	青灰色	不规则形	残	6.8	4.3	2.6	两面有磨光面
T0403⑭	6	杂砂岩	青灰色	不规则形	残	9.2	6.2	2.1	一面及一侧有磨光面
	10	杂粉砂岩	青灰色	不规则形	残	8.3	6.0	1.2	两面有磨光面
	11	杂砂岩	青灰色	不规则形	残	7.2	6.7	1.3	一面有磨光面，微凹
	12	杂砂岩	青灰色	不规则形	残	9.2	8.2	3.6~4.2	一面有磨光面

续表

出土单位	编号	岩性	颜色	形状	完残程度	最大长	最大宽	厚	备注
T0403⑲	2	粉砂质板岩	青灰色	近长方形	残	8.6	7.5	1.2	一面有磨光面
	4	粉砂岩	青灰色	不规则形	残	8.9	7.2	0.6	两面有磨光面
	5	石英砂岩	青灰色	不规则形	残	6.2	3.0	0.6	两面有磨光面
T0403⑳	7	石英砂岩	青灰色	不规则形	残	8.7	7.4	3.5	一面有磨光面，微凹
	9	杂砂岩	青灰色	不规则形	残	7.5	5.8	1.5	两面有磨光面
	10	杂砂岩	青灰色	不规则形	残	7.3	4.9	1.3	两面有磨光面
T0404④	7	石英砂岩	青灰色	不规则形	残	9.0	5.0	3.3	一面有磨光面
	8	石英砂岩	青灰色	近三角形	残	8.2	5.6	3.8	两面有磨光面，一面微凹
T0404⑤	1	变粒岩	青灰色	近圆形	残	8.1	6.1	2.5	一面有磨光面，微凹
	9	石英砂岩	青灰色	近三角形	残	7.5	5.7	2.9	一面有磨光面，微凹
	13	砂岩	青灰色	近长方形	残	5.2	2.9	1.2	两面有磨光面，一面微凹
	17	石英砂岩	青灰色	不规则形	残	8.1	5.5	2.7	一面有磨光面
T0404⑥	4	杂砂岩	青灰色	近方形	残	9.8	9.2	2.8	两面有磨光面
	13	砂岩	青灰色	近长方形	残	12.7	8.1	4.1	一面有磨光面，微凹
	17	杂砂岩	青灰色	不规则形	残	9.6	9.2	0.9	一面有磨光面
	18	细粒砂岩	青灰色	不规则形	残	7.6	4.6	1.3	一面有磨光面，一面剥落
T0404⑧	8	砂岩	青灰色	近长方形	残	12.9	7.5	1.8	一面有磨光面，局部有火烧痕迹
	9	杂砂岩	青灰色	近圆形	残	7.1	6.5	1.2	一面有磨光面
	11	杂砂岩	青灰色	不规则形	残	6.1	5.2	1.1	一面有磨光面
T0404⑨	20	砂岩	青灰色	近三角形	残	9.3	7.4	1.4	两面有磨光面，侧面有磨光面
	22	砂岩	青灰色	不规则形	残	8.6	7.2	4.5	一面有磨光面
	23	砂岩	青灰色	不规则形	残	8.8	4.8	4.5	一面有磨光面
	24	杂砂岩	青灰色	不规则形	残	5.2	4.6	2.2	一面有磨光面
	25	杂砂岩	青灰色	不规则形	残	9.0	7.5	2.6	一面有磨光面
	26	杂砂岩	青灰色	近长方形	残	5.1	2.8	2.0	一面有磨光面
	27	杂砂岩	青灰色	近长方形	残	9.6	7.2	3.3	一面有磨光面，微凹
	28	砂岩	青灰色	不规则形	残	10.3	6.6	3.7	一面有磨光面
T0404⑬	20	石英砂岩	青灰色	近半圆形	残	9.0	5.3	2.5	一面有磨光面，微凹，局部有火烧痕迹
T0404⑭	15	细粒砂岩	青灰色	不规则形	残	7.3	4.9	2.2	两面有磨光面
	16	砂岩	青灰色	不规则形	残	10.1	5.7	4.8	两面有磨光面
T0405⑤	2	杂砂岩	青灰色	近长方形	残	8.2	6.1	2.7	一面有磨光面，微凹

续表

出土单位	编号	岩性	颜色	形状	完残程度	最大长	最大宽	厚	备注
T0405⑧	6	板岩	青灰色	近三角形	残	7.2	6.2	0.9	两面有磨光面
	8	长石石英砂岩	青灰色	不规则形	残	8.8	6.1	4.5	一面有磨光面
T0405⑨	5	长石石英砂岩	青灰色	近方形	残	6.2	4.9	2.3	两面有磨光面，一面有磨痕一道
	7	杂砂岩	青灰色	不规则形	残	7.9	5.2	2.3	两面有磨光面，一面微凹
T0405⑩	4	板岩	青灰色	不规则形	残	7.0	5.9	1.2	一面有磨光面
T0405⑫	1	石英砂岩	青灰色	近圆形	残	14.7	12.4	2.5	一面有磨光面，侧面打制规整
	5	石英砂岩	青灰色	近方形	残	4.8	4.6	3.4	两面有磨光面，一面微凹
T0405⑭	15	板岩	青灰色	不规则形	残	6.3	5.8	0.7	一面有磨光面
T0405⑮	7	长石石英砂岩	青灰色	近长方形	残	8.5	6.2	3.2	一面有磨光面，微凹
T0405⑯	19	硅质石英砂岩	青灰色	不规则形	残	8.5	6.1	1.5	两面有磨光面，一面微凹，有火烧痕迹
	21	板岩	青灰色	不规则形	残	7.5	5.8	1.4	两面有磨光面，局部有火烧痕迹
	22	板岩	青灰色	不规则形	残	7.9	5.4	1.1	两面有磨光面
	23	硅质石英砂岩	青灰色	不规则形	残	5.7	4.3	1.1	两面有磨光面，局部有火烧痕迹
	24	长石石英砂岩	青灰色	不规则形	残	7.1	5.4	4.1	一面有磨光面
	30	硅质板岩	青灰色	近方形	残	7.6	7.6	1.3	两面有磨光面，一面微凹
	38	硅质板岩	青灰色	近方形	残	6.8	6.2	1.6	一面有磨光面
M2	24	板岩	青灰色	近三角形	残	5.8	4.5	1.0	一面有磨光面，局部有火烧痕迹
	27	板岩	青灰色	不规则形	残	8.9	6.4	1.2	两面有磨光面，中部有穿孔
	28	板岩	青灰色	近长方形	残	11.4	5.9	1.2	两面有磨光面，局部有火烧痕迹
	29	板岩	青灰色	近三角形	残	6.4	3.1	0.6	两面有磨光面
	30	板岩	青灰色	不规则形	残	10.7	7.2	0.8	两面有磨光面
M11	11	板岩	灰色	不规则形	残	6.0	5.1	0.6	一面有磨光面
	16	板岩	灰色	不规则形	残	5.8	5.3	0.3	两面有磨光面
	17	板岩	灰色	不规则形	残	7.3	7.2	0.6	两面有磨光面
H2	3	长石石英杂砂岩	灰色	近方形	残	6.6	6.3	1.2	一面有磨光面
H13①	18	杂砂岩	灰色	近长方形	残	6.2	4.1	1.1	两面有磨光面
F1①	1	石英砂岩	灰色	不规则形	残	6.2	6.1	0.7	两面有磨光面
	2	砂岩	灰色	不规则形	残	4.3	2.5	0.5	两面有磨光面

附表九　海藏遗址出土石刀（刀坯料）登记表

长度：厘米

出土单位	编号	岩性	颜色	形状	完残程度	钻孔特征	长	宽	孔径	厚	备注
T0204①	1	石英粉砂岩	暗绿色	近长方形	完整	单孔未钻透	11.2	6.2		1.2	刀坯料；器表有打制疤痕，两面局部磨光
T0204②	2	变质石英砂岩	暗绿色	圆角长方形	残存一半	双孔双面钻	5.6	4.9	0.5	0.8	刃部有使用崩痕
	6	硅质板岩	灰色	长方形	残存一半	单孔双面钻	4.3	4.5	0.5	0.5	两面磨光，刃部有崩痕
	7	杂砂岩	灰绿色	长方形	残存一半	单孔双面钻	4.3	6.2	0.5	0.8	两面磨光
	10	粉砂岩	灰黑色	长方形	残存一半	单孔双面钻	4.8	5.3	0.4	0.6	两面磨光
	11	石英砂岩	灰绿色	圆角长方形	完整	单孔双面钻	6.7	5.1	0.4	0.7	背部有打制疤痕，刃部有使用崩痕
	17	杂砂岩	灰褐色	不规则形	残存一半	单孔双面钻	5.2	5.1	0.6	0.8	刀坯料；两面磨光，刃部打制，未磨光
	18	杂砂岩	红色	近长方形	完整	无钻孔	9.8	4.5		0.6	刀坯料；两面局部磨光，背部有打制疤痕，刃部打制，局部磨光
T0204⑪	2	变质粉砂岩	灰黑色	长方形	完整	双孔双面钻	7.5	4.4	0.5	0.7	表面磨光，刃部有崩痕，两孔间距1.5厘米
T0204⑯	9	杂砂岩	灰褐色	不规则形	残存局部	单孔双面钻未钻透	4.6	5.4		0.9	刀坯料；背部残缺，刃部打制未磨光
	10	长石石英砂岩	褐色	圆角长方形	残存一半	单孔双面钻	5.7	5.4	0.3	0.9	一面有打制疤痕，有使用崩痕
T0204⑱	3	杂砂岩	黑色	长方形	残存一半	无钻孔	4.8	4.1		0.9	两面磨光，弧背，刃部有崩痕
	4	硅质板岩	褐色	长方形	残存一半	单孔双面钻	4.6	4.2	0.7	0.9	背部及一侧有明显打制疤痕
T0204⑳	8	石英粉砂岩	灰绿色	长方形	残存一半	单孔双面钻未钻透	4.0	5.4		0.9	两面磨光
	15	长石石英砂岩	灰色	长方形	残存一半	单孔双面钻未钻透	6.2	5.1		0.8	刃部有使用崩痕
	28	杂砂岩	灰黑色	长方形	残存一半	单孔双面钻未钻透	4.8	5.6		1.0	背部及一侧有打制疤痕，刃部打制未磨光
	32	长石石英杂砂岩	褐色	长方形	残存一半	单孔双面钻未钻透	5.1	5.2	0.2	0.7	表面磨光，刃部有使用崩痕
T0205②	4	石英云母片岩	黑灰色	长方形	残存一半	单孔双面钻	7.2	5.4	0.5	0.5	两面磨光
	10	粉砂岩	青灰色	圆角长方形	残存一半	单孔双面钻未钻透	5.7	5.6		0.7	刀坯料；背部和刃部打制成形
T0205④	3	石英砂岩	黑灰色	长方形	残存一半	单孔双面钻	5.0	4.3	0.5	0.3～0.5	两面磨光，局部破裂
T0205⑩	2	硅质板岩	灰褐色	圆角长方形	残存一半	无钻孔	6.4	4.8		0.5～0.6	两面磨光
	7	粉砂岩	黑灰色	长方形	仅存刃部	双孔双面钻一孔未钻透	5.1	2.8	0.5	0.6	两面磨光
T0205⑰	9	杂砂岩	黑灰色	圆角长方形	残存一半	单孔双面钻	5.5	4.9	0.4	1.1	两面磨光，一面有疤痕
T0205⑱	14	变质石英砂岩	黑灰色	长方形	残存一半	单孔双面钻	6.6	4.7	0.5	1.2	刃部打制成形
	25	云母石英砂岩	红褐色	长方形	残存一半	单孔双面钻	5.2	4.5	0.5	0.8	两面磨光

续表

出土单位	编号	岩性	颜色	形状	完残程度	钻孔特征	长	宽	孔径	厚	备注
T0303⑥	1	硅化石英砂岩	青灰色	圆角长方形	完整	无钻孔	12.7	5.9		1.7	刀坯料；整体打制成形，两面及刃部未磨光
T0303⑦	1	变质粉砂岩	灰绿色	圆角长方形	完整	单孔双面钻	8.0	3.8	0.4	0.3~0.7	局部磨光，刃部未磨光
	11	变质石英砂岩	灰色	圆角长方形	完整	无钻孔	8.8	6.2		1.6	刀坯料；整体打制成形，一面为自然面，一面为破裂面，刃部未磨光
	12	石英砂岩	灰白色	长方形	残存一半	单孔双面钻，未钻透	5.4	5.1		0.9	两面磨光，刃部有崩痕
	13	石英砂岩	灰黑色	长方形	残存一半	单孔双面钻	4.2	4.5	0.3	0.7	两面磨光，刃部有崩痕
T0303⑪	17	粉砂岩	暗绿色	近长方形	残存一半	无钻孔	6.6	5.1		0.2~1.2	刀坯料；一面为自然面，一面为打制破裂面，刃部打制，未磨光
	23	变质石英砂岩	青灰色	近圆角长方形	完整	无钻孔	8.5	5.1		0.9	刀坯料；一面为自然面，一面为打制破裂面，刃部打制，未磨光
	27	硅质板岩	黑灰色	长方形	残存一半	无钻孔	4.2	5.5		1.0	两面磨光，弧刃
T0303⑫	10	粉砂质板岩	灰色	长方形	残存一半	单孔双面钻	5.0	5.0	0.5	0.6	两面磨光
T0303⑯	11	长石石英杂砂岩	灰绿色	长方形	仅存局部	单孔双面钻	3.3	3.2		0.6	两面磨光
T0304⑤	1	石英砂岩	灰褐色	近长方形	残存一半	单孔双面钻	5.3	6.0	0.5	0.7	两面磨光
	3	石英粉砂岩	黑灰色	近长方形	完整	单孔双面钻	7.2	3.3	0.5	0.8	两面磨光，局部有打制疤痕
T0304⑦	21	变质石英砂岩	黑灰色	圆角长方形	残存一半	单孔双面钻	5.2	4.2	0.2	0.6	背部微凹，刃部有使用痕迹
	27	变质石英砂岩	青色	近长方形	完整	无钻孔	10.8	8.5		2.2	刀坯料；整体打制成形，刃部打制未磨光
	36	细粒杂砂岩	黑色	近长方形	完整	单孔双面钻	9.0	6.0	0.2	0.6	刃部微凹，局部磨光
T0304⑧	1	云母片岩	红褐色	近长方形	完整	双孔双面钻	7.6	4.8	0.5~0.6	1.0	两面磨光，背部微凹，刃部有崩痕
	3	长石石英砂岩	褐色	圆角长方形	残存一半	单孔双面钻	5.5	4.7	0.5	0.8	两面磨光，背部微凹
	17	碳质板岩	黑色	长方形	残存一半	单孔双面钻	5.7	4.7	0.4	0.5	两面磨光，刃部有使用痕迹
T0304⑨	7	石英云母片岩	灰色	长方形	残存一半	单孔双面钻	4.8	5.6	0.4	0.6	表面粗糙，刃部有使用痕迹
T0304⑩	3	石英砂岩	灰黑色	长方形	残存一半	单孔双面钻	5.3	5.1	0.6	0.5	两面磨光，刃部有使用痕迹
	6	石英砂岩	灰黑色	近长方形	残存一半	单孔双面钻未钻透	5.4	6.5		0.9	
T0304⑪	7	石英粉砂岩	灰色	长方形	残存一半	单孔双面钻	5.0	5.3	0.4	0.6	
T0304⑫	1	变质粉砂岩	黑色	圆角长方形	完整	单孔双面钻	9.0	5.4	0.2	1.0	刃部微凹，有明显的使用痕迹

续表

出土单位	编号	岩性	颜色	形状	完残程度	钻孔特征	长	宽	孔径	厚	备注
T0304⑫	6	长石石英砂岩	灰黑色	圆角长方形	残存一半	单孔双面钻	6.2	5.3	0.6	0.7	表面磨光，背部有缺口，直刃
	17	变质石英砂岩	灰绿色	长方形	残存一半	无钻孔	3.6	4.6		1.0	表面磨制平整，刃部磨光，弧刃
T0305④	2	云母石英砂岩	灰绿色	近长方形	一角残缺	单孔双面钻	8.4	4.8	0.4	0.8~1.2	两面磨制平整，刃部打制，未磨光
	3	长石石英杂砂岩	灰褐色	长方形	残存一半	单孔双面钻	5.3	4.7	0.6	1.2	两面磨光，刃部有使用痕迹
	4	粉砂岩	黑灰色	圆角长方形	一侧残断	无钻孔	10.6	5.6		0.9	整体打制成形，刃部微凹，局部磨光，一侧残断
	6	石英长石杂砂岩	暗绿色	长方形	残存一半	单孔双面钻	5.3	4.8	0.5	0.6	表面磨光，刃部有使用崩痕
T0305⑥	2	石英长石砂岩	暗绿色	圆角长方形	完整	单孔双面钻	9.6	6.2	0.6	1.2	通体磨光，刃部微凹，有使用崩痕
	6	碳质板岩	黑色	长方形	残存局部	单孔双面钻	3.1	4.4	0.5	0.3	表面磨光，两侧有断茬，刃部破裂严重
T0305⑦	3	硅质板岩	灰褐色	长方形	残存一半	单孔双面钻	4.8	5.6	0.3	1.3	通体磨光，刃部有使用崩痕
T0305⑩	1	石英砂岩	灰绿色	近长方形	完整	无钻孔	9.8	6.2		1.2	两面磨光，刃部打制，未磨光
	4	泥质板岩	红色	圆角长方形	残存一半		3.4	4.5		0.5	通体磨光，两侧有刃，一侧刃部微凹
T0305⑫	3	变质粉砂岩	暗绿色	圆角长方形	残存一半	双孔双面钻	7.8	4.7	0.5	0.7	表面磨光，刃部微凹，有使用崩痕
	7	硅质石英砂岩	灰色	圆角长方形	完整	无钻孔	8.9	5.5		1.1	刀坯料：一面有打制破裂面，刃部打制，未磨光
T0305⑬	15	变质石英砂岩	墨绿色	长方形	完整	单孔双面钻	9.5	4.4	0.8	0.8	表面磨光，局部有破裂面，背部微凹，刃部有使用崩痕
T0305⑮	6	硅质砂岩	黑色	近长方形	完整	无钻孔	7.8	5.9		1.2	刀坯料；整体打制成形，刃部微凹，未磨光
T0305⑰	8	杂砂岩	黑褐色	长方形	残存一半	单孔未钻透	4.3	5.0		0.8	两面磨制平整，刃部磨光，微凹，有使用崩痕
	10	变质石英粉砂岩	暗绿色	近长方形	完整	无钻孔	11.1	5.6		1.4	刀坯料；整体打制成形，刃部未磨光
T0305⑳	4	长石石英杂砂岩	灰褐色	长方形	残存一半	单孔双面钻	5.2	5.5	0.3	0.9	通体磨光，刃部微凹，有使用崩痕
	9	杂砂岩	暗绿色	长方形	完整	单孔双面钻	7.5	5.5	0.4	1.5	局部磨光，刃部较薄
	14	变质石英砂岩	灰黑色	不规则形	残存局部	单孔双面钻	7.8	5.7	0.8	0.8	表面未磨光，背部及刃部微凹，刃部磨光，残损严重，仅存局部
	16	长石石英砂岩	灰绿色	长方形	残存一半	单孔未钻透	6.3	6.2		1.1	表面局部磨光，刃部未磨光
T0305㉒	17	粉砂岩	灰黑色	长方形	残存一半	单孔未钻透	4.0	4.0		0.6	通体磨光，刃部微凹，有使用崩痕
	23	石英粉砂岩	灰黑色	近三角形	仅存局部	单孔双面钻	4.2	3.7		0.6	通体磨光，刃部残缺
T0402⑤	2	石英粉砂岩	暗绿色	近长方形	残存一半	无钻孔	6.7	4.3		0.5	通体磨光，弧刃，局部残，有使用崩痕
	3	粉砂岩	灰色	长方形	残存一半	单孔双面钻	3.6	4.2	0.4	0.4	通体磨光，弧刃，刃部有使用痕迹

出土单位	编号	岩性	颜色	形状	完残程度	钻孔特征	长	宽	孔径	厚	备注
T0403⑥	7	泥质板岩	青灰色	圆角长方形	仅存局部		3.4	1.3		0.4	表面有打制疤痕
T0403⑨	5	云母片岩	灰白色	圆角长方形	完整	无钻孔	12.2	5.4		0.8	刀坯料；表面磨制平整，弧刃，未磨光
T0403⑯	7	石英粉砂岩	褐色	长方形	残存一半	单孔双面钻	5.7	4.8	0.6	0.7	通体磨光，背部微凹
T0403⑯	19	硅质板岩	灰黑色	圆角长方形	残存一半	单孔未钻透	5.6	6.6		1.4	表面局部磨光，刃部破裂
T0404⑥	8	碳质板岩	黑色	圆角长方形	残存一半	单孔双面钻	5.0	4.6	0.7	0.6	通体磨光
T0404⑧	2	杂砂岩	暗绿色	近长方形	残存一半	单孔未钻透	4.4	4.9		0.9	通体磨光，刃部有使用崩痕
T0404⑫	2	长石石英砂岩	褐色	圆角长方形	残存一半	单孔双面钻	4.7	5.5	0.6	1.0	通体磨光，弧刃
T0404⑬	14	石英杂砂岩	灰黑色	近长方形	完整	无钻孔	10.0	5.6		1.8	刀坯料；整体打制成形，背部与两侧琢制规整，刃部打制，未磨光
T0404⑬	24	粉砂岩	红色	圆角长方形	残存一半		5.5	5.8		0.7	一面与刃部磨光，刃部微凹，有使用崩痕
T0404⑭	1	石英砂岩	灰黑色	长方形	残存一半	单孔对面钻	5.4	4.5	0.6	0.9	通体磨光，刃部微凹，有使用崩痕
T0404⑭	8	硅质板岩	灰黑色	长方形	残存一半	无钻孔	8.0	5.2		0.8	通体磨光，刃部微凹
T0404⑭	10	石英杂砂岩	黑灰色	长方形	残存一半	无钻孔	9.0	6.1		0.5	刀坯料；整体打制成形，局部磨光
T0405④	1	粉砂岩	暗绿色	近长方形	残存一半	单孔双面钻	4.8	4.9	0.3	0.6	通体磨光
T0405⑤	1	石英杂砂岩	暗红色	近长方形	残存一半	单孔双面钻	5.7	5.4	0.4	0.8	通体磨光，刃部微凹，有使用痕迹
T0405⑦	4	变质石英砂岩	暗绿色	长方形	残存一半	双孔双面钻	7.5	4.8	0.4~0.6	0.8	通体磨光，刃部有使用痕迹
T0405⑫	2	石英杂砂岩	灰绿色	近长方形	残存一半		3.8	4.5		0.8	通体磨光，刃部微凹，有使用痕迹
T0405⑭	7	长石石英杂砂岩	灰褐色	长方形	残存一半		4.9	4.6		0.6	通体磨光，刃部微凹，边缘有穿孔
T0405⑯	4	杂砂岩	灰黑色	圆角长方形	残存一半	单孔双面钻	5.1	5.2	0.6	0.8	通体磨光，刃部微凹
M2	13	细粒杂砂岩	灰褐色	长方形	残存一半	单孔双面钻	4.2	4.7	0.6	0.5	通体磨光
M2	15	石英砂岩	灰黑色	长方形	一侧残缺	单孔双面钻	9.5	5.0	0.6	1.0	通体磨光
M2	25	杂砂岩	灰褐色	长方形	残存一半	无钻孔	4.6	6.3		0.6	通体磨光
H3③	1	细粒石英砂岩	灰绿色	长方形	完整	单孔未钻透	7.4	4.8		0.8	刃部打制
H9	1	石英砂岩	绿色	长方形	残存一半	单孔双面钻	5.4	5.7	0.4	0.7	
F1②	3	石英杂砂岩	灰色	圆角长方形	完整	单孔双面钻	8.9	4.8	0.2	0.7	刃部打制，局部磨光
2018C	3	变质粉砂岩	灰黑色	圆角长方形	完整	单孔双面钻	9.4	5.3	0.5	0.3~0.9	通体磨光，刃部有使用痕迹

续表

出土单位	编号	岩性	颜色	形状	完残程度	钻孔特征	长	宽	孔径	厚	备注
2018C	5	杂砂岩	灰黑色	长方形	残存一半	单孔双面钻	4.7	4.5	0.5	0.7	通体磨光，刃部有使用痕迹
	18	变质石英粉砂岩	灰绿色	圆角长方形	完整	单孔双面钻	9.1	5.9	0.4	0.7	表面局部磨光，弧刃，刃部有使用痕迹
	24	石英砂岩	褐色	圆角长方形	残存一半	单孔双面钻	6.3	4.0	0.4	0.6	表面局部磨光，有打制破裂面，弧背，直刃，刃部磨光
	26	石英杂砂岩	灰色	长方形	残存一半	单孔双面钻	4.7	5.0	0.5	0.7	通体磨光，刃部有使用痕迹

附表一〇　海藏遗址出土石铲（铲坯料）登记表

长度：厘米

出土单位	编号	岩性	颜色	形状	完残程度	长	宽	厚	备注
T0204④	2	蛇纹石大理岩	青灰色	扁平长条形	完整	12.6	6.9	2.2	弧顶，弧刃，刃部有使用痕迹
T0204⑳	27	海绿石石英砂岩	青灰色	近方形	残	6.8	9.2	1.9	铲坯料；两面局部磨光，刃部打制未磨光
T0205②	9	燧石岩	黑色	近方形	残	5.1	6.9	1.5	铲坯料；一面磨光，弧刃，刃部打制成形，未磨光
	11	石英砂岩	灰黑色	舌形	完整	8.8	5.2	2.8	两侧琢制平整，弧刃
T0205③	10	蚀变长石石英砂岩	灰色	舌形	残	7.9	9.7	1.9	铲坯料；刃部打制成形，弧刃，未磨光
T0205⑤	2	弱硅化板岩	灰色	圆角长方形	残	8.5	4.0	0.5	两面局部磨光，刃部磨光
T0205⑥	7	硅质石英砂岩	灰色	近长方形	完整	12.5	7.5	1.6	两侧打制规整，顶部较窄，刃部较宽，弧刃
T0205⑩	5	变质石英砂岩	灰色	近长方形	完整	9.3	5.1	1.2	整体打制成形，有明显使用痕迹
T0205⑰	1	石英砂岩	灰色	长方形	残	10.6	6.6	2.1	整体打制成形，有明显使用痕迹
T0205⑱	43	泥质粉砂岩	灰色	近梯形	残	8.6	9.1	1.4	铲坯料；刃部及侧面打制成形，弧刃，未磨光
	78	硅质石英砂岩	灰色	近长方形	残	9.1	8.3	2.0	铲坯料；刃部及侧面打制成形，弧刃，未磨光
T0303⑥	2	变质石英砂岩	灰色	近方形	完整	7.6	9.2	1.6	铲坯料；刃部打制成形，弧刃，未磨光
T0303⑪	15	变质石英砂岩	灰色	近长方形	完整	9.8	5.8	1.7	铲坯料；两侧及一面局部磨光，刃部打制成形，未磨光
	20	片麻岩	灰色	近方形	残	5.4	7.1	1.6	铲坯料；整体打制成形，刃部较薄，未磨光
	21	变质石英砂岩	灰色	近方形	残存刃部	5.7	7.1	1.4	弧刃
T0303⑫	37	变质石英砂岩	灰色	方形	残	6.7	6.7	0.9	铲坯料；整体打制成形，弧刃，未磨光
T0304⑤	8	石英砂岩	灰白色	舌形	完整	12.7	6.7	1.5	弧刃，刃部有使用痕迹
	9	石英砂岩	灰色	近方形	完整	7.2	6.8	2.3	铲坯料；刃部打制成形，未磨光
T0304⑥	6	杂砂岩	青灰色	近方形	残	9.4	9.7	2.7	铲坯料；整体打制成形，局部磨光，刃部未磨光

续表

出土单位	编号	岩性	颜色	形状	完残程度	长	宽	厚	备注
T0304⑧	4	变质石英砂岩	灰色	长方形	残	8.2	6.4	1.5	铲坯料；刃部打制，弧刃，未磨光
T0304⑨	26	石英砂岩	白色	近方形	残	6.9	7.8	1.8	铲坯料；刃部打制，弧刃，未磨光
T0304⑩	1	变质石英砂岩	青灰色	近长方形	残	12.0	7.0	1.2	刃部磨光
	7	石英砂岩	灰色	近长方形	残	10.8	6.0	1.5	弧刃，两面磨光
T0305⑥	4	硅质石英砂岩	灰色	近长方形	完整	8.8	7.4	1.4	铲坯料；刃部打制，未磨光
	13	石英砂岩	青灰色	近舌形	残	8.7	8.5	2.2	铲坯料；刃部打制，未磨光
T0305⑫	8	长石石英砂岩	青灰色	长方形	完整	15.6	9.7	2.8	整体打制成形，局部磨光
T0305⑬	7	硅质石英砂岩	灰色	长方形	残	5.5	5.4	1.3	两面和刃部磨光
T0305⑭	3	硅质石英砂岩	青色	近长方形	残	9.4	7.1	2.4	铲坯料；刃部打制，未磨光
T0305⑰	11	硅质石英砂岩	青色	近舌形	完整	15.4	7.4	1.4	铲坯料；刃部打制，未磨光
T0305⑳	11	云母石英砂岩	青灰色	扁平长条状	完整	9.1	5.4	0.9	局部剥落严重，弧刃
T0403⑨	6	海绿石英砂岩	青灰色	舌形	残	4.4	7.3	1.5	整体打制成形，刃部局部磨光
T0403⑯	15	硅质石英砂岩	青灰色	长方形	完整	10.6	8.5	2.5	通体磨光
	16	石英砂砾岩	灰色	近方形	完整	8.5	10.2	2.3	刃部有使用痕迹
T0403⑳	2	硅质砂岩	黑灰色	近方形	残	6.1	5.7	1.5	铲坯料；整体打制成形
	5	杂砂岩	灰色	舌形	残	5.1	8.3	1.7	弧刃，局部磨光
T0404⑤	16	片麻岩	青灰色	近方形	完整	8.6	11.0	2.2	铲坯料；刃部打制，未磨光
T0404⑥	5	变质杂砂岩	青灰色	长方形	完整	8.3	4.8	1.2	表面及刃部局部磨光
	14	变质石英砂岩	青灰色	近长方形	完整	12.8	8.7	2.4	铲坯料；刃部打制，未磨光
T0404⑨	29	杂砂岩	青灰色	扁平长条状	完整	13.6	5.0	2.8	表面及刃部局部磨光
T0404⑬	12	石英砂岩	灰色	扁平长条状	完整	12.6	6.4	2.8	弧刃，局部磨光，有使用崩痕
	13	变质石英砂岩	青绿色	近长方形	完整	8.0	6.6	2.6	铲坯料；整体打制成形，刃部磨光
T0404⑭	4	硅质板岩	青绿色	长方形	残	10.4	5.2	1.4	通体磨光
T0404⑯	4	石英砂岩	灰色	近长方形	残	6.6	6.2	1.9	铲坯料；整体打制成形，未磨光
T0405⑭	12	砂岩	青绿色	近长方形	完整	17.8	8.9	3.2	整体打制成形，两侧琢制规整
T0405⑯	34	变质石英砂岩	黑灰色	近长方形	完整	10.1	7.4	2.1	铲坯料；整体打制成形，未磨光
M11	8	蚀变火山岩	青灰色	扁平长条状	完整	12.3	3.8	1.7	表面有打制疤痕
H7①	2	透闪石玉	灰白色	长方形	残	11.3	2.7	0.3	表面磨光

附表一一　海藏遗址出土石斧（斧坯料）登记表

长度：厘米

出土单位	编号	岩性	颜色	形状	完残程度	钻孔特征	长	宽	厚	备注
T0203⑧	1	硅质板岩	青灰色	不规则形	残	无钻孔	6.3	7.2	1.0	斧坯料；两面局部磨光，弧刃，刃部打制，未磨光
T0204②	16	英安岩	灰黑色	梯形	顶部残断	无钻孔	6.3	5.3	2.1	弧刃，刃部双面磨光，有使用崩痕
T0204⑳	53	大理岩	灰色	近长方形	残	无钻孔	5.7	8.6	3.9	通体磨制，顶部断裂，直刃
T0205③	6	蚀变闪长岩	青灰色	近方形	完整	无钻孔	8.7	8.2	3.4	斧坯料；刃部两面打制，未磨光
	7	石英砂岩	青灰色	近梯形	完整	无钻孔	8.5	7.5	3.5	斧坯料；刃部打制，未磨光
T0302①	1	变质石英砂岩	白色	近长方形	顶部残断	无钻孔	10.6	5.4	3.7	刃部打制，局部磨光，有明显使用痕迹
T0302②	1	大理岩	白色	近长方形	顶部残断	无钻孔	6.8	5.7	0.9	通体磨光，双面刃
T0303⑪	19	变质石英砂岩	灰色	近长方形	残	无钻孔	7.9	6.6	1.5	整体打制成形，局部磨光，两侧及刃部打制成形，刃部局部磨光
	22	变质石英砂岩	灰色	近梯形	完整	无钻孔	7.8	5.5	1.4	一面为自然面，一面为打制破裂面，顶部及两侧打制成形，弧刃，未磨光
	24	变质石英砂岩	青灰色	近方形	完整	无钻孔	8.6	7.8	2.3	斧坯料；两侧及刃部打制，刃部未磨光
	26	变质石英砂岩	青灰色	亚腰形	完整	无钻孔	8.2	5.1	1.1	斧坯料；两侧及刃部打制，刃部未磨光
T0303⑰	2	蛇纹大理岩	灰色	梯形	刃部残断	顶部钻孔双面钻	8.7	4.8	1.4	通体磨光，顶部略窄，刃部略宽
	4	变质石英砂岩	灰色	长方形	残	无钻孔	10.2	3.8	1.8	整体打制成形，局部磨光，顶部断裂，刃部磨光，有明显使用痕迹
T0304⑦	2	变质石英砂岩	灰色	近梯形	完整	无钻孔	12.8	8.2	2.0	整体打制成形，局部磨光
T0304⑨	15	玻基玄武岩	灰黑色	近方形	完整	无钻孔	7.8	7.5	2.9	斧坯料；整体打制成形，刃部打制，未磨光
T0304⑩	2	安山玢岩	青灰色	圆角长方形	完整	无钻孔	13.8	5.3	3.6	通体磨光，刃部有使用痕迹
T0304⑪	20	砂岩	青灰色	近方形	完整	无钻孔	9.0	8.2	2.7	斧坯料；刃部打制，未磨光
	24	变质石英砂岩	灰色	近方形	完整	无钻孔	6.8	8.4	2.6	斧坯料；刃部打制，未磨光
T0305④	8	变质石英砂岩	青色	扁平长条状	残	无钻孔	12.6	7.9	3.4	局部磨光，有明显使用崩痕
T0305⑥	1	硅质粉砂岩	青灰色	扁平长条状	残	无钻孔	10.4	6.4	3.1	通体磨光，弧刃，有明显的使用崩痕
T0305⑨	3	变质石英砂岩	青灰色	长方形	完整	无钻孔	10.8	7.9	2.9	斧坯料；刃部打制，未磨光
T0305⑭	1	杂砂岩	青色	近长方形	残	无钻孔	3.9	7.4	1.2	弧刃，有明显使用崩痕
	4	变质石英砂岩	青色	近长方形	残	无钻孔	7.3	7.2	2.3	斧坯料；刃部打制，未磨光
T0305⑳	15	硅质石英砂岩	青色	近长方形	残	无钻孔	10.3	8.6	3.7	斧坯料；刃部打制，未磨光
T0305㉒	25	硅质石英砂岩	青色	扁平长条状	残	无钻孔	6.3	5.9	2.0	局部磨光，顶部较平，刃部残
	26	硅质石英砂岩	青色	扁平长条状	完整	无钻孔	9.5	5.9	1.9	局部磨光，刃部有使用痕迹

续表

出土单位	编号	岩性	颜色	形状	完残程度	钻孔特征	长	宽	厚	备注
T0403⑥	1	蛇纹大理岩	青色	扁平长条状	残	无钻孔	6.8	3.9	1.0	通体磨光，刃部有使用痕迹
T0403⑨	4	变质石英砂岩	青灰色	长方形	残	无钻孔	7.9	5.0	2.1	刃部有使用痕迹
T0403⑭	7	变质石英砂岩	青灰色	扁平长条状	完整	无钻孔	10.3	5.2	2.2	两面磨制平整，弧刃，有使用痕迹
	9	变质石英砂岩	青灰色	扁平长条状	残	无钻孔	7.7	6.8	2.6	仅存刃部局部，弧刃，磨光，有明显使用痕迹
T0403⑳	1	石英砂岩	灰色	近方形	残	无钻孔	9.4	9.7	3.8	斧坯料；弧刃，未磨光，有使用痕迹
T0404⑥	15	变质石英砂岩	灰色	近梯形	完整	无钻孔	11.2	9.1	3.9	斧坯料；刃部打制，未磨光
	16	砂岩	棕色	近方形	完整	无钻孔	9.2	8.3	3.0	斧坯料；刃部打制，未磨光
T0404⑧	10	石英砂岩	棕色	近长方形	完整	无钻孔	11.5	8.6	3.5	斧坯料；刃部打制，未磨光
T0404⑨	19	花岗岩	青灰色	近方形	残	无钻孔	6.7	7.6	2.8	斧坯料；刃部打制，弧刃，未磨光
T0404⑩	10	杂砂岩	青灰色	近长方形		无钻孔	8.2	6.4	3.6	顶部较平，刃部局部磨光，有使用崩痕
	11	砂岩	青灰色	亚腰形	完整	无钻孔	8.8	7.6	3.7	斧坯料；刃部打制，微凹，未磨光
	21	片麻岩	青灰色	近长方形	完整	无钻孔	10.5	8.6	3.2	斧坯料；刃部打制，弧刃，未磨光
	26	片麻岩	青灰色	近梯形	完整	无钻孔	10.9	8.9	3.4	斧坯料；刃部打制，未磨光
T0404⑭	17	变质砂岩	青灰色	近方形	完整	无钻孔	7.4	7.2	2.7	斧坯料；刃部打制，较弧，未磨光
	18	硅质粉砂岩	黑灰色	近方形	完整	无钻孔	7.2	7.3	3.6	斧坯料；刃部打制，未磨光
T0404⑯	3	弱变质粉砂岩	黑灰色		残	无钻孔	10.5	5.6	4.1	通体磨光，顶端残，刃部有打制疤痕
T0405⑮	1	板岩	黑灰色	长方形	残	顶端钻孔双面钻	11.9	4.4	1.2	通体磨光，刃部局部破裂，有使用崩痕
T0405⑯	18	蛇纹石大理岩	青色	近长方形	残	无钻孔	9.4	8.1	2.1	斧坯料；刃部打制，弧刃，未磨光
	31	石英砂岩	青色	近长方形	残	无钻孔	7.8	6.8	1.9	斧坯料；局部有火烧痕迹，刃部打制，未磨光

附表一二　海藏遗址出土石锤登记表

长度：厘米

出土单位	编号	岩性	颜色	形制	完残程度	长	宽	厚	备注
T0203③	14	长石石英砂岩	灰色	柱状长条状	残	8.4	6.0	5.8	底部有砸击痕迹
T0204⑱	5	长石石英砂岩	灰色	长条形柱状	残	8.7	7.1	4.7	底部有砸击痕迹
T0204⑳	64	砂岩	青灰色	长条形柱状	残	10.0	6.7	5.0	底部有砸击痕迹
T0205③	1	闪长玢岩	青灰色	圆饼状	残	10.3	12.6	5.3	一端有砸击痕迹
	9	玄武岩	灰黑色	长条形柱状	完整	11.8	7.6	5.4	底部有砸击痕迹
	11	长石石英砂岩	灰色	扁平长条形	残	9.3	7.1	3.1	底部有砸击痕迹

续表

出土单位	编号	岩性	颜色	形制	完残程度	长	宽	厚	备注
T0205⑩	4	变质石英砂岩	黑色	近三角形	完整	9.5	8.4	4.5	底部有砸击痕迹
	8	变质流纹斑岩	灰色	饼状	完整	11.2	9.7	4.6	底部有砸击痕迹
T0205⑱	48	变质石英砂岩	灰色	亚腰形	完整	8.6	6.5	2.8	底部有砸击痕迹
	77	长石石英砂岩	灰色	长条形柱状	残	12.5	6.9	4.7	底部有砸击痕迹
T0302③	1	石英砂岩	灰色	柱状长条状	残	12.2	7.6	6.6	底部有砸击痕迹
T0303⑦	10	变质石英砂岩	青灰色	柱状长条状	残	22.3	8.8	5.8	一面磨光
	22	蚀变闪长岩	灰色	柱状长条状	残	13.5	6.9	4.7	一侧有打制疤痕
T0303⑪	13	闪长岩	灰色	圆饼状	完整	10.4	8.6	5.3	四周有打制疤痕
	25	闪长玢岩	灰色	柱状长条状	残	10.1	7.5	5.1	底部有砸击痕迹
	39	闪长玢岩	灰色	不规则形	完整	13.9	10.9	5.8	四周有打制疤痕
	41	闪长玢岩	灰色	圆饼状	完整	10.0	8.6	4.3	四周有打制疤痕
T0304⑦	44	硅质石英砂岩	青灰色	柱状长条状	残	7.0	5.5	3.4	一端有砸击痕迹
T0304⑧	18	变质石英砂岩	灰色	柱状长条状	残	9.1	6.4	3.6	局部磨光
T0304⑨	16	变质石英砂岩	青灰色	柱状长条状	残	10.6	5.3	4.7	一端有砸击痕迹
	19	变质石英砂岩	青灰色	柱状长条状	残	10.5	6.0	4.5	一端有砸击痕迹
	27	闪长岩	青灰色	柱状长条状	残	18.8	7.1	5.9	一端有砸击痕迹
	28	石英长石杂砂岩	灰色	柱状长条状	残	9.1	6.3	5.2	一端有砸击痕迹
T0304⑪	19	含砾石英砂岩	青色	圆饼状	完整	10.9	9.6	3.5	一侧有砸击痕迹
	52	石英长石砂岩	灰色	柱状长条状	残	6.5	4.5	3.7	一端有砸击痕迹
T0304⑫	16	杂砂岩	青色	柱状长条状	残	6.8	5.9	4.0	一端有砸击痕迹
	26	硅质石英砂岩	青灰色	柱状长条状	残	5.4	4.1	3.5	一端有砸击痕迹
T0304⑬	8	硅质石英砂岩	青色	柱状长条状	残	6.4	8.3	7.1	
T0304⑭	5	变质石英砂岩	青灰色	柱状长条状	残	14.1	6.3	5.3	一端有砸击痕迹
T0304⑮	4	石英砂岩	青灰色	柱状长条状	残	14.6	6.6	5.2	一端有砸击痕迹
T0305⑬	19	变质石英砂岩	青绿色	圆饼状	完整	12.7	10.6	5.3	四周有打制痕迹
	20	变质石英砂岩	黑灰色	圆饼状	完整	10.2	8.1	4.3	四周有砸击痕迹
T0305⑭	2	长石石英杂砂岩	棕色	扁平长条形	残	9.1	7.5	3.7	底部有砸击痕迹
T0305⑱	4	硅质石英砂岩	灰色	柱状长条状	残	9.0	6.2	5.4	一端有砸击痕迹

续表

出土单位	编号	岩性	颜色	形制	完残程度	长	宽	厚	备注
T0403⑥	15	细粒闪长岩	青灰色	柱状长条状	完整	16.0	8.7	8.2	两端有砸击痕迹
T0403⑧	2	闪长岩	灰色	柱状长条状	残	9.4	7.6	6.3	一端有砸击痕迹
T0403⑳	4	杂砂岩	青灰色	柱状长条状	完整	10.7	6.2	6.6	一端有砸击痕迹
	11	蛇纹石大理岩	青绿色	柱状长条状	残	14.9	6.5	5.2	一端有砸击痕迹
	12	砂砾岩	青色	柱状长条状	残	9.9	5.7	5.0	两端有砸击痕迹
T0404④	6	变质石英砂岩	灰色	圆饼状	残	12.3	9.3	6.4	四周有打制疤痕和砸击痕迹
T0404⑨	31	变质砂岩	青绿色	柱状长条状	完整	11.0	5.9	3.7	两端有砸击痕迹
	32	长石石英砂岩	灰色	不规则形	完整	11.8	6.8	5.9	一面有砸击痕迹
	33	闪长玢岩	棕色	柱状长条状	完整	12.2	9.7	5.3	一端有砸击痕迹
T0404⑫	8	变质石英砂岩	青灰色	圆饼状	完整	12.0~13.3		5.3	一端有砸击痕迹
	9	变粒岩	青灰色	圆饼状	完整	12.1~13.4		5.3	侧面有打制疤痕和砸击痕迹
T0404⑬	16	变质石英砂岩	黑灰色	圆角长方状	完整	8.7	6.8	4.5	通体磨光，两端有砸击凹窝，中间穿孔，对面钻，一端有切割痕迹
	19	片麻岩	黑灰色	扁平长条状	完整	11.3	6.3	4.0	一端有砸击痕迹
	22	变质石英砂岩	灰色	柱状长条状	完整	14.1	8.2	5.9	一端有砸击痕迹
	27	闪长岩	灰色	柱状长条状	完整	9.5	7.0	6.3	一端有砸击痕迹
	28	砂岩	青灰色	柱状长条状	残	10.6	6.1	4.4	一端有砸击痕迹
T0405⑭	14	石英砂岩	青灰色	柱状长条状	完整	13.3	4.7	4.6	两端有砸击痕迹
T0405⑯	40	硅质石英砂岩	青色	柱状长条状	完整	9.6	5.3	4.4	一端有砸击痕迹
H13①	17	粉砂岩	灰色	柱状长条状	完整	14.0	6.2	4.1	两端有砸击痕迹

附表一三　海藏遗址出土其他玉石器登记表

长度：厘米

出土单位	编号	器形	岩性	颜色	形状	完残程度	长	宽	厚	备注
T0203①	3	纺轮	大理岩	灰白色	圆形	残存二分之一	直径5.5	孔径0.8~0.9	0.6	通体磨光
T0203③	4	环	变质石英砂岩	黑色	圆形	残	外径7.5	内径6.2		通体磨光
	9	片	大理岩	白色	不规则形	完整	3.4	3.1	0.9	一面有剥片疤痕
	15	刮削器	玉髓质	黄褐色	不规则形	完整	3.1	3.5	0.8	
T0204⑩	2	凿形器	粉砂岩	黑灰色	长方形	完整	5.2	1.0	0.9	通体磨光，两端有凹槽
T0204⑰	8	研磨器	石英砂岩	灰黑色	圆柱状		5.7	1.7~1.9		顶部断裂，一端有研磨磨光面
	10	镞	硅质岩	白色	三角形		2.5	1.7	0.2	

续表

出土单位	编号	器形	岩性	颜色	形状	完残程度	长	宽	厚	备注
T0204⑳	26	凿	海绿石石英砂岩	青灰色	长方形	残	14.5	4.9	2.2	两面磨制，一端有使用痕迹
	40	纺轮	滑石岩	灰绿色	圆形	残余约三分之一	直径3.6	孔径0.5	0.7	通体磨光，中间钻孔，单面钻
T0205③	8	砧	长石石英砂岩	灰色	近方形	残	9.4	9.2	4.5	表面有砸击凹窝
	21	砧	长石石英砂岩	灰色	近圆形	残	19.9	16.8	4.2	表面有砸击凹窝
	25	砧	长石石英砂岩	灰色	近方形	残	10.5	9.1	4.0	表面有砸击凹窝
T0205⑥	6	刮削器	燧石岩	灰黑色	不规则形	完整	3.6	2.3	1.1	
T0205④	2	残片	绿松石	绿色	不规则形	残	0.8	0.5	0.5	
	4	凿	变质砂岩	黑灰色	近长方形	残	9.8	3.8	1.5	一面磨光，顶端和底端有使用痕迹
T0205⑰	11	串饰	绿松石	绿色	扁圆形	完整	0.6	直径0.8	孔径0.2	
	17	砧	长石石英砂岩	灰色	半圆形	残	16.2	8.3	3.5	表面有砸击凹窝
	18	残片	绿松石	绿色	不规则形	残	0.5	0.4	0.2	
	19	残片	绿松石	绿色	不规则形	残	0.5	0.4	0.2	
	20	残片	绿松石	绿色	不规则形	残	0.5	0.3	0.2	
T0205⑱	23	纺轮	大理岩	灰白色	圆形	残余二分之一	直径4.8	孔径0.6	0.7	通体磨光，中间钻孔，单面钻，表面保留一道切割痕迹
	26	凿形器	透闪石玉	白色	棱柱状	残	6.8	1.3	1.0	三面磨光，一面为破裂面，两端为斜面刃
	30	串珠	滑石	白色	圆形	完整	直径0.4	孔径0.2	0.2	通体磨光，中部穿孔
	35	纺轮	梳状方解石	黑色	圆形	残	直径6.0	孔径0.6~0.8	0.7	通体磨光，中间钻孔，双面钻
	61	纺轮	大理岩	青灰色	圆形	残存边缘	直径4.2		0.6	通体磨光
T0303⑦	24	砧	变质长石石英砂岩	青色	不规则形	残	9.6	7.7	2.4	一面有砸击凹窝
	25	砧	硅质石英砂岩	青色	近椭圆形	残	13.1	8.5	3.5	一面有砸击凹窝
T0303⑧	3	穿孔器	麻粒岩	黑灰色	近长方形	残	6.6	2.7	2.4	一侧磨光
	6	砧	长石石英砂岩	灰色	近圆形	残	16.0	12.6	3.3	一面有砸击凹窝
T0303⑪	11	锛	硅质岩	黑色	不规则形	仅存刃部局部	2.1	1.4	0.6	表面磨光，单面刃
T0303⑫	20	饼状器	石英砂岩	灰色	近圆形	完整	直径5.8		1.9	局部磨光
T0303⑯	7	串饰	绿松石	绿色	方形	完整	0.6	0.3	0.3	通体磨光，中间穿孔
	13	镞	玉髓	黄色	三角形	完整	2.1	1.8	0.2	有后锋，刃部两面压制修理而成
	21	饼状器	大理岩	黄色	圆形	完整	直径5.4		1.0	一面磨光，一面为风蚀面
T0303⑱	5	饼状器	粉砂岩	灰色	圆形	完整	直径3.7		0.6	两面磨光
T0303⑳	2	串饰	绿松石	绿色	片状	完整	0.9	0.7	0.3	通体磨光，中间穿孔

出土单位	编号	器形	岩性	颜色	形状	完残程度	长	宽	厚	备注
T0304⑥	3	臼	角砾砂岩	灰色	近方形	完整	12.8	11.2	6.0	底部较平，顶中部有臼窝，口部呈圆形
T0304⑦	22	凿	玻基玄武岩	黑色	扁平长条状	残	7.9	2.4	1.3	通体磨光，一面破裂
T0304⑧	12	凿形器	泥质板岩	黑色	长条形柱状	残	5.1	1.1	0.9	通体磨光，一端有斜刃
	13	纺轮	杂砂岩	青灰色	圆饼状	残余二分之一	直径5.3		0.6	通体磨光，中部穿孔，对面钻
T0304⑨	29	砧	长石石英砂岩	青灰色	近圆形	残存一半	19.5	12.0	4.3	一面有砸击凹窝
	12	纺轮	石英砂岩	灰黑色	圆饼状	残余四分之一	直径11.0		1.4	通体磨光，一面有火烧痕迹
T0304⑪	21	盘状器	变质砂岩	青灰色	圆饼状	完整	10.6	9.6	3.4	沿周边打制刃部，有打制疤痕
T0304⑬	7	砧	长石石英砂岩	灰色	近圆形	仅存局部	12.6	8.9	3.2	两面较平，面上有砸击凹窝
T0304⑭	4	盘状器	变质石英砂岩	青灰色	圆饼状	完整	12.5	11.5	3.5	沿周边打制刃部，有打制疤痕
	6	盘状器	变质石英砂岩	青灰色	圆饼状	完整	11.3	10.5	5.3	沿周边打制刃部，有打制疤痕
T0304⑮	1	砧	石英砂岩	灰色	不规则形	仅存局部	14.3	12.4	5.5	两面较平，面上有砸击凹窝
	2	盘状器	石英砂岩	黄色	圆饼状	完整	11.5	10.5	4.9	沿周边打制刃部，有打制疤痕
	5	砧	细粒闪长岩	青灰色	近圆形	残	18.1	10.3	3.7	一面有砸击凹窝
T0305⑩	3	磨制工具	杂砂岩	灰黑色	近长方形	残	6.8	4.7	1.2	中部穿孔，对面钻
	5	研磨器	硅质砂岩	灰色	近三角形	残	8.8	6.2	2.7	通体磨光，研磨端局部残存少量红色颜料
T0305⑫	6	砧	石英砂岩	青灰色	圆形	仅存局部	12.2	10.3	4.8	两面较平，面上有砸击凹窝
T0305⑬	21	凿	安山玢岩	黑色	柱状长条状	残	14.3	4.3	3.8	通体磨光，顶部有砸击痕迹，刃部破裂
T0305㉑	18	权杖头	珊瑚化石灰岩	红色	梨形	残余二分之一	直径6.4	孔径1.5~1.8	4.2	通体磨光，中部钻孔，双面钻，孔壁光滑
T0402④	3	纺轮	大理岩	白色	圆饼状	二分之一	直径6.2~6.3	孔径0.7~1.1	0.8	通体磨光
T0403⑦	2	砧	杂砂岩	青色	近圆形	残	9.5	8.3	3.4	两面较平，两面有砸击凹窝
T0403⑨	8	盘状器	石英砂岩	青色	不规则形	完整	12.7	9.9	3.3	一侧较平，为手握，其他侧面有打制疤痕
T0403⑲	1	研磨器	硅质石英砂岩	青灰色	柱状长条状	残	13.9	6.0	6.0	底端有明显的研磨磨光面
T0403⑯	13	盘状器	石英砂岩	青色	不规则形	完整	9.1	7.9	3.0	一侧较平，为手握，其他侧面有打制疤痕
	20	砧	硅质石英砂岩	青色	不规则形	残	16.5	11.5	3.6	两面较平，一面有砸击凹窝
T0403⑳	3	盘状器	云母片岩	青色	近圆形	完整	16.8	16.2	4.4	一侧较平，为手握，四周侧面有打制疤痕
	8	砧	石英砂岩	青色	不规则形	残	8.0	7.4	3.6	两面较平，两面有砸击凹窝
T0404④	2	纺轮	蛇纹大理岩	灰白色	圆形	残余二分之一	5.0	1.0	1.0	通体磨光，中间钻孔，单面钻

出土单位	编号	器形	岩性	颜色	形状	完残程度	长	宽	厚	备注
T0404⑤	7	凿	硅质岩	黑色	长方形	完整	8.6	2.7	2.1	两面磨光，两侧琢制平整，顶端较平，刃部微凹
	11	刮削器	玉髓	黄棕色	不规则形	完整	1.5	1.4	0.5	
	15	盘状器	片麻岩	青灰色	近圆形	完整	14.3	11.2	3.5	两面较平，一侧较平，为手握，其他侧面打制成刃部
T0404⑦	7	纺轮	蛇纹大理岩	灰白色	圆形	完整	4.6	0.5	1.1	璧芯改制，中间钻孔，双面钻
T0404⑧	16	砧	绿泥石化闪长岩	青灰色	圆形	完整	18.2	16.1	6.8	两面较平，面上有砸击凹窝
	17	砧	闪长玢岩	青灰色	圆形	残存局部	11.9	11.6	4.0	两面较平，面上有砸击凹窝
T0404⑫	4	锛	蛇纹岩	灰白色	长方形	仅存刃部	3.3	4.6	1.4	通体磨光，单面刃，弧刃，刃部有明显的使用崩痕
T0404⑬	15	研磨器	变质石英砂岩	青灰色	柱状长条形	完整	14.2	3.6	3.5	一端有研磨磨光面
	18	砧	石英砂岩	青灰色	圆形	残存局部	9.8	8.8	3.4	两面较平，面上有砸击凹窝
T0404⑭	6	纺轮	滑石岩	灰白色	圆形	残余二分之一	4.0	0.9	0.7	通体磨光，中间钻孔，单面钻
	14	研磨器	变质石英砂岩	青绿色	柱状长条形	残	4.7	6.7	3.1	一端有研磨磨光面
	20	研磨器	长石石英砂岩	灰色	柱状长条形	完整	10.4	4.8	4.1	一端有研磨磨光面
T0404⑯	1	凿	弱变质粉砂岩	黑色	长方形	残	7.4	2.5	1.2	通体磨光，顶部残，刃部有明显使用崩痕
T0405⑧	3	凿形器	蛇纹石玉	灰白色	长条形	残	6.3	1.5	1.0	一侧有切割痕迹，顶部残
T0405⑭	9	尖状器	碳质板岩	黑色	三棱状	一端残	7.5	2.7	1.0	一面局部磨光
	13	球	大理岩	白色	球形	完整	直径5.2~5.3			通体磨光
T0405⑯	1	凿	板岩	黑灰色	扁平长条形	完整	10.8	2.6	2.2	刃部有使用崩痕
	10	片饰	绿松石	绿色	长方形	残	0.7	0.4	0.1	
	14	片饰	绿松石	绿色	不规则形	残	0.5	0.3	0.1	
	15	片饰	绿松石	绿色	不规则形	残	0.5	0.3	0.1	
	16	凿	硅质石英砂岩	棕色	扁平长条形	完整	12.3	4.8	2.5	刃部残
	20	砧	石英砂岩	灰色	近圆形	残	10.0	11.4	3.3	残存一半
	28	砧	砂岩	灰色	近圆形	完整	12.7	13.9	3.1	
	29	砧	长石石英砂岩	灰色	近圆形	残	9.5	6.9	2.7	残存局部
	32	盘状器	杂砂岩砾石	青灰色	饼状	完整	12.1	12.0	5.2	两面较平，四周刃部打制
	33	盘状器	杂砂岩砾石	青灰色	饼状	完整	9.4	9.3	3.6	两面较平，四周刃部打制
	36	盘状器	变质石英砂岩	青灰色	饼状	完整	9.3	7.3	4.1	两面较平，一侧较平，为手握
M3	12	串珠	绿松石	绿色	圆柱状	完整	0.5	直径0.5	0.1	
M6	9	片饰	绿松石	绿色	不规则形	残	0.6	0.6	0.1	

出土单位	编号	器形	岩性	颜色	形状	完残程度	长	宽	厚	备注
M6	12	片饰	绿松石	绿色	不规则形	残	0.5	0.3	0.1	
	13	片饰	绿松石	绿色	不规则形	残	0.3	0.3	0.2	
	14	片饰	绿松石	绿色	不规则形	残	0.4	0.2	0.1	
	15	片饰	绿松石	绿色	不规则形	残	0.3	0.2	0.1	
M9	1	串珠	绿松石	绿色	扁平状	完整	0.5	0.6	0.1	中部穿孔，对面钻
M12	11	串珠	绿松石	绿色	扁圆形	完整	0.7	0.6	0.2	中部穿孔，对面钻
	16	串珠	绿松石	绿色	扁圆形	完整	0.8	0.4	0.3	中部穿孔，对面钻
H7①	3	镞	玉髓	青灰色	三角形	完整	2.2	1.7	0.3	刃部两面压制修理，无后锋
H11	1	纺轮	硅质板岩	黑灰色	圆形	残余二分之一	6.3	0.8	0.7	通体磨光，中部穿孔，单面钻
H13①	1	凿	硅质岩	黑灰色	扁平长条状	两端残	4.5	3.5	1.3	通体磨光
	5	串饰	硅质岩	黑色	圆形	完整	直径0.5	孔径0.2	0.1	通体磨光，中心钻孔
	10	细叶	玛瑙质	红色	长方形	残	1.8	1.0	0.3	
	11	串饰	硅质岩	黑色	圆形	完整	直径0.4	孔径0.2	0.2	表面磨光，中心钻孔
	12	串饰	硅质岩	黑色	圆形	完整	直径0.4	孔径0.2	0.1	表面磨光，中心钻孔
JS1	1	串珠	绿松石	绿色	柱状	完整	0.9	0.6	0.5	中部穿孔，对面钻
	2	串珠	绿松石	绿色	柱状	完整	1.0	0.8	0.5	中部穿孔，对面钻
T0103地层C	1	玉锛	透闪石玉	棕黄色	长方形	完整	8.1	4.7	0.6	通体磨光，刃部单面磨制，顶端略弧

附表一四　海藏遗址出土骨（角、牙、蚌）器登记表

长度：厘米

出土单位	编号	器形	材质	完残程度	长	宽／直径	厚	备注
T0203①	5	骨柄石刀	骨	残	10.4	1.1~2.1	0.5	一侧有"V"凹槽
T0203②	2	锥	骨	顶端残	8.9	1.4	0.5	
	3	锥	骨	顶端残	11.0	1.3	0.4	
T0203③	3	锥	骨	完整	10.3	1.3	0.5	
T0204②	9	片饰	骨	完整	6.6	1.6	0.2	
T0204⑳	41	笄	骨	顶端残	7.1	0.7	0.2	
	42	针	骨	两端残	2.1	0.2		
	43	锥	骨	尖残	3.7	0.4~1.1		
	54	针	骨	两端残	2.5	0.2		
	55	锥	骨	两端残	4.7	0.3		
	56	针	骨	顶端残	4.4	0.2~0.3		
	57	针	骨	顶端残	2.1	0.1~0.2		
	58	针	骨	两端残	2.7	0.2		

续表

出土单位	编号	器形	材质	完残程度	长	宽／直径	厚	备注
T0205④	5	锯	骨	两端残	9.4	2.1	0.2~0.7	
	6	片饰	骨	残	10.8	2.8	0.5	
T0205⑤	3	锥	骨	一端残	7.5	0.8	0.5	
T0205⑩	3	锯	骨	一端残	19.4	5.0	0.2~1.6	
T0205⑰	13	锥	骨	完整	6.2	1.6	0.4	
T0205⑱	2	镞	骨	锋残	8.3	0.4~1.1		
	12	镞	骨	完整	4.5	0.2~1.3		
	20	锥	骨	一端残	2.4	0.4	0.3	
	27	针	骨	顶端残	5.1	0.2~0.4		
	28	锥	骨	完整	6.9	0.8	0.4	
	29	片饰	骨	完整	2.6	1.2	0.2	
	37	珠	骨	完整		0.6	0.2	
	38	锥	骨	顶端残	4.0	0.7	0.4	
	58	片饰	骨	完整	1.6	1.0	0.2	
	64	针	骨	顶端残	4.5	0.2		
	65	针	骨	顶端残	3.5	0.2		
	66	针	骨	顶端残	3.2	0.2		
	67	针	骨	顶端残	2.3	0.2		
	68	针	骨	顶端残	3.0	0.2		
	69	针	骨	两端残	3.0	0.2		
	70	针	骨	两端残	3.9	0.2		
	71	针	骨	两端残	2.7	0.2		
	72	针	骨	两端残	2.7	0.2		
	73	针	骨	两端残	2.5	0.2		
	74	针	骨	顶端残	2.5	0.2		
	75	针	骨	顶端残	2.5	0.2		
	76	针	骨	顶端残	3.8	0.2		通体磨光，残存针孔
T0303⑧	2	锥	骨	完整	8.8	1.1	0.3	
T0303⑪	8	镞	骨	残	3.2	0.7		无铤无后锋，尾端有圆孔
T0303⑫	1	角锥	角	完整	8.2	1.1		两端有锥尖
	15	锥	骨	残	4.5	1.4	0.2~0.4	
	16	镞	骨	完整	3.2	1.2		无铤无后锋，尾端有圆孔
	23	锯	骨	一端残	12.1	4.5	0.4~2.0	
T0303⑯	16	角锥	角	完整	6.4	1.6		一端有锥尖
T0304⑥	2	匕	骨	残	3.3	0.9~1.4	0.2	仅存柄部

出土单位	编号	器形	材质	完残程度	长	宽／直径	厚	备注
T0304⑦	39	牙片饰	牙	完整	1.7	0.7~0.8	0.2	
	40	匕	骨	完整	5.5	2.0	0.2	
T0304⑨	8	锥	骨	完整	9.5	1.5	0.3~0.9	
T0304⑩	5	锥	骨	完整	9.0	1.6	0.3	
	10	角锥	角	残	5.5	0.8		
	11	锥	骨	完整	9.6	1.8	0.3	
	12	锥	骨	完整	8.6	1.7	0.4	
T0304⑪	6	锥	骨	完整	8.6	2.1	0.4	
	10	镞	骨	完整	4.1	1.2		无铤无后锋，尾端有圆孔
	16	镞	骨	完整	6.6	0.9		有铤
T0305⑪	4	牙片饰	牙	完整	2.2	1.3	0.2	
T0305㉒	20	锥	骨	残	6.5	1.4	0.4	
T0403⑤	4	蚌饰	蚌壳	完整		1.5	0.1	
T0403⑥	10	锯	骨	残	11.2	2.3	0.9	
	11	锯	骨	残	12.2	2.5	1.2	
	12	片	骨	完整	8.8	3.4	0.4	
	13	锯	骨	残	15.2	3.1	0.7	
T0403⑦	9	凿	骨	完整	10.3	1.8~3.0	0.6	
T0403⑯	17	牙器	牙	两端残	5.5	2.4	0.6	
T0404⑥	3	匕	骨	一端残	5.4	1.8	0.3	
	19	铲	骨	刃部及顶部残	15.2	2.6~6.4	1.9	
T0404⑧	6	锯	骨	一端残	9.8	2.7	0.3~0.7	
T0404⑨	18	锥	骨	完整	13.0	2.5	0.3	
	30	锯	骨	一端残	9.5	2.0	0.2~1.5	
T0404⑩	9	凿	骨	刃残	5.5	2.0~3.0	0.5	
T0405⑨	4	铲	骨	完整	8.7	1.0~2.4	0.6	
T0405⑮	15	锥	骨	尖部残	5.8	0.4		
T0405⑯	6	匕	骨	残	5.5	2.2	0.2~0.5	
	9	镞	骨	完整	2.4	1.2	1.2	无铤有后锋，尾端有圆孔
	11	蚌饰	蚌	残	1.5	1.0	0.2	
M1	9	匕	骨	完整	19.7	1.2~3.0	0.6	一面有凹槽
M2	16	匕	骨	残	6.8	1.3~1.8	0.2	两侧有刻槽，一面有刻划"X"纹
M12	7	臂钏	骨	残	外径8.5 内径7.3	高4.3	0.4~0.6	器表涂有朱砂
	17	臂钏	骨	残	外径10.8 内径8.9	高2.5~2.7	0.6~0.7	

续表

出土单位	编号	器形	材质	完残程度	长	宽／直径	厚	备注
M12	18	臂钏	骨	残	外径9.6 内径8.5	高2.1	0.5~0.6	
	19	臂钏	骨	残	外径8.4 内径7.0	高2.4	0.5~0.6	
H10	3	锥	骨	完整	8.0	0.5	0.3	
H13①	6	针	骨	顶端残	2.8	0.2		
	7	蚌饰	蚌	残	1.8	1.8	0.1	两端有穿孔
	13	针	骨	顶端残	1.8	0.2		
	14	针	骨	两端残	2.3	0.2		
	15	针	骨	两端残	1.5	0.1		
	16	蚌饰	蚌	残	1.6	1.2	0.1	两端有穿孔
JS1	3	镞	骨	完整	3.2	1.4	1.0	尾端有孔
	4	饼形器	骨	完整		1.8~2.0	0.5	中部穿孔
	6	镞	骨	完整	2.4	0.8	0.8	尾端有孔
	7	镞	骨	完整	2.5	1.3	0.8	尾端有孔
2018C	12	针	骨	顶端残	5.3	0.2		
	15	饼形器	骨	残存一半		5.1	0.2	器身有穿孔四个

附表一五　海藏遗址出土铜器登记表

长度：厘米

出土单位	编号	器形	完残程度	长	宽／直径	厚／断面直径	备注
T0204④	1	刀	完整	12.7	1.2~2.4	0.2	
T0204⑪	3	锥	顶残	4.4	0.4		
T0204⑲	3	环	完整		2.7~2.8 1.3~1.4	0.2~0.3	两环相扣
T0205④	15	镯	完整		4.6~6.6	0.4	
	14	刀	柄部和尖部残	14.0	1.3~2.8	0.2~0.4	
T0205⑱	7	铜器	锈蚀严重	0.7	0.6	0.5	
T0302⑥	1	锥	完整	7.8	0.4	0.3~0.5	
T0304⑩	15	片	残，锈蚀严重	5.3	3.8	0.3	
T0305⑥	11	锥	顶端残	4.6	0.8		
T0305⑳	5	环	残	3.0	4.7	0.6	仅存一段
T0403⑯	18	铜器	锈蚀严重	2.5	1.3	0.8	
T0404⑥	12	锥	残	2.0	0.3		锥身部分残
T0405⑮	9	凿形器	一端残	4.4	0.5~1.0		一端残
M11	9	锥	完整	4.7	0.3		

附录一 海藏遗址1983~1985年出土玉石器

1983~1985 年武威海藏公园修建人工湖时，在距地表 2 米深的湖底及海藏寺东侧海藏河岸陆续出土了一批玉石器、骨器、陶器和铜器。根据出土的大量的玉石璧及加工工具和半成品，梁晓英和刘茂德在《中国文物报》发表了《武威新石器时代晚期玉石器作坊遗址》，认为该遗址是齐家文化时期的玉石器作坊遗址。该批玉石器与2018~2019 年海藏遗址发掘出土玉石器一致，从当地文物工作者处了解当年的出土地点，判断这批玉石器应该就是海藏遗址西侧，海藏河东岸出土。与当地文物部门协商，将该批玉石器整理作为报告的一部分，以便学者查阅。

该批玉石器共出土 262 件，主要包括玉石器及加工工具，少量的生产工具和石制品。大部分为磨制石器，部分为打制石器，磨制石器大部分通体磨光，仅个别局部磨光。玉石器包括璧、环、璧芯、琮芯和权杖头。加工工具包括磨制工具和切割工具。还有部分为玉石料和制作玉石器残留的断块，部分玉石料残留有切割痕迹。生产工具包括锤、斧、刀、铲、凿、锛、刮削器、盘状器等，石制品有石片。下面将玉石璧、璧芯和部分典型且完整的石器公布，共计 139 件。

玉石璧 83 件。仅个别完整，大部分为残块，平面近圆形、椭圆形、圆角方形和不规则形，大部分器身两面磨光，外缘仅个别磨制规整，大部分外缘保留有打制疤痕。大部分好侧稍厚，逐渐向外缘减薄。中间钻孔，单面钻，个别未钻透，孔壁保留有管钻痕迹，断钻处有明显断茬。从材质看，大部分为大理岩、蛇纹大理岩，仅个别为透闪石玉和蛇纹石玉。

83C：36，灰白色。平面近圆形，残余约三分之一璧面。外径 18.5~19.6、好径 8.1~10.0、厚 2.9 厘米（图一，1；彩版一六九，1）。

83C：37，灰白色。平面近圆形，残余约三分之一璧面。外径 14.8~15.5、好径 4.5~5.8、厚 0.9 厘米（图一，2；彩版一六九，2）。

83C：38，灰白色。平面呈圆角方形，残余约四分之一璧面。外径 15.6~17.5、好径 6.0~7.8、厚 1.1 厘米（图一，3；彩版一六九，3）。

83C：39，灰白色。平面近椭圆形，残余约三分之一璧面。外径 14.5~17.6、好径 5.8~7.5、厚 0.6 厘米（图一，4；彩版一六九，4）。

83C：40，灰白色。平面近圆形，残余约五分之一璧面。外径 20.0~22.0、好径 5.8~6.5、厚 1.7 厘米（图一，5；彩版一六九，5）。

83C：41，灰白色。平面近圆形，残余约五分之一璧面。外径 17.5~18.0、好径 4.5~5.2、厚 1.6 厘米（图一，6；彩版一六九，6）。

83C：42，青白色。平面近圆形，残余约二分之一璧面。外径 7.3~7.5、好径 2.6~3.0、厚 0.7 厘米（图一，7；彩版一六九，7）。

83C：43，青灰色。平面近圆形，残余约二分之一璧面。外径 6.1~6.6、好径 2.1~2.8、厚 0.6 厘米（图一，8；彩版一六九，8）。

83C：44，灰白色。平面近椭圆形，残余约二分之一璧面。外径 9.1~10.2、好径 1.6~2.2、厚 0.8 厘米（图一，

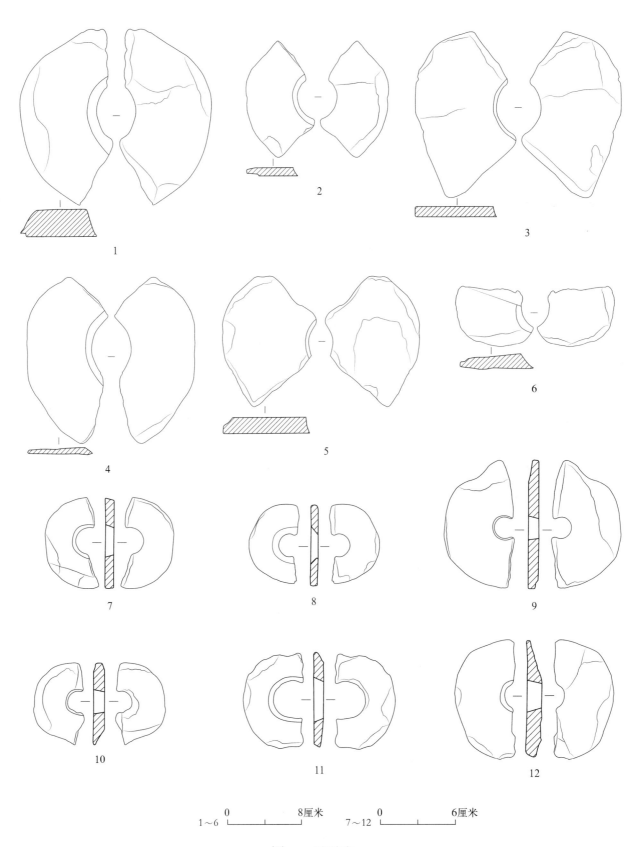

图一 玉石璧

1.83C：36 2.83C：37 3.83C：38 4.83C：39 5.83C：40 6.83C：41 7.83C：42 8.83C：43 9.83C：44 10.83C：45
11.83C：46 12.83C：47

9；彩版一七〇，1）。

　　83C：45，白色。平面近圆形，残余约二分之一璧面。外径 6.2～6.5、好径 1.6～2.1、厚 0.9 厘米（图一，10；彩版一七〇，2）。

　　83C：46，青灰色。平面近圆形，边缘不甚规整，残余约二分之一璧面。外径 7.2～7.5、好径 3.0～3.7、厚 0.8 厘米（图一，11；彩版一七〇，3）。

　　83C：47，青灰色。平面近椭圆形，残余约二分之一璧面。外径 8.4～9.6、好径 1.7～2.5、厚 1.2 厘米（图一，12；彩版一七〇，4）。

　　83C：48，青灰色。平面近圆角方形，残余约二分之一璧面。外径 5.0～5.2、好径 1.4～1.8、厚 0.5 厘米（图二，1；彩版一七〇，5）。

　　83C：49，灰白色。平面近椭圆形，残余约二分之一璧面。外径 6.0～6.5、好径 1.5～2.2、厚 1.0 厘米（图二，2；彩版一七〇，6）。

　　83C：50，灰白色。平面近圆形，残余约二分之一璧面，外缘一侧有一道切割痕迹。外径 4.3～4.6、好径 2.3～2.5、厚 0.7 厘米（图二，3；彩版一七〇，7）。

　　83C：51，灰白色。平面近圆角方形，残余约二分之一璧面。外径 5.2～5.5、好径 1.9～2.4、厚 0.7 厘米（图二，4；彩版一七〇，8）。

　　83C：52，灰白色。平面圆角方形，残余约四分之一璧面，两面有三道切割痕迹。外径 5.0～5.5、好径 1.2～1.8、厚 0.8 厘米（图二，5；彩版一七一，1）。

　　83C：53，青灰色。平面近圆形，残余约四分之一璧面。外径 6.3～7.2、好径 2.0～2.9、厚 0.7 厘米（图二，6；彩版一七一，2）。

　　83C：54，白色，平面近圆形，残余约四分之一璧面。外径 7.2～7.5、好径 4.0～4.5、厚 0.7 厘米（图二，7；彩版一七一，3）。

　　83C：55，灰白色。平面近圆角方形，残余约二分之一璧面。外径 4.8～5.2、好径 1.8～2.3、厚 0.8 厘米（图二，8；彩版一七一，4）。

　　83C：56，灰白色。平面近圆角方形，残余约四分之一璧面。外径 6.5～7.2、好径 3.3～3.8、厚 1.0 厘米（图二，9；彩版一七一，5）。

　　83C：57，灰白色。平面近圆形，残余约二分之一璧面。外径 6.1～6.3、好径 2.2～2.8、厚 0.7 厘米（图二，10；彩版一七一，6）。

　　83C：58，灰白色。平面近圆角方形，残余约二分之一璧面。外径 5.4～5.6、好径 1.5～2.0、厚 0.8 厘米（图二，11；彩版一七一，7）。

　　83C：59，灰白色。平面近圆形，残余约二分之一璧面。外径 6.1～6.3、好径 1.0～1.6、厚 0.7 厘米（图二，12；彩版一七一，8）。

　　83C：60，灰白色。平面近圆形，残余约五分之一璧面。外径 10.5～11.0、好径 2.6～3.2、厚 1.1 厘米（图三，1；彩版一七二，1）。

　　83C：61，灰白色。平面近圆角方形，残余约二分之一璧面。外径 8.0～8.9、好径 1.6～2.2、厚 0.6 厘米（图三，2；彩版一七二，2）。

　　83C：62，灰白色。平面近圆形，残余约二分之一璧面。外径 8.0～8.4、好径 3.0～3.5、厚 0.7 厘米（图三，3；彩版一七二，3）。

　　83C：63，青绿色。平面近圆形，残余约三分之一璧面，璧面残留一道切割痕迹。外径 10.2～11.0、好径

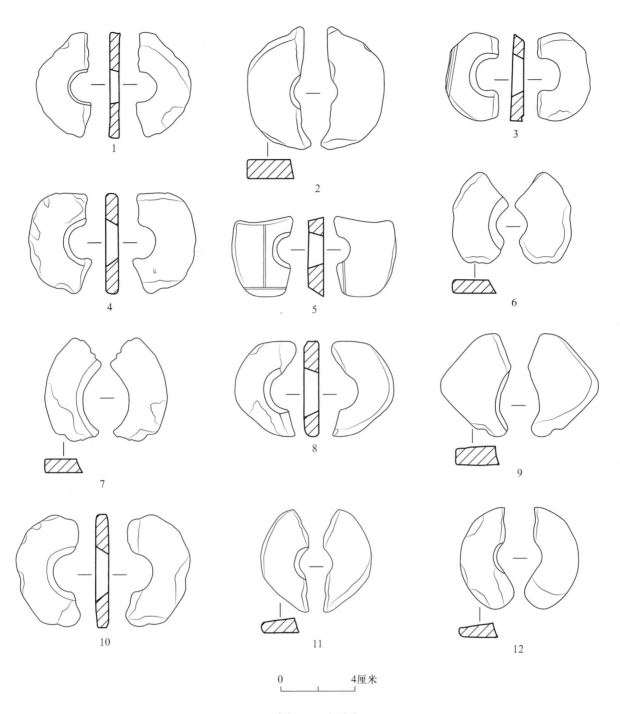

图二　玉石璧

1.83C：48　2.83C：49　3.83C：50　4.83C：51　5.83C：52　6.83C：53　7.83C：54　8.83C：55　9.83C：56　10.83C：57
11.83C：58　12.83C：59

3.5～4.7、厚1.6厘米（图三，4；彩版一七二，4）。

83C：64，灰白色。残存平面近三角形。残长5.9、残宽4.5、好径4.5～5.1、厚1.5厘米（图三，5；彩版一七二，5）。

83C：65，青绿色。平面近圆形，残余约四分之一璧面。外径6.0～6.5、好径1.8～2.3、厚0.5厘米（图三，6；彩版一七二，6）。

83C：66，青白色。平面近圆角方形，残余约三分之一璧面。外径8.0～8.5、好径2.0～3.3、厚0.8厘米（图三，7；彩版一七二，7）。

83C：67，灰白色。平面近圆形，残余约二分之一璧面。外径 8.5～8.7、好径 2.5～3.5、厚 1.0 厘米（图三，8；彩版一七二，8）。

83C：68，青白色。残存边缘。残长 10.5、残宽 3.5、厚 0.9 厘米（图三，9；彩版一七三，1）。

83C：69，灰白色。平面近圆角方形，残余约二分之一璧面。外径 7.2～7.7、好径 3.0～4.1、厚 1.0 厘米（图三，10；彩版一七三，2）。

83C：70，灰白色。平面近椭圆形，残余约二分之一璧面。外径 4.2～5.6、好径 1.3～2.0、厚 1.1 厘米（图三，11；彩版一七三，3）。

83C：71，灰白色。平面近圆形，残余约二分之一璧面。外径 4.2～4.5、好径 1.2～2.0、厚 0.3 厘米（图三，12；彩版一七三，4）。

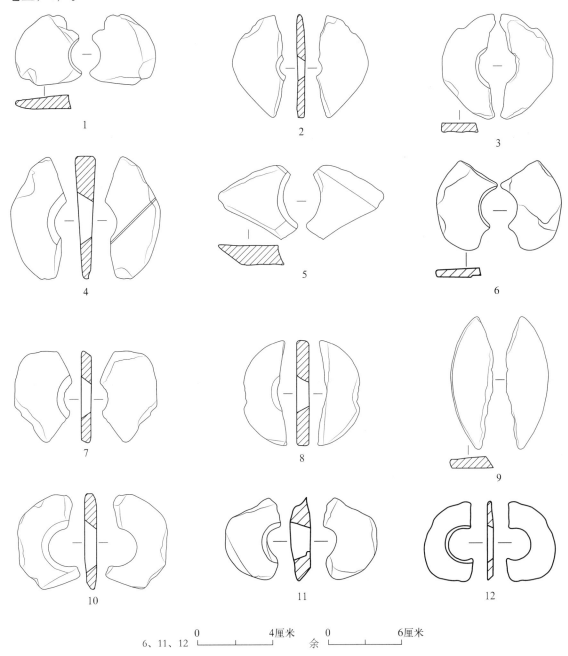

图三　玉石璧

1.83C：60　2.83C：61　3.83C：62　4.83C：63　5.83C：64　6.83C：65　7.83C：66　8.83C：67　9.83C：68　10.83C：69
11.83C：70　12.83C：71

　　83C：72，灰白色。平面近圆形，残余约三分之一璧面。外径4.6～5.0、好径1.5～2.2、厚0.6厘米（图四，1；彩版一七三，5）。

　　83C：73，灰白色。平面近圆形，残余约五分之一璧面。外径10.2～10.5、好径2.8～3.2、厚1.0厘米（图四，2；彩版一七三，6）。

　　83C：74，灰白色。平面近椭圆形，残余约二分之一璧面。外径5.0～6.1、好径1.2～1.7、厚0.7厘米（图四，3；彩版一七三，7）。

　　83C：75，青绿色。平面近圆角方形，残余约二分之一璧面。外径4.4～4.8、好径1.4～2.0、厚0.3厘米（图四，4；彩版一七三，8）。

　　83C：76，灰白色。平面近圆形，残余约四分之一璧面。外径7.9～8.2、好径2.4～3.2、厚1.0厘米（图四，5；彩版一七四，1）。

　　83C：77，灰白色。平面近圆形，残余约三分之一璧面。外径8.6～9.0、好径2.8～3.5、厚1.1厘米（图四，6；彩版一七四，2）。

　　83C：78，青灰色。平面近圆形，残余约二分之一璧面。外径6.1～6.3、好径1.5～2.1、厚0.8厘米（图四，7；彩版一七四，3）。

　　83C：79，青灰色。平面圆形，边缘略有残缺。外径4.1、好径1.2～1.6、厚0.3厘米（图四，8；彩版一七四，4）。

　　83C：80，青灰色。平面近圆角方形，残余约二分之一璧面。外径11.0～11.8、好径2.8～3.5、厚1.2厘米（图四，9；彩版一七四，5）。

　　83C：81，灰白色。平面近椭圆形，边缘残缺。外径13.0～15.0、好径4.3～5.0、厚1.5厘米（图四，10；彩版一七四，6）。

　　83C：82，灰白色。平面近圆形，残余约二分之一璧面。外径7.0～7.2、好径2.3～2.8、厚0.9厘米（图四，11；彩版一七四，7）。

　　83C：83，灰白色。平面近圆形，残余约四分之一璧面。外径8.5～9.1、好径3.0～3.6、厚1.3厘米（图四，12）。

　　83C：84，灰白色。平面近圆形，残余约三分之二璧面。外径10.8～11.1、好径3.9～4.8、厚1.1厘米（图五，1；彩版一七四，8）。

　　83C：85，青灰色。平面近圆形，残余约四分之一璧面。外径15.5～15.8、好径4.8～5.8、厚1.5厘米（图五，2；彩版一七五，1）。

　　83C：86，白色。平面近圆形，残余约五分之一璧面。外径14.0～14.5、好径4.0～4.6、厚1.3厘米（图五，3；彩版一七五，2）。

　　83C：87，青灰色。平面近圆角方形，残余约二分之一璧面。外径10.0～10.7、好径3.8～4.5、厚1.5厘米（图五，4；彩版一七五，3）。

　　83C：88，灰白色。平面近圆角方形，残余约三分之一璧面。外径9.0～9.3、好径3.0～4.1、厚1.2厘米（图五，5；彩版一七五，4）。

　　83C：89，灰白色。平面近圆形，残余约四分之一璧面。外径9.5～9.7、好径3.0～3.9、厚0.9厘米（图五，6；彩版一七五，5）。

　　83C：90，青灰色。平面近圆角方形，残余约二分之一璧面。外径6.0～6.2、好径1.9～2.7、厚0.6厘米（图五，7；彩版一七五，6）。

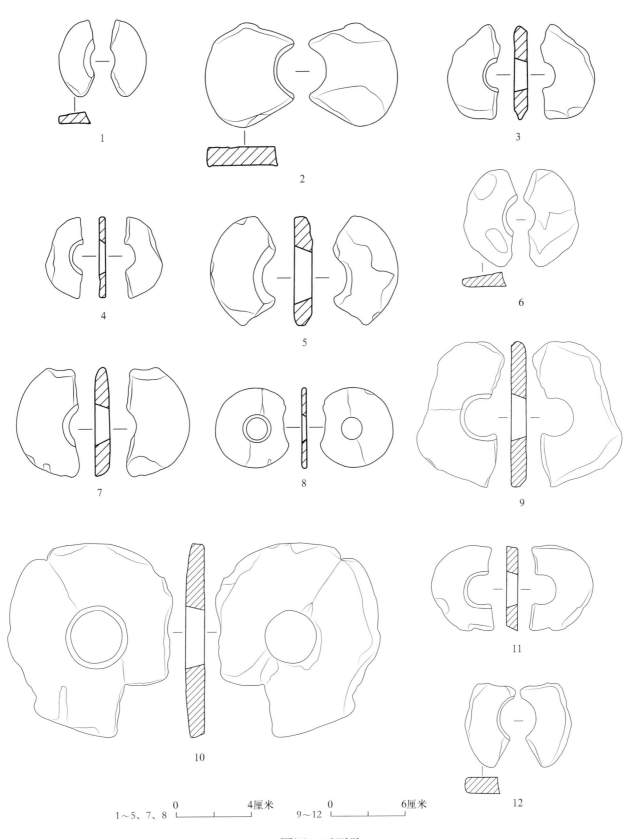

1～5、7、8　　0　　4厘米　　　9～12　　0　　6厘米

图四　玉石璧

1.83C：72　2.83C：73　3.83C：74　4.83C：75　5.83C：76　6.83C：77　7.83C：78　8.83C：79　9.83C：80　10.83C：81　
11.83C：82　12.83C：83

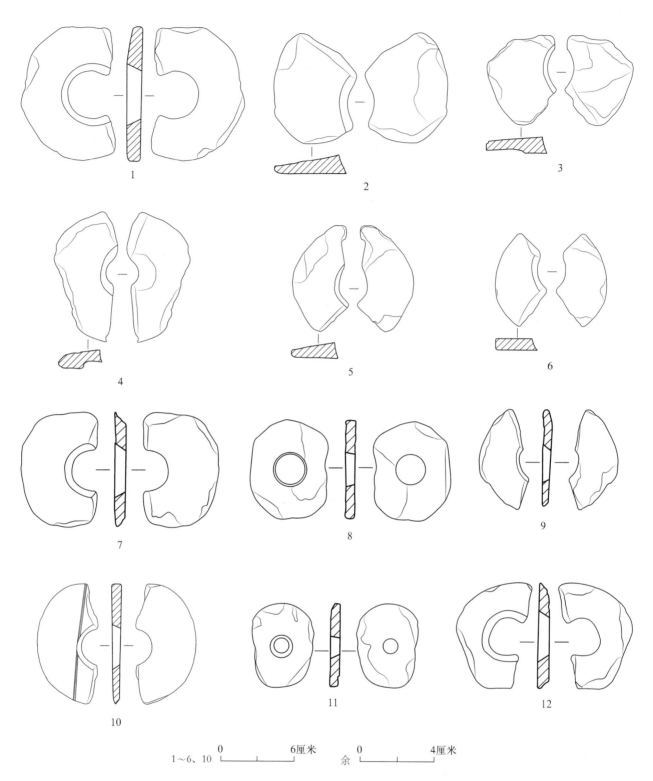

图五 玉石璧

1.83C：84　2.83C：85　3.83C：86　4.83C：87　5.83C：88　6.83C：89　7.83C：90　8.83C：91　9.83C：92　10.83C：93
11.83C：94　12.83C：96

83C：91，灰色。平面近椭圆形。外径4.0～5.2、好径1.7～2.1、厚0.5厘米（图五，8；彩版一七五，7）。

83C：92，灰白色。平面近圆形，残余约二分之一璧面。外径5.8～6.0、好径1.6～2.2、厚0.4厘米（图五，9；彩版一七五，8）。

83C：93，灰白色。平面圆形，残余约二分之一璧面，一面有切割痕迹一道。外径9.7～10.0、好径3.0～3.7、厚 0.8 厘米（图五，10；彩版一七六，1）。

83C：94，灰白色。平面近椭圆形。外径 3.2～3.5、好径 0.7～1.2、厚 0.5 厘米（图五，11；彩版一七六，2）。

83C：96，灰白色。平面近圆角方形，残余约二分之一璧面。外径 5.5～5.8、好径 2.0～2.7、厚 0.6 厘米（图五，12；彩版一七六，3）。

83C：97，黄绿色。平面圆形，残余约二分之一璧面。外径 6.0～6.3、好径 1.7～2.2、厚 0.8 厘米（图六，1；彩版一七六，4）。

83C：98，红褐色。平面近圆角方形，残余约四分之一璧面。外径 12.8～13.5、好径 3.6～4.3、厚 2.2 厘米（图六，2；彩版一七六，5）。

83C：99，青绿色。平面近方形，边缘不甚规整。外径 3.1～4.1、好径 0.6～1.0、厚 0.6 厘米（图六，3；彩版一七六，6）。

83C：100，青白色。平面圆形，残余约二分之一璧面。外径 4.8～5.0、好径 0.7～1.3、厚 0.5 厘米（图六，4；彩版一七六，7）。

83C：101，灰褐色。平面圆形，边缘略有残缺。外径 6.5～6.7、好径 1.4～1.8、厚 0.5 厘米（图六，5；彩版一七六，8）。

83C：102，灰白色。平面圆形，残余约二分之一璧面。外径 7.0～7.3、好径 2.9～3.6、厚 0.6 厘米（图六，6；彩版一七七，1）。

83C：103，青绿色。平面近圆角方形，残余约二分之一璧面。外径 4.5～4.7、好径 1.3～1.5、厚 0.7 厘米（图六，7；彩版一七七，2）。

83C：104，青灰色。仅存边缘。残长 7.0、残宽 3.4、好径 4.6～5.2、厚 1.0 厘米（图六，8）。

83C：105，红褐色。平面近圆形，残余约三分之一璧面。外径 7.6～7.8、好径 1.6～2.2、厚 0.5 厘米（图六，9；彩版一七七，3）。

83C：106，青灰色。仅存局部，一侧残留切割痕迹一道。残长 4.5、残宽 4.5、好径 2.5～3.0、厚 0.6 厘米（图六，10；彩版一七七，4）。

83C：107，灰白色。仅存局部。残长 3.1、残宽 3.3、好径 1.9～2.5、厚 0.7 厘米（图六，11；彩版一七七，5）。

83C：108，青灰色。平面近圆形，残余约五分之一璧面。外径 8.0～8.3、好径 1.0～1.5、厚 0.6 厘米（图六，12；彩版一七七，6）。

83C：109，灰白色。平面近圆形，边缘残缺。外径 5.6～5.7、好径 1.4～1.9、厚 0.8 厘米（图七，1；彩版一七七，7）。

83C：110，灰白色。平面近椭圆形。外径 7.8～9.2、好径 1.5～2.1、厚 0.5 厘米（图七，2；彩版一七七，8）。

83C：111，灰绿色。平面近圆角方形。外径 6.2～6.6、好径 2.5～3.1、厚 0.8 厘米（图七，3；彩版一七八，1）。

83C：112，绿色。平面圆角方形，一面保留有切割面痕迹一道，一侧有切割痕迹一道。外径 9.0～9.2、好径 3.5～4.0、厚 0.9 厘米（图七，4；彩版一七八，2）。

83C：113，灰白色。平面近圆形，中部无钻孔。外径 8.6～8.9、厚 0.8～1.6 厘米（图七，5；彩版一七八，3）。

83C：120，青绿色。残存局部。残长 2.1、残宽 3.8、好径 2.0～2.7、厚 0.8 厘米（图七，6；彩版一七八，4）。

83C：121，灰白色。平面近圆形，边缘残缺，中部两面有钻孔，一面未钻透，一面有管钻痕迹。外径 4.3～4.5、好径 1.3～1.9、厚 0.6 厘米（图七，7；彩版一七八，5）。

83C：122，灰白色。平面圆形，中部有钻孔，未钻透。外径 4.9～5.0、小孔径 1.9～2.3、厚 1.2 厘米（图七，8；

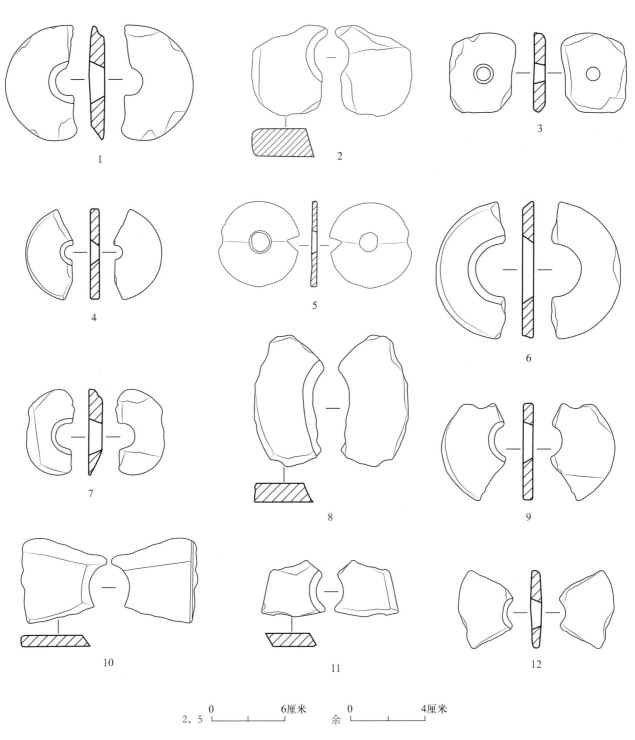

图六 玉石璧

1.83C：97 2.83C：98 3.83C：99 4.83C：100 5.83C：101 6.83C：102 7.83C：103 8.83C：104 9.83C：105 10.83C：106
11.83C：107 12.83C：108

彩版一七八，6）。

83C：123，青灰色。平面近圆形，两面磨制光滑，边缘打制不甚规整，保留有疤痕，中部无钻孔。直径
10.2～10.6、厚1.4厘米（图七，9；彩版一七八，7）。

83C：131，灰白色。平面近圆角方形，两面及侧面磨光，无钻孔。长5.4、宽4.8、厚0.8厘米（图七，10；
彩版一七八，8）。

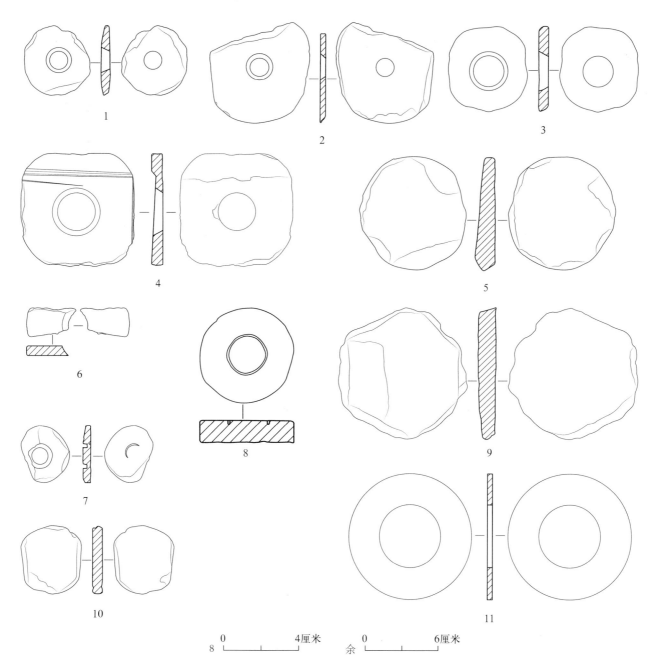

0　　　　　4厘米
0　　　　　6厘米

图七　玉石璧

1.83C：109　2.83C：110　3.83C：111　4.83C：112　5.83C：113　6.83C：120　7.83C：121　8.83C：122　9.83C：123
10.83C：131　11.83C：139

83C：139，青绿色。平面正圆形，表面及侧面磨光。外径 10.0、好径 5.0、厚 0.4 厘米（图七，11；彩版一七九，1）。

环　1件。

83C：95，灰白色。通体磨光，残余约二分之一，平面正圆形，剖面呈圆角方形。外径 6.0、内径 4.4、厚 0.8 厘米（图八，1；彩版一七九，2）。

璧芯　7件。平面圆形，单面管钻，芯壁呈斜坡状，纵剖面呈梯形，侧面大多保留有管钻痕迹，断钻处大多未修整，保留有明显断茬。

83C：132，灰白色。璧芯一面有管钻痕迹，未钻透。直径 5.3～5.5、孔径 1.0～1.6、厚 1.1～1.2 厘米（图八，

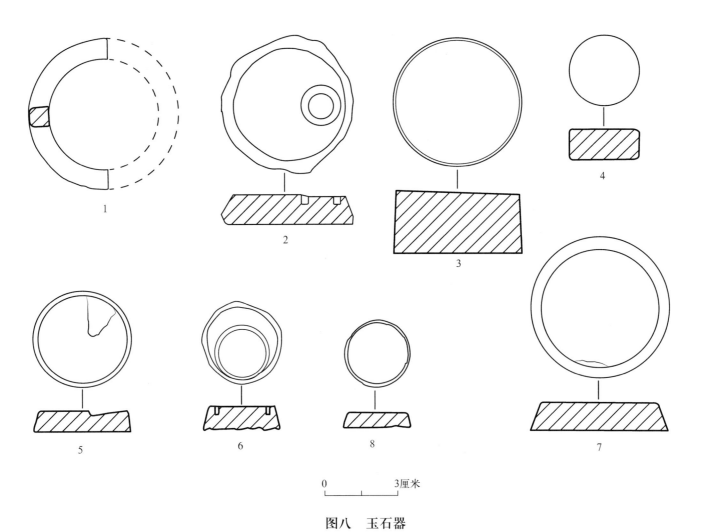

0　　　　　　3厘米

图八　玉石器

1.环83C：95　2.璧芯83C：132　3.璧芯83C：133　4.璧芯83C：134　5.璧芯83C：135　6.璧芯83C：136　7.璧芯83C：137　8.璧芯83C：138

2；彩版一七九，3）。

　　83C：133，灰白色。直径4.9～5.1、厚2.5厘米（图八，3；彩版一七九，4）。

　　83C：134，灰白色。芯壁近直。直径2.8、厚1.2厘米（图八，4；彩版一七九，5）。

　　83C：135，灰绿色。一面有切割面痕迹，局部残破。直径3.4～3.9、厚0.8厘米（图八，5；彩版一七九，6）。

　　83C：136，青灰色。一面残破，中部有管钻痕迹，未钻透。直径2.8～3.2、孔径1.9～2.1、厚0.9厘米（图八，6；彩版一七九，7）。

　　83C：137，灰白色。直径4.7～5.6、厚1.1厘米（图八，7；彩版一七九，8）。

　　83C：138，灰白色。直径2.4～2.7、厚0.6厘米（图八，8；彩版一八〇，1）。

　　琮芯　2件。圆柱状，两面磨制光滑，管钻，侧面保留有管钻痕迹。

　　83C：10，青绿色。一端较粗，纵剖面呈梯形，直径1.9～2.5、高5.5厘米（图九，1；彩版一八〇，2）。

　　83C：11，青灰色。一面磨光，另一面断钻处有明显断茬，近断钻处有凹槽两周，纵剖面呈长方形。直径2.0、高6.0厘米（图九，2；彩版一八〇，3）。

　　切割料　4件。大多为制作玉石器残存的边角料，形制不规整，两面磨光，个别一面保留有切割面，一侧保留有切割痕迹和断茬。

　　83C：124，灰白色。一面有切割面痕迹，一侧有切割痕迹一道，在剩余约三分之一处残存断茬。长8.0、宽3.0、厚0.5厘米（图九，3；彩版一八〇，4）。

83C：125，灰白色。一面保留切割面痕迹，一侧有切割痕迹一道，在剩余约三分之一处残存断茬。长9.5、宽5.0、厚1.4厘米（图九，4；彩版一八〇，5）。

83C：126，青白色。一面磨光，一侧有切割痕迹一道，在剩余约二分之一处残存断茬。长10.2、宽3.5、厚0.6厘米（图九，5；彩版一八〇，6）。

83C：129，青灰色。三面为切割面，一面为自然面。长5.2、宽2.5、厚2.7厘米（图九，6；彩版一八〇，7）。

玉石料　9件。平面呈不规则形。

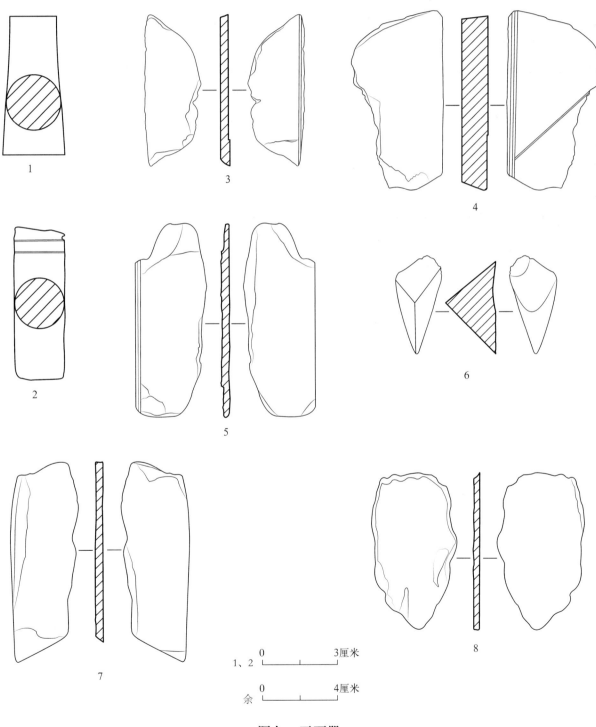

图九　玉石器

1.琮芯83C：10　2.琮芯83C：11　3.切割料83C：124　4.切割料83C：125　5.切割料83C：126　6.切割料83C：129　7.玉石料83C：115　8.玉石料83C：130

83C：114，青绿色。长5.5、宽3.0、厚1.2厘米（彩版一八一，1）。

83C：115，青白色。两面磨光，一侧有切割痕迹一道。长10.6、宽3.5、厚1.0厘米（图九，7；彩版一八一，2）。

83C：116，青白色。长5.0、宽4.0、厚1.2厘米（彩版一八一，3）。

83C：117，黄绿色。长5.2、宽4.2、厚1.6厘米（彩版一八一，4）。

83C：118，青色。戈壁料。长4.2、宽3.0、厚1.3厘米（彩版一八一，5）。

83C：119，灰白色。长4.4、宽2.6、厚0.5厘米（彩版一八一，6）。

83C：127，青绿色。长5.9、宽3.5、厚2.0厘米（彩版一八一，7）。

83C：128，青绿色。长3.0、宽2.5、厚0.5厘米（彩版一八一，8）。

83C：130，青灰色。两面磨光，较薄。长8.3、宽4.5、厚0.5厘米（图九，8；彩版一八一，9）。

切割工具　3件。较薄，表面磨光，一侧有双面刃，微弧，有使用痕迹，侧面有断茬。

83C：17，灰色。平面近长方形，长5.3、宽4.6、厚0.5厘米（图一〇，1；彩版一八二，1）。

83C：21，灰色。平面近长方形，长10.5、宽7.5、厚0.6厘米（图一〇，2；彩版一八二，2）。

83C：22，灰色。平面近方形，长4.9、宽5.1、厚0.6厘米（图一〇，3；彩版一八二，3）。

磨制工具　1件。

83C：33，灰色。近圆形，两面磨光，侧面打制成形，中部有一钻孔，双面钻，磨制光滑。直径20.5、孔径3.2~4.6、厚1.8厘米（图一〇，4；彩版一八二，4）。

权杖头　2件。通体磨光，整体呈球形，扁圆，中间有一钻孔，双面钻，孔壁光滑。

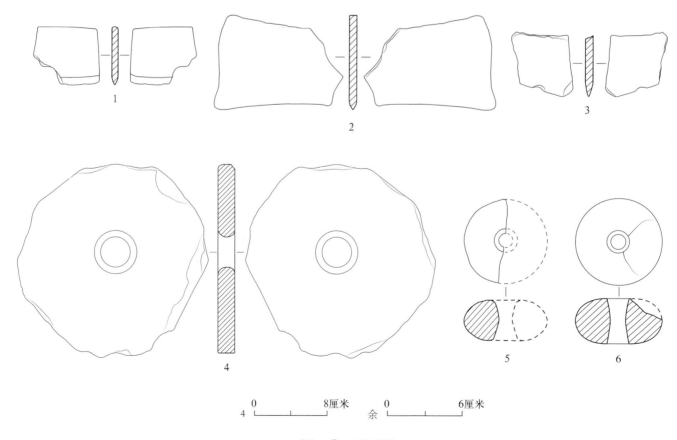

图一〇　玉石器

1.切割工具83C：17　2.切割工具83C：21　3.切割工具83C：22　4.磨制工具83C：33　5.权杖头83C：14　6.权杖头83C：20

83C：14，青灰色。残存一半。直径 6.7、孔径 1.1～1.8、高 3.2 厘米（图一〇，5；彩版一八二，5）。

83C：20，白色。表面局部残缺。直径 6.9、孔径 1.2～1.8、高 3.6 厘米（图一〇，6；彩版一八二，6）。

石锤　4 件。柱状长条状，截面近圆形或椭圆形，一端有明显砸击痕迹。

83C：23，灰白色。截面近圆形。长 14.6、宽 5.0、厚 5.0 厘米（图一一，1；彩版一八三，1）。

83C：24，灰黑色。截面近圆形。长 14.5、宽 5.0、厚 4.2 厘米（图一一，2；彩版一八三，2）。

83C：32，黑灰色。截面椭圆形。长 8.7、宽 3.1、厚 1.8 厘米（图一一，3；彩版一八三，3）。

83C：35，灰黑色。截面呈椭圆形，一端有砸击痕迹，一端残。长 9.3、宽 6.2、厚 3.0 厘米（图一一，4；彩版一八三，4）。

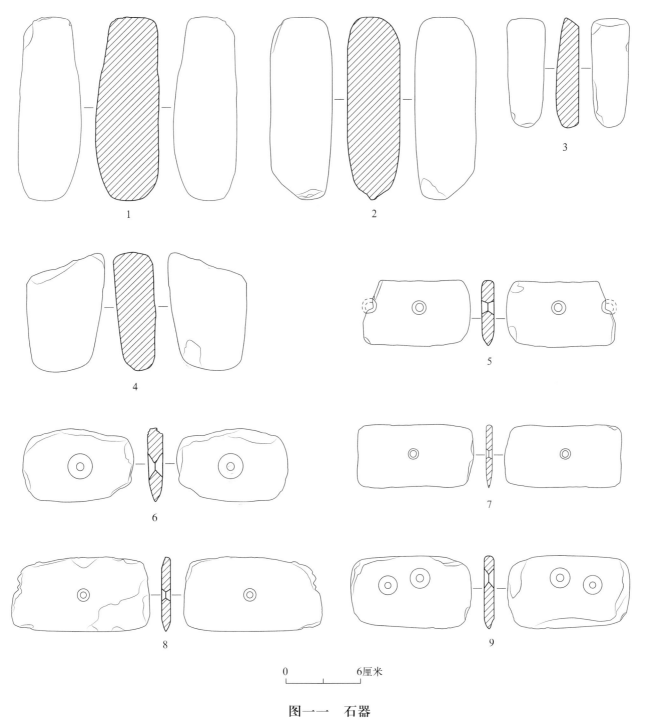

0　　　　　6厘米

图一一　石器

1.锤83C：23　2.锤83C：24　3.锤83C：32　4.锤83C：35　5.刀83C：12　6.刀83C：13　7.刀83C：15　8.刀83C：18　9.刀83C：19

石刀 5件。通体磨光，平面近圆角长方形，双面刃，单孔或双孔，双面钻。

83C：12，灰黑色。局部残，直背，弧刃，刃部有明显使用痕迹，双孔。残长8.7、宽5.2、孔径0.6～1.1、厚1.0厘米（图一一，5；彩版一八三，5）。

83C：13，青灰色。两面及刃部磨光，背部及两侧打制规整，弧刃，单孔。长8.9、宽5.8、孔径0.6～2.0、厚1.2厘米（图一一，6；彩版一八三，6）。

83C：15，青灰色。弧背，直刃，刃部有明显使用痕迹，单孔。长9.4、宽5.0、孔径0.5～0.8、厚0.5厘米（图一一，7；彩版一八四，1）。

83C：18，灰色。弧背，直刃，背部及两侧打制规整，刃部有明显使用崩痕，单孔。长11.1、宽5.9、孔径0.5～1.0、厚0.7厘米（图一一，8；彩版一八四，2）。

83C：19，灰黑色。弧背，直刃，双孔。长9.8、宽5.8、孔径0.5～1.6、厚0.8厘米（图一一，9；彩版一八四，3）。

斧 12件。通体磨光，扁平长条状，平面长方形或亚腰形。

83C：2，黄色。顶端有疤痕，双面刃，微凹。长4.7、宽1.4、厚0.7厘米（图一二，1；彩版一八四，4）。

83C：4，黑色。顶部断裂，双面刃，微凹，刃部有明显使用崩痕。长10.8、宽3.3、厚2.0厘米（图一二，2；

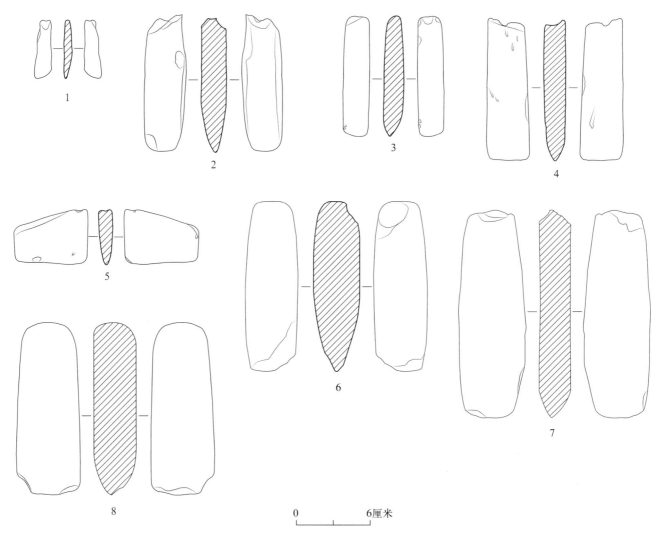

图一二 石斧

1.83C：2 2.83C：4 3.83C：5 4.83C：6 5.83C：8 6.83C：25 7.83C：26 8.83C：27

彩版一八四，5）。

83C：5，黑灰色。顶端有打制疤痕，双面刃，微凹。长 9.6、宽 2.1、厚 1.1 厘米（图一二，3；彩版一八四，6）。

83C：6，灰白色。顶端残，顶部有一穿孔，残，双面刃，较直。长 11.2、宽 3.4、厚 1.8 厘米（图一二，4；彩版一八五，1）。

83C：8，黑灰色。仅存刃部，双面刃，较直，刃部有明显使用痕迹。残长 4.4、宽 6.0、厚 1.1 厘米（图一二，5；彩版一八五，2）。

83C：25，灰黑色。双面刃，微凹，顶端较平，刃部有明显使用痕迹。长 13.5、宽 4.3、厚 3.7 厘米（图一二，6；彩版一八五，3）。

83C：26，黑灰色。双面刃，微凹，顶端较平，有明显砸击疤痕。长 16.5、宽 5.4、厚 2.5 厘米（图一二，7；彩版一八五，4）。

83C：27，灰黑色。双面刃，微凹，顶端较平，刃部有明显使用痕迹。长 13.7、宽 5.1、厚 3.4 厘米（图一二，8；彩版一八五，5）。

83C：28，灰黑色。双面刃，微凹，顶端较平，刃部有明显使用痕迹。长 12.0、宽 6.5、厚 3.3 厘米（图一三，1；彩版一八五，6）。

83C：34，青灰色。双面刃，微弧，刃部略宽。长 15.2、宽 6.2、厚 3.1 厘米（图一三，2；彩版一八五，7）。

83C：30，灰黑色。平面亚腰形，整体打制成形，双面刃，局部磨光，刃部有明显使用崩痕。长 9.7、宽 7.0、厚 2.1 厘米（图一三，3；彩版一八五，8）。

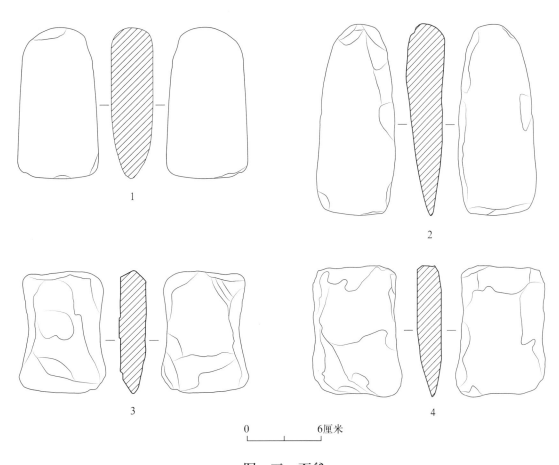

0   6厘米

图一三 石斧
1.83C：28   2.83C：34   3.83C：30   4.83C：31

　　83C：31，灰黑色。平面呈亚腰形，整体打制成形，双面刃，局部磨光，顶部及两侧打制规整，刃部有明显使用崩痕。长10.4、宽7.2、厚2.0厘米（图一三，4；彩版一八六，1）。

　　凿　4件。

　　83C：1，青灰色。通体磨光，截面圆角方形，顶部有凹槽，顶端残，双面刃，微凹。残长9.5、宽2.0、厚2.9厘米（图一四，1；彩版一八六，2）。

　　83C：3，黑色。两侧磨光，两面有明显打制疤痕，截面椭圆形，顶端残断，双面刃，微凹。残长9.4、宽2.1、厚2.1厘米（图一四，2；彩版一八六，3）。

　　83C：9，灰黑色。通体磨光，截面方形，顶端残，单面刃。残长5.8、宽1.6、厚1.5厘米（图一四，3；彩版一八六，4）。

　　83C：29，黑色。通体磨光，截面圆角方形，顶端残，单面刃。残长6.8、宽3.0、厚2.5厘米（图一四，4；彩版一八六，5）。

　　锛　2件。

　　83C：7，灰白色。通体磨光，扁平状，残存平面长方形，顶部有一穿孔，顶端残，单面刃，较直。残长5.2、宽4.1、厚1.0厘米（图一四，5；彩版一八六，6）。

　　83C：16，灰白色。通体磨光，扁平长条状，平面长方形，单面刃，刃部有明显使用崩痕，顶端有一钻孔，双面钻。长8.9、宽3.2、孔径0.7～1.0、厚1.5厘米（图一四，6；彩版一八六，7）。

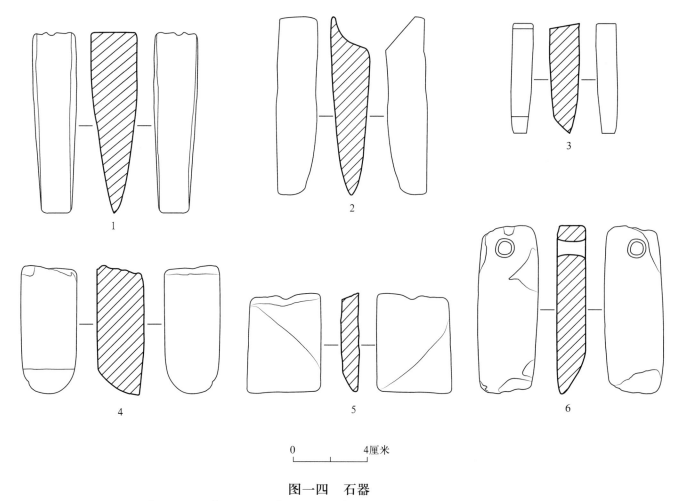

0　　　　4厘米

图一四　石器

1.凿83C：1　2.凿83C：3　3.凿83C：9　4.凿83C：29　5.锛83C：7　6.锛83C：16

附录二 海藏遗址碳-14年代检测报告

曹辉辉 杜琳垚 杨谊时 *

一 样品采集与实验流程

选择了武威海藏遗址出土的植物遗存开展碳 –14 年代测定。实验流程包括样品预处理、石墨靶合成和碳 –14 测试，以上工作于 2019～2020 年在兰州大学西部环境教育部重点实验室所属的环境考古实验室和碳 –14 年代学实验室完成，主要流程简述如下：

1. 炭化种子预处理

取适量炭化种子于试管内，加入 1M 的 HCl 溶液，水浴 60℃加热半天，重复 2～3 次，待溶液无色后用超纯水清洗样品至中性；然后加入 0.5M 的 NaOH 溶液，水浴 60℃加热 2h，随后用超纯水清洗样品至中性；再次加入 1M 的 HCl 溶液，反应 2h 后用超纯水清洗样品至中性，烘干。

2. 骨胶原提取

选择致密的骨骼样品，使用电锯切割约 1g，使用电磨头打磨，去除表面的污染物，随后将骨骼置于烧杯中超声清洗干净后，加入 15～20mL 浓度为 0.5M 的 HCl 溶液，置于冰箱冷藏室（保持 4℃），每日更换一次 HCl 溶液，重复约 12～14 次，直到样品变软且无气泡产生，以便除去骨骼中的无机质，随后用超纯水清洗样品至 pH 值为中性；然后加入 15～20mL 浓度为 0.125M 的 NaOH 溶液，在 4℃反应 20h，除去可能存在的腐殖质酸，随后用超纯水清洗样品至中性；加入 pH 值为 3 的 HCl 溶液，在烘箱内 75℃加热 48h，使用滤纸进行过滤，滤液在冰箱内冷冻 2 天，随后放入冷冻干燥机内，完成骨胶原提取工作。

3. 石墨靶合成

称取约 3mg 骨胶原样品，使用瑞士 Ionplus 公司生产的自动石墨合成系统（AGE-3，Auto Graphite Equipment）制备石墨[1]。自动石墨合成系统由元素分析仪和 AGE 设备联机使用，在石英管内装入约 5mg 铁粉，通入空气和氢气以便对铁粉氧化和还原，纯化铁粉，提高催化效率。骨胶原样品在元素分析仪内燃烧，生成的气体依次通过还原管、干燥管和吸附解析附柱，以分别除去多余的氧气、水蒸气和氮气，纯化后的二氧化碳气体被 AGE 的分子筛捕获，分子筛在低温下会吸附二氧化碳气体而在高温下释放。随后二氧化碳气体进入反应管内，同时通入定量的氢气，在 500℃下将二氧化碳还原为单质碳。

4. 碳-14测量

利用 Ionplus 公司产 MICADAS 对石墨样品进行测量[2]，同一批次测量过程中需加入草酸二标准（数据计算）、C7、C8（监测测试准确度）和本底样品（背景扣除）。实验室长期本底优于 46000 年。

* 曹辉辉、杜琳垚，兰州大学资源环境学院西部环境教育部重点实验室；杨谊时，甘肃省文物考古研究所。

[1] Wacker L, Němec M, Bourquin J. A revolutionary graphitisation system: fully automated, compact and simple. *Nuclear Instruments and Methods in Physics Research Section B: Beam Interactions with Materials and Atoms*, 2010, 268(7–8): 931–934.

[2] Synal H A, Stocker M, Suter M. MICADAS: a new compact radiocarbon AMS system. *Nuclear Instruments and Methods in Physics Research Section B: Beam Interactions with Materials and Atoms*, 2007, 259(1): 7–13.

二　树轮校正

将得到的碳 -14 年代结果经过树轮校正后得到日历年代。所选用的树轮校正曲线为 IntCal 20[1]，所用的校正程序为 OxCal 4.4[2]，年代结果用 Cal.BP 表示。

三　检测结果

检测结果如表一，拟合校正结果如下图（图一～图一二）。

表一　海藏遗址年代表

序号	实验室编号	原始编号	样品来源	pMC（%）	¹⁴C年代（BP）	校正年代（95.4%）	
						BP	BC
1	LZU19198	T0305JS1	马骨	75.24±0.18	2285±20	2349～2181	400～232
2	LZU19368	T0205④	粟	65.33±0.15	3420±20	3816～3579	1867～1630
3	LZU19373	T0403⑳	粟	64.15±0.15	3570±20	3964～3775	2015～1826
4	LZU19372	T0204②	小麦	65.59±0.15	3390±20	3691～3570	1742～1621
5	LZU19369	T0204④	小麦	65.44±0.15	3410±20	3811～3573	1862～1624
6	LZU19371	T0204⑧	小麦	65.23±0.15	3430±20	3821～3585	1872～1636
7	LZU19375	T0204⑩	小麦	65.15±0.15	3440±20	3824～3593	1875～1644
8	LZU19370	T0204⑫	小麦	64.81±0.15	3480±20	3831～3691	1882～1742
9	LZU19374	T0204⑮	小麦	65.11±0.15	3450±20	3827～3638	1878～1689
10	LZU19377	T0204⑱	小麦	65.01±0.15	3450±20	3827～3638	1878～1689
11	LZU19377A	T0204⑱	小麦	65.27±0.15	3430±20	3821～3585	1872～1636
12	LZU19376	T0204⑳	小麦	64.93±0.15	3470±20	3830～3646	1881～1697

四　结论

海葬遗址碳 -14 测年结果的年代频率累计显示（图一三），11 粒炭化农作物种子（粟和小麦）年代范围为距今 3900～3600 年，1 个马骨的年代范围为距今 2350～2200 年。

---

[1] Reimer P J, Austin W E N, Bard E, et al. The IntCal20 Northern Hemisphere radiocarbon age calibration curve (0－55 cal kBP). *Radiocarbon*, 2020, 62(4): 725-757.

[2] Bronk Ramsey C O C. v4. 4. 4. Online: https://c14. arch. ox. ac. uk/oxcal/OxCal. html, 2021.

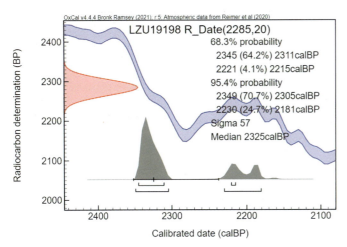

图一　T0305JS1马骨测年校正曲线

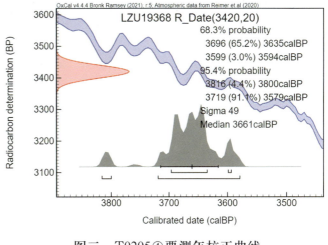

图二　T0205④粟测年校正曲线

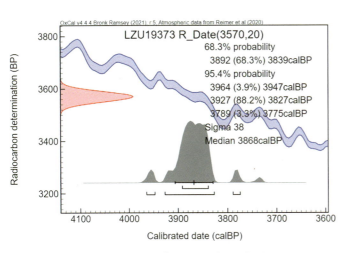

图三　T0403⑳粟测年校正曲线

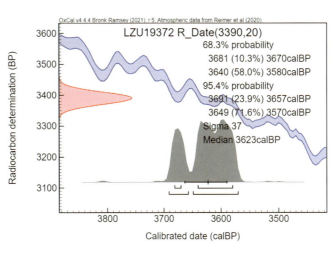

图四　T0204②小麦测年校正曲线

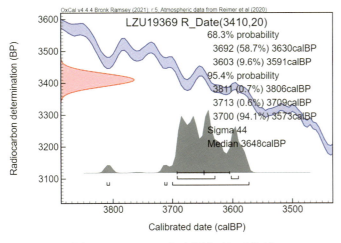

图五　T0204④小麦测年校正曲线

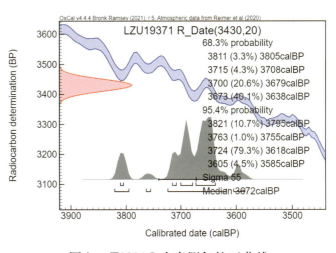

图六　T0204⑧小麦测年校正曲线

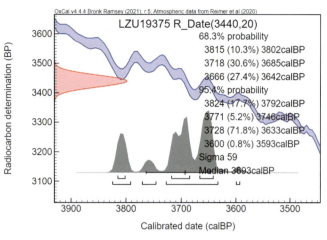

图七　T0204⑩小麦测年校正曲线

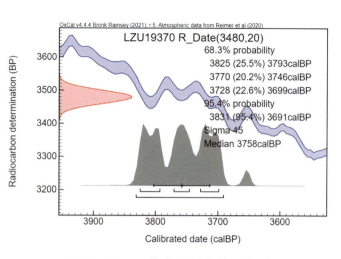

图八　T0204⑫小麦测年校正曲线

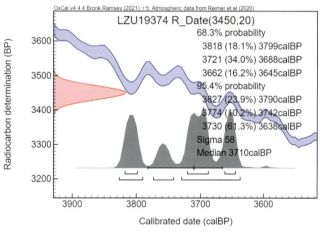

图九　T0204⑮小麦测年校正曲线

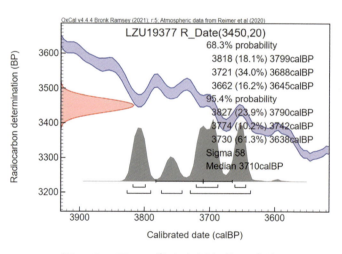

图一〇　T0204⑱小麦测年校正曲线

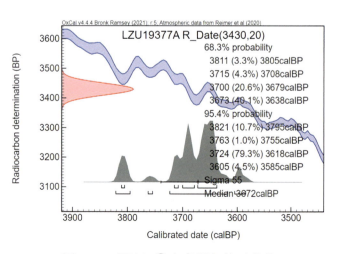

图一一　T0204⑱小麦测年校正曲线

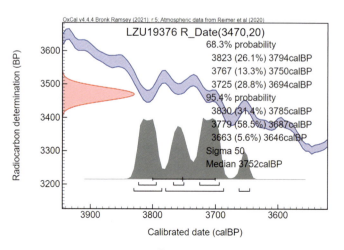

图一二　T0204⑳小麦测年校正曲线

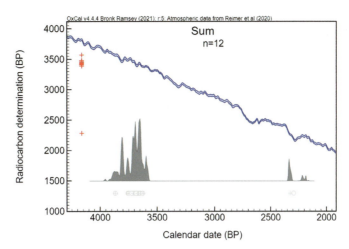

图一三　海藏遗址年代总和频率曲线

附录三　海藏遗址出土玉石器、玉石料的
材质无损检测分析报告[1]

张跃峰　丘志力　杨炯　吴玮淇　丁永康　曾探*

　　武威海藏遗址是齐家文化中期一处从事玉石器加工的聚落遗址，出土了大量的玉器、玉料、坯料、玉器加工工具等。这些出土玉石器／料的材质分析，对于全面了解齐家文化玉石器手工业研究具有重要的意义。受甘肃省文物考古研究所委托，中山大学地球科学与工程学院丘志力教授团队于2022年6月赴张掖对这批玉石器／料进行了无损检测分析，共鉴定各类器物1512件。现将鉴定结果简要报告如下。

一　测试仪器及条件

　　本次对海藏遗址出土器物的材质鉴定均是通过无损分析方法进行检测。在对出土器物的矿物组成及结构构造进行肉眼和放大观察的基础上，我们采用反射法红外光谱结合便携式X射线荧光光谱（pXRF）对出土器物的矿物成分和化学成分进行无损测试，进而综合判断出土器物的岩性特征。使用的仪器为中山大学地球科学与工程学院的Thermo Scientific Nicolet iS5小型台式傅里叶变换红外光谱仪，分辨率$2cm^{-1}$，反射法，扫描范围$4000 \sim 400cm^{-1}$，扫描次数16次，利用OMNIC软件对采集到的红外反射光谱进行K-K校正；采用的便携式X射线荧光光谱仪（pXRF）型号为SPECTRO xSORT，能量分辨率小于170eV，元素分析范围Mg-U，大部分元素检测限优于$10\mu g/g$，单点测试时间60s。

二　材质定名依据

　　由于无损检测的要求，本次海藏遗址出土器物的材质鉴定均采用无损分析方法，未进行传统岩矿鉴定常用的岩石薄片分析，这在一定程度上增大了材质鉴定的难度。为保障岩性鉴定结果的可靠性，本文采用较为宽泛的定名原则，综合考虑肉眼／放大观察、红外光谱、便携式X射线荧光光谱等三种分析方法获得的样品矿物组成、化学成分、结构构造信息，对海藏遗址出土器物的材质进行定名。对于其中玉器、玉料的材质定名，采用现行国家标准《珠宝玉石名称》（GB/T 16552—2017）；对于其中石质材料的岩性定名，采用现行国家标准《岩石分类和命名方案　火成岩岩石分类和命名方案》（GB/T 17412.1—1998）、《岩石分类和命名方案　沉积岩岩石分类和命名方案》（GB/T 17412.2—1998）、《岩石分类和命名方案　变质岩岩石的分类和命名方案》（GB/T 17412.3—1998）。

*　张跃峰、丘志力、杨炯、吴玮淇、丁永康、曾探，中山大学地球科学与工程学院。

[1]　本文工作受国家自然科学基金项目（41673032）资助，感谢甘肃省文物考古研究所的大力支持。

三　测试结果

（一）玉石器 / 料的材质分析

这类器物包括璧及残件、璧芯、锛、串珠等，材质种类多样，包括大理岩类、透闪石玉 / 岩、蛇纹石玉 / 岩、绿泥石岩、滑石岩、云母质玉、绿松石等。

1. 大理岩类玉石器

海藏遗址出土玉石器的材质主要为大理岩类，共计 597 件。这些器物的器形主要为璧及残件、璧芯等，多呈微透明，颜色包括白、灰白、绿、灰绿、黄绿等，粒状、柱状变晶结构，部分具有片理构造。其主要矿物为碳酸盐矿物，含量在 50% 以上，红外光谱分析结果（图一）显示，其红外吸收峰主要为 1538cm^{-1}、889cm^{-1}、713cm^{-1}，与方解石一致；同时，便携式 X 射线荧光光谱（pXRF）分析结果（表一）也具有富 Ca 贫 Mg 的特征，与方解石特征相符，由此推断，这类玉石器中的碳酸盐矿物种类主要为方解石。除方解石外，这些玉石器中还含有含量不等的次要矿物。经肉眼 / 放大观察和红外光谱、pXRF 测试，确认其次要矿物包括蛇纹石、透闪石、绿泥石、透辉石等（图一；表一），多以其中一种为主；根据次要矿物组成，分别定名为大理岩、蛇纹大理岩（主要类型）、透闪大理岩、绿泥岩、透辉大理岩等。需要说明的是，区域变质作用和接触变质作用均可形成大理岩，两种成因类型的大理岩矿物组成和结构构造基本一致，难以区分。对于缺乏野外产状信息的大理岩类玉石器，本文的定名主要体现其矿物组成特征，不具有成因指示性。

表一　海藏不同材质代表性器物 pXRF 半定量分析数据表

氧化物单位：%；微量元素单位：μg/g

编号	岩性	SiO$_2$	TiO$_2$	Al$_2$O$_3$	FeO$_T$	MnO	MgO	CaO	K$_2$O	Cr	Ni
T0205⑭：5	大理岩	8.1	0.09	0.10	0.4	0.02	1.1	49	0.01	78	258
T0305⑬：18	大理岩	3.9	0.07	0.11	0.3	0.07	1.3	50	0.01	104	57
T0404⑬：1	蛇纹大理岩	16	0.12	0.05	2.4	0.10	10	30	0.00	68	96
2018C：7	蛇纹大理岩	14	0.04	0.06	0.7	0.11	11	28	0.01	81	181
T0303⑫：18	透闪大理岩	19	0.78	0.26	2.8	0.16	13	26	0.04	65	5
T0305⑬：11	透闪大理岩	25	0.06	0.05	1.6	0.14	17	23	0.00	84	120
T0305㉑：7	透辉大理岩	35	0.13	0.05	0.5	0.14	10	33	0.12	71	5
T0205H7①：2	透闪石玉	59	0.02	0.06	0.6	0.33	20	11	0.11	35	59
T0404⑤：10	透闪石玉	53	0.03	0.04	1.0	0.04	26	13	0.00	82	119
T0403⑦：10	透闪石玉	43	0.02	0.08	6.7	0.12	17	13	0.10	2050	1696

续表

编号	岩性	SiO$_2$	TiO$_2$	Al$_2$O$_3$	FeO$_T$	MnO	MgO	CaO	K$_2$O	Cr	Ni
T0204⑳：52	透闪石岩	51	0.07	0.06	1.2	0.05	20	13	0.20	56	19
T0403⑤：3	方解石透闪石岩	30	0.05	0.06	7.2	0.13	12	19	0.00	25	95
T0303⑯：14	透辉石透闪石岩	41	0.13	0.08	0.9	0.02	8.6	20	0.18	49	77
T0305⑳：1	蛇纹石玉	36	0.03	0.09	3.0	0.03	34	0.6	0.17	1148	2168
T0204⑲：2	蛇纹石玉	45	0.04	0.06	1.2	0.07	42	2.9	0.11	27	38
T0404⑦：10	蛇纹石玉	41	0.05	0.04	2.0	0.11	34	0.8	0.15	76	171
T0305㉑：14	方解石蛇纹岩	28	0.06	0.04	1.0	0.11	22	20	0.16	44	26
T0304⑨：13	蛇纹岩	40	0.06	0.07	1.2	0.02	41	1.7	0.13	72	146
T0204⑰：2	绿泥岩	49	0.06	7.8	0.7	0.04	39	0.4	0.21	19	38
T0403⑦：6	绿泥岩	44	0.03	9.8	0.8	0.05	32	2.1	0.34	25	59
T0305㉑：13	绿泥岩	39	0.02	12	0.9	0.04	40	0.5	0.31	24	32
T0405⑭：11	滑石岩	58	0.01	0.07	2.3	0.05	37	0.5	0.05	31	155
T0404⑭：6	滑石岩	64	0.10	0.03	0.4	0.01	37	0.4	0.14	84	128
T0403⑧：1	滑石岩	65	0.06	0.03	0.7	0.03	23	1.7	0.22	45	113
T0204⑩：4	云母质玉	49	0.07	19	1.1	0.04	5.3	1.5	7.5	21	113
T0305⑬：6	葡萄石岩	36	0.15	14	0.6	0.02	0.5	27	0.09	68	5

注：数据为 pXRF 仪器测试结果，均未进行校正

2. 透闪石质玉石器

海藏遗址出土器物中以透闪石为主要矿物者共计 33 件，仅占全部样品的 2.2%，包括玉璧及其残件、玉锛、璧芯、玉料等。根据品质的差异，分为透闪石玉和透闪石岩两类。其中，透闪石玉 17 件，主要呈白、青、绿、褐黄色，亚透明—半透明，隐晶质结构，质地细腻温润，有玉质感；透闪石岩 16 件，主要呈白、绿、灰绿色，微透明，粒状、柱状、片状变晶结构，结构较粗，无玉质感。两部分代表性样品红外光谱见图二，主要矿物透闪石，对应红外吸收峰为 1148cm⁻¹、1092cm⁻¹、1039cm⁻¹、996cm⁻¹、923cm⁻¹、763cm⁻¹、687cm⁻¹、542cm⁻¹、511cm⁻¹、462cm⁻¹；pXRF 分析结果（表一）显示，样品主量成分为 SiO$_2$、MgO、CaO，含量接近透闪石的标准化学组成；大部分样品 Cr、Ni 含量低于 100μg/g，为大理岩型透闪石玉/岩，少部分样品具有较高的 Cr、Ni 含量（均高于 1000μg/g），为超基性岩型透闪石玉/岩。

3. 蛇纹石质玉石器

蛇纹石质玉石器/料是海藏遗址出土器物中较为常见的材质类型，共计 162 件，占全部样品的 10.7%，包括

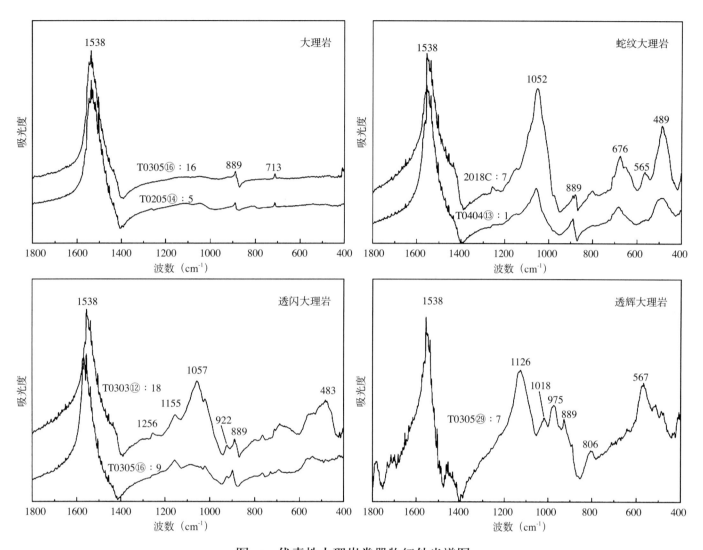

图一 代表性大理岩类器物红外光谱图

玉璧及其残件、璧芯、玉料等。根据品质的差异，分为蛇纹石玉和蛇纹石岩两类。其中，蛇纹石玉共计72件，主要呈绿色、白色，亚透明—半透明，隐晶质结构、片状变晶结构，质地细腻均一，有玉质感。红外光谱分析结果（图三）显示，其主要矿物为蛇纹石，对应红外吸收峰为1089cm⁻¹、1046cm⁻¹、672cm⁻¹、565cm⁻¹、489cm⁻¹，其他矿物含量较少；pXRF分析结果（表一）表明，其主要化学成分为SiO_2、MgO，含量接近蛇纹石的理想化学组成；大部分样品Cr、Ni含量低于100μg/g，为大理岩型蛇纹石玉，少部分样品具有较高的Cr、Ni含量（均高于1000μg/g），为超基性岩型蛇纹石玉。蛇纹石岩共计90件，主要呈白、绿、黄绿色，亚透明，粒状、柱状、片状变晶结构，结构较粗，缺乏玉质感；经红外光谱、pXRF的综合分析，确认其主要矿物为蛇纹石，次要矿物包括少量方解石、透闪石、滑石等，成因类型多为大理岩型，少部分为超基性岩型。

4.绿泥石质玉石器

此类器物共计19件，主要为璧及其残件、璧芯、玉料等，颜色为灰白、浅绿、黄绿色，半透明—微透明，粒状、片状变晶结构，部分具有片理化构造，质地较均匀。红外光谱分析结果（图四）显示，其主要矿物为绿泥石，对应的红外吸收峰为1068cm⁻¹、1034cm⁻¹、661cm⁻¹、557cm⁻¹、514cm⁻¹、482cm⁻¹，其他矿物含量较低。pXRF测试结果（表一）表明，其主量成分为SiO_2、MgO、Al_2O_3，含量与富Mg的绿泥石亚种特征一致。

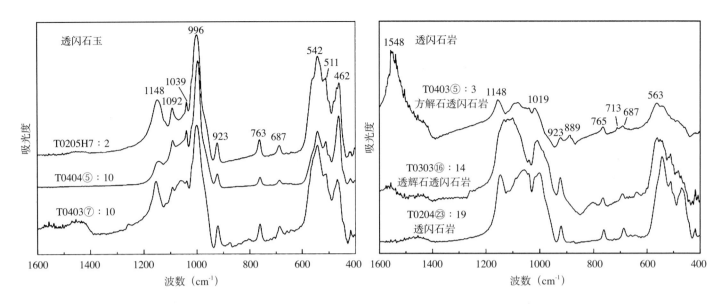

图二　代表性透闪石玉/岩样品红外光谱图

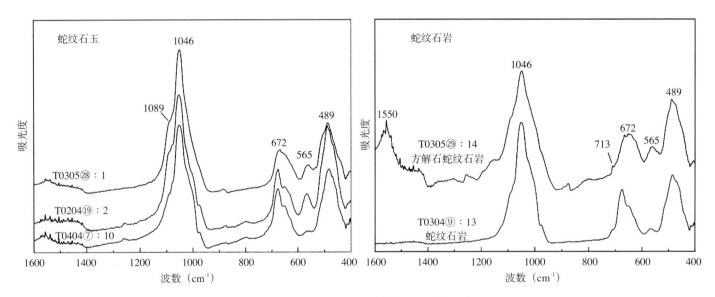

图三　代表性蛇纹石玉/岩样品红外光谱图

5.滑石质玉石器

此类器物共计6件，主要为残璧、璧芯，灰白、灰绿色，半透明，粒状变晶结构，部分具有片理化。红外光谱见图五，主要矿物为滑石，对应红外吸收峰为1115cm⁻¹、1046cm⁻¹、679cm⁻¹、523cm⁻¹、494cm⁻¹。pXRF 化学成分分析结果见表一，主量成分为 SiO_2、MgO，含量接近滑石的理论化学组成。

6.绿松石

海藏遗址出土器物中绿松石共计11件，主要为串珠、残片，蓝绿色，微透明，蜡状光泽，隐晶质结构，质地细腻。由于尺寸太小，未进行红外光谱、pXRF 检测。

7.其他材料

除上述材质外，海藏遗址出土玉石器/料中还有很少量的云母质玉（2件）、葡萄石岩（1件）等，红外光谱见图六，pXRF 化学成分分析结果见表一。

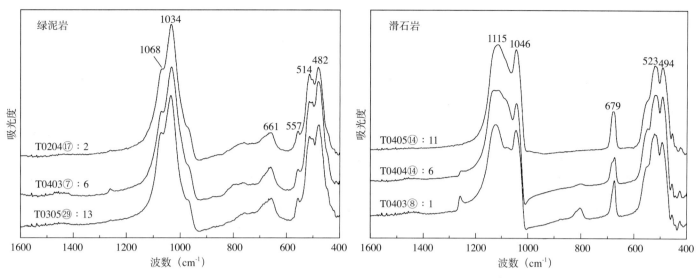

图四　代表性绿泥石岩样品红外光谱图　　　　　图五　代表性滑石岩样品红外光谱图

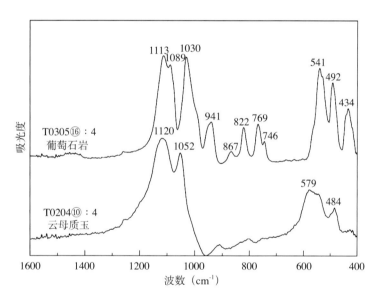

图六　其他材质的样品红外光谱图

（二）石质工具的材质分析

海藏遗址出土的石质工具包括锛、刀、斧、锤、磨石等，绝大部分为由多种矿物组成的岩石，材质类型多样。根据标本肉眼及放大观察，辅以红外光谱、pXRF 分析结果，可将石质工具按岩性分为两大类：砂岩及其变质岩、岩浆岩及其变质岩。

切割工具、磨石等切磨工具的材质主要为砂岩及其变质岩，具体包括砂岩、粉砂岩、石英砂岩、长石石英砂岩、杂砂岩及其低程度变质岩石，如变质砂岩、变质粉砂岩、硅质板岩、碳质板岩、泥质板岩等。这些类型岩石的石英含量较高，结构不够致密，使用时粒状石英容易脱落而成为解玉砂，有助于加快玉石器的切磨效率。

锤等砍砸器的材质主要为岩浆岩及其变质岩，包括英安岩、安山玢岩、闪长玢岩、闪长岩、玄武岩及蚀变火山岩等。这类岩石整体上结构致密、坚硬，适合用作砍砸器。

根据我们对武威地区的野外地质考察，海藏遗址出土石质工具的所有材质类型，均能在附近的河床内发现，因此可以推测海藏遗址石质工具应为就地取材。

四 基本认识及结论

武威海藏遗址为齐家文化中期从事玉石器加工的聚落遗址，出土玉石器包括玉石璧及残件、璧芯、玉石锛、串珠等，材质主要为大理岩类，另有少量透闪石玉／岩、蛇纹石玉／岩、绿泥石岩、滑石岩、绿松石、云母质玉等，材质组合特征与晋南史前清凉寺、下靳墓地出土玉石器较为相似 [1]。其中透闪石玉／岩、蛇纹石玉／岩均存在大理岩型、超基性岩型两种成因类型，指示其玉料具有多源性，其产地来源需要进一步的深入研究。

海藏遗址出土的石质工具包括锛、刀、斧、锤、磨石等，其石料的使用具有明显的选择性。其中石锛、石刀、石斧、磨石等切磨工具的材质主要为砂岩及其变质岩，包括砂岩、粉砂岩、石英砂岩、长石石英砂岩、杂砂岩及其低程度变质岩石，如变质砂岩、变质粉砂岩、硅质板岩、碳质板岩、泥质板岩等。石锤等砍砸器的材质主要为坚硬的岩浆岩及其变质岩，包括英安岩、安山玢岩、闪长玢岩、闪长岩、玄武岩及蚀变火山岩等。海藏遗址石质工具的两大类岩石材料均为遗址附近常见的岩石类型，推测为就地取材。

---

[1] 山西省考古研究所等：《清凉寺史前墓地》，文物出版社，2016年。

附录四　海藏遗址玉石璧制作工艺分析报告

赵海龙　刘冯军　周天路　王永先*

海藏遗址出土璧标本丰富，形态类型多样，本报告将采用动态类型学"操作链"、代用指标量化分析的方法，重点讨论出土璧制作的整体流程、取芯方式、钻具形态、钻具稳定性等工艺方面的问题，具体情况报告如下。

1.璧与璧芯的整体保存情况

总体上璧完残程度不一，根据中孔的保存程度，划分了4个等级，即不足四分之一者，不足二分之一者，一半以上者，以及完整者。图一表明，完整者占比最小，不足一半的比例最大，其次是不足四分之一的和一半以上的璧（图一）。

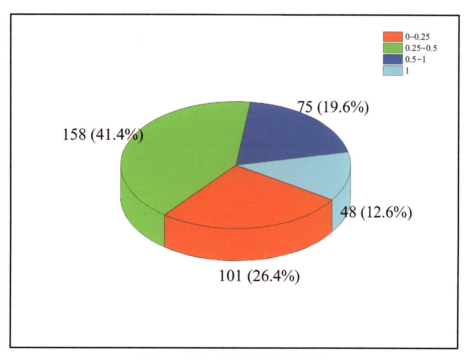

图一　璧完残情况统计饼状图

璧之间尺寸相差较大（图二）。璧和璧芯的厚度重合度较大（图三），主要标本厚度集中在4~14毫米。有少量标本厚度特别，甚至璧芯的厚度可以达到40毫米以上，这种情况在齐家文化的玉石璧中是比较罕见的。

2.玉石璧制作的整体流程

完整的璧，形状不一，从一般类型和"操作链"动态类型相结合的角度，本文选取了部分典型标本50件。按照完整璧中孔直径尺寸，由大到小分为A、B、C、D四型（图四）：A，大孔型；B，中孔型；C，小孔型；D，超小孔型；按照璧四周大致形状和修理程度分成五个亚型：

---

* 赵海龙、周天路、王永先，河北师范大学历史文化学院；刘冯军，甘肃省文物考古研究所。

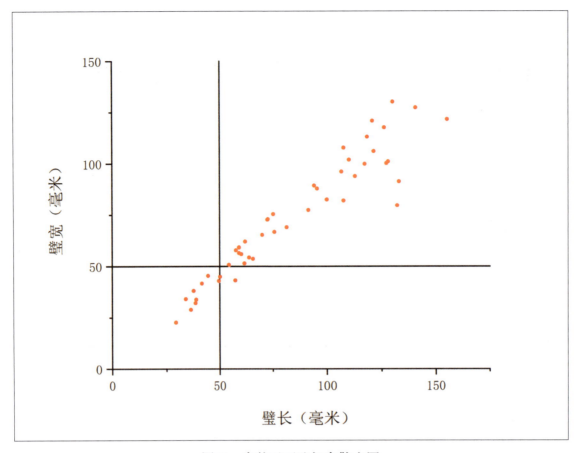

图二　完整玉石璧长宽散点图

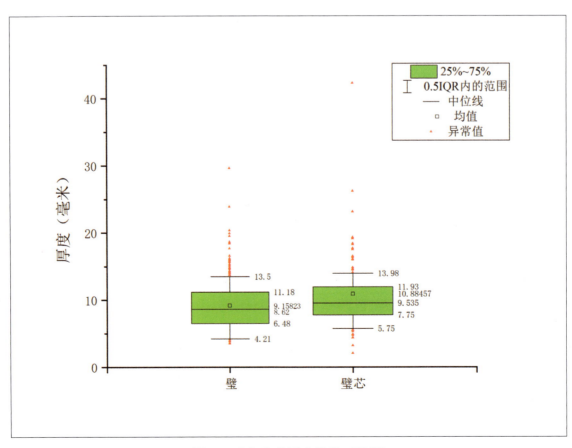

图三　璧与璧芯厚度箱线对比图

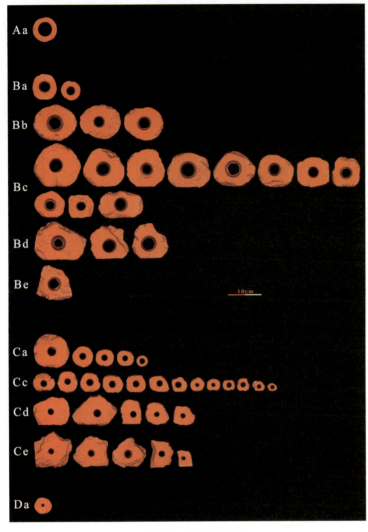

图四 璧类型图

a. 近圆形。平面基本为圆形，璧身上下平整，周边通体磨制，较为精良。

b. 近椭圆形（或鸡蛋形）。平面整体呈椭圆形或鸭蛋形，璧身上下基本平整，临近边缘偶有残缺，四周磨圆，略显规整。

c. 圆角多边形。平面为圆角多边形，以圆角方形的为主，其他不规则多边形次之。璧身平整，四周圆角的修磨程度高于边棱。在整体尺寸上，有大有小。

d. 带圆角不规则形。平面形状很不规则，璧身上下基本平整，四周转角处有磨圆现象，但非全部，有棱角。除璧孔外，整体加工比较粗糙。

e. 无圆角不规则形。平面形状很不规则，除璧身上下比较平整之外，临近周边薄厚不均，棱角突出，且不做任何修磨，应还处于毛坯状态。但由于中间璧孔已经完成，说明有些玉石璧的制作流程应是先在石板上钻孔，再修理器身周边。

从动态类型，"操作链"的角度分析，有些璧的制作流程是：1.开料，获得石板；2.钻孔；3.修理四周形态；4.修整边缘。e亚型的标本即代表了玉石璧加工的第二阶段。

从海藏遗址出土的特殊标本中也存在另外的制作流程：1.开料；2.修理周边形态；3.修整边缘；4.钻孔。例如标本T0405⑯：7器身形态完好，中央管钻出一环形凹槽，说明该器物的最后一道工序应是钻孔。

因此，依据少量半成品的基本情况，我们推断海藏遗址的璧制作可能存在以上两种操作模式。但是从成品璧来看，不论完好还是残损者，仍无法判断哪种模式占主流。

3.取芯方式

一般情况下，受璧身厚度不均（或者钻具偏轴）的影响，璧孔在被完全钻透之前，璧芯会呈现一部分分离（露出如新月般的空隙），另一部分仍然与璧身连接的现象。这时工匠一般会用敲击的办法，用锤头击打璧芯，使其脱落。这种方法具体有两种方式：既可以从璧芯的顶部敲击，也可以从其底部击打，但不同的方式产生的破损痕迹是有差别的。多数时候，如果芯和璧连接部分较大，击打璧芯的顶部会将璧身底部的石料带下来一些，使璧身的底部出现破损（waning），留下疤痕。如果从底部击打璧芯部分，璧芯会产生破损（waning），璧孔底部连接璧身处会有盈余（waxing）的石料，甚至有时能看到管钻产生芯与璧之间的弧形沟槽，这对判断钻具的形态和磨耗程度有较大帮助。当钻孔完成度较高的时候，璧芯与璧身连接较少，这样取芯时的破损较小，甚至不留明显痕迹（以"neither"表示），暂无法判断取芯方式。遗物中也有盈余和残损在同一件标本上共存的现象（以"both"表示），暂也无法准确判断取芯方式。

从保存相对完整的璧和璧芯底部的断裂特征分析（图五），璧孔底部盈余（waxing）现象较多，而璧芯底部

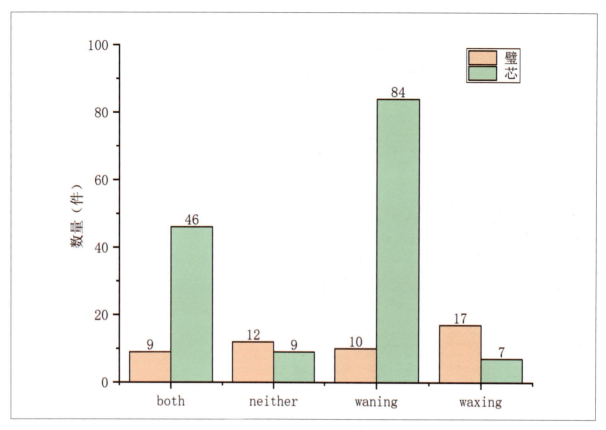

图五　璧、璧芯断裂特征统计柱状图

缺损（waning）现象也最多，说明在钻孔活动的最后阶段，取芯应该是以由底部向顶部敲击的方式为主，其他方式次之。

4.钻具形态

管钻工艺的最大特点是能够产生钻芯，初始阶段会在玉石璧顶面形成环形的沟槽，随着沟槽磨蚀程度逐渐加深，管内的璧芯也会更加突显。在管钻的过程中，影响钻芯和环形沟槽形态的因素有很多：1．钻管的钻头是否接近正圆形？ 2．钻管管壁的厚度。3．钻轴和钻头是否同轴旋转？ 4．钻具在旋转过程中的稳定性。

在钻头钻管极近圆形，管壁有一定厚度，且钻轴与钻头保持同轴旋转，钻具基本稳定的理想状态下，环槽截面底部会呈"V"形。如果钻管不是规则的圆筒，或者旋转时钻轴与钻头不在同一直线上，环槽顶部的开口会较大，截面底部呈"U"形。通过对海藏遗址璧和璧芯的测量统计，我们对钻具的基本形态做了初步分析。

璧芯的底径是璧孔尺寸的直接反映。而璧芯顶径与底径的差距，可以反映制作工艺中钻具的特征。图六是部分完整璧芯顶视正射影像图，左上方顶、底直径差距较大，右下方顶、底直径差距缩小，可以直观反映出钻具管径和管壁厚度的变化情况。图七中散点图反映出，绝大多数璧芯直径在40毫米以下，最大者不超过70毫米。坐标原点引出的射线为横、纵等分线，等分线穿过的散点表示上底与下底直径相同，有2件标本。等分线以下的散点表示上底直径大于下底直径，有2件标本。其余散点均在等分线以上，表示上底小于下底。上下底径相同，或者上大下小的现象虽然比较少见，属于特例，但足以说明钻具管壁的纤薄程度。图八中璧顶部孔径的分布，显示出10～55毫米的变化范围，相比璧芯直径范围略小。图九中璧孔顶部的角度变化同样证明了钻具管壁厚度的多样性。

径厚指数，即璧芯上下两个底面直径的大小，璧芯的厚度，作为变量可以反映出璧芯整体形态上相对的薄厚粗细。可以用径厚指数来作为参考指标。具体可以表示为：顶径／厚度，底径／厚度。如图一○径厚指数散点图中所示，横纵坐标均小于1，表示璧芯厚度大于上下直径，形态上类似高台状，仅2件标本。而绝大多数都呈圆饼状，即直径大于厚度，这其中以低于 4 倍大小的为主，大于 4 倍的占较少数。

同时该散点图还能反映出，散点离等分线越近，璧芯上下底愈接近。离等分线越远，上下底差别越大，图中绝大多数散点都在等分线以上，说明璧芯顶部直径小于底部。散点的分散程度也能说明钻具所用钻管管径的多样，以及管壁厚度的多变情况。

5.钻具稳定性

如果钻具的钻轴能保持与被钻物体的顶面，即璧的顶面垂直，又能在旋转过程中一直保持这种姿态，那样产生的璧芯应该是一个呈轴对称的圆台。但是，如果钻具垂直于顶面，但是发生了某一水平方向的渐进移动，或者钻具向一方倾斜并一直保持该种姿态，就会导致璧芯的不对称。海藏遗址恰好也出土了一些不对称的璧芯，似乎能反映出当时钻孔时工具的稳定情况。

如璧芯纵截面两顶角散点图（图一一）所示，横坐标表示顶角 A 度数，纵坐标表示顶角 D 度数，从坐标原点出发的射线为等分线，在线上分布的散点横、纵坐标数据相等，说明其对应的璧芯是高度轴对称的。散点离等分线越远，璧芯越不对称，表明钻具在轴旋转的过程中发生偏移

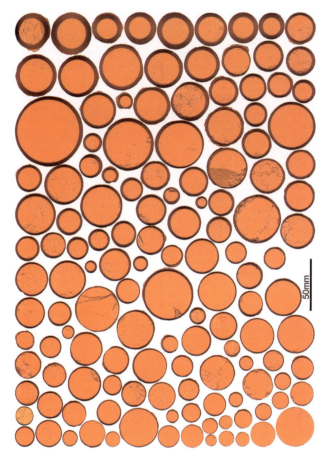

图六 璧芯俯视正射影像图

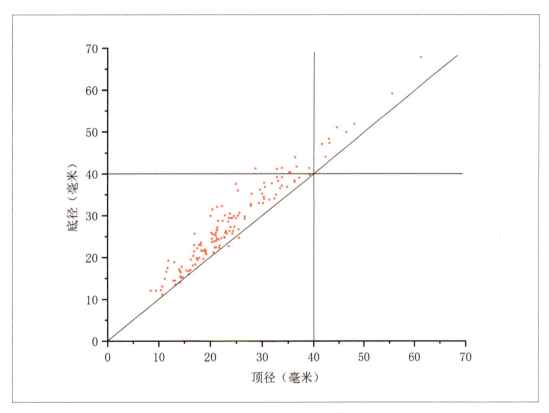

图七 璧芯顶、底部直径散点图

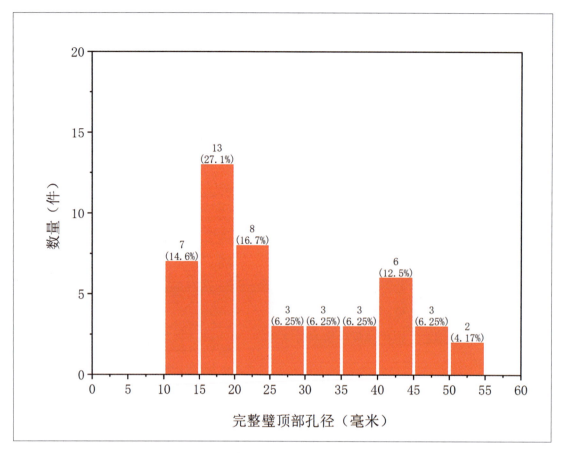

图八　完整璧顶部孔径直方图

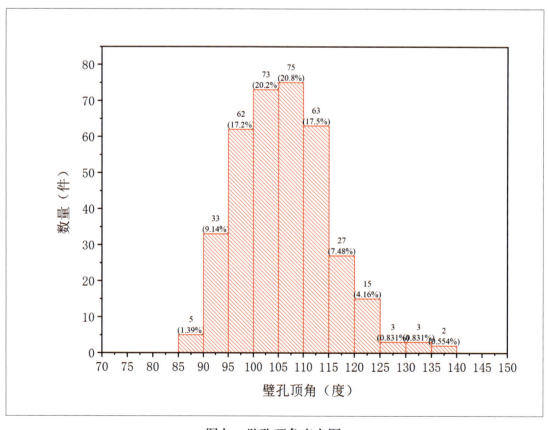

图九　璧孔顶角直方图

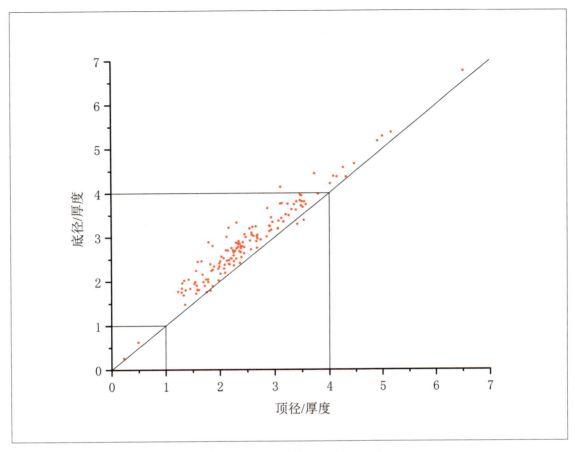

图一〇　璧芯径厚指数散点图

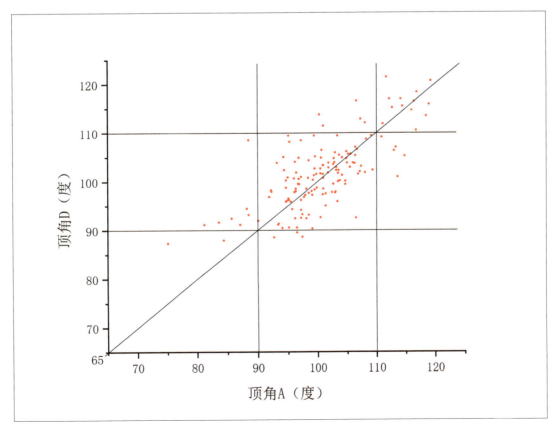

图一一　璧芯截面顶角散点图

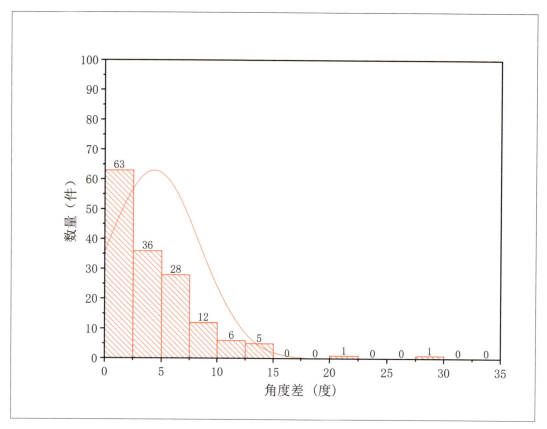

图一二　璧芯截面顶角差值直方图

　　的可能性比较大。图一一中有近一半左右的散点是紧密分布在等分线上及其附近的，这种情况说明钻具比较稳定，且几乎完全垂直于璧毛坯顶面。从图一二差值直方图中可以看出，纵截面顶角相差 0°～2.5° 的璧芯占绝大多数。但也有一部分散点是远离等分线的，说明钻孔过程中钻具有所偏离，向某一方向倾斜。如图一二差值在 5°～10° 的标本不在少数，甚至个别差值近 30°。

　　总之，海藏遗址出土的玉石璧类型多样，大小、厚薄不一。从制作工艺的角度，我们发现玉石璧在取料、整形、开孔方面存在两种模式。古人应用的钻具尺寸变化范围也较大，管璧的厚度也不一致。模拟实验结果推测，该遗址可能存在管壁极薄的钻具进行钻孔取芯工作。在钻具旋转的稳定性方面，疑似存在高度稳定的机械设备，保证钻具能够垂直于玉石璧顶面，长时间保持同一姿态旋转。古人在取芯的时候往往会由毛坯底部向顶部敲击玉芯，使其脱落。作为典型的齐家文化遗存，其玉石璧制作技术已经达到了相当成熟的阶段。

附录五　海藏遗址齐家文化时期出土人骨鉴定报告

贺乐天 *

海藏遗址位于甘肃省武威市凉州区金羊镇三盘磨村。为了配合海藏湖生态治理建设项目，甘肃省文物考古研究所于 2018~2019 年度对该遗址进行了发掘。根据层位关系和出土器物，该遗址可以分为早晚两期，早期为齐家文化时期，晚期为战国时期。海藏遗址共发掘墓葬 12 座，均为长方形竖穴土坑墓，属齐家文化时期，部分墓葬破坏严重，骨骼整体保存状况较差。除了墓葬出土人骨外，遗址的地层和灰坑中还发现了很多人骨标本，除了三例个体基本完整的骨架外，其余多为零散碎骨。现将海藏遗址齐家文化时期的人骨鉴定的结果报告如下。

一　性别和死亡年龄分布

性别和年龄鉴定是人类骨骼考古研究的基础，一方面可以提供墓葬个体的基本信息，另外，也能为后续研究探讨人群的健康与疾病、社会等级分化、性别分工等问题提供依据。根据邵象清《人体测量手册》[1]、朱泓《体质人类学》[2]，以及 Tim D. White《人骨手册》[3] 的相关标准，对出土人骨进行性别和年龄鉴定。未成年人的年龄鉴定主要根据骨化点的出现，牙齿的萌出及骨骺愈合情况判断；成年人的年龄鉴定主要根据耻骨联合面、耳状关节面的变化、颅骨骨缝愈合及牙齿磨耗进行判断。对于年龄的记录采用具体数字和年龄分期两种表示方法。年龄分期表示法是用阶段性的年龄分期来归纳鉴定结果，一般可划分为婴儿期（0~2 岁）、幼儿期（3~6 岁）、少年期（7~14 岁）、青年期（15~23 岁）、壮年期（24~35 岁）、中年期（36~55 岁）和老年期（56 岁以上）。对于缺乏明确年龄标志的个体，根据骨骺愈合与否，记录为"未成年"或"成年"。

性别鉴定则主要依据颅骨、骨盆的形态特征。对于性别特征明显的个体记录为"男性"或"女性"。对于骨骼形态处于两性之间，性别特征不明显，或骨骼保存状态较差，缺失骨盆和颅骨的个体记录为"男？"或"女？"，表示倾向于男性或女性的可能性大。对于骨骼残破或缺乏可进行性别鉴定部位的个体则记录为"无法鉴定"（表一、二）。

由表一可知，12 座墓葬中出土人骨共 16 例。其中，性别不明者 4 例，性别基本明确者 12 例，鉴定率为 75%。男性或可能为男性的个体 6 例，女性或可能为女性的个体 6 例。两性之间的性别构成常用的表示方法为性别比，即男性个体与女性个体数量的比值，自然人口性别比大概在 1∶1.03~1∶1.05，男性略多于女性[4]。而海藏遗址墓葬出土人骨的性别比为 1∶1，男女数量接近。年龄鉴定上，死亡年龄明确者 10 例，死亡年龄不详者 6 例，鉴定率为 62.5%。

地层中出土的人骨大多破碎零散，仅 T0305⑯、T0303⑯、T0303 ⑤出土三例比较完整、可以区分个体的骨架。由表二可知，这三例个体的年龄明确，均处在少年期，性别则无法鉴定。

表三为海藏遗址人口死亡年龄结构表。由表可知，该遗址古代居民的死亡年龄段主要集中在青年期，其次是

* 贺乐天，兰州大学历史文化学院考古与博物馆学研究所。

[1] 邵象清：《人体测量手册》，上海辞书出版社，1985年。
[2] 朱泓：《体质人类学》，高等教育出版社，2004年。
[3] White TD, Folkens PA. *The Human Bone Manual*，US: Elsevier Academic Press, 2005.
[4] 刘长茂等：《人口结构学》，中国人口出版社，1991年。

表一　墓葬出土人骨性别年龄鉴定表

墓号	个体	性别	年龄(岁)	年龄分期
M1	1	男	成年	—
	2	女?	青年	青年期
	3	无法鉴定	16~18	青年期
	4	无法鉴定	未成年	—
M2	1	男	20±	青年期
M3	1	男	25±	壮年期
M4	1	无法鉴定	成年	—
M5	1	无法鉴定	成年	—
M6	1	女	40±	中年期
M7	1	男	20~25	青年期
M8	1	男?	18~20	青年期
M9	1	女	25±	壮年期
M10	1	女	35~40	壮年期
	2	男	成年	—
M11	1	女	16~17	青年期
M12	1	女	16~18	青年期

表二　遗址地层出土完整骨架性别年龄鉴定表

地层号	个体	性别	年龄(岁)	年龄分期
T0305⑯	1	无法鉴定	12~13	少年期
T0303⑯	1	无法鉴定	13~15	少年期
T0303⑤	1	无法鉴定	14~15	少年期

少年期和壮年期，未发现婴幼儿期和老年期个体。此外，男女两性在各个年龄段的死亡比例亦并无明显不平衡。

由于遗址后期破坏比较严重，且出土的人骨例数很少，上述死亡年龄结构可能并不能代表当时的实际情况。同属齐家文化时期的甘肃临潭磨沟墓地古代居民以中年期的死亡比例为最高，其次为青壮年期；而男性在中年期死亡比例高于女性，女性在青年期的死亡比例略高于男性。此外，磨沟墓地古代居民死亡年龄统计的另一个比较明显的特点是，婴幼儿期和少年期的死亡率较高[1]。这一古人口结构与海藏遗址存在较大差别。但磨沟墓地出土人骨保存状况好，样本量很大，相对来说能够较好地排除抽样误差，应该能够更好地代表齐家文化时期古代人群的死亡年龄结构特征。

此外，海藏遗址出土了大量的玉石器、玉石料、加工工具、废弃的坯料和残块等，被认为是一处齐家文化时期玉石器加工聚落。这样特殊的聚落功能，可能也会使该遗址的人口结构与自然人口结构存在差别。

---

[1]　赵永生：《甘肃临潭磨沟墓地人骨研究》，吉林大学博士学位论文，2013年。

表三 海藏遗址人口死亡年龄结构表

年龄阶段	男性（%）	女性（%）	性别不明（%）	合计（%）
少年期（7~14）	0（0）	0（0）	3（75）	3（23.08）
青年期（15~23）	3（75）	2（40）	1（25）	6（46.15）
壮年期（24~35）	1（25）	2（40）	0（0）	3（23.08）
中年期（36~55）	0（0）	1（20）	0（0）	1（7.69）
合计	4（100）	5（100）	4（100）	13（100）
未成年	0	0	1	1
成年（年龄不详）	2	1	2	5
总计	6	6	7	19

二　地层出土零散人骨概况

海藏遗址齐家文化地层和灰坑中出土了很多零散人骨，这些骨骼大多破碎，主要为头后骨骼各部位的残段，也有少量头骨残片、下颌骨以及牙齿。经过清理和肉眼观察，这些破碎骨骼上均未见明显砍砸和切割痕迹。

为了对这些地层及灰坑中出土人骨所属个体的数量有进一步的认识，笔者使用最小个体数（MNI）的计数方法来进行统计。最小个体数是人类骨骼考古和动物考古中常用的一种计数方法，其原则为：统计出土人骨各个部位的骨骼，哪种骨骼（包括分清左右）数量最多，即为最小个体数。通过整理和记录，我们以右侧股骨作为计数对象，计算出海藏遗址齐家文化地层和灰坑中出土破碎人骨的最小个体数为22。其中既有未成年人也有成年人，但成年人个体的骨骼占比更高。与表三中体现的死亡年龄结构相比，似乎破碎人骨所代表的人群平均死亡年龄更高。

三　古病理学观察与分析

古病理学是一门研究疾病在较长时间内的演变和发展过程及人类对周围环境的适应性的学科[1]。在人类骨骼考古中，古病理学分析能够为探究古代人群的健康与疾病状况，生存方式，社会习俗等相关内容提供线索。由于海藏遗址出土人骨数量较少，保存状况一般，且多为青少年和青壮年个体（病理现象一般相对较少），将病理数据进行统计学分析意义不大。因此，笔者首先将以个体为对象，对骨骼和牙齿的保存状况及其表现出来的病理现象进行描述，然后以此为基础进行分析。

（一）墓葬出土人骨病理现象描述

M1：最小个体数为4，所有骨骼保存很差，个体无法区分。

M2：男性，20±岁，主要保存四肢长骨、骨盆及手、足部的骨骼；无牙齿保存。所有骨骼未见异常。

M3：男性，25±岁，主要保存头后骨骼，无头骨、牙齿保存。第五腰椎可见周缘骨赘形成；左侧中上部的一

---

[1] Charlotte Roberts, Keith Manchester著，张桦译：《疾病考古学》，山东画报出版社，2010年。

例肋骨可见骨折后愈合的迹象（保存较差，无法判断具体为第几肋）。其余骨骼未见异常。

M4：个体仅保存部分足部跗骨、跖骨。所有骨骼均未见异常。

M5：性别不明，成年。仅保存胫腓骨残段和部分足部骨骼。跖骨之间及第一跖骨底部节面可见周缘骨赘和骨质象牙化。

M6：女性，40±岁，全身骨骼、牙齿均有保存，保存状况一般，全身骨骼、牙齿未见异常。

M7：男性，20～25岁，主要保存下肢骨骼，及部分手部骨骼。所有骨骼未见异常。

M8：男性（？），18～20岁，主要保存头骨、牙齿、上半身骨骼及骨盆。所有骨骼未见异常。下颌左侧第一臼齿和第二臼齿龋坏。

M9：女性，25±岁，仅保存左侧髋骨，未见异常。

M10-1：女性，35～40岁，主要保存下肢骨骼，无头骨，无牙齿保存。第四腰椎椎体周缘轻微的骨赘形成，第五腰椎椎体可见许莫氏结节。其余骨骼无异常。

M10-2：男性，成年。主要保存部分四肢长骨、部分腰椎、骶骨。所有骨骼未见异常。

M11：女性，16～17岁。全身骨骼、牙齿均保存，保存状况一般。额骨、双侧顶骨、枕骨出现处于活动期的多孔性病变，眶顶无异常。左侧胫骨内侧有异常新骨形成现象；第五腰椎椎体滑脱。其余骨骼无异常。上颌右侧中门齿生前牙齿脱落，齿槽已愈合；上颌右侧侧门齿、下颌右侧犬齿都存在釉质发育不全；上颌右侧第一臼齿、上颌左侧第二臼齿、下颌左侧第二臼齿和上颌右侧第二臼齿都存在龋坏。

M12：女性，16～18岁。全身骨骼，牙齿均保存，保存状况一般。双侧顶骨、枕骨上存在活动期的多孔性病变，无眶顶保存。足部两侧距舟关节存在关节面周缘骨赘；其余骨骼未见异常。上颌左侧侧门齿生前脱落；上颌双侧犬齿、下颌右侧犬齿存在牙釉质发育缺陷。

（二）地层出土人骨病理现象概述

T0305⑯：性别未知，年龄12～13岁。全身骨骼保存，保存状况较差。双侧顶骨、枕骨可见活动期的多孔性病变，第五腰椎椎体滑脱，其余骨骼、牙齿无异常。

T0303⑯：性别未知，年龄12～14岁。全身骨骼及牙齿保存，保存状况较好。双侧顶骨和枕骨上可见轻微的多孔性病变，其余骨骼、牙齿无异常。

T0303⑤：性别未知，14～15岁，主要保存四肢长骨，保存状况一般；无头骨、牙齿保存。左侧胫骨骨干内侧面可见新骨形成。

地层和灰坑中出土零散破碎人骨标本中发现的病理现象类型和数量见表四。

（三）古病理现象的讨论

1. 营养代谢类疾病

营养代谢类疾病在生物考古学中又被称为"生存压力的生物学指标"，指的是人体在生长发育阶段遭遇的生理干扰，如恶劣的营养状况等，通常会在骨骼或牙齿上留下痕迹[1]。这一类疾病可以通过多个指标来进行观察，例如肢骨上的哈维斯线（Harris line）、牙釉质发育不全、眶顶筛孔样变、颅顶多孔样骨肥大、非特异性感染等[2]。在海藏遗址齐家文化时期出土的人骨中，我们发现了牙釉质发育不全、颅顶多孔样骨肥大以及骨膜炎三种病理现象。

牙釉质发育不全表现为恒齿或乳齿的釉质表面呈现线状、沟状、点状或片状的凹陷，最常见于门齿和犬齿的

---

[1]　Goodman AH., Thomas RB, Swedlund AC. etc. Biocultural perspectives on stress in prehistoric, historical, and contemporary population research. *Yearbook of Physical Anthropology*, 1988(31):169–202.

[2]　Goodman AH., Martin DL, and Armelagos GJ. Indications of stress from bone and teeth. *In Cohen and Armelagos: Paleopathology at the origins of Agriculture*. Orlando: Acdemic Press, 1984:13–44.

唇侧。这些缺陷发生在牙齿的发育阶段（0~7岁），由于不能被吸收或修复，因此损伤可以一直保留至成年[1]。牙釉质发育不全发生的原因很多，如遗传因素、局部创伤、儿童时期的感染、营养不良等等。但学界普遍认为，儿童时期的营养健康状况是影响牙釉质发育的主要因素[2]。海藏遗址齐家文化时期的人骨中，牙齿（特别是前部牙齿）保存非常少，仅在 M11 和 M12 个体前部牙齿上发现带状釉质发育不全的现象。

颅顶多孔样骨肥大即在额骨、顶骨、枕骨上形成密集孔状或海绵样变，学界一般认为这种疾病与缺铁性贫血有密切关系[3]。以往的多项研究均表明，定居农业人群的生活环境（人口密度大）和饮食结构（谷物为主）更容易导致贫血[4]。海藏遗址齐家文化时期的人骨中，仅有 6 例个体保存了较完整的头骨或头骨残片，其中 4 例都出现了颅顶多孔性骨肥大，地层出土的破碎骨骼中也可见 1 例。这些患病个体的年龄段集中在少年期—青年期，且病变多处在活动阶段。

表四　海藏遗址齐家文化地层破碎骨骼上的病理现象汇总

病理类型	出现数量 （以骨骼或牙齿计）
颅顶多孔性病变	1
龋齿	3
牙齿生前脱落	25
齿槽脓肿	1
肘关节骨关节炎	3
膝关节骨关节炎	3
踝关节骨关节炎	1
颈椎骨关节炎	1
腰椎骨关节炎	2
腰椎椎体滑脱	1

骨膜炎，即发生在骨骼表面的一种非特异性感染。这种疾病表现为骨骼表面首先出现细小的点蚀状凹陷，而后沿着骨的长轴形成条纹状瘢痕，最终在原始骨皮质表面生成片状的新骨[5]。导致这种非特异性的骨骼改变的原因很多，如外伤、感染等。有学者提出，当生业方式转变为农业时，骨膜炎的流行率呈现逐渐增高的趋势[6]。本文观察的标本中，仅 M11 和 T0303 ⑤两例个体的胫骨上发现了轻微的骨膜炎。

表五　营养代谢类疾病汇总

墓号/地层号	性别	年龄	疾病类型
M11	女性	16~17岁	牙釉质发育缺陷、颅顶多孔样骨肥大、骨膜炎
M12	女性	16~18岁	牙釉质发育缺陷、颅顶多孔样骨肥大
T0305⑯	无法鉴定	12~13岁	颅顶多孔样骨肥大
T0303⑯	无法鉴定	13~15岁	颅顶多孔样骨肥大
T0303⑤	无法鉴定	14~15岁	骨膜炎
T0305㉒	无法鉴定	无法鉴定	颅顶多孔样骨肥大

为了方便比较，我们将表现出营养代谢类疾病的个体进行汇总（表五）。由表可知，海藏遗址齐家文化人群

[1]　Charlotte Roberts, Keith Manchester著，张桦译：《疾病考古学》，山东画报出版社，2010年。

[2]　Hillson S. Wealth, health, diet and dental pathology. In Metz (eds). *Wealth, Health and Human Remains in Archaeology*. 2003: 7-38.

[3]　Walker PL., Bathurst RB., and Richman R. The cause of porotic hyperostosis and cribra orbitalia: a reappraisal of the iron-deficiency-anemia hypothesis. *American Journal of Physical Anthropology*, 2009,139:109-125.

[4]　Walker PL., Bathurst RB., and Richman R. The cause of porotic hyperostosis and cribra orbitalia: a reappraisal of the iron-deficiency-anemia hypothesis. *American Journal of Physical Anthropology*, 2009,139:109-125.

[5]　Charlotte Roberts, Keith Manchester著，张桦译：《疾病考古学》，山东画报出版社，2010年。

[6]　Goodman AH., Martin DL, and Armelagos GJ. Indications of stress from bone and teeth. *In Cohen and Armelagos: Paleopathology at the origins of Agriculture*. Orlando: Acdemic Press, 1984:13-44.

的营养代谢类疾病几乎全部发现于青少年阶段的个体，出现率很高，而在成年个体中未见一例。这表明该人群在青少年时期遭遇了较为严重的生存压力，营养状况和健康水平较差。有研究表明，生存压力对个体生存年限也存在消极影响[1]，这可能也是海藏组人群死亡高峰期集中在青少年时期的原因之一。当然，该遗址青少年阶段的人骨数量最多，保存状况最好；而壮年期和中年期个体骨骼少，且多无头骨牙齿保存，无法进行相应的古病理学观察。因此，我们也不能排除上述结果是取样偏差所致。

2. 齿科疾病

牙齿是人类骨骼考古中非常重要的研究对象，对牙齿的研究能够为我们提供大量关于饮食、口腔健康、职业、文化行为及生业方式等方面的信息[2]。本次鉴定中发现和记录的齿科疾病主要为龋齿和生前牙齿脱落。

龋齿是最常见的齿科疾病，在以细菌为主的多种因素影响下，牙体硬组织发生慢性进行性破坏，使牙齿表面产生模糊的斑点，继而形成龋洞。人类的饮食被认为是影响龋病发病的重要因素。大量研究表明，随着人类的生业方式由狩猎采集转变为农业，碳水化合物摄入量增加，使得龋齿的发病率显著增加[3]。

本次鉴定采用的恒齿共计85颗，其中43颗来自墓葬中出土的4例个体，另外42颗出土自地层或灰坑。在观察时，我们又按照龋病在牙齿发生部位的不同分为咬合面龋、邻面龋、颊（舌）面龋、牙根龋。

在海藏组人群中，牙齿患龋率为10.59%（9/85）。何嘉宁曾对生业方式不同的中国北方多个遗址古代居民的龋齿患病率数据进行过比较。他指出：较发达农业文化的人群，龋齿率较高，范围在4.3%～14.8%，平均值为9.2%；以游牧为主的人群龋齿率最低，为0.2%～0.9%；原始农业经济形态人群的龋齿率居中，范围在1.2%～8.3%，一般在5%左右；半农半牧的人群，龋齿率的变异范围很大，介于0.5%～10.07%之间，平均值约6%[4]。海藏遗址齐家文化人群牙齿患龋率较高，尽管由于样本量的问题，这一统计结果可能存在取样偏差。但农业应在该人群的生业方式中占据重要地位，食物结构中碳水化合物比例较大。

在9枚龋齿上观察到的病灶，按照发生的位置可分为三种，分别是咬合面龋（4/9，44.44%）、邻面齿颈龋（2/9，22.22%）、颊侧齿颈龋（3/9，33.33%）。大量关于龋病的研究显示，史前人群的龋齿以邻面龋最为常见，而现代人以咬合面龋为多[5]。这种差异被认为是由于史前时期的食物加工方式粗糙，牙齿咬合面磨耗速度较快，咬合面的沟窝迅速消失，使得咬合面龋的发生几率降低[6]。然而，本次鉴定的结果显示，海藏遗址古代居民的咬合面龋出现率为最高，这应该与样本的年龄结构有关（以青少年样本为主）。随着年龄的增加，较严重牙齿磨耗一方面降低了咬合面龋的患病率，但在某种程度上也会使一些咬合面龋的病灶消失，而无法被观察、统计到。

牙齿生前脱落在古代人群中也是非常常见的一类齿科病理现象，牙周病和龋齿被认为是古代人群发生牙齿生前脱落最常见的原因。在鉴别这种病理现象时，以齿槽边缘有吸收愈合现象或受累的齿槽被新骨填充为标准[7]。海藏遗址齐家文化时期标本中，可观察的齿槽共计248个，生前牙齿脱落率为10.48%（26/248）。墓葬组样本和地层组样本的牙齿生前脱落率有较大差异。墓葬组为2%（2/100），地层组为16.22%（24/148）。这种差异产生的原因应该是死亡年龄结构的不同所致。地层样本所代表的人群其平均死亡年龄应该要高于墓葬中埋葬的个体，而生前牙齿脱落的比例明显与年龄呈正相关。当然，我们也不能完全排除两组人群可能具有不同的饮食结构。

[1] Goodman AH., George JA. Children stress and decreased longevity in a prehistoric population. *American Anthropologist*, 1988, 90: 936－944.
[2] Charlotte Roberts, Keith Manchester著，张桦译：《疾病考古学》，山东画报出版社，2010年。
[3] Larsen CS. Health and disease in prehistoric Georgia: the transition to agriculture. In *Cohen and Armelagos: Paleopathology at the origins of Agriculture*. Orlando: Acdemic Press, 1984: 367－392.
[4] 何嘉宁：《中国北方古代人群龋病与经济类型的关系》，《人类学学报》2004年增刊。
[5] 赵永生、曾雯、毛瑞林等：《甘肃临潭磨沟墓地人骨的牙齿健康状况》，《人类学学报》2014年第4期。
[6] 王巍、曾祥龙：《中国古代人类的牙齿与牙病》，《口腔正畸学》2004年第1期。
[7] 刘武、张全超、吴秀杰等：《新疆及内蒙古地区青铜－铁器时代居民牙齿磨耗及健康状况的分析》，《人类学学报》2005年第1期。

3.骨关节炎

骨关节炎是古代人骨遗存和现代人群中最常见的关节疾病，主要表现为关节的退行性变化。这种疾病的病因非常复杂，年龄增长、遗传易感性、肥胖、外伤、活动方式、体态、乃至气候环境等都会导致骨关节炎的发生[1]。

对古代人骨标本进行骨关节炎诊断时主要观察的指标包括：关节表面损伤、关节面周缘骨赘、关节面骨质象牙化、关节表面新骨形成、关节表面凹陷及关节轮廓变形[2]。受限于样本量和保存状况，我们无法精确统计每一处关节骨关节炎的发病率，而只能对出现上述病理现象的关节进行记录，并在墓葬组和地层组样本之间进行简单比较。

墓葬组样本的骨关节炎现象很少，仅四例个体（M3、M5、M10-1、M12）分别在腰椎和足部跗骨/距骨上出现了关节面周缘骨赘的现象，程度均较轻。地层出土骨骼中骨关节炎相对多样，在肘关节、膝关节、踝关节、颈椎和腰椎上都发现了骨关节炎的病理指标（均见于骨骺已愈合的成年个体），且严重程度明显高于墓葬组个体。这种差异当然同样不能排除死亡年龄结构差异的影响。但墓葬组样本壮年期—中年期个体中，或者不见骨关节炎疾病，或者骨关节炎范围局限且程度很轻，这或许暗示着墓葬组成年个体相对于地层组成年个体来说，日常活动模式，乃至社会地位存在一定差别。

值得注意的是，肘关节炎在现代社会中很少见，除了某些特殊职业的工人，如采矿业或风动钻孔行业[3]。但在地层组样本组中，肘关节骨关节炎出现率略高，而且程度较重，可能代表着某种特定的活动模式。结合海藏遗址中出土的大量钻孔玉器、石器来看，这种活动模式或许与玉石器加工有关。

四 结 论

通过上述描述和分析，我们对海藏遗址齐家文化时期人群的古人口结构，以及疾病与健康状况有了以下认识：

1. 从性别来看，男性和女性的数量接近。从死亡年龄上看，海藏遗址居民的死亡年龄段主要集中在青年期，其次是少年期和壮年期，男女两性在各个年龄段的死亡比例无明显不平衡。但上述结果可能受到了人骨保存情况的影响，也不排除受到特殊聚落功能的影响。

2. 海藏遗址出土人骨中，营养代谢类疾病主要包括牙釉质发育不全，颅顶多孔样变和胫骨骨膜炎。这些病理现象全部发现于青少年阶段的个体中，且出现率较高，表明海藏遗址齐家文化人群在青少年时期遭遇了较为严重的生存压力，营养状况和健康水平较差。

3. 在海藏遗址人群中，龋齿的牙齿患病率为10.59%，生前牙齿脱落率为10.48%，表明农业应在该人群的生业方式中占重要地位，食物结构中碳水化合物比例较大。

4. 牙齿生前脱落率和骨关节炎的出现情况在海藏遗址墓葬组样本和地层组样本中存在较明显的差异，这既有可能是因为死亡年龄结构的差异导致，也不能排除不同埋葬方式的两组人群在食物结构、活动模式上存在不同。

---

[1] Charlotte Roberts, Keith Manchester著，张桦译：《疾病考古学》，山东画报出版社，2010年。

[2] Buikstra JE, Ubelaker DH(eds.). Standards for data collection from human skeletal remains. *Fayetteville: Arkansas Archaeological Survey*, 1994

[3] Resnick D., Niwayama G. *Diagnosis of bone and joint disorders (2nd edition)*. Philadelphia, W.B. Saunders, 1988.

附录六　海藏遗址出土动物遗存初步鉴定报告

杜琳垚　任乐乐　芦永秀　杨谊时 *

一　遗址简介

河西走廊地区新石器晚期至早期铁器时代，在东西方文化交流、技术传播和环境气候变化等因素的影响下，该地区史前人群对动物资源的利用策略发生了多次转变[1]。探究河西走廊地区史前动物资源利用策略的时空模式，对于理解该地区的畜牧业发展历程和人类经济社会与自然环境之间的耦合关系具有重要意义。海藏遗址地处河西走廊东部，位于石羊河支流——海藏河的东部台地上，现属武威市凉州区金羊镇三盘磨村。海藏遗址南北 300 米，东西 100 米，面积约 30000 平方米，文化堆积厚且复杂[2]。2018～2019 年，甘肃省文物考古研究所对海藏遗址进行了抢救性发掘，共布 10 米 ×10 米探方 11 个，清理房址 1 座、灰坑 15 个、墓葬 12 座、祭祀坑 1 处。根据层位关系和出土器物判断，该遗址主体属于齐家文化时期（3900BP～3600BP）的玉石器加工聚落，其中 2 处灰坑和 1 处祭祀坑为战国时期遗存。

二　样品与实验方法

本研究的对象为海藏遗址出土的齐家文化时期动物遗存，样品收集主要通过发掘过程中的手捡法，少量样品为浮选所得。多数动物遗存出土于地层，少部分出土于墓葬、灰坑和房址。动物遗存的种属及部位鉴定参考了兰州大学环境考古实验室的现生动物标本以及 Diane L. France 所著《Human and Nonhuman Bone Identification》[3]、Elisabeth Schmid 所著《动物骨骼图谱》[4]、Simon Hillson 所著《哺乳动物骨骼和牙齿鉴定方法指南》[5] 等已发表的中外文资料。动物骨骼测量参考了 Angela Von den Driesh 所著《考古遗址出土动物骨骼测量指南》[6]。此外，对骨骼的特殊痕迹、保存状况、愈合程度及牙齿的磨蚀程度等信息进行了记录。本研究采用动物考古学研究中最常用的两个统计指标：可鉴定标本数（NISP，Number of Identified Specimens）和最小个体数（MNI，Minimum Number of Individuals）对动物遗存组合进行数量分析，其中最小个体数的计算以地层为基本单位。在统计时，将记录为"绵羊""山羊"，和"小型牛科"的样品一并纳入"绵羊／山羊"进行分析。

三　动物遗存鉴定结果

海藏遗址共出土动物遗存 14024 件，不计扰动层内与战国时期遗迹单位中出土的动物遗存，属于齐家文化时期的动物遗存共计 12399 件，可鉴定标本数为 7426 件，对应最小个体数为 773 个。总体上样品保存状况较好（图一）。

* 杜琳垚、芦永秀，兰州大学资源环境学院；任乐乐，兰州大学历史文化学院；杨谊时，甘肃省文物考古研究所。

[1] 董广辉、杨谊时、任乐乐等：《河西走廊地区史前时代生业模式和人与环境相互作用》，科学出版社，2020年。

[2] 甘肃省文物考古研究所：《武威海藏齐家文化遗址发掘简报》，《文物》2023年第11期。

[3] Diane L F.2009. *Human and nonhuman bone identification:a color atlas*. Florida: CRC Press.

[4] Elisabeth S著，李天元译：《动物骨骼图谱》，中国地质大学出版社，1992年。

[5] Simon H著，马萧林、侯彦峰译：《哺乳动物骨骼和牙齿鉴定方法指南》，科学出版社，2012年。

[6] Angela Von D著，马萧林、侯彦峰译：《考古遗址出土动物骨骼测量指南》，科学出版社，2007年。

经鉴定，出土的动物遗存均属于哺乳动物，具体种属分列如下：

哺乳纲（Mammalia）
　食肉目（Carnivora）
　　犬科（Canidae）
　　　犬属（*Canis* sp.）
　　　　狗（*Canis familiaris*）
　　猫科（Felidae）
　　　豹亚科（Pantherinae）
　偶蹄目（Artiodactyla）
　　牛科（Bovidae）
　　　牛亚科（Bovinae）
　　　　牛属（*Bos* sp.）
　　　　　黄牛（*Bos taurus*）
　　　羊亚科（Caprinae）
　　　　盘羊属（*Ovis* sp.）
　　　　　绵羊（*Ovis aries*）
　　　　山羊属（*Capra* sp.）
　　　　　山羊（*Capra hircus*）
　　　羚羊亚科（Antilopinae）
　　　　羚羊属（*Gazella* sp.）
　　猪科（Suidae）
　　　猪属（*Sus* sp.）
　　　　家猪（*Sus domestica*）
　　　　野猪（*Sus scrofa*）
　　鹿科（Cervidae）
　　　鹿亚科（Cervinae）
　　　　鹿属（*Cervus* sp.）
　　　　　马鹿（*Cervus elaphus*）
　　　　　梅花鹿（*Cervus nippon*）
　　　空齿鹿亚科（Odocoileinae）
　　　　狍属（*Capreolus* sp.）
　　　　　狍（*Capreolus capreolus*）
　奇蹄目（Perissodactyla）
　　马科（Equidae）
　　　马属（*Equus* sp.）

　　海藏遗址齐家文化地层中出土动物遗存组合如图二所示。可鉴定标本数和最小个体数结果均显示，家养动物黄牛、绵羊/山羊、猪在动物遗存中占据显著优势，此外狗也是重要的家养动物。野生哺乳动物所占比例较低，种

图一　海藏遗址出土的部分动物骨骼

类主要包括野生的牛科和鹿科，如羚羊、马鹿、梅花鹿、狍子等。马属动物也在其他动物遗存中占据一定比例，其中是否存在家马有待结合古 DNA 等其他证据进行深入分析。

　　在该部分动物遗存中，可鉴定标本数和最小个体数数据均显示出外来的草食性家畜——绵羊 / 山羊和黄牛占主导，杂食性家畜——猪次之的动物资源结构，狩猎在当时先民生业中的重要性相对较低。从可鉴定标本数看，绵羊 / 山羊遗存的数量占比最高，黄牛次之，二者差别不大，家猪随后；而最小个体数则显示，绵羊 / 山羊在动物群中的比例远高于黄牛和猪，后二者比例相似（图二）。可鉴定标本数和最小个体数两类指标在实际应用中各有优劣，可鉴定标本数与骨骼的破碎程度高度相关[1]，可能会夸大更容易鉴定的动物骨骼的数量，而低估有少量骨骼的动物种类的重要性；最小个体数则忽略了鉴定标本之间的年龄、性别或尺寸差异，且容易放大稀有动物所占的比例[2]，尽管最小个体数的计算以可鉴定标本数为基础，但其仅要求部分动物遗存样品的准确鉴定，而非全部，足以提供复原动物组合的可靠信息[3]。在分析遗址中的动物群组合时通常同时使用两个指标，再结合具体情况进行分析，以求更加客观地反映古代人们对动物资源的消费和利用情况。

　　在海藏遗址齐家文化地层出土的样品中，黄牛骨骼的破碎程度高于绵羊 / 山羊和猪。以胫骨为例，黄牛胫骨样

[1] Cannon M D.NISP, bone fragmentation, and the measurement of taxonomic abundance. *J Archaeol Method Theory*, 20: 397-419. 2013

[2] Payne S. Zoo-archaeology in Greece: a reader's guide. In: Wilkie N C, Coulson W D E, eds, *Contributions to Aegean archaeology*: studies in honor of William A. McDonald. 211-244. 1985.

[3] Domínguez-Rodrigo M. Critical review of the MNI（minimum number of individuals）as a zooarchaeological unit of quantification. *Archaeol Anthropol Sci*, 4: 47-59. 2012.

品中体度和长度均大于 1/2 的比例为 2.62%，其中体度和长度均大于 3/4 的比例为 1.05%；而绵羊 / 山羊胫骨样品中两个比例分别为 52.21% 和 26.52%；猪的胫骨样品中分别为 51.61% 和 22.58%。这一差异可能导致黄牛的可鉴定标本数所占比例较实际情况偏大，因此在本研究中认为最小个体数代表了更为可信的动物组合，即，以绵羊 / 山羊为绝对主导的，黄牛和猪次之，且二者比例相似的动物资源利用策略。

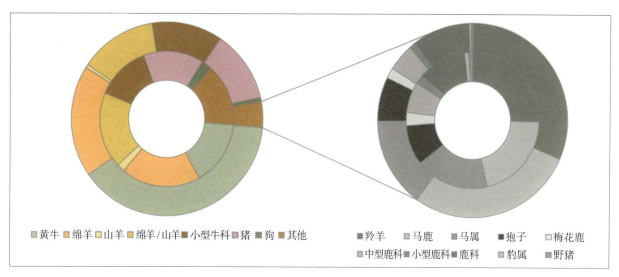

图二　海藏遗址地层中出土动物遗存组合
（注：圆环外层为NISP数据，内层为MNI数据）

墓葬随葬及其填土中出土的动物遗存主要来自 M2、M3、M5、M6、M7、M10、M12 等单位（图三）。该部分动物遗存以绵羊 / 山羊和猪为主，绵羊 / 山羊的可鉴定标本数多于猪，但二者对应的最小个体数相同。黄牛和狗的骨骼也见于墓葬中，但数量较少。此外，墓葬中还出土了少量的马鹿和梅花鹿等野生动物的遗存。墓葬中出土各种动物的骨骼部位见表一。该部分动物遗存中，猪下颌骨样品第二臼齿（M2）和第三臼齿（M3）均尚未萌出，说明其所代表个体的年龄均小于 6～12 个月 [1]。

表一　海藏遗址墓葬中出土的动物骨骼部位

种属 \\ 部位	上颌骨	下颌骨	游离齿	寰椎	肩胛骨	肱骨	尺骨	桡骨	盆骨	股骨	胫骨	跟骨	距骨	掌骨	跖骨	趾骨
黄牛	√	√					√			√						√
绵羊/山羊	√	√	√		√	√	√	√	√	√	√	√	√	√	√	√
猪	√	√	√	√		√		√	√	√				√	√	√
狗		√									√					
马鹿								√								
梅花鹿		√			√											

房址中出土的动物遗存。以绵羊 / 山羊为主，猪、黄牛和马鹿次之（图四）。房址中出土各种动物的骨骼部位见表二。

---

[1]　王华、王炜林、胡松梅等：《渭水流域新石器时代家猪的驯化与饲养策略》，《考古》2013年第9期。

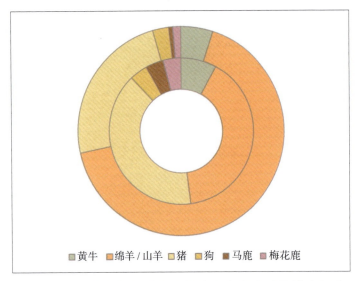

图三　海藏遗址墓葬随葬及其填土中出土动物遗存组合
(注：圆环外层为NISP数据，内层为MNI数据)

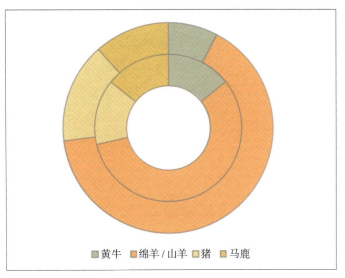

图四　海藏遗址房址中出土动物遗存组合
(注：圆环外层为NISP数据，内层为MNI数据)

表二　海藏遗址房址中出土的动物骨骼部位

种属　　　部位	头骨	游离齿	肩胛骨	肱骨	尺骨	桡骨	盆骨	胫骨	跟骨	距骨	跖骨	趾骨
黄牛							√					√
绵羊/山羊		√		√	√	√	√	√	√	√	√	
猪	√		√									
马鹿									√			√

灰坑中的动物遗存主要出土于 H3～H5、H7～H12 等单位（图五），以绵羊/山羊、猪和黄牛分列前三，此外还有羚羊、狍子和小型啮齿动物的遗存。灰坑中出土各种动物的骨骼部位见表三。

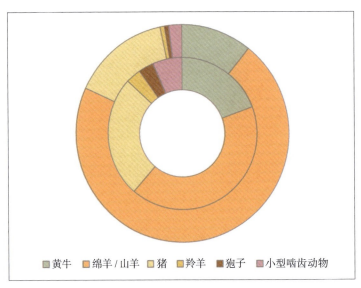

图五　海藏遗址灰坑中出土动物遗存组合
(注：圆环外层为NISP数据，内层为MNI数据)

表三 海藏遗址灰坑中出土的动物骨骼部位

部位\种属	角	头骨	上颌骨	下颌骨	游离齿	寰椎	枢椎	肩胛骨	肱骨	尺骨	桡骨	腕骨	盆骨	股骨	胫骨	跟骨	距骨	掌骨	距骨	趾骨
黄牛		√		√	√						√	√	√	√				√	√	√
绵羊/山羊	√		√		√	√	√	√	√		√		√	√	√	√	√	√	√	√
猪				√	√				√	√	√		√	√	√					√
羚羊									√											
狍子	√																			
小啮															√					

四 动物骨骼几何形态测量结果

动物骨骼的体积受到自然选择压力、生长发育状况、个体的性别和年龄等因素的影响。通过几何形态测量数据分析动物的驯化程度[1]、对畜力的开发利用[2]、以及区分不同群体[3]，可提供探究人类的动物资源利用策略的另一重要依据。现将海藏遗址主要家养动物遗存的几何形态测量数据展示如下（表四~六）。

表四 黄牛骨骼测量数据

单位：毫米

骨骼名称	测量指标	样本量	最小值	最大值	平均值	标准误
肱骨	Bd	52	63.91	108.66	83.21	1.31
桡骨	Bp	43	66.55	100.21	85.46	1.20
桡骨	Dp	53	35.37	52.81	45.38	0.53
桡骨	Bd	33	48.83	101.34	77.00	1.47
尺骨	BPC	39	36.4	58.82	47.30	0.72
肩胛骨	GLP	33	62.76	88.35	71.23	1.04
肩胛骨	LG	35	48.97	70.68	60.73	0.83
肩胛骨	BG	35	41.66	61.77	50.70	0.76
股骨	Bp	2	119.11	121.81	120.46	—
股骨	Bd	4	58.54	104.73	89.03	10.36
胫骨	Bp	12	64.51	117.02	95.96	4.16
胫骨	SD	1	41.30	41.30	—	—
胫骨	Bd	53	58.16	78.55	65.52	0.70

[1] 罗运兵、张居中：《河南舞阳县贾湖遗址出土猪骨的再研究》，《考古》2008年第1期。

[2] Lin M, Miracle P, Barker G. Towards the identification of the exploitation of cattle labour from distal metapodials. *J Archaeol Sci*, 66: 44–56. 2016.

[3] Seetah K, Cucchi T, Dobney K, Barker G. A geometric morphometric re-evaluation of the use of dental form to explore differences in horse （Equus caballus） populations and its potential zooarchaeological application. *J Archaeol Sci*, 41: 904–910. 2014.

骨骼名称	测量指标	样本量	最小值	最大值	平均值	标准误
胫骨	Dd	56	41.79	61.57	50.52	0.49
跟骨	GL	28	125.57	159.30	138.52	1.35
跟骨	GB	41	31.14	62.44	45.06	0.88
距骨	Bd	38	40.70	52.10	46.09	0.48
距骨	GLI	36	64.65	75.87	69.96	0.50
距骨	GLm	34	51.99	71.25	64.47	0.65
距骨	DI	35	35.49	41.69	38.93	0.27
距骨	Dm	32	32.33	43.40	36.75	0.47
掌骨	Bp	48	54.29	75.80	61.60	0.71
掌骨	Dp	47	31.28	43.21	37.36	0.40
掌骨	Bd	53	56.91	82.46	63.62	0.73
掌骨	Dd	54	30.43	40.10	34.53	0.29
跖骨	Bp	41	44.12	58.57	50.86	0.55
跖骨	Dp	42	44.09	55.48	48.82	0.47
跖骨	Bd	57	50.60	67.64	58.65	0.61
跖骨	Dd	58	29.74	49.93	34.01	0.38
第一趾骨	GL	96	44.05	78.35	66.87	0.49
第一趾骨	Bp	98	23.94	46.22	32.58	0.38
第一趾骨	SD	98	22.12	42.11	27.60	0.35
第一趾骨	Bd	94	25.40	41.69	30.20	0.36
第二趾骨	GL	44	36.19	66.14	44.19	0.70
第二趾骨	Bp	43	28.40	41.64	32.35	0.53
第二趾骨	SD	45	21.86	36.34	26.35	0.53
第二趾骨	Bd	42	20.64	33.35	25.30	0.51
第三趾骨	DLS	40	60.16	86.66	72.04	1.10
第三趾骨	Ld	40	45.45	64	55.58	0.69
第三趾骨	MBS	43	20.46	29.99	25.24	0.40

表五　绵羊骨骼测量数据

单位：毫米

骨骼名称	测量指标	样本量	最小值	最大值	平均值	标准误
肱骨	Bp	9	31.57	60.69	45.09	3.88
肱骨	Dp	2	48.87	50.71	49.79	—
肱骨	SD	1	16.92	16.92	16.92	—
肱骨海藏	Bd	164	29.04	42.94	36.01	0.18

续表

骨骼名称	测量指标	样本量	最小值	最大值	平均值	标准误
桡骨	GL	1	184.41	184.41	184.41	—
桡骨	Bp	57	19.58	44.72	38.06	0.51
桡骨	Dp	60	17.14	22.86	20.00	0.18
桡骨	Bd	55	30.02	41.45	34.83	0.36
尺骨	BPC	7	21.50	24.62	23.05	0.43
肩胛骨	GLP	122	27.78	48.49	38.68	3.20
肩胛骨	LG	126	24.06	37.55	30.51	0.23
肩胛骨	BG	139	19.91	32.53	25.27	0.18
股骨	Bp	16	44.77	57.86	52.54	0.85
股骨	Bd	22	28.49	51.31	43.62	0.95
胫骨	Bp	12	45.84	50.14	47.69	0.38
胫骨	SD	1	16.55	16.55	16.55	—
胫骨	Bd	139	26.85	36.88	31.60	0.15
胫骨	Dd	139	21.01	33.66	24.95	0.16
跟骨	GL	25	56.09	78.58	66.85	1.15
跟骨	GB	24	18.18	28.02	22.72	0.48
距骨	Bd	16	19.32	24.29	21.79	0.34
距骨	GLl	17	30.33	41.54	33.74	0.63
距骨	GLm	16	30.18	40.96	33.30	0.64
距骨	Dl	17	17.62	23.43	19.28	0.35
距骨	Dm	16	18.09	23.12	20.37	0.35
掌骨	GL	3	157.15	163.37	160.91	1.91
掌骨	Bp	29	23.14	30.83	26.94	0.31
掌骨	Dp	29	16.79	21.65	19.05	0.21
掌骨	Bd	32	24.75	33.20	28.88	0.333
掌骨	Dd	32	16.39	22.36	18.91	0.22
跖骨	GL	1	177.52	177.52	177.52	—
跖骨	Bp	20	20.29	25.88	24.13	0.28
跖骨	Dp	20	17.50	25.10	23.05	0.39
跖骨	Bd	26	25.88	31.02	28.26	0.27
跖骨	Dd	25	17.27	27.69	20.15	0.46
第一趾骨	GL	18	35.66	49.33	44.30	0.83
第一趾骨	Bp	19	12.56	16.00	14.32	0.24
第一趾骨	SD	18	10.12	12.94	11.72	0.19

续表

骨骼名称	测量指标	样本量	最小值	最大值	平均值	标准误
第一趾骨	Bd	18	11.60	15.31	13.48	0.23
第二趾骨	GL	1	32	32	32	—
第二趾骨	Bp	1	16.48	16.48	16.48	—
第二趾骨	SD	1	13.45	13.45	13.45	—
第二趾骨	Bd	1	15.6	15.6	15.6	—

表六　猪骨骼测量数据

单位：毫米

骨骼名称	测量指标	样本量	最小值	最大值	平均值	标准误
肱骨	Bp	1	58.90	58.90	58.90	—
肱骨	Dp	1	46.52	46.52	46.52	—
肱骨	Bd	53	30.22	43.18	37.12	0.37
桡骨	Bp	11	25.33	32.73	27.73	0.65
桡骨	Dp	11	15.97	23.80	18.92	0.63
尺骨	BPC	25	16.82	23.13	20.86	0.33
肩胛骨	GLP	55	30.96	41.26	35.33	0.25
肩胛骨	LG	54	26.09	34.21	29.60	0.26
肩胛骨	BG	60	20.54	30.37	24.92	0.26
股骨	Bd	1	42.65	42.65	42.65	—
胫骨	Bp	1	51.93	51.93	51.93	—
胫骨	Bd	13	26.05	30.72	27.97	0.39
胫骨	Dd	13	22.97	27.14	25.03	0.37
跟骨	GL	1	91.74	91.74	91.74	—
跟骨	GB	4	19.97	24.00	22.25	0.84
距骨	GLI	3	36.02	39.90	37.66	1.16
距骨	GLm	3	33.53	36.10	35.05	0.78
下M3	长	24	24.73	38.33	30.49	0.67
下M3	厚	24	12.29	17.32	14.52	0.24

五　讨论

从动物遗存鉴定和分析结果看，海藏遗址齐家文化时期的动物遗存组合中绵羊／山羊占比超过50%，黄牛和猪次之，野生哺乳动物所占比例相对较低，显示出草食性家畜占主导，杂食性家畜为辅的畜牧结构。结合河西走廊地区已发表的动物考古资料（图六），可以发现海藏遗址的动物遗存组合与同时期河西走廊中部西城驿文化的火石梁遗址和缸缸洼遗址[1]的动物群结构相似，绵羊／山羊在动物群中的主导地位已经确立，家猪的重要性较前一阶

[1] Ren L L, Yang Y S, Qiu M H, Brunson K, Chen G K, Dong G H. Direct dating of the earliest domesticated cattle and caprines in northwestern China reveals the history of pastoralism in the Gansu–Qinghai region. *J Archaeol Sci*. Accepted. 2022.

段明显下降[1]，说明公元前两千纪前期是河西走廊地区生业转型的重要阶段。此后的四坝文化时期，河西走廊地区各遗址的动物资源利用策略表现出明显的差异，其中东灰山的动物遗存以猪为主[2]，干骨崖则以野生动物为主[3]，西城驿遗址四坝时期的动物遗存组合则与海藏遗址相似，以绵羊/山羊为首[4]，其他家畜和野生动物次之，这些差异可能是各遗址的自然条件不同导致的[5]。至公元前后，随着中原政权对河西走廊地区的管理加强，大量中原移民的迁入引发了动物遗存组合的再次转变[6]，张掖黑水国墓地的研究结果显示鸡和家猪是当时人们利用的主要动物资源，而黄牛和绵羊/山羊的比例较低[7]。

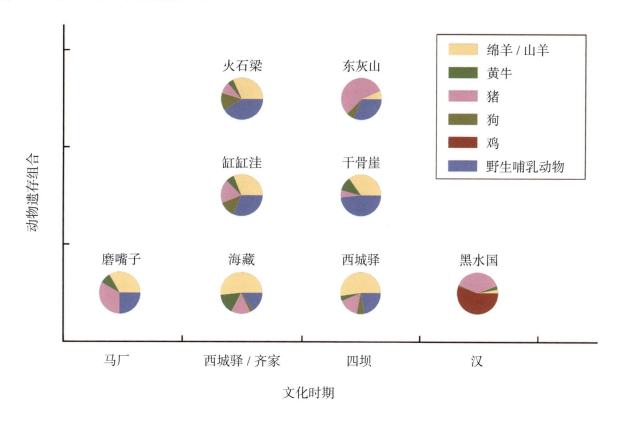

图六　河西走廊地区马厂至汉各遗址动物组合变化
（注：基于最小个体数数据）

齐家文化人群的动物资源利用策略此前也有诸多讨论。如甘肃东部天水市师赵村遗址的齐家文化层[8]，甘肃中南部永靖县大何庄遗址[9]、秦魏家墓地[10]和广河县的齐家坪遗址[11]中出土的动物遗存组合均以猪为主，指示农业是

[1]　吕鹏、袁靖：《交流与转化——黄河上游地区先秦时期生业方式初探（上篇）》，《南方文物》2018年第2期。
[2]　甘肃省文物考古研究所、吉林大学北方考古研究室：《民乐东灰山考古——四坝文化墓地的揭示与研究》，科学出版社，1998年。
[3]　甘肃省文物考古研究所、北京大学考古文博学院：《酒泉干骨崖》，文物出版社，2016年。
[4]　宋艳波、陈国科、王辉等：《张掖西城驿遗址2014年出土动物遗存分析》，《东方考古（第13辑）》，科学出版社，2016年。
[5]　董广辉、杨谊时、任乐乐等：《河西走廊地区史前时代生业模式和人与环境相互作用》，科学出版社，2020年。
[6]　Xiong J X, Du P X, Chen G K, Tao Y C, Zhou B Y, Yang Y S, Wang H, Yu Y, Chang X, Allen E, Sun C, Zhou J J, Zou Y T, Xu Y R, Meng H L, Tan J Z, Li H, Wen S Q. Sex-based population admixture mediated subsistence strategy transition of Heishuiguo people in Han Dynasty Hexi Corridor. *Front Genet*, 13: 827277. 2022.
[7]　任乐乐、杜琳垚、李昕：《张掖黑水国汉代墓葬随葬动物骨骼分析研究》，甘肃省文物考古研究所：《张掖甘州黑水国汉代墓葬发掘报告》，甘肃教育出版社，2022年。
[8]　中国社会科学院考古研究所：《师赵村与西山坪》，中国大百科全书出版社，1999年。
[9]　中国科学院考古研究所甘肃工作队：《甘肃永靖大何庄遗址发掘报告》，《考古学报》1974年第2期。
[10]　中国科学院考古研究所甘肃工作队：《甘肃永靖秦魏家齐家文化墓地》，《考古学报》1975年第2期。
[11]　动物考古课题组：《中华文明形成时期的动物考古学研究》，《科技考古（第三辑）》，科学出版社，2011年。

该地区的主要生业；而位于青海的长宁遗址[1]和喇家遗址齐家文化层[2]的动物遗存以草食性家畜为主，说明齐家文化在青海地区表现为农牧混合的经济形态[3]。以上研究表明，齐家文化人群的生业存在地区差异性，探究河西走廊地区齐家文化时期的动物资源利用策略，不仅对于全方位、深层次、多角度地认识和理解齐家文化社会有着重要意义，也为讨论不同自然环境条件对相同文化类型人群生存策略的影响提供了宝贵机会。

基于最小个体数的聚类分析结果（图七）显示，海藏遗址的动物遗存组合与青海的喇家遗址、长宁遗址较为相似，均以绵羊／山羊为首，而喇家遗址和长宁遗址中，猪的数量比例高于黄牛，海藏遗址中猪的数量比例略低于黄牛；以上三个遗址与甘肃中南部的齐家坪遗址差异较大，后者与陕西的石峁遗址[4]、内蒙古的朱开沟遗址[5]和辽宁省的水泉遗址[6]较为相似，绵羊／山羊和猪所占比例差异不大，在水泉和齐家坪遗址中，猪的比例最高，约占35%，绵羊／山羊其次，约占21%。而同时期中国北方中原地区的新砦[7]、上坡[8]、二里头[9]、煤山[10]、花地嘴[11]等遗址和内蒙古的大甸子遗址[12]中，则是猪的遗存占据了绝对优势，绵羊／山羊和黄牛的比例较低。陕西榆林的火石

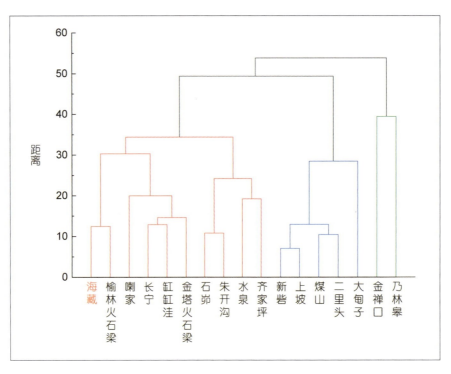

图七　中国北方4000BP～3500BP遗址动物组合的聚类分析结果

（注：基于最小个体数数据）

[1] 李谅：《青海省长宁遗址的动物资源利用研究》，吉林大学硕士学位论文，2012年。

[2] 吕鹏、袁靖：《交流与转化——黄河上游地区先秦时期生业方式初探（上篇）》，《南方文物》2018年第2期。

[3] 叶茂林：《齐家文化农业发展的生态化适应：原始草作农业初探——以青海喇家遗址为例》，《农业考古》2015年第6期。

[4] 胡松梅、杨苗苗、孙周勇：《2012~2013年度陕西神木石峁遗址出土动物遗存研究》，《考古与文物》2016年第4期。

[5] 黄蕴平：《内蒙古朱开沟遗址兽骨的鉴定与研究》，《考古学报》1996年第4期。

[6] 师宏伟、贾鑫、王闯：《辽宁省建平县水泉遗址动物考古研究——兼论距今4000年前后北方长城沿线地区动物资源的利用策略》，《第四纪研究》2022年第1期。

[7] 北京大学震旦古代文明研究中心、郑州市文物考古研究院：《新密新砦——1999~2000年田野考古发掘报告》，文物出版社，2008年。

[8] 杨猛：《河南西平上坡遗址出土动物遗存研究》，河南大学硕士学位论文，2018年。

[9] 杨杰：《河南偃师二里头遗址的动物考古学研究》，中国社会科学院研究生院硕士学位论文，2006年。

[10] 尤悦、袁广阔、赵雅楠等：《河南省临汝县煤山遗址出土动物遗存研究》，《南方文物》2017年第3期。

[11] 刘一婷：《河南巩义花地嘴遗址出土动物遗存研究》，中国社会科学院研究生院硕士学位论文，2014年。

[12] 罗运兵：《大甸子遗址中猪的饲养与仪式使用》，吉林大学边疆考古研究中心：《边疆考古研究》，文物出版社，2009年。

梁遗址^[1]、青海的金禅口遗址^[2]和内蒙古的乃林皋遗址^[3]中，野生哺乳动物的比例最高，说明狩猎仍在当时这些地区的社会经济中扮演重要角色。

史前人类的动物资源利用策略受到包括自然环境、文化、人类偏好等在内的多种因素的共同影响。在公元前两千纪前半段，外来的草食性家畜绵羊/山羊和黄牛在中国北方广泛传播，其在畜牧经济中的地位也逐步提升。该时期中国北方各地区动物组合呈现出的明显空间差异及其可能的影响因素此前已有报道^[4]，具体体现为在水热条件较优越，旱作农业发展历史悠久的中原地区，家猪是最重要的动物资源；在中国西北及北方长城沿线地区，自然环境难以支撑高度集约的农业发展，广泛分布的草地环境却是畜养草食性家畜的天然牧场，且这一地区自新石器时代晚期起便与欧亚草原及中亚地区文化联系密切^[5]，多重因素影响下，绵羊/山羊和黄牛等家畜传入后便迅速成为重要的动物资源，该地区成为中国最先接受并建立草食性家畜为主的畜牧业的地区之一。可见，在中国北方，自然环境和文化因素共同影响着人们的动物资源利用策略，而河西走廊地区、青海和甘肃东部及中部的多个齐家文化遗址，即使有着相似的文化面貌，却也表现出不同的经济形态，说明该时期内自然环境条件对传统农牧交错地带先民生业的影响更明显，这一特点对于理解生境脆弱地区史前人地关系演化具有重要意义。

[1] 胡松梅、张鹏程、袁明：《榆林火石梁遗址动物遗存研究》，《人类学学报》2008年第3期。

[2] 任乐乐：《青藏高原东北部及其周边地区新石器晚期至青铜时代先民利用动物资源的策略研究》，兰州大学博士学位论文，2017年。

[3] 王雅艺、陈全家、包曙光等：《内蒙古乃林皋遗址2015年出土动物遗存研究》，《草原文物》2017年第1期。

[4] Du L Y, Ma M M, Lu Y W, Dong J J, Dong G H. 2020. How did human activity and climate change influence animal exploitation during 7500BP－2000 BP in the Yellow River Valley, China? *Front Ecol Evol*, 8: 161.

[5] 韩建业：《早期东西文化交流的三个阶段》，《考古学报》2021年第3期。

附录七　海藏遗址齐家文化时期人和动物骨骼
碳氮稳定同位素分析结果

杜琳垚　马敏敏　董佳佳　杨谊时 *

一　研究背景

在新石器时代晚期—青铜时代早中期，河西走廊地区的社会经历了广泛而深刻的变化，包括以玉石矿开采和玉石器、铜冶金技术加工为代表的手工业的发展 [1、2]；西亚起源的农牧业元素——麦类作物、绵羊/山羊和黄牛的传入和普及 [3]；建筑形制的演化及土坯建筑的出现等 [4]，该时期先民的生业也发生了转型 [5]。已有的研究勾勒出了河西走廊地区先民生业和食谱在长时间尺度和大空间范围下发展演变的基本轮廓 [6]，但对于关键时间节点区域内部先民食谱的具体认识仍需要在更加丰富的证据支持下进行深入探讨。骨胶原中的碳（C）氮（N）稳定同位素比值反映了个体长期摄取的食物的同位素组成，碳稳定同位素比值记录了个体摄取的 C_3 植物与 C_4 植物的比例，氮稳定同位素比值则记录了个体对肉食资源的获取情况，反映了个体所处的营养级，近年来这两个指标被广泛应用于重建先民食物结构、生业模式以及对家畜的饲养策略 [7]。

海藏遗址位于河西走廊东南部的武威市凉州区金羊镇三盘磨村，是一处齐家文化类型（3900BP～3600BP）的玉石器加工聚落遗址 [8]。1983 年在海藏遗址附近的海藏公园湖底及海藏河东侧河岸发现一批玉器、玉料、石器、骨器、铜器等齐家文化遗物。2018～2019 年，为配合海藏湖生态治理（湿地公园）建设项目，甘肃省文物考古研究所对该遗址进行了系统发掘。此次发掘工作中出土的人骨和大量兽骨不仅为研究新石器时代晚期—青铜时代早中期河西走廊地区先民饮食模式和生业经济提供了宝贵材料，同时对于认识史前手工业遗址的社会形态有着重要意义。

二　样品与实验方法

本研究的实验材料包括海藏遗址齐家文化时期墓葬中出土的 12 例人骨样品、地层中出土的 28 例人骨样品和 32 例地层中出土的动物骨骼样品，动物骨骼样品包括绵羊/山羊骨骼 7 例，黄牛骨骼 6 例，猪骨 7 例，狗骨 5 例，野生食草动物 6 例，野生食肉动物 1 例。骨胶原的提取在兰州大学西部环境教育部重点实验室完成，提取方法在

[1]　陈国科：《西城驿—齐家冶金共同体——河西走廊地区早期冶金人群及相关问题初探》，《考古与文物》2017年第5期。

[2]　陈国科、杨谊时：《河西走廊地区早期透闪石玉开采年代的考古学观察》，《敦煌研究》2021年第5期。

[3]　吕鹏、袁靖：《交流与转化——黄河上游地区先秦时期生业方式初探（上篇）》，《南方文物》2018年第2期。

[4]　连振祥：《考古发现西北地区迄今为止所见年代最早的土坯建筑》，《文物鉴定与鉴赏》2018年第12期。

[5]　董广辉、杨谊时、任乐乐等：《河西走廊地区史前时代生业模式和人与环境相互作用》，科学出版社，2020年。

[6]　Yang Y, Ren L, Dong G, Cui Y, Liu R, Chen G, Wang H, Wilkin S, Chen F. Economic change in the prehistoric Hexi Corridor (4800 - 2200 BP), north-west China. *Archaeometry*, 61: 957 - 976. 2019.

[7]　胡耀武：《稳定同位素生物考古学的概念、简史、原理和目标》，《人类学学报》2021年第3期。

[8]　甘肃省文物考古研究所：《武威海藏齐家文化遗址发掘简报》，待刊。

Richards 和 Hedges[1] 的基础上进行了改进[2]。具体步骤为：清理骨骼表面的可见杂质，进行超声波清洗并干燥，取 0.5～1g 样品浸泡在约 15mL 物质的量浓度为 0.5mol/L 的 HCl 溶液中，置于 4℃～5℃的环境中软化，每隔 1～2 天换一次酸液，直至样品中无气泡产生，完成去矿化过程。使用去离子水将样品洗至中性后，加入 0.125mol/L 的 NaOH 溶液，在 4℃～5℃的环境中放置 20h，完成去腐殖质酸过程。使用去离子水将样品洗至中性后，加入 pH=3 的稀盐酸溶液，在 75℃的环境中放置 48h，完成明胶化过程。过滤样品，冷冻干燥得到固体骨胶原样品，最后称重计算骨胶原产率。

骨胶原样品碳、氮元素含量使用 Elementar vario EL cube 元素分析仪（Elementar，Germany）进行测试。碳氮稳定同位素比值的测试在兰州大学西部环境教育部重点实验室完成，所用仪器为 Finnigan DELTA Plus Isotope Ratio Mass Spectrometer（Finnigan，Germany）。测试过程中每 10 个样品后跟测一个标准样品，使用的标准样品包括 graphite（$\delta^{13}C$: -16 ± 0.1‰），wheat（$\delta^{13}C$: -27.21 ± 0.13‰），protein（$\delta^{15}N$: 5.94 ± 0.08‰）和 IAEA-600（$\delta^{15}N$: 1.0 ± 0.2‰）。样品碳氮稳定同位素测试精度为 ± 0.2‰。碳、氮同位素的分析结果分别以相对 PDB 的 $\delta^{13}C$ 和相对 N_2 的 $\delta^{15}N$ 表示。使用 SPSS Statistics 22 和 R 软件进行数据分析，图件制作使用 R 软件中的 ggplot2 和 ggpubr 包完成。由于数据不满足正态分布，因此采用 Mann-Whitney U test 检验两组数据间的差异。

三　碳氮稳定同位素实验结果

海藏遗址动物骨骼骨胶原的产率为 2.5%～10.5%，C% 的范围为 42.9%～46.2%，N% 的范围为 15.6%～16.9%，C/N 的范围为 3.1～3.3；人骨骨胶原的产率为 2.0%～12.9%，C%、N% 和 C/N 的范围分别为 41.0%～46.1%、14.9%～17.1% 和 3.1～3.2。所有样品的产率均大于 1%，C/N 均在 2.9～3.6 之间，说明样品保存质量较好，满足碳氮稳定同位素测试和分析要求[3]。

动物骨胶原的碳氮稳定同位素比值结果如图一所示。海藏遗址中猪骨胶原的 $\delta^{13}C$ 和 $\delta^{15}N$ 范围分别为 -15.5‰～-6.8‰和 7.1‰～9.2‰；狗骨胶原的 $\delta^{13}C$ 和 $\delta^{15}N$ 范围分别为 -10.9‰～-8.2‰和 7.9‰～9.9‰。二者间的 $\delta^{13}C$ 和 $\delta^{15}N$ 差异均不显著，指示了相似的食物结构，猪和狗的稳定氮同位素显著低于人骨（$p = 0.000$）。绵羊/山羊骨胶原的 $\delta^{13}C$ 和 $\delta^{15}N$ 范围分别为 -17.0‰～-7.4‰和 6.2‰～9.7‰；黄牛骨胶原的 $\delta^{13}C$ 和 $\delta^{15}N$ 范围分别为 -17.8‰～-14.5‰和 6.0‰～8.0‰。二者间的 $\delta^{15}N$ 差异不显著，黄牛的 $\delta^{13}C$ 显著低于绵羊/山羊（$p = 0.035$），说明黄牛摄取了更多 C_3 植物。野生食草动物骨胶原的 $\delta^{13}C$ 和 $\delta^{15}N$ 范围分别为 -19.5‰～-12.6‰和 2.9‰～11.0‰；野生食肉动物骨胶原的 $\delta^{13}C$ 和 $\delta^{15}N$ 分别为 -15.3‰和 10.7‰；野生食草动物骨胶原的 $\delta^{13}C$ 显著低于草食性家畜（$p = 0.046$）（图一）。

海藏遗址中人骨的碳氮稳定同位素比值结果如图二所示。人骨胶原 $\delta^{13}C$ 的范围为 -15.5‰～-6.8‰，且多数集中在 -11.0‰～-6.8‰，说明海藏遗址齐家文化时期的先民主要消费 C_4 食物，少数个体同时消费了 C_4 食物和部分 C_3 食物。Mann-Whitney U 检验结果显示，墓地中出土人骨的 $\delta^{13}C$ 值与地层中出土人骨差异不显著（$p = 0.457$），说明两组个体生前摄取的食物资源组合相似。人骨胶原 $\delta^{15}N$ 的范围为 8.0‰～12.3‰，差异较大，Mann-Whitney U 检验结果显示，墓地中出土人骨的 $\delta^{15}N$ 值显著高于地层中出土的人骨（$p = 0.008$）。

[1] Richards M P, Hedges R E M. Stable isotope evidence for similarities in the types of marine foods used by late Mesolithic humans at sites along the Atlantic coast of Europe. *J Archaeol Sci*, 26: 717－722. 1999.

[2] Ma M, Dong G, Jia X, Wang H, Cui Y, Chen F. Dietary shift after 3600 cal yr BP and its influencing factors in northwestern China: Evidence from stable isotopes. *Quat Sci Rev*, 145: 57－70. 2016.

[3] Ambrose S H. Preparation and characterization bone and tooth collagen for stable carbon and nitrogen isotope analysis. *J Archaeol Sci*, 17: 431－451. 1990.

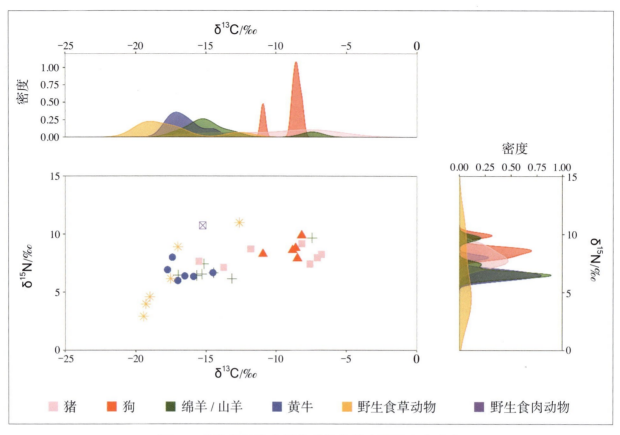

图一　动物碳氮稳定同位素比值散点图及密度分布

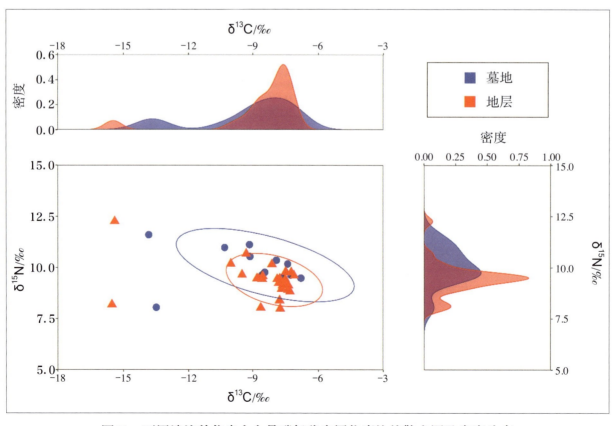

图二　不同遗迹单位出土人骨碳氮稳定同位素比值散点图及密度分布

（注：图中蓝色和红色椭圆代表95%置信区间）

四　讨论

1. 海藏遗址中动物的食物特征

遗址中出土野生食草动物的 $\delta^{13}C$ 和 $\delta^{15}N$ 分布范围均较大，指示了广阔的活动范围。现代植物碳稳定同位素研究结果显示，中国西部地区自然植被优势建群种的 $\delta^{13}C$ 约为 −10.5‰~−32.6‰，以 C_3 植物为主，C_4 植物较少[1]。本研究有三例野生动物样品的 $\delta^{13}C$ 表现出明显的 C_3/C_4 混合信号，可能是这些个体生前食用了自然界中的 C_4 植物，如梭梭、沙拐枣等所致；也可能是因为这三个个体摄取了一定比例的粟黍作物及其副产品，暗示粟黍农业的发展影响了野生动物的生境。

猪和狗是中国最早驯化的两种家畜，也是史前农业社会的重要组成部分[2]。海藏遗址中出土猪骨和狗骨的碳、氮稳定同位素之间的差异均不显著。二者的碳稳定同位素显示出 C_4 信号，且与人骨的碳稳定同位素值差别不大，说明其主要消费 C_4 植物，可能是粟黍作物的副产品或人类的食物残余。猪和狗的氮稳定同位素比值的均值分别为 8.1‰ 和 8.7‰，说明二者均摄入了一定量的动物蛋白。

在新石器时代晚期—青铜时代早中期，驯化于西亚的黄牛、绵羊、山羊通过跨大陆文化交流传播至中国西北和北方地区，不仅丰富了先民可获取的肉食资源种类，同时提供了乳品、毛皮制品和畜力等次级产品，引发了畜牧业结构的深刻变革[3]。传统的粟黍种植业如何影响对外来草食性家畜的饲养方式近年来也被广泛讨论。海藏遗址中的黄牛和绵羊 / 山羊均表现为 C_3/C_4 混合信号，草食性家畜的 $\delta^{13}C$ 显著高于野生食草动物，其中黄牛的 $\delta^{13}C$ 比绵羊 / 山羊更偏负，且二者间差异显著，说明 C_4 植物在绵羊 / 山羊食谱中的占比比黄牛更高。这一结果与其他地区存在差异，在 4000BP 前后中原地区的陶寺[4]、西金城[5]、二里头[6]、新砦[7][8] 等遗址，陕北的神圪垯梁[9] 遗址，和河西走廊中部的火石梁、缸缸洼[10] 等遗址中，黄牛的平均 $\delta^{13}C$ 值均高于绵羊 / 山羊，说明这些遗址中的黄牛摄取了更多 C_4 植物，这一差异背后的原因有待在未来的深入研究中加以探讨。

2. 海藏遗址先民的食物特征

海藏遗址人骨的碳稳定同位素结果显示该遗址齐家文化时期大多数先民主要消费 C_4 植物。而植物考古证据显示，以种植粟黍为主的旱作农业在 4800BP 前后从中原和华北地区经甘肃东部、河湟谷地等区域向西传播至河西走廊[11]，至 4000BP 前后仍是该地区的重要生业。在海藏遗址中，粟和黍在植物遗存组合中约占 80.61%，麦类作物约占 16.43%，说明农业是当时的主要生业，C_4 作物粟黍是先民食谱的重要组成部分[12]，C_3 作物小麦和大麦对人类食谱的贡献相对有限。墓葬和地层中各有两例个体的碳稳定同位素显示为 C_3 和 C_4 混合信号，推测这两例个体生前可能消费了一定数量的麦类作物或其他 C_3 植物。墓葬和地层中出土人骨的碳稳定同位素结果差异不显著，说明两类

[1] 李军、张成君、李瑞博等：《中国西部地区水—热综合环境因素对植物碳同位素组成的影响》，《兰州大学学报（自然科学版）》2013年第6期。

[2] 袁靖：《中国古代家养动物的动物考古学研究》，《第四纪研究》2010年第2期。

[3] 董广辉、杜琳垚、杨柳等：《欧亚大陆草原之路—绿洲之路史前农牧业扩散交流与生业模式时空变化》，《中国科学：地球科学》2022年第8期。

[4] 陈相龙、袁靖、胡耀武等：《陶寺遗址家畜饲养策略初探：来自碳、氮稳定同位素的证据》，《考古》2012年第9期。

[5] 杨凡、王青、王芬：《河南博爱西金城遗址人和动物骨的碳氮稳定同位素分析》，《第四纪研究》2020年第2期。

[6] 陈相龙、李志鹏、赵春涛：《河南偃师二里头遗址1号巨型坑祭祀遗迹出土动物的饲养方式》，《第四纪研究》2020年第2期。

[7] 张雪莲、赵春青：《新砦遗址出土部分动物骨的碳氮稳定同位素分析》，《南方文物》2015年第4期。

[8] Dai L L, Li Z P, Zhao C Q, Yuan J, Hou L L, Wang C S, Fuller B T. An isotopic perspective on animal husbandry at the Xinzhai site during the initial stage of the legendary Xia dynasty (2070 - 1600 BC). *Int J Osteoarchaeol*, 26: 885 - 896. 2015.

[9] 陈相龙、郭小宁、王炜林等：《陕北神圪垯梁遗址4000a BP前后生业经济的稳定同位素记录》，《中国科学：地球科学》2017年第1期。

[10] Qiu M H, Li H R, Lu M X, Yang Y S, Zhang S J, Li R, Chen G K, Ren L L. Diversification in feeding pattern of livestock in Early Bronze Age northwestern China. *Front Ecol Evol*. Accepted. 2022.

[11] 董广辉、杜琳垚、杨柳等：《欧亚大陆草原之路—绿洲之路史前农牧业扩散交流与生业模式时空变化》，《中国科学：地球科学》2022年第8期。

[12] 黎海明等：《甘肃海藏遗址植物遗存浮选报告》，待刊。

人生前消费的食物差别不大。

人骨的氮稳定同位素结果总体上集中在 9.6‰ 左右，显著高于遗址中杂食性家畜猪和狗的氮稳定同位素，说明他们的食物中包括一定数量的动物资源，但个体间的动物资源消费情况存在明显差异。对比墓葬和地层中出土人骨的氮稳定同位素结果发现，墓葬中人骨的氮稳定同位素值显著高于地层中的人骨，说明墓葬中的先民生前消费了更多动物资源，可能暗示了更高的社会阶层。在甘青地区，随着社会发展，在半山—马厂时期（4500BP～4100BP）开始出现明显的社会等级分化，至齐家文化时期，社会等级分化日益加剧。这一现象从墓葬随葬品中可以体现，如，甘肃永靖秦魏家齐家文化墓葬中出土的器物和殉牲数量少则没有，多则陪葬器物达 50 件以上，陪葬的猪下颌骨数量达 68 件 [1]。同时期武威皇娘娘台遗址墓葬中的随葬器物也暗示了明显的贫富分化，该遗址中有墓葬随葬品数量最多可达 83 件，10 座墓葬中没有随葬品 [2]。在甘青地区之外，放眼欧亚大陆，在青铜时代早中期，乌拉尔山脉东南部的辛塔什塔文化聚落也迈进了社会复杂化过程中更高的阶段，学者认为社会复杂化的程度与专业化的生产活动，具有特殊意义和多样性的建筑、聚落等级制度，社区规模的扩大以及葬俗礼仪的分层等因素有关 [3]。齐家文化时期河西走廊地区以冶铜工业和玉矿开采及加工等为代表的手工业迅速发展，专业化的生产活动可能会催化或加速社会等级的分化，人骨碳氮稳定同位素分析为这一推测提供了食谱方面的证据。

五　结论

对海藏遗址中出土的人骨和动物骨胶原碳氮稳定同位素结果进行分析，可得出以下几个初步结论：

1. 海藏遗址中的家猪和家犬 $\delta^{13}C$ 为 C_4 信号，说明它们可能消费了粟黍作物的副产品或人类的食物残余；部分野生动物的 $\delta^{13}C$ 表现出明显的 C_3/C_4 混合信号，可能是食用了自然界中的 C_4 植物，也可能是粟黍农业的发展影响了野生动物的生境所致；海藏遗址中的黄牛和绵羊 / 山羊均表现为 C_3/C_4 混合信号，且黄牛的 $\delta^{13}C$ 比绵羊 / 山羊更偏负，说明绵羊 / 山羊摄入了更多 C_4 野生植物或粟黍作物的副产品。

2. 海藏遗址中多数人骨的 $\delta^{13}C$ 为 C_4 信号，结合植物考古证据，粟黍作物可能是当时先民的主食；四例人骨显示出 C_3/C_4 混合信号，说明他们生前消费了麦类作物或自然环境中的 C_3 植物资源或以此为食的动物资源。墓葬中出土人骨的 $\delta^{15}N$ 显著高于地层中出土的人骨，说明墓葬中的个体生前消费了更多肉类资源，可能暗示了社会阶层的分化。

[1] 中国科学院考古研究所甘肃工作队：《甘肃永靖秦魏家齐家文化墓地》，《考古学报》1975 年第 2 期。

[2] 甘肃省博物馆：《武威皇娘娘台遗址第四次发掘》，《考古学报》1978 年第 4 期。

[3] 〔俄〕柳德米拉·克里亚科娃、〔俄〕安德列·叶皮马霍夫著，陈向译：《欧亚之门：乌拉尔与西西伯利亚的青铜和铁器时代》，生活·读书·新知三联书店，2021 年。

附录八　海藏遗址出土齐家文化时期植物遗存鉴定报告

黎海明　杨谊时 *

一　引言

5000BP 前后的农作物传播是欧亚大陆史前文化交流的重要内容，近年来成为学术界广泛关注的重大科学问题 [1][2][3][4]。起源于我国黄河流域的粟黍农业与起源于西亚的麦类作物在 4500BP~3500BP 交汇于中亚东部和我国的西北地区 [5]，形成了大面积的麦粟混合农业，并对东西方农业的进一步发展产生了重要的影响。齐家文化是青铜时代分布于甘青宁地区主要文化类型，年代集中于 4200BP~3600BP，同时该时期也是跨大陆文化互动的关键时期，先民农业生产方式发生了明显的转变。河西走廊位于丝绸之路的咽喉位置，是欧亚大陆东西方文化元素最早碰撞和融合的地区之一。该地区新石器晚期和青铜时代遗存丰富，文化面貌时空差异显著，且对气候变化响应敏感，是研究史前时代生业模式变化，及其与史前东西方文化交流和气候变化关系的理想地区。目前的研究显示，河西走廊地区齐家文化时期发展以粟为主的粟黍旱作农业，受到西部西城驿文化的影响，麦类作物也传播至此，成为齐家文化人群重要的食物资源 [6]。

2018~2019 年度为配合海藏湖生态治理（湿地公园）建设项目，对该遗址进行了两个年度的发掘。遗址堆积可分为早晚两期，早期为齐家文化时期，晚期为战国时期，其中齐家文化时期发掘墓葬、房址、灰坑等遗迹单位 24 处，碳-14 测年结果为 3900BP~3600BP，本文主要对海藏遗址齐家文化时期的植物遗存开展研究，并结合甘青地区齐家文化时期已开展的植物考古工作，探讨河西走廊地区齐家文化时期的农业经济特征。

二　研究方法

海藏遗址发掘期间，我们采用针对性采样法 [7]，在齐家文化时期的灰坑、墓葬和房址等遗迹单位中采集了浮选样品 112 份，并在考古工地开展了样品浮选工作。我们采用的浮选方法是水波浮选仪浮选法 [8]，浮选出的轻浮物用规格为 80 目（孔径约 0.2mm）的标准分样筛进行收集，并将其置于阴凉处晾干，最后带至兰州大学西部环境教育部重点实验室进行筛选和鉴定。

在实验室，我们首先选用 5 目（4mm）、10 目（2mm）、18 目（1mm）、26 目（0.71mm）、35 目（0.5mm）、80 目（0.2mm）等 6 种不同孔径的标准分样筛对晾干后的轻浮样品进行分选，并将每目筛子收集到的样品分别装

* 黎海明，南京农业大学人文与社会发展学院；杨谊时，甘肃省文物考古研究所。

[1] 董广辉、杨谊时、韩建业等：《农作物传播视角下的欧亚大陆史前东西方文化交流》，《中国科学：地球科学》2017年第5期。

[2] Jones M K，Hunt H，Lightfoot E,et al. Food globalization inprehistory. *World Archaeology*，2011，43(4):665–675.

[3] 张东菊、董广辉、王辉等：《史前人类向青藏高原扩散的历史过程和可能驱动机制》，《中国科学：地球科学》2016年第8期。

[4] Jones M K，Hunt H V，Kneale C，et al. *Food Globalisation in Prehistory：The Agrarian Foundations of An InterconnectedContinent*. British Academy，2016:33–45.

[5] 董广辉、杨谊时、韩建业等：《农作物传播视角下的欧亚大陆史前东西方文化交流》，《中国科学：地球科学》2017年第5期。

[6] 杨谊时：《河西走廊史前生业模式转变及影响因素研究》，兰州大学博士学位论文，2017年。

[7] 赵志军：《植物考古学的田野工作方法——浮选法》，《考古》2004年第3期。

[8] 赵志军：《植物考古学：理论、方法和实践》，科学出版社，2010年。

入写有样品编号和孔径大小的样品袋中，等待下一步的挑选和鉴定工作。对于 5 目和 10 目的样品，一般用肉眼观察，18～35 目的样品在 SMZ-645 显微镜下观察，我们主要挑选出其中的炭化植物种子，根据其形态进行分类并鉴定种属。

对于获取的植物遗存数据，我们主要采用绝对数量、数量百分比和出土概率等统计方法进行量化分析，获取各类植物遗存的实际数量、所占的比重以及在遗址中出现的可能性，以便全面准确反映遗址当时的农业状况和生计活动。

三 　研究结果

经鉴定，在 118 份浮选样品中共鉴定出 4482 粒炭化植物遗存，包括 4474 粒炭化植物种子和 8 粒小麦穗轴。该遗址出土农作物种子有粟（*Setaria italica*）、黍（*Panicum miliaceum*）、小麦（*Triticum aestivum*）、大麦（*Hordeum vulgare*）和大豆（*Glycine max*）五种，共计 4231 粒，此外还出土胡枝子（*Lespedeza bicolor*）、草木樨（*Melilotus officinalis*）、白刺（*Nitraria tangutorum*）、藜（*Chenopodium album*）和苦马豆（*Sphaerophysa salsula*）等 20 种非农作物种子。下面对出土的植物种子进行一一分析：

1. 农作物种子

海藏遗址出土的全部炭化植物种子中，农作物种子 4231 粒约占 94.39%，以粟和黍为主，小麦次之，大麦和大豆只占很小一部分。

粟（*Setaria italica*）

共出土 2901 粒，占全部农作物种子的 68.56%，出土概率高达 87.50%，为出土数量最多的农作物种子。粟整体呈圆球形，表面光滑，胚区呈"U"形、约占颖果总长度的 2/3，部分粟粒胚区因烧烤过度而爆裂。

黍（*Panicum miliaceum*）

共出土 662 粒，约占全部农作物种子的 15.65%，出土概率为 76.79%，仅次于粟。黍的形状和粟相近，但个体较粟偏大，尾部比粟略尖，表面比较粗糙，胚区呈"V"形、一般小于颖果的 1/2。

小麦（*Triticum aestivum*）

共出土小麦种子 632 粒，其中包括 426 粒完整小麦和 206 粒破碎小麦，占全部农作物种子的 14.94%，出土概率为 43.75%。麦粒呈长椭圆形，正面有一条深而窄的腹沟，背部突起，胚区近圆形。此外还出土了 8 粒小麦穗轴，小麦穗轴是麦穗与麦秆连接处用来承托麦穗的部分，是史前遗址种植和驯化麦类作物的证据。

大麦（*Hordeum vulgare*）

出土大麦种子 36 粒，其中包括 34 粒完整大麦和 2 粒破碎大麦，占全部农作物种子的 0.83%，出土概率为 18.75%。种子形态呈梭形，两端略尖，中部最宽、最厚，背部圆鼓，腹部较平，腹沟较浅。

大豆（*Glycine max*）

仅出土 1 粒破碎的大豆种子，从形态上看，整个豆粒应呈椭圆形，表面爆裂明显。

2. 非农作物种子

除农作物种子之外，海藏遗址还出土了一定数量的杂草类种子，共计 243 粒，约占全部炭化植物种子的 5.42%。

豆科类植物遗存是海藏遗址出土数量最多的非农作物遗存，包括胡枝子（*Lespedeza bicolor*）、草木樨（*Melilotus officinalis*）、直立黄芪（*Astragalus adsurgens*）和苦马豆（*Sphaerophysa salsula*）等五种，共计 110 粒，占出土非农作物种子的 45.26%。其中胡枝子和草木樨数量最多，胡枝子共出土 92 粒，占出土非农作物种子的 37.86%，出土概率

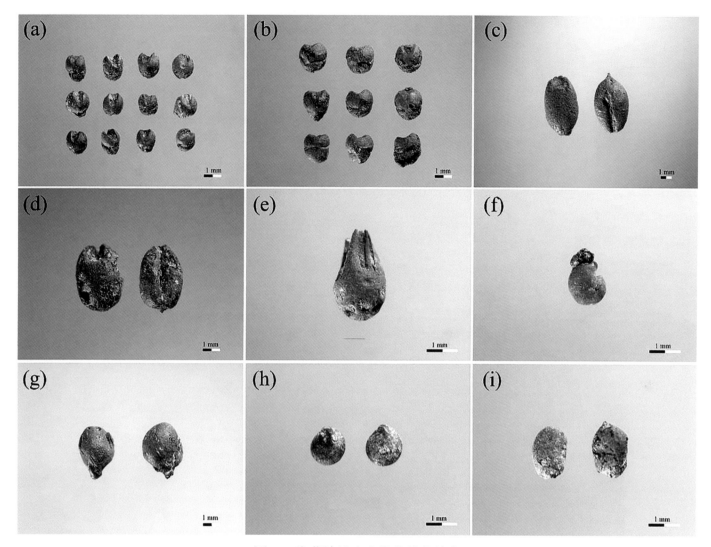

图一 海藏遗址出土炭化植物遗存
(a) 粟 (b) 黍 (c) 大麦 (d) 小麦 (e) 白刺 (f) 黄芪 (g) 苦马豆 (h) 藜 (i) 草木樨

为 28.57%。形状呈倒卵状长圆形，种脐部位较平滑，脐环突出清晰可见。草木樨共出土 22 粒，占出土非农作物种子的 11.22%，出土概率为 12.50%。其形状与胡枝子略相似，亦呈倒卵状长圆形，种脐部位稍凹陷。

除豆科植物外，遗址中还出土了一定数量的白刺（*Nitraria tangutorum*）种子，共计 21 粒，占出土非农作物种子的 8.64%，出土概率为 28.57%。此外，遗址中还包括藜、苔草、萹蓄和莎草等非农作物种子，但数量占比很小。

四 讨 论 分 析

海藏遗址的农业结构

从海藏遗址出土植物遗存的情况来看，该遗址共出土 4482 粒炭化植物遗存，其中包括粟、黍、小麦、大麦和大豆五类农作物种子和胡枝子、草木樨和白刺等 20 种非农作物种子，此外还出土了 8 粒小麦穗轴，植物遗存的数量和种类都比较丰富。从作物的数量百分比来看，农作物种子的数量占全部炭化植物种子的 95.68%，非农作物仅占 4.32%，农作物的比重远高于非农作物，并且农作物遗存的出土概率为 100%，表明农业活动在海藏遗址齐家文化时期的生存策略中占主导地位，为我们探讨齐家文化时期河西走廊东部地区先民的农业生产特点提供重要的实物资料。

从出土作物的种类来看，粟的出土数量和出土概率最高，占全部炭化植物遗存的68.56%，出土概率达87.50%，在各类农作物中占绝对优势。粟是我国最早驯化栽培的作物之一，在我国北京东胡林和河北南庄头等遗址都出现了10000BP前后的粟的植物大化石或微体化石[1][2]，确立了粟的起源；前仰韶时期（8500BP～7000BP）粟已在中国北方地区得到了普遍利用[3]，在兴隆洼、磁山、裴李岗、后李、大地湾等遗址中，都出土了炭化粟种子。仰韶文化早期（7000BP～6000BP），以粟、黍为代表的北方旱作农业在黄河流域基本建立并发展起来[4][5]；仰韶中晚期（6000BP～5000BP），随着文化的快速发展，粟黍农业进一步沿黄河及其支河流域扩张，5500BP左右，粟黍农业从关中和甘肃东部地区向西扩张到青藏高原东北部的河湟地区[6][7]，至少在4800BP左右向西传播到河西走廊[8][9]，目前在河西走廊测得最早粟来自高苜蓿地遗址（4825BP～4576BP）[10]。目前植物考古研究资料显示，粟黍农业在传至河西走廊东部时，粟便已经成为农业生产中最主要的农作物，如李家圪垯[11]、皇娘娘台[12]等遗址均表现出以粟为主要作物的生业模式。

黍的数量约占全部农作物种子的15.65%，出土概率为76.79%，在全部农作物种子占第二位。黍与粟同属于我国北方地区早期的驯化作物[13]，形成与传播过程与粟几乎同步。但是在不同的文化时期，粟和黍的利用情况不同。粟作农业发展初期，大部分遗址以种植黍为主，如磁山遗址[14]、兴隆沟遗址[15]、月庄遗址[16]以及大地湾等遗址[17~20]，证明早期旱作农业是以种植黍为主。直到仰韶文化中晚期，粟逐渐取代黍成为最主要的粮食作物[21][22]。与研究区其他植物考古研究结果一致，海藏遗址的农业生产模式以粟黍农业为主，其中以粟种植最多、黍次之。粟和黍的地位之所以会发生变化，可能与它们本身的生长特性有关。黍具有更强的抗病性、耐瘠性和耐旱性，生长

[1] Yang X Y,Wan Z W ,Perry L,et al.Early millet use in Northern China. *Proceedings of the National Academy of Sciences of the United States of America*，2012，109(10):3726-3730.

[2] 赵志军、赵朝洪、郁金城等：《北京东胡林遗址植物遗存浮选结果及分析》，《考古》2020年第7期。

[3] 秦岭：《中国农业起源的植物考古研究与展望》，《考古学研究（九）》，文物出版社，2012年。

[4] 魏兴涛：《豫西晋西南地区新石器时代植物遗存的发现与初步研究》，《东方考古·第11辑》，科学出版社，2014年。

[5] 张健平、吕厚远、吴乃琴等：《关中盆地6000～2100cal.aB.P.期间黍、粟农业的植硅体证据》，《第四纪研究》2010年第2期。

[6] Jia,X., Dong,G.H.,Li,H., Brunson,K., Chen,F.H. Ma,M.M. Wang,H., An, C.B., Zhang, K.R.The development of agriculture and its impact on cultural expansion during the late Neolithicin the Western Loess Plateau, China，*The Holocene*.2013,23(1): 85-92.

[7] Chen, F.H., Dong,G.H., Zhang, D.J., Liu,X.Y.Jia, X., An, C.B.,Ma,M.M.,Xie, Y.W.,Barton, L., Ren, X.Y.,Zhao, Z.J ., Wu, X.H.Jones, M.K. Agriculture facilitated permanent humanoccupation of the Tibetan Plateau after 3600BP, *Science*.2015,347(6219): 248-250.

[8] 杨谊时：《河西走廊史前生业模式转变及影响因素研究》，兰州大学博士学位论文，2017年。

[9] Liu，X.Y. Lightfoot,E.,O'Connell,T.C.，Wang,H. Li,S.C.，Zhou, L.P.,Hu， Y.W.,Motuzaite-Matuzeviciute,G., Jones, M.K. From necessity to choice: dietary revolutions inwest China in the second millennium BC，*World Archaeology*.2014,46(5): 661-680.

[10] 杨谊时：《河西走廊史前生业模式转变及影响因素研究》，兰州大学博士学位论文，2017年。

[11] 杨谊时：《河西走廊史前生业模式转变及影响因素研究》，兰州大学博士学位论文，2017年。

[12] Zhou XY, Li XQ, John Dodson, Zhao KL. 2016. Rapid agricultural transformation in the prehistoric Hexi corridor, China.*Quaternary International*. 426(28): 33-41.

[13] Jia,X., Dong,G.H.,Li,H., Brunson,K., Chen,F.H. Ma,M.M. Wang,H., An, C.B., Zhang, K.R.The development of agriculture and its impact on cultural expansion during the late Neolithicin the Western Loess Plateau, China，*The Holocene*.2013,23(1): 85-92.

[14] Lv HY，Zhang JP, Liu KB et al. Earliest domestication of common millet (Panicummiliaceum) in East Asia extended to 10,000 years ago,*Proceedings of the NationalAcademy of Sciences of the United States of America*, 2009,106(18):7367-7372.

[15] Zhao ZJ. New Archaeobotanic Data for the Study of the Origins of Agriculture in China，*Current Anthropology*, 2011,52(4):295-306.

[16] Crawford GW、陈雪香、栾丰实、王建华：《山东济南长清月庄遗址植物遗存的初步分析》，《江汉考古》2013年第2期。

[17] Barton L.Newsome SD, Chen FH et al. Agricultural origins and the isotopic identity of domestication in northern China, *Proceedings of the National Academy of Sciences of the United States of America*, 2009,106:5523-5528

[18] Barton L.Newsome SD, Chen FH et al. Agricultural origins and the isotopic identity of domestication in northern China, *Proceedings of the National Academy of Sciences of the United States of America*, 2009,106:5523-5528

[19] An CB, Ji DX, Chen FH et al. Evolution of prehistorc agriculture in central Gansu Province ,China : A case study in Qin'an and Li County, *Chinese Science Bulletin*, 2010, 55:1925-1930.

[20] 黎海明：《黄土高原西部史前至历史时期人类对主要农作物的利用策略研究》，兰州大学博士学位论文，2018年。

[21] 魏兴涛：《豫西晋西南地区新石器时代植物遗存的发现与初步研究》，《东方考古·第11辑》，科学出版社，2014年。

[22] 赵志军：《中国古代农业的形成过程——浮选出土植物遗存证据》，《第四纪研究》2014年第1期。

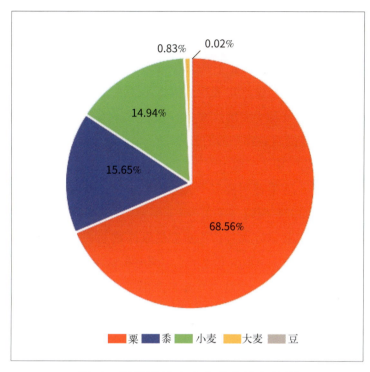

0.83%　　0.02%

14.94%

15.65%

68.56%

粟　黍　小麦　大麦　豆

图二　海藏遗址出土农作物遗存比例

周期短，在恶劣的环境中产量稳定，因此在农业技术不发达且对农业依赖程度较低的前仰韶文化及仰韶文化早期，先民更倾向于种植黍；随着仰韶中晚期文化的快速发展，遗址数量增多[1]，人口规模增大，原来以黍为主的农业已不再能满足人类的需求，相反，粟比黍具有更高的产量[2, 3]和水分利用率[4]，农业承载力更高，因此粟的优势开始显现，粟逐渐取代黍成为中国北方旱作农业中最主要的农作物。

　　海藏遗址出土的小麦种子仅次于粟和黍，绝对数量占农作物种子总数的14.94%，出土概率为43.75%（图二）。同属于麦类作物的大麦遗存出土数量仅占农作物0.83%，出土概率为18.75%。麦类作物于10000BP前后在西亚的新月形沃地驯化[5, 6]，9000BP~850BP向东传播到中亚[7, 8]，随后麦类作物继续向东扩散到达中亚、东亚地区。目前中国境内发现最早的麦类遗存来自新疆阿尔泰地区的通天洞遗址，测得裸大麦和小麦的年代分别为5285BP~5159BP和5048BP~4866BP[9]，证明麦类作物在5200BP前就传入中国。甘青地区最早的麦类作物出现于河西走廊的缸缸洼遗址（3977BP~3700BP）、火石梁遗址（4086BP~3841BP）[10]、皇娘娘台遗址

[1] Wagner，M. Tarasov, P., Hosner, D., Fleck, A.,Ehrich，R., Chen, X.C., Leipe, C. Mapping of the spatial and temporal distribution of archaeological sites of northern China during the Neolithic and Bronze Age，*Quaternary International*. 2013,290:344−357.

[2] 柴岩、冯佰利：《中国小杂粮产业发展现状及对策》，《干旱地区农业研究》2003年第3期。

[3] 杨文治、余存祖：《黄土高原主要粮作物的生产力及增产技术体系》，《黄土高原区域治理与评价》，科学出版社，1992年。

[4] Seghatoleslami M J，Kafi M，Majidi I, et al. Effect of drought stress at different growth stages on yield and water use efficiency of five proso millet(Panicum miliaceum) genotypes JWSS−Isfahan University of Technology，2007，11(1):215−227.

[5] Zeder M A.Domestication and early agriculture in the Mediterranean Basin :Origins，diffusion, and impact, *Proceedings of the National Academy of Sciences of the United States of America*，2008,105(33) :11597−11604.

[6] Losch S, Grupe G, Peters J. Stable isotopes and dietary adaptations in humans and animals at pre−pottery Neolithic NevallCori, **Southeast Anatolia**. *American Journal of Physical Anthropology :The Official Publication of the American Association of Physical Anthropologists*，2006，131(2) :181−193.

[7] Harris D R,Masson V M,Berezkin Y E,et al. Investigating early agriculture in Central Asia :New research at Jeitun ,Turkmenistan. *Antiquity*, 1993，67(255):324−338.

[8] Costantini L. The first farmers in Western Pakistan : The evidence of the Neolithic Agropastoral settlement of Mehrgarh.*Pragdhara*，2008，18:167−178.

[9] Zhou, XY et al. 5200−year−old cereal grains from the eastern Altai Mountains redate the trans−Eurasian crop exchange. *Nature Plants*, 2020.

[10] Dodson, J.R.,Li,X.Q.,Zhou,X.Y.,Zhao,K.L., Sun,N.,Atahan, P. Origin and spread of wheat in China, *Quaternary Science Reviews*.2013,72:108−111.

（4079BP～3693BP）[1]和西城驿（3972BP～3848BP）[2]等遗址以及青海省的下孙家寨遗址（4085BP～3905BP）、贡什加遗址（4067BP～3843BP）和金禅口遗址（3979BP～3840BP）[3]等遗址，表明4000BP左右麦类作物已经传播至甘青地区，与西向传播的粟、黍作物在此交汇，揭开了粟黍和麦类的混合农业阶段。综合对比甘青地区齐家文化时期各遗址出土植物遗存的情况，我们发现均表现出以粟黍为主，麦类作物为辅的农业生产模式，不过在不同阶段粟黍和麦类作物的比重不同，大麦和小麦的比重也存在差异。从海藏遗址出土麦类作物的比重来看，麦类作物占出土农作物总量的16%，与同属河西走廊东部的齐家文化的李家坬楞遗址相似[4]，仅次于河西走廊中部的东灰山遗址[5]，说明麦类作物在齐家文化时期的河西走廊东部地区已得到比较广泛的种植，但比重仍低于粟和黍。从大麦和小麦的数量上来看，海藏遗址小麦遗存明显多于大麦遗存，这与河西走廊地区的皇娘娘台、东灰山、缸缸洼和砂锅梁等遗址出土麦类作物遗存的情况相同。

海藏遗址还出土了一粒破碎的大豆种子，大豆作为重要的农作物之一，大约在龙山文化时期起源于中国北方地区[6]，如陕西周原遗址（王家嘴地点）[7]、山西陶寺遗址[8]、河南王城岗遗址和瓦店遗址[9][10]都出土了百余粒龙山文化时期的大豆遗存，后在我国东北、山东、内蒙古等地广泛分布。我国西南地区也可能是大豆的起源地之一，因为科学家在考察中发现在青藏高原等地有野生大豆分布，但未在植物考古研究中得到证实。目前的植物考古资料显示，甘青地区只有齐家文化时期的桥村遗址、蒋家嘴遗址和喇家遗址中出土了大豆遗存，其中桥村遗址和蒋家嘴遗址均有1粒[11]，喇家遗址出土42粒[12]，从大豆遗存的出土情况来看，大豆可能在齐家文化时期传至甘青地区，但在农业生产中只占很小一部分。考虑原因有两方面：一是大豆不是史前人类最主要的粮食作物，因此在农作物中一直占有较小的比重；二是种植大豆本身不易保存，所以在传统的考古发掘中发现也较少。

除上述农作物种子之外，海藏遗址还出土了一定数量的豆科植物种子，共计126粒，占出土非农作物种子的45.26%。像草木樨、胡枝子等豆科植物可作为牧草，可能和蓄养家畜有关。目前考古遗址出土动物骨骼信息以及骨骼碳氮稳定数据显示，青铜时代早期，河西走廊地区因地制宜的发展了混合农业和畜牧互补的经济形态，畜牧业在生业经济中占有重要的地位，豆科植物的高比重可能与畜牧业的发展有关。

综上，从农业生产模式上来看，海藏遗址出土的农作物均为旱地作物，是典型的旱作农业。从农作物种类上来看，五种农作物在海藏遗址的种植情况有所不同，无论是从数量百分比还是出土概率上看，都表明海藏遗址所在地区是以种植粟和黍为主，小麦和大麦为辅，大豆最少。与同期甘青地区其他遗址出土农作物遗存情况对比发现，均表现出以粟黍为主、麦类作物为辅的农业生产模式。该农业生产模式的形成与各农作物到达该地区的时间有关，至少在4800BP，粟黍农业率先到达河西走廊地区，并在该地得到快速发展；4000BP前后麦类作物传入该地区，逐渐被人类接受并种植。齐家文化时期正是粟黍农业快速发展的时期，而麦类作物刚传入，还是作为一种食物补充被人们种植。此外，海藏遗址中出土的豆科植物遗存可能也反映了该地区畜牧业的发展。

[1] Jia,X., Dong,G.H.,Li,H., Brunson,K., Chen,F.H. Ma,M.M. Wang,H., An, C.B., Zhang, K.R.The development of agriculture and its impact on cultural expansion during the late Neolithic in the Western Loess Plateau, China，The Holocene.2013,23(1): 85～92.

[2] 张雪莲、张君、李志鹏等：《甘肃张掖市西城驿遗址先民食物状况的初步分析》，《考古》2015年第7期。

[3] 魏兴涛：《豫西晋西南地区新石器时代植物遗存的发现与初步研究》，《东方考古·第11辑》，科学出版社，2014年。

[4] 董广辉、杨谊时、韩建业：《农作物传播视角下的欧亚大陆史前东西方文化交流》，《中国科学：地球科学》2017年第5期。

[5] Jia,X., Dong,G.H.,Li,H., Brunson,K., Chen,F.H. Ma,M.M. Wang,H., An, C.B., Zhang, K.R.The development of agriculture and its impact on cultural expansion during the late Neolithic in the Western Loess Plateau, China，The Holocene.2013,23(1): 85～92.

[6] 孙永刚：《栽培大豆起源与植物考古学研究》，《农业考古》2013年第6期。

[7] 赵志军：《陕西扶风周原遗址王家嘴地点浮选结果分析报告》，《植物考古学：理论、方法和实践》，科学出版社，2010年。

[8] 赵志军：《公元前2500年～公元前1500年中原地区农业经济研究》，《科技考古（第二辑）》，科学出版社，2007年。

[9] 赵志军：《中华文明形成时期的农业经济特点》，《科技考古（第三辑）》，科学出版社，2011年。

[10] 刘於、方燕明：《河南禹州瓦店遗址出土植物遗存分析》，《南方文物》2010年第4期。

[11] 陈亭亭、贾鑫、黎海明等：《甘青地区齐家文化时期农业结构的时空变化及其影响因素分析》，《第四纪研究》2019年第1期。

[12] 张晨：《青海民和喇家遗址浮选植物遗存分析》，西北大学博士学位论文，2013年。

五　结论

本研究通过系统的采样、浮选、鉴定、统计和分析，获取了丰富的植物遗存资料，初步判定了齐家文化时期海藏遗址的农业生产模式，主要得出以下几点结论：

海藏遗址共出土4482粒炭化植物遗存，其中农作物遗存共计4239粒，包括4231粒农作物种子和8粒小麦穗轴，占全部炭化植物种子的94.39%；非农作物共计196粒，全部炭化植物种子的5.42%，表明农业活动在海藏遗址齐家文化时期的生存策略中占主导地位。

海藏遗址出土农作物包括粟、黍、小麦、大麦和大豆五种，为典型的旱作农业，其中以粟和黍为主，小麦和大麦次之，大豆只占很小一部分；非农作物包括胡枝子、草木樨、白刺等20种，其中以豆科种子最多，可能与畜牧业的发展有关。

与同期的其他遗址相比，该遗址小麦占比较高，表明小麦在齐家文化时期的河西走廊东部地区已得到比较广泛的种植。

附录九 海藏遗址出土铜器成分检测报告

田小刚 *

海藏遗址位于河西走廊东部，武威市凉州区金羊镇三盘磨村，地处石羊河支流海藏河东部台地，南距武威市中心 2.5 千米，西南距皇娘娘台遗址 2.2 千米，西距佛教圣地海藏寺 0.5 千米。早期平田整地和工程建设对遗址造成破坏。2018～2019 年度为配合海藏湖生态治理（湿地公园）建设项目，甘肃省文物考古研究所对该遗址进行了两个年度的发掘。

遗址南北 300 米，东西 100 米，面积约 30000 平方米，共发掘齐家文化时期墓葬、房址、灰坑等遗迹单位 24 处，出土了该时期陶、石、玉、铜、骨器和玉石料，从大量的璧、璧芯等玉石器，带切割痕迹的玉石料，废弃的玉石坯料以及加工玉石器的磨石和切割工具等遗物判断，该遗址早期为一处齐家文化时期玉石器加工聚落遗址。本文科学检测该遗址出土铜器成分和材质。关于甘肃地区齐家文化时期铜器前人已经做了大量的研究，早在 1981 年孙淑芸等就对甘肃地区部分齐家文化遗址出土铜器进行检测分析 [1]，徐建炜和罗武干等对青海贵南尕马台墓地齐家文化出土铜器成分研究进行了梳理 [2]。此外，徐建炜 [3] 和王璐 [4] 分别对甘青地区早期铜器的材质、制作方式以及矿料等方面的研究数据进行了细致的整理研究。

一 检测器物及方法

海藏遗址出土铜器属于齐家文化时期，器物种类主要为刀、环、锥、镯、片等，考虑到出土铜器数量少，器形完整，不好取样做更深层次的检测，使用无损分析方式对该批铜器材质进行检测分析。本文对 5 件铜锥、2 件铜环、1 件铜镯、2 件铜刀、1 件凿形器、1 件铜片、2 件未知器形器物等 14 件器物使用 NiTonXL3t950 型便携式 X 射线荧光能谱仪在常见金属模式下进行定性分析，能谱扫描时长 60s。检测结果如下表（表一）：

表一 铜器检测结果

出土编号	实验编号	器物名称	检测部位	主要成分(wt%)				
				Cu	Pb	As	Fe	其他成分
M11：9	WH393	铜锥	中间	97.7		0.1	1.7	Zn：0.2
	WH394		宽头	97.2		0.2	2.1	Zn：0.2

* 田小刚，甘肃省文物考古研究所。

[1] 孙淑芸、韩汝玢：《中国早期铜器的初步研究》，《考古学报》1981 年第 3 期。

[2] 青海省文物考古研究所：《贵南尕马台》，科学出版社，2016 年。

[3] 徐建炜：《甘青地区新获早期铜器及冶铜遗物的分析研究》，北京科技大学硕士学位论文，2010 年。

[4] 王璐：《甘青地区早期铜器的科学分析研究》，北京科技大学博士学位论文，2019 年。

续表

出土编号	实验编号	器物名称	检测部位	主要成分(wt%)				
				Cu	Pb	As	Fe	其他成分
T0403⑯：18	WH395	铜器	中间	98.1			1.5	Zn：0.1
T0302⑥：1	WH396	铜锥	长段	90.4	1.8	7.3	0.3	
	WH397		短段	87.1	1.8	10.6	0.2	Sb：0.1
T0405⑮：9	WH398	凿形器	中间	99.4				Zn：0.2
T0404⑥：12	WH399	铜锥	中间	98.2	0.2	0.2	0.7	Sb：0.2；Bi：0.3
T0305⑳：5	WH400	铜环	中间	97.9		0.1	0.7	Sb：0.1；Bi：0.5
T0305⑥：11	WH401	铜锥	中间	96.7	0.1	0.1	2.6	Zn：0.1
T0205⑱：7	WH402	铜器	中间	91.2			4.7	Sn：0.3；Zn：0.87
T0304⑩：15	WH404	铜片	中间	96.2		2.7	0.4	Zn：0.1；Sb：0.4；Bi：0.1
	WH405		边缘	98.7		0.3	0.7	Zn：0.1；Sb：0.2
T0204⑲：3	WH412	铜环	中间	98.5		0.1		Sn：1.1；Zn：0.1
T0204④：1	WH413	铜刀	背部	97.9	0.2	0.2	1.0	Zn：0.2；Sb：0.2
	WH414		刃部	96.6	0.2	0.2	1.7	Zn：0.2；Sb：0.4；Bi：0.1
	WH419		柄部	96.1	0.2	0.4	0.4	Zn：0.2；Sb：0.3
T0205④：14	WH415	铜刀	长段	98.8		1.0		Zn：0.1；Sb：0.5
	WH416		短段	99.1			0.6	
T0204⑪：3	WH417	铜锥	中间	98.3		0.16	0.4	Zn：0.1；Sb：0.5
T0205④：15	WH418	铜镯	较宽处	95.8	0.2		2.9	Sn：0.7；Zn：0.2

个别谱图如下所示（图一、二、三）：

图一　T0302⑥：1铜锥能谱图

图二　T0405⑮：9凿形器能谱图

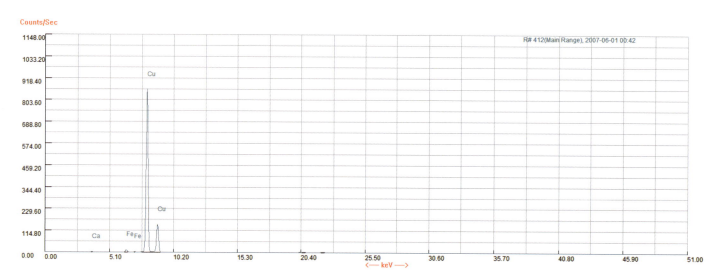

图三　T0204⑲：3铜环能谱图

二　检测结果

经过检测发现这 14 件器物中 12 件器物 Cu 含量都在 95% 以上，其中大部分器物中含有少量或者微量 As、Pb 元素，大部分器物中还存在微量的 Zn 元素，部分器物中含有杂质元素 Sn、Sb 和 Bi 元素。有 1 件铜锥 Cu 元素含量在 90% 左右且 As 含量相对较高，还有 1 件铜器 Cu 含量为在 95% 以下，但 Fe 含量相对较高。大部分器物中 Fe 元素作为含量第二高的元素出现，考虑到检测方法的误差，可初步推断 Fe 的出现和冶炼矿石有关。

三　讨论

尽管本次检测使用无损分析进行定性分析，但也可初步推断海藏遗址出土 14 件器物中有 12 件为红铜制品，2 件为砷铜制品，且一件含量较低，以红铜为主。检测结果显示器物中 Fe 的含量占有一定的比重且含有少量或微量多种其他金属元素，说明当时人类选取矿石时还没有完全形成自主选择纯度更高氧化矿的意识。随着人类选择矿石和冶炼经验的不断积累，使用较纯净的铜矿石冶炼红铜是必然的结果[1]。在还原条件下冶炼含砷的氧化铜矿石，产品中会保留一些砷，但一般不超过 2%[2]。虽然检测手段不同检测所得数据无法进行直观的对比，但 T0302⑥：1 这件铜锥 As 的含量明显要高于其他，和其他器物有明显不同，如果其他器物中 As 元素是由铜冶炼矿石带入，那么这件器物存在人为添加 As 元素制作的砷铜合金的步骤。

从时间上讲该遗址与武威黄娘娘台、张掖西城驿二期、青海同德宗日等遗址相近[3]，相当于齐家文化铜器早段[4]。出土铜器材质与西城驿二期[5]、皇娘娘台[6] 出土铜器接近，均是以红铜为主，砷青铜数量较少，而青海同德宗日遗址出土铜器以砷青铜为主[7]，可见该时间段使用砷青铜制作器物的情况已经比较常见，但不同区域砷青铜制品比例存在差异。总体来说，海藏遗址出土铜器材质和相同时间段遗址出土的铜器差别不大，出土器物为红铜制品和砷铜制品。

四　结论

1. 器物材质以红铜为主，1 件器物含 As 相对较高，初步推断为砷铜制品。

2. 大量的红铜制品和个别砷铜制品的出现，说明当时冶炼技术已经相对成熟；但杂质元素较多，说明在红铜冶炼矿石的选择上相对比较原始。

3. 器物种类以及材质与同时期遗址出土铜器差别不大，但砷铜器物出土比例相对较少。

[1]　孙淑云、韩汝玢：《甘肃早期铜器的发现与冶炼、制造技术的研究》，《文物》1997年第7期。
[2]　李水城、水涛：《四坝文化铜器研究》，《文物》2000年第3期。
[3]　王璐：《甘青地区早期铜器的科学分析研究》，北京科技大学博士学位论文，2019年。
[4]　陈国科、李延祥、潜伟等：《张掖西城驿遗址出土器的初步研究》，《考古与文物》2015年第2期。
[5]　孙淑云、韩汝玢：《甘肃早期铜器的发现与冶炼、制造技术的研究》，《文物》1997年第7期。
[6]　孙淑芸、韩汝玢：《中国早期铜器的初步研究》，《考古学报》1981年第3期。
[7]　徐建炜：《甘青地区新获早期铜器及冶铜遗物的分析研究》，北京科技大学硕士学位论文，2010年。

附录一○　海藏遗址地层地球化学元素分析报告

张山佳　鲁轶文 *

一　前言

人类使用和冶炼金属是人类社会发展过程中的革命性事件，早期冶金技术的出现及其传播被认为是人类文明和社会复杂化的重要因素 [1]。河西走廊是古丝绸之路上连接史前及历史时期东西方文化交流的重要通道 [2]，也是中国早期冶金中心之一 [3]。已有研究显示，河西走廊地区青铜时代的西城驿文化和四坝文化人群从事冶金活动，并对遗址周边的沉积物造成了显著的污染 [4]。齐家文化与他们经历了较长时间的共存，考古学证据显示他们主要通过交流的方式获取冶金产品或冶金技术 [5]。在此过程中，齐家文化人群是否也对环境造成了影响？目前在该区域还缺乏相关的研究。

海藏遗址位于甘肃省武威市凉州区金羊镇三盘磨村，分布于河西走廊三大内陆河之一的石羊河支流的海藏河台地上。甘肃省文物考古研究所于 2018～2019 年对海藏遗址进行了发掘。地层学和器物类型学的证据显示，该遗址主体是一处齐家文化（3900BP～3600BP）的玉石器加工聚落遗址，也存在战国时期的遗存。本报告对遗址探方内的剖面进行沉积物的采集，进行地球化学元素分析，这对于理解河西走廊青铜时代人类冶金历史，认识人类活动对环境造成的可能影响具有重要的参考价值。

二　样品与实验方法

本报告所研究的沉积物样品，于 2019 年 7 月采自海藏遗址探方的西壁（图一）。剖面序列样品自上而下采集，以 2cm 间隔进行取样，共获得 171 份样品。其中，在齐家文化 T0204 北壁地层（②～⑳ 为齐家文化层，⑳ 层下生土层）中共采集样品 140 份，厚约 280cm；在 T0305 南壁战国时期地层③～⑤中共采集样品 31 份，厚约 60cm。地层信息描述见本报告。

本报告所使用的研究方法为 X 射线荧光光谱分析（X-Ray Fluorescence Spectrometer，XRF）。该方法主要是基于元素发出的特征 X 射线能量和波长的不同，从而测量出是何种元素，并进行元素的定性分析。同时，由于样品中某元素的特征 X 射线强度与其含量相关，从而可以进行元素的定量分析。用这种方法对土样元素组成进行检测，常见元素的检出范围为 0.1 ppm 至 100%，测量精度为从 0.1% 至 0.3%，当元素含量大于仪器检出限时，相对

* 　张山佳、鲁轶文，兰州大学资源环境学院。

[1]　张光直：《中国青铜时代》，生活·读书·新知三联书店，2013年；Linduff K M. *Metallurgy in ancient eastern Eurasia from the Urals to the Yellow River*. Edwin Mellen Press, 2004.

[2]　董广辉、杨谊时、韩建业等：《农作物传播视角下的欧亚大陆史前东西方文化交流》，《中国科学：地球科学》2017年第5期。

[3]　李水城：《西北与中原早期冶铜业的区域特征及交互作用》，《考古学报》2005年第3期。

[4]　Yang Y, Dong G, Zhang S, et al. Copper content in anthropogenic sediments as a tracer for detecting smelting activities and its impact on environment during prehistoric period in Hexi Corridor, Northwest China. *The Holocene*, 2017, 27(2): 282-291; Zhang S, Yang Y, Storozum M J, et al. Copper smelting and sediment pollution in Bronze Age China: A case study in the Hexi corridor, Northwest China. *Catena*, 2017, 156: 92-101; Li X, Sun N, Dodson J, et al. The impact of early smelting on the environment of Huoshiliang in Hexi Corridor, NW China, as recorded by fossil charcoal and chemical elements. *Palaeogeography, Palaeoclimatology, Palaeoecology*, 2011, 305(1-4): 329-336.

[5]　陈国科：《西城驿—齐家冶金共同体——河西走廊地区早期冶金人群及相关问题初探》，《考古与文物》2017年第5期。

图一　海藏遗址剖面沉积物采样图

标准偏差小于 5%，有效的元素测量范围为 5 号元素（硼 Be）到 92 号元素（铀 U）。

本报告对海藏遗址中沉积物的地球化学元素展开研究，采用 X- 射线荧光光谱分析方法进行测试。对于潮湿的样品，取一部分在烘箱中干燥或室温下自然晾干。样品在上机测试之前，在称量纸上倒入 5～10 g 的土样，用镊子挑选掉植物残体、炭屑、石头、陶片等杂质。之后用震动研磨机将土样研磨至可以经过 200 目筛的粉末，在通用型压力机上使用 30 吨压力将粉末样品压成直径约 4cm，厚 0.5～0.7cm 的圆片样品，用硼酸粉末作为圆片样品的固定物质，以备 X 射线荧光光谱仪分析。所有样品的分析都在兰州大学西部环境教育部重点实验室 X 射线荧光光谱实验室进行，仪器型号为 Magix（PW2403），标样选用国家一级土壤标样。

三　地球化学元素结果

海藏遗址剖面共测试 171 份样品的 27 种主量和微量元素含量，选取与冶金活动密切相关的 Cu、Ni、Cr 元素，绘制齐家文化和战国时期地层中元素含量变化的曲线图（图二）。其中，Ni 的含量范围为 27.9～52 ppm，平均值为 36ppm；Cu 的含量范围为 29.2～56 ppm，平均值为 41.6ppm；Cr 的含量范围为 48.6～105.5 ppm，平均值为 71 ppm。相比于河西走廊生土中重金属元素的背景值[1]，海藏遗址剖面中的 Cu、Ni、Cr 元素含量虽然有所波动，但基本与生土在同一变化范围内（表一）。

[1]　Yang Y, Dong G, Zhang S, et al. Copper content in anthropogenic sediments as a tracer for detecting smelting activities and its impact on environment during prehistoric period in Hexi Corridor, Northwest China. *The Holocene*, 2017, 27(2): 282−291.;Zhang S, Yang Y, Storozum M J, et al. Copper smelting and sediment pollution in Bronze Age China: A case study in the Hexi corridor, Northwest China. *Catena*, 2017, 156: 92−101.

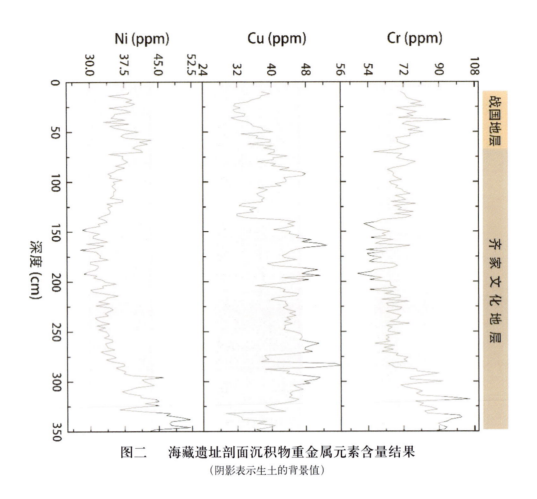

图二 海藏遗址剖面沉积物重金属元素含量结果

（阴影表示生土的背景值）

表一 海藏遗址剖面沉积物重金属元素含量

深度：厘米；含量：ppm

深度	Cr	Cu	Ni	深度	Cr	Cu	Ni	深度	Cr	Cu	Ni
10	70.5	37.7	38.6	40	73.8	34.6	33	70	56.9	40.8	41.6
12	72.5	39.7	38.4	42	71.5	35.4	38.6	72	71.4	39.2	34.1
14	73.2	37.7	34.1	44	76.1	35.8	34.4	74	69.7	43.8	37.2
16	73.8	37.4	37.7	46	80.4	37.9	35.5	76	68.5	40.4	37.1
18	76.8	35.5	39.3	48	74.3	38	37.8	78	72.3	40.5	37.4
20	81.4	34.6	37.9	50	82.2	40.4	40.7	80	78.2	36.8	38.3
22	75.6	31.5	39.9	52	75.2	33	37.6	82	75.2	41	37.4
24	82.4	31.2	38.7	54	75.5	36.9	36.8	84	72.9	40	35.6
26	68.6	32.8	34.3	56	68.3	36.5	37.9	86	67.1	44.2	37.6
28	72.8	31	37.7	58	69.1	39.8	43.6	88	63.9	41.9	35.9
30	78.9	31.5	39	60	68.9	39.7	40.9	90	66.4	46.7	35.2
32	74	34	35.5	62	71.3	34.6	42.7	92	67.1	47.9	33.9
34	77	33.8	35.3	64	75.2	40.4	40.3	94	66.8	47.3	34.7
36	69.5	30.6	34.7	66	73	38.2	39.4	96	68.4	42.9	34.3
38	95.8	32.1	37.7	68	67.4	40.7	41	98	71	43.4	37.1

续表

深度	Cr	Cu	Ni	深度	Cr	Cu	Ni	深度	Cr	Cu	Ni
100	65	43.4	35.1	168	53.1	45.5	27.9	236	69.5	43.5	31.1
102	66	40.9	35.5	170	63.1	44.2	31.3	238	68.7	44.4	31.5
104	69.1	42.3	34.8	172	53.6	43.5	31.8	240	65.1	42.9	32.4
106	68	36.9	35.2	174	54.8	42.5	32.3	242	74.9	44.8	34.2
108	71.4	39.1	35.7	176	60.8	43	32.1	244	63.2	43	31.4
110	72	37.9	35.2	178	56.6	45.9	34	246	66.2	43.2	33.3
112	75.5	36.6	35.2	180	54.6	42.6	30.1	248	64.4	42.8	31.8
114	67.8	37.1	35.1	182	67.2	39	30.1	250	64	45	33.5
116	71.3	38.4	34.4	184	69	40.6	31.8	252	70.3	46.7	33.9
118	73.1	37.7	37.2	186	66.5	46.9	31.7	254	63.2	47	34.1
120	65.8	38	37.1	188	57.3	50.7	31.1	256	64.7	47	33
122	78.2	33.2	33.7	190	55.7	48.4	29.6	258	63.1	46.5	34.8
124	67.1	32.5	34.9	192	48.6	47	28.7	260	65.1	48.4	34.9
126	71.1	36.6	33.9	194	53.6	51.3	31.5	262	57.5	50.9	33.3
128	69.2	35	34.2	196	61.1	42.4	30.8	264	67.4	49.1	33.6
130	77	35.9	34.5	198	54.9	48.6	32.7	266	62	47.8	33.9
132	67.4	31.9	34.2	200	65.2	45.4	33.3	268	66.8	47.7	35.3
134	76.1	31.9	32.9	202	65.3	40.8	35.7	270	60.9	49.4	32.3
136	73.2	34.2	31.8	204	65.6	36.2	32.7	272	69.1	45.5	33.3
138	61.1	42.2	33.2	206	68.5	41.8	32.9	274	68.1	38.3	34.8
140	58.4	45.6	33.8	208	54.8	43.1	30.1	276	74.1	38.6	35.6
142	51.8	43.8	31.8	210	67	42.7	30.7	278	72.1	39.3	33.5
144	54.6	45.3	32.2	212	62.5	46.3	33.5	280	73.7	37.5	34.8
146	56.9	43.1	29.6	214	70.3	45.8	36.1	282	64.2	54.6	37.3
148	58.6	40.5	28.4	216	70.4	41.2	33.7	284	66	56	37.5
150	65.1	44.4	29.9	218	61.1	39.8	33.3	286	67.5	50.1	35.6
152	61.2	44.1	32.1	220	74.8	43.2	31.9	288	78.5	38.4	36.4
154	63	46.4	30.8	222	63.4	43.3	34.2	290	78.8	44.1	37.7
156	55.5	45.8	30.6	224	64	43.8	31.2	292	89.8	43.4	37.3
158	66.7	49.2	32.3	226	71.1	42.6	34.3	294	82.9	46.9	38.9
160	60.4	47	33.9	228	70	43.6	35	296	75.1	51.2	46
162	57.6	51.2	29.2	230	63.1	45.6	33.9	298	75.4	50.3	41.3
164	75.5	52.8	33	232	66.7	44.1	33.2	300	92.1	47.5	41.8
166	67.2	47.8	31.3	234	70.7	45.7	34	302	79.5	48.9	42.9

续表

深度	Cr	Cu	Ni	深度	Cr	Cu	Ni	深度	Cr	Cu	Ni
304	70.5	45.1	44	320	78	45.2	45	336	101.5	32.9	49.8
306	73.2	46.1	40.1	322	82	42.3	41.9	338	96	33	52
308	78.3	47.3	38.7	324	80.1	38.5	45	340	94	38.8	47.8
310	81.5	44.8	36.9	326	86.2	39.4	39.1	342	89.5	36.6	47.3
312	78.4	44.2	38.2	328	89.1	40.8	36.3	344	90.9	40.7	47.8
314	80.7	44.7	41	330	82.6	43.2	41.1	346	93.9	39.4	52
316	95.3	44	40.9	332	84	29.2	47.5	348	92.7	36.4	44.2
318	105.5	46.3	44.4	334	100.2	31.9	46.6	350	87	37.9	42.6

四　讨论

在河西走廊地区，针对沉积物目前已开展了较多的地球化学元素研究，取得了重要的进展[1]。结合河西走廊史前文化最新的年代学研究[2]，可将该区域史前冶金活动过程分为三个阶段，即距今 4300～4000 年的新石器晚期、距今 4000～3300 年的青铜时代早中期、距今 3300～2100 年的青铜时代晚期—早期铁器时代。

在新石器时代晚期，河西走廊地区考古遗址和湖泊沉积物中的重金属元素含量仍处于背景值范围内，指示冶炼活动强度可能处于较低水平，人类活动对沉积物的污染很可能还没有普遍地显现出来[3]。这与该时期的考古证据相吻合，即中国西北地区在距今 4000 年前的金属冶炼证据仍然是很少的，只在酒泉照壁滩和高苜蓿地等少数遗址，发现有这一时期的少量铜器及冶炼相关的遗物[4]。

在青铜时代，河西走廊地区考古遗址和湖泊沉积物中的重金属元素含量明显超过背景值范围（图三），表明人类活动在这一期对居住区及周边地区的沉积物很可能造成了污染[5]。这与该时期人类冶炼活动强度的增大密切相关。考古证据表明，河西走廊该阶段出土有青铜器物的遗址数量和频率显著增加，指示冶金活动的强盛[6]。在西城驿和四坝文化时期的遗址中，出土有大量的冶炼遗物，如铜渣、铜矿石、坩埚、炉壁、鼓风管、石范等，显示该时期的先民已掌握较为先进的冶炼技术[7]，在遗址周边地区普遍造成了沉积物污染现象。

[1] Yang Y, Dong G, Zhang S, et al. Copper content in anthropogenic sediments as a tracer for detecting smelting activities and its impact on environment during prehistoric period in Hexi Corridor, Northwest China. *The Holocene*, 2017, 27(2): 282−291; Zhang S, Yang Y, Storozum M J, et al. Copper smelting and sediment pollution in Bronze Age China: A case study in the Hexi corridor, Northwest China. *Catena*, 2017, 156: 92−101; Li X, Sun N, Dodson J, et al. The impact of early smelting on the environment of Huoshiliang in Hexi Corridor, NW China, as recorded by fossil charcoal and chemical elements. *Palaeogeography, Palaeoclimatology, Palaeoecology*, 2011, 305(1−4): 329−336; 李小强、纪明、周新郢等：《甘肃东灰山遗址 3700～3400 cal BP 人类活动的元素地球化学记录》，《地球环境学报》2010年第1期；陈国科、杨谊时、张山佳等：《张掖西城驿遗址新石器时代晚期—青铜时代人类冶金活动的元素地球化学记录》，《人类学学报》2021年第1期。

[2] 杨谊时、张山佳、Oldknow C等：《河西走廊史前文化年代的完善及其对重新评估人与环境关系的启示》，《中国科学：地球科学》2019年第12期。

[3] Zhang S, Yang Y, Storozum M J, et al. Copper smelting and sediment pollution in Bronze Age China: A case study in the Hexi corridor, Northwest China. *Catena*, 2017, 156: 92−101。

[4] 李水城、水涛：《酒泉县丰乐乡照壁滩遗址和高苜宿地遗址》，《中国考古学年鉴1987》，文物出版社，1987年。

[5] Zhang S, Yang Y, Storozum M J, et al. Copper smelting and sediment pollution in Bronze Age China: A case study in the Hexi corridor, Northwest China. Catena, 2017, 156: 92−101; Li X, Sun N, Dodson J, et al. The impact of early smelting on the environment of Huoshiliang in Hexi Corridor, NW China, as recorded by fossil charcoal and chemical elements. *Palaeogeography, Palaeoclimatology, Palaeoecology*, 2011, 305(1−4): 329−336

[6] 孙淑云、韩汝玢：《甘肃早期铜器的发现与冶炼、制造技术的研究》，《文物》1997年第7期。

[7] 甘肃省文物考古研究所、北京大学考古文博学院：《河西走廊史前考古调查报告》，文物出版社，2011年；甘肃省文物考古研究所、北京科技大学冶金与材料史研究所、中国社会科学院考古研究所等：《甘肃张掖市西城驿遗址》，《考古》2014年第7期。

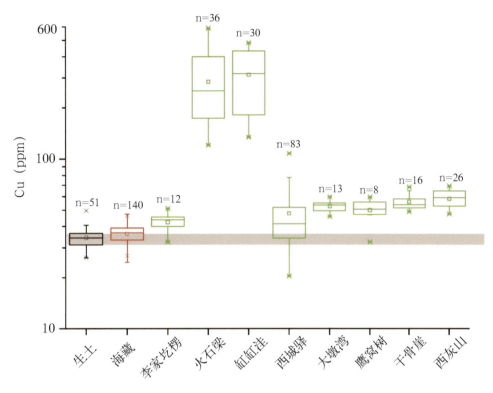

图三 河西走廊青铜时代早中期考古遗址沉积物中铜元素含量

然而，与西城驿文化和四坝文化同处青铜时代早中期的海藏遗址，其沉积物中的铜元素含量与背景值基本处于同一范围（图三），明显低于其他西城驿和四坝文化遗址，指示在该遗址人类活动可能并没有造成沉积物的污染现象。这可能与齐家文化人群在青铜时代所扮演的角色有关。考古证据显示，在甘青地区的诸多齐家文化遗址中，如长宁、宗日、黄娘娘台、秦魏家、尕马台等，发现了较多的铜器，但基本不见与冶炼相关的炼渣、铜渣、矿石等遗物，暗示齐家文化人群基本不从事冶炼活动。陈国科对河西走廊地区早期冶金人群的研究认为，马厂、西城驿、四坝文化是该区域冶金技术的主要掌握者，他们从事着铜矿石的开采、冶炼以及铜器的生产等活动，而齐家文化人群通过与上述冶金人群的接触和交流，获取并传播冶金技术或产品[1]。这一论断与本报告对齐家文化海藏遗址中重金属元素的分析相辅相成，也没有发现与冶金相关活动产生的遗物，即河西走廊地区齐家文化人群并不是青铜器的生产者，他们不从事相关的冶炼活动，因此对遗址中的沉积物没有造成显著的影响。

综上所述，海藏遗址沉积物中的 Cu、Ni、Cr 等重金属元素，与河西走廊地区生土的背景值基本一致，表明海藏遗址的人类活动没有对沉积物造成明显的污染现象。齐家文化人群在青铜时代早中期对铜器的作用主要体现在获取和传播方面，而不是冶炼和生产，这可能是河西走廊齐家文化遗址中沉积物重金属元素含量处于低值的主要原因。

---

[1] 陈国科：《西城驿—齐家冶金共同体——河西走廊地区早期冶金人群及相关问题初探》，《考古与文物》2017年第5期。

后记

　　海藏遗址考古发掘工作由陈国科主持，参与发掘的人员包括甘肃省文物考古研究所杨谊时、张鹏，技师王晨达、杨清峰、王振宇、袁云江、张挺喜、吴龙等。

　　本报告的资料整理及撰写工作由陈国科主持，杨谊时、刘冯军、冯维伟、康禹潇、马丽、张鹏参与编写工作。其中第一、二、三章由杨谊时、刘冯军、冯维伟、康禹潇执笔，第四、五章由陈国科、杨谊时、刘冯军、冯维伟执笔，赵海龙完成第五章第二节玉石璧制作工艺研究部分。最终的统稿工作由陈国科、杨谊时完成。本报告为集体研究成果，其中陈国科完成约30万字，杨谊时完成30万字，刘冯军和冯维伟各20万字，康禹潇、张鹏各8万字。工地现场照片由王晨达拍摄，器物照片由兰州大学博士生仇梦晗拍摄。刘冯军、康禹潇、马丽、王振宇、王晨达、杨青峰、袁云江完成所有绘图工作，杨谊时和刘冯军完成所有器物的校对工作，杨谊时、刘冯军、冯维伟、王振宇完成所有附表的校对工作。陶器修复工作由张雪梅、张丽娟完成。英文摘要由复旦大学董惟妙博士翻译。

　　在发掘和整理期间，得到了武威市凉州区人民政府、凉州区文化局、武威市文物考古研究所、武威市博物馆相关领导及工作人员的大力支持。发掘过程中得到海藏湖生态治理工程（湿地公园）建设项目单位的积极协助。本报告付梓出版之际，对各个协助单位及参与海藏遗址发掘和资料整理工作的诸位表示感谢！

　　本次发掘所有资料以本报告为准。由于编写者水平有限，书中难免存在一些纰漏和错误，请专家学者批评指正。

Abstract

Haizang Site is located in the east of Hexi Corridor, Sanpanmo Village, Jinyang Town, Liangzhou District, Wuwei City of Gansu Province, China. It is located on the east bank of Haizang River, a tributary of Shiyang River. It is 2.5 kilometers away from the center of Wuwei City in the north, 2.2 kilometers away from the site of Huangniangniangtai in the southwest, and 0.5 kilometers away from the Buddhist Shrine Haizang Temple in the west. The site is 300 meters from north to south and 100 meters from east to west, covering an area of about 30,000 square meters. The site was excavated during 2018 and 2019 as part of the Haizang Lake ecological management project.

A total of 1100 square meters of Haizang site was excavated. According to the layer sequence of its thick and complicated stratum accumulation, and the combination characteristics of unearthed artifacts, the occupation of this site can be divided into two periods. The early period is the remains of Qijia culture, and the late period is the remains of Warring-States Period. Among them, 12 tombs, 13 pits and 1 house remains belonging to Qijia culture and 2 pits and 1 sacrificial pit of Warring-States were exposed. Artifacts of ceramics, lithics, jade, bronze and bones, along with a large number of jade materials, grinding, cutting and beating tools for jade processing, as well as numbers of plant remains and animal bones of Qijia period were unearthed.

Except for the earlier excavated Huangniangniangtai site, Haizang is another typical site of Qijia culture settlement in Hexi Corridor. Its discovery enriched the material of Qijia culture remains of this area. This site provides important information for the study of Bronze Age cultures, settlement forms, burial customs, environmental change, subsistence strategies, handicraft production and trade, and cultural exchange and interaction between East and West along Hexi Corridor. In particular, all the relics on the "production chain" of jade and stone tools were preserved. Judging from the whole, Haizang is a jade and stone processing workshop site during Qijia culture period, which provides rare materials for related study.

The Qijia cultural remains of Haizang site can be divided into two phases, also two key stages during the development of Qijia culture in Ganqing region. Researchers have divided the Qijia culture into three phases of early, middle and late according to the study of Qijia cultural remains in southern Ningxia, Gansu and northeastern Qinghai Provinces. The remains of Haizang site belongs to the above middle and early stage of late phases. The age of early phase is 3900BP-3600BP, while the late is around 3600BP.

A large number of ceramic wares and relics of stone, jade, bone and bonze have been unearthed from Qijia culture layers of Haizang site, providing important data for understanding the production activities of this site. Among them, the most abundant artifacts unearthed are jade and its processing tools, including jade products, all kinds of materials, tools of grinding, cutting, beating, etc. constitute a jade "production chain". According to the above findings, we believe it was a workshop site engaged in jade processing as well as handicraft producing of ceramic and bones during Qijia culture period.

At Haizang site, several tombs were found interrupted prior settlement, same scenario was observed during the excavation of Huangniangniangtai site. The number of tombs of this excavation make the largest findings after Huangniangniangtai of Qijia culture in Hexi Corridor. Also lots of jade discs and jade materials as burial objects make it the second richest cemeteries of Qijia culture only after Huangniangniangtai, which provide a good fortune for funeral custom and other related research of Qijia culture.

Northwest China has been frequently mentioned in the discussion of "prehistoric globalization" after 4000BP. Qijia as one culture widely distributed in Gansu, Qinghai and Ningxia was an important bridge of cultural exchanges between the East and the West. The first introduced stuff from the western part of the Old Continent to China were crops such as wheat and barley, livestock like sheep, goats, cattle and horses, and metallurgical technology mainly in copper smelting. In the meantime, China originated millets and painted pottery were introduced into the west, and jade Hexi Corridor was introduced into the Central Plains. The various relics found at Haizang site along with the archaeological findings of other Qijia culture sites in the surrounding area together provide important archaeological evidence for the discussion of the role of Qijia culture in the cultural exchange of East and West from 4000BP to 3600BP. The findings proved that in the process of the prehistoric globalization of Eurasia, the Qijia people in Ganqing region played an important role in the early cultural exchanges between Eurasia and Central Plains as spreader.

The identification of animal and plant remains and the isotopic analysis of human and animal bones of Haizang site provide important data for the understanding of subsistence strategy of the inhabitants of Haizang site and environmental evolution of their surrounding area. At the same time, the study also provides important evidence for understanding the adaptation of Qijia culture occupants to the environment. Multi-evidence of animal and plant remains, and the paleoclimatic records all show that during 4000BP-3600BP, the climate of eastern Hexi Corridor where the Haizang site is located was dry.Due to drought, the former oasis where the site is located gradually became a steppe-desert steppe environment. In order to adapt to the arid climate, the people of Qijia culture chose to live on the terrace in the lower reaches of the Haizang River, where the water source was better, and adapted to the environment at that time by changing subsistence strategy. Late Neolithic Loess Plateau farmers developed a subsistence strategy of millet planting and pig and dog raising. As this way of life spread in waves reaches the Hexi Corridor, people of Haizang site adopted the same strategy. The eastward spread of wheat and barley, livestock of cattle, horses and sheep to the east of Hexi Corridor and gradually accepted by the inhabitants of Qijia culture after 4000BP changed their diet eventually. Wheat and barley became important crops planted and the mixed agriculture of millet and wheat developed rapidly in Hexi Corridor. As cattle, horses and sheep reaches the east of Hexi Corridor, Haizang people began to raise and manage herbivorous livestock on a large scale, and animal husbandry was developed rapidly. Both diversified crops and the development of animal husbandry had an important impact on the way of life of Qijia culture people. In particular, the development of pastoralism during Qijia culture in Ganqing Region affected the livelihood, cultural evolution and social life of all the following cultures of this region.

The relics of the Warring-States sacrificial pit discovered at Haizang site dating to 400 BC -200BC was the first discovering of this kind in the Hexi Corridor, providing important materials for the study of sacrificial system of the Warring-States period in this area. This typical sacrificial combination of animal skull and hoof bones was common in tombs after mid Spring and Autumn period along the Great Wall, including eastern part of Hexi Corridor, Yanshan region, Inner Mongolia, Ningxia and Warring States Period tombs of Eastern Gansu Province. The sacrificial animals at Haizang site and the animals found in sacrificial pits at Majiayuan Cemetery in the east of Gansu Province show a high degree of similarity, reflecting the cultural consistency between the two, which is of great significance to understand the cultural communication and dissemination in this period.

永昌县

东大河

西营河

海藏遗址
皇娘娘台遗址
武威市

石羊河

古浪河

杂木河

黄羊河

古浪河

古浪县

大靖河

黄羊河

市行政中心
县、区行政中心
遗址
河流
水库

彩版一　海藏遗址位置示意图

1.①层下发掘情况

2.发掘后情况

彩版二　海藏遗址发掘情况

1.陶尊T0203⑧：7

3.玉石璧T0203①：1

2.骨柄石刀T0203①：5

4.玉石璧T0203②：1

5.玉石璧T0203③：1

6.玉石璧 T0203③：2

彩版三　T0203出土器物

1.璧芯T0203①：4

2.纺轮T0203①：3

3.环T0203③：4

4.切割工具T0203①：2

5.切割工具T0203③：8

6.切割料T0203③：7

7.玉石料T0203③：5

8.玉石料T0203③：6

彩版四　T0203出土玉石器

1.陶器盖T0204⑯：11

2.陶盆T0204⑭：9

3.陶盆T0204⑭：10

4.陶盆T0204⑳：25

5.陶纺轮T0204②：8

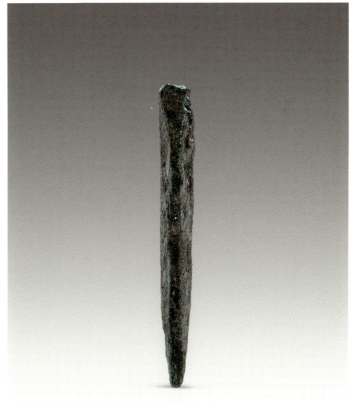

6.铜刀T0204④：1

7.铜锥T0204⑪：3

彩版五　T0204出土器物

1.铜环T0204⑲：3

2.骨笄T0204⑳：41

3.玉石璧T0204①：2

4.玉石璧T0204②：3

5.玉石璧T0204②：4

6.玉石璧T0204②：5

彩版六　T0204出土器物

1. T0204②：12

2. T0204②：15

3. T0204⑧：1

4. T0204⑨：1

5. T0204⑨：2

6. T0204⑨：3

彩版七　T0204出土玉石璧

1. T0204⑩：1

2. T0204⑭：1

3. T0204⑭：2

4. T0204⑭：3

5. T0204⑭：6

6. T0204⑭：7

7. T0204⑭：8

8. T0204⑮：2

彩版八　T0204出土玉石璧

1. T0204⑰：1

2. T0204⑰：6

3. T0204⑰：7

4. T0204⑲：2

5. T0204⑲：4

6. T0204⑳：3

7. T0204⑳：4

彩版九　T0204出土玉石璧

1. T0204⑳：6

2. T0204⑳：34

3. T0204⑳：36

4. T0204⑳：39

5. T0204⑳：45

6. T0204⑳：46

7. T0204⑳：47

8. T0204⑳：52

彩版一〇　T0204出土玉石璧

1. T0204②：13

2. T0204⑩：3

3. T0204⑩：4

4. T0204⑪：1

5. T0204⑭：4

6. T0204⑭：5

7. T0204⑮：3

8. T0204⑮：4

9. T0204⑯：1

彩版一一　T0204出土玉石璧芯

彩版一二　T0204出土玉石璧芯

1. T0204⑯：3

2. T0204⑰：2

3. T0204⑰：3

4. T0204⑰：5

5. T0204⑰：9

6. T0204⑱：1

7. T0204⑱：2

8. T0204⑳：1

9. T0204⑳：2

1. 玉石璧芯T0204⑳：35

2. 玉石璧芯T0204⑳：38

3. 玉石璧芯T0204⑳：49

4. 玉石璧芯T0204⑳：50

5. 玉石璧芯T0204⑳：51

6. 石切割工具T0204⑯：8

7. 石切割工具T0204⑳：30

彩版一三　T0204出土玉石器

1.磨石T0204①：3

2.磨石T0204②：21

3.磨石T0204②：24

4.磨石T0204④：5

5.磨石T0204⑤：1

6.玉石切割料T0204⑳：29

7.玉石切割料T0204⑳：33

彩版一四　T0204出土玉石器

1. 玉石料T0204⑰：11

2. 玉石料T0204⑰：12

3. 玉石料T0204⑳：5

4. 玉石断块T0204⑲：5

5. 玉石断块T0204⑲：6

6. 石刀T0204②：10

彩版一五　T0204出土玉石器

1. 刀T0204②：11

2. 刀T0204⑪：2

3. 刀T0204⑱：4

4. 刀T0204⑳：15

5. 刀坯料T0204①：1

6. 刀坯料T0204②：18

彩版一六　T0204出土玉石器

1.斧T0204②：16

5.镞T0204⑰：10

2.研磨器T0204⑰：8

3.凿T0204⑳：26

4.凿形器T0204⑩：2

彩版一七　T0204出土玉石器

1.T0205三维模型

2.陶器盖T0205⑩：10

3.铜镯T0205④：15

彩版一八　T0205及出土器物

1.铜刀T0205④：14

2.骨锯T0205④：5

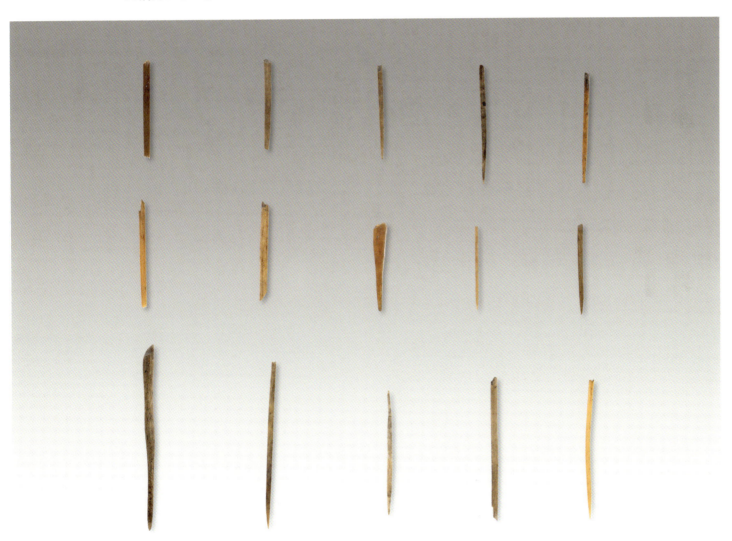

3.T0205⑱层出土骨针

彩版一九　T0205出土器物

1.骨镞T0205⑱：2 2.骨镞T0205⑱：12 3.骨珠T0205⑱：37

4.玉石璧T0205②：2 5.玉石璧T0205②：6

6.玉石璧T0205②：7 7.玉石璧T0205②：8

彩版二〇　T0205出土器物

1. T0205③：2

2. T0205③：3

3. T0205③：4

4. T0205⑤：1

5. T0205⑥：1

6. T0205⑥：2

彩版二一　T0205出土玉石璧

1. T0205⑥：4

2. T0205⑥：5

3. T0205⑨：2

4. T0205⑭：1

5. T0205⑭：2

6. T0205⑭：6

彩版二二　　T0205出土玉石璧

1. T0205⑱：3

2. T0205⑱：4

3. T0205⑱：6

4. T0205⑱：9

5. T0205⑱：13

6. T0205⑱：21

彩版二三　T0205出土玉石璧

1. T0205⑱：22

2. T0205⑱：24

3. T0205⑱：39

4. T0205⑱：40

5. T0205⑱：60

6. T0205⑱：88

彩版二四　T0205出土玉石璧

1. T0205② : 5　　　　　　2. T0205④ : 1　　　　　　3. T0205⑦ : 1

4. T0205⑩ : 1　　　　　　5. T0205⑰ : 10　　　　　6. T0205⑱ : 1

7. T0205⑱ : 8　　　　　　8. T0205⑱ : 18　　　　　9. T0205⑱ : 19

彩版二五　T0205出土玉石璧芯

1.璧芯T0205⑱：31

2.璧芯T0205⑱：33

3.璧芯T0205⑱：34

4.璧芯T0205⑱：59

5.璧芯T0205⑱：62

6.璧芯T0205⑱：63

7.切割工具T0205①：4

8.切割工具T0205⑱：41

彩版二六　T0205出土玉石器

1.磨石T0205⑩：22

2.磨石T0205⑯：3

3.磨石T0205⑯：6

4.切割料T0205⑮：1

5.切割料T0205⑱：42

6.切割料T0205⑱：54

彩版二七　T0205出土玉石器

1.玉石料T0205⑭：4

2.玉石料T0205⑰：12

3.玉石料T0205⑱：5

4.玉石料T0205⑱：51

5.玉石料T0205⑱：56

6.断块T0205⑱：50

彩版二八　T0205出土玉石器

1. 刀 T0205②：4

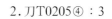

2. 刀 T0205④：3

3. 刀 T0205⑩：7

4. 刀 T0205⑰：9

5. 刀 T0205⑱：25

6. 锤 T0205③：9

彩版二九　T0205出土玉石器

1.锤T0205⑱：48

3.砧T0205③：21

2.锤T0205⑱：77

4.砧T0205⑰：17

5.铲T0205②：11

6.铲T0205⑤：2

7.绿松石残片T0205⑰：18（右）、19（中）、20（左）

彩版三〇　T0205出土玉石器

1.铲T0205⑥：7　　　　　3.凿T0205④：4　　　　　4.凿形器T0205⑱：26

2.铲坯料T0205②：9　　　　　　　5.纺轮T0205⑱：23

6.串珠T0205⑱：30（左）、绿松石串饰T0205⑰：11（右）　　　　7.刮削器T0205⑥：6

彩版三一　T0205出土玉石器

2. 玉石璧T0302④：1

3. 玉石璧T0302⑥：3

1. 铜锥T0302⑥：1

4. 玉石璧T0302⑥：4

5. 玉石璧芯T0302⑤：1

彩版三二　T0302出土器物

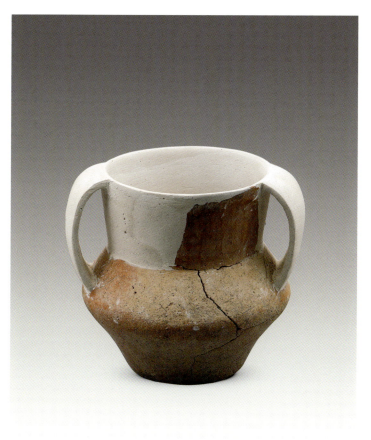

1. 双大耳罐T0303⑪：28

2. 侈口罐T0303⑦：14

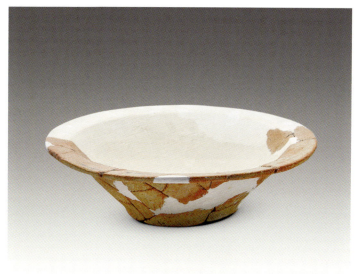

3. 盆T0303⑫：24

4. 盆T0303⑰：12

5. 豆T0303⑪：29

彩版三三　T0303出土陶器

1.陶纺轮T0303⑫：17

2.骨锥T0303⑧：2

3.骨锯T0303⑫：23

4.玉石璧T0303④：1

5.玉石璧T0303⑥：3

6.玉石璧T0303⑦：3

彩版三四　T0303出土器物

1. T0303⑦：4

2. T0303⑦：6

3. T0303⑧：1

4. T0303⑪：1

5. T0303⑪：6

6. T0303⑫：3

7. T0303⑫：6

8. T0303⑫：7

彩版三五　T0303出土玉石璧

1. T0303⑫：8

2. T0303⑫：11

3. T0303⑫：12

4. T0303⑯：1

5. T0303⑯：2

6. T0303⑯：3

彩版三六　T0303出土玉石璧

1. T0303⑯：4

2. T0303⑯：9

3. T0303⑯：14

4. T0303⑯：20

5. T0303⑰：10

6. T0303⑳：1

彩版三七　T0303出土玉石璧

1. T0303⑦:2 2. T0303⑦:5 3. T0303⑦:7

4. T0303⑦:8 5. T0303⑪:2 6. T0303⑪:3

7. T0303⑪:4 8. T0303⑪:7 9. T0303⑪:9

彩版三八　T0303出土玉石璧芯

1. T0303⑪：10

2. T0303⑫：2

3. T0303⑫：13

4. T0303⑫：14

5. T0303⑫：18

6. T0303⑫：19

7. T0303⑫：22

8. T0303⑯：6

9. T0303⑯：10

彩版三九　T0303出土玉石璧芯

1.璧芯T0303⑯：15

3.绿松石串饰T0303⑯：7（左）、T0303⑳：2（右）

2.璧芯T0303⑳：3

4.切割工具T0303⑪：5

5.磨石T0303⑫：25

6.磨石T0303⑫：28

彩版四〇　T0303出土玉石器

1.磨石T0303⑰：11

2.磨石T0303⑱：6

3.切割料T0303⑦：9

4.切割料T0303⑯：17

5.玉石料T0303⑲：1

6.断块T0303⑧：4

彩版四一　T0303出土玉石器

1.断块T0303⑯：22

2.刀T0303⑦：1

3.刀T0303⑫：10

4.刀坯料T0303⑦：11

5.斧T0303⑪：22

6.斧T0303⑰：2

彩版四二　T0303出土玉石器

1.斧坯料T0303⑪：26

2.铲T0303⑪：21

3.铲坯料T0303⑪：20

4.砧T0303⑧：6

5.镞T0303⑯：13

6.穿孔器T0303⑧：3

彩版四三　T0303出土玉石器

1. 双大耳罐T0304⑪：25

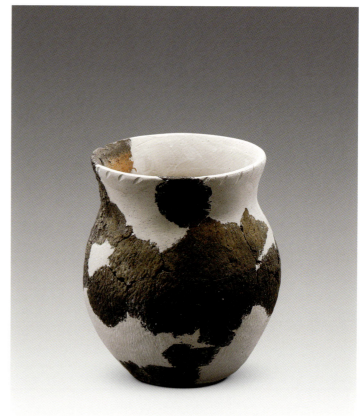

2. 花边口罐T0304⑦：28

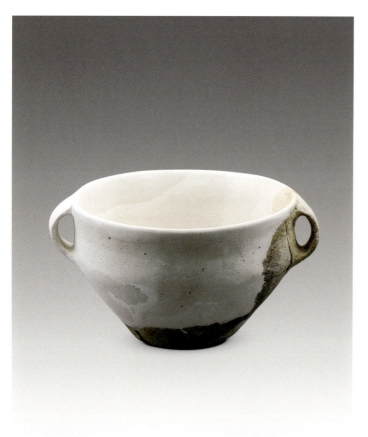

3. 盆T0304⑮：3

4. 鬲T0304⑦：31

彩版四四　T0304出土陶器

1. 鬲T0304⑦：32

2. 器盖T0304⑥：9

3. 器盖T0304⑥：10

4. 器盖T0304⑥：11

5. 刀T0304⑥：8

6. 纺轮T0304⑩：14

彩版四五　T0304出土陶器

1.铜片T0304⑩：15

2.骨锥T0304⑩：5

3.骨锥T0304⑩：12

4.骨镞T0304⑪：10

5.骨匕T0304⑦：40

1. T0304⑤：4

2. T0304⑤：6

3. T0304⑤：7

4. T0304⑥：5

5. T0304⑦：3

6. T0304⑦：7

彩版四七　T0304出土玉石璧

1. T0304⑦：9

2. T0304⑦：10

3. T0304⑦：11

4. T0304⑦：12

5. T0304⑦：13

6. T0304⑦：14

彩版四八　T0304出土玉石璧

1. T0304⑦：15

2. T0304⑦：18

3. T0304⑦：19

4. T0304⑦：20

5. T0304⑦：23

6. T0304⑦：25

彩版四九　T0304出土玉石璧

1.T0304⑦：38

2.T0304⑦：41

3.T0304⑧：2

4.T0304⑧：5

5.T0304⑧：6

6.T0304⑧：7

彩版五〇　T0304出土玉石璧

1. T0304⑧：9

2. T0304⑧：10

3. T0304⑧：14

4. T0304⑧：15

5. T0304⑧：16

6. T0304⑨：1

彩版五一　T0304出土玉石璧

1. T0304⑨：2

2. T0304⑨：3

3. T0304⑨：4

4. T0304⑨：9

5. T0304⑩：16

6. T0304⑩：17

彩版五二　T0304出土玉石璧

1. T0304⑪：1

2. T0304⑪：2

3. T0304⑪：4

4. T0304⑪：5

5. T0304⑪：8

6. T0304⑪：9

彩版五三　T0304出土玉石璧

1. T0304⑪：11

2. T0304⑪：12

3. T0304⑪：14

4. T0304⑪：15

5. T0304⑪：35

6. T0304⑫：2

彩版五四　T0304出土玉石璧

1. T0304⑫：3

2. T0304⑫：4

3. T0304⑫：7

4. T0304⑫：9

5. T0304⑫：10

6. T0304⑬：2

彩版五五　T0304出土玉石璧

1.璧T0304⑬：3

2.璧T0304⑬：4

3.璧T0304⑬：6

4.璧T0304⑭：2

5.璧芯T0304⑥：1

6.璧芯T0304⑦：4

7.璧芯T0304⑦：5

彩版五六　T0304出土玉石器

彩版五七　　T0304出土玉石璧芯

1. T0304⑦：8

2. T0304⑦：16

3. T0304⑦：17

4. T0304⑦：34

5. T0304⑦：35

6. T0304⑦：37

7. T0304⑧：8

8. T0304⑧：11

9. T0304⑨：5

1. T0304⑨：6   2. T0304⑩：4   3. T0304⑩：8

4. T0304⑩：9   5. T0304⑩：13   6. T0304⑪：3

7. T0304⑪：13   8. T0304⑪：17   9. T0304⑫：8

彩版五八　T0304出土玉石璧芯

1. 璧芯T0304⑫：11

2. 璧芯T0304⑬：1

3. 璧芯T0304⑭：1

4. 切割工具T0304⑦：1

5. 切割工具T0304⑦：24

6. 切割工具T0304⑨：10

7. 磨石T0304⑥：7

彩版五九　T0304出土玉石器

1. 磨石T0304⑦：33

2. 切割料T0304⑥：4

3. 切割料T0304⑯：1

4. 玉石料T0304⑨：13

5. 玉石料T0304⑫：5

6. 断块T0304⑪：47

彩版六○ T0304出土玉石器

1. T0304⑤：1

2. T0304⑤：3

3. T0304⑦：36

4. T0304⑧：1

5. T0304⑧：17

6. T0304⑩：3

彩版六一　T0304出土石刀

1. 刀T0304⑩：6

2. 刀T0304⑪：7

3. 刀T0304⑫：1

4. 斧T0304⑩：2

5. 斧坯料T0304⑪：20

6. 斧坯料T0304⑪：24

彩版六二　T0304出土石器

1.铲T0304⑩：1　　　　　　　2.凿形器T0304⑧：12　　　　　　3.锤T0304⑨：16

4.锤T0304⑨：19　　　　　　5.锤T0304⑫：16　　　　　　6.锤T0304⑭：5

彩版六三　T0304出土石器

1.锤T0304⑮：4

3.纺轮T0304⑧：13

2.臼T0304⑥：3

4.盘状器T0304⑭：4

彩版六四　T0304出土石器

1.陶器盖T0305⑬：10

2.人像陶片T0305㉓：1

3.陶球T0305⑯：2

4.铜锥T0305⑥：11

5.牙片饰T0305⑪：4

6.骨锥T0305㉒：20

彩版六五　T0305出土器物

1. T0305④：1

2. T0305④：5

3. T0305④：7

4. T0305⑤：1

5. T0305⑥：3

6. T0305⑥：5

彩版六六　　T0305出土玉石璧

1. T0305⑥：7

2. T0305⑥：10

3. T0305⑦：1

4. T0305⑦：2

5. T0305⑩：2

6. T0305⑪：1

彩版六七　T0305出土玉石璧

1. T0305⑪：2

2. T0305⑪：3

3. T0305⑫：2

4. T0305⑫：4

5. T0305⑬：2

6. T0305⑬：5

彩版六八　T0305出土玉石璧

1. T0305⑬：9

2. T0305⑬：11

3. T0305⑬：13

4. T0305⑬：17

5. T0305⑬：23

6. T0305⑬：31

彩版六九　T0305出土玉石璧

1. T0305⑮：2

2. T0305⑮：3

3. T0305⑮：4

4. T0305⑮：5

5. T0305⑯：1

6. T0305⑯：4

彩版七〇　T0305出土玉石璧

1. T0305⑰：1

2. T0305⑰：2

3. T0305⑰：3

4. T0305⑰：5

5. T0305⑱：1

6. T0305⑲：1

彩版七一　T0305出土玉石璧

1. T0305⑲：2

2. T0305⑳：2

3. T0305⑳：7

4. T0305⑳：8

5. T0305⑳：10

6. T0305㉑：2

彩版七二　　T0305出土玉石璧

1. T0305㉑:3

2. T0305㉑:5

3. T0305㉑:8

4. T0305㉑:11

5. T0305㉑:12

6. T0305㉑:13

彩版七三　T0305出土玉石璧

1. T0305㉑：21

2. T0305㉒：1

3. T0305㉒：2

4. T0305㉒：9

5. T0305㉒：14

6. T0305㉒：15

彩版七四　T0305出土玉石璧

1. 璧T0305㉒：18　　　　　2. 璧芯T0305⑤：2　　　　　3. 璧芯T0305⑥：9

4. 璧芯T0305⑫：1　　　　　5. 璧芯T0305⑬：1　　　　　6. 璧芯T0305⑬：3

7. 璧芯T0305⑬：6　　　　　8. 璧芯T0305⑬：8　　　　　9. 璧芯T0305⑬：32

彩版七五　T0305出土玉石器

1. T0305⑮：1

2. T0305⑰：4

3. T0305⑰：7

4. T0305⑱：2

5. T0305⑳：6

6. T0305⑳：12

7. T0305⑳：13

8. T0305㉑：1

9. T0305㉑：4

彩版七六　T0305出土玉石璧芯

1. T0305㉑：6

2. T0305㉑：7

3. T0305㉑：9

4. T0305㉑：10

5. T0305㉑：14

6. T0305㉑：15

7. T0305㉑：16

8. T0305㉑：19

9. T0305㉒：3

彩版七七　T0305出土玉石璧芯

1.璧芯T0305㉒：4

2.璧芯T0305㉒：7

3.璧芯T0305㉒：8

4.璧芯T0305㉒：10

5.璧芯T0305㉒：11

6.璧芯T0305㉒：16

7.璧芯T0305㉒：19

8.权杖头T0305㉑：18

彩版七八　T0305出土玉石器

1.璜T0305⑳：3

2.磨石T0305⑭：5

3.切割工具T0305⑥：15

4.切割工具T0305⑰：6

5.磨制工具T0305⑩：3

6.切割料T0305⑬：4

彩版七九　T0305出土玉石器

1.玉石料T0305⑥：12

2.玉石料T0305⑬：12

3.玉石料T0305⑯：3

4.玉石料T0305⑲：3

5.玉石料T0305⑳：1

6.刀T0305⑥：2

彩版八○　T0305出土玉石器

1. 刀T0305⑩：1

2. 刀T0305⑩：4

3. 刀T0305⑬：15

4. 刀T0305⑳：4

5. 刀T0305⑳：9

6. 斧T0305⑥：1

彩版八一　T0305出土玉石器

1.斧坯料T0305⑳：15　　　　　　　　　　2.铲坯料T0305⑥：13

3.铲坯料T0305⑰：11　　　4.研磨器T0305⑩：5　　　5.凿T0305⑬：21

彩版八二　T0305出土玉石器

1.玉石璧T0402④：1

2.玉石璧T0402④：2

3.石纺轮T0402④：3

4.双大耳陶罐T0403⑮：4

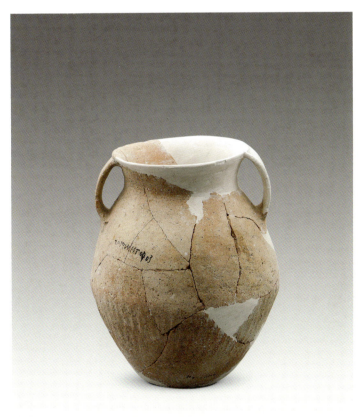

5.双小耳陶罐T0403⑭：8

彩版八三　T0402、T0403出土器物

1. 侈口陶罐T0403⑮：3

2. 骨凿T0403⑦：9

3. 玉石璧T0403⑤：2

4. 玉石璧T0403⑤：7

5. 玉石璧T0403⑥：2

6. 玉石璧T0403⑥：4

彩版八四　T0403出土器物

1. T0403⑥：5

2. T0403⑥：6

3. T0403⑦：1

4. T0403⑦：3

5. T0403⑦：5

6. T0403⑨：2

彩版八五　T0403出土玉石璧

1. T0403⑨：3

2. T0403⑬：1

3. T0403⑭：1

4. T0403⑭：2

5. T0403⑭：3

6. T0403⑭：4

彩版八六　T0403出土玉石璧

1. T0403⑮：1

2. T0403⑯：1

3. T0403⑯：5

4. T0403⑯：6

5. T0403⑯：8

6. T0403⑯：10

彩版八七　T0403出土玉石璧

1. 璧T0403⑯：11

2. 璧芯T0403⑤：1

3. 璧芯T0403⑤：3

4. 璧芯T0403⑥：8

5. 璧芯T0403⑦：4

6. 璧芯T0403⑦：6

7. 璧芯T0403⑧：1

8. 璧芯T0403⑨：1

彩版八八　T0403出土玉石器

1.璧芯T0403⑬：2

2.璧芯T0403⑯：2

3.璧芯T0403⑯：3

4.璧芯T0403⑯：4

5.磨石T0403⑥：9

6.磨石T0403⑥：14

7.磨石T0403⑦：8

彩版八九　T0403出土玉石器

1.磨石T0403⑫：2

2.磨石T0403⑳：9

3.磨石T0403⑳：10

4.切割料T0403⑦：10

5.切割料T0403⑮：2

6.切割料T0403⑯：12

彩版九〇　T0403出土玉石器

1.切割料T0403⑳：13

2.玉石料T0403⑤：8

3.玉石料T0403⑯：14

4.断块T0403⑯：9

5.刀T0403⑥：7

6.刀T0403⑯：7

彩版九一　T0403出土玉石器

1.刀坯料T0403⑨：5

2.斧T0403⑥：1

3.斧T0403⑨：4

4.铲坯料T0403⑳：2

5.锤T0403⑳：4

6.研磨器T0403⑲：1

彩版九二　T0403出土玉石器

1. T0404北壁

2. T0404西壁

彩版九三　T0404

1．T0404④：1

2．T0404④：3

3．T0404⑤：2

4．T0404⑤：6

5．T0404⑤：8

6．T0404⑤：12

彩版九四　T0404出土玉石璧

1.T0404⑥：6

2.T0404⑥：7

3.T0404⑥：9

4.T0404⑥：10

5.T0404⑥：11

6.T0404⑦：2

彩版九五　T0404出土玉石璧

1. T0404⑦：3

2. T0404⑦：4

3. T0404⑦：5

4. T0404⑦：6

5. T0404⑦：8

6. T0404⑦：9

彩版九六　T0404出土玉石璧

1. T0404⑦：10

2. T0404⑦：11

3. T0404⑦：12

4. T0404⑧：1

5. T0404⑧：3

6. T0404⑧：4

彩版九七　T0404出土玉石璧

1. T0404⑧：7

2. T0404⑨：1

3. T0404⑨：2

4. T0404⑨：3

5. T0404⑨：4

6. T0404⑨：5

彩版九八　T0404出土玉石璧

1. T0404⑨：6

2. T0404⑨：8

3. T0404⑨：9

4. T0404⑨：11

5. T0404⑨：12

6. T0404⑨：13

彩版九九　T0404出土玉石璧

1.T0404⑨：14

2.T0404⑨：15

3.T0404⑨：16

4.T0404⑨：17

5.T0404⑩：1

6.T0404⑩：2

1. T0404⑩：3

2. T0404⑩：4

3. T0404⑩：5

4. T0404⑩：7

5. T0404⑩：8

6. T0404⑫：3

彩版一〇一　T0404出土玉石璧

1. T0404⑫：5

2. T0404⑬：1

3. T0404⑬：2

4. T0404⑬：4

5. T0404⑬：5

6. T0404⑬：7

彩版一〇二　T0404出土玉石璧

1. 璧T0404⑬：10

2. 璧T0404⑬：11

3. 璧T0404⑭：5

4. 璧芯T0404④：4

5. 璧芯T0404④：5

6. 璧芯T0404⑤：4

7. 璧芯T0404⑤：5

彩版一〇三　T0404出土玉石器

1. T0404⑤：14

2. T0404⑥：1

3. T0404⑥：2

4. T0404⑨：7

5. T0404⑨：10

6. T0404⑩：6

7. T0404⑫：7

8. T0404⑬：3

9. T0404⑬：6

彩版一〇四　T0404出土玉石璧芯

1.璧芯T0404⑬：8　　　　　2.璧芯T0404⑬：9　　　　　3.璧芯T0404⑯：2

4.切割料T0404⑭：9

5.切割工具T0404⑭：2　　　　　　6.切割工具T0404⑭：7

彩版一○五　T0404出土玉石器

1.切割工具T0404⑭：11

2.玉石料T0404⑧：13

3.玉石料T0404⑩：12

4.玉石料T0404⑬：17

5.玉石料T0404⑭：3

6.断块T0404⑤：3

彩版一○六　T0404出土玉石器

1.刀坯料T0404⑭：10

2.斧坯料T0404⑥：15

3.斧坯料T0404⑩：11

4.斧坯料T0404⑭：17

5.铲T0404⑭：4

6.纺轮T0404④：2

彩版一〇七　T0404出土玉石器

1.纺轮T0404⑦：7　　　　　　　3.凿T0404⑤：7　　　　　　　4.凿T0404⑯：1

2.纺轮T0404⑭：6　　　　　　　　　5.锤T0404⑬：16

6.锛T0404⑫：4　　　　　　　　　7.刮削器T0404⑤：11

彩版一〇八　　T0404出土玉石器

1．T0405西壁

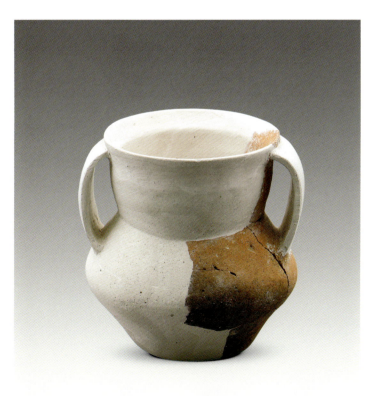

2．双大耳罐T0405⑯：37

3．双小耳罐T0405⑪：2

彩版一〇九　T0405及出土陶器

1. 铜凿形器T0405⑮：9

2. 骨铲T0405⑨：4

3. 蚌饰T0405⑯：11

4. 玉石璧T0405⑥：2

5. 玉石璧T0405⑥：3

彩版一一〇　T0405出土器物

1. T0405⑥：5

2. T0405⑥：6

3. T0405⑥：8

4. T0405⑦：1

5. T0405⑦：5

6. T0405⑦：6

彩版一一一　T0405出土玉石璧

1. T0405⑧：2

2. T0405⑨：1

3. T0405⑨：2

4. T0405⑨：3

5. T0405⑩：2

6. T0405⑩：3

彩版一一二　T0405出土玉石璧

1. T0405⑬：1

2. T0405⑭：2

3. T0405⑭：3

4. T0405⑭：5

5. T0405⑭：6

6. T0405⑭：8

彩版一一三　　T0405出土玉石璧

1. T0405⑭：10

2. T0405⑮：2

3. T0405⑮：4

4. T0405⑮：5

5. T0405⑮：6

6. T0405⑮：10

彩版一一四　T0405出土玉石璧

1. T0405⑮：11

2. T0405⑮：12

3. T0405⑮：14

4. T0405⑯：2

5. T0405⑯：5

6. T0405⑯：7

彩版一一五　T0405出土玉石璧

1.璧T0405⑯：17   2.璧芯T0405④：2   3.璧芯T0405⑦：3

4.璧芯T0405⑦：8   5.璧芯T0405⑧：1   6.璧芯T0405⑩：1

7.璧芯T0405⑪：1   8.璧芯T0405⑭：1   9.璧芯T0405⑮：3

彩版一一六　T0405出土玉石器

1.璧芯T0405⑮：8

2.璧芯T0405⑮：13

3.璧芯T0405⑯：3

4.磨石T0405⑧：6

5.磨石T0405⑨：5

6.磨石T0405⑮：7

7.玉石料T0405⑥：4

彩版一一七　T0405出土玉石器

1.玉石料T0405⑫：4

2.玉石料T0405⑯：12

3.玉石料T0405⑯：13

4.玉石料T0405⑯：35

5.玉石料T0405⑯：39

6.刀T0405⑭：7

彩版一一八　T0405出土玉石器

1. 刀T0405⑯：4

2. 斧T0405⑮：1

3. 斧坯料T0405⑯：31

4. 铲T0405⑭：12

5. 铲坯料T0405⑯：34

6. 锤T0405⑭：14

彩版一一九　T0405出土玉石器

1.凿形器T0405⑧：3

2.盘状器T0405⑯：32

3.尖状器T0405⑭：9

4.绿松石片饰T0405⑯：10

5.绿松石残片T0405⑯：14

6.绿松石残片T0405⑯：15

彩版一二〇　T0405出土玉石器

1.M1随葬白石块

2.M1陶器组合

彩版一二一　M1出土遗物

1.M1随葬玉石璧

2.骨匕M1：9

3.玉石璧M1：2

彩版一二二　M1及出土器物

1. M1：3

2. M1：4

3. M1：6

4. M1：10

5. M1：11

6. M1：12

彩版一二三　M1出土玉石璧

1.M1：13

2.M1：14

3.M1：17

4.M1：18

5.M1：5

6.M1：7

彩版一二四　M1出土玉石璧

1. M1：8

2. M1：16

3. M1：20

4. M1：23

5. M1：24

6. M1：15

彩版一二五　M1出土玉石璧

1.玉石璧M1：21

2.玉石璧M1：19

3.玉石璧M1：25

4.玉石璧M1：26

5.石块M1：34

彩版一二六　M1出土玉石器

1. M2

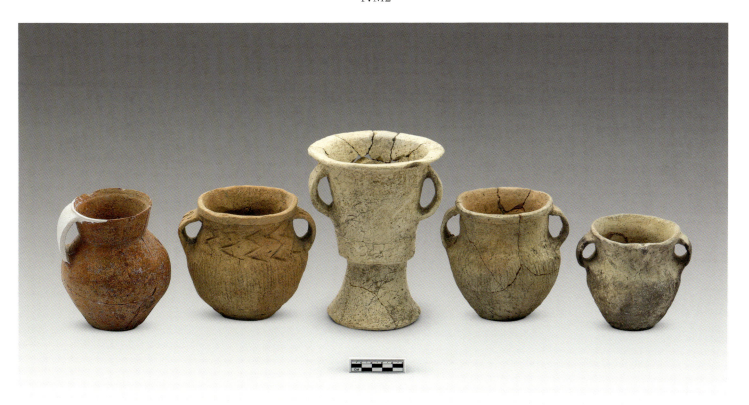

2. M2陶器组合

彩版一二七　M2及随葬陶器组合

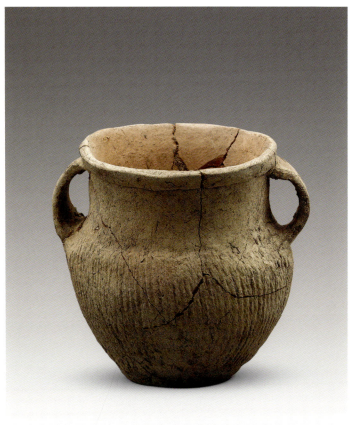

1.双小耳罐M2：6

2.双小耳罐M2：9

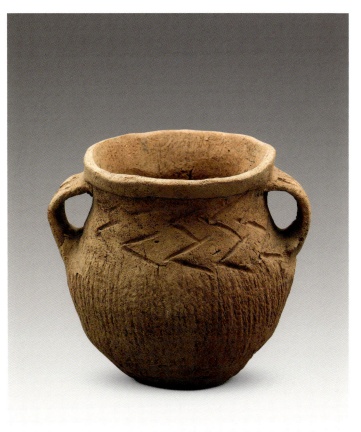

3.双小耳罐M2：10

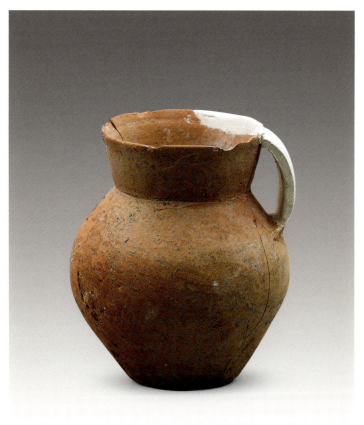

4.单耳罐M2：8

彩版一二八　M2出土陶器

1.陶尊M2：7

2.玉石璧M2：4

3.玉石璧M2：5

4.骨匕M2：16

彩版一二九　M2出土器物

1.璧M2：12

2.璧M2：17

3.璧芯M2：14

4.刀M2：15

彩版一三〇　M2出土玉石器

1. M3

2. M3陶器组合

彩版一三一　M3及随葬陶器组合

1.双大耳罐M3：2

2.双大耳罐M3：8

3.双小耳罐M3：3

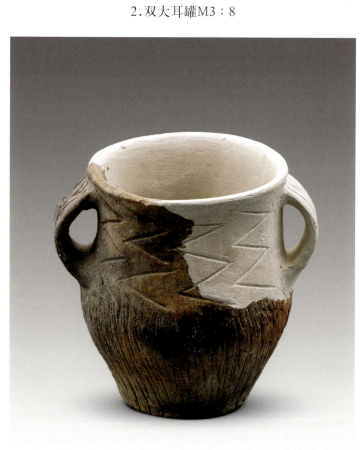

4.双小耳罐M3：4

彩版一三二　M3出土陶器

1.双小耳陶罐M3：7

2.侈口陶罐M3：10

3.陶器盖M3：9

4.陶杯M3：1

5.玉石璧M3：11

6.绿松石串珠M3：12

彩版一三三　M3出土器物

1. M4

2. M4陶器组合

彩版一三四　M4及随葬陶器组合

1. M5

2. M5陶器组合

彩版一三五　M5及随葬陶器组合

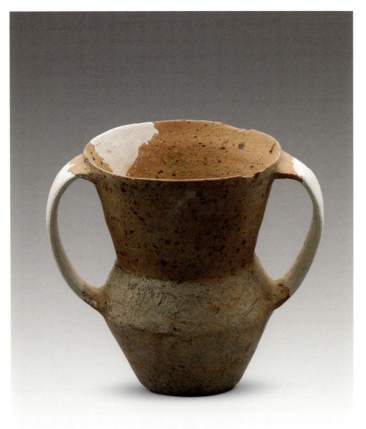

1. 双大耳罐M5：4

2. 双大耳罐M5：6

3. 双小耳罐M5：3

4. 双小耳罐M5：8

彩版一三六　　M5出土陶器

1.高领折肩罐M5：2

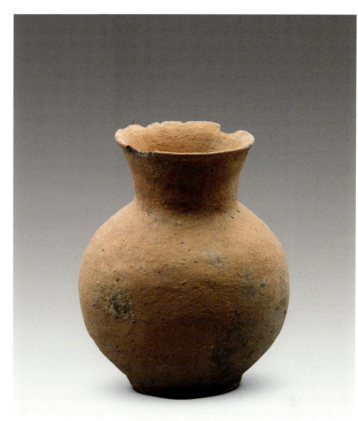

2.侈口罐M5：7

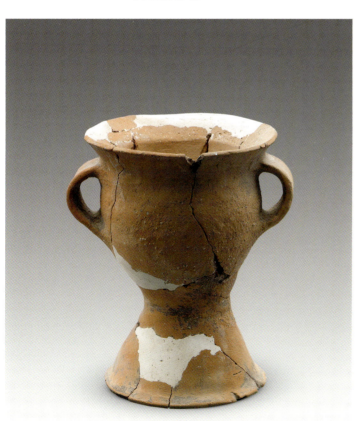

3.尊M5：5

1.M6

2.M6陶器组合

彩版一三八　M6及随葬陶器组合

1.陶豆M6：4

2.高领折肩陶罐M6：5

3.玉石璧M6：1

4.石块M6：10

5.M6绿松石片饰组合

彩版一三九　M6出土器物

1.M7

2.M7陶器组合

彩版一四〇　M7及随葬陶器组合

1.双大耳罐M7：2

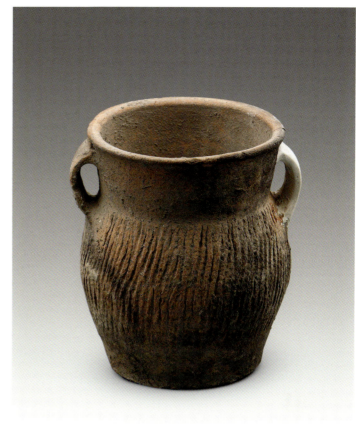

2.双小耳罐M7：4

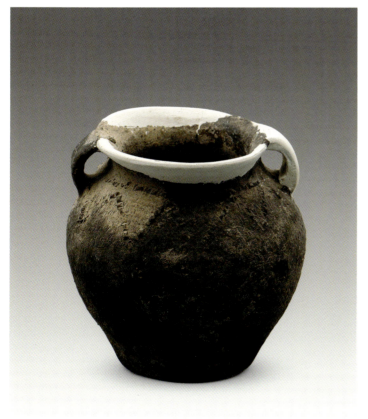

3.双小耳罐M7：6

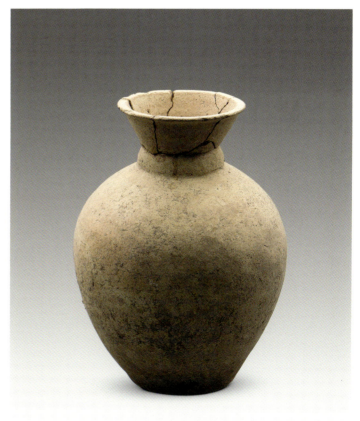

4.侈口罐M7：3

彩版一四一　M7出土陶器

1.侈口罐M7：5

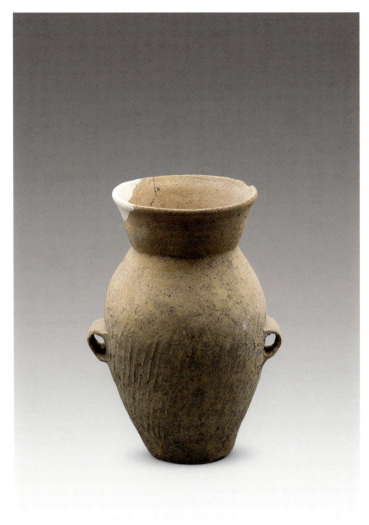

3.陶球M7：8

2.高领折肩罐M7：1

4.M8

彩版一四二　M7出土陶器及M8

1. 玉石璧M8：1

2. 玉石璧M8：3

3. 玉石璧M8：4

4. 玉石璧M8：7

5. 玉石璧M8：8

6. 石块M8：2

彩版一四三　M8出土玉石器

1.绿松石串珠M9：1　　　　　　　　　　　　3.玉石璧M10：2

2.M10

彩版一四四　　M10及M9、M10出土玉石器

1.M11

2.M11陶器组合

彩版一四五　M11及随葬陶器组合

1.M11随葬玉石璧

2.双大耳罐M11：3

3.双大耳罐M11：6

彩版一四六　M11随葬玉石璧及出土陶器

1.单耳陶罐M11：4

2.侈口陶罐M11：2

3.陶盆M11：5

4.陶盆M11：7

5.玉石璧M11：1

彩版一四七　M11出土器物

1.铜锥M11:9

2.石铲M11:8

3.M12

彩版一四八　M11出土器物及M12

1. M12陶器组合

2. M12随葬玉石璧

彩版一四九　M12随葬陶器组合及玉石璧

1. M12骨臂钏出土场景

2. 双大耳罐M12：12

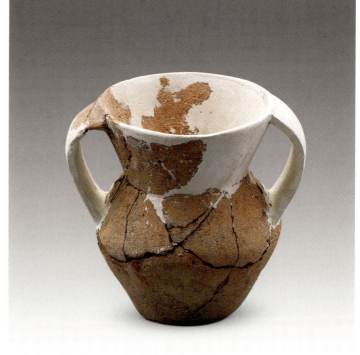

3. 双大耳罐M12：13

彩版一五〇　M12出土骨臂钏及陶器

1.花边口陶罐M12：14

2.骨臂钏M12：7

3.骨臂钏M12：17

6.玉石璧M12：6

4.骨臂钏M12：18

7.绿松石串珠M12：11（右）、M12：16（左）

5.骨臂钏M12：19

彩版一五一　M12出土器物

1.H3二分之一解剖

2.H5

彩版一五二　H3、H5

1.石刀H3③：1

2.H7

3.H7二分之一解剖

彩版一五三 H3出土器物及H7

1.璧H7①：1

2.镞H7①：3

3.切割工具H7①：4

4.铲H7①：2

5.玉石料H7①：5

彩版一五四　H7出土玉石器

1. H8

2.玉石璧H9：3

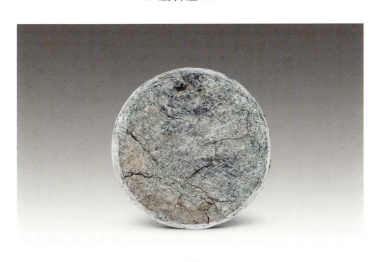

3.玉石璧芯H9：2

4.双小耳陶罐H10：1

彩版一五五　H8及H9、H10出土器物

1.H10

2.H11

3.石纺轮H11：1

彩版一五六　　H10、H11及H11出土器物

1. H12

2. H13二分之一解剖

彩版一五七　H12、H13

1.高领折肩陶罐H13①：2　　　　　　　　　　　　　2.细石叶H13①：10

3.石串饰H13①：12（左）、11（中）、5（右）

1.F1柱洞

2.F1一期全景

彩版一五九　F1

1.F1二期全景

2.F1三期全景

彩版一六〇　F1

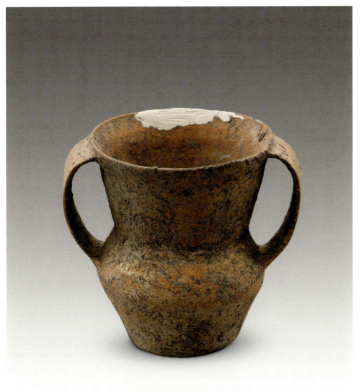

1.双大耳陶罐F1z3：1

2.玉石璧F1③：1

3.玉石璧F1②：1

4.玉石璜F1②：2

6.石刀F1②：3

5.石切割工具F1③：2

彩版一六一　F1出土器物

1.2018C：6

2.2018C：7

3.2018C：14

4.2018C：16

5.2018C：17

6.2018C：19

彩版一六二　采集玉石璧

1. 璧2018C：21

2. 璧2018C：22

3. 璧2019C：1

4. 璧2019C：2

5. 璧2019C：3

6. 璧芯2018C：20

彩版一六三　采集玉石器

1. 璧芯2018C：23

2. 璧芯2018C：25

3. 刀2018C：3

4. 刀2018C：18

5. 锛T0103地层C：1

彩版一六四　采集玉石器

1. H1全景

2. 玉石璧H2：1

彩版一六五　　H1及H2出土器物

1.JS1全景

2.JS1出土马头骨及蹄骨场景

彩版一六六　祭祀坑JS1

1.JS1出土羊头骨场景

2.JS1出土狗骨场景

彩版一六七　祭祀坑JS1

1.玉石璧芯JS1：5

3.骨镞JS1：3

2.绿松石串珠JS1：1（右）、2（左）

4.骨镞JS1：6

5.骨镞JS1：7

彩版一六八　祭祀坑JS1出土器物

1.83C：36

2.83C：37

3.83C：38

4.83C：39

5.83C：40

6.83C：41

7.83C：42

8.83C：43

彩版一六九　1983～1985年出土玉石璧

1.83C：44

2.83C：45

3.83C：46

4.83C：47

5.83C：48

6.83C：49

7.83C：50

8.83C：51

彩版一七〇　1983～1985年出土玉石璧

1.83C：52

2.83C：53

3.83C：54

4.83C：55

5.83C：56

6.83C：57

7.83C：58

8.83C：59

彩版一七一　1983～1985年出土玉石璧

1.83C：60

2.83C：61

3.83C：62

4.83C：63

5.83C：64

6.83C：65

7.83C：66

8.83C：67

彩版一七二　1983～1985年出土玉石璧

1. 83C：68

2. 83C：69

3. 83C：70

4. 83C：71

5. 83C：72

6. 83C：73

7. 83C：74

8. 83C：75

彩版一七三　1983～1985年出土玉石璧

1. 83C：76

2. 83C：77

3. 83C：78

4. 83C：79

5. 83C：80

6. 83C：81

7. 83C：82

8. 83C：84

彩版一七四　1983～1985年出土玉石璧

1.83C：85

2.83C：86

3.83C：87

4.83C：88

5.83C：89

6.83C：90

7.83C：91

8.83C：92

彩版一七五　1983～1985年出土玉石璧

1.83C：93

2.83C：94

3.83C：96

4.83C：97

5.83C：98

6.83C：99

7.83C：100

8.83C：101

彩版一七六　1983～1985年出土玉石璧

1. 83C：102

2. 83C：103

3. 83C：105

4. 83C：106

5. 83C：107

6. 83C：108

7. 83C：109

8. 83C：110

彩版一七七　1983～1985年出土玉石璧

1.83C：111

2.83C：112

3.83C：113

4.83C：120

5.83C：121

6.83C：122

7.83C：123

8.83C：131

彩版一七八　1983～1985年出土玉石璧

1. 璧83C：139

2. 环83C：95

3. 璧芯83C：132

4. 璧芯83C：133

5. 璧芯83C：134

6. 璧芯83C：135

7. 璧芯83C：136

8. 璧芯83C：137

1.璧芯83C：138

2.琮芯83C：10

3.琮芯83C：11

4.切割料83C：124

5.切割料83C：125

6.切割料83C：126

7.切割料83C：129

彩版一八〇　1983～1985年出土玉石器

1.83C：114   2.83C：115   3.83C：116

4.83C：117   5.83C：118   6.83C：119

7.83C：127   8.83C：128   9.83C：130

彩版一八一　1983～1985年出土玉石料

1.切割工具83C：17

2.切割工具83C：21

3.切割工具83C：22

4.磨制工具83C：33

5.权杖头83C：14

6.权杖头83C：20

彩版一八二　1983～1985年出土玉石器

1.锤83C：23

2.锤83C：24

3.锤83C：32

4.锤83C：35

5.刀83C：12

6.刀83C：13

彩版一八三　1983～1985年出土玉石器

1.刀83C：15

2.刀83C：18

3.刀83C：19

4.斧83C：2

5.斧83C：4

6.斧83C：5

彩版一八四　1983～1985年出土玉石器

1.83C：6

2.83C：8

3.83C：25

4.83C：26

5.83C：27

6.83C：28

7.83C：34

8.83C：30

彩版一八五　1983～1985年出土石斧

1.斧83C：31

2.凿83C：1

3.凿83C：3

4.凿83C：9

5.凿83C：29

6.锛83C：7

7.锛83C：16

彩版一八六　1983～1985年出土玉石器